浙江文物年鉴

（2014）

浙江文物年鉴编委会　编

浙江古籍出版社
Zhejiang Ancient Books Publishing House

图书在版编目（CIP）数据

浙江文物年鉴．2014 / 浙江省文物局编．—杭州：浙江古籍出版社，2017.1

ISBN 978-7-5540-0972-7

Ⅰ．①浙… Ⅱ．①浙… Ⅲ．①文物工作—浙江—2014—年鉴 Ⅳ．①K872.55-54

中国版本图书馆 CIP 数据核字（2017）第 024628 号

浙江文物年鉴（2014）

浙江文物年鉴编委会　编

出版发行　浙江古籍出版社

（杭州体育场路 347 号　电话：0571-85176986）

网　　址　www.zjguji.com

责任编辑　况正兵

责任校对　余　宏

封面设计　刘　欣

责任印务　楼浩凯

照　　排　杭州立飞图文制作有限公司

印　　刷　浙江新华数码印务有限公司

开　　本　889×1194　1/16

印　　张　37.75

字　　数　890 千字

版　　次　2016 年 12 月第 1 版

印　　次　2016 年 12 月第 1 次印刷

书　　号　ISBN 978-7-5540-0972-7

定　　价　120.00 元

浙江文物年鉴(2014)

凡　例

一、本年鉴以党中央、国务院文物工作的方针、政策为指导，客观、全面而有特色地记录和反映浙江全省当年文博工作的面貌，起到存史、交流、宣传和教化作用。

二、本年鉴体例采用栏目体，设概况、大事记、特辑、文物普查、文物保护与考古、博物馆与纪念馆、文物安全与执法、对外及港台地区文物交流、省直文博单位、市县文博工作等专栏，栏下设目、子目。

三、本年鉴主要记录2013年我省文博单位情况，以省文物局和省直属文博单位为主，兼及市县有重大影响的文博事项及活动。为使内容有所承接，时间断限采用“下限一刀切，上限适当追溯”的方法。

四、本年鉴为语体文记述体，遵循“述而不论”原则。记述见事见物见人，人随文记。写法上“点、线、面”结合，有全貌，有脉络，有典型。重要文件、讲话及作品、论著（提要）编入书末“文献辑存”。

五、本年鉴以文为主，辅以图表。彩页刊印重大活动及设施照片，其他黑白照随文附入。

六、每册年鉴约80万字，采用16开横排本版式。

1 月 17 日，全省文物局长会议在杭州市召开。

1 月，自 2004 年 9 月启动的浙江省国有文物系统馆藏书画专项鉴定定级全部完成。

3 月 8 日，浙江省第一次全国可移动文物普查正式启动。

3 月，国务院核定公布第七批全国重点文物保护单位及合并项目。其中我省新增 99 处，另有 11 处合并。

5 月 28 日，文化部副部长、国家文物局局长励小捷一行来我省考察调研文博工作情况。

6 月 8 日，2013 年文化遗产日浙江省主场城市活动在嘉兴举行。

7月5日至11日，浙江省博物馆承办的中国博物馆协会博物馆学专业委员会2013年年会暨学术研讨会召开。

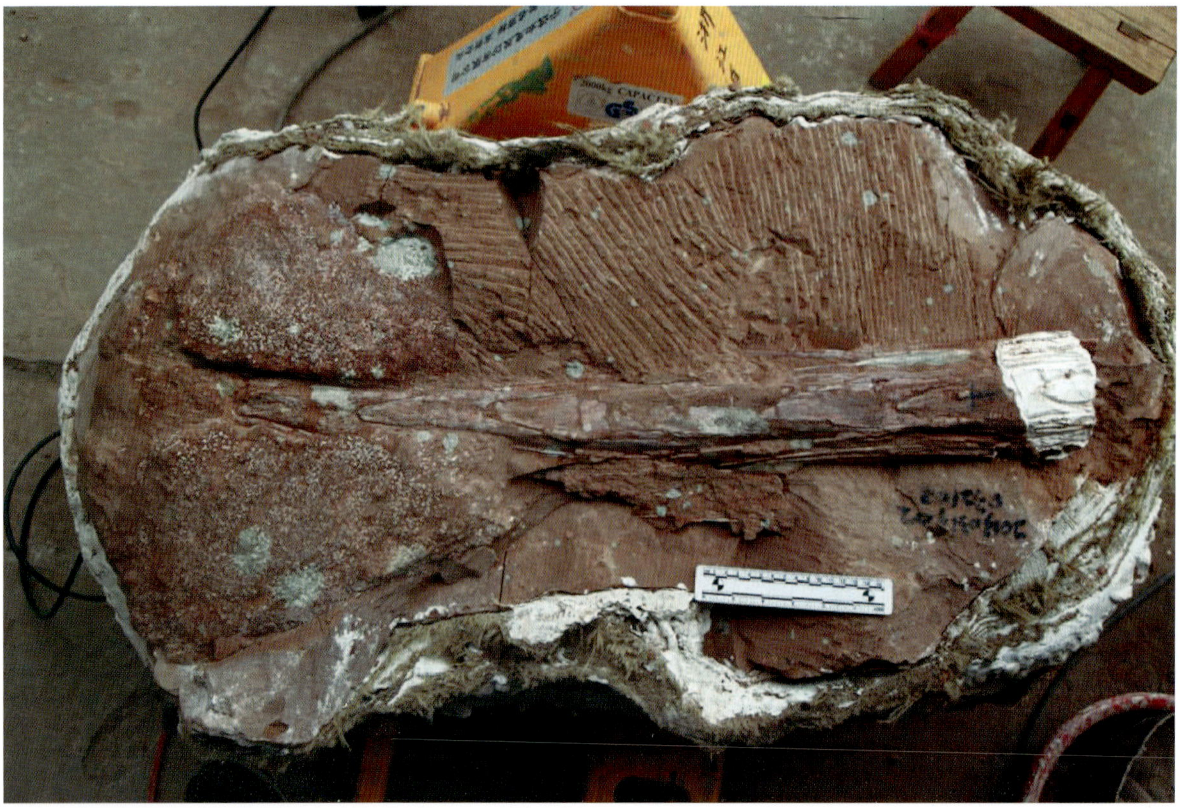

7月5日，浙江自然博物馆公告我省首次发现恐龙头骨和甲龙尾锤化石。

7 月 9 日，浙江省管辖海域内文化遗产首次联合水下执法在象山开展。这是我省乃至我国首次开展水下联合执法检查。

8 月 13 日，夏宝龙、李强、乔传秀、王辉忠等浙江省领导赴南湖革命纪念馆，参加重温“红船精神”教育实践活动。

9 月 25 日，绍兴鲁迅纪念馆举办建馆 60 周年活动。

11 月，2013 杭州世界文化遗产国际会议和“世界文化遗产保护与管理——‘系列遗产’保护·管理·监测”国际会议先后在杭召开。

12 月 8 日，宁波举办保国寺大殿建成 1000 周年系列纪念活动。

2013 年，浙江省政府发文批准《杭州良渚遗址保护总体规划》。

2013 年，我省发布《浙江省省级考古遗址公园管理办法（试行）》，选定浦江上山遗址等8处大遗址为我省第一批省级考古遗址公园。

2013 年，庄桥坟遗址发掘资料整理过程中发现良渚文化原始文字。

目 录

概 况

大事记

特 辑

文物保护与考古

博物馆与纪念馆

文物安全与执法

对外及港台文物交流

省直文博单位

市县文博工作

各地内设机构一览表

文献辑存

概　况

浙江省文物局2013年工作总结

2013年，全省文物系统在党的十八大、十八届三中全会和省委十三届四次全会精神指引下，深入开展党的群众路线教育实践活动，以建设文物强省为目标，以改革创新为动力，以夯实各项基础工作为着力点，谋全局、强基础、求突破、促发展、惠民生，文物事业取得了新成绩，实现了新跨越。

一、"一普"和"申遗"工作扎实推进，文物保护的广度和深度进一步拓展

"一普"工作实现良好开局。按照国务院的统一部署，在省政府的高度重视下，我省"一普"工作进展顺利。省政府印发了《关于在全省开展第一次全国可移动文物普查的通知》，成立了由郑继伟副省长任组长，省委宣传部等15个部门负责人为成员的浙江省第一次全国可移动文物普查领导小组。制定下发了《浙江省第一次全国可移动文物普查实施方案》，组建了普查专家库。省政府召开了全省第一次全国可移动文物普查电视电话会议，郑继伟副省长在会上进行了动员部署。全省各地成立了普查机构，组建了普查队伍，制订了普查方案，落实了普查经费。组织开展了普查培训工作，省普查办采取片区轮训方式举办了三期全省普查业务骨干培训班，全省各级普查办共培训普查人员5000余人，发放普查员证1090份，实行持证上岗。全面开展了可移动文物收藏情况调查，全省共发放《国有单位文物收藏情况调查登记表》44778份，收回44778份，回收率100%。其中反馈有文物或疑似文物的国有单位为922家。完成《国有单位文物收藏情况调查汇总》、《反馈有（疑似）文物国有单位清单》及调查工作报告的编制和上报。系统外国有单位的文物认定工作已陆续开展。

大运河（浙江段）申遗成效显著。围绕2014年大运河申遗成功的目标，大运河申遗国内的各项准备工作全面完成。根据国家文物局《大运河保护与申遗2012—2013年行动计划》，全力推进申遗点段的保护、整治和展示工程，重点开展大运河申遗工作督查。大运河遗产省级、市级保护规划分别经省政府和相关设区市政府批准公布。杭州西兴、海宁长安等大运河重要节点考古工作，申遗河道、遗产点本体保护与环境整治工作，各申遗点段的展示工程和专题陈列布展、监测平台和档案中心建设、遗产区界桩和标识系统的布设等各项申遗准备工作全部完成。按照国家文物局的部署和要求，经过多次预演检查和反复查漏补缺，于9月底顺利完成国际专家对大运河申遗项目现场考察评估的接待工作，大运河（浙江段）现场考察评估反馈情况总体良好。

积极推进良渚遗址申遗的前期工作，良渚申遗工作得到习近平总书记和李强省长的重要批示。《良渚遗址保护规划》已获国家文物局原则同意，并由省政府批准公布。申遗文本和管理规划编制取得初步成果，展示规划完成编制，考古发掘和价值研究工作有序展开，遗产监测和申遗档案工作着手启动，申遗资金保障机制已经明确，用地规划调整准备就绪，农户搬迁安置进展顺利。《杭州市良渚遗址保护管理条例》已经省人大常委会批准施行。应杭州市政府和我局要求，省政府已致函国家文物局，提请将良渚遗址列为2016年中国申报世界文化遗产正式项目，省政府分管领导专程拜访国家文物局主要领导，表达了我省推动良渚遗址申遗的愿望和决心。

指导杭州市继续做好世界遗产杭州西湖文化景观的保护与管理工作，着力加强我省已列入去年更新的《中国世界文化遗产预备名单》项目的研究、保护与管理等各项基础工作，以储备我省的申遗正选项目，积聚申遗工作后劲。会同江苏省文物局联合召开江南水乡古镇联合申报世界文化遗产工作推进会，推进江南水乡古镇申遗工作。

二、不可移动文物保护管理力度加大，基础工作进一步夯实

国保单位数量增加，类型进一步扩展。在今年国务院核定公布的第七批全国重点文物保护单位中，我省新增99处，至此我省全国重点文物保护单位总数达231处，名列全国第五。我省此次列入国保单位数量为历次之最，同时入选文物类型丰富，较好地反映了我省文化遗产资源类别多样性和保护理念的拓展，进一步强化了我省文物资源大省的地位。

文物保护单位“四有”工作扎实推进。扎实推进新公布省级以上文保单位的“四有”工作，明确了第七批国保单位、第六批省保单位的保护区划划定、“四有”档案编制等保护管理基础工作相关要求。举办了全省文物保护单位“四有”培训班，为明后两年全面完成省级以上文保单位记录档案备案工作培养专业力量。完成《省级以上文物保护单位保护保护区划图集》编辑工作。依法审核、审批了余姚河姆渡遗址、绍兴兰亭、温州正和堂窑址、宁海古戏台等文保单位保护区划内的建设项目方案。

重大和濒危文物抢救性保护工程深入实施。进一步规范文保单位保护修缮技术文件审查批准工作。由省古建筑设计研究院编制的《文物保护修缮定额-- 南方地区》已经完成初稿并通过国家文物局论证。受国家文物局委托，认真开展全国重点文物保护单位保护方案的审查与批准工作。审查、上报了嵊州崇仁村建筑群、苍南蒲壮所城、武义延福寺等一批全国重点文保单位修缮工程立项申请。审批平阳顺溪古建筑群、海盐绮园等19项全国重点文物保护单位维修方案，审查丽水通济堰堰头村龙庙等11项全国重点文保单位施工图设计。组织了4次省级以上文保单位保护方案集中审查，共审查省级文物保护单位保护设计方案、施工图设计84项。组织对宁波慈城古建筑群、浦江郑义门古建筑群、杭州澄庐等一批省级以上文保单位维修工程进行竣工验收。举办了浙江省文物保护管理培训班。加强文物保护单位保护规划编制审批工作。重点组织对兰溪诸葛长乐村民居、兰溪芝堰村建筑群、临海台州府城墙、新叶村乡土建筑等全国重点文保单位保护规划进行论证。建德新叶村被国家文物局确定为6个古村落保护利用综合试点之一。进一步加强文物保护工程资质监管，开展文物保护工程资质申报的审查工作，新授予文物保护工程资质单位9家，扩大业务范围或提高资质等级10家。规范文物保护工程资质单位年检工作，提高文物保护行业规范化管理水平。举办了全省文物保护工程从业人员上岗培训班。

大遗址保护工作有所突破。良渚遗址、嘉兴马家浜遗址、明清海防（浙江）等7处大遗址被国家文物局、财政部公布为“十二五”时期重要大遗址项目。根据浙江历史发展特点，以史前遗址、越国遗存、瓷窑遗址、城市遗址等为重点，统筹布局我省大遗址保护体系，探索遗址保护展示与环境保护、生态改善、生产生活和地方经济社会发展有机结合的有效方式与途径。组织开展了我省第一批省级考古遗址公园申报评定工作，发布了《浙江省省级考古遗址公园管理办法（试行）》，选定公布了浦江上山遗址、大窑龙泉窑遗址、武义吕祖谦家族墓等8处大遗址作为我省第一批省级考古遗址公园。努力推动地方政府结合当地经济社会发展和城镇体系规划，开展大型古文化遗址的考古调查和保护规划编制工作。实施安吉古城、绍兴越国贵族墓等遗址考古调查工作，为编制大遗址保护规划提供基础资料。良渚遗址保护规划已获国家文物局批准，南宋临安城遗址保护规划、大窑龙泉窑遗址保护规划已由省政府批准公布。

考古工作有序推进。主动配合基本建设，重点加强对能源、交通、水利设施等国家重点建设工程以及经济开发区建设项目的考古工作管理，配合杭州地铁2、4、5号线、临海市大田平原排涝一期工程、滨海新城江滨区天然气综合利用等工程项目实施14项考古调查勘探项目，依法实施安吉上马山土墩墓群、洞头九亩丘煮遗址等29项考古发掘项目。余姚田螺山遗址、萧山柴岭山、蜈蚣山商周土墩墓群发掘项目入围“2012年度全国十大考古新发现”候选项目。积极倡导并组织实施以课题规划和学术目的为导向的主动性考古，审查并向国家文物局上报了良渚古城遗址、龙泉大窑龙泉窑遗址、余姚田螺山遗址等7项考古工作计划，为下一阶段考古科研工作明确了思路。加强水下考古工作，象山渔山小白礁清代沉船出水文物科技保护项目已获国家文物局批准。舟山白节山海域水下文物重点调查项目基本完成，初步探明水下文物遗存状况。

历史文化名城、名镇、名村（街区）申报和保护工作得到加强。根据住建部、国家文物局的部署，协同省建设厅开展第六批中国历史文化名镇名村的申报工作，组织专家对申报材料进行审查，推荐上报名镇、名村共27处。协助、指导温州、湖州、海宁、龙泉等城市申报国家历史文化名城，平阳、平湖、丽水等城市申报省级历史文化名城。协助住建部、国家文物局完成对湖州市申报国家历史文化名城工作的实地考评。协同省建设厅完成丽水、平阳申报省级历史文化名城实地评估工作。参与了20余处历史文化名镇、名村保护规划论证、审查。开展全省历史文化名城保护检查和评估工作，对兰溪、海宁、余姚、金华、东阳、瑞安、温州等历史文化名城保护状况进行检查。配合省农办开展历史文化村落保护利用，结合历史文化名镇名村的保护，推进农村历史文化遗产保护。

三、博物馆建设与管理持续推进，公共文化服务能力进一步增强

持续推进博物馆基础设施建设。浙江省博物馆、浙江自然博物馆新馆（院）建设筹备工作有序展开，已完成选址工作。组织专家对台州市博物馆、舟山市博物馆、新昌县博物馆、苍南县博物馆陈列布展方案，云和县博物馆、玉环县博物馆新馆建筑方案，义乌市博物馆新馆展陈策划和概念方案进行评审；实地调研苍南县博物馆、瑞安市博物馆、瓯海区博物馆、乐清市博物馆新馆建设工程。

强化馆藏文物的科学管理，提高馆藏文物保管水平。实施馆藏文物的鉴定建档和征集工作。开展新增馆藏文物的鉴定定级，完善珍贵文物藏品档案。加大文物藏品征集力度，提高馆藏文物数量和质量。做好馆藏文物修复和国有文物收藏单位之间借用一级文物的审批工作，全年审批可移动文物修复方案6个，审批借展一级文物37件（套）。

博物馆陈列展览取得新成绩。深入推进全省博物馆免费开放工作，积极组织我省博物馆参加第十届（2011—2012年度）全国博物馆十大陈列展览精品评选活动，保持了我省在参加的全国博物馆十大精品陈列展览评选中均获得精品奖的佳绩。嘉兴南湖革命纪念馆的“南湖革命纪念馆新馆基本陈列”和杭州工艺美术馆“钱塘匠心·天工集粹——杭州工艺美术精品陈列”荣获2011年度精品奖；浙江省博物馆“惠世天工——中国古代发明创造文物展”荣获2012年度精品奖，杭州博物馆的“珍藏杭州——杭州博物馆馆藏文物精品陈列”荣获2012年度优秀奖。继续推进浙江省陈列展览精品项目评选，经评审确定浙江自然博物馆的“龙行浙江”等10个陈列展览获得精品奖，杭州西溪湿地博物馆的“清幽湿地·圣洁仙子”等10个展览获得单项奖。“博物馆展览交流信息平台”正式开通运行，为促进全省博物馆之间馆藏资源整合共享、展览交流和展览组织策划，提供了一个良好的开放共享平台。

民办博物馆发展势头良好。开展促进民办博物馆发展专题调研，系统梳理全省民办博物馆发展情况。根据国家文物局的部署，组织开展民办博物馆规范建设评估工作。指导开展全省国有博物馆对口帮扶民办博物馆试点工作，并取得显著成效，浙江省博物馆、湖州市博物馆、丽水市博物馆、嘉兴市博物馆已完成帮扶相关工作，浙江自然博物馆、中国丝绸博物馆、杭州博物馆的帮扶工作已取得阶段性成果。

履行社会文物管理职能，做好文物拍卖市场监管工作。审核文物拍卖经营活动54场，审核文物拍卖标的36934件（套），撤拍159件（套）。新增文物拍卖企业1家。完成《文物拍卖许可证》、《文物拍卖企业专业人员资格证书》的换发工作。做好年度文物拍卖企业第一类文物拍卖经营资质申请审核上报工作。

四、安全防范和执法监察工作不断深化，文物安全保障能力进一步提升

实施文物安全技防工程，继续加强博物馆安全防范技术工程施工的审核和监管，不断改善博物馆新馆、文物库房存放环境，提高安全防范能力，确保工程质量和安全防范系统效能。会同省公安厅继续做好乐清周昌谷艺术馆等博物馆安防工程的审批和验收。做好桐乡市博物馆等安防工程的新建、更新方案审核。全年有7项安防工程设计方案通过审核批准，有8项安防工程通过验收。

按照国家文物局的部署，组织开展了全省文物安全大检查。加强博物馆安全保卫人员的教育培训，举办全省文物安防操作员更新知识培训班，全面提高各博物馆安全保卫队伍的安全防范技能。按照国家对博物馆和文物保护单位安全防范系统的要求，提前介入新建的安防工程，组织专家对杭州章太炎纪念馆、桐乡茅盾故居等安防工程进行指导。开展文物平安工程课题调研。

组织开展了文物执法巡查和交叉执法检查，加大了对文物违法案件的督查力度，据统计，全省各级文物执法监察机构共计出动18612人次，检查文博单位9878家（次），督察处理文物违法案件49起，发现安全隐患408处，整改到位356处，确保了文物安全。继续深化我省海域内文化遗产联合执法工作，会同海监部门起草了《浙江省管辖海域内文化遗产联合执法工作办法》（草案），召开了我省沿海地区文物、海监联合执法工作座谈会，健全了联合执法工作机制，组织开展了我省管辖海域内首次水下文化遗产联合执法行动，完成了全省管辖海域内水下和无人岛的文化遗产资源调查工作。

五、文物保护科技工作成效明显，科技对文物保护的支撑作用进一步凸显

基础平台建设进展顺利。浙江省科技考古与文物保护技术研究试验基地一期完成基本建设，并开始进行各子平台的内部建设，物探考古团队已经在试验基地的田野考古试验区域开展物探探测技术的数据采集实验。依托国家文物局创新联盟课题“文物微量有机物检测及实验室建设”，整合省内文物分析检测优势资源，建立了由不可移动文物材质分析检测平台、馆藏文物分析检测平台、纺织品文物分析检测平台三部分构成的创新联盟分析检测平台，目前已上网使用。纺织品文物保护国家文物局重点科研基地新增了相关科研设备和标本库标本，此外，联盟成员进一步扩大，杭州市园林文物局与联盟理事会签订了市属文博单位整体加入创新联盟的《确认协议书》。

重点科研项目及课题研究取得进展。创新联盟成员单位承担的国家“十二五”科技计划项目、“973”项目、国家文物局“指南针计划”专项、中华文明探源工程技术成果转化与示范、省文物保护科技项目等相关课题有序推进。国家“十二五”科技计划项目“文化遗产数字化公共服务平台与产业化应用示范项目”——西湖示范工程列入了《杭州市与浙江大学战略合作“十二五（2011—2015）规划》。国家“973”项目课题“已用典型保护材料与工艺的功能及失效规律研究”课题组开展了一系列创新性的研究。国家“十二”科技计划项目子课题“古代建筑营造传统工艺科学化研究”取得新进展，围绕江浙地区古代建筑特点，基本完成营造传统工艺操作规程草案的编制，初步建立了相关数据库或资料库。省古建筑设计研究院承担的《文物建筑保护工程预算定额（南方地区）》已完成初稿并通过国家文物局论证，为完善文物保护工程相关标准规范作出了积极尝试。

科技成果推广应用取得成效。浙江大学、浙江省博物馆、浙江省文物考古研究所、中国丝绸博物馆等陆续开展了文物三维信息留取、大型饱水木质文物脱水技术、多广谱仪在考古现场的应用、探地雷达和高密度电法探测、近景摄影的三维模型重建技术、丝肽–氨基酸加固技术等技术成果运用与推广，取得良好成效。

文物援疆力度进一步加大。浙江省文物局、新疆文物局、浙江大学、塔里木大学在已有合作基础上，深化资源整合，签订了《新疆文化遗产保护与传承发展战略研究合作框架协议》，并就具体实施规划进行了多次深度对接，召开了纺织品文物保护国家文物局重点科研基地学术委员会，就新疆工作站的人才培养及进出机制达成了共识。浙江大学物探考古团队利用高密度电法和雷达探测技术，在新疆克孜尔石窟完成了被掩埋石窟的探测工作，并将研究报告提交新疆龟兹研究院。

六、文物宣传工作有效拓展，推动文物事业发展的社会正能量进一步汇聚

以“文化遗产日”、“5·18国际博物馆日”等节日为契机，在全省组织开展了内容丰富、形式多样的系列宣传活动，进一步提升了公众对文物工作在经济社会发展中的角色认知，激发了广大民众参与文物保护的热情，扩大了文物工作的社会影响力。办好“一刊一网年鉴”，其中浙江文物网全年共发布各类文博信息21237条，其中原创信息4350条，并在省政府网站信息公开栏目发布信息1548条。在2013年度46家省级部门网站综合考评中，技术监测和人工监测两项得分排名分列第六名和第一名。积极配合中国梦主题宣传教育活动，加强与新华社、浙江日报等中央和省级主流媒体的联系，对我省创先争优的重要典型——省文物考古研究所进行深度挖掘和宣传报道，弘扬了我省文物考古人甘于奉献、探索求真、心怀天下、情系千古的科学精神和人文情怀，产生了较好的社会反响。国家文物局文化遗产知识宣传普及工程（余杭区）试点工作取得积极进展，已完成调研报告。省委宣传部《宣传（半月刊）》推出宣传浙江文物工作的专题报道。《浙江通志·文物卷》篇目大纲通过论证，举办了编纂业务培训班。

浙江文物年鉴 2014

大事记

2013年浙江文物工作大事记

一　月

4日　省文化厅巡视员鲍贤伦主持召开局务会议，副巡视员陶月彪、副巡视员、省文物局副局长陈官忠、副局长吴志强，综合处处长钱剑力、副处长李俏、文物保护与考古处处长郑建华、博物馆与社会文物处处长杨新平、副处长金萍等参加。

省文化厅副巡视员陶月彪接待湖州市文广新局领导来访。

5日　省文物局副局长吴志强、文物保护与考古处处长郑建华等就省级文物保护单位邱城遗址保护问题与湖州市文物局领导等进行商谈。

省文化厅副巡视员、省文物局副局长陈官忠赴台州博物馆出席陈展文本内容大纲讨论会。

6至7日　省直文博单位进行目标责任制年度考核。省文化厅巡视员鲍贤伦主持会议，副巡视员陶月彪、副巡视员、省文物局副局长陈官忠、副局长吴志强，综合处处长钱剑力、文物保护与考古处处长郑建华、博物馆与社会文物处长杨新平等参加。

7日　浙江省副省长郑继伟、省政府副秘书长马林云赴金华，考察金华名城保护和历史建筑利用等情况。

省文化厅副巡视员、省文物局副局长陈官忠出席萧山博物馆举办的"寻觅萧山——朱家济先生特展"活动开幕式活动。

省依法行政考评组来省文物局进行考评检查。省文化厅巡视员鲍贤伦出席考评会议并讲话。综合处处长钱剑力、文物保护与考古处处长郑建华、博物馆与社会文物处处长杨新平等参加。

7至9日　省文化厅副巡视员、省文物局副局长陈官忠赴京参加全国可移动文物普查办主任会议。

10日　2012年度全省文物执法监察工作会议在杭召开。省文化厅巡视员鲍贤伦出席并讲话，文物保护与考古处处长郑建华、博物馆与社会文物处处长杨新平等参加。

11日　全省风景名胜区工作会议在杭州召开。文物保护与考古处处长郑建华参加。

省文化厅巡视员鲍贤伦主持召开局务会议，讨论全省文物局长工作会议的准备工作。副巡视员陶月彪、副巡视员、省文物局副局长陈官忠、副局长吴志强，综合处处长钱剑力、文物保护与考古处处长郑建华、博物馆与社会文物处处长杨新平等参加。

省文物局组织专家在杭召开全国重点文物保护单位台州府城墙和诸葛、长乐村民居保护规划专家审查会。文物保护与考古处处长郑建华等参加。

14日　文物保护与考古处处长郑建华等与富阳市文广新局领导就省级文物保护单位泗洲造纸作坊保护工程方案进行商谈。

省文化厅副巡视员、省文物局副局长陈官忠与杭州市园文局有关领导会商“西湖文化景观数字化服务应用示范项目”实施有关问题。

15日　磐安县大盘山博物馆展陈大纲论证会召开，博物馆与社会文物处处长杨新平应邀参加。

15至16日　省文化厅副巡视员、省文物局副局长陈官忠主持召开武义南宋徐渭礼文书指定收藏等相关工作会议。

16日　浙江省副省长郑继伟来省文化厅进行调研。文物保护与考古处处长郑建华、博物馆与社会文物处处长杨新平等参加汇报会。

博物馆与社会文物处处长杨新平陪同贵州省委宣传部相关人员考察中国茶叶博物馆、浙江美术馆、西湖博物馆，进行了座谈。

17日　全省文物局长会议在杭召开。省文化厅厅长金兴盛出席会议并讲话。厅巡视员鲍贤伦作主题工作报告。副巡视员陶月彪、副巡视员、省文物局副局长陈官忠、副局长吴志强及综合处处长钱剑力、副处长李俏、文物保护与考古处处长郑建华、博物馆与社会文物处处长杨新平、副处长金萍等参加。

18日　省文化厅副巡视员、省文物局副局长陈官忠出席浙江省博物馆“吉祥如意”民间收藏展开幕式活动。

省文物局在杭组织召开大运河浙江段申遗工作座谈会。副局长吴志强、文物保护与考古处处长郑建华等参加。

省文化厅副巡视员、省文物局副局长陈官忠出席苍南博物馆陈列文本专家咨询会并讲话，博物馆与社会文物处处长杨新平主持会议。

21日　省文化厅巡视员鲍贤伦、副巡视员陶月彪、副巡视员、省文物局副局长陈官忠参加厅局机关处长年度述职会议。综合处处长钱剑力、文物保护与考古处处长郑建华、博物馆与社会文物处处长杨新平参加述职演讲。综合处副处长李俏、博物馆与社会文物处副处长金萍及文物局全体人员参加会议。

省文化厅巡视员鲍贤伦、副巡视员陶月彪、副巡视员、省文物局副局长陈官忠参加全省文广新局局长电视电话会议。

中国文化遗产研究院在北京召开明清海防遗存保护前期研究课题结题评审会。省文物局副局长吴志强参加。

22日　省文物局组织专家对全国重点文物保护单位飞来峰造像（二期）保护工程进行竣工验收。文物保护与考古处处长郑建华等参加。

23日　省文物局组织专家赴绍兴市对省级文物保护单位鲍氏旧宅建筑群保护工程进行竣工验收。文物保护与考古处处长郑建华等参加。

25日　省文化厅副巡视员陶月彪检查省直文博单位安全工作。

省文化厅副巡视员、省文物局副局长陈官忠出席浙江自然博物馆“金蛇狂舞——蛇年贺岁展”开幕式活动。

省文物局组织专家对全国重点文物保护单位梵天寺经幢监测方案进行审查。文物保护与考古处处长郑建华参加。

28 日　省文化厅副巡视员陶月彪出席省文物局离退休老同志新春茶话会。

大运河（杭州段）遗产点之广济桥、西兴过塘行码头展示馆陈列设计方案评审会在杭召开。文物保护与考古处处长郑建华等参加。

29 日　省文化厅巡视员鲍贤伦、副巡视员陶月彪、副巡视员、省文物局副局长陈官忠、副局长吴志强、综合处处长钱剑力等参加《浙江通志》文物卷编撰大纲论证会。

省级文物保护单位富阳泗洲造纸作坊遗址保护展示方案评审会在杭召开。省文物局副局长吴志强、文物保护与考古处处长郑建华等参加。

31 日　“锦绣撷英：中国丝绸艺术的历史和时尚”展在美开幕。

二　月

1 日　省文化厅党组召开民主生活会。巡视员鲍贤伦、副巡视员陶月彪、副巡视员、文物局副局长陈官忠参加。

省文化厅巡视员鲍贤伦、副巡视员、省文物局副局长陈官忠出席浙江省博物馆领导班子届满述职大会。

《丽水市民办博物馆管理办法》正式实施。

2 日　浙江省政协副主席、省生态文化协会会长陈艳华在浙江省林业厅厅长楼国华等陪同下，赴杭州西溪湿地博物馆考察。

4 日　省文化厅巡视员鲍贤伦、副巡视员陶月彪、副巡视员、省文物局副局长陈官忠参加厅长办公会议。

省文化厅副巡视员陶月彪带队走访慰问局机关老同志。

省文化厅副巡视员、省文物局副局长陈官忠出席申报国家二三级博物馆评议推荐工作会议。

省文物局组织专家讨论全国重点文物保护单位金华侍王府环境整治方案。文物保护与考古处处长郑建华等参加。

5 日　省文化厅巡视员鲍贤伦带队走访看望局机关老同志并参加省纪委电视电话会议。

省文化厅副巡视员、省文物局副局长陈官忠出席中国丝绸博物馆年度总结表彰大会。

7 日　省文物局副局长吴志强、文物保护与考古处处长郑建华等踏勘余姚田螺山遗址考古发掘现场。

16 日　省文化厅副巡视员、省文物局副局长陈官忠召集相关处室，研究、商议可移动文物普查工作工作，综合处处长钱剑力、博物馆与社会文物处处长杨新平、副处长金萍等参加。

18 日　省文化厅巡视员鲍贤伦、副巡视员陶月彪，综合处处长钱剑力、副处长李俏、文物安全处处长沈坤荣、文物保护与考古处处长郑建华、博物馆与社会文物处处长杨新平、副处长金萍及文物局机关全体人员参加省级文化系统干部大会。

省文化厅巡视员鲍贤伦参加全省审计工作电视电话会议。

文物保护与考古处开会讨论向省政府提出国务院《关于进一步做好旅游等开发建设活动中文物保护工作的意见》的办理意见，以及转发落实国家文物局、国家旅游局《关于贯彻落实〈国务院关于进一步做好旅游等开发建设活动中文物保护工作的意见〉的通知》相关事宜。省文物局副局长吴志强、文物保护与考古处处长郑建华等参加。

22日　省文化厅巡视员、浙江省文物鉴定委员会主任委员鲍贤伦出席浙江省文物鉴定委员专家新春座谈会并讲话，副巡视员、副局长、副主任委员陈官忠主持会议，博物馆与社会文物处处长杨新平等参加。

省文物局副局长吴志强赴北京，向国家文物局汇报良渚遗址申遗考古工作计划，并听取国家文物局和专家意见。

博物馆与社会文物处处长杨新平与绍兴县文化发展中心、博物馆商议2013年度绍兴柯桥学术论坛事宜。

25日　省直"双服务"专项行动第九服务组牵头单位省住房与城乡建设厅召开工作会议，研究第一阶段任务。文物安全处处长沈坤荣参加并参加年度"双服务"专项行动。

27日　丽水申报省级历史文化名城咨询会在杭召开，文物保护与考古处处长郑建华等参加。

28日　全国人大财政经济委员会副主任委员、浙江省原省长、吕祖善作为浙江省博物馆志愿者，为浙江省文联做了"越地长歌——浙江历史文化解读"讲座。省文化厅巡视员鲍贤伦参加。

省文物局组织召开《省级以上文物保护单位保护区划图集（绍兴部分）》审查会，副局长吴志强、文物保护与考古处处长郑建华等参加。

三　月

1日　省文物局组织召开《大窑龙泉窑遗址保护规划》意见修改审查会。副局长吴志强、文物保护与考古处处长郑建华等参加。

4日　省文物安全技术防范工程审核组会同湖州市文物、公安部分对安吉生态博物馆安防系统工程组织验收，文物安全处处长沈坤荣参加。

5至8日　省直"双服务"专项行动第九服务组赴台州市开展服务工作。文物安全处处长沈坤荣作为第九服务组第一小组组长参加了活动。

6日　省文物局副局长吴志强赴京参加国家文物局水下文化遗产保护中心2013年年会。

省文化厅副巡视员、省文物局副局长陈官忠出席浙江省博物馆新馆建设设计任务书讨论会。

7至8日　省文化厅副巡视员、省文物局副局长陈官忠赴金华出席黄宾虹纪念陈展工作咨询会。

8日　文物安全处处长沈坤荣专程赴嘉兴，研究民办五四新文化纪念馆相关工作。

9日　中国博物馆协会志愿者专委会工作研讨会在宁波博物馆召开。

11日　省文化厅巡视员鲍贤伦分别接待金华市文物局和舟山市有关领导来访。

省文化厅副巡视员、省文物局副局长陈官忠召集《浙江通志文化遗产卷博物馆编目大纲》修改审核工作会议。

省住建厅、省文物局组织省级历史文化名城兰溪检查。文物保护与考古处处长郑建华参加。

12日　省文化厅巡视员鲍贤伦、副巡视员、省文物局副局长陈官忠出席《浙江自然博物馆设计任务书》座谈会。

13日　浙江省副省长梁黎明考察金华古子城。

14日　省文化厅、省文物局与厅属6家文博单位签订2013年度目标管理责任制和社会治安综合治理责任制。厅巡视员鲍贤伦、副巡视员、省文物局副局长陈官忠出席签字仪式。综合处处长钱剑力、博物馆与社会文物处处长杨新平参加。

省文物局组织评审大运河浙江段保护管理监测平台设计、大运河浙江段展示与标识系统概念设计方案和嘉兴长虹桥大运河申遗点保护整治方案，并就海宁长安坝遗址展示设计修改稿进行讨论。文物保护与考古处处长郑建华等参加。

16至17日　文物保护与考古处处长郑建华陪同中国文物学会古村镇专业委员会领导考察湖州市荻港历史文化名村、南浔历史文化名镇。

18日　省文化厅巡视员鲍贤伦与安吉县委宣传部长商谈有关工作。

19日　省文化厅副巡视员、省文物局副局长陈官忠与武义县政府分管县长商谈南宋徐渭礼文书指定收藏问题。

省文物局副局长吴志强、文物保护与考古处处长郑建华等与衢州市文物局领导商谈文物保护事宜。

平湖市规划建设局、市文广新局向省住建厅、省文物局汇报省级历史文化名城申报工作。省文物局副局长吴志强、文物保护与考古处处长郑建华等参加。

20日　浙江省文物局组织、召开吴镇书画院及陈列馆改扩建工程设计方案审查会。副局长吴志强等参加。

湖州市政府组织、讨论历史文化名城保护规划概念设计。文物保护与考古处处长郑建华参加。

22日　省文物局组织评审杭州京杭大运河博物馆运河申遗馆展陈设计方案。文物保护与考古处处长郑建华等参加。副局长吴志强到会并讲话。

25至26日　国家文物局在扬州召开2013年大运河保护和申遗工作会议、大运河保护和申遗省部际会商小组办公室会议。省文化厅巡视员鲍贤伦、省文物局文物保护与考古处处长郑建华参加。

26日　省文化厅副巡视员、省文物局副局长陈官忠列席全省廉政工作电视电话会议。

博物馆与社会文物处处长杨新平赴绍兴市博物馆进行调研。

27日　省文化厅副巡视员、省文物局副局长陈官忠出席全省古籍保护工作会议。

28日　中国建筑建筑史学会2013年会暨保国寺大殿千年学术研讨会筹备会在杭州召开，博物馆与社会文物处处长杨新平参加会议。

省文化厅巡视员鲍贤伦出席全省文物安全工作联席会议成员单位联络员会议并讲话，文物安全处处长沈坤荣参加。

28至29日　省住建厅、省文物局组织专家赴磐安，审查大皿历史文化名村、榉溪历史文化名村保护规划。文物保护与考古处处长郑建华等参加。

29日　省政府召集召开政府投资项目省级联合审批部门协调会，省文物局副局长吴志强等参加。

文化遗产数字化公共服务平台及产业化应用示范项目——西湖示范工程签约仪式暨杭州市园林文物局加入国家文化遗产保护科技区域创新联盟签约仪式举行。省文化厅巡视员鲍贤伦、副巡视员、省文物局副局长陈官忠出席。

四　月

1日　省文化厅副巡视员、省文物局副局长陈官忠出席良渚博物院“新西兰文化艺术珍品展”开幕式活动，博物馆与社会文物处处长杨新平参加。

省文物局副局长吴志强、文物保护与考古处处长郑建华等督查大运河湖州市南浔段、海宁市长安闸申遗工作，有关专家和嘉兴市、湖州市相关领导参加。

省文化厅巡视员鲍贤伦接待来访的绍兴市文物管理局的领导。

2日　省文化厅巡视员鲍贤伦主持召开欢送陶月彪座谈会。副巡视员、省文物局副局长陈官忠、副局长吴志强、文物安全处处长沈坤荣、文物保护与考古处处长郑建华、博物馆与社会文物处处长杨新平、综合处副处长李俏、博物馆与社会文物处副处长金萍等局机关全体人员参加。

省文物局副局长吴志强、文物保护与考古处处长郑建华等与上虞市政府分管领导沟通大运河上虞段申遗及其他文物保护管理工作。

综合处处长钱剑力参加省政府法制办召开的行政许可事项分析座谈会。

3日　省住建厅、省文物局调研浦江县历史街区和名村保护工作。文物保护与考古处处长郑建华参加。

7日　全国政协原副主席张怀西一行在浙江省政协副主席盛昌黎及绍兴市有关领导陪同下，赴绍兴沈园考察。

9日　省文化厅巡视员鲍贤伦出席浙江日报“全民书法日座谈会”及杭州市文物工作会议。

省文化厅副巡视员、省文物局副局长陈官忠出席“磐安古茶场——茶文化陈列方案”专家论证会，博物馆与社会文物处处长杨新平主持会议。

10日　省文化厅巡视员鲍贤伦出席中国丝绸博物馆“瀚海沉舟”展开幕式。

省文化厅副巡视员、省文物局副局长陈官忠出席“鬼斧神工——甘肃省汉晋木刻艺术珍品展”开幕式活动，博物馆与社会文物处处长杨新平参加。

10到11日　省文化厅副巡视员、省文物局副局长陈官忠赴温州参加国家指南针项目“瓯海传统造纸技艺传承与展示基地建设”专家咨询会。

综合处处长钱剑力参加省政府公办厅教卫处召开的文教卫口办公室主任会议。

11日　省文化厅巡视员鲍贤伦出席第四届中国书法兰亭奖开幕式及颁奖晚会。

省文化厅副巡视员、省文物局副局长陈官忠考察瑞安博物馆新馆建设布展工作情况。

12日　省文化厅巡视员鲍贤伦出席第29届中国兰亭书法节开幕式活动。

博物馆与社会文物处处长杨新平等赴杭州土火斋陶瓷博物馆，就对口帮扶等工作进行调研。

14日　省文化厅巡视员鲍贤伦出席2012年度浙江省博物馆志愿者分队表彰大会。

15日　省文化厅巡视员鲍贤伦参加全省文物体制检查分析会议。

16日　省文化厅巡视员鲍贤伦，副巡视员、省文物局副局长陈官忠参加浙江省第一次全国可移动文物普查领导小组第一次会议。

省文化厅巡视员鲍贤伦出席宁波市蒋思豫先生百岁书法展开幕式。

17日　省文化厅巡视员鲍贤伦赴绍兴市调研，就贯彻落实国务院关于进一步做好旅游等开发建设活动中的文物保护工作与绍兴市政府领导交换意见。省文物局副局长吴志强参加。

文物保护与考古处处长郑建华等会同杭州市、萧山区、余杭区文物部门组织专家踏勘杭州地铁四号线、五号线规划线路与站点，并与建设、设计单位就有关文物保护事项交换意见。

18日　省文化厅巡视员鲍贤伦、副巡视员、省文物局副局长陈官忠出席第一次全国可移动文物普查电视电话会议。综合处处长钱剑力、副处长李俏、文物安全处处长沈坤荣、文物保护与考古处处长郑建华、博物馆与社会文物处处长杨新平、副处长金萍等局机关全体人员参加会议。

19日　2012年度大运河保护与申遗宣传工作表彰会暨通讯员培训班在嘉兴市举行。省文物局副局长吴志强到会并讲话。

省文化厅副巡视员、省文物局副局长陈官忠出席舟山海洋文化博物馆展陈设计方案论证会。

省文物局副局长吴志强、文物保护与考古处处长郑建华等组织专家赴绍兴督查大运河绍兴段申遗工作，并对专题陈列方案进行讨论。

20日　省文化厅巡视员鲍贤伦接待日本东京国立博物馆、上海博物馆馆长一行。

22日　文化部副部长、国家文物局局长励小捷一行赴浙江调研。省文化厅巡视员鲍贤伦，副巡视员、省文物局副局长陈官忠，博物馆与社会文物处处长杨新平，综合处副处长李俏赴宁波陪同调研。

23日　国家文物局在宁波召开民办博物馆座谈会，省文化厅巡视员鲍贤伦主持会议，文化厅副巡视员、省文物局副局长陈官忠汇报了浙江省民办博物馆发展情况，博物馆与社会文物处处长杨新平、综合处副处长李俏等参加。

文物安全处处长沈坤荣等一行赴庆元上垟青瓷窑址，就村民违法进行道路拓宽案件进行调查。

省文化厅副巡视员、省文物局副局长陈官忠出席浙江省博物馆孤山馆区环境整治方案座谈会。博物馆与社会文物处处长杨新平参加。

23至24日　文化部副部长、国家文物局局长励小捷在省文化厅巡视员鲍贤伦、副巡视员、省文物局副局长陈官忠等陪同下，赴杭州、宁波、舟山等地文博单位考察。

25日　省文化厅巡视员鲍贤伦、副巡视员、省文物局副局长陈官忠、综合处处长钱剑力、文物保护与考古处处长郑建华、博物馆与社会文物处处长杨新平等参加国家文物局在杭召开的文物法修订调研座谈会。

文物安全处处长沈坤荣陪同国家文物局政策法规司司长李耀申、副司长何成中等考察杭州工艺美术博物馆、杭州博物馆。

27日　省文物局副局长吴志强参加中国名镇名村（周庄）论坛暨江南水乡古镇申遗工作研讨会。

文物安全处处长沈坤荣赴磐安县古山古茶场，就古茶场陈列馆安全问题进行评估。

五　月

2日　省文物局副局长吴志强、文物保护与考古处处长郑建华在德清，与莫干山管理局商议全国重点文物保护单位莫干山别墅群保护工作。

3日　省文物局组织专家赴上虞检查大运河上虞段申遗整治工作。

文物安全处处长沈坤荣、文物保护与考古处处长郑建华、博物馆与社会文物处处长杨新平、综合处副处长李俏等参加了省文化厅传达省级机关工委关于开展“严纪律、正作风、做表率”的专项行动专题会议。

6日　大运河申遗迎检工作专题研讨会在山东省济宁市召开。文物保护与考古处处长郑建华等参加。

省文化厅巡视员鲍贤伦接待湖州市委宣传部有关领导来访。

7日　省文化厅巡视员鲍贤伦召集讨论《浙江通志·文化遗产卷：文物分册》编纂工作，副局长吴志强参加。

8日　省文化厅副巡视员、省文物局副局长陈官忠出席金华太平天国侍王府纪念馆改陈方案评审会并讲话，博物馆与社会文物处处长杨新平主持会议。

9日　浙江省可移动文物普查领导小组办公室、省文物局普查办公室第一次会议在杭州召开，省普查领导小组副组长、领导小组办公室主任、省文化厅巡视员鲍贤伦出席会议并讲话，省文物局普查办主任、省文化厅副巡视员、省文物局副局长陈官忠主持会议。会上审议了省普查培训方案、宣传方案、省级普查队伍组建方案等议题。

10日　为纪念丰子恺先生诞辰115周年，由浙江省博物馆和钱江晚报联合举办的“情语——丰子恺《护生画集》真迹展”在浙江省博物馆武林馆区开幕，省文化厅副巡视员、省文物局副局长陈官忠、博物馆与社会文物处处长杨新平等参加开幕式活动。

13日　省文物局与到访的西藏那曲地区文化局一行就浙江文博援藏工作进行座谈。副局长吴志强、综合处处长钱剑力、文物安全处处长沈坤荣、文物保护与考古处处长郑建华、博物馆与社会文物处处长杨新平、综合处副处长李俏等参加。

13至15日　博物馆与社会文物处副处长金萍等参加第一次全国可移动文物普查国家培训班学习。

14日　省文化厅副巡视员、省文物局副局长陈官忠出席浙江大学、塔里大学、新疆文物局等四方战略合作年会。

省文物局副局长吴志强出席跨湖桥遗址保护厅温湿度控制改造工程验收会。

受国家文物局邀请，文物安全处处长沈坤荣赴京，参加由安徽省文物局承担的《博物馆安全防范系统监管平台》和中国人民公安大学承担的《全国文物督察监管平台可行性研究》两个科研课题的专家评审会。

14日　省文物局组织验收省级文物保护单位杭州澄庐保护工程，文物保护与考古处处长郑建华等参加。

省文物局组织审查省级文物保护单位宁波灵桥保护工程方案，文物保护与考古处处长郑建华等参加。

15日　省文化厅副巡视员、省文物局副局长陈官忠出席宁波鄞州区“5？18国际博物馆日”民办馆长座谈会并授课。

文物保护与考古处处长郑建华出席丽水申报省级历史文化名城宣传月启动仪式。

16至19日　省文化厅副巡视员、省文物局副局长陈官忠赴山东出席第十届2011至2012年度全国博物馆十大陈列展览精品评选终评会。

16日　省文物局副局长吴志强参加国务院召开的贯彻落实《中华人民共和国旅游法》电视电话会议。

文物局综合处召集省直文博单位办公室主任进行上半年度工作交流。综合处处长钱剑力、副处长李俏参加。

省文物安全技术防范工程审核组对桐乡君匋艺术院安防工程进行省级验收，文物安全处处长沈坤荣参加。

省住建厅、省文物局组织检查省级历史文化名城余姚，文物保护与考古处处长郑建华参加。

17日　省文化厅巡视员鲍贤伦出席省博物馆学会网站上线仪式，博物馆与社会文物处处长杨新平、副处长金萍等参加。

省文物局文物保护与考古处处长郑建华参加全国重点文物保护单位武义吕祖谦家族墓所在区块明招文化园概念性规划评审。

18日　我省三展览获第十届全国博物馆十大陈列展览精品奖。

20日　省文化厅巡视员鲍贤伦出席“中国书法之乡鄞州”命名授牌仪式。

省文物局组织检查大运河滨江西兴过塘行码头整治工程并召开整治工作座谈会。副局长吴志强等参加。

省住建厅就金华国家历史文化名城保护规划局部调整意向组织评估，省文物局文物保护与考古处处长郑建华参加。

21日　省住建厅、省文物局检查国家历史文化名城金华、省级历史文化名城东阳保护状况。文物保护与考古处处长郑建华参加。

22日　省文物局组织检查大运河（余姚段）整治工作。副局长吴志强、文物保护与考古处处长郑建华等参加。

23日　省文物局组织检查大运河（宁波段）整治工作，并召开有关工作会议。副局长吴志强、文物保护与考古处处长郑建华等参加。

中共浙江省委书记夏宝龙考察景宁畲族博物馆。

25日　中国文物学会古村镇专业委员会成立大会在湖州荻港村举行。省文化厅巡视员鲍贤伦出席并致辞。副局长吴志强、文物保护与考古处处长郑建华参加。

27日　省文化厅副巡视员、省文物局副局长陈官忠接待富阳浙江缘竹坊文化用品有限公司领导，商谈关于建设传统造纸文化博物馆的事宜。

省文物局组织召开第一批省级考古遗址公园申报项目专家评审会。文物保护与考古处处长郑建华主持会议，副局长吴志强参加。

27至28日　国家文物局局长励小捷一行赴浙江岱山调研，省文化厅巡视员鲍贤伦陪同考察，综合处处长钱剑力参加。

27至30日　根据省政府“服务基层、服务企业”专项行动安排，文物安全处处长沈坤荣作为组长，参加了第九服务组第一小组赴椒江区、三门县、天台县，开展以“三改一拆”为主题的调研、服务活动。

28日　应中国博协邀请，荷兰驻华大使文化参赞等博物馆学专家来浙考察，省文化厅副巡视员、省文物局副局长陈官忠会见专家一行。

省住建厅、省文物局组织检查瑞安省级历史文化名城保护管理状况，文物保护与考古处处长郑建华等参加。

29日　省住建厅、省文物局组织检查温州省级历史文化名城保护管理状况，并就国家历史文化名城申报事宜与温州市有关部门交换意见。文物保护与考古处处长郑建华等参加。

省文物局召开全局干部大会。省委宣传部常务副部长胡坚在会上宣读了省政府关于陈瑶任省文物局局长的任命文件。省文化厅党组书记、厅长金兴盛主持会议。省委宣传部干部处处长吴熔、省文化厅人事处处长朱海闵，省文物局全体干部、厅属文博单位主要负责人参加会议。会上鲍贤伦、陈瑶分别做了表态发言。

30日　省文化厅副厅长、省文物局局长陈瑶，省文化厅副巡视员、省文物局副局长陈官忠参加中共浙江省第十三届三次扩大会议。

省文化厅副巡视员、省文物局副局长陈官忠出席“磐安县茶文化博物馆陈展形式”设计方案专家论证会。

31日　省文物局局长陈瑶参加全省干部队伍建设会议。

省文物局局长陈瑶拜访老同志毛昭晰，综合处处长钱剑力陪同。

浙江省考古学会召开常务理事会。省文物局副局长吴志强、文物保护与考古处处长郑建华参加。

省文化厅巡视员鲍贤伦听取绍兴市政府领导就落实国务院关于进一步做好旅游等开发建设活动中的文物保护工作的自查整改情况汇报并交换意见。省文物局副局长吴志强、文物保护与考古处处长郑建华参加。

六　月

3日，省文化厅副厅长、省文物局局长陈瑶，厅副巡视员、省文物局副局长陈官忠参加厅党组会议。

省住建厅、省文物局商议第六批中国历史文化名镇、名村申报事宜，文物保护与考古处处长郑建华参加。

4日　省博物馆学会与余杭博物馆商议博物馆学术研讨会事宜，博物馆与社会文物处处长杨新平参加。

省文化厅副厅长、省文物局局长陈瑶主持召开局务会议。厅副巡视员、省文物局副局长陈官忠、副局长吴志强，综合处处长钱剑力、文物安全处处长沈坤荣、文物保护与考古处处长郑建华、博物馆与社会文物处处长杨新平、综合处副处长李俏等参加。

4至7日　文物保护与考古处组织开展2013年度第三次省级以上文物保护单位保护工程方案集中审查。文物保护与考古处处长郑建华等参加。

5日　省文化厅副厅长、省文物局局长陈瑶接待丽水市文广新局领导一行，听取申报省历史文化名城工作的汇报。副局长吴志强参加。

5至6日　省文化厅副厅长、省文物局局长陈瑶先后赴浙江省文物考古研究所、浙江省博物馆、浙江自然博物馆调研。副局长吴志强、综合处处长钱剑力、博物馆与社会文物处处长杨新平、副处长金萍等分别陪同。

6日　省文化厅副巡视员、省文物局副局长陈官忠参加省国资委系统“一普”工作座谈会并授课。

“探秘彩陶王国——新石器时期马家窑文化珍品展”开幕式在跨湖桥遗址博物馆举行。省文物局副局长吴志强出席。

省文物安全技术防范工程审核组会同温州市文物局、公安局，对瑞安市博物馆安防系统工程组织验收。文物安全处处长沈坤荣参加。

省住建厅、省文物局组织专家，对各地申报第六批中国历史文化名镇、名村的古村镇进行初步审查。文物保护与考古处处长郑建华等参加。

博物馆与社会文物处处长杨新平应绍兴市文物管理局邀请，为绍兴市文物部门举办的报告会作了业务讲座。

7日，省文化厅副巡视员、省文物局副局长陈官忠出席杭州市工艺美术博物馆与永康博物馆等七家博物馆举办的“版墨浙江”巡展启动仪式。

省文物局副局长吴志强赴嘉善，出席吴镇墓公布为全国重点文物保护单位揭碑仪式。

博物馆与社会文物处处长杨新平与海宁市文广新局、博物馆商议海宁博物馆新馆建设事宜。

省文化厅副厅长、省文物局局长陈瑶，省文化厅副巡视员、省文物局副局长陈官忠赴嘉兴调研。

7至8日　2013年中国文化遗产日主场城市活动在陕西咸阳市举办。省文物局副局长吴志强出席。

7至9日　省住建厅、省文物局组织评估申报第六批中国历史文化名村的宁海县龙宫村、象山县东门渔村，审查省级历史文化名镇象山石浦镇保护规划，考察拟申报历史文化名镇的宁波市鄞州区鄞江镇。文物保护与考古处处长郑建华参加。

8日　省文化厅副厅长、省文物局局长陈瑶出席2013年文化遗产日浙江主场城市活动并致辞。省文化厅副巡视员、省文物局副局长陈官忠，综合处处长钱剑力、文物安全处处长沈坤荣、文物保护与考古处处长郑建华、博物馆与社会文物处处长杨新平等参加。

9日　省文化厅副厅长、省文物局局长陈瑶走访文物局机关老同志，综合处处长钱剑力陪同。

博物馆与社会文物处处长杨新平赴湖州市博物馆调研。

13到14日　省文化厅副厅长、省文物局局长陈瑶分别赴中国丝绸博物馆、浙江省文物监察总队、浙江省文物鉴定审核办公室调研工作，综合处处长钱剑力等参加。

13日　省文化厅副巡视员、省文物局副局长陈官忠出席余杭涉案文物专家鉴定会议。

14日　省文化厅副巡视员、省文物局副局长陈官忠出席章太炎纪念馆“章太炎国学思想”研讨会。

17日　省文物局组织督查大运河绍兴段申遗工作。副局长吴志强、文物保护与考古处处长郑建华参加。

18日　省文化厅副巡视员、省文物局副局长陈官忠出席长兴“环太湖历史碑刻拓片精萃”巡展活动启动仪式。

省文物局组织督查大运河嘉兴段申遗工作。副局长吴志强、文物保护与考古处处长郑建华参加。

19日，国家文物局委托的“国家二、三级博物馆运行评估试点”之“国家二级博物馆运行评估指标体系”初评会在州召开，省文化厅副巡视员、省文物局副局长陈官忠主持会议，博物馆与社会文物处处长杨新平、副处长金萍等参加。

省委宣传部召开农村文化礼堂建设工作领导小组第一次会议。省文物局副局长吴志强参加。

20日　省文化厅副厅长、省文物局局长陈瑶听取全省世界文化遗产申报和管理工作情况专题汇报，副局长吴志强、文物保护与考古处处长郑建华参加。

省文化厅副厅长、省文物局局长陈瑶出席可移动文物普查工作会议并讲话。省文化厅副巡视员、省文物局副局长陈官忠主持会议。博物馆与社会文物处处长杨新平、副处长金萍等参加。

21日　磐安茶文化博物馆陈列形式设计评审会在杭州召开，省文化厅副巡视员、省文物局副局长陈官忠出席会议并讲话，博物馆与社会文物处处长杨新平主持会议。

25日　省文化厅副厅长、省文物局局长陈瑶听取《浙江通志文物分卷》编纂情况汇报。

省文化厅副巡视员、省文物局副局长陈官忠参加中国美院肖峰艺术馆建设方案评审会。

省文物局组织督查大运河宁波段申遗工作，副局长吴志强、文物保护与考古处处长郑建华参加。

26日　省文化厅巡视员鲍贤伦召集商议省文物学会成立事宜。副巡视员、省文物局副局长陈官忠、副局长吴志强、博物馆与社会文物处处长杨新平、文物保护与考古处处长郑建华等参加。

省文化厅副厅长、省文物局局长陈瑶听取文物平安工程工作情况汇报。文物安全处处长沈坤荣参加。

27日　省文物局副局长吴志强与杭州市园文局、杭州市考古所领导商谈杭州市考古工作事宜。文物保护与考古处处长郑建华等参加。

省文化厅副厅长、省文物局局长陈瑶参加浙江论坛报告会。

文物保护与考古处组织专家，讨论国际专家现场考察评估大运河（浙江段）申报世界文化遗产项目接待工作实施方案。省文物局副局长吴志强、文物保护与考古处处长郑建华等参加。

28日　省文化厅副厅长、省文物局局长陈瑶参加局机关离退休支部学习会。

28日　省文化厅副巡视员、省文物局副局长陈官忠参加桐乡君匋艺术院“钱君匋隶书千字文”首发式活动。

杭州市召开第五批市级文物保护单位推荐评审会。文物保护与考古处处长郑建华参加。

29至30日　省文物局副局长吴志强陪同国家文物局文保司领导考察湖州市申报国家历史文化名城工作。

七　月

1日　省文化厅副厅长、省文物局局长陈瑶赴杭州海关联系工作。

博物馆与社会文物处处长杨新平参加安吉吴昌硕纪念馆展陈方案评审会。

2日　省文化厅副厅长、省文物局局长陈瑶向浙江省副省长郑继伟汇报大运河申遗工作情况。副局长吴志强、文物保护与考古处处长郑建华、副处长李新芳等参加。

省文化厅副巡视员、省文物局副局长陈官忠参加浙江省博物馆申报国家文物局重点科研基地专家咨询会。

省文物局副局长吴志强与莲都区文广新局领导商议通济堰道路建设工程事宜。

3日　省文物局副局长吴志强召开大运河迎检工作会议。综合处处长钱剑力、副处长李俏、文物保护与考古处处长郑建华、副处长李新芳等参加。

省文化厅副厅长、省文物局局长陈瑶参加浙江论坛报告会。

省文化厅副巡视员、省文物局副局长陈官忠参加浙商文化博物馆建设座谈会。

5日　省政府办公厅召开文教卫口办公室主任会议，综合处处长钱剑力参加。

博物馆与社会文物处处长杨新平、副处长金萍等参加2013年度省级文物保护科技项目评审会。

浙江自然博物馆召开“缙云县生态文明成果展暨浙江省首次发现恐龙头骨和甲龙尾锤化石”新闻发布会，就最新的恐龙发掘和发现等情况做了重点介绍。

5至11日　中国博物馆协会博物馆学专业委员会召开2013年年会暨学术研讨会。

8日　省文化厅副厅长、省文物局局长陈瑶接待良渚管委会和杭州市园文局领导，商谈相关工作，副局长吴志强参加。

省文物局副局长吴志强与浙江省文物考古研究所有关人员商讨《浙江通志文物分卷》编纂培训事宜。

9日　省文化厅副厅长、省文物局局长陈瑶赴象山出席首次水下文物联合执法活动，并调研宁波市国保。

省文化厅副巡视员、省文物局副局长陈官忠出席博物馆陈列展览交流信息平台建设项目会议。

省文物局副局长吴志强参加浙江省第一次地理国情普查领导小组成员会议。

10日　省文化厅副巡视员、省文物局副局长陈官忠出席杭州市园林文物局、杭州市文保所人员招聘面试活动。

10至11日　省文化厅副厅长、省文物局局长陈瑶赴吉林省参加全国文物局长座谈会。

10至14日　国家文物局文保司副司长唐炜率专家组，模拟国际古迹遗址理事会专家实地考察评估大运河（浙江段）。省文物局副局长吴志强、文物保护与考古处处长郑建华等陪同。

11日　省文物局机关全体参加省级文化系统党的群众路线教育实践活动动员大会，省文化厅巡视员鲍贤伦、副巡视员、省文物局副局长陈官忠、综合处处长钱剑力、副处长李俏、文物安全处处长沈坤荣、博物馆与社会文物处处长杨新平、副处长金萍、文物保护与考古处副处长李新芳等参加。

12日　省文化厅副巡视员、省文物局副局长陈官忠出席义乌市中国商贸博物馆建设方案评审会。

15日　省文化厅副厅长、省文物局局长陈瑶参加省政府协调会。

北京大学全国中学生考古夏令营在余杭良渚博物院举行开营仪式。省文物局副局长吴志强出席。

省文物局组织专家讨论全国重点文物保护单位胡庆余堂砖雕门楼保护和金华侍王府环境整治方案。文物保护与考古处处长郑建华、副处长李新芳参加。

文物保护与考古处处长郑建华召集处室碰头会，总结上半年工作，讨论下半年工作安排。副处长李新芳等参加。

16日　省文化厅副厅长、省文物局局长陈瑶出席浙江省博物馆长沙窑彩瓷捐赠仪式。

省文化厅副巡视员、省文物局副局长陈官忠出席衢州博物馆临展厅改造方案调研会。

17日　省文化厅副厅长、省文物局局长陈瑶陪同中共浙江省委宣传部部长葛慧君赴浙江省文物考古研究所调研；并主持召开局务会议，副巡视员、省文物局副局长陈官忠，副局长吴志强、综合处处长钱剑力、副处长李俏、文物安全处处长沈坤荣、文物保护与考古处处长郑建华、副处长李新芳、博物馆与社会文物处处长杨新平、副处长金萍等参加。

18日　省文化厅副厅长、省文物局局长陈瑶出席《浙江通志？文物分卷》培训班开班仪式。副局长吴志强参加。

省住建厅、省文物局组织专家赴松阳，审查历史文化名村吴弄、山下阳的保护规划。文物保护与考古处处长郑建华参加。

19日　省文化厅副厅长、省文物局局长陈瑶主持召开省直文博党政主要负责人专题座谈会，听取对厅党组及厅局机关的意见建议。副巡视员、省文物局副局长陈官忠，副局长吴志强、综合处处长钱剑力等参加。

省住建厅、省文物局组织调研龙泉市申报国家历史文化名城工作。文物保护与考古处处长郑建华参加。

20日　文物保护与考古处处长郑建华在龙泉调研全国重点文物保护单位永和桥保护工作。

22日　省文化厅副厅长、省文物局局长陈瑶出席第一次可移动文物普查培训班开班仪式并讲话，副巡视员、省文物局副局长陈官忠、博物馆与社会文物处处长杨新平、副处长金萍等参加。

23日　省文化厅副厅长、省文物局局长陈瑶出席浙江省博物馆、浙江省文物考古研究所“党的群众路线教育实践活动”动员大会并讲话，副局长吴志强、博物馆与社会文物处处长杨新平等参加。

省文化厅副巡视员、省文物局副局长陈官忠出席浙江自然博物馆“党的群众路线教育实践活动”动员大会并讲话。

24日　省文化厅副厅长、省文物局局长陈瑶参加“激发梦想——最美浙江人”先进事迹报告会。

25日　省文化厅副厅长、省文物局局长陈瑶出席大运河申遗迎检工作会议并讲话，副局长吴志强、文物保护与考古处处长郑建华等参加。

26日　省文化厅副巡视员、省文物局副局长陈官忠参加省政府第二次全体会议。

29日　省文化厅副厅长、省文物局局长陈瑶接待丽水市政府领导，商谈了有关工作。

30日　省文化厅副巡视员、省文物局副局长陈官忠为第一次可移动文物普查培训班的学员授课，还参加了博物馆与社会文物处工作会议。

30日　省文物局副局长吴志强赴龙游，考察省保姜席堰水段情况，并商议保护维修工作。

31日　省文化厅副厅长、省文物局局长陈瑶赴安吉考古工地慰问野外考古工作者。副局长吴志强赴永康、义乌、浦江等地考古工地，慰问野外考古工作者。

八　月

1日　省文化厅副巡视员、省文物局副局长陈官忠出席浙江省博物馆与湖北省博物馆合作展览的开幕式活动。

省文物局副局长吴志强在京杭运河博物馆参加大运河申遗展陈改造提升会。

2日　省文物局副局长吴志强接待永康县政府领导，就国保芙蓉村保护工作的有关问题交换意见。

文物保护与考古处和杭州市运河综保委对接大运河申遗迎检工作事宜，文物保护与考古处处长郑建华等参加。

2至4日　省文化厅副巡视员、省文物局副局长陈官忠带队赴衢州地区调研，博物馆与社会文物处处长杨新平等参加。

5至6日　省文化厅副厅长、省文物局局长陈瑶，副巡视员、副局长陈官忠，副局长吴志强，综合处处长钱剑力、文物安全处处长沈坤荣、博物馆与社会文物处处长杨新平等参加全省文广新局局长座谈会。

文物保护与考古处处长郑建华等赴京参加国家文物局大运河及丝绸之路申遗工作会。

6日　省文化厅副厅长、省文物局局长陈瑶，副巡视员、副局长陈官忠，副局长吴志强，综合处处长钱剑力、文物安全处处长沈坤荣、博物馆与社会文物处处长杨新平、综合处副处长李俏、文物保护与考古处副处长李新芳、博物馆与社会文物处副处长金萍等参加全省文化系统党的群众路线教育活动报告会。

8日　省文化厅副巡视员、省文物局副局长陈官忠、博物馆与社会文物处处长杨新平等赴安吉县，调研浙江自然博物馆新馆选址等建设工作。

博物馆与社会文物处处长杨新平与有关人员商议博物馆展览交流信息平台运行推广事宜。

文物保护与考古处处长郑建华等与良渚遗址管委会、规划处商谈有关建设项目事宜。

省文物局副局长吴志强、文物保护与考古处处长郑建华等听取宁波市文广新局关于全国重点文物保护单位天一阁建设控制地带内建设项目方案调整情况的汇报。

9日　文化部副部长丁伟调研杭州连横纪念馆。

省文物局副局长吴志强带队赴建德新叶村，开展党的群众路线教育实践活动走访，听取建德、桐庐、淳安文化文物部门负责人、村代表的意见和建议。文物保护与考古处处长郑建华、副处长李新芳等参加。

10日　省文物局副局长吴志强赴永嘉县，实地察看全国重点文物保护单位芙蓉村建筑群部分建筑擅自改建成展陈馆的情况，并与永嘉县委、县府领导研究整改措施，落实巡查意见。

11日　省文物局副局长吴志强赴洞头看望考古工作人员，并与温州市文物局、洞头县文广新局、交通局协商遗址保护与公路建设事宜。

13日　省文物局副局长吴志强接待嘉善县西塘镇领导。

13至14日　省文化厅副厅长、省文物局局长陈瑶参加全省宣传文化系统专题读书会。

14日　省文化厅副巡视员、省文物局副局长陈官忠赴西泠印社拍卖公司走访。

15日　中共浙江省委副书记王辉忠考察景宁畲族博物馆。

省文化厅副厅长、省文物局局长陈瑶赴良渚遗址调研保护与申遗工作。副局长吴志强、文物保护与考古处处长郑建华等参加。

16日　省文物局组织专家对上虞大运河申遗迎检工作进行检查指导。副局长吴志强、文物保护与考古处处长郑建华等参加。

19日　文物保护与考古处处长郑建华等检查省级文物保护单位嘉兴文生修道院修缮工程,并就其钟楼结构加固方案等进行讨论。

省文物局副局长吴志强参加第一次全国地理国情普查电视电话会议。

20日　省文化厅副厅长、省文物局局长陈瑶听取浙江自然博物馆工作汇报。

文物保护与考古处处长郑建华等接待国家文物局系列遗产保护、管理与监测课题组一行,就大运河等系列遗产的保护、管理与监测等交换意见。

21至22日　全省文物局长座谈会召开。省文化厅副厅长、省文物局局长陈瑶出席会议并讲话。副巡视员、副局长陈官忠、副局长吴志强,综合处处长钱剑力、文物安全处处长沈坤荣、文物保护与考古处处长郑建华、博物馆与社会文物处处长杨新平等参加。

22日　省文物局副局长吴志强检查大运河申遗宁波三江口遗产点工作。

22至23日　省文物局召开大运河迎检讲解专题研讨会,文物保护与考古处处长郑建华、副处长李新芳等参加。

22至24日　省文化厅副巡视员、省文物局副局长陈官忠赴新疆参加文化遗产保护战略协作年会,博物馆与社会文物处副处长金萍参加。

23日　省文物局副局长吴志强赴宁波,出席保国寺大殿建成1000年学术研讨会。博物馆与社会文物处处长杨新平参加。

25至26日　省文化厅副巡视员、省文物局副局长陈官忠、博物馆与社会文物处处长杨新平赴绍兴参加“古桥文化学术研讨会”。

26日　省文化厅副厅长、省文物局局长陈瑶参加全省宣传思想工作会议。

26至27日　中国柯桥·古桥文化学术研讨会在绍兴县柯桥举行。

27日　省文化厅副厅长、省文物局局长陈瑶主持召开局办公会议,副巡视员、副局长陈官忠、副局长吴志强、综合处处长钱剑力、副处长李俏、文物安全处处长沈坤荣、文物保护与考古处处长郑建华、副处长李新芳、博物馆与社会文物处处长杨新平、副处长金萍等参加。

省文物局副局长吴志强检查大运河塘栖段申遗迎检工作。

28日　省文物局副局长吴志强检查大运河南浔段申遗迎检工作。

29日　省文物安全技术防范工程审核组专家就丽水市博物馆安全防范系统设计方案进行讨论。文物安全处处长沈坤荣参加。

30日　省文化厅厅长金兴盛召集省文物局处级以上干部就“四风”等问题听取意见和建

议。副厅长、省文物局局长陈瑶、副局长吴志强、综合处处长钱剑力、副处长李俏、文物安全处处长沈坤荣、文物保护与考古处处长郑建华、副处长李新芳、博物馆与社会文物处处长杨新平等参加。

省文化厅副巡视员、省文物局副局长陈官忠参加绍兴市第一次可移动文物普查工作会议。

应杭州市园林文物局邀请，文物安全处处长沈坤荣专程到杭州章太炎文物库房建设工地，与施工单位就库房建设中的安全要求进行现场讲解和指导，并要求根据规范标准整改到位。

九　月

3日　省文物局副局长吴志强召集局机关有关处室，就大运河申遗迎接国际专家现场考察评估有关事宜进行协调，综合处处长钱剑力等参加。

4日　省文物局副局长吴志强、文物保护与考古处副处长李新芳等参加在杭召开的大运河（浙江段）遗产地利益相关者座谈会预演会议。

国家二、三级博物馆运行评估试点相关标准评审会在省文物局召开，省文化厅副巡视员、省文物局副局长陈官忠出席会议，博物馆与社会文物处处长杨新平主持。

《浙江通志文物卷》召开会议，省文物局副局长吴志强、综合处处长钱剑力等参加。

5日　综合处处长钱剑力去省外办联系大运河迎检相关工作。

云和县博物馆建筑设计方案评审会在杭召开，省文化厅副巡视员、省文物局副局长陈官忠出席会议并讲话，博物馆与社会文物处处长杨新平主持。

综合处处长钱剑力、文物保护与考古处副处长李新芳向省政府办公厅教卫处汇报大运河申遗迎接国际专家现场考察评估准备情况。

6日　省文化厅2013年度第13次厅长办公会议、第17次党组会议听取了文物保护与考古处关于迎接国际专家现场考察评估大运河申遗项目准备情况的汇报。省文物局副局长吴志强、文物保护与考古处副处长李新芳参加。

博物馆与社会文物处处长杨新平参加由杭州国际城市学研究中心召开的城市病调查问卷专题会议，并与副处长金萍和省发改委、财政厅共同研究、商议2013年度博物馆库房安防补助经费事宜。

9日　省文化厅副厅长、省文物局局长陈瑶，副巡视员、副局长陈官忠参加省政府会议。

11日　省文化厅副厅长、省文物局局长陈瑶考察大运河长安闸及余杭广济桥。副局长吴志强、文物保护与考古处副处长李新芳等陪同。

12日　省文化厅副厅长、省文物局局长陈瑶考察大运河（绍兴段）、绍兴八字桥及八字桥历史街区、古纤道及杭州西兴过塘行等遗产点段。副局长吴志强、文物保护与考古处副处长李新芳等陪同。

13日　省文化厅副厅长、省文物局局长陈瑶赴龙游参加遗址考古研讨会。

省文物局副局长吴志强在京参加新时期文博事业发展研讨会。

13至15日　龙游荷花山遗址暨钱塘江早期新石器时代文化学术研讨会在龙游县召开。

15日　省文物局副局长吴志强调研宁海县龙宫村古村落保护与利用工作。

16日　省文化厅副巡视员、省文物局副局长陈官忠赴磐安参加复县30周年活动和省海洋与钓鱼岛问题形势报告会。

17日　省文化厅副巡视员、省文物局副局长陈官忠出席我省国家二、三级博物馆运行评估试点相关文件专家论证会，博物馆与社会文物处处长杨新平主持。

省文物局副局长吴志强与绍兴商议天章寺遗址保护与建设有关问题。

省文物局机关支部召开学习会。省文化厅副厅长、省文物局局长陈瑶、副巡视员、副局长陈官忠、副局长吴志强、综合处处长钱剑力、文物安全处处长沈坤荣、博物馆与社会文物处处长杨新平等机关支部全体党员参加会议。

18日　省文化厅副巡视员、省文物局副局长陈官忠出席平阳县博物馆建筑设计方案评审会，博物馆与社会文物处处长杨新平主持。

23日　省文化厅副厅长、省文物局局长陈瑶向省政府办公厅秘书长李卫宁汇报大运河申遗项目保护区划调整事宜。

24日　省文化厅副厅长、省文物局局长陈瑶参加全省宣传思想工作会议。

浙江省副省长郑继伟在杭会见大运河申遗考察评估专家。省政府副秘书长李云林、省文化厅厅长金兴盛、副厅长、省文物局局长陈瑶、省外办副主任陆国灏陪同。副局长吴志强、文物保护与考古处处长郑建华等参加。

25日　国家文物局副局长童明康会见会见大运河申遗考察评估专家一行。省文化厅副厅长、省文物局局长陈瑶等陪同。

博物馆与社会文物处处长杨新平应邀为省民宗委举办的佛、道教界人士培训班作“宗教建筑与文化遗产保护”讲座。

绍兴鲁迅纪念馆举办建馆六十周年活动。

27日　省文化厅副巡视员、省文物局副局长陈官忠、博物馆与社会文物处处长杨新平等与平阳县文广新局、博物馆及杭州建筑设计院就平阳县博物馆新馆建筑设计方案修改问题进行沟通、研究。

湖州历史文化名城保护规划修编评审会在湖召开。省文物局副局长吴志强等参加。

28日　手工艺活态展示馆经过扩容、提升，重新对外开放。

十　月

8日　省文化厅厅长金兴盛到省文物局，与局机关处级谈话并征求意见。副局长吴志强、综合处处长钱剑力、文物安全处处长沈坤荣、文物保护与考古处处长郑建华、博物馆与社会文物处处长杨新平参加。

9日　省文物局副局长吴志强出席全省文物保护单位“四有”培训班开班仪式并授课。

10日　省文化厅副厅长、省文物局局长陈瑶接待嘉兴市文广新局领导来访。

省文物局副局长吴志强与文物保护与考古处商议有关工作。

省文物局会同省文物监察总队赴宁波，就全国第三次文物普查登录点海曙区南郊路52号民居保护问题与宁波市海曙区政府进行协商。文物保护与考古处副处长李新芳参加。

11日　省文化厅副巡视员、省文物局副局长陈官忠参加省政府办公厅关于曹其镛艺术馆建设问题协调会议。

博物馆与社会文物处处长杨新平与浙江省博物馆、省文物鉴定审核办公室有关人员一起赴诸暨市店口镇江南博物馆（民办）调研。

12日　省文化厅副厅长、省文物局局长陈瑶接待青田县政府领导来访。

省文物局副局长吴志强出席全省文物保护单位“四有”工作培训班结业仪式并讲话。

综合处处长钱剑力等与省委宣传部《宣传半月刊》总编一行商议加强文物宣传报道工作。

14日　省文物局副局长吴志强在省人大参加山西省人大古建筑立法调研座谈会。

博物馆与社会文物处处长杨新平等与省博物馆学会商议国家二、三级博物馆运行评估试点相关工作。

15日　省文物局副局长吴志强与湖州市南浔区文广新局领导商议全国重点文物保护单位小莲庄利用有关工作。

金丽温铁路扩能改造项目丽水厦河塔段隧道工程综合爆破工程施工方案及厦河塔保护方案论证会在丽水市召开。文物保护与考古处副处长李新芳参加。

16日　国家文物局博物馆与社会文物司领导一行在我省调研社会文物工作，并在杭召开座谈会。省文化厅副厅长、省文物局局长陈瑶，博物馆与社会文物处副处长金萍等参加座谈会。

省文化厅副巡视员、省文物局副局长陈官忠出席嘉兴吴云心书画作品捐赠仪式和中国丝绸博物馆改扩建规划调整专家咨询会，博物馆与社会文物处处长杨新平参加会议。

文物保护与考古处副处长李新芳和宁波市文保所、上海海事局宁波市航标处就第七批全国重点文物保护单位浙东沿海灯塔保护事宜进行协商。

省文化厅副厅长、省文物局局长陈瑶赴杭州市园林文物局调研，综合处处长钱剑力陪同。

17日　省文化厅副巡视员、省文物局副局长陈官忠参加杭州博物馆数字化论坛，并在开幕式上致辞。博物馆与社会文物处处长杨新平参加。

省文物局副局长吴志强陪同山西省人大调研组考察建德市新叶村。

18日　省文化厅副厅长、省文物局局长陈瑶主持召开局务会议。副巡视员、省文物局副局长陈官忠、副局长吴志强、综合处处长钱剑力、副处长李俏、博物馆与社会文物处处长杨新平、副处长金萍、文物保护与考古处副处长李新芳等参加。

21日　省文化厅副巡视员、省文物局副局长陈官忠参加浙江自然博物馆安吉新馆建筑设计任务书和展陈框架方案专家咨询会。

省文物局副局长吴志强协调紧水滩考古队考古发掘、调查采集标本处理工作。

21日　省文物局副局长吴志强听取了台州市椒江区政府分管领导关于省级文物保护单位

一江山岛战役遗址保护工作设想的汇报，和与建德市政府、市文广新局领导沟通、协调建德新叶村古村落保护利用综合试点事宜。文物保护与考古处副处长李新芳参加。

博物馆与社会文物处处长杨新平和西湖风景名胜区规建局领导咨询、商议中国丝绸博物馆改扩建工程审批等问题。

21至23日 2013年度第四次省级以上文物保护单位保护工程方案集中审查会在杭召开。文物保护与考古处副处长李新芳等参加。

22日 博物馆与社会文物处处长杨新平参加国家二、三级博物馆运行评估试点模拟测试评估结果专家讨论会；并与副处长金萍赴省财政厅文教处，就转发财政部、国家文物局关于普查工作的文件和我省的市县普查经费使用等问题进行沟通、商议。

23日 省文化厅副厅长、省文物局局长陈瑶接待湖州市文广新局有关领导，参加了浙江省文物鉴定审核办的民主生活会。

省文化厅副巡视员、省文物局副局长陈官忠出席苍南县博物馆展陈形式设计评审会，博物馆与社会文物处处长杨新平主持。

省文物局副局长吴志强参加绍兴兰亭天章寺遗址保护会议。

23至25日 文物安全处处长沈坤荣参加省政府"双服务"专项行动组赴台州的工作。

24日 省文化厅副巡视员、省文物局副局长陈官忠出席新昌县博物馆展陈设计评审会，博物馆与社会文物处处长杨新平主持。

博物馆与社会文物处处长杨新平参加浙江省博物馆举办的全省近现代文物鉴定培训班开幕式。

25日 省文化厅副厅长、省文物局局长陈瑶听取永康市政府分管领导关于城市建设中市保单位应均旧居保护工作的汇报；还听取了海宁市文化广电新闻出版局关于海宁潮和盐官海塘申报世界遗产、行政审批权限下放、海神庙历史格局恢复等工作情况的汇报。副局长吴志强、文物保护与考古处副处长李新芳参加。

省文化厅副巡视员、省文物局副局长陈官忠出席宁波市教育博物馆建设专家咨询会。

省文物局副局长吴志强召集文物保护与考古处、省文物考古研究所有关人员就推荐全国重点文物保护工程方案审核专家库、文物保护工程资质管理办法修订、文物保护工程资质单位申报等事宜进行讨论。文物保护与考古处处长郑建华、副处长李新芳等参加。

博物馆与社会文物处处长杨新平、副处长金萍、综合处副处长李俏商议公共文化服务专项资金（博物馆方面）使用考核指标。

26日 省文化厅副厅长、省文物局局长陈瑶会见曹其镛。

28日 省文化厅副厅长、省文物局局长陈瑶参加省文物考古研究所民主生活会。文物保护与考古处副处长李新芳参加。

省文物局副局长吴志强接待黄岩区文广新局领导来访。

29日 省文化厅副厅长、省文物局局长陈瑶出席湖州申报国家历史文化名城汇报会，文物保护与考古处副处长李新芳参加。

29至1日，国家住建部会同国家文物局组织专家对湖州市申报国家历史文化名城工作进行实地考评。

省文化厅副调研员、省文物局副局长陈官忠、综合处处长钱剑力参加中国丝绸博物馆和浙江省文物监察总队民主生活会。

省文物局副局长吴志强出席2013年浙江省文物保护培训班开班仪式，并作文物保护法规与管理的授课。

30日　省文化厅副厅长、省文物局局长陈瑶、综合处处长钱剑力等参加浙江省博物馆民主生活会。

省文化厅副调研员、省文物局副局长陈官忠参加全省博物馆陈列培训班开班仪式。

文物保护与考古处副处长李新芳与杭州市园林文物局分管领导就省级文物保护单位杭州高等法院及杭县地方法院旧址保护加固问题进行沟通、协调。

30至1日　省文物局副局长吴志强陪同国家考评组在湖州进行现场考察。

31日　省文化厅副厅长、省文物局局长陈瑶参加省人大文化厅调研汇报会，综合处处长钱剑力、文物安全处处长沈坤荣列席会议。

省文化厅副调研员、省文物局副局长陈官忠参加浙江自然博物馆民主生活会。

十一月

1日　省文化厅副厅长、省文物局局长陈瑶，副巡视员、副局长陈官忠，副局长吴志强，综合处处长钱剑力、文物安全处处长沈坤荣、博物馆与社会文物处处长杨新平及省文物局全体人员参加了省文化厅领导班子民主生活会情况通报会。

4日　省文物局机关支部召开全体党员组织生活会，省文化厅副厅长、省文物局局长陈瑶、巡视员鲍贤伦、副巡视员、副局长陈官忠、副局长吴志强及局机关全体党员参加。

5日　第二届杭州世界文化遗产国际会议在浙江大学召开。省文物局副局长吴志强参加。

省级文物保护单位丽水处州府城墙保护区划内建设项目专家意见征询会在杭召开。文物保护与考古处副处长李新芳参加。

博物馆与社会文物处处长杨新平等赴宁波，调研民办金银彩绣博物馆（对口帮扶工作）和宁波服装博物馆工作。

6日　省文物局副局长吴志强赴瑞安，敦促加大力度侦破玉皇塔文物被盗案，加强文保单位环境整治和保护。

博物馆与社会文物处处长杨新平赴德清县，评估验收湖州博物馆对口帮扶陆有仁中草药博物馆帮扶项目。

瑞安博物馆正式开馆。

7日　省住建厅在杭主持召开临海国家历史文化名城和海宁盐官历史文化名镇保护规划省级部门联席审查会。文物保护与考古处副处长李新芳参加。

省文化厅副巡视员、省文物局副局长陈官忠出席黄岩博物馆展陈内容设计评审会，博物馆与社会文物处处长杨新平主持。

8日　博物馆与社会文物处处长杨新平、副处长金萍等与省文物鉴审办讨论国家文物局与司法部调研文物司法鉴定管理相关问题。

省文化厅副巡视员、省文物局副局长陈官忠出席玉环县博物馆建筑设计方案评审会，博物馆与社会文物处处长杨新平主持。

9日　省文化厅副厅长、省文物局局长陈瑶陪同西藏自治区副主席一行参观访问浙江省博物馆和余杭博物馆，博物馆与社会文物处处长杨新平等参加。

第四届跨湖桥文化国际学术研讨会暨中国漆艺术论坛在萧山举行。省文物局副局长吴志强参加。

12日　省文化厅副厅长、省文物局局长陈瑶赴中国丝绸博物馆调研，并出席全省博物馆馆长培训班开班仪式，厅副巡视员、副局长陈官忠参加。

省文物局副局长吴志强在松阳调研全国重点文物保护单位延庆寺塔保护情况，并就古村落保护利用工作与县政府领导交换意见。

13日　省文物局副局长吴志强在泰顺参加廊桥申遗研讨会，并做了廊桥保护与申遗专题发言。

文物保护与考古处副处长李新芳赴长兴县，就县级文物保护单位石泉山牌坊异地迁移保护事项进行现场踏勘。

14日　省文化厅副厅长、省文物局局长陈瑶参加省委扩大会议。

省文化厅副巡视员、省文物局副局长陈官忠陪同国家文物局一行人员赴慈溪、上虞调研。

省文物局副局长吴志强在景宁调研全国重点文物保护单位时思寺、东坑下桥保护工作。

中国博协纪念馆专业委员会2013年年会在嘉举行。

15日　省文化厅副厅长、省文物局局长陈瑶参加全省宣传文化系统主要负责人会议。

省文物局副局长吴志强听取永嘉县文广新局领导关于全国重点文物保护单位芙蓉村古建筑群民居保护整改情况的汇报，并对下一步工作提出意见。

19日　省文化厅副厅长、省文物局局长陈瑶听取苍南县政府领导关于矾矿遗址保护和申遗工作汇报并交换意见。副局长吴志强参加。

省文物局组织专家赴宁波，就省级文物保护单位宁波灵桥维修工程进行实地踏勘，并就灵桥维修工程施工设计方案进行论证。文物保护与考古处副处长李新芳参加。

20日　世界文化遗产保护与管理国际会议——“系列遗产”保护？管理？监测会议在杭召开。国家文物局副局长童明康出席会议并致辞。省文化厅副厅长、省文物局局长陈瑶，副局长吴志强参加。

综合处处长钱剑力赴中国丝绸博物馆督导群众路线教育实践活动，参加了省编委办召开的政府部门职责清理规范行政权力运行工作部署会议。

省委宣传部宣传处召集会议，就《抱玉含光——浙江全国重点文物保护单位全集》精品画册出版工作方案进行讨论。文物保护与考古处副处长李新芳参加。

省文化厅副厅长、省文物局局长陈瑶听取余姚市政府及文物、规划职能部门关于余姚市申报国家级历史文化名城工作的汇报。文物保护与考古处副处长李新芳参加。

21日　省文化厅副厅长、省文物局局长陈瑶出席全省博物馆传承与创新学术研讨会，厅副巡视员、副局长陈官忠等参加。

省文物局副局长吴志强听取宁波市城管、文物职能部门关于省级文物保护单位宁波灵桥维修工程情况的汇报。文物保护与考古处副处长李新芳参加。

22日　省文化厅副厅长、省文物局局长陈瑶出席黄逸宾书画展开幕式。

23日　江苏省文物局、浙江省文物局在江苏省昆山市周庄镇召开江南水乡古镇联合申报世界文化遗产工作推进会。副局长吴志强、文物保护与考古处副处长李新芳参加。

25日　省文物局副局长吴志强出席全省第四期文物保护工程从业人员上岗培训班开班仪式，并作了文物保护法规与文物工程管理讲座。

省文化厅副巡视员、省文物局副局长陈官忠为全省非企业文化单位法人培训班授课。

博物馆与社会文物处处长杨新平应邀为全省文物保护工程资质单位培训班讲课。

26日　省文物局副局长吴志强参加省政府审批制度改革领导小组第三次会议。

26日至27日　省文化厅副厅长、省文物局局长陈瑶参加江浙沪三地文物执法工作联席会议。

27日　省文物局组织专家对省级文物保护单位浙江省高等法院及杭县地方法院旧址基础加固方案进行论证。文物保护与考古处副处长李新芳参加。

28日　省文化厅副厅长、省文物局局长陈瑶参加省委十三届四次全体扩大会议。

省文化厅副巡视员、省文物局副局长陈官忠参加金华婺州窑陶瓷博物馆开馆仪式。

博物馆与社会文物处处长杨新平、副处长金萍等与省博物馆学会商议国家二、三级博物馆运行评估试点相关工作。

28至29日　省文化厅副厅长、省文物局局长陈瑶陪同故宫博物院院长单霁翔赴义乌考察。

28至12月1日　全国“博物馆建筑与功能”学术研讨会在杭举行。

29日　省文化厅副厅长、省文物局局长陈瑶主持召开局务会议。省文化厅副巡视员、省文物局副局长陈官忠、综合处处长钱剑力、副处长李俏、博物馆与社会文物处处长杨新平、副处长金萍、文物保护与考古处处长李新芳等参加。

省文化厅副巡视员、省文物局副局长陈官忠参加国家博协专委会博物馆建筑与功能学术研讨会开幕式。

省文物局副局长吴志强陪同故宫博物院院长单霁翔一行赴义乌，考察文博展工作及全国重点文物保护单位黄山八面厅等的文物保护工作。

博物馆与社会文物处处长杨新平参加省文化厅召开的省直单位审计工作通报会。

30日　省文物局副局长吴志强参加在绍兴市举行的中国大运河水利遗产保护与利用战略论坛。

十二月

2日　省文物局副局长吴志强出席全省第四期文物保护工程从业人员上岗培训班结业仪式。文物保护与考古处副处长李新芳参加。

3日　省文化厅副厅长、省文物局局长陈瑶听取杭州市园林文物局关于澳门文物大使来杭交流有关事宜汇报。

博物馆与社会文物处处长杨新平参加磐安县茶文化博物馆展陈形式设计（文字部分）评审会。

4日　全国重点文物保护单位杭州飞来峰造像75号龛专题调查成果评审及飞来峰造像二期保护工程总结会在杭召开。文物保护与考古处副处长李新芳参加。

4至5日　省文化厅副厅长、省文物局局长陈瑶陪同副省长郑继伟赴宁波调研。

5日　省文物局副局长吴志强参加省人大召开的立法工作会议。

省文化厅副巡视员、省文物局副局长陈官忠出席义乌市博物馆（义乌商贸博物馆）展陈内容设计评审会，博物馆与社会文物处处长杨新平主持。

6日　中共浙江省委常委、宣传部部长葛慧君实地调研良渚遗址保护和申遗工作。

省文化厅副厅长、省文物局局长陈瑶主持召开文博系列中评会，并在中国丝绸博物馆举办的“新生——2013年度时尚回顾展”开幕式上致辞，博物馆与社会文物处处长杨新平等参加。

文物安全处处长沈坤荣赴嘉兴博物馆参加《嘉禾之源》艺术设计方案讨论会。

7日　文化部副部长、国家文物局局长励小捷赴宁波考察国家水下文化遗产保护宁波基地等情况。

8日　宁波开展第五个历史文化名城保护日暨保国寺大殿建成1000周年系列活动。

10日　省文化厅副巡视员、省文物局副局长陈官忠，副局长吴志强接待嘉善县文广新局领导，商谈博物馆建设事宜和大遗址保护工作。

省文化厅副巡视员、省文物局副局长吴志强陪同省人大领导考察大运河保护与申遗工作。

博物馆与社会文物处处长杨新平陪同省文化厅厅长金兴盛赴浙江自然博物馆调研。

11日　省文物局副局长吴志强陪同省文化厅厅长金兴盛赴浙江省文物考古研究所调研。

省文化厅副巡视员、省文物局副局长陈官忠参加浙江自然博物馆学术与征集委员会会议。

博物馆与社会文物处处长杨新平陪同省文化厅厅长金兴盛赴中国丝绸博物馆调研。

11至12日　国家文物局文保司在北京召开文物保护工程资质管理办法、文物保护单位管理办法等规范性文件意见征询会。文物保护与考古处副处长李新芳参加。

12日　省文化厅副巡视员、省文物局副局长陈官忠参加中国丝绸博物馆纺织品保护国家文物局重点科研基地学术委员会会议。

13至18日　省文物局副局长吴志强、综合处处长钱剑力赴台湾参加《护生画集展览》开幕式活动。

16日　国家文物局在京召开世界文化遗产申报工作规程专题研讨会，文物保护与考古处副处长李新芳参加。

为落实浙江省文物局关于做好徐谓礼文书等文物移动和指定收藏保管工作意见，省文物局在武义县文化广电新闻出版局召开专题会议，对新建成的恒温恒湿专用库房进行技术评估，同时要求强化制度建设，进一步做好相关保护工作。省文化厅副巡视员、省文物局副局长陈官忠、文物安全处处长沈坤荣参加会议。

17日　省文化厅副巡视员、省文物局副局长陈官忠、文物安全处处长沈坤荣赴丽水，参加了丽水市博物馆召开新馆陈列展览形式设计深化方案评审会。

文化部副部长、国家文物局局长励小捷在京会见浙江省副省长郑继伟，就浙江省良渚遗址保护申遗工作交换意见。省文化厅副厅长、省文物局局长陈瑶参加会见。文物保护与考古处副处长李新芳陪同。

19日　省文化厅副厅长、省文物局局长陈瑶接待温州市文广新局领导一行，商讨温州市申报历史文化名城相关工作。

21日　省文化厅副厅长、省文物局局长陈瑶会见澳门文物大使一行。

省政府发文批准《杭州良渚遗址保护总体规划》。

23日　国家文物局副局长董保华一行调研我省文物工作。

博物馆与社会文物处处长杨新平赴景宁，对景宁晓琴民俗博物馆项目进行评估验收。

24日　省文物局副局长吴志强与慈溪市文广新局、交通局领导商议慈余大道建设与省级文物保护单位童家岙遗址保护有关工作。

省文物安全技术防范工程审核组在杭召开本年度第三次全省文博系统安防方案联评会。文物安全处处长沈坤荣参加。

博物馆与社会文物处处长杨新平赴兰溪考察、指导诸葛村生态博物馆建设工作。

25日　国家文物局会同住房和城乡建设部、河北省政府在石家庄市正定县联合召开古城保护现场会。省文化厅副厅长、省文物局局长陈瑶参加。文物保护与考古处副处长李新芳陪同。

省文化厅副巡视员、省文物局副局长陈官忠、博物馆与社会文物处处长杨新平参加绍兴市博物馆基本陈列形式设计评审会。

26日　国家文物局在北京召开大运河、丝绸之路申遗项目补充材料编制工作会议。省文化厅副厅长、省文物局局长陈瑶参加，文物保护与考古处副处长李新芳陪同。

省文化厅副巡视员、省文物局副局长陈官忠、博物馆与社会文物处处长杨新平参加全省陈列展览精品项目专家评审会。

26至27日　省住建厅会同省文物局组织专家，对丽水申报省级历史文化名城进行现场考察评估，副局长吴志强等参加。

27日　国家文物局在京召开2013年全国文物局长会议。省文化厅副厅长、省文物局局长陈瑶参加。文物保护与考古处副处长李新芳陪同。

省文物局邀请省文物安全技术防范工程审核组专家对温州博物馆安全防范系统工程进行

验收。文物安全处处长沈坤荣参加。

28 日,浙江启明博物馆开馆仪式在三门县举行,省文物局副局长吴志强参加。

31 日　省文化厅副厅长、省文物局局长、高评委副主任陈瑶、副局长吴志强等参加 2013 年文博系列高评会。

特辑

浙江省副省长郑继伟考察金华古子城历史文化街区

1月7日，浙江省副省长郑继伟在省政府副秘书长马林云及相关领导陪同下，赴金华考察古子城历史文化街区。

2013年全省文物局长会议在杭州召开

1月17日，全省文物局长会议在杭州市召开。来自全省各设区市及义乌市的文物行政部门分管领导、业务处（科）室负责人，省直文博单位主要负责人，省文物局相关处室人员、全省文物系统先进集体代表和先进工作者等80余人参加。

浙江省文化厅党组书记、厅长金兴盛，巡视员鲍贤伦先后在会上讲话。会议还对全省文物系统先进集体、先进工作者和2012年度全省陈列展览精品获奖项目进行了表彰，对浙江省列入世界文化遗产预备项目予以授牌。与会各地、各单位结合自身实际，围绕厅局领导讲话精神，就做好2013年工作进行了交流讨论，提出了意见和建议。

浙江省政协副主席陈艳华考察湿地博物馆

2月2日，浙江省政协副主席陈艳华在浙江省林业厅厅长楼国华等相关人员陪同下，赴湿地博物馆考察。

中共中央组织部副部长王秦丰考察安吉生态博物馆

2月13日，中共中央组织部副部长王秦丰赴安吉，考察安吉生态博物馆。

我省新增99处全国重点文物保护单位

3月，国务院核定公布了第七批全国重点文物保护单位（共计1943处）以及与现有全国重点文物保护单位合并的项目（共计47处）。其中我省新增全国重点文物保护单位99处，另有11处与现有全国重点文物保护单位合并。至此，我省全国重点文物保护单位总数达231处，数量继续在全国位居前列（第5位），且此次列入国保数量为历年之最。

浙江省开展第一次全国可移动文物普查

3月8日，浙江省政府印发《关于在全省开展第一次全国可移动文物普查的通知》，成立以副省长郑继伟为组长的浙江省第一次全国可移动文物普查领导小组，成员包括省委宣传部等15个单位负责人，领导小组办公室设在省文物局，从而标志着浙江省第一次全国可移动文物普查正式启动。4月16日，浙江省第一次全国可移动文物普查领导小组举行第一次会议，省普查领导小组副组长、省文化厅巡视员鲍贤伦汇报了我省普查前期准备情况，并重点对《浙江省第一次全国可移动文物普查实施方案（草案）》做了详细说明。会议审议并原则通过了该实施方案，于4月27日正式发布。4月18日，国务院第一次全国可移动文物普查电视电话会议结束后，浙江省政府随即召开我省第一次全国可移动文物普查电视电话会议，对全省普查工作进行全面动员和部署。随后，省委党史研究室、省国资委等成员单位召开会议，要求贯彻落实、积极参与"一普"工作。省文物局与省统计局也联合部署、下发通知，推进普查工作。我省还于7月22日至8月1日举办了三期浙江省第一次全国可移动文物普查培训班，积极落实普查经费。按照国家统一部署，浙江省国有单位文物收藏情况调查于年底顺利结束并上报国家文物局，普查取得阶段性成果。据统计，浙江省共确定纳入本次普查范围的国有单位44778家，发放调查登记表44778份，覆盖率100%；回收调查登记表44778份，回收率100%。其中反馈有（疑似）文物的单位922家，占全部调查单位的2.06%。初步统计（疑似）文物总量4059202件（套）。

浙江省副省长梁黎明调研金华、瑞安文博单位

3月13日，浙江省副省长梁黎明在省旅游局局长赵金勇及金华市相关领导陪同下，赴古子城历史文化区调研，考察八咏楼、黄宾虹故居、陈新华婺州窑陶瓷艺术馆，听取了金华名城保护和历史建筑利用具体做法介绍。12月4日，梁黎明副省长一行赴瑞安玉海楼调研。

浙江省政协原主席周国富考察景宁畲族博物馆

4月2日，浙江省政协原主席周国富一行赴景宁畲族自治县畲族博物馆考察，希望进一步传承畲族历史和文化。

全国政协原副主席张怀西考察绍兴沈园

4月7日，全国政协原副主席张怀西一行在浙江省政协副主席盛昌黎及绍兴市政协领导等陪同下考察绍兴沈园。

浙江省副省长黄旭明考察安吉生态博物馆

4月8日，浙江省副省长黄旭明赴安吉县，考察安吉生态博物馆。

中共中央政治局委员王兆国考察龙泉青瓷博物馆

4月9日，中共中央政治局委员、中华全国总工会主席、十一届全国人大常委会副委员长、党组副书记王兆国在相关领导陪同下考察龙泉青瓷博物馆。

全国政协副主席王钦敏考察绍兴鲁迅故里

4月10日，全国政协副主席王钦敏在绍兴市政协领导陪同下考察鲁迅故里。

全国人大原副委员长周铁农在绍兴考察沈园和鲁迅故里

4月11日，全国人大原副委员长、民革中央主席周铁农在浙江省人大领导等陪同下赴绍兴沈园和鲁迅故里参观。

文化部副部长、国家文物局局长励小捷考察我省文博单位

4月23日至24日，文化部副部长、国家文物局局长励小捷在省文化厅巡视员鲍贤伦、副巡视员、省文物局副局长陈官忠等陪同下，赴杭州、宁波、舟山等地文博单位考察。

5月28日，励小捷局长一行赴岱山县东沙镇，考察传统村落保护利用工作，浙江省文化厅巡视员鲍贤伦及相关市地领导陪同。本次考察是国家文物局对中国传统村落保护和利用的综合试点调研内容之一。

12月7日，励小捷局长一行赴宁波北仑，调研国家水下文化遗产保护宁波基地与宁波. 中国港口博物馆（筹）建设情况。

中共中央政治局委员、中央政法委书记孟建柱考察我省博物馆

4月27日，中共中央政治局委员、中央政法委书记孟建柱赴衢州市博物馆考察。10月10日，孟建柱赴桐乡博物馆考察。

浙江省原省长吕祖善参观我省文博单位

4月28日，全国人大财政经济委员会副主任委员、浙江省原省长吕祖善一行在相关领导陪同下，参观龙泉青瓷博物馆。5月24日，吕祖善参观绍兴博物馆“大越遗珍”展和第四届中国兰亭书法奖获奖作品展。

全国人大常委会原副委员长路甬祥考察中国茶叶博物馆

4月30日，十一届全国人大常委会副委员长、党组成员，中国科学院原院长、党组书记路甬祥一行赴中国茶叶博物馆考察。

浙江省人大常委会组团考察良渚遗址

5月6日，浙江省人大常委会副主任王永昌率省人大常委会法工委、法制委一行在有关负责人陪同下，赴良渚遗址、良渚博物院调研申遗及保护情况，了解文博工作在立法方面的需求。

浙江省政协主席乔传秀考察庆元县香菇博物馆

5月7日，浙江省政协主席乔传秀一行在市地领导陪同下，赴庆元香菇博物馆考察，参观“菇业千秋”陈列。

中共浙江省委常委、常务副省长龚正考察我省文博单位

5月14日，中共浙江省委常委、常务副省长龚正在相关领导陪同下，考察遂昌汤显祖纪念馆。7月31日，龚正副省长一行赴瑞安玉海楼考察。

中共浙江省委书记夏宝龙考察景宁畲族博物馆

5月23日，中共浙江省委书记夏宝龙在相关领导陪同下，赴景宁畲族博物馆考察，希望进一步发挥畲族文化资源优势，不断充实、丰富馆藏文物，增加基本陈列的多样性。

2013年文化遗产日浙江主场城市活动在嘉兴举行

6月8日，2013年文化遗产日浙江省主场城市活动在嘉兴举行。浙江省文化厅副厅长、省文物局局长陈瑶，浙江省文化厅副巡视员、省文物局副局长陈官忠及嘉兴市相关领导出席开幕式。

开幕式上先后举行了浙江省第二批国家三级博物馆授牌仪式、浙江省第十届全国博物馆十大陈列展览精品颁奖仪式及嘉兴运河保护和申遗志愿者授旗仪式。仪式结束后，与会领导与市民现场参观了“文化遗产与全面小康”主题图片展、嘉兴运河文化实物图片展等。

文化部副部长董伟考察岱山灯塔博物馆

6月16日，文化部副部长董伟一行在省、市等领导陪同下，赴岱山灯塔博物馆考察。

我省管辖海域内文化遗产首次水下联合执法暨象山县联合执法工作站授牌仪式举行

7月9日，由浙江省文物局指导，宁波市文广新局、象山县政府主办，象山县文广新局、海洋渔业局承办的浙江省管辖海域内文化遗产首次联合水下执法暨象山县管辖海域内文化遗产联合执法工作站授牌仪式在象山石浦举行。省文物监察总队、中国海监浙江省总队、宁波市考古所，象山县文管办、海监、边防大队和志愿者代表参加了活动。

活动期间，海监、文物、边防工作人员利用雷达、远程视屏等科技手段对航道沿途海域开展巡视，并在指定海域后进行海底巡查与察勘。这是我省乃至我国首次开展水下联合执法检查。

浙江省文物考古研究所作先进事迹报告

7月24日，在中共浙江省委宣传部举办的“最美浙江人”报告会上，浙江省文物考古研究所作为先进事迹报告团成员之一，向省级宣传文化系统近千名党员干部作了事迹报告。浙江省文物考古研究所是我省文化系统创先争优活动中涌现的先进集体。

浙江省副省长熊建平考察嘉兴南湖革命纪念馆

8月7日，浙江省副省长熊建平率省政府调研组，在嘉兴市相关领导陪同下考察南湖革命纪念馆。

文化部副部长丁伟调研杭州连横纪念馆

8月9日，文化部副部长丁伟在浙江省文化厅厅长金兴盛陪同下，赴杭州连横纪念馆开展实地调研。丁伟副部长要求纪念馆充分发挥文化平台交流作用，在继续做好海峡两岸交流工作的同时，通过书画展、摄影展、雕塑工艺展等各种形式临时展览丰富内容，增添活力。

省领导考察嘉兴南湖革命纪念馆

8月13日，夏宝龙、李强、乔传秀、王辉忠等浙江省四套班子领导一行五十余人赴南湖革命纪念馆，开展重温“红船精神”教育实践活动。

中共浙江省委副书记王辉忠考察景宁畲族博物馆

8月15日，中共浙江省委副书记王辉忠在相关领导陪同下，考察景宁畲族自治县畲族博物馆，要求博物馆不断提高服务质量，进一步做好畲族文化的保护和利用。

全省文物局长座谈会在杭州召开

8月20日至21日，全省文物局长座谈会在杭召开。省文物局、全省各设区市和义乌市文化广电新闻出版局（文物局）有关领导及文物业务处（科）室负责人，省直文博单位、良渚遗址管委会主要负责人等参加了会议。

省文化厅副厅长、省文物局局长陈瑶在会上讲话，总结回顾了上半年主要工作，提出了今后五年文物工作的总体思路和目标任务，部署了下半年重点工作。省文化厅副巡视员、省文物局副局长陈官忠，省文物局副局长吴志强分别就我省第一次全国可移动文物普查、博物馆体系建设、文保单位基础工作、文保维修工程管理、古村落保护、大遗址保护与考古遗址公园建设、《浙江通志·文物卷》编纂等分管工作提出具体要求。设区市、义乌市、省直文博单位、良渚遗址管委会等与会代表结合工作实际进行了交流讨论，提出意见和建议。

国家文物局副局长童明康考察我省博物馆

9月25日，国家文物局副局长童明康赴浙江省博物馆孤山馆区调研，参观“昆山片玉——中国古代陶瓷陈列”和全国重点文物保护单位文澜阁。

11月19日，童明康副局长在浙江省文化厅副厅长、省文物局局长陈瑶及国际古迹遗址理事会副主席郭旃等配同下，赴杭州南宋官窑博物馆考察。

浙江省副省长毛光烈考察丽水市文博机构

10月30日至31日，浙江省副省长毛光烈一行赴庆元县香菇博物馆、龙泉青瓷博物馆考察。

文化部部长蔡武考察衢州市天后宫

11月7日，中共中央宣传部副部长、文化部党组书记、部长蔡武一行在浙江省副省长郑继伟、省文化厅厅长金兴盛及衢州市相关领导陪同下，赴我省实地调研衢州市天后宫。

全国人大原常委会副委员长华建敏在绍兴参观鲁迅故里和兰亭

11月12日至13日，全国人大原常委会副委员长华建敏一行参观绍兴鲁迅故里和兰亭。

全国政协原主席贾庆林参观我省文博机构

12月3日至5日，中共中央政治局原常委、十一届全国政协主席贾庆林在浙江省政协主席乔传秀及市地领导陪同下，参观绍兴沈园及湖州博物馆、桐乡博物馆、君陶艺术院。

中共浙江省委常委、宣传部部长葛慧君调研良渚遗址

12月6日，中共浙江省委常委、宣传部部长葛慧君在副部长、文明办主任龚吟怡，省文化厅厅长金兴盛及杭州市相关领导陪同下，实地调研良渚遗址保护和申遗工作

国家文物局副局长董保华调研我省文物工作

12月23日，国家文物局副局长董保华一行赴我省，调研、评估《国家文物博物馆事业发展“十二五”规划》执行情况，并召开座谈会，就《〈国家文物博物馆事业发展“十二五”规划〉中期评估（征求意见稿）》听取意见。浙江省文化厅副厅长、省文物局局长陈瑶，副局长陈官忠、吴志强等参加。

省政府批准《杭州良渚遗址保护总体规划》

2013年，浙江省政府发文，批准《杭州良渚遗址保护总体规划》。此前，国家文物局已批复同意该《规划》。此次获省政府批准，成为继1996年公布为全国重点文物保护单位，2012年第三次列入中国世界文化遗产预备名单之后，良渚遗址保护史上又一里程碑事件。

文物业基本情况综合年报

		机构数（个）	从业人员（人）						登记注册志愿者（人）	文物藏品（件/套）				在藏品数中（件/套）			本年修复藏品数（件/套）				基本陈列（个）	临时展览（个）	参观人次（万人次）		门票销售总额（千元）	本年收入合计（千元）		
				专业技术人才										本年新增藏品													财政补助收入	
					正高级职称	副高级职称	中级职称	安全保卫人员			一级品	二级品	三级品		本年从有关部门接收文物数	本年藏品征集数		一级品	二级品	三级品				未成年人参观人次				基建拨款
（甲）		1	2	3	4	5	6	7	8	9	10	11	12	13	14	15	16	17	18	19	20	21	22	23	24	25	26	27
总计	A	346	6,575	2,065	156	312	800	1,099	6,044	1,115,042	3,145	11,783	75,532	23,169	252	14,138	1,482	5	19	263	460	1,081	4,940.488	1,144.476	258,985	2,065,797	1,497,181	66,144
按单位类型分	—	—	—	—	—	—	—	—	—	—	—	—	—	—	—	—	—	—	—	—	—	—	—	—	—	—	—	—
文物科研机构	B	4	126	66	14	24	20	16		14,984	51	236	1,280	61	44	17	14			12						37,570	33,816	
文物保护管理机构	C	96	1,714	540	43	77	212	128	276	60,495	216	539	4,210	999	175	141	380				68	52	1,151.037	127.046	243,219	736,689	417,402	51,721
博物馆	D	183	3,788	1,374	92	203	541	955	5,768	1,002,041	2,878	11,008	70,042	22,109	33	13,980	1,088	5	19	251	392	1,029	3,789.45	1,017.432	15,766	805,291	684,255	14,423
文物商店	E	9	86	28		2	10			37,522																30,645	65	
其他文物机构	F	54	861	57	7	6	17																			455,602	361,643	
按隶属关系分	—	—	—	—	—	—	—	—	—	—	—	—	—	—	—	—	—	—	—	—	—	—	—	—	—	—	—	—
中　央	G																											
省区市	H	10	561	310	53	82	109	57	599	253,267	1,009	5,651	36,626	4,565		3,940	95	1	1	73	16	62	462.516	199.454		268,882	207,419	
地　市	I	81	2,967	848	68	115	336	404	4,603	267,521	791	2,751	15,848	6,952	74	2,190	761	1	9	68	111	318	2,635.254	479.406	228,832	1,187,410	767,923	60,408
县市区	J	255	3,047	907	35	115	355	638	842	594,254	1,345	3,381	23,058	11,652	178	8,008	626	3	9	122	333	701	1,842.717	465.616	30,153	609,505	521,839	5,736
按部门分	—	—	—	—	—	—	—	—	—	—	—	—	—	—	—	—	—	—	—	—	—	—	—	—	—	—	—	—
文物部门	K	263	5,698	1,940	149	299	764	895	5,768	837,736	2,483	11,133	75,068	15,778	251	8,005	1,402	4	9	244	312	983	4,462.877	1,051.564	232,708	1,994,162	1,466,013	65,893
其他部门	l	83	877	125	7	13	36	204	276	277,306	662	650	464	7,391	1	6,133	80	1	10	19	148	98	477.613	92.913	26,277	71,635	31,168	251

		本年收入合计（千元）					本年支出合计（千元）														资产总计（千元）		实际使用房屋建筑面积（万平方米）			实际拥有产权面积（万平方米）	增加值（千元）	
											在支出合计中：																	
		事业收入	上级补助收入	附属单位上缴收入	经营收入	其他收入		基本支出	项目支出	经营支出	工资福利支出	商品和服务支出					对个人和家庭补助支出		其他资本性支出			固定资产原值		展览用房	文物库房			
													差旅费	劳务费	福利费	各种税金支出		抚恤金和生活补助		各种设备、交通工具、图书购置费								
（甲）		28	29	30	31	32	33	34	35	36	37	38	39	40	41	42	43	44	45	46	47	48	49	50	51	52	53	54
总计	A	318,974	40,616	320	35,676	173,030	2,061,012	727,942	1,156,550	16,551	367,059	867,221	13,830	77,435	12,352	10,931	110,182	2,043	177,465	16,451	4,328,373	2,785,873	115.237	49.401	9.202	53.560	765,082	
按单位类型分	—	—	—	—	—	—	—	—	—	—	—	—	—	—	—	—	—	—	—	—	—	—	—	—	—	—	—	—
文物科研机构	B	2,217	370			1,167	36,589	14,625	21,963		10,168	21,774	1,439	8,364	344	4	2,544		2,102	1,990	14,332	14,034	0.593		0.252	0.093	22,078	
文物保护管理机构	C	285,551	14,139		7,226	12,371	705,802	363,219	307,387	5,641	134,697	249,449	2,796	31,172	5,257	8,345	51,156	340	8,279	779	1,265,957	764,426	20.460	7.255	0.663	4.933	296,731	
博物馆	D	31,206	26,107	320	28,450	34,953	856,151	305,447	523,948	10,910	198,654	325,024	8,769	34,658	6,318	2,582	48,244	1,478	145,322	11,882	2,716,504	1,841,302	89.022	42.147	8.202	45.320	376,799	
文物商店	E					30,580	26,930														74,927	20,344	0.430		0.085	0.053	9,814	
其他文物机构	F					93,959	435,540	44,651	303,252		23,540	270,974	826	3,241	433		8,238	225	21,762	1,800	256,653	145,767	4.731			3.161	59,660	
按隶属关系分	—	—	—	—	—	—	—	—	—	—	—	—	—	—	—	—	—	—	—	—	—	—	—	—	—	—	—	—
中　央	G																											
省区市	H	10,930				50,533	302,606	60,046	202,285		43,255	97,212	4,785	15,322	1,621	261	14,925	50	108,509	6,830	671,603	479,894	8.861	4.170	1.732	1.766	113,314	
地　市	I	296,746	22,951	320	8,106	91,364	1,173,739	454,557	616,343	7,048	185,147	514,515	4,958	42,651	6,096	9,710	69,662	1,286	34,214	5,255	2,378,470	1,522,943	49.032	18.370	2.655	20.402	415,334	
县市区	J	11,298	17,665		27,570	31,133	584,667	213,339	337,922	9,503	138,657	255,494	4,087	19,462	4,635	960	25,595	707	34,742	4,366	1,278,300	783,036	57.345	26.861	4.814	31.391	236,434	
按部门分	—	—	—	—	—	—	—	—	—	—	—	—	—	—	—	—	—	—	—	—	—	—	—	—	—	—	—	—
文物部门	K	315,870	37,193	60	8,775	166,251	1,985,076	702,395	1,124,336	7,524	345,360	851,053	12,735	76,161	11,433	10,150	109,076	1,946	176,613	15,912	3,455,908	2,268,959	90.639	37.635	7.539	41.477	705,668	
其他部门	l	3,104	3,423	260	26,901	6,779	75,936	25,547	32,214	9,027	21,699	16,168	1,095	1,274	919	781	1,106	97	852	539	872,465	516,914	24.598	11.769	1.664	12.082	59,414	

文物行政主管部门基本情况综合年报

（甲）		机构数（个）	从业人员（人）	从业人员（人）：实有文物从业人员数	编制数（人）	编制数（人）：文物从业人员编制数	本年收入合计（千元）	财政补助收入	财政补助收入：文物类经费	文物类经费：基建拨款	在文物类经费中：行政运行	在文物类经费中：一般行政管理事务	在文物类经费中：文物保护等经费	本年支出合计（千元）	基本支出	项目支出	在支出合计中：工资福利支出	商品和服务支出	商品和服务支出：差旅费	商品和服务支出：劳务费	商品和服务支出：福利费	商品和服务支出：各种税金支出	对个人和家庭补助支出	对个人和家庭补助支出：抚恤金和生活补贴	其他资本性支出	其他资本性支出：各种设备购置费
（甲）		1	2	3	4	5	6	7	8	9	10	11	12	13	14	15	16	17	18	19	20	21	22	23	24	25
总　计	A	48	748	139	705	137	407,655	354,929	280,063		12,624	6,794	246,307	390,307	42,732	302,264	21,688	269,051	826	2,966	334		7,826	225	21,472	1,570
中　央	B																									
省区市	C	1	18	18	19	19	9,496	9,496	7,103		3,054	4,049		9,631	5,019	4,612	2,325	4,627	185	624	208		1,972		707	700
其中：独立编制文物局	D	1	18	18	19	19	9,496	9,496	7,103		3,054	4,049		9,631	5,019	4,612	2,325	4,627	185	624	208		1,972		707	700
行政部门内设机构	E																									
地　市	F	8	167	58	211	81	251,696	201,916	201,691		6,354	1,100	189,840	252,323	11,507	202,891	9,339	195,442	281	1,373	97		1,506		8,110	715
其中：独立编制文物局	G	3	47	47	37	37	23,151	15,551	15,551		6,354	1,000	7,767	18,691	6,657	11,664	4,489	8,837	226	1,290	97		1,506		3,488	715
行政部门内设机构	H	5	120	11	174	44	228,545	186,365	186,140			100	182,073	233,632	4,850	191,227	4,850	186,605	55	83					4,622	
县市区	I	39	563	63	475	37	146,463	143,517	71,269		3,216	1,645	56,467	128,353	26,206	94,761	10,024	68,982	360	969	29		4,348	225	12,655	155
其中：独立编制文物局	J																									
行政部门内设机构	K	39	563	63	475	37	146,463	143,517	71,269		3,216	1,645	56,467	128,353	26,206	94,761	10,024	68,982	360	969	29		4,348	225	12,655	155

（甲）		资产总计（千元）	资产总计：固定资产原值	实际使用房屋建筑面积（万平方米）	实际拥有产权面积（万平方米）	对外交流情况：与国外文博机构合作项目数（个）	对外交流情况：与国外文博机构签署协议或备忘录数（个）	对外交流情况：赴港澳台人员数（人次）	对外交流情况：对港澳台交流项目数（个）	对外交流情况：参加国际组织活动数（个）	本级举办业务培训情况：举办业务培训班（个）	本级举办业务培训情况：培训业务人员数（人）	本辖区文物点（处）	本辖区文物点：全国重点文物保护单位	本辖区文物点：省级重点文物保护单位	本辖区文物点：市县级文物保护单位	本辖区对外开放的省级及以上文物保护单位数（个）	本级财政专项安排文物保护经费（千元）	本级出台地方性文物业法规、规章（部）	出入境文物审核数（件/套）	禁止出境文物数	临时入境文物审核数	临时出境文物审核数	文物拍卖标的审核数（个）	禁止上拍文物标的数	增加值（千元）
（甲）		26	27	28	29	30	31	32	33	34	35	36	37	38	39	40	41	42	43	44	45	46	47	48	49	50
总　计	A	176,432	137,764	3.882	3.161			2	1		48	3,368	73,943	229	624	4,563	671	291,493	6	28,288		251	212	36,934	159	38,153
中　央	B																									
省区市	C	28,756	26,981	0.327	0.327			2	1		10	1,080	73,943	229	624	4,563	671	110,000		28,288		251	212	36,934	159	6,220
其中：独立编制文物局	D	28,756	26,981	0.327	0.327			2	1		10	1,080	73,943	229	624	4,563	671	110,000		28,288		251	212	36,934	159	6,220
行政部门内设机构	E																									
地　市	F	97,269	81,486	3.221	2.594						12	731						167,470								15,593
其中：独立编制文物局	G	34,795	19,949	2.710	2.088						8	475						1,800								8,195
行政部门内设机构	H	62,474	61,537	0.511	0.506						4	256						165,670								7,398
县市区	I	50,407	29,297	0.334	0.240						26	1,557						14,023	6							16,340
其中：独立编制文物局	J																									
行政部门内设机构	K	50,407	29,297	0.334	0.240						26	1,557						14,023	6							16,340

文物保护管理机构基本情况综合年报

		机构数（个）	从业人员（人）	专业技术人才	正高级职称	副高级职称	中级职称	安全保卫人员	登记注册志愿者人数（人）	藏品数（件/套）	一级品	二级品	三级品	在藏品数中（件/套）本年新增藏品	本年从有关部门接收文物数	本年藏品征集数	本年修复文物数（件/套）	一级品	二级品	三级品
（甲）		1	2	3	4	5	6	7	8	9	10	11	12	13	14	15	16	17	18	19
总 计	A	96	1,714	540	43	77	212	128	276	60,495	216	539	4,210	999	175	141	380			
按隶属关系分	—	—	—	—	—	—	—	—	—	—	—	—	—	—	—	—	—	—	—	—
中 央	B																			
省区市	C																			
地 市	D	23	1,299	302	32	40	122	54	135	345		2	14	37			380			
县市区	E	73	415	238	11	37	90	74	141	60,150	216	537	4,196	962	175	141				
按部门分类	—	—	—	—	—	—	—	—	—	—	—	—	—	—	—	—	—	—	—	—
文物部门	F	94	1,714	540	43	77	212	128	242	60,474	216	539	4,210	999	175	141	380			
其他部门	G	2							34	21										
按机构类型分	—	—	—	—	—	—	—	—	—	—	—	—	—	—	—	—	—	—	—	—
区域性文物保护管理机构	H	75	1,151	408	41	65	149	93	100	60,150	208	536	4,181	999	175	141	380			
专门为一处或几处文物保护单位设立的保护管理机构	I	21	563	132	2	12	63	35	176	345	8	3	29							

		基本陈列（个）	临时展览（个）	参观人次（万人次）	未成年人参观人次	门票销售总额（千元）	本年完成科研成果 省部级及以上科研课题数（个）	专利（个）	专著或图录（册）	论文数（篇）	古建维修、考古发掘报告（册）	获国家奖（个）	获省、部奖（个）	本年收入合计（千元）	财政补助收入	基建拨款	事业收入	上级补助收入	附属单位上缴收入	经营收入
（甲）		20	21	22	23	24	25	26	27	28	29	30	31	32	33	34	35	36	37	38
总 计	A	68	52	1,151.037	127.046	243,219	1		3	32	8	1	1	736,689	417,402	51,721	285,551	14,139		7,226
按隶属关系分	—	—	—	—	—	—	—	—	—	—	—	—	—	—	—	—	—	—	—	—
中 央	B																			
省区市	C																			
地 市	D	32	24	899.363	76.008	220,453			2	24	8		1	571,023	271,903	46,769	280,105	3,580		5,651
县市区	E	36	28	251.674	51.038	22,766	1		1	8		1		165,666	145,499	4,952	5,446	10,559		1,575
按部门分类	—	—	—	—	—	—	—	—	—	—	—	—	—	—	—	—	—	—	—	—
文物部门	F	67	52	1,115.037	127.046	224,869	1		3	32	8	1	1	736,339	417,402	51,721	285,551	14,139		6,876
其他部门	G	1		36.000		18,350								350						350
按机构类型分	—	—	—	—	—	—	—	—	—	—	—	—	—	—	—	—	—	—	—	—
区域性文物保护管理机构	H	50	46	722.419	103.737	167,398			2	28	8	1		507,363	276,690	4,952	208,329	8,443		5,974
专门为一处或几处文物保护单位设立的保护管理机构	I	18	6	428.619	23.309	75,821	1		1	4			1	229,326	140,712	46,769	77,222	5,696		1,252

		本年收入合计（千元）其他收入	本年支出合计（千元）	基本支出	项目支出	文物本体保护	藏品技术保护	展示利用等保护性设施建设	保护管理体系	经营支出	在支出合计中：工资福利支出	商品和服务支出	差旅费	劳务费	福利费	各种税金支出	对个人和家庭补助支出	抚恤金和生活补贴	其他资本性支出	各种设备、交通工具、图书购置费
（甲）		39	40	41	42	43	44	45	46	47	48	49	50	51	52	53	54	55	56	57
总计	A	12,371	705,802	363,219	307,387	53,569	495	2,993	9,255	5,641	134,697	249,449	2,796	31,172	5,257	8,345	51,156	340	8,279	779
按隶属关系分	—	—	—	—	—	—	—	—	—	—	—	—	—	—	—	—	—	—	—	—
中 央	B																			
省区市	C																			
地 市	D	9,784	545,896	310,333	202,555	5,770		1,409	6,882	4,423	103,485	183,830	2,145	26,261	3,977	8,308	45,511	204	1,117	192
县 市	E	2,587	159,906	52,886	104,832	47,799	495	1,584	2,373	1,218	31,212	65,619	651	4,911	1,280	37	5,645	136	7,162	587
按部门分类	—	—	—	—	—	—	—	—	—	—	—	—	—	—	—	—	—	—	—	—
文物部门	F	12,371	705,452	363,219	307,387	53,569	495	2,993	9,255	5,291	134,697	249,449	2,796	31,172	5,257	8,345	51,156	340	8,279	779
其他部门	G		350							350										
按机构类型分	—	—	—	—	—	—	—	—	—	—	—	—	—	—	—	—	—	—	—	—
区域性文物保护管理机构	H	7,927	459,915	256,725	197,882	47,731	495	1,598	2,327	4,389	96,768	176,832	1,359	23,311	3,518	4,824	33,843	255	7,602	754
专门为一处或几处文物保护单位设立的保护管理机构	I	4,444	245,887	106,494	109,505	5,838		1,395	6,928	1,252	37,929	72,617	1,437	7,861	1,739	3,521	17,313	85	677	25

		资产总计（千元）	固定资产原值	实际使用房屋建筑面积（万平方米）	展览用房	文物库房（含标本室）	实际拥有产权面积（万平方米）	文物保护规划和方案设计（个）	文物保护维修情况 国保单位保护维修项目数（个）	保护维修面积（平方米）	省保单位保护维修项目数（个）	市、县保单位保护维修项目数（个）	进行考古发掘情况 考古发掘面积（万平方米）	出土器物（件/套）	原址保护展示面积（万平方米）	异地保护展示面积（万平方米）	主办刊物（种）	国际合作项目数（个）	增加值（千元）	增加值（千元）
（甲）		58	59	60	61	62	63	64	65	66	67	68	69	70	71	72	73	74	75	74
总计	A	1,265,957	764,426	20.460	7.255	0.663	4.933	92	56	100,303	47	157	267.311	2,120		0.036	5		296,731	
按隶属关系分	—	—	—	—	—	—	—	—	—	—	—	—	—	—	—	—	—	—	—	—
中 央	B																			
省区市	C																			
地 市	D	1,166,872	711,017	13.578	4.612	0.213	2.813	12	26	26,653	18	21	0.518	934		0.001	1		249,357	
县 市	E	99,085	53,409	6.883	2.643	0.450	2.120	80	30	73,650	29	136	266.793	1,186		0.035	4		47,374	
按部门分类	—	—	—	—	—	—	—	—	—	—	—	—	—	—	—	—	—	—	—	—
文物部门	F	1,265,957	764,426	20.421	7.232	0.663	4.933	92	55	98,723	47	156	267.311	2,120		0.036	5		296,731	
其他部门	G			0.039	0.024				1	1,580		1								
按机构类型分	—	—	—	—	—	—	—	—	—	—	—	—	—	—	—	—	—	—	—	—
区域性文物保护管理机构	H	748,049	472,708	12.745	4.395	0.582	2.906	79	25	65,115	42	154	267.311	2,120		0.036	4		214,852	
专门为一处或几处文物保护单位设立的保护管理机构	I	517,908	291,718	7.715	2.861	0.081	2.027	13	31	35,188	5	3					1		81,879	

博物馆基本情况综合年报

		机构数（个）	从业人员（人）	专业技术人才	正高级职称	副高级职称	中级职称	安全保卫人员（人）	登记注册志愿者（人）	藏品数（件/套）	一级品	二级品	三级品	在藏品数中（件/套）：本年新增藏品	本年从有关部门接收文物数	本年藏品征集数	本年修复文物数（件/套）	一级品	二级品	三级品
（甲）		1	2	3	4	5	6	7	8	9	10	11	12	13	14	15	16	17	18	19
总 计	A	183	3,788	1,374	92	203	541	955	5,768	1,002,041	2,878	11,008	70,042	22,109	33	13,980	1,088	5	19	251
其中：免费开放	B	167	3,318	1,242	83	180	491	865	5,737	941,708	2,770	10,438	64,482	21,898	4	13,904	1,068	4	10	241
按机构类型分	—	—	—	—	—	—	—	—	—	—	—	—	—	—	—	—	—	—	—	—
综合性	C	68	1,976	858	56	123	351	534	3,927	456,180	1,567	8,627	59,238	5,658	32	3,246	843	1	6	126
历史类	D	44	479	141	4	16	56	139	265	27,360	61	356	1,018	603	1	532	65	3	13	20
艺术类	E	24	233	106	4	13	45	48	42	60,761	533	911	2,780	1,756		960	45			31
自然科技类	F	10	291	107	14	28	31	37	1,295	303,245	465	909	1,923	7,164		2,990	20			
其 他	G	37	809	162	14	23	58	197	239	154,495	252	205	5,083	6,928		6,252	115	1		74
按隶属关系分	—	—	—	—	—	—	—	—	—	—	—	—	—	—	—	—	—	—	—	—
中 央	H																			
省区市	I	3	363	206	34	56	78	51	599	253,267	1,009	5,651	36,626	4,565		3,940	95	1	1	73
地 市	J	40	1,378	521	36	74	207	342	4,468	214,670	740	2,513	14,554	6,854	30	2,173	367	1	9	56
县市区	K	140	2,047	647	22	73	256	562	701	534,104	1,129	2,844	18,862	10,690	3	7,867	626	3	9	122
按系统分类	—	—	—	—	—	—	—	—	—	—	—	—	—	—	—	—	—	—	—	—
文物部门	1	103	2,945	1,252	85	190	505	751	5,526	724,756	2,216	10,358	69,578	14,718	32	7,847	1,008	4	9	232
其他部门	M	31	428	50	1	2	10	111	214	27,932	9	28	295	168	1	117	20	1	9	10
民 办	N	49	415	72	6	11	26	93	28	249,353	653	622	169	7,223		6,016	60		1	9

		基本陈列（个）	临时展览（个）	参观人次（万人次）	未成年人参观人次	门票销售总额（千元）	本年完成科研成果：省部级及以上科研课题数（个）	专利（个）	专著或图录（册）	论文数（篇）	古建维修、考古发掘报告（册）	获国家奖（个）	获省、部奖（个）	本年收入合计（千元）	财政补助收入	基建拨款	事业收入	上级补助收入	附属单位上缴收入	经营收入
（甲）		20	21	22	23	24	25	26	27	28	29	30	31	32	33	34	35	36	37	38
总 计	A	392	1,029	3,789.450	1,017.432	15,766	47	3	97	253	1	9	3	805,291	684,255	14,423	31,206	26,107	320	28,450
其中：免费开放	B	382	933	3,104.478	859.256	571	46	3	95	253	1	9	3	703,329	619,241	1,735	19,632	26,000	320	9,027
按机构类型分	—	—	—	—	—	—	—	—	—	—	—	—	—	—	—	—	—	—	—	—
综合性	C	193	616	1,610.486	489.851	6,192	3		65	141	1			450,204	398,705	3,526	14,161	17,492	60	5,530
历史类	D	66	85	858.905	187.075	40	2	1	11	9				71,813	55,815	434	5,828	6,294	260	330
艺术类	E	34	189	311.721	87.566	518				10		9	2	46,048	43,169		524	207		1
自然科技类	F	34	32	446.989	134.796	7,350	28		5	47				86,281	56,696	350	4,437	469		19,577
其 他	G	65	107	561.350	118.142	1,666	14	2	16	46			1	150,945	129,870	10,113	6,256	1,645		3,012
按隶属关系分	—	—	—	—	—	—	—	—	—	—	—	—	—	—	—	—	—	—	—	—
中 央	H																			
省区市	I	16	62	462.516	199.454		41	2	32	143				179,138	162,260		8,713			
地 市	J	79	294	1,735.892	403.397	8,379	3		27	68		8	2	334,759	291,544	13,639	16,641	19,001	320	2,455
县市区	K	297	673	1,591.044	414.580	7,387	3	1	38	42	1	1	1	291,394	230,451	784	5,852	7,106		25,995
按系统分类	—	—	—	—	—	—	—	—	—	—	—	—	—	—	—	—	—	—	—	—
文物部门	1	245	931	3,347.839	924.519	7,839	47	3	94	253	1	9	2	736,038	655,087	14,172	28,102	22,684	60	1,899
其他部门	M	47	42	282.034	59.907	7,398			2					61,430	27,848	1	3,104	1,851	260	23,589
民 办	N	100	56	159.578	33.006	529			1				1	7,823	1,320	250		1,572		2,962

		本年收入合计（千元）：其他收入	本年支出合计（千元）	基本支出	项目支出	文物征集	馆藏品保护	陈列展览	教育与科研	经营支出	在支出合计中：工资福利支出	商品和服务支出	差旅费	劳务费	福利费	各种税金支出	对个人和家庭补助支出	抚恤金和生活补贴	其他资本性支出	各种设备、交通工具、图书购置费
（甲）		39	40	41	42	43	44	45	46	47	48	49	50	51	52	53	54	55	56	57
总 计	A	34,953	856,151	305,447	523,948	75,154	16,256	70,940	14,328	10,910	198,654	325,024	8,769	34,658	6,318	2,582	48,244	1,478	145,322	11,882
其中：免费开放	B	29,109	760,565	270,146	475,279	74,495	16,144	69,481	14,328	4,775	172,096	294,696	7,472	31,236	5,495	1,763	43,935	1,430	138,997	11,202
按机构类型分	—	—	—	—	—	—	—	—	—	—	—	—	—	—	—	—	—	—	—	—
综合性	C	14,256	459,912	191,619	258,045	31,732	7,127	51,251	5,240	2,639	118,295	184,541	4,147	22,315	4,050	719	30,871	270	61,955	6,865
历史类	D	3,286	77,157	33,091	38,907	1,226	1,548	2,788	241	1,779	22,727	23,646	1,026	3,483	735	392	3,564	75	8,177	2,089
艺术类	E	2,147	52,958	19,452	33,305	2,411	1,267	3,333	281	13	12,411	11,248	388	2,345	322	81	2,874	90	1,943	458
自然科技类	F	5,102	75,320	22,254	44,567	5,030	3,009	7,431	7,806	5,486	18,311	37,022	1,171	2,723	506	1,342	4,160	1,036	6,264	1,213
其 他	G	10,162	190,804	39,031	149,124	34,755	3,305	6,137	760	993	26,910	68,567	2,037	3,792	705	48	6,775	7	66,983	1,257
按隶属关系分	—	—	—	—	—	—	—	—	—	—	—	—	—	—	—	—	—	—	—	—
中 央	H																			
省区市	I	8,165	216,551	41,286	175,265	46,869	3,588	38,694	5,508		30,549	70,140	3,197	6,471	1,013	261	10,434	50	105,428	3,910
地 市	J	4,798	348,924	132,286	210,354	16,910	4,219	18,640	7,127	2,625	71,978	134,667	2,517	14,605	2,022	1,402	22,610	1,082	24,969	4,348
县 市	K	21,990	290,676	131,875	138,329	11,375	8,449	13,606	1,693	8,285	96,127	120,217	3,055	13,582	3,283	919	15,200	346	14,925	3,624
按系统分类	—	—	—	—	—	—	—	—	—	—	—	—	—	—	—	—	—	—	—	—
文物部门	1	28,206	782,617	279,900	491,734	71,481	12,338	67,762	13,860	2,233	176,955	308,856	7,674	33,384	5,399	1,801	47,138	1,381	144,470	11,343
其他部门	M	4,778	50,446	17,977	20,023	58	1,480	1,360	311	7,226	14,407	14,134	691	909	799	769	1,013	17	411	182
民 办	N	1,969	23,088	7,570	12,191	3,615	2,438	1,818	157	1,451	7,292	2,034	404	365	120	12	93	80	441	357

		资产总计（千元）	固定资产原值	实际使用房屋建筑面积（万平方米）	展览用房	文物库房（含标本室）面积	实际拥有产权面积（万平方米）	文物保护规划和方案设计（个）	文物保护单位保护维修情况：国保单位保护维修项目数（个）	保护维修面积（平方米）	省保单位保护维修项目数（个）	市、县保单位保护维修项目数（个）	进行考古发掘情况：考古发掘面积（万平方米）	出土器物（件/套）	原址保护展示面积（万平方米）	异地保护展示面积（万平方米）	国际合作项目数（个）	主办刊物（种）	增加值（千元）	
（甲）		58	59	60	61	62	63	64	65	66	67	68	69	70	71	72	73	74	75	77
总 计	A	2,716,504	1,841,302	89.022	42.147	8.202	45.320	63	11	9	16	69	0.140	18,560	0.080			20	376,799	
其中：免费开放	B	2,181,056	1,527,661	80.899	38.058	7.430	42.769	55	9	7	14	62	0.140	18,560	0.080			20	318,723	
按机构类型分	—	—	—	—	—	—	—	—	—	—	—	—	—	—	—	—	—	—	—	—
综合性	C	1,167,633	793,308	47.303	22.621	4.737	16.161	55	10	3	14	68	0.140	18,260				8	211,489	
历史类	D	294,267	251,994	11.819	5.246	0.756	10.955	3			1	1		300	0.080			1	41,455	
艺术类	E	82,809	72,036	9.547	4.304	0.340	7.970	3	1	6								8	20,885	
自然科技类	F	572,967	404,954	7.558	3.579	1.603	1.910											1	51,771	
其 他	G	598,828	319,010	12.797	6.397	0.768	8.325	2			1							2	51,199	
按隶属关系分	—	—	—	—	—	—	—	—	—	—	—	—	—	—	—	—	—	—	—	—
中 央	H																			
省区市	I	553,347	433,958	8.021	4.170	1.639	1.346											1	66,241	
地 市	J	1,048,037	712,670	31.095	13.760	2.319	14.943	6	4	8	5	4		560				8	140,854	
县 市	K	1,115,120	694,674	49.909	24.220	4.245	29.030	57	7	1	11	65	0.140	18,000	0.080			11	169,704	
按系统分类	—	—	—	—	—	—	—	—	—	—	—	—	—	—	—	—	—	—	—	—
文物部门	1	1,845,940	1,324,616	65.214	30.403	6.540	33.237	62	11	9	16	68	0.140	18,560	0.080			16	317,465	
其他部门	M	408,058	230,336	13.303	5.651	0.487	6.346					1						1	39,937	
民 办	N	462,506	286,350	10.506	6.094	1.177	5.737	1										3	19,397	

文物保护科学研究机构基本情况综合年报

		机构数（个）	从业人员（人）	专业技术人才	正高级职称	副高级职称	中级职称	安全保卫人员	登记注册志愿者人数（人）	藏品数（件/套）	一级品	二级品	三级品	在藏品数中（件/套）本年新增藏品	本年从有关部门接收文物数	本年藏品征集数	本年修复文物数（件/套）	一级品	二级品	三级品	基本陈列（个）	临时展览（个）	参观人次（万人次）	未成年人参观人次	门票销售总额（千元）	本年完成科研成果：省部级及以上科研课题数（个）	专利（个）	专著或图录（册）	论文数（篇）	古建维修、考古发掘报告（册）	获国家奖（个）	获省、部奖（个）	本年收入合计（千元）	财政补助收入	基建拨款	事业收入	上级补助收入
（甲）		1	2	3	4	5	6	7	8	9	10	11	12	13	14	15	16	17	18	19	20	21	22	23	24	25	26	27	28	29	30	31	32	33	34	35	36
总　计	A	4	126	66	14	24	20	16		14,984	51	236	1,280	61	44	17	14			12								5	33	10			37,570	33,816		2,217	370
按性质分类	—	—	—	—	—	—	—	—	—	—	—	—	—	—	—	—	—	—	—	—	—	—	—	—	—	—	—	—	—	—	—	—	—	—	—	—	—
考古研究	B	4	126	66	14	24	20	16		14,984	51	236	1,280	61	44	17	14			12								5	33	10			37,570	33,816		2,217	370
古建研究	C																																				
其他研究	D																																				
按隶属关系分类	—	—	—	—	—	—	—	—	—	—	—	—	—	—	—	—	—	—	—	—	—	—	—	—	—	—	—	—	—	—	—	—	—	—	—	—	—
中　央	E																																				
省区市	F	1	101	50	12	20	14	6																					33				34,333	30,949		2,217	
地　市	G	2	12	3			2	8		14,984	51	236	1,280	61	44	17	14			12													865	495			370
县市区	H	1	13	13	2	4	4	2																				5		10			2,372	2,372			
按经费来源分类	—	—	—	—	—	—	—	—	—	—	—	—	—	—	—	—	—	—	—	—	—	—	—	—	—	—	—	—	—	—	—	—	—	—	—	—	—
文物经费	K	3	114	63	14	24	18	8																				5	33	10			36,705	33,321		2,217	
科研经费	I	1	12	3			2	8		14,984	51	236	1,280	61	44	17	14			12													865	495			370
其它经费	M																																				

		本年收入合计（千元）：附属单位上缴收入	经营收入	其他收入	本年支出合计（千元）	基本支出	项目支出	文物征集	馆藏品保护	陈列展览	教育与科研	经营支出	在支出合计中：工资福利支出	商品和服务支出	差旅费	劳务费	福利费	税金支出	对个人和家庭补助支出	抚恤金和生活补贴	本年支出合计（千元）在支出合计中：其他资本性支出	各种设备购置费	资产总计（千元）	固定资产原值	公用房屋建筑面积（万平方米）	文物库房（含标本室）面积	实验室面积	实际拥有产权面积（万平方米）	文物保护规划和方案设计（个）	进行考古发掘情况：考古发掘面积（万平方米）	出土器物（件/套）	原址保护展示面积（万平方米）	异地保护展示面积（万平方米）	国际合作项目数（个）	主办刊物（种）	增加值（千元）	主办刊物（种）
（甲）		37	38	39	40	41	42	43	44	45	46	47	48	49	50	51	52	53	54	55	56	57	58	59	60	61	62	63	64	65	66	67	68	69	70	71	73
总　计	A			1,167	36,589	14,625	21,963	826					10,168	21,774	1,439	8,364	344	4	2,544		2,102	1,990	14,332	14,034	0.593	0.252	0.010	0.093		4.994	3,927					22,078	
按性质分类	—	—	—	—	—	—	—	—	—	—	—	—	—	—	—	—	—	—	—	—	—	—	—	—	—	—	—	—	—	—	—	—	—	—	—	—	—
考古研究	B			1,167	36,589	14,625	21,963	826					10,168	21,774	1,439	8,364	344	4	2,544		2,102	1,990	14,332	14,034	0.593	0.252	0.010	0.093		4.994	3,927					22,078	
古建研究	C																																				
其他研究	D																																				
按隶属关系分类	—	—	—	—	—	—	—	—	—	—	—	—	—	—	—	—	—	—	—	—	—	—	—	—	—	—	—	—	—	—	—	—	—	—	—	—	—
中　央	E																																				
省区市	F			1,167	33,243	11,822	21,420	826					8,529	20,522	1,403	7,952	301		2,107		2,084	1,990	11,180	11,180	0.414	0.093		0.093		4.100	3,220					19,426	
地　市	G				974	431	543						345	576	15	412			35		18		1,944	1,646	0.099	0.099				0.004	17					859	
县市区	H				2,372	2,372							1,294	676	21		43	4	402				1,208	1,208	0.080	0.060	0.010			0.890	690					1,793	
按经费来源分类	—	—	—	—	—	—	—	—	—	—	—	—	—	—	—	—	—	—	—	—	—	—	—	—	—	—	—	—	—	—	—	—	—	—	—	—	—
文物经费	K			1,167	35,615	14,194	21,420	826					9,823	21,198	1,424	7,952	344	4	2,509		2,084	1,990	12,388	12,388	0.494	0.153	0.010	0.093		4.990	3,910					21,219	
科研经费	I				974	431	543						345	576	15	412			35		18		1,944	1,646	0.099	0.099				0.004	17					859	
其它经费	M																																				

其他文物事业机构基本情况综合年报

		机构数（个）	从业人员（人）	从业人员·专业技术人才	专业技术人才·正高级职称	专业技术人才·副高级职称	专业技术人才·中级职称	安全保卫人员	登记注册志愿者（人）	藏品数（件/套）	藏品数·一级品	藏品数·二级品	藏品数·三级品	在藏品数中（件/套）·本年新增藏品	本年新增藏品·本年从有关部门接收文物数	本年新增藏品·本年藏品征集数	本年修复文物数（件/套）	本年修复文物数·一级品	本年修复文物数·二级品	本年修复文物数·三级品	本年完成科研成果·省部级及以上科研课题数（个）	本年完成科研成果·专利（个）	本年完成科研成果·专著或图录（册）	本年完成科研成果·论文数（篇）	本年完成科研成果·古建维修、考古发掘报告（册）	本年完成科研成果·获国家奖（个）	本年完成科研成果·获省、部奖（个）	本年收入合计（千元）	本年收入合计·财政补助收入	财政补助收入·基建拨款	本年收入合计·事业收入	本年收入合计·上级补助收入	本年收入合计·附属单位上缴收入	本年收入合计·经营收入
（甲）		1	2	3	4	5	6	7	8	9	10	11	12	13	14	15	16	17	18	19	20	21	22	23	24	25	26	27	28	29	30	31	32	33
总　计	A	2	17	6	4	2																						5,312	4,714					
按隶属关系分	—	—	—	—	—	—	—	—	—	—	—	—	—	—	—	—	—	—	—	—	—	—	—	—	—	—	—	—	—	—	—	—	—	—
中　央	B																																	
省区市	C	2	17	6	4	2																						5,312	4,714					
地　市	D																																	
县市区	E																																	
按部门分	—	—	—	—	—	—	—	—	—	—	—	—	—	—	—	—	—	—	—	—	—	—	—	—	—	—	—	—	—	—	—	—	—	—
文物部门	F	2	17	6	4	2																						5,312	4,714					
其他部门	G																																	

		本年收入合计（千元）·其他收入	本年支出合计（千元）	基本支出	基本支出	经营支出	在支出合计中：工资福利支出	商品和服务支出	商品和服务支出·差旅费	商品和服务支出·劳务费	商品和服务支出·福利费	商品和服务支出·各种税金支出	对个人和家庭补助支出	对个人和家庭补助支出·抚恤金和生活补贴	其他资本性支出	其他资本性支出·各种设备购置费	资产总计（千元）	资产总计·固定资产原值	实际使用房屋建筑面积（万平方米）	实际使用房屋建筑面积·展览用房	实际使用房屋建筑面积·文物库房	实际拥有产权面积（万平方米）	文物保护规划和方案设计（个）	文物保护单位保护维修情况·国保单位保护维修项目数	国保单位保护维修项目数·保护维修面积	省保单位保护维修项目数（个）	市、县保单位保护维修项目数（个）	进行考古发掘情况·考古发掘面积（万平方米）	进行考古发掘情况·出土器物（件/套）	进行考古发掘情况·原址保护展示面积（万平方米）	进行考古发掘情况·异地保护展示面积（万平方米）	主办刊物（种）	增加值（千元）	
（甲）		34	35	36	37	38	39	40	41	42	43	44	45	46	47	48	49	50	51	52	53	54	55	56	57	58	59	60	61	62	63	64	65	55
总计	A	598	4,477	1,919	988		1,852	1,923	240	275	99		412		290	230	7,382	3,006															2,774	
按隶属关系分	—	—	—	—	—	—	—	—	—	—	—	—	—	—	—	—	—	—	—	—	—	—	—	—	—	—	—	—	—	—	—	—	—	—
中　央	B																																	
省区市	C	598	4,477	1,919	988		1,852	1,923	240	275	99		412		290	230	7,382	3,006															2,774	
地　市	D																																	
县　市	E																																	
按部门分	—	—	—	—	—	—	—	—	—	—	—	—	—	—	—	—	—	—	—	—	—	—	—	—	—	—	—	—	—	—	—	—	—	—
文物部门	F	598	4,477	1,919	988		1,852	1,923	240	275	99		412		290	230	7,382	3,006															2,774	
其他部门	G																																	

文物商店基本情况综合年报

		机构数（个）	从业人员（人）	专业技术人才				库存文物数（件/套）				资产、负债、所有者权益（千元）							损益（千元）
					正高级职称	副高级职称	中级职称		一级品	二级品	三级品	资产总计	固定资产原价	当年提取的折旧总额	负债合计	所有者权益合计	实收资本	国家资本金	营业收入
（甲）		1	2	3	4	5	6	7	8	9	10	11	12	13	14	15	16	17	18
总 计	A	9	86	28		2	10	37,522				74,927	20,344	587	34,235	40,692	12,201	12,201	29,916
按隶属关系分	—	—	—	—	—	—	—	—	—	—	—	—	—	—	—	—	—	—	—
中 央	B																		
省区市	C																		
地 市	D	7	77	19		1	5	37,522				62,447	15,896	424	33,176	29,271	10,701	10,701	26,306
县市区	E	2	9	9		1	5					12,480	4,448	163	1,059	11,421	1,500	1,500	3,610
按系统分类	—	—	—	—	—	—	—	—	—	—	—	—	—	—	—	—	—	—	—
文物部门	F	9	86	28		2	10	37,522				74,927	20,344	587	34,235	40,692	12,201	12,201	29,916
其他部门	G																		

		损益（千元）										工资、福利费、税金（千元）				实际使用房屋建筑面积（万平方米）			实际拥有产权面积（万平方米）
		营业收入	营业成本						营业外收入										
		主营业务收入		养老、医疗、失业等各种社会保险费	住房公积金和住房补贴	差旅费	工会经费	营业利润		政府补助（补贴收入）	营业外支出	利润总额	本年发放工资总额	本年支付的职工福利费	本年应交税金总额		营业用房	库房	
（甲）		19	20	21	22	23	24	25	26	27	28	29	30	31	32	33	34	35	36
总 计	A	27,437	26,885	811	198	254	80	3,031	729	65	45	3,715	3,573	216	1,210	0.430	0.317	0.085	0.053
按隶属关系分	—	—	—	—	—	—	—	—	—	—	—	—	—	—	—	—	—	—	—
中 央	B																		
省区市	C																		
地 市	D	23,827	23,525	811	198	254	80	2,781	729	65	45	3,465	2,763	216	1,210	0.290	0.237	0.025	0.053
县 市	E	3,610	3,360					250				250	810			0.140	0.080	0.060	
按系统分类	—	—	—	—	—	—	—	—	—	—	—	—	—	—	—	—	—	—	—
文物部门	F	27,437	26,885	811	198	254	80	3,031	729	65	45	3,715	3,573	216	1,210	0.430	0.317	0.085	0.053
其他部门	G																		

其他文物企业机构基本情况综合年报

		机构数（个）	从业人员（人）					资产、负债、所有者权益（千元）							损益（千元）			
				专业技术人才				资产总计			负债合计	所有者权益合计			营业收入		营业成本	
					正高级职称	副高级职称	中级职称		固定资产原值	当年提取的折旧总额			实收资本	国家资本金		主营业务收入		养老、医疗、失业等各种社会保险费
（甲）		1	2	3	4	5	6	7	8	9	10	11	12	13	14	15	16	17
总　计	A	4	96	51	3	4	17	72,839	4,997	482	24,434	48,405	2,750	1,800	40,620	40,620	38,642	1,187
按隶属关系分	—	—	—	—	—	—	—	—	—	—	—	—	—	—	—	—	—	—
中　央	B																	
省区市	C	3	62	48	3	4	17	70,938	4,769	453	23,333	47,605	1,950	1,800	40,588	40,588	38,590	1,165
地　市	D	1	34	3				1,901	228	29	1,101	800	800		32	32	52	22
县市区	E																	
按系统分类	—	—	—	—	—	—	—	—	—	—	—	—	—	—	—	—	—	—
文物部门	F	3	62	48	3	4	17	70,938	4,769	453	23,333	47,605	1,950	1,800	40,588	40,588	38,590	1,165
其他部门	G	1	34	3				1,901	228	29	1,101	800	800		32	32	52	22

		损益（千元）									工资、福利费、税金（千元）			实际使用房屋建筑面积		实际拥有产权面积（万平方米）	增加值（千元）	
		营业成本			投资收益	营业利润	营业外收入		营业外支出	利润总额	本年发放工资总额	本年支付的职工福利费	本年应交税金总额	（万平方米）	业务用房			
		住房公积金和住房补贴	差旅费	工会经费				政府补助（补贴收入）										
（甲）		18	19	20	21	22	23	24	25	26	27	28	29	30	31	32	33	36
总　计	A	390	1,244		402	1,978	2,015	2,000	2,114	1,879	7,575	752	6,269	0.825	0.825		18,733	
按隶属关系分	—	—	—	—	—	—	—	—	—	—	—	—	—	—	—	—	—	—
中　央	B																	
省区市	C	380	1,243		402	1,998	15		114	1,899	7,557	751	6,269	0.075	0.075		18,653	
地　市	D	10	1			-20	2,000	2,000	2,000	-20	18	1		0.750	0.750		80	
县市区	E																	
按系统分类	—	—	—	—	—	—	—	—	—	—	—	—	—	—	—	—	—	—
文物部门	F	380	1,243		402	1,998	15		114	1,899	7,557	751	6,269	0.075	0.075		18,653	
其他部门	G	10	1			-20	2,000	2,000	2,000	-20	18	1		0.750	0.750		80	

文物拍卖企业基本情况综合年报

		机构数（个）	从业人员（人）	资产、负债、所有者权益（千元）：资产总计	资产总计：固定资产原价	资产总计：当年提取的折旧总额	负债合计	所有者权益合计	所有者权益合计：实收资本	实收资本：国家资本金	损益（千元）：营业收入	营业收入：主营业务收入	营业成本	营业成本：养老、医疗、失业等各种社会保险费	营业成本：住房公积金和住房补贴	营业成本：差旅费	营业成本：工会经费	损益（千元）：营业利润	营业外收入	营业外收入：政府补助（补贴收入）	营业外支出	利润总额	工资、福利费、税金（千元）：本年发放工资总额	本年支付的职工福利费	本年应交税金总额	文物标的拍卖情况：拍卖会场次（场）	上拍标的件数（件/套）	成交量（件/套）	成交额（千元）	佣金额（千元）	经营面积（万平方米）
（甲）		1	2	3	4	5	6	7	8	9	10	11	12	13	14	15	16	17	18	19	20	21	22	23	24	25	26	27	28	29	30
总计	A	7	101	205,638	40,815	6,984	86,989	118,649	77,765	5,100	39,771	39,686	31,638	766	125	749	37	8,133	1,405	7	73	9,465	5,168	260	5,616	17	10,434	6,112	235,651	10,959	0.357
按隶属关系分	B	—	—	—	—	—	—	—	—	—	—	—	—	—	—	—	—	—	—	—	—	—	—	—	—	—	—	—	—	—	—
中央	B																														
省区市	C	6	78	180,824	32,085	1,948	76,127	104,697	67,265	5,100	34,037	33,952	27,460	650	125	674	17	6,577	1,128	7	51	7,654	3,788	163	4,537	15	9,719	5,680	234,451	10,886	0.243
地市	D	1	23	24,814	8,730	5,036	10,862	13,952	10,500		5,734	5,734	4,178	116		75	20	1,556	277		22	1,811	1,380	97	1,079	2	715	432	1,200	73	0.114
县市区	E																														
文物拍卖经营资质类型	G	—	—	—	—	—	—	—	—	—	—	—	—	—	—	—	—	—	—	—	—	—	—	—	—	—	—	—	—	—	—
第一、二、三类文物	F	5	73	163,459	39,123	6,793	69,870	93,589	57,765		24,847	24,847	20,957	515	43	488	32	3,890	287		60	4,117	3,100	188	2,830	15	9,758	5,706	161,005	9,188	0.284
第二、三类文物	G	2	28	42,179	1,692	191	17,119	25,060	20,000	5,100	14,924	14,839	10,681	251	82	261	5	4,243	1,118	7	13	5,348	2,068	72	2,786	2	676	406	74,646	1,771	0.074
按登记注册类型分		—	—	—	—	—	—	—	—	—	—	—	—	—	—	—	—	—	—	—	—	—	—	—	—	—	—	—	—	—	—
国有	H																														
集体	I																														
其他	J	7	101	205,638	40,815	6,984	86,989	118,649	77,765	5,100	39,771	39,686	31,638	766	125	749	37	8,133	1,405	7	73	9,465	5,168	260	5,616	17	10,434	6,112	235,651	10,959	0.357

浙江文物年鉴 2014

文物保护与考古

我省三项目入围“2012年度全国十大考古新发现”候选项目

2月，由国家文物局主办的2012年度全国十大考古新发现评选进入初评阶段。经发掘单位申报、中国文物报及专家推荐、国家文物局审核等，评选活动办公室遴选43个候选项目进入初评，我省余姚田螺山遗址和萧山柴岭山、蜈蚣山商周土墩墓群两个项目入围候选。3月14日，经国家文物局考古专家组成员、中国考古学会常务理事和理事、全国70家考古发掘资质单位共同投票，余姚田螺山遗址和萧山柴岭山、蜈蚣山商周土墩墓群均成功入围终评。

田螺山遗址位于余姚市三七市镇相岙村，是浙江省新近发现、发掘的又一处重要河姆渡文化遗址，总面积约30000平方米，分为6个文化层，距今约5500至7000年，是迄今发现的河姆渡文化中地面环境保存最好、地下遗存相对完整的一处史前村落遗址。萧山柴岭山、蜈蚣山商周土墩墓群北临杭州市滨江区，西北为湘湖及著名的跨湖桥遗址，共抢救性发掘土墩37座，清理墓葬59座、器物群8个。发掘的土墩墓类型丰富多样，年代跨度大且无缺环，从商代中晚期延续到战国初期，其中部分为规模巨大、保存完整、规格等级较高的贵族墓葬。

杭州萧山老虎洞遗址考古发掘结束

3月至7月，杭州市文物考古研究所完成萧山区闻堰镇老虎洞遗址考古发掘。发掘面积1300平方米，发现一处良渚文化至商周时期遗址及战国至明清时期墓葬34座，墓内出土各类遗物255件（组）。商周时期聚落遗址包括9处干栏式建筑基址与27个灰坑。每处建筑基址均有成群排布的柱洞构成，灰坑与柱洞群的形成年代一致。遗址中出土了大量商周时期印纹硬陶和原始瓷器，还发现一些石器和少量骨器、铜器等。其中一处西汉墓为长方形竖穴土坑石椁墓，墓室近底部四周均用石块围成石圹。一处明墓墓室之上设八边形须弥座式塔基。在一处南朝墓发现的纪年铭文砖上出现“永兴”二字，成为萧山曾于三国时期更名“永兴”后的最早实物证据。

萧山湖山墓群考古发掘结束

2012年12月至2013年5月，杭州市文物考古研究所完成对萧山区闻堰镇湖山墓群的考古发掘。发掘面积约2800平方米，共清理战国至明清时期各类墓葬60座、宋代茔园遗迹1处，出土陶、瓷、石、铁、铜等各类器物150余件（组）。墓葬类型有土坑墓和砖室墓两类。土坑墓包括战国时期3座、汉代1座、宋代1座、明清3座。其中战国至西汉的土坑墓平面均呈长方形，随葬品较多，以陶、印纹硬陶和石器为主。砖室墓包括六朝时期6座、唐代3座、明清43座，分为长方形和凸字形两种，大部分已被盗，随葬品较少。其中两座六朝纪年墓墓砖上模印有"建元元年□□□"和"宋元嘉廿八太岁辛卯"纪年铭文。唐代砖室墓多随葬青瓷盘口壶和开元通宝。明清时期合葬墓较多，以两墓同穴、异穴、并穴合葬为主，另有一组四墓异穴合葬。宋代茔园遗迹平面呈工字形，由T形道路和长方形拜坛组成。铺筑材料以略加修整的块石为主，另间杂少量六朝墓砖及缸口沿，铺设较为规整。

富阳乌龟山墓群考古发掘结束

5月至9月，杭州市文物考古研究所联合富阳市文物馆对富阳市步桥镇三桥村乌龟山墓群进行抢救性发掘，共清理东汉到宋明的古墓葬14座，以东晋时期墓葬为主；出土文物40件（组），器类有盘口壶、唾壶、砚、钵、小碗、灶、鸡笼、狗圈等青瓷器，金饰品、铜镜、铁镜等金属饰具，玉镇、猪握等玉石器。10座东晋墓葬均为砖券墓，其中大、中型墓8座，小型墓2座。大中型墓砖室四周均有墓圹，墓圹开凿于山体岩石中。砖室由封门、甬道、墓室组成，有的墓前有墓道和排水道。墓葬平面形制分"刀"形和"凸"形两种。室内大多有砖砌棺床。墓室后壁一般留设1至3个方形小龛。从存留的痕迹判断，室内并列放置两副棺木，棺底铺有一层草木灰，棺内随葬有猪握、铜镜、铜钱币等，猪握一般位于中部的人手部位，左右手各握一件，属夫妻合葬。两个墓室前部还发现桃形、梅花形、圆形金饰品，可能属于漆木器上贴附的装饰。墓砖多装饰双钱纹、单钱胜纹和几何纹，个别墓砖上模印有"宽圩""大""中"等文字来表示墓砖的类别。一处墓墓砖侧面模印有"太康十年"和"元熙元年"两种纪年文字，墓内出土青瓷灶、鸡笼、狗圈三件青瓷器。两组墓葬排列整齐，间距3米左右，墓葬形制、随葬品的种类和风格基本相同，根据六朝时期墓葬的排列规律判断，这两组墓葬可能为兄弟或父子关系。

杭州市拱墅区吉如遗址考古发掘结束

5月至11月，杭州市文物考古研究所对拱墅区祥符镇吉如村的良渚文化时期吉如遗址进行抢救性考古发掘。该遗址于3月疏浚河道时被发现，十字港河南北向穿越该遗址。吉如遗址良渚文化层最厚处达1.6米，共清理良渚文化时期人工营建土台1处、房址1处、墓葬1座，灰坑7个、沟1条，出土玉器、石器、陶器等40余件完整器。玉器只有玉锥形器1种，石器有犁、镰、锛、刀、镞、耘田器、网坠等，陶器有鼎、豆、罐、双鼻壶、三足盘、甗等，另出土大量较细碎的良渚文化时期陶片及少量动物骨骼。吉如遗址是一处良渚文化中晚期聚落遗址，对探讨杭州城郊良渚文化遗址与良渚遗址群之间的内在联系具有重要意义。灰坑中出土长达47厘米的石犁是良渚时期农业生产状况的真实反映。

余杭卖鱼桥墓地考古发掘

6月至11月，杭州市文物考古研究所对余杭区良渚镇东明山麓的卖鱼桥墓地进行考古勘探和发掘，共发掘1座宋墓和19座明清时期墓葬，出土文物10余件(组)。墓葬依山势上下排列，有砖室、砖石混筑墓室和石室墓等，大多被盗或被扰乱，个别保存完整；清理少量遗骨、钱币、瓷器等。根据墓葬形制及《东明寺志》《正名录》等清代文献记载，明清时期该墓地为东明寺僧侣墓地，称“东明塔院”。塔院遗址规模较大，且部分墓葬墓主明确，东明昱祖师、海舟慈禅师、孤云鉴禅师等均是我国佛教史上重要人物，该墓地是我国佛教临济宗的重要祖塔院之一。

庄桥坟遗址发现原始文字

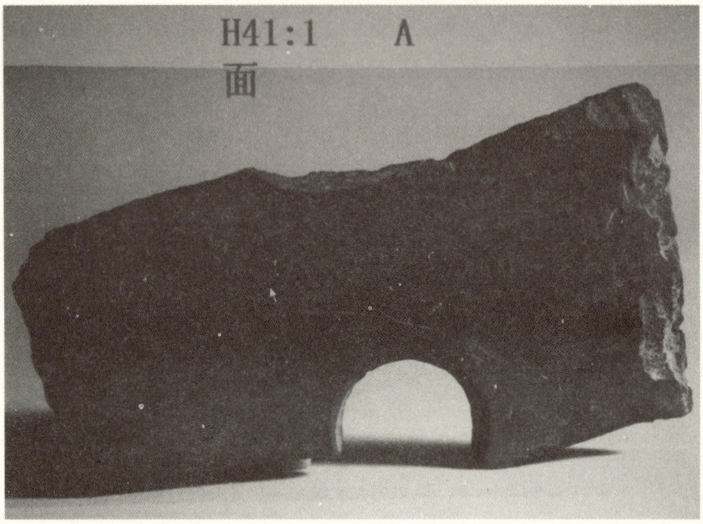

7月6日，庄桥坟遗址发现原始文字座谈会在平湖召开。十多位知名考古学家和古文字学家参加会议。

平湖市庄桥坟遗址于2003年5月发现，并于2003年和2006年进行了两次考古发掘，发现若干良渚文化时期墓葬，出土了大量珍贵文物。在随后的整理过程中，工作人员又陆续发现了很多刻划符号和原始文字。座谈会上，专家们听取了省文物考古研究所徐新民关于原始文字发现过程的汇报，现场查看了部分典型器物。专家们确认，庄桥坟遗址发现的这批器物既有简单的刻画符号，又有复杂的原始文字，还发现文字与图形在同一件器物上同时存在、互相补充的现象。这些现象的同时出现补充了中国文字起源发展过程中的重要缺环，为研究我国文字起源提供了重要实物。

良渚古城遗址入选世界十大田野考古发现

在8月23日开幕的首届“世界考古？上海论坛”上，“寻找消失的文明：良渚古城考古新发现”入选“2011-2012年世界10项重大田野考古发现”。同时，以良渚遗址为主要研究对象之一的“中华文明探源工程研究”入选“2011-2012年9项世界重大考古研究成果”。

“世界考古？上海论坛”是中国首次举办的高规格国际考古论坛，来自28个国家和地区的74位考古学者参加（其中院士级专家十余位）。本次评选由45个国家和地区的150位考古、文化遗产研究领域专家学者组成咨询委员会，17个国家和地区的40名考古学术权威和专家组成评审委员会，对全世界推荐的99项有效候选项目进行评选。

良渚古城遗址是目前发现的同时代中国规模最大、规格最高的史前城址，2007年底正式对外公布，并一直持续进行考古研究，2011年至2012年又取得重大进展。

纺织品文物保护国家文物局重点科研基地新疆工作站学术委员会2013年度工作会议举行

8月23日，纺织品文物保护国家文物局重点科研基地新疆工作站学术委员会2013年度工作会议在新疆维吾尔自治区举行。浙江、新疆文物部门相关人员出席了会议。会议回顾了工作站从场地落实、设备添置、人员培养，到目前开始承担国家文物局山普拉出土文物保护修复项目的建设情况，对工作站的年度工作进行了总结，并就下一年度的工作计划进行了安排。目前，新疆工作站的主要任务是完成山普拉、营盘、阿斯塔纳出土纺织品文物的修复保护，以及对和田等地出土纺织品文物5个方案的编写。

建德新叶村入选国家文物局古村落保护利用综合试点项目

9月，国家文物局下发通知，在全国范围内选取6处具有代表性的古村落，开展古村落保护利用综合试点工作，我省建德市新叶村入选。

2013年度浙江省文物保护管理培训班在杭举办

10月29日至11月1日，由省文物局主办、省文物考古研究所承办的2013年度浙江省文物保护管理培训班在杭举办，全省各市、县（市、区）文物管理部门负责人、业务骨干90余人参加培训。本次培训班侧重对管理人员的业务知识培训，授课专家为学员讲授了文物保护法规、文物保护准则、文化遗产保护趋势、文物保护与利用及文物保护工程管理、文物修缮技术与理念、文物安全评估与监测管理等课程。

江南水乡古镇联合申报世界文化遗产工作推进会召开

11月23日，江苏省文物局、浙江省文物局在昆山市周庄镇召开江南水乡古镇联合申报世界文化遗产工作推进会，共同推进江南水乡古镇申遗工作。江南水乡古镇联合申遗项目包括江苏的周庄、锦溪、千灯、同里、角直、沙溪及浙江的乌镇、西塘、南浔、新市等十个古镇，涉及江浙两省三个地级市和八个县（市、区）。十个古镇的相关领导、各古镇所在地市县文物部门代表等参加了会议。会上，江苏省文物局、浙江省文物局宣布共同成立江南水乡古镇联合申报世界文化遗产协调指导小组，确定成立江南水乡古镇联合申报世界文化遗产办公室并揭牌。与会代表就《江南水乡古镇联合申报世界文化遗产办公室章程》和《江南水乡古镇文化遗产管理办法》讨论稿开展讨论。国际古迹遗址理事会副主席、中国古迹遗址保护协会副理事长兼秘书长郭旃在会上作了题为《关于江南水乡古镇——世界文化遗产申报项目的探讨》的专题报告。

富阳发现南宋梁端礼墓

南宋梁端礼墓位于富阳市新登镇乘庄村杜墓山自然村南侧的对面山东南部山坡中部，依山而建，为双室砖室墓，12月12日发现。12月13日至20日，杭州市文物考古研究所联合富阳文物馆对墓葬进行了抢救性考古发掘。其中北侧墓为长方形竖穴石盖顶砖室墓，青砖砌壁，砖壁之上使用大石条砌壁，其上用五块大石板覆盖形成盖顶石，相邻石盖板长侧面凿成半榫，上下咬合。墓底发现青瓷碗、瓶、青铜炉、玉牌饰、铜钱和一块墓志铭。南侧为长方形砖室墓，青砖砌壁，东壁、西壁和北壁均设壁龛并用砖封砌。壁龛中发现青白瓷小罐和褐釉瓷碟。北侧墓室西壁正中发现一块墓志，青灰色石质，宽、高91厘米，厚14厘米，正面铭文17行，前16行每行39字至40字不等，末行36字，共计668字，楷书，阴刻。

根据墓志铭记载，北侧墓主为梁端礼，字正国，号淇园野叟。因南宋时有夫妇合葬的习俗，故南侧墓主可能是梁端礼的夫人房氏。这是杭州地区考古发现的第一座身份明确的品官墓。墓志铭记载的内容为研究南宋时期行政区划、军队编制、军事体系提供了实物资料。

我省大运河申遗准备工作全面完成

2013年，全省围绕2014年大运河申遗成功的目标，根据国家文物局《大运河保护与申遗2012—2013年行动计划》，全力推进申遗点段的保护、整治和展示工程，重点开展大运河申遗工作督查。大运河遗产省级、市级保护规划分别经省政府和相关设区市政府批准公布。杭州西兴、海宁长安等大运河重要节点的考古工作，申遗河道、遗产点的本体保护与环境整治，各申遗点段的展示工程和专题陈列布展、监测平台和档案中心建设、遗产区界桩和标识系统布设等各项申遗准备工作已全部完成。按照国家文物局部署和要求，我省经过多次预演检查和反复查漏补缺，于9月底顺利完成国际专家对大运河申遗项目现场考察评估的接待。

全省推进文物保护单位管理工作

2013年，我省进一步优化文物保护单位保护工程管理，全年上报全国重点文物保护单位修缮工程立项16项，审批省级以上文物保护单位保护工程方案、施工图设计114项，组织对宁波慈城古建筑群等一批省级以上文保单位维修工程进行竣工验收，启动开展了文物保护工程项目检查。同时，文物主管部门加强文物保护单位保护规划编制审批，重点组织了对兰溪诸葛长乐村民居等一批全国重点文物保护单位保护规划的论证；继续推进文物保护单位“四有”工作，审核并向省政府上报了117处省级以上文保单位保护范围及建设控制地带划定方案，推进新公布省级以上文物保护单位的“四有”工作，举办了全省文物保护单位“四有”培训班；加强了文物保护工程资质监管，上报甲、一级资质单位申请7家，授予文物保护工程资质单位19家；进一步规范资质年检，举办了全省第四期文物保护工程从业人员上岗培训班；加强文物保护专业人员队伍建设，举办了2013年度浙江省文物保护管理培训班。

全省评定公布第一批省级考古遗址公园

2013年，我省根据浙江历史发展特点，以史前遗址、越国遗存、瓷窑遗址、城市遗址等为重点，发布了《浙江省省级考古遗址公园管理办法（试行）》，开展了第一批省级考古遗址公园申报评定工作。经专家评议，浦江上山遗址、嘉兴马家浜遗址、温州曹湾山遗址、湖州昆山遗址、安吉古城遗址、大窑龙泉窑遗址、武义吕祖谦家族墓、杭州南宋皇城遗址等8处大遗址被评选公布为我省第一批省级考古遗址公园。

历史文化名城、名镇、名村保护工作不断加强

2013年，根据住建部、国家文物局部署，我省组织开展第六批中国历史文化名镇名村申报工作。住建部、国家文物局完成对湖州市申报国家历史文化名城工作的实地考评。省建设厅、省文物局组织对丽水、平阳申报省级历史文化名城工作进行实地考评，并加快做好保护规划编制，组织20余处历史文化名镇、名村、街区保护规划评审，5处名镇、名村保护规划省级部门联席审查。省政府批准了温州市瓯海区水碓坑、黄坑历史文化名村保护规划。有关方面开展了全省历史文化名城保护检查和评估，对兰溪、海宁、余姚、金华、东阳、瑞安、温州等历史文化名城保护状况进行检查；还根据国家和省有关部署，配合做好传统村落、历史文化村落的保护和利用工作。

良渚遗址申遗前期工作进展显著

2013年，《良渚遗址保护总体规划》获国家文物局原则同意并由省政府批准公布。良渚遗址申遗文本和管理规划编制取得初步成果，展示规划编制完成，考古发掘和价值研究工作有序开展，遗产监测和申遗档案工作启动，申遗资金保障机制已经明确，用地规划调整准备就绪，农户搬迁安置进展顺利。《杭州市良渚遗址保护管理条例》经省人大常委会批准，将于2014年1月1日起施行。应杭州市政府和省文物局要求，省政府致函国家文物局，提请将良渚遗址列为2016年中国申报世界文化遗产正式项目，省政府分管领导专程拜访国家文物局主要领导，表达了我省申遗的愿望和决心。

浙江文物年鉴

2014

博物馆与纪念馆

平阳金钱会起义陈列馆开馆

1月3日，平阳县金钱会起义陈列馆开馆。陈列馆以金钱会起义历史事件为主线，分为乱世、创会、组团、举旗、攻城、失败、余波七大版块，以图片、实物陈列等方式展示了金钱会起义历史。

文成县博物馆成立

1月25日，文成县博物馆从文成县文物馆单独析置，正式成立博物馆机构，编制4人。10月，位于城区旁山头文化中心内的新馆主体建筑完工，建筑面积4000多平方米，分地上三层，地下一层，项目投资估算2000多万元。文成县博物馆同时启动了展厅陈列布展设计和文物征集工作。

我省再添6家国家三级博物馆

5月初，国家文物局发布第二批国家二、三级博物馆名单，我省杭州西溪湿地博物馆、萧山博物馆、奉化溪口博物馆、海宁市博物馆、江山市博物馆、龙泉市博物馆等六家博物馆被评估定级为国家三级博物馆。目前我省共有国家一级博物馆4家、国家二级博物馆15家、国家三级博物馆30家，总数达49家，经评估定级的博物馆数量与广东省并列全国第一。

新疆文物局、浙江省文物局、浙江大学、塔里木大学联合召开2013年四方合作年会

5月14日，新疆文物局、浙江省文物局、浙江大学、塔里木大学在浙江大学召开2013年四方战略合作年会。会上，校地四方再签合作协议。根据协议，四方将合作建立新疆文化遗产保

护与传承发展战略研究中心，联合创建新疆文化遗产事业发展战略高层论坛，结合战略性课题研究成果开展规划研究，建设以新疆地区文化遗产保护与传承研究为主题的覆盖全球的虚拟研究网络等。会上，浙江大学艺术与考古博物馆、文化遗产研究院与新疆博物馆、文物考古研究所签订了联合建立中亚文明研究中心的协议，浙江大学文化遗产研究院与新疆龟兹研究院签订了联合开展人才培养与科研基地建设合作项目协议。

东阳天山传统农耕文化陈列馆开馆

5月16日，东阳天山传统农耕文化陈列馆开馆。天山传统农耕文化陈列馆位于东阳市东阳江镇天山村，由东阳市委、市政府牵头，东阳市博物馆负责策展。陈列馆由原有的天山村大会堂修建而成，展陈面积350平方米，展品总数200余件（套），以农家日常生产、生活用具为主，通过图片和文字资料，以春、夏、秋、冬为主线，展示了农耕时代生活及内涵与价值，展现了传统农耕文化。

浙江省博物馆学会网站正式上线运行

5月17日，浙江省纪念“5·18国际博物馆日”暨浙江省博物馆学会网站上线仪式在浙江自然博物馆举行。仪式后，与会代表就促进学会网站健康、持续发展提出了建议、意见。

我省四个展览获奖

5月18日，由国家文物局指导，中国文物报社、中国博物馆协会主办的第十届（2011—2012年度）全国博物馆十大陈列展览精品评选终评揭晓，我省南湖革命纪念馆“南湖革命纪念馆新馆基本陈列”、杭州工艺美术馆“钱塘匠心·天工集粹——杭州工艺美术精品陈列”获2011年度全国博物馆十大陈列展览精品奖；浙江省博物馆“惠世天工——中国古代发明创造文物展”获2012年度全国博物馆十大陈列展览精品奖，杭州博物馆“珍藏杭州——杭州博物馆馆藏文物精品陈列”获2012年度全国博物馆陈列展览优秀奖。这是我省在历届全国博物馆十大精品陈列展览评选中取得的最好成绩。至此，我省共有11项博物馆展览获全国博物馆十大陈列展览精品奖，名列全国第一。

与以往相比，本届评选修改了奖项设置，分历史类、艺术类、自然类、科技类、纪念类及进步类申报，不再设置单项奖，并由以往的两年一届改为每年一届。

龙湾白水民俗博物馆开馆

6月6日，龙湾区白水民俗博物馆开馆。经过两年多筹备，在温州博物馆和龙湾区文博馆指导下，姜氏大宗内开辟了白水民俗博物馆。展馆免费对外开放，运用实物、图文等多媒体展示了龙湾区当地的人文风俗、乡土风情和地域特色。

建德李村民俗文化馆开放

6月8日，建德市大慈岩镇李村村的李村民俗文化展览馆对外开放。李村民俗文化展览馆共两层，分三个展厅，面积2000多平方米，展出了上百幅建德市现存历史建筑和文物古迹图片，介绍了李氏家族的历史渊源和变迁历史，展示了200多件传统农具、生活用品及传统民俗品模拟场景。

温州东瓯国历史陈列馆对外开放

6月8日,东瓯国历史陈列馆完成布展并对外开放。东瓯国历史陈列馆位于东瓯王庙内,展览分东瓯王庙大殿与历史陈列馆两部分,大殿内有东瓯王塑像,两侧陈列展示了劳作生产、佐汉灭秦、民俗生活、迁徙江淮四个主题场景的汉代画风壁画。展览以东瓯国历史为主线,通过东瓯王巡游沙盘模型、实物和图版等形式,对东瓯国历史文化进行了展示。

永康市出台《鼓励和促进民办博物馆发展意见》

6月25日,永康市下发了《鼓励和促进民办博物馆发展意见的通知》,要求有关部门提高认识,明确和坚持“积极鼓励、大力支持、正确引导、依法管理”的指导思想,将民办博物馆纳入经济社会发展规划,支持、鼓励和引导民办博物馆的发展。

普陀展茅五匠馆增设稻作文化展区

7月初至9月下旬，展茅五匠馆动工扩建新展示内容，增设稻作文化展区，并在完工后对市民免费开放。展区征集各类种植、管理、收割、贮存及粮制品形成所需工具，通过实物、图片、视频、雕塑等形式，展现了展茅渔农村劳动力在长期生产生活中独树一帜的生产、生活习俗。

我省博物馆展览交流信息平台建成开通

经半年多开发、调试和测试运行，由浙江省文物局委托，浙江省博物馆开发的博物馆展览交流信息平台于2013年9月正式上线应用。平台设“展览广场”、“展览策划”、“特色馆藏”、“展览资讯”、“会员信息”、“交流成果”等板块，为博物馆之间进行馆藏资源整合、展览交流和组织策划展览提供了一个开放共享场所。

海宁市大运河长安闸遗产展示馆陈列展览工程竣工

9月16日，大运河长安闸遗产展示馆陈列展览工程项目进行工程竣工验收。大运河长安闸遗产展示馆陈列展览工程项目位于海宁市长安镇，总建筑面积996平方米，是大运河（海宁段）申遗点段二期整治工作的重点工程项目。

杭州工艺美术馆手工艺活态馆二期开馆

9月28日，杭州工艺美术馆手工艺活态馆二期正式开馆。手工艺活态展示馆于5月闭馆扩容提升，由原来的1500平方米扩大到3000平方米，并将技艺引进的范围扩大到全省，共有富阳竹纸、四川油纸伞等20大类民间技艺、36种手工体验向广大市民开放。

舟山博物馆新馆建设取得重要进展

10月25日至12月底，舟山博物馆新馆建设按照总体目标，加快完成了设计施工一体化招标、深化策展方案及施工图设计、文物藏品展品征集等阶段工作，开始进入施工阶段

期间，舟山市文化建设领导小组进行专题会议研究，确定最终策展方案。同时，舟山市博物馆发动政府、部门、社会等各方力量，拓宽征集渠道，请舟山市府办代发《关于要求协助舟山博物馆新馆征集展陈资料的通知》，发布《舟山博物馆向社会团体和个人征集展陈资料》公告，向社会各界征集自然资源、海洋文化、舟山历史等方面文物藏品、资料，全年新增藏品21件，展品241件，动物标本96件，以及反映舟山历史、社会、人文等方面的照片2200余张。

瑞安市博物馆开馆

11月6日，瑞安市博物馆正式开馆。博物馆坐落于安阳中心区瑞安广场东首，建筑面积10390平方米，展厅面积3500平方米。作为一座地方综合性博物馆，瑞安市博物馆设有基本陈列“天瑞地安”、专题陈列“馆藏书画展”及“民间文物捐赠与收藏精品展”，另专设两个临时展厅，将不定期引进各类临时展览。

海盐县民间文化专题馆建成开放

11月9日，海盐县民间文化专题馆正式建成开放。海盐县民间文化专题馆位于海盐县博物馆内，建筑面积约600平方米，分为海盐腔展演馆和民间收藏展示馆两个特色展厅。专题馆开放第一个月就组织了6场戏曲演出和“海盐民间收藏之明清瓷器”展出，接待观众1.9万人次。

全省博物馆馆长培训班在杭举办

11月11日至15日，由浙江省文物局主办、浙江省博物馆承办的全省博物馆馆长培训班在杭举行，省文化厅副厅长、省文物局局长陈瑶出席开班仪式并讲话。

为期5天的培训中，中国博物馆协会副理事长安来顺博士等7位专家应邀授课，内容包括博物馆政策法规、国际博物馆发展与理念、博物馆教育、陈列展览、藏品研究和文物保护科技等。来自全省的90余名博物馆馆长参加了培训。

中国博协纪念馆专业委员会2013年年会在嘉举行

11月14日，“中国博物馆协会纪念馆专业委员会2013年年会暨‘革命纪念馆在民族复兴中的地位与作用——纪念馆人的实践与思考论坛’”在嘉兴南湖举行。本次年会由中国博物馆协会纪念馆专业委员会主办，南湖革命纪念馆承办。来自全国各地纪念馆的130余名代表参加。会上做了专委会2013年工作报告，并初步规划了2014年的工作。论坛期间，来自中国人民抗日战争纪念馆等纪念馆的10位代表围绕大会主题、结合实际，从多个方面论述了中国纪念馆在民族复兴中国梦实现过程中的地位与作用。

磐安茶文化博物馆建成

12月25日，磐安茶文化博物馆完工并对外试开放。磐安茶文化博物馆为全国重点文保单位玉山古茶场配套服务设施，项目总投资1300万元，包含原玉山古茶场建筑及新建区块两部分，新建区块总面积1203平方米，规划新建单体建筑3幢，其中展厅656平方米。该博物馆的建成填补了磐安县内没有博物馆的空白。

桐乡市博物馆新馆建成开放

12月28日，桐乡市博物馆新馆竣工并试对外开放。新馆位于桐乡市振东新区环园路桐乡市文化中心内，2010年5月10日正式开工。桐乡市文化中心工程占地15334平方米，总建筑面积22777平方米，其中博物馆建筑面积9518平方米，展陈面积近5000平方米，设有《凤栖梧桐——桐乡历史文化陈列》《翰墨撷英——馆藏名家书画精品展》《逐玉良渚——良渚文化玉器精品展》等三个基本陈列和两个临时展厅。

安吉吴昌硕纪念馆新馆投入建设

2013年，昌硕文化中心一期工程（吴昌硕纪念馆）投入建设。吴昌硕纪念馆新馆投入资金1.27亿元，占地面积9369平方米，建筑面积6530平方米，固定展厅面积1084平方米，临时展厅

563平方米。12月底，吴昌硕纪念馆新馆土建完成，技防智能化设计施工招标以及展陈结构书优化均已通过，年底启动内装招投标。

国家文化遗产保护科技区域创新联盟（浙江省）分析检测平台初步建立

在国家文物局资助下，国家文化遗产保护科技区域创新联盟（浙江省）分析检测平台已初步建立，由浙江大学文物保护材料实验室负责不可移动文物检测，纺织品文物保护国家文物局重点科研基地（中国丝绸博物馆）负责纺织品文物检测，浙江省文物保护科研基地（浙江省博物馆）负责可移动文物检测。该平台是由浙江省文物局组织、建立的、为浙江省文物保护科技创新服务的技术支撑平台之一，是整合省内文物分析检测优势资源，开展联合攻关研究，不断扩展合作伙伴的开放式专业平台。目前已有浙江省文物考古研究所、浙江省古建筑设计研究院、敦煌研究院、北京科技大学、安徽大学等单位的科研人员进行合作研究，一批联合署名的研究成果陆续发表。

科技考古与文物保护技术研究试验基地建设进展显著

科技考古与文物保护技术研究试验基地的筹备建设是国家文化遗产保护科技区域创新联盟（浙江省）工作的重要内容。2010年10月，在浙江省文物局领导下，联盟各单位相互合作，由浙江大学牵头正式启动了试验基地的筹建工作。2013年，浙江省文物局下拨基地建设经费200万元。试验基地筹建小组与地方考古院所相关专家多次召开工作交流座谈会，进一步推进实质性合作；试验基地筹建小组内部也多次开展研讨交流，确定了基地各子平台的实施建设方案，建设工程已开始实施。目前，联盟科技考古与文物保护技术研究试验基地的筹建工作已取得显著成效，完成了基地基本建设和改造。从余杭良渚、小横山、桐庐方家洲等遗址整体切割的文物套箱遗存已顺利搬迁至基地内。此外，在省文物局的大力支持下，基地开展了六大实验平台建设。

浙江文物年鉴 2014

文物安全与执法

金东区召开文物安全工作会议

1月8日，金东区召开2012年度文物安全工作会议，各镇乡（街道）文化站长、文保单位负责人和专职文保员等80余人参加。消防部门应邀对文物消防安全知识进行授课。会后，区、镇、村（文保单位）签订了文物保护工作责任状。

永嘉追回阿育王千年佛像及构件

1月9日，永嘉县文物馆成功追回桥头镇白垟霄梵寺出土的5块阿育王塔千年佛像及构件。该佛像于2010年5月霄梵寺改建过程中被发现，初步鉴定为宋代出土文物，距今已有1000多年。佛像和构件尺寸较大，刻画清晰，保存完整。

国家文物局调研宁波文物监察工作

1月13日,国家文物局督察司副司长刘铭威一行赴宁波调研文物执法监察工作,听取了宁波文物执法监察管理体制、队伍建设、工作保障、机制建设以及工作落实、违法案件查办等情况汇报。调研期间,刘铭威一行还实地抽查了宁波市天一阁博物馆、宁波市报国寺古建筑博物馆等全国重点文物保护单位的安全保护工作。

绍兴市区文物执法网络队伍工作座谈会召开

1月14日,绍兴市文物管理局组织召开市区文物、城管部门参加的文物执法网络队伍工作座谈会。绍兴市文物监察支队全体人员,绍兴市城管执法局有关处、室及所属分局负责人参加。会议通报了2012年度文物行政执法监察工作情况。

余杭区开展文保单位安全大检查

1月14至16日，余杭区文化广电新闻出版局、文物监察大队对全区文保单位（点）开展安全大检查。检查组分别对余杭、百丈、瓶窑与塘栖四片区域共三十余处各级文保单位（点）进行了实地检查，并对发现的安全隐患提出了管理建议与整改措施。

舟山市开展节前文物安全重点检查

1月14日至16日，舟山市文物办对定海区各级文物保护单位和市级文物保护点进行重点安全检查。此次巡查以定海城区为主，周边乡镇为辅，共巡查各级文物保护单位19处，市级文物保护点33处，另有2处安全重点单位，同时对民间博物馆进行了安全指导。

湖州市开展文物安全大检查

1月21日至25日，湖州市文物局组织联合检查组，开展为期一周的全市文物安全检查。此次检查着重对古建筑消防设施、文博开放单位安全设施以及文物安全应急预案制度等方面进行了重点检查和防范。检查组对发现的问题和隐患现场提出整改措施和管理建议，并进行了具体业务指导。

杭州市开展春节前文物消防安全联合大检查

1月22日至25日，由杭州市园文局文物处、杭州市文物保护管理所、杭州市园林文物监察支队和各区文保办、公安消防大队组成的联合检查组，对杭州市内30处文物保护单位（点）进行了安全联合大检查，未发现重大全隐患。

柯城区开展文物保护和安全检查

1月23日，全国文保单位柯城区航埠镇蓝氏宗祠安装了监控器。4月19日，柯城区石梁镇处理市级文物保护单位寺桥石拱桥周边建房问题。11月11日，石梁镇处理县级文物保护单位郑秀夫牌坊附属房坍塌事件。

湖州市开展文物安全检查

1月25日，湖州市文物局组织市公安局、消防支队、市文保所、市文物监察支队等单位组成联合检查组，开展为期一周的全市文物安全检查，对古建筑消防设施、文博开放单位安全设施及文物安全应急预案制度等进行了重点检查和防范，就检查中发现的问题和隐患现场提出整改措施和管理建议，并具体进行业务指导。

嘉善县博物馆文物库房搬迁

2月23日至3月23日，嘉善县博物馆文物库房实施搬迁，库房面积由原来的103平方米增加到400平方米，安装了防盗门，配备了恒温恒湿设备及监控设施，完成了安全达标工作。

普陀区开展文保单位安全大检查

2月28日至3月中旬，普陀区对全区文保单位开展安全大检查，就文物本体、保护范围与建设控制地带、消防安全、日常管理等情况进行检查，排查出部分安全隐患，提出相关安全管理建议与整改措施。

余杭区开展大运河水上文物巡查

3月4日，余杭区文物监察大队对京杭大运河（余杭段）进行了水上全区段巡查，围绕发现的问题会同、配合相关成员单位加强宣传力度，加大联合执法与安全监管力度，严厉打击破环运河沿线文物和文化景观的违法行为，依法做好大运河文化遗产保护和环境整治工作。

全省文物安全工作联席会议在杭召开

3月28日，省文物局在杭召开全省文物安全工作联席会议，通报、交流了2012年度全省文物安全工作情况，分析了当前文物安全形势，商议了文物安全工作联合作业事宜。省文化厅巡视员、全省文物安全工作联席会议办公室主任鲍贤伦参加会议并讲话，各成员单位联络员就各自领域开展文物安全工作情况进行了交流，并就进一步强化协作机制，联合开展相关工作进行了讨论。

杭州市开展物联网电气安全远程监控管理系统试点工作

3月至7月，杭州市文物保护管理所委托安装物联网电气安全远程监控管理系统，并以浙江省高等法院及杭县地方法院旧址和桑庐为试点。电气安全远程监控管理系统对文物保护单位用电情况起到监管功能，能够进行实时监测、预警，并对文物保护单位内使用电气设备的历史数据进行保存，专业分析、安全评估文物建筑内的电气使用安全隐患。

舟山市加强同归域保护与管理

4月初，舟山市完成对省级文物保护单位同归域的环境整治。同归域为南明鲁王政权在舟山进行抗清斗争的重要实物史迹。由于观众众多加上自然风化、周边植被生长茂盛等原因，园墙受树干挤压，墙体部分开裂，墙头瓦当松脱，墙皮脱落，园内杂物不能及时清理，一定程度危及文物安全。为此，舟山市市文物办专门组织人力，系统整治墓园内外环境，加固存在安全隐患的园墙等设施，保持墓园整体环境整洁，保障文物及游人安全。

安吉县破获盗墓团伙

4月2日，安吉县递铺镇兰田村省级文物保护单位龙山？笔架山墓群发现盗挖坑。盗墓份子未盗走任何物品逃离现场。案发后，安吉县公安局在湖州、绍兴、嘉兴公安大力协助下，将5名犯罪嫌疑人抓获。经审查，该团伙多次至安吉递铺镇兰田村盗窃古墓文物。

长兴县发现出土文物

4月10日，长兴县文物保护管理所接报，泗安镇罗家地村村民在挖苗木时挖出一坛银器，立即派出专业人员会同县文物监查大队工作人员赶赴现场了解情况，处置出土文物。在罗家地村村委会干部的配合下，4位村民将出土文物悉数上交长兴县博物馆。经文物部门初步清点和归类，这是一批窖藏的宋代银器，共21件，主要为首饰。另有一件小碗，质地为银，但其它金属成分含量较重。

方岩镇召开文物安全工作会议

4月17日，永康市在方岩镇举办全镇文物安全工作会议，永康市文化广电新闻出版局领导、文物执法中队工作人员参加。这也是方岩镇建镇以来第一次文物安全工作会议。全镇相关文物保护单位负责人现场学习了文物安全保护，镇政府还和文物保护单位所在村领导签订了2013年度各村安全目标责任书，由镇政府出资为相关文物保护单位分发70多只灭火器；文物管理员人手一本《方岩镇文物安全巡查记录本》。

嵊州开展全市古墓葬保护情况全面调查摸底

4 月 22 日至 23 日，嵊州市文物监察大队组织人员对全市古墓葬保护情况开展全面调查摸底，先后检查了大塘岭古墓群、天水岩石室墓、缸窑山古墓群、乌石弄墓群、求庄山古墓群、白塔岭古墓群等 4 个乡镇的古墓群。

国家文物局《文物保护法》修订调研座谈会在杭召开

4 月 25 日，国家文物局《文物保护法》修订调研座谈会在杭召开。文化部副部长、国家文物局局长励小捷出席会议并讲话。他指出，浙江省在文物保护法制建设、文物工作等方面有许多创新实践，国家文物局将浙江省作为《文物保护法》修订调研的首站，通过坚持开门立法来广泛听取各方面意见建议；通过修法来尽可能消除法律制度瓶颈和体制机制障碍，解决当前文物保护、管理、利用中的实际问题。浙江省公安、住建、法制、旅游、海关部门和文物系统负责人员参加了会议

我省管辖海域内文化遗产联合执法座谈会召开

4 月 29 日至 30 日，省文物监察总队与中国海监浙江省总队在杭联合召开我省管辖海域内文化遗产联合执法工作座谈会。省文物局有关人员和来自舟山、宁波、温州、台州、嘉兴沿海设区市文物监察、海监支队及部分县（市、区）文物监察大队的 30 余名代表参加会议。会上肯定了我省管辖海域内文化遗产联合执法所取得的成绩，对深入、规范、持续开展此项工作进行了探讨并达成共识。

天台破获石狮被盗案

4 月 30 日，天台县南屏乡下汤村清代顺治年间御赐贞孝牌坊上一对石狮子被盗。5 月 14 日，天台警方展开收网行动，将涉案嫌疑人 3 人抓获归案，并成功追回被盗石狮。经文物部门

鉴定,这对石狮属于国家三级文物。

庆元县加强文物保护

5月16日起,庆元县监察大队实行《文物行政处罚案件约谈制度》。约谈制度是指对已立案调查且调查终结之后的案件在做出行政处罚决定之前成立约谈小组,对被处罚当事人进行约谈,告知当事人其违法行为的事实、危害后果和拟做出行政处罚的理由及依据。

9月16日,庆元县伍大乡派出所在村民协助下,现场抓获盗挖古墓人员4名。文物部门对被盗墓葬进行司法鉴定。

12月29日,庆元县文物监察大队接举报,发现某工程队正在西洋殿和兰溪桥下游建控地带内的河床进行挖掘作业,且不能提供相关审批手续。执法人员对现场负责人进行了有关文物保护法律法规的宣传和教育,责令其立即停止施工,终止违法行为,并对破坏的河床进行了恢复。

"微讲堂"开设宁波古代城市文化课程

5月27日,宁波市举办第11期"微讲堂"培训,邀请文物研究专家讲述宁波古代城市文化的发展变化、历史传承、遗址保护等知识。全市100余名执法人员参加了培训,是"微讲堂"启动以来参训人数最多的一次远程培训,也是首次实施"请进来"拓展业务知识的补充培训。

舟山博物馆开展消防安全知识培训暨灭火演练

6月7日,舟山博物馆邀请定海区消防大队举行消防安全知识培训,就加强日常消防安全管理、预防火灾事故发生、火灾发生后正确处置等进行了讲解。火灾应急预案演练从发现险情开始,按发布启动应急预案、响应人员到岗、灭火施救、疏散指挥与安全撤离、现场救助等环节展开。

省文物系统安防方案联评会在杭召开

6月13日，省文物系统安防方案联评会在杭召开，专家对桐乡市博物馆、安吉吴昌硕纪念馆、绍兴鲁迅纪念馆文物库房、磐安玉山古茶场陈列馆等方案进行了审核，并根据国家、行业标准与规范的要求提出了修改意见。

绍兴市开展文保单位夏季消防安全专项检查

6月17日至18日，绍兴市文物监察支队、市公安局消防支队组成联合检查组，赴新昌开展文保单位夏季消防安全专项检查，当地文物监察大队、公安局消防大队相关人员陪同检查。针对检查中发现的问题，检查组及时提出整改意见，并对现场人员进行安全教育，要求各文保单位加强消防安全，配足消防设施设备，严格落实消防安全责任人，对私拉乱接现象进行整改，安全用电，确保文物建筑安全。

遂昌文管会文物库房安防工程通过竣工验收

6月19日，浙江省文物局、省公安厅治安总队对遂昌文管会文物库房进行安防竣工验收。验收组认为，工程基本按照施工方案进行施工，探测器点位安装合理，图像储存符合规范要求，系统运行稳定，各项技术性能指标达到国家和行业相关标准，可以通过验收。

瓯海召开业余文保员工作会议

6月28日，瓯海区召开业余文保员工作会议，全区40位业余文保员参加。会议总结了瓯海区文物保护工作基本情况，对砖木结构文物保护单位消防安全工作、文物保护相关法律法规知识进行了培训，向业务文保员颁发了聘任书，签订了《业余文保员文物保护责任书》。

全省开展文物行政执法监察工作交叉检查

6月至9月，省文物监察总队组织12个交叉检查组，对11个设区市50多家文物执法监察机构的工作开展情况进行检查，现场抽查文博单位260余家，消除安全隐患42处，遏制文物违法行为6起。

绍兴县开展文保单位消防安全培训及应急演练活动

7月3日，绍兴县文物监察大队联合消防部门在舜王庙和印山越国王陵举办文保单位消防安全培训及应急演练活动。演练中，绍兴县消防大队领导讲解了灭火器性能、灭火基本原理及基本操作方法、消防器材详细使用方法等消防安全知识，并进行现场示范。全体文保员遂一进行了消防安全技能操作。

全国文物行政执法动态监测与预警系统(试点工作)验收会在良渚召开

7月25日,国家文物局督察司副司长刘铭威率专家组一行14人赴良渚遗址,召开全国文物行政执法动态监测与预警系统(试点工作)验收会。

杭州市依法查处三潭印月遭损事件

7月29日晚,西湖内一艘游船冲破全国重点文物保护单位"三潭印月"南侧石塔外围钢质护栏,右侧船头侧击到三潭印月南侧石塔,导致塔基以上石质部件落入湖中。杭州市园林文物监察支队连夜开展调查,在24小时内固定证据,并根据《中华人民共和国文物保护法》对当事人的违法行为处以罚款伍拾万元整。

金东区启动文物安全大检查

7月,金东区文物监察大队在全区内范围内开展以排除安全隐患为主要内容的安全大检查。检查计划分自查、督察、整改三个阶段,金东区文物监察大队提出整改意见,督促当地镇政府和村委对辖区文保单位再次自查,按时整改到位。

温州市召开全市文物安全执法大检查情况通报会

8 月 9 日，温州市文化广电新闻出版局召开全市文物安全执法大检查情况通报会，各县（市、区）文广新局局长、文保所所长、博物馆馆长和文物监察大队队长等参加会议。会上通报了全市 11 个县（市、区）50 余处文保单位的巡检情况，提出明确责任、牢固树立安全意识，依法行政、严格执法和审批手续，加强联合执法、建立文物保护的长效监管机制，加强事后查处、严格按法律程序追责等四点要求。

全省文物执法监察业务骨干第一期（执法巡查）学习班在杭举行

8 月 20 日至 23 日，浙江省文物监察总队在杭举办全省文物执法监察业务骨干第一期（执法巡查）学习班。学习班以规范文物巡查工作为主要学习内容，结合文物业务知识，用学、练、评三个环节来提升学员的文物执法巡查水准。

永嘉县查处全国重点保护单位违规案

8月，永嘉县文物监察大队就未履行文物保护工程审批情况下对全国重点文物保护单位芙蓉村古建筑群进行修缮一事进行立案调查，按文物保护法规定责令其停工，补办手续，恢复原貌，并处以20万元罚款。

《文物执法巡查工作手册》征求意见暨全省文物执法预警系统框架研讨会召开

9月17日，浙江省文物监察总队在杭组织召开《文物执法巡查工作手册》征求意见暨“天地一体”文物执法预警系统框架研讨会，各设区市及部分县（市、区）文物执法监察机构相关负责人参加会议。与会人员对《文物执法巡查工作手册（征求意见稿）》进行了讨论，提出了修改意见；对我省“天地一体”文物执法预警系统建设的主体构架、监管程序、技术方法、配套机制等方面提出建议。各设区市相关负责人还对文物执法监察工作的问题和困难进行讨论交流，并探讨了2016年工作思路。

嘉兴市加强文保单位安全

9月，嘉兴市对市本级各文保单位发送了《关于加强文保单位安全工作的通知》，并由嘉兴市文化广电新闻出版局（文物局）、嘉兴市文物监察支队、嘉兴市文保所及南湖区、秀洲区文物稽查大队等单位组成检查小组，现场检查了两处在建工地及天主堂、明伦堂等文保单位，要求各单位做好安全措施，确保节日期间安全。

温州市开展第四期“小讲堂”活动

10月8日至9日，温州市文物监察支队举行第四期“小讲堂”活动。活动围绕文物执法巡查主题，结合往年案例，就文物执法巡查五个基本概念、执法巡查四个阶段及现场处理安全隐患和涉嫌违规行为等进行了讲述，重点讲述了执法巡查的六个基本内容。

全省文物执法监察人员培训班在宁波举行

10月9日至11日，由浙江省文物局主办、省文物监察总队承办的2013年度全省文物执法监察人员培训班在宁波市举行，全省各市、县（市、区）文物执法监察机构执法人员120余人参加培训。

培训班邀请省法学会海洋经济法治研究会理事、中国海监台州支队支队长杜华忠、省古建筑设计研究院院长黄滋、河南财经政法大学教授夏超峰进行授课。参加培训的学员还赴全国重点文物保护单位钱业会馆进行古建筑课实习。

温州首次举办联合培训

10月21日至26日，温州市文物监察支队和温州市文物保护考古所首次联合举办温州市文物行政与执法部门负责人研修班。研修班依托全国综合行政执法培训基地和专家资源，对37名学员开展为期6天的集中培训，学习了行政强制法、依法行政、文物保护知识等课程。

绍兴市文物行政执法培训活动举行

10月28日至29日，绍兴市文物监察支队举办2013年度全市文物行政执法培训，听取了文物行政执法巡查办法和文物保护依法行政专题讲座，各县（市）30余名文物执法监察人员参加培训，并结合讲座内容进行了交流。

玉海楼、利济医学堂旧址安防设施改造

瑞安市玉海楼、利济医学堂旧址因办公设备和工作人员增加，线路负荷加重，监控设施陈旧，部分区域布点未到位，存在安全隐患。10月，瑞安市文保所投入109万元，将单相用电改为三相四线用电，加粗电源线径，确保线路负荷安全，完成对玉海楼、利济医学堂旧址电线和监控设施的更新改造。

杭州市举办全市文物执法业务培训会

11月6日至8日，杭州市园林文物监察支队主办2013年杭州地区文物执法业务培训会。来自杭州各县（市、区）文物执法监察机构的59人参加了培训，杭州市文保所、市考古所、各城区文保办相关业务人员参与了培训交流。

舟山市对普陀山开展文物安全巡查

11月7日，舟山市文物部门对普陀山部分文物保护单位进行了安全巡查。巡查人员先后巡查了积善庵、下法如庵和妙音蓬、栴檀庵和杨枝观音碑，将巡查结果、工作建议以书面文件形式反馈给相关责任部门。

柯桥区开展安全专项检查

11 月 21 日，绍兴市柯桥区文物监察大队对越国文化博物馆开展专项检查，对重点风险部门进行了检查，详细询问了日常管理及管理制度和应急预案情况，提出了整改意见，要求整改落实，确保博物馆安全。

第四届江浙沪文物行政执法合作联席会议召开

11 月 26 日，第四届江浙沪文物行政执法合作联席会议在江苏省徐州市召开。会议学习、交流了文物执法经验和体会，还对第二届江浙沪文物行政处罚案卷暨“江浙沪地区文物行政处罚十大精品案例”评查获奖单位进行了表彰。浙江省文化厅副厅长、省文物局局长陈瑶出席会议并讲话，浙江省文物监察总队、全省 11 个设区市文物监察支队及部分获奖县（市、区）文物监察大队派人参加。会上，上海市文化市场行政执法总队副总队长朱耀人、江苏省文物局法规处处长张农、浙江省文物监察总队总队长吕可平进行了授课。

我国管辖海域内文化遗产联合执法工作办法编制座谈会在杭召开

11 月 28 日，由浙江省文物监察总队、中国海监浙江省总队联合举办的《我国管辖海域内文化遗产联合执法工作办法》编制座谈会在杭召开，来自我省沿海设区市、部分县（市、区）文物执法监察机构、海监机构有关负责人参加。会上，与会人员对《工作办法》逐条讨论，并在主体章节、条款设置、内容安排、文字陈述等方面发表意见，提出了修改建议。

上虞博物馆安防系统升级改造

11 月，上虞博物馆对馆区安防系统进行升级改造设计，并按浙江省文物安全技术防范工程组审核意见对方案进行了修改完善。

义乌市追缴唐代窖藏出土文物

12 月 17 日，根据群众举报，义乌市文物执法大队会同义乌市博物馆联合对城西街道石明堂村窖藏出土的一批唐代文物进行了依法追缴。该批文物共九件，其中花鸟镜 2 枚、铜熨斗 3 只、铜盘 1、双立耳三足铁釜 1 只，扁圆铜罐、釉陶瓮各 1 只。

温州博物馆安防监控系统项目改造工程通过验收

12 月，温州博物馆安全防范系统工程通过浙江省文物安全技术防范工程审核组验收。该工程共投资 214 万元，对周界和东大门进行综合加固；更换视频监控系统陈旧设备，增加监控点，增加自动跟踪球机；扩充UPS 系统负载量；完善视频监控系统和声音复核系统的对应和联动功能；更换控制系统、报警系统设备、增加在线巡更等。

全省文物系统进行安全大检查

根据国家文物局总署，结合实际情况，2013 年全省文物系统积极开展安全大检查，各地落实文物保护安全责任制，排查全省古建筑、博物馆、文物保护工程工地的消防设施、应急预案、安全责任书状况，发现隐患，及时整改。为做好抗击强台风“菲特”来临时的汛期文物安全，全省紧急部署，及时落实各项措施，做好预防与隐患排查，同时密切联系各级文保单位所在地，积极组织安全巡查，尽最大努力降低灾害损失，全力保障文保单位安全。

此外，全省有针对性地实施、推进“文物平安工程”，开展文物平安工程课题调研，以全面了解全省省级以上文物保护单位安全状况、安全设施配备情况及实施文物平安工程面临的困难。

平阳县开展文物消防安全整治

2013 年，平阳县文物部门联合公安、消防、旅游、宗教及各级文物保护单位所在地政府，对全县各级文保单位安全进行排查和整治，先后制定了《顺溪古建筑群消防安全管理规定》和《平阳县各级文物保护单位消防安全管理规定》，编制了《平阳县各级文物保护单位“除隐患、保安全”消防专项行动方案》，确定防火负责人与专职防火人员，落实防火岗位责任制，实行联防协作，群防群治；在顺溪镇、腾蛟镇、青街乡等古建筑文保单位相对集中的乡镇建立专业消防队，开展消防演练，提高消防水平；与部分古建筑文保单位建立火灾安全领导小组，对全县木构建筑文保单位进行电线改造；加强古建筑消防安全宣传力度，提高居民消防安全意识。

舟山博物馆推进文物安全工作

2013 年，舟山博物馆开展“安全六个一”教育活动和安全教育主题培训——保安人员参加安全保卫专业素养培训；技防部工作人员赴杭州参加浙江省安防系统操作员知识更新培训；全体馆员参加消防安全知识培训及安全生产应急预案演练——以全面创建常态化安全教育机制，通过官方QQ 群等沟通渠道，采用“每周一题每天一议”的集体互动方式，让馆员就馆内安全工作情况进行及时沟通，共同探讨博物馆安全规范、安全保卫话题，全年已开展主题式互动17 次。

嵊泗县着力推进文物执法

2013 年，嵊泗县文物监察大队会同县文物部门开展全县系统性文物安全巡查，全年共出勤25 人次，巡查文物保护单位15 处。

常山县开展重点文保单位安全大检查

2013年，常山县对24处木结构古建筑重点文保单位的消防设备进行大检查，对过期消防设备进行更换、添置，共发放手提式干粉灭火器129个，并现场就消防器材的使用知识对业余文保员进行指导。此外，常山县对新公布的重点文保单位进行白蚁、家扁天牛、粉蠹、木蜂等虫害灭治共计4630平方米。

江山市落实消防安全制度

2013年，江山市博物馆增加消防安全演练和火情报警规范化操作两项制度，博物馆工作人员严格按照消防、安全管理制度开展工作，明确职责，责任到人，实现消防安全工作的全面制度化、规范化管理。江山市博物馆坚持组织进行消防安全训练，邀请专家讲解消防安全知识，进行现场演示、指导；还派人员到省文物局、消防大队、安检部门培训学习，和消防安全维保单位签订长年消防安全维保合同，加强了馆内消防设备的定期维护；新增加的6个摄像头保证展厅不留安全死角，特地制作的紧急疏散示意图便于及时疏散观众。

丽水市开展文保单位安全检查与保护

2013年，丽水市文化广电新闻出版局组织检查组对辖区内的文保单位、博物馆等进行了文物安全大检查，对发现的安全隐患要求使用单位（人）及时整改，并统一制作、悬挂了文保单位简介及《文物保护单位保护管理规定》标识牌。

丽水市博物馆新制定《新馆安保工作制度》、《新馆的安全保卫方案》，组织检查10次，消防安全知识讲座和消防演练两次；并在每个季度初召开安全工作例会，完成天妃宫附属建筑修缮、万象山南透绿化工程博物馆段安全防护等工作，实现了丽水市博物馆第29个文物安全年。

6月21日，丽水市文物保护管理所在省级文物保护单位黄景之律师事务所旧址内开展文物保护单位消防安全培训暨演练活动。

莲都区深入全区各级文保单位所在地，进行“除隐患、保安全”消防安全大检查，查找薄弱环节，进一步落实消防措施，在一些重要古建筑增设了消防灭火器。

龙泉市博物馆调整了博物馆消防安全领导小组，对各文保点采取定期、不定期检查；制定了《博物馆安全保卫制度》等文物安全制度；并邀请龙泉市消防队进行消防知识讲座，还选派人员参加省、市安全培训。

青田县对各乡镇文保单位开展汛期安全检查，对存在安全隐患的单位提出整改意见和防范措施，并检查了文保单位消防设施，对灭火器材过期和没有配置消防器材的进行整改和落实。

缙云县于1月11日至2月8日组织缙云县博物馆、县文物监察大队人员赴全县各级文物保护单位开展春节前安全大检查。有安全隐患的由文物监察大队发整改通知书，要求限期整改。

松阳对延庆寺塔、黄家大院等文保单位开展安全检查5次，消防安全演练2次。松阳县文化新闻广电出版局补助30余万元经费，为保护区安装了监控设备，更新和配备了消防设施，安装了禁烟标志牌；4月份完成了黄家大院安防系统的安装和调试。

庆元县于国庆前对全县各级文物保护单位开展安全巡查，检查了各文物保护单位的用火用电管理、火灾隐患、消防设施设备及其使用和安全管理制度落实等情况，将安全隐患告知相关文保单位和当地政府，要求及时整改。

浙江文物年鉴 2014

对外及港台文物交流

"锦绣撷英:中国丝绸艺术的历史和时尚"在美举行

1月31日,由中国商务部主办,中国丝绸博物馆和美国子午线国际中心联合承办的"锦绣撷英:中国丝绸艺术的历史和时尚"展览在美国华盛顿揭幕。

展览分为"桑叶田田""织彩锦罗""衣锦环绣""巧工缂绣""当世华采"等五部分,展出了62件丝绸艺术品;还首次尝试由国外模特演绎中国古今服饰,并接受国外普通观众的报名,成为开幕式的一大亮点。

良渚博物院举办"毛利碧玉:新西兰文化艺术珍品展"

4月1日至6月30日,为庆祝中华人民共和国与新西兰正式建交四十周年,良渚博物院举办"毛利碧玉:新西兰文化艺术珍品展"。展览由新西兰国家博物馆蒂帕帕汤葛里瓦、中国文化部中外文化交流中心、中国国家博物馆联合举办,共展出展品216件,包括碧玉石料、碧玉工具、碧玉武器、碧玉饰品等——大多为16至19世纪的文物(相当于中国明清时期),少部分为

现代艺术家制作的工艺品。

联合国粮农组织全球重要农业文化遗产项目总协调人参观鲁迅故里

5月6日，联合国粮农组织全球重要农业文化遗产项目总协调人帕尔维兹·库哈夫坎一行赴鲁迅故里考察参观。

外国驻华官员参观龙泉青瓷博物馆

5月7日，来自29个国家驻华使领馆的43名驻华使节赴龙泉青瓷博物馆考察。9月13日，希腊驻华领事卡尔佩里斯参观龙泉青瓷博物馆，就龙泉青瓷的历史脉络、内涵底蕴和传承发展进行交流。

嘉兴参加第21届加布罗沃幽默与讽刺艺术国际双年展活动

5月16日至21日，由嘉兴市文化广电新闻出版局、嘉兴美术馆、嘉善县文化广电新闻出版局、海盐县文化广电新闻出版局、桐乡市文学艺术界联合会等单位组成的代表团赴保加利亚加布罗沃市，参加第21届幽默与讽刺艺术国际双年展活动。活动期间，加布罗沃市国际幽默与讽刺博物馆分别与嘉兴美术馆、丰子恺纪念馆、张乐平纪念馆签署友好馆协议。

“超越历史和物质——中国当代丝绸艺术展”举行

5月24日，2013德国·中国浙江文化节和“超越历史和物质——中国当代丝绸艺术展”在德国柏林开幕。展览由浙江省文化厅、柏林中国文化中心主办，中国丝绸博物馆承办，由“丝之源”、“丝之技”、“丝之艺”三部分组成。“丝之源”展示了丝绸的物质属性，“丝之技”展示了当代艺术家对丝绸艺术作品形式和内容上的创新，“丝之艺”展示了当代设计师创作的新颖作品。

绍兴鲁迅纪念馆和丹麦安徒生博物馆缔结友好博物馆

5月28日，绍兴鲁迅纪念馆和丹麦安徒生博物馆缔结友好馆签约仪式在绍举行。安徒生博物馆首席执行官托本·格隆加德·叶培森，馆长艾杰那·斯迪格·阿斯加德，鲁迅文化基金会绍兴分会会长李露儿，副会长陆鹰等出席签约仪式。双方根据协议将在文物、展览、科研等业务活动中加强馆际交流，在学术会议、文献资源等领域开展全面合作。

浙江自然博物馆赴日参加《福井县恐龙化石发掘25年纪念》展

7月12日至10月14日，浙江自然博物馆赴日参加由日本福井县立恐龙博物馆主办，浙江自然博物馆、浙江地质科学院地质研究所、大连自然博物馆协办的《发掘！发现！跨越1亿年的岁月——福井县恐龙化石发掘25年纪念》特展。本次特展主要展出了日本福井县立恐龙博物馆25年来在本地、海外的发掘成果，是中国、日本、泰国近年来发掘成果的一次集中展示。浙江自然博物馆参展的24件展品系近年来在天台、东阳、缙云等地发掘的恐龙骨骼、恐龙蛋化石精品。

中国茶叶博物馆开展中外交流

8月6日，中国茶叶博物馆与韩国金浦茶道博物馆、礼茗院合作的第一期韩国茶礼初级研修班在杭开班。来自北京、福建、江苏、安徽、浙江等地的20位茶友报名参加，学习了韩国茶礼的和、静、俭、真基本精神。12月7日，中国茶叶博物馆茶艺队应邀赴日，参加浙江福井友好结交20周年活动，并现场表演了《西湖茶礼》。

《台湾通史》研讨会暨"连震东与台湾知识分子抗日活动展"举行

9月27日，由连横纪念馆、杭州市地方志学会主办，台湾国政基金会协办的《台湾通史》研讨会暨"连震东与台湾知识分子抗日活动展"开幕式在连横纪念馆启动。中国国民党荣誉主席连战及夫人，国民党副主席林丰正，文化部副部长丁伟，浙江省副省长梁黎明，海峡两岸关系协会顾问、海协会前会长陈云林及夫人，海峡两岸关系协会副会长李炳才，杭州市委副书记、代市长张鸿铭等出席开幕式并参加了第一场研讨会。开幕式上颁发了"海峡两岸文化交流基地"奖牌。9月27至29日举办了三十余位两岸学者参加的《台湾通史》研讨会。

"礼尚纹彩、丝上文章——5000年的中国丝绸文化"在美举办

10月4日至11日，由中国丝绸博物馆、美国布莱恩特大学主办的“礼尚纹彩 丝上文章——5000年的中国丝绸文化展”在美举办，这也是布莱恩特大学成立150周年庆典的重要活动之一。展览从栽桑养蚕、制丝织绸、丝织品种、染缬技法、刺绣工艺、丝绸图案、丝绸传说与风俗、丝绸词汇与文学、丝绸与礼仪制度、丝绸之路等方面，展示、介绍了丝绸生产工艺、丝绸民俗、丝绸传播及丝绸与礼仪、艺术、文学、科技等方面的联系，揭示了中国丝绸的文化内涵。

浙江自然博物馆举办“印象浙江——非洲画家来浙江客座交流作品展”

10月22日至24日，由文化部对外文化联络局、浙江省文化厅主办，中国美术学院、浙江自然博物馆承办，浙江画院，浙江美术馆、有关县市文化广电新闻出版局协办的“印象浙江——非洲画家来浙江客座交流作品展”在浙江自然博物馆推出。该展览是“2013中国文化聚焦”系列活动的重要组成部分，展出了来自南非、布隆迪、纳米比亚、利比里亚、乍得等5个非洲国家的5名受邀画家来浙参加客座创作活动中的数十幅作品。

“海上丝绸之路——亚洲的跨文化交流和文化遗产”研讨会在杭举行

“海上丝绸之路——亚洲的跨文化交流和文化遗产”研讨会10月26日至28日在杭举行。此次研讨会由北京大学中国考古学研究中心、浙江省文物考古研究所、中国茶叶博物馆、中国丝绸博物馆联合主办，海内外专家学者、高校师生参加此。研讨会分为“古代丝绸的外销与丝绸文化的传播”“古代陶瓷外销的阶段性与传播路线”“中国茶叶的外销与茶文化的传播”“文明的碰撞：古丝路上的宗教、贸易与文化”等4个议程，中国茶叶博物馆做了“从茶博馆藏看茶风西渐”的专题报告。

2013杭州世界文化遗产国际会议召开

11月5日至7日,2013杭州世界文化遗产国际会议在杭召开。来自英国、法国、意大利、澳大利亚等国及我国的100多名专家学者、文化遗产保护管理单位负责人在会上开展了跨文化、跨学科的专业研讨。本次会议共设两大主题单元,第一主题单元为“他山之石:全球视野下的文化遗产国际会议”。来自国内外文化遗产保护领域的专家学者就科技考古与文化遗产保护、人类学视角下的文化遗产、艺术与文化遗产保护等议题进行讨论。第二个主题单元为“2013历史城市景观保护联盟年会”。50余家单位的与会代表就破解城市化背景下“千城一面”及文化同质化问题展开讨论。7日,杭州良渚遗址管委会特邀请来自世界各地的36位专家学者和遗址管理部门领导考察良渚博物院,实地了解良渚遗址的考古发现和积极保护的情况,对专业性问题进行了探讨。

第四届跨湖桥文化国际学术研讨会暨中国漆艺术论坛举行

由杭州市萧山区政府、北京大学中国考古学研究中心、中国美术学院中国漆艺术研究中心主办，跨湖桥遗址博物馆等单位承办的第四届跨湖桥文化国际学术研讨会暨中国漆艺术论坛11月9日在跨湖桥遗址博物馆举行。大会邀请考古发掘、漆器保护研究、漆艺术创作、博物馆学研究等方面的40余位国内外知名专家学者，围绕漆艺术的保护、研究与可持续发展等方面进行多角度研讨。这也是萧山区第四届跨湖桥文化节主体活动之一。

江口文阳一行考察庆元香菇博物馆

11月11日，日本菌物学会会长、东京农业大学教授江口文阳一行参观庆元香菇博物馆，了解庆元香菇功夫、菇寮白、菇民戏和香菇产业发展等情况。

浙江省博物馆赴台湾参加“弘一大师·丰子恺《护生画集》特展”

11月12日和12月14日，“弘一大师·丰子恺《护生画集》特展”先后于佛光缘美术馆台

中馆、高雄市佛光山佛陀纪念馆开展。本次展览是“第一届海峡两岸文化遗产节”系列活动的重要内容。浙江省博物馆从馆藏《护生画集》中精选出124件原作,展现了《护生画集》的思想内涵和艺术形式。

韩国谷城郡友好交流访问团访问普陀区博物馆(沈院)

11月13日,韩国谷城郡友好交流访问团考察中韩友好纪念地沈院。沈院是为晋朝时期从百济(韩国)嫁到普陀的孝女沈清所建,于2007年建成对外开放。据统计,自开放以来沈院共计接待韩国谷城郡友好交流访问团70余人。

世界文化遗产保护与管理国际会议在杭召开

世界文化遗产保护与管理国际会议11月20日在杭州召开,本次会议由中国古迹遗址保护协会、杭州市园林文物局、世界遗产保护杭州研究中心共同承办。国家文物局副局长童明康、国际古迹遗址理事会副主席中国古迹遗址保护协会副主席郭旃、中共浙江省委原常委、

杭州市委原书记王国平、浙江省文化厅副厅长、省文物局局长陈瑶、杭州市副市长陈红英等出席了开幕式。王国平作了题为《让城市因历史而美丽》的主旨演讲。国际古迹遗址理事会（ICOMOS）、国际文化财产保护与修复研究中心（ICCROM）等国际组织及以色列、韩国、日本、印度、哈萨克斯坦等国遗产专家，清华大学、中国建筑设计研究院建筑历史研究所、中国文化遗产研究院等院校和研究机构的专家学者，中国大运河、丝绸之路沿线的管理部门领导及相关人员近70人参加会议。

舟山博物馆获韩国江华郡捐赠

11月21日，韩国江华郡代表团一行对舟山进行访问。期间，代表团向舟山博物馆赠送了4件展品，包括反映韩国历史文化和工艺美术的高丽大藏经（拓片）、青瓷辰砂莲花纹瓢形注子（复制品）、莞草工艺品（2件）。

“斗品团香——中摩茶文化交流展”开幕

作为中国援建非洲的重要项目之一，11月25日，由中国国家文物局、摩洛哥王国文化部、中国驻摩洛哥大使馆主办，中国文物交流中心、杭州市园林文物局、中国茶叶博物馆、摩洛哥文化遗产局承办的“斗品团香——中摩茶文化交流展”在摩洛哥索维拉城市博物馆开幕。

此次茶文化交流展经历了近3年的立项和筹备，中国茶叶博物馆提供了71件（套）文物、辅助展品103件（包括复制品38件、样品65件）及近40块展板，叙述了“来自中国的神奇植物”、“中国悠久的饮茶文化”、“茶是摩中交流的纽带”、“摩洛哥的茶文化”等四方面内容。

杭州市接待重要来访

5月16日，新西兰国家博物馆馆长胡历瀚参观良渚博物院。5月17日，出席2013世界文化大会的联合国教科文组织大会主席卡塔琳·博焦伊和来自50多个国家（地区）的122位联合国教科文组织官员、多国驻教科文组织大使、国外文化官员、遗产专家等160余人考察良渚博物院。5月19日，莫桑比克总统格布扎一行到访中国茶叶博物馆。5月29日，荷兰阿姆斯特丹艺术学院莱茵瓦尔德学院院长里耶梅？努普教授、约翰尼斯？赛斯博士和荷兰王国驻华大使文化参赞白睿柯参观良渚博物院。8月26日，参加“世界考古？上海论坛”的70余位各国考古界领军人物实地参观了良渚古城（西城墙、北城墙、莫角山）遗址和良渚博物院。考古泰斗科林？伦福儒教授同意将良渚文化写入其第七版《考古学》一书。8月28日，塞尔维亚第一夫人德拉吉察？尼科利奇一行参观胡雪岩故居。11月14日，日本濑户市陶瓷工业代表团一行访问南宋官窑博物馆。12月21日至24日，澳门文物大使协会到访杭州。

浙江文物年鉴 2014

省直文博单位

浙江省文物监察总队

2013年，浙江省文物监察总队按照年初制定的工作要点和年度目标管理责任制责任书中的内容开展各项工作，取得了较好成绩。

一、深入开展高质量的文物执法巡查工作。

2013年，总队按计划分组赴全省各地，对210家文保单位、博物馆进行实地巡查，对41家文物执法监察机构的文物执法巡查开展情况进行检查。全年全省文物执法监察机构共出动18612人次，检查文博单位9878家次，发现涉嫌违法行为113起、安全隐患408处，整改到位356处。

二、加大对文物违法案件的查处与督察力度。

2013年，总队进一步加强对下级调查、处理重大疑难案件的督办和指导，全年共督办、指导查处49起，罚款总额122万元，拆除违章建筑41处，总面积近3千平方米。约见了当地政府领导，要求当地尽快依法处置。

总队赴温州市对龙湾区全国重点文物保护单位永昌堡遭损一等进行督办并要求当地文物主管部门和执法监察机构严肃查处违法行为，龙湾区政府已责成龙湾区永昌堡保护修建管理委员会做出书面检查，接受区文物部门的调查处理。

总队赴永嘉县对全国重点文物保护单位芙蓉村古建筑群遭损一等进行督办、指导，要求当地政府及有关部门高度重视，责令当事人立即停止对文物的损害行为，配合当地文物执法监察机构的调查处理。经立案调查，文物执法监察机构做出了罚款人民币20万元的行政处罚，当地政府还增加了文物保护和执法经费年度基数。

三、深入开展文物执法监察工作交叉检查活动。

按照省文物局工作部署,2013年总队继续深入开展全省各设区市之间的文物执法监察工作交叉检查活动，组织12个交叉检查组对11个设区市50个市、县（市、区）的260余家文博单位进行抽查，消除安全隐患42处，遏制文物违法行为6起，还就检查情况向当地文物行政部门进行反馈，对相关问题提出整改建议与要求。

四、组织开展文物执法监察人员业务培训。

2013年，总队在宁波市组织、开展全省文物执法监察人员业务培训班，邀请省法学会海洋经济法治研究会、省古建筑设计研究院、河南财经政法大学等单位的专家、学者进行授课。学生们学习了海洋资源、海洋权益、海洋有关法律，古建筑基本常识和我省文物建筑的地域特点，典型文物违法案例等知识。

为进一步创新工作机制，总队在杭州举办全省文物执法监察业务骨干第一期（执法巡查）

学习班。来自设区市的25名学员参加学习。学习班以规范文物巡查为主要内容，结合文物业务知识，用学、练、评三个环节进一步提升了学员们的文物执法巡查水准。

五、积极开展我省管辖海域文化遗产联合执法。

总队与中国海监浙江总队在杭联合召开浙江省管辖海域内文化遗产联合执法工作座谈会，对《浙江省管辖海域内文化遗产联合执法巡查办法（草案）》进行研讨，并达成“提高认识、摸清家底、开展调研、做好培训、优势互补、加大宣传”的六项联合执法共识。

7月，总队、宁波市、象山县三级文物执法监察机构、海监部门及水下文化遗产保护机构在象山县石浦镇联合开展了我省乃至全国尚属首次的文化遗产水下执法巡查，标志着我省在推进管辖海域内文化遗产联合执法工作方面上了一个新台阶，实现了新突破。

六、开展浙江省文物行政执法网络监管平台运用及构建“天地一体”文物执法监察系统前期调研。

总队进一步加强浙江省文物行政执法网络监管平台的运用，更新数据、解答问题，修改信息条目134条。各地充分发挥监管平台的作用，全省93家文物执法监察机构、372名执法人员共录入巡查日志7080篇，执法信息233条，举报处理信息16条，案件查处信息19条。

为构建以天上卫星定位预警、地面物联网视频监视、海上雷达侦测为依托，覆盖全省的“天地一体”文物执法监察系统，总队赴部分市、县开展相关调研，在全国重点文物保护单位良渚遗址开展了由国家文物局牵头的卫星遥感文物行政执法动态监测与预警系统试点工作。该系统通过卫星监测初步实现了预警功能。

七、组织江浙沪文物行政处罚案卷评查参评工作。

受省文物局委托，总队会同江苏省文物局、上海文化市场行政执法总队组织了第二届江浙沪文物行政处罚案卷评查参评活动。全省各市、县文物执法监察机构共上报文物行政处罚案卷21份，经筛选的12份参加了此次案卷评查活动，均获佳绩。

八、加强对文物执法监察工作的理论研究，进一步提升水平。

受国家文物局委托，总队承担了《我国管辖海域内文化遗产联合执法工作办法》课题研究。为此总队组建了编制小组，制定了编制框架，赴宁波象山县、台州玉环县进行调研，并与中国海监浙江总队召开由沿海各市、县文物、海洋执法机构相关人员参加的《我国管辖海域内文化遗产联合执法工作办法》编制征求意见座谈会。

此外，总队在杭组织召开《文物执法巡查工作手册》编制征求意见暨“天地一体”文物执法预警系统框架研讨会。与会人员对《工作手册》提出了修改意见，对“天地一体”文物执法预警系统的主体构架、监管程序、技术方法、配套机制等提出建议。

全省文物执法监察工作会议在杭召开

1月10日，2012年度全省文物执法监察工作会议在杭召开。省文化厅巡视员鲍贤伦、副巡视员陶月彪、省文物局业务处室、省文物鉴定审核办公室和全省各设区市、部分县（市、区）文物执法监察机构相关负责人与会参加。会议对我省2012年文物执法监察工作做了总结，提出了2013年的思路与要求。荣获年度文物执法监察工作成绩显著单位和个人在会上受到表彰。

省文物监察总队开展实地文物巡查

2月，省文物监察总队先后赴杭州市主城区、萧山区、嵊州市等地开展文物巡查，抽查了当地的文物保护单位情况，实地查看了博物馆库房消防等安全事宜，提出了相应意见。

省文物监察总队开展文物执法巡查

3月和5月，省文物监察总队赴富阳市、桐庐县、淳安县、遂昌县和温州等地开展文物执法巡查，对文保单位进行了实地检查，就安全隐患和违法行为提出了相应要求和整改意见，还与市、县执法监察机构进行了交流。

我省管辖海域内文化遗产联合执法座谈会召开

4月29至30日，省文物监察总队与中国海监浙江省总队在杭联合召开我省管辖海域内文化遗产联合执法工作座谈会。省文物局和宁波、温州、嘉兴、舟山、台州等沿海设区市的文物监察、海监支队及部分县（市、区）文物监察大队的代表参加。会议肯定了我省管辖海域内文化遗产联合执法所取得的成绩，对深入、规范、持续开展工作进行了探讨并达成共识。

全省文物行政执法监察工作交叉检查活动进行

6月至9月，浙江省文物监察总队组织12个交叉检查组，对11个设区市的50多家设区市、县（市、区）文物执法监察机构工作开展情况进行交叉检查，抽查文博单位260余家，消除安全隐患42处，遏制文物违法行为6起。

全省文物执法监察业务骨干第一期（执法巡查）学习班在杭举行

8月20日至23日，省文物监察总队在杭举办全省文物执法监察业务骨干第一期（执法巡查）学习班。学习班以规范文物巡查工作为主要内容，结合文物业务知识，用学、练、评三个环节提升了学员的文物执法巡查水准。

《文物执法巡查工作手册》征求意见暨全省文物执法预警系统框架研讨会召开

9月17日，浙江省文物监察总队在杭组织、召开《文物执法巡查工作手册》征求意见暨“天地一体”文物执法预警系统框架研讨会，各设区市及部分县（市、区）文物执法监察机构相关负责人参加。与会人员对《文物执法巡查工作手册（征求意见稿）》进行了讨论，提出修改意见，并就我省“天地一体”文物执法预警系统建设在主体构架、监管程序、技术方法、配套机制等方面提出建议。

全省文物执法监察人员培训班在宁波举行

10月9日至11日，浙江省文物局主办、省文物监察总队承办的2013年度全省文物执法监察人员培训班在宁波举行。全省各市、县（市、区）文物执法监察机构执法人员120余人参加。培训班邀请省内外有关专家授课，还组织学员们赴全国重点文物保护单位钱业会馆进行实习。

第四届江浙沪文物行政执法合作联席会议召开

11 月 26 日，第四届江浙沪文物行政执法合作联席会议在江苏徐州召开。浙江省文物监察总队和全省 11 个设区市文物监察支队、部分获奖县（市、区）文物监察大队有关人员参加会议。会上，有关专家进行了授课，对第二届江浙沪文物行政处罚案卷暨江浙沪地区文物行政处罚十大精品案例评查获奖单位进行了表彰。三地文物执法机构人员相互交流了文物执法经验和体会。

《我国管辖海域内文化遗产联合执法工作办法》编制座谈会在杭召开

11 月 28 日，浙江省文物监察总队、中国海监浙江省总队联合举办的《我国管辖海域内文化遗产联合执法工作办法》编制座谈会在杭召开，来自我省沿海设区市、部分县（市、区）文物执法监察机构、海监机构的有关负责人参加。与会人员对《工作办法》进行了逐条讨论，并在主体章节、条款设置、内容安排、文字陈述等方面发表了意见，提出了修改建议。

浙江省博物馆

2013年,浙江省博物馆努力提升业务能力和管理水平,圆满完成各项工作任务,较好发挥了中央地方共建国家级博物馆的示范引领作用。

一、扎实开展各项业务工作

2013年,浙江省博物馆在筹建之江馆区、启动可移动文物普查、藏品征集保护、学术研究、展览展示、宣传教育等方面扎实开展工作,全面推进各项业务建设,取得了较为显著的成绩。

为贯彻落实省委省政府关于建设浙江省博物馆之江馆区的决策部署,浙江省博物馆组织相关专业人员赴辽宁省博物馆、山东博物馆、陕西历史博物馆、山西博物院、湖北省博物馆、上海博物馆、南京博物院、广东省博物馆、深圳博物馆等地考察博物馆新馆建设情况,并召开馆内外多个层面的咨询会,广泛征求意见和建议,明确之江馆区的功能定位和建筑设计要求,组织编写完成了《浙江省博物馆之江馆区建筑设计任务书》。

2013年,浙江省博物馆全年使用征集经费900万元,共征集藏品120件(组),其中珍贵文物47件(组);严格按照制度开展文物库房管理,确保库房藏品安全——对各库的温湿度情况进行了监测,确保库房设施设备正常运行;完成新入藏藏品的登记、注册并建立了相应帐目;加快推进藏品的建档和数据采集,完成近2万件藏品的帐物核对及数据库信息复核。根据浙江省文物局统一部署,浙江省博物馆启动可移动文物的普查工作,落实普查经费,架构普查工作运行机制,开展普查人员培训。

浙江省博物馆参与建立国家文化遗产保护科技区域创新联盟(浙江省)分析检测平台,并对浙江省文保科研基地的科研设备进行了充实与完善;继续发挥浙江省文保科研基地的技术优势,为衢州博物馆、金华博物馆、绍兴县文物保护管理所、临安市文物馆、浙江大学、上海博物馆等省内外单位制定文物保护修复方案或实施处理保护;继续实施余杭茅山良渚文化独木舟保护修复工程,制作完成独木舟浸渍恒温槽,对舟体进行支撑处理。

学术研究是博物馆的主要职能之一。浙江省博物馆鼓励业务人员申报各级各类课题,开展文物科技保护、文物学、博物馆学等领域的研究,撰写学术论文、出版学术专著和展览图录,不断提升科研能力、学术地位和社会影响力。浙江省不可移动文物环境控制方法研究、稳定饱水木质文物的填充效率研究结题并通过验收。中国文化遗产研究院委托的“海洋出水木质文物保护研究”和合作课题“文物的光环境保护研究”完成。浙江省文物保护课题“唐五代越窑青瓷的综合性研究”通过中期验收。浙江省博物馆以国家文化遗产保护科技区域创新联盟(浙江省)为平台,开展实施田螺山遗址出土植物遗存的现场信息获取与保护研究、潮湿地区出土有机质文物信息获取与应急保护等合作项目。

同时，浙江省博物馆完成文化部科技创新项目“运用现代科技手段研究唐琴斫制工艺”和国家文物局文化遗产保护领域科学和技术研究课题“博物馆馆藏古琴的‘活化’保护与利用研究”；国家文物局指南针计划课题“中国古代制瓷技术对外传播及影响”通过中期评审；中兴纪胜——南宋风物观止、馆藏遂安地区古文书整理、沙耆与中国早期油画研究、馆藏抗战时期文物的整理与研究、中国古代漆器艺术研究等按计划进行。

2013年，浙江省博物馆成功举办中国古代瓷器生产技术对外传播研究国际学术研讨会、博物馆建筑与功能学术研讨会，与甘肃省博物馆联合承办中国博物馆协会博物馆学专业委员会2013年年会暨学术研讨会。业务人员积极参加学术活动，开展学术研究，撰写学术论文，全年出版论著3部，在各类专业刊物上发表学术论文和学术文章61余篇，展现了浙江省博物馆浓厚的学术氛围和较高的学术水平。

2013年，浙江省博物馆编辑出版《东方博物》4辑（第46至49辑），刊登各类文章67篇80余万字，巩固了已较成熟的青瓷、南方青铜器专栏，继续加强书画、宗教文物类栏目，重点策划了考古专栏，深入挖掘、推介浙江文物及学术成果，并逐步扩大组稿范围，进一步扩大了刊物在全国乃至海外文博界的学术影响力。

浙江省博物馆结合临时展览配套编印了《情语——丰子恺〈护生画集〉真迹展》、《敝帚自珍——丰子恺漫画特展》、《远尘离垢——唐宋时期的〈宝箧印经〉》、《西风东渐——欧风美雨下的浙江社会》、《儒者之风——馆藏历代浙籍学者书法展》、《芳语寄情——扬州八怪四君子画展》、《鬼斧神工——甘肃汉晋木刻艺术珍品展》、《世外万象——道教文物展》、《澄泥为范——河南新出宋金名窑瓷器展》、《不老丹青——董寿平书画精品展》、《藉物抒情——黄逸宾绘画艺术展作品集》、《袁运甫作品集》、《吉祥如意——绍兴翰越堂藏古代艺术品特展》、《百砚千姿——杭州古越会馆藏古砚特展》等图录14种。《明代赋税银锭考》、“浙江省博物馆学人丛书”《博物馆的陈列展示》、《中国古代瓷器的输出及文化影响国际学术研讨会论文集》、《中国博物馆协会博物馆学专业委员会2012学术研讨会论文集》、《浙江省博物馆》等中、英文版图录相继出版。

陈列展览是博物馆直接面向社会、面向公众的窗口。近年来，浙江省博物馆坚持自主策划与“引进来”、“走出去”相结合的陈列展览工作模式，逐步构建起富有自身特色的博物馆展陈体系，2013年共举办各种陈列展览23项，其中专题陈列2项，原创性展览7项，引进展览14项；完成外出展览30批（次），其中赴国外境外展览2批（次），赴省外博物馆展览15批（次），赴省内博物馆展览13批（次）。

在我国第八个文化遗产日，位于浙江省博物馆孤山馆区主楼的“昆山片玉——中国古代陶瓷陈列”向社会公众开放，全面系统地反映了浙江在陶瓷发展史上独特地位。位于孤山馆区西部的全国重点文物保护单位文澜阁经过数年修缮重新向公众开放。专题陈列“文澜遗泽”介绍了文澜阁与《四库全书》的历史，原状性陈列忠实还原了文澜阁作为皇家藏书楼的历史风貌。

浙江省博物馆不断挖掘自身学术潜力和收藏优势，在深入研究的基础上向社会推出原创性临时展览，不断增强了博物馆的社会美誉度和学术影响力。其中“惠世天工——中国古代发明创造文物展”荣获2012年度全国博物馆十大陈列展览精品奖，“吴越胜览——唐宋之间的东南乐国”荣获2012年度浙江省陈列展览精品奖。2013年，浙江省博物馆经过精心策划，推出了“情语——丰子恺《护生画集》真迹展”、“西风东渐——欧风美雨下的浙江社会”、“远尘离垢——唐宋时期的《宝箧印经》”、“儒者之风——浙江省博物馆藏历代浙籍学者书法展”、“芳语寄情——扬州八怪四君子画展”、“千里鹅毛——浙江省博物馆藏国际礼品珍品展”、“馆藏李震坚作品展”等一批高质量原创性临展。其中，由浙江省博物馆与钱江晚报社联合举办的“情语——丰子恺《护生画集》真迹展”旨在通过展示《护生画集》这一艺术文化经典，加强人们对保护动物、促进生态平衡重要意义的认识，传递“珍爱自然、善待生命”的正能量，以促进人类、自然、社会和谐发展。展出期间，多家主流媒体竞相报道，还有外地观众专程前来观展。

同时，浙江省博物馆加强与省内外文博机构的联系与交流，充分利用馆外资源做好展览的引进和联合办展工作，引进或联办了“鬼斧神工——甘肃汉晋木刻艺术珍品展”、“世外万象——道教文物特展”、“澄泥为范——河南新出宋金名窑瓷器展”、“丹青之华——近现代十二家绘画大展”、笔墨心运？近现代篇“不老丹青——董寿平书画精品展”、“袁运甫作品展”、“藉物抒情——黄逸宾绘画艺术展”、“美国当代写实油画展”和“用兵如神——毛泽东的指挥艺术展”等展览；并积极利用民间收藏资源，主动搭建交流展示平台，推出了“浙江民间收藏精品走进博物馆系列特展之八：吉祥如意——绍兴翰越堂藏古代艺术品特展”和“浙江民间收藏精品走进博物馆系列特展之九：百砚千姿——杭州古越会馆藏古砚特展”。其中“丹青之华——近现代十二家绘画大展”汇集了辽宁省博物馆、沈阳故宫博物院、旅顺博物馆馆藏的齐白石、黄宾虹、于非闇、徐悲鸿、溥儒、潘天寿、张大千、傅抱石、陆俨少、谢稚柳、石鲁、黄胄等12位我国近现代绘画史上声名卓著的艺术家的代表性作品共计100件(组)，吸引了众多观众。

在办好馆内展览的基础上，浙江省博物馆积极利用馆藏资源赴省外办展。文化援疆项目“敝帚自珍——丰子恺漫画展”先后在新疆维吾尔族自治区博物馆、阿克苏地区博物馆、喀什地区博物馆、吐鲁番博物馆、塔城地区博物馆、博尔塔拉蒙古自治州博物馆、伊犁哈萨克自治州博物馆巡展。此外，浙江省博物馆赴辽宁省博物馆、海南省博物馆、宁夏回族自治区博物馆、山东省博物馆、烟台市博物馆、潍坊市博物馆、莞城美术馆，举办或参与举办了高其佩与指头画派、良渚文化展、黄宾虹书画展、民国名家成扇展等极富地域特色的展览，均获得良好反响。

为发挥省级博物馆的作用，浙江省博物馆组织了“山哈风韵——浙江畲族文物精品展”先后赴嘉兴博物馆、景宁县畲族博物馆、湖州博物馆、温州博物馆、舟山博物馆、衢州市博物馆巡展，还无偿向浙江美术馆、萧山博物馆、余姚博物馆、绍兴博物馆、兰溪市博物馆、余杭博物馆等6家单位提供展览或展品。

2013年，浙江省博物馆为国家和浙江省开展对外交流：作为“第一届海峡两岸文化遗产节”系列活动的一项重要内容，浙江省博物馆组织赴台的“丰子恺《护生画集》原作展”先后在佛光缘美术馆台中馆、高雄市佛光山佛陀纪念馆展出。浙江省博物馆文物赴日本神户、名古屋、福冈三地，参加中国文物交流中心、日本放送协会联合主办的中华大文明展。美国波士顿美术馆访问团、法国奥施咨询访问团、荷兰莱茵瓦尔德学院博物馆学专家团、瑞士卢加诺博物馆访问团、韩国国立公州博物馆访问团、韩国国立光州博物馆访问团等国外机构和团体对浙江省博物馆进行了访问。浙江省博物馆也派出人员对意大利乌菲齐美术馆、罗马威尼斯宫国家博物馆、梵蒂冈博物馆、日本大分县国东市历史体验学习馆、韩国光州国立博物馆等国外文博机构进行了学术交流考察。

作为文化窗口单位，浙江省博物馆积极适应构建公共文化服务体系和建设学习型社会的需要，不断创新宣教形式，丰富宣教内容，进一步拓展服务对象和空间。据统计，全年进馆参观观众225.78万人(次)(包括孤山馆区、武林馆区、黄宾虹纪念室、沙孟海旧居)。

在平时，浙江省博物馆组织新聘用的咨询员进行上岗培训，通过组织多种形式的业务培训和交流来提高讲解员的业务水平和职业素养。新推出的“主题参观，您提要求，我来设计”特色讲解服务根据不同观众的需求，设计符合参观需求的接待专案，以更加主动、积极、开放的姿态做好讲解接待工作。

2013年起，浙江省博物馆每月定期推出的古琴志愿者展厅现场演奏活动已逐渐成为深受观众喜爱的博物馆活动项目。全国人大财政经济委员会副主任委员、浙江省原省长吕祖善作为浙江省博物馆志愿者队伍中的一员，为来馆参观的大中专学校学生、企事业单位职工、机关干部和港澳台观众讲解“越地长歌——浙江历史文化陈列”，并开设“浙江历史文化解读”讲座，全年志愿服务18场次。这种身体力行、率先垂范，鼓励、吸引着越来越多的人加入到浙江省博物馆志愿者队伍中。

浙江省博物馆围绕陈列展览，通过组织形式灵活多样、内容丰富多彩的教育活动为大众普及历史、文物知识，发挥了博物馆传承历史文明、弘扬优秀文化的作用。博物馆加强系列化、品牌化建设，努力办好“武林文博讲坛”，还邀请馆内外专家学者举办了“水下考古在中国”、“史前浙江的文明化脚步”、“护生与护心——现代中国护生文化的当代意义”、“鄣郡古城及周边古墓群”、“宋六陵的前世今生”、“宋代明州与高丽的海上贸易”、“谈金说银话元宝”、“吴昌硕与金石文化”等讲座24场，深受市民尤其是文博爱好者欢迎。在举办“武林雅韵”音乐会等传统活动的基础上，浙江省博物馆新推出“指尖上的假期”亲子活动，目前已举办16期，组织孩子和家长到博物馆体验亲手做月饼、做扎染等富含传统文化韵味的活动，既锻炼了动手能力，也使孩子们收获了知识和快乐。浙江省博物馆继续推出面向未成年人的“浙博伴你共成长”系列教育活动，其中“我和浙博有个约会——互动集章活动”通过定期收集经典文物纪念章戳印、展厅寻宝等寓教于乐的形式让博物馆陪伴孩子健康成长。“妙笔生画、文澜素影”、“妙笔生画、瓷韵彩梦”走进博物馆写生活动、组织在杭外来务工人员子女参观博物馆的“关爱‘小候鸟’”活动等均充分发挥了爱国主义教育示范基地和“第二课堂”的作用，受到学生、家长们的欢迎。在5？ 18国际博物馆日，浙江省博物馆结合“《护生画集》真迹展”举办的“感受生命——准妈妈在博物馆的美学胎教”活动受到准妈妈们的欢迎。浙江省博物馆还积极探索馆校合作模式，组织博物馆文化教育策划大赛，在我国第八个文化遗产日开展观众问卷调查，发放文化遗产宣传资料。

作为中央地方共建国家级博物馆，浙江省博物馆积极发挥示范引领和辐射带动作用，受省文物局委托建设了博物馆展览交流信息平台。该平台的开通为我省博物馆之间的馆藏资源整合、展览交流和组织策划提供了便利。为提高省内博物馆从业人员业务水平，浙江省博物馆组织承办了全省博物馆馆长培训班、浙江省文博系统陈列展览专题培训班和浙江省近现代文物鉴定培训班；并按照国家文物局和浙江省文物局的要求实施对口帮扶民办博物馆，组织海宁谢氏艺术收藏馆人员培训、参观、学习，编辑、出版了《海宁谢氏艺术收藏馆馆藏精品图录》。

二、深化改革，完善管理机制

在国家文物局《关于2012年度国家一级博物馆运行评估结果的通报》中，浙江省博物馆综合排名在全国95家国家一级博物馆中居第7位。为不断提升办馆水平，明确自身的发展目标和工作任务，全面推进各项工作的开展，浙江省博物馆根据国家文物局《博物馆事业中长期发展规划纲要》科学谋划，结合自身实际，编制完成了《浙江省博物馆中长期发展规划纲要（2011–2020）》。

安全保卫是常抓不懈的重要工作。浙江省博物馆将经常性安全教育与定期安全演练相结合，不断提高安全意识和处置突发事件的能力，做好日常巡查和安全隐患排查，尤其是加强重点要害部位的检查力度，做到及时发现隐患，及时整改落实。孤山馆区陶瓷馆、文澜阁、西湖美术馆等新开放区域的技消防设备安装调试完成，孤山馆区技、消防系统整体改造启动。对于重大安全保卫工作，浙江省博物馆专门制订安全工作方案，有组织有领导，有实施有步骤，圆满完成了各类大型展览、活动、文物押运等安全保卫任务。

在行政管理方面，浙江省博物馆加强制度建设，对《浙江省博物馆在编职工各类假期规定》、《浙江省博物馆考勤管理暂行办法》等制度进行修订并通过职代会审议；认真做好制度的落实和执行，做到工作制度化、管理规范化。

在财务管理方面，浙江省博物馆认真贯彻执行各项财务规章制度，依法进行会计核算、会计监督，做好预决算、政府采购、票据管理等各项财务工作；完成省审计厅对2012年度决算的延伸审计和2012年度文物征集费预算绩效考评；合理安排收支预算，严格预算管理，充分发挥资金的使用效益，保证了浙江省博物馆2013年度各项工作的顺利开展，预算执行情况良好。

在后勤保障方面，浙江省博物馆做好国有资产管理，完成孤山馆区陶瓷馆的节能改造和西湖美术馆的改陈装修；委托浙江省建筑设计研究院对孤山馆区整体改造进行可行性调查，组织文物保护、博物馆、园林、规划、建筑、文教、财政等方面专家、领导召开论证会，形成《浙江省博物馆孤山馆区修缮整治专家咨询会会议纪要》，完成了《浙江省博物馆孤山馆区整体改造计划建议书》和浙江省博物馆中国漆器研究中心的施工招标；做好展厅多媒体等设施设备维护和更新；确保高配用电全年安全正常运行，车辆管理安全无事故，圆满完成各项展览和大型活动的服务保障任务；坚持经常性馆容馆貌检查维护，为观众提供了良好的参观环境。

在经营服务方面，浙江省博物馆新开辟文澜阁茶室和商店，积极利用浙江省博物馆馆藏文物和陈列展览中丰富多彩的文化元素，开发了多种兼具创新性和实用性、适应市场趋向和社会公众需求的博物馆文化产品，重点配合“情语——丰子恺《护生画集》真迹展”开发了丰子恺作品紫砂壶、紫砂笔筒、水晶镇纸、移动电源、明信片等衍生产品。

“禅意·闲趣·化境——丰子恺漫画特展”在新疆七地巡展

4月23日起，浙江省博物馆组织的文化援疆项目“敝帚自珍——丰子恺漫画展”先后在新疆维吾尔族自治区博物馆、阿克苏地区博物馆、喀什地区博物馆、吐鲁番博物馆、塔城地区博物馆、博尔塔拉蒙古自治州博物馆、伊犁哈萨克自治州博物馆七地巡展。

“情语——纪念丰子恺诞辰115周年暨《护生画集》真迹展”展出

5月10日至7月10日，“情语——纪念丰子恺诞辰115周年暨《护生画集》真迹展”在浙江省博物馆武林馆区举办。展览展出的《护生画集》原稿系丰子恺好友新加坡广洽法师于1985年亲自赴杭州捐赠给浙江省博物馆的真迹。展览分“全集概览”、“戒杀警世”、“善爱生灵”、“和谐家园”等四个单元，将《护生画集》真迹全六册首次整体展示，也纪念了丰子恺诞辰115周年。

“昆山片玉——中国古代陶瓷陈列”开放

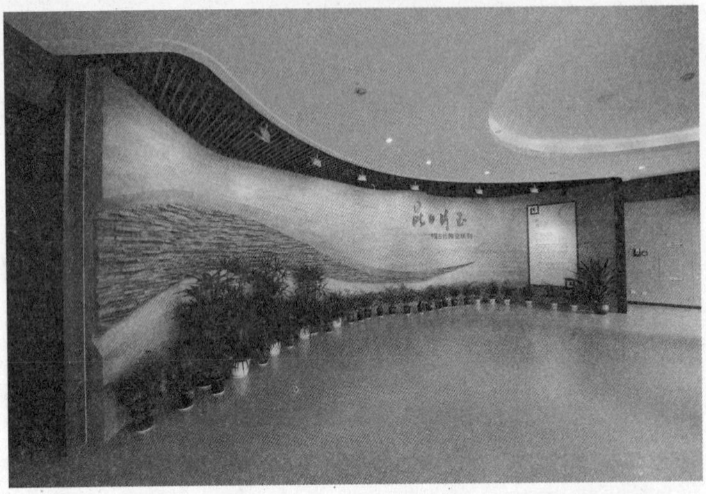

6月6日，经过近三年筹划建设，位于浙江省博物馆孤山馆区主楼的“昆山片玉——中国古代陶瓷陈列”向社会公众开放。展览面积1200多平方米，分为“源头活水·一枝独秀”、“名窑辈出·枝繁叶茂”、“春风化雨？异彩纷呈”三个单元，展出陶瓷文物326件。

文澜阁重新开放

6月8日，位于浙江省博物馆孤山馆区西部的文澜阁经过数年修缮，在第八个文化遗产日重新向公众开放。新设的专题陈列“文澜遗泽”介绍了文澜阁与《四库全书》的历史，还原了其作为皇家藏书楼的原有历史风貌。文澜阁原是清代收藏《四库全书》的皇家藏书楼，始建于清乾隆四十七年（1782），现存建筑系清光绪六年（1880）重建。2001年，文澜阁被国务院公布为第五批全国重点文物保护单位。

“丹青之华——近现代十二家绘画大展”在西湖美术馆开幕

9月3日至10月6日，“丹青之华——近现代十二家绘画大展”在浙江西湖美术馆举办。展览共汇集了辽宁省博物馆、沈阳故宫博物院、旅顺博物馆馆藏的齐白石、黄宾虹、于非闇、徐悲鸿、溥儒、潘天寿、张大千、傅抱石、陆俨少、谢稚柳、石鲁、黄胄等12位我国近现代绘画史著名艺术家的代表性作品100件(组)。

“西风东渐——欧风美雨下的浙江社会”开展

9月27日，“西风东渐——欧风美雨下的浙江社会”在浙江省博物馆武林馆区开展。展览汇集了浙江省博物馆、中国丝绸博物馆、浙江图书馆、海宁谢氏艺术收藏馆、私人藏家收藏的近现代文物106件组、珍贵历史图片180余幅，从物质生活变化、文化教育变革、社会风俗变迁三个不同视角展示了在“欧风美雨”的影响下，浙江近代百余年间的社会生活风貌和浙江人民探索近代化道路的奋斗历程。

浙江自然博物馆

2013年，浙江自然博物馆坚持“稳中求进，进中求好”，以国家一级博物馆总体要求为导向，全面落实“三提三造”要求，努力提升办馆水平和综合业务能力，不断增强创新意识和服务意识，确保各项工作深入有效开展，圆满完成年度目标任务。

一、新院筹备

在成立临时性工作班子的基础上，馆领导带队分别赴北京自然博物馆、上海自然博物馆、台中自然科学博物馆、首都博物馆、中国国家博物馆等多座有代表性的自然类及综合性博物馆开展广泛考察调研，就各馆的建设目标、投资规模、功能布局、藏品资源、展览特色、人员编制等进行研究分析，了解博物馆界最新动态与发展趋势，汲取经验。此外，馆领导专程赴北京拜会中科院院士周忠和、北师大院士郑光美，征询对新院建设的意见和建议；赴上海拜访环球健康与教育基金会主席肯尼斯？贝林，为新院展览筹划达成捐赠野生动物标本的初步意向。

在学习调研和广泛征询意见建议的基础上，浙江自然博物馆结合实际，按照一定设计原则与要求，对新院的目标定位、功能布局、展览主题、面积分配等进行了精心筹划、充分讨论，完成了《浙江自然博物院设计任务书》与《浙江自然博物院展览框架方案》；并请省内外专家举行了两轮咨询论证，形成会议纪要，依据专家建议完善了设计任务书和展览框架。按照上级要求，浙江自然博物馆会同安吉县政府稳妥推进新院建设概念性设计方案的相关工作，通过省招标办咨询及竞争性谈判择优选取了招投标中介代理机构。

二、陈列展览

2013年，浙江自然博物馆完成“金蛇狂舞——蛇年特展”等19个公益性展览；利用馆藏品优势与企业合作办展，探索市场化办展模式，服务社会公众，在杭州万象城举办“自然奇幻之旅”猛犸象展，在中南购物城举办“自然探索之旅”海洋生物展，与常州恐龙园合作“恐龙蛋特展”；做好与台中自然科学博物馆合作举办“恐龙蛋特展”的准备工作。

浙江自然博物馆做好日常场景、标本、设备巡查，定期对展区标本进行维护保养，保证展厅的日常开放及质量；对二、三楼展区场景实施预防性虫害消杀，更新或增补馆内展示及公共区域的标识标牌，方便观众参观与导引；完成展厅小故障维修804次，及时排除了展厅设施设备的故障，保证了观众安全和参观质量。

浙江自然博物馆继续加大科普下乡力度，创新服务模式，主动送服务下乡，全年策划增加了“会飞的花——中国蝴蝶特展”、“人类的亲缘——灵长类多样性与人类起源”、“龙行浙江——浙江恐龙图片展”、“浙江鸟类图片展”等8套图版，赴省内十个地县巡展，累计展出115场次，受益观众达50多万人次。同时，浙江自然博物馆将临时展览“金蛇狂舞——蛇年特展”、

“龙行浙江——浙江出土恐龙化石特展”等推广到北京、湖州、衢州、温州、余杭、海盐、天台、三门、庆元等16个省内外博物馆展出，积极开展巡展配套服务，举办了相应讲座和讲解培训。

三、科普服务

浙江自然博物馆全年共接待观众173万余人次，完成讲解场次4892场，其中公益讲解4567场次；为观众提供婴儿车借用、广播服务、大件物品寄存、拾遗招领等便民服务10774次，未出现观众投诉现象，观众服务满意度达98%，获“2012年度优秀全国科普教育基地”称号。

浙江自然博物馆利用自身优势，精心组织节日活动、科普讲座、主题教育、动手做、家庭教育、趣味益智、野外体验、社会教育等活动30余项561场次，参与人数32万多人次。其中“首届都市快报读书节”“5？ 18国际博物馆日奇妙夜”“鸟类微表情”等活动得到了观众的广泛参与和媒体的高度关注。新推出的“舌尖上的五谷杂粮”、“绿色总动员”系列活动融入表演等新元素，给科普活动注入了新的活力。

为加强志愿者队伍建设，浙江自然博物馆调整志愿者组织并实行队长负责制，组织志愿者招募培训，新招收志愿者200名，其中本科学历占60%，研究生学历占20%。据统计，目前全馆有志愿者652人，完成服务23922小时。浙江自然博物馆继续完善博物馆之友组织，面向社会公开招募博物馆之友，召开恳谈会，收到义务监督员信函33封、督查记录表21封。

浙江自然博物馆创新馆校共建共享新模式，组织主题科普活动前往杭州市时代小学、杭州市安吉路实验学校等开展宣讲、标本观摩和科普互动活动，接待暑期杭城中学生社会实践培训实习24批次；与天水社区、应家桥社区等签订合作共建协议，组织系列科普主题活动。

此外，浙江自然博物馆加强对口帮扶民办博物馆工作，对口帮扶杭州胡庆余堂中药博物馆改造中药材标本陈列展览，改陈面积700平方米。

四、藏品管理

2013年，浙江自然博物馆制定并完成年度藏品征集计划，召开藏品征集委员会，对《藏品征集管理办法》与《藏品征集规划》进行专题讨论与审议，明确了中长期藏品征集方向与重点，通过征集、采集、捐赠等途径新增藏品3526件，其中地球科学类343件，生命科学类3182件，藏画1件。这些藏品具有重要的研究、展示和收藏价值，丰富了馆藏。根据省文物局部署，浙江自然博物馆积极配合开展可移动文物普查，选派人员参加了省文物局举办的全国可移动文物普查工作培训，为工作人员配备移动硬盘、笔记本电脑等专门设备，对馆藏文物与非文物藏品数量进行统计核对，做好普查前期准备工作。

为严格执行藏品管理制度，不断优化藏品管理，提高藏品利用率，挖掘藏品信息，发挥藏品作用，浙江自然博物馆有关人员每天巡查展厅和库房的标本情况，发现问题及时处理，根据不同类型采取不同保存方法，定期抽样检测藏品，尤其对展厅和库房的动物标本进行了多次熏杀虫害处理，确保藏品和展品安全。同时，浙江自然博物馆积极开展标本制作、修复工作，全年修整化石展品、馆藏化石标本100余件/次，翻制缙云恐龙化石模型、翼龙头骨模型等21件，修理缙云挖掘化石130余件，修整“龙行浙江”展品东阳龙等4具，复原装架2具大型禽龙化石模型骨架，完成赴日展品包装装箱62件，制作黄金蟒等标本共计163件，对动物园征集的黑猩猩、东南亚虎进行皮张剥制处理，完成教工路酒精池动物皮张处理和搬迁。

有关人员认真做好藏品建档和新增藏品的鉴定和登记入库，全年登记入库藏品3586件。截止年底登记入总账的藏品达144692件，其中生命科学类129916件，地球科学类14643件，藏画133件。

五、学术研究

2013年，浙江自然博物馆按照计划有序开展科研科考工作，完成“恐龙蛋与教学”等科研项目4项，继续开展国家自然科学基金资助项目“城市化与鸟类繁殖适应研究”、“中国西南地区三叠纪蛇颈龙祖先类群——纯信龙类的个体发育和系统演化研究”、“龟类的起源和早期演化”和浙江省自然科学基金的“海南鳽繁殖栖息地选择及保护对策研究”、“浙江特有极危动物安吉小鲵保护遗传学研究”等科研项目研究，开展了人工引导鸟类选择繁殖地试验、西溪国家湿地公园生物多样性监测示范项目、百山祖野生植物调查等科研课题工作；实施开放式展区动物标本保持技术研究、馆藏珍稀动物组织标本低温保存技术研究等浙江省文化厅文化科研立项的课题研究；并主持缙云恐龙化石抢救性发掘，发掘到4个甲龙化石个体，得到国际和国内各大媒体广泛关注。由陈水华带队的科研小组在象山成功实施我国首个人工引导鸟类选择繁殖地试验，举办了2次新闻发布会，取得良好的社会效益。

全年浙江自然博物馆加强业务学习和学术研究，出版了《美丽缙云，人间仙都——缙云县生态文明成果巡礼》《浙江大地十亿年》《空中之龙—中国翼龙化石研究最新进展》《中国浙江恐龙蛋与龟类蛋化石研究》《十万个为什么（第六版）》等专著5部，发表学术论文47篇、会议摘要16篇、科普文章18篇，举办4D电影《三叠纪海怪》首发仪式。

2013年，浙江自然博物馆继续推动两个研究中心的工作，充分发挥浙江省古生物化石收藏研究中心和浙江生物多样性研究中心的作用；积极参与科普活动和实习活动，接纳大学生来研究中心社会实践，为新闻媒体和有关机构提供标本鉴定和咨询近百次；完成了中国鸟类学史料中心的筹备并于11月举行揭牌成立仪式，征集到鸟类学资料168件，接受捐赠书籍、野外记录、手稿、照片、影像资料等鸟类学史料287件，为中国鸟类学的研究和发展提供信息平台。

浙江自然博物馆全年成功承办了第十二届全国鸟类学术研讨会暨第十届海峡两岸鸟类学术研讨会、中国古生物学会第十一届代表大会暨第27届学术年会、中国古生物学会理事会、杭州市野生动物保护协会常务理事会等会议8次，专业人员参加国内外各类学术会议56人次，为广泛开展科研、科普工作奠定了良好基础。

浙江自然博物馆继续实施浙江生物多样性组织标本的采集，对浙江生物多样性组织标本进行整理，对组织标本库现有动物组织标本进行规范化数字管理，对动物组织标本进行加换保存液、统一编号、加贴低温冷冻标签，为浙江生物多样性组织标本的下一步采集工作奠定了基础。

六、综合管理

为健全完善内部运行管理机制，浙江自然博物馆新订、修订了《浙江自然博物馆考勤管理办法》《浙江自然博物馆职工绩效考核管理办法》等17项制度；按照省文化厅“严纪律、正作风、作表率”专项行动要求，从9月份起实施全员考勤，馆领导带队不定期进行考勤检查，加强制度的执行、落实与监督，考勤结果公开公示，奖罚分明，执行情况良好，进一步促进了科学管理，提高了单位效能建设。

浙江自然博物馆结合单位实际，深化绩效工资改革，完善绩效考核机制，首次采用全馆划分考区，从工作业绩、工作态度、工作能力三方面进行全员述职考核打分，将考核结果数量化，把考核结果与工作人员的岗位聘用、职务晋升等挂钩，促进了工作改进和业绩提高；还顺利完成了内设机构领导竞聘换届及职工双向选择。

在日常工作中，浙江自然博物馆认真做好信息报送，获2012年度全省文化政务信息工作进步奖；按照上级要求和公文格式，努力提高公文质量；优化网站服务功能，完善网上虚拟展览和藏品信息介绍，增加网上展览8个、藏品介绍500余件，发布新闻、公告及各类信息1500余条，全年点击量达391万人次；做好档案数字化管理，完成1984年至2011年的纸质档案1820卷、文件5068件，做好2012年档案收集与整理；做好图资管理，采购并登记新书22册，收集整理并装订各类期刊1000余册，完成各类报刊征订150余种、外文及港台期刊34种。

为加强重视人才培养，优化队伍结构，浙江自然博物馆举办中层以上干部培训班，邀请专家就管理心理学和文化管理特点等进行授课，对提升中层干部的理论水平、岗位意识、奉献意识、大局意识等综合素质及缓解心理压力起到了积极作用。专业人员、管理人员参加各种研修班、培训班及岗位培训109人次；支持专业人员在职读博士1人，在职读硕士4人；定期组织科普队员、保安人员业务培训，提高员工岗位业务能力；严格按照《浙江省事业单位公开招聘人员暂行办法》，严肃人事纪律，按照上级审定的用人计划完成了在编人员的招聘工作。全年公开招聘事业编制人员3人，编外人员6人，招聘各环节严谨有序。

浙江自然博物馆根据“谁主管、谁负责”原则，与各部门分别签订安全责任书，加强对安全重点部位、重要岗位人员的教育和检查，做到职责明确、制度到岗、责任到人、督查到位，确保展品、藏品和观众安全。为加强综治和安全保卫工作的组织领导，浙江自然博物馆全年召开综治工作会议2次，安保专题会议9次，综合治理（创安）工作达标，被杭州市公安局推荐为平安示范单位，安全保障部被评为2013年度杭州市经济文化保卫工作先进集体。

根据治安形势，浙江自然博物馆加强免费开放的安全管理，合理配备安保力量，完善各项防范措施，不断提高防控能力。在职保卫人员每天多次巡视展厅，加强对低龄儿童、老年人、残疾人等参观群体的重点看护，加强对观众出入口、自动扶梯、展厅玻璃地面及闭馆清场的安全管理；加强安防、消防系统设施的日常管理，每日不少于6次防火巡查，每月至少一次防火检查。消控室新增消防报警系统显示器，全年完成安防、消防系统设备巡检26次；夜间安保值班的监督管理得到加强，做好防火、防盗、防破坏、防人身伤亡和反恐工作，并详细记录保卫工作日志，全年未发生重大安全事故。

为开展安全防范教育和业务技能培训，浙江自然博物馆邀请公安、消防部门人员为全馆职工进行安全知识讲座；组织志愿消防队、讲解员、保安、物业等进行消防演练活动；选派人员参加省文物系统安防操作员知识更新培训、博协安全专业委员会安全技术及管理培训及年会；根据实际需要适时开展安全教育工作，有效提高了全馆职工的安全意识和安保人员的业务技能。

在重大节假日、寒暑假、学生春秋假等参观高峰期，浙江自然博物馆做好各项应急预案准备和重要活动期间的安全检查，实行安保双岗值班制度；在场馆内装饰施工及临特展布展期间加强现场安全管理，排查安全隐患，确保安全。同时，浙江自然博物馆委托专业维保公司对馆内的消防、安防、信息网络及空调、电梯、高配等设备进行检修、维护，保证设备正常运行；加强保安与物业人员的监督管理，提升服务水平，为观众营造良好的参观环境；完善车辆管理制度，做好车辆日常维护保养，保障了全馆日常用车以及专业人员野外考查用车行驶25万公里安全无事故。

浙江自然博物馆认真贯彻执行各项财务规章制度，依法进行会计核算和会计监督；加强日常财务管理，保障各项工作顺利开展，并完成浙江青艺服务公司、新馆布展及内装修项目、工会经费的会计核算；顺利通过国家审计署财政存量资金审计、省审计厅2012年度部门决算审签、之江会计师事务所2012年年报审计、浙江青艺服务公司2012年度财务审计等；按时、准确完成了2013年决算报表的编制上报，被省文化厅评为2012年度部门决算报表先进单位。

同时，浙江自然博物馆加强预算编制、预算执行的管理，全年预算执行进度达90.05%，超额完成年度预算执行进度指标；并严格项目经费使用，专款专用，提高了经费使用绩效；完成了2012年陈列展览项目和2010-2012年度未成年人生态教育项目的绩效考评，获得了优秀。

为加强国有资产管理，浙江自然博物馆完成新增固定资产卡片建立及资产数据录入，及时处置报废资产，做到帐帐、帐卡、帐实相符；做好现金、支票、印章、票据的安全管理；完成213项政府采购管理工作。

在文创产品开发经营方面，浙江自然博物馆加强对商场和营业点的日常管理，实施每月主营项目收入统计报表制度和营业点日巡查管理制度；对商场和营业点的商品堆放、食品安全、服务态度、卫生清洁进行规范管理，确保正常安全运营，实现全年服务零投诉。

文创产品开发突出自然类藏品审美特色和文化元素，全年自主开发创意胸章、啄木鸟之鸟的一家、万宝螺、瘤平顶蜘蛛螺共4个类别8个品种84个款式；完成鱼化石镇纸等产品追订；配合学术会议、科普活动开发纪念品7款，文化产品营业额比去年增长21.35%。

为扩展文化产品销售渠道，浙江自然博物馆与浙江美术出版社、浙江少年儿童出版社合作代销书籍30类；与省内地县博物馆、浙江金马工艺品有限公司等企业合作，代销木制益智玩具等文化产品；并完善网店服务，及时更新网上自博商城的文化产品。

浙江自然博物馆推出“衢州黄蜡石精品展”

1月25日，由浙江省文化厅、衢州市政府、浙江省文物局主办，衢州市文化广电新闻出版局、浙江自然博物馆、衢州市博物馆协办的“衢州黄蜡石精品展”在浙江自然博物馆开幕。衢州黄蜡石主产于衢州市境内的衢江。展览兼顾知识性、趣味性与观赏性，对推动、培育这一新兴文化产业有一定促进作用。

浙江自然博物馆推出“金蛇狂舞——蛇年贺岁展”

2月1日，由浙江省文化厅、浙江省文物局、杭州市园林文物局、杭州市林业水利局主办，浙江自然博物馆、杭州动物园、杭州市野生动物保护协会承办的“金蛇狂舞——蛇年贺岁展“在浙江自然博物馆展出。展览由蛇类世界、大自然中的蛇、蛇的身体结构、蛇文化、活蛇展示等五

部分组成，展出了液浸标本、干制标本、骨骼标本等140余件，并举办了“蛇年祈福”墙、蛇形印章等配套活动。

浙江自然博物馆承办“中国古生物学会十届五次理事会会议”

2月26日，浙江自然博物馆承办的中国古生物学会十届五次理事会会议在杭召开。本次会议主要议题为理事会换届、学术年会筹备、中德古生物学会国际会议筹备、2012年学会工作总结、《中国古生物学学科史》编写、科普工作总结及计划及2013年工作计划等。会上，中国古生物学会授予浙江自然博物馆为全国科普教育基地。

浙江自然博物馆主办“极危鸟类中华凤头燕鸥种群恢复与监测培训班”

3月4日至6日，浙江自然博物馆、浙江韭山列岛海洋国家级自然保护区管理局、浙江省野生动植物保护协会野鸟分会和美国俄勒冈州立大学主办的“极危鸟类中华凤头燕鸥种群恢复与监测培训会议”在象山举行，来自美国、日本和中国北京、台湾、香港、福建、浙江等地的32人参加会议。

浙江自然博物馆举办“博物馆奇妙夜”活动

“5.18”国际博物馆日期间，浙江自然博物馆合作策划举办了“今夜无人入眠——博物馆奇妙夜”夜宿活动。活动于5月初推出，先后有635户家庭报名，博物馆随机选取31户家庭100多人于5月18日当晚开展了蝴蝶标本制作、夜探标本、观看电影等活动。

浙江自然博物馆推出“空中之龙——中生代翼龙化石特展”

5月18日至10月10日，由浙江自然博物馆主办，浙江地质科学院地质研究所、大连自然博物馆协办的“空中之龙——中生代翼龙化石特展”在浙江自然博物馆展出。展览主要介绍了晚三叠纪末期至白垩纪末期的翼龙，展出了达尔文翼龙模式标本、雌性达尔文翼龙模式标本、幼体达尔文翼龙和浙江翼龙头骨化石等珍贵标本29件，还特别绘制了近20幅翼龙复原图，介绍了翼龙的生存情况。

浙江自然博物馆组织生物多样性国际日主题宣传活动

5月22日“生物多样性国际日”期间，浙江自然博物馆、浙江省动物学会、浙江省植物学会、浙江省生态学会、浙江生物多样性研究中心联合主办了“花儿朵朵开”主题宣传活动。活动通过展板与有奖问答相结合的方式，介绍了生物多样性，宣传了保护生物多样性的重要意义及如何保护生物多样性。

浙江自然博物馆推出“缙云·人间仙都——缙云县生态文明成果展”

7月5日，由浙江自然博物馆与缙云县委县政府联合举办的“缙云·人间仙都——缙云县生态文明成果展”在浙江自然博物馆开展。该展览是省公益性文化场馆服务社会、服务基层的具体行动，通过对缙云的自然概貌、生态文化、生态立县、生态旅游及幸福家园等五方面的展示，使观众感受缙云的自然生态之美、名胜古迹之悠、人文底蕴之厚。

浙江自然博物馆举办“缙云县生态文明成果展暨浙江省首次发现恐龙头骨和甲龙尾锤化石”新闻发布会

7 月 5 日，“缙云县生态文明成果展暨浙江省首次发现恐龙头骨和甲龙尾锤化石”发布会在浙江自然博物馆召开。浙江自然博物馆副馆长、古生物专家金幸生通报了恐龙化石发掘情况，并回答了记者提问。

浙江自然博物馆推出“浙江大地十亿年”展览

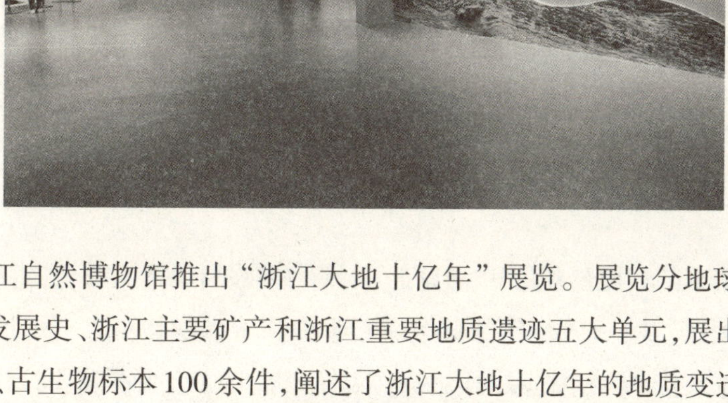

9 月 10 日，浙江自然博物馆推出“浙江大地十亿年”展览。展览分地球简述、浙江地理地质概述、浙江地质发展史、浙江主要矿产和浙江重要地质遗迹五大单元，展出岩石、矿物及地质构造标本 200 余件、古生物标本 100 余件，阐述了浙江大地十亿年的地质变迁和自然地理概况，重点展示了浙江最古老的岩石和化石，对具有国际影响的地质遗迹进行了重点描述，是第一次

系统反映浙江地质地理的原创性展览。

浙江自然博物馆举办“世界动物日主题宣传活动”

10 月 4 日世界动物日，浙江自然博物馆举办了“关爱动物，关爱人类健康，我们在行动”主题宣传活动。活动由中国动物学会、中国科学院动物研究所国家动物博物馆主办，北京自然博物馆、广西自然博物馆、广东海洋大学水生生物博物馆、成都动物园、《博物》杂志社、《生命世界》杂志社、《大自然》杂志社等多家单位参与合作。

浙江自然博物馆召开新院设计方案专家咨询会

10 月 21 日，浙江自然博物馆召开浙江自然博物院设计方案专家咨询会。11 位应邀专家和浙江自然博物馆中层以上干部、副高职称以上业务骨干参加。

会议听取了新院设计方案内容的详细介绍，对《浙江自然博物院建筑设计任务书》及《浙江自然博物院展览框架方案》进行了讨论。专家们就新院目标定位、新院建筑设计布局、项目地块的控制性强规、馆园结合特色与运营机制、现有馆区处理等提出了咨询意见和建议。

浙江自然博物馆举办“我国首个人工引导鸟类选择繁殖地试验”新闻发布会

10月15日，“我国首个人工引导鸟类选择繁殖地试验获得成功，‘神话之鸟’中华凤头燕鸥种群重回韭山列岛”新闻发布会在浙江自然博物馆召开。会议由浙江自然博物馆、象山县海洋与渔业局和浙江野鸟会共同举办。浙江自然博物馆馆长严洪明介绍了由浙江自然博物馆主导实施的“人工引导鸟类选择繁殖地试验”项目背景，以及将科研成果服务社会的工作情况；副馆长陈水华介绍了“神话之鸟”中华凤头燕鸥，并对项目实施的过程、项目取得的成果和意义作了详细阐述。

浙江自然博物馆承办“第十二届全国鸟类学术研讨会暨第十届海峡两岸鸟类学术研讨会”

由中国动物学会鸟类学分会主办，浙江自然博物馆、浙江省动物学会和浙江大学承办的第十二届全国鸟类学术研讨会暨第十届海峡两岸鸟类学术研讨会11月8日至10日在杭召开，来自我国大陆、香港、澳门、台湾地区及美国、法国、俄罗斯、英国、加拿大、波兰和西班牙等国家的鸟类学者500余人参加了会议。

浙江自然博物馆副馆长陈水华作了题为“城市化对杭州鸟类的影响”的大会报告，范忠勇、袁乐洋分别作了专题报告。会议期间，与会人员参加了“飞翔的梦”——中国鸟类学发展史特展开幕式暨中国鸟类学史料中心揭牌仪式并参观了展览。

浙江自然博物馆承办“中国古生物学会第十一次全国会员代表大会暨27届学术年会”

由中国古生物学会主办、浙江自然博物馆等单位承办的中国古生物学会第十一次全国会员代表大会暨第27届学术年会11月14日在东阳召开。大会选举产生了中国古生物学会第十一届理事会，浙江自然博物馆金幸生、赵丽君当选为理事会理事。与会专家还进行了学术交流，研讨古生物学及其相关学科在科学研究、科普教育及古生物化石保护等领域的最新进展。金幸生、郑文杰分别作了学术报告，介绍了浙江恐龙发掘的最新进展。

浙江自然博物馆推出"飞翔的梦——中国鸟类学发展史特展"

11 月 19 日，由中国动物学会鸟类学分会、浙江自然博物馆、中国鸟类学史料中心联合举办的"飞翔的梦——中国鸟类学发展史特展"在浙江自然博物馆展出。展览运用物品、文字和图像资料，介绍了各个时期中国鸟类学代表人物及鸟类学发展中取得的重要研究成果。展览期间还举办了第十二届全国鸟类学术研讨会暨第十届海峡两岸鸟类学术研讨会，来自港澳台及全国各地区的高校、科研院所、自然保护区和有关机构的鸟类学者、研究生、保护管理人员，以及美国、法国、西班牙、俄罗斯、英国、加拿大、波兰、西班牙等国的鸟类学专家500余人参加了会议。

陈水华被中国科协聘为第一批首席科学传播专家

12 月 26 日，中国科协召开"李象益科普事迹报告会暨首席科学传播专家聘任大会"，聘任 40 个全国学会推荐的156 名专家为全国学科首席科学传播专家，浙江自然博物馆副馆长陈水华被聘为"全国鸟类多样性保护和生态文明科学首席科学传播专家"。

此次聘任的首席科学传播专家是我国组建的第一批科学传播专家团队，涵盖物理学、动物学、气象学、医学等37个学科大类，130余个三级学科。大部分首席专家是本学科领域的学科带头人，其中两院院士12人。

浙江自然博物馆组织缙云恐龙发掘

2013年，浙江自然博物馆、福井县立恐龙博物馆和缙云博物馆相关专业人员先后在缙云县壶镇镇胡宅口乌鲤塘、西山沿下买塘等地段进行恐龙化石调查评估，对调查中新发现的3个化石点进行了抢救性发掘与采集。化石保存范围100平方米左右，数量较多，是浙江迄今出土恐龙化石数量最多的化石点之一。本次采集的主要为甲龙骨骼化石，具体部位有头骨、背椎、荐椎、尾锤、骨化腱、甲板、肋骨、肱骨、肠骨、坐骨、股骨、胫腓骨、趾骨等。这些化石分属至少4个甲龙个体，其中1个是幼体。本次发现的甲龙尾巴化石保存了完整的尾锤，是尾锤化石在浙江的首次发现，为确认浙江不仅有以浙江龙为代表的结节龙类，还有带尾锤的甲龙类存在提供了重要证据。同时发现的头骨化石是浙江首次发现恐龙头骨化石。除恐龙化石外，本次还发现了多层位多种类的恐龙蛋化石。

中国丝绸博物馆

2013年是中国丝绸博物馆事业发展突破之年。在省文化厅、省文物局的直接指导下，全馆按照《浙江省文化厅2013年目标管理责任书》要求，结合全年重点，扎扎实实做好各项工作，在国家文物局组织的2012年度一级博物馆运行评估中取得了好成绩。

在省委和省文化厅党组统一部署下，中国丝绸博物馆组织、开展党的群众路线教育实践活动，在省文化厅督导组的指导下认真召开民主生活会，开展批评与自我批评，进一步增强了班子的团结，明确了整改方向，落实了整改措施，使班子成员的精神面貌和精神状态得到全面提升。经过多年艰苦努力，土地入股浙江中国丝绸文化中心股份有限公司问题取得突破性进展，入股土地已收归国有，将通过新建项目重新划拨中国丝绸博物馆。中国丝绸博物馆改扩建项目全面启动，取得了省发改委立项受理通知书，着手进行前置审批。在藏品征集方面，经过近3年的努力，美国丽蒂娅·葛顿收藏的西方近现代时装藏品正式运抵杭州落户中国丝绸博物馆，目前正在进行藏品报关清点工作。在展览方面，中国丝绸博物馆先后赴美国、德国、俄罗斯等国举办了5个专题现代丝绸艺术展，为外展数量最多的年份；还与时尚传媒集团、中国服装设计师协会等国内顶级时尚单位联合推出了“时代映像——中国时装艺术1993—2012”展览，在北京取得极大反响。科技保护方面，中国丝绸博物馆利用纺织品文物保护国家文物局重点科研基地这一平台，积极为全国文博单位服务，并进一步扩大新疆工作站服务力度，在国家文物局指导下参与西藏工作平台的建设，国际科技合作交流也取得新突破。在社会宣传方面，中国丝绸博物馆不断探索与媒体、院校合作新模式，通过支持单位形式邀请参加展览的策划和宣传，基础管理方面也取得了可喜的成绩。

一、藏品管理

2013年，中国丝绸博物馆新增藏品39964件（套），其中美国西方时装藏品39105件（初步统计），文物及现代藏品859件（套）。截至12月底，馆内藏品总数达67631件，其中三级以上文物4411件（不含美国新征藏品）。经过近3年艰苦努力，39105件西方近现代时装藏品正式落户中国丝绸博物馆，这是我省国有博物馆规模、数量、金额最大的一次海外藏品征集活动，得到了省领导的高度重视和大力支持。这些藏品的征集到位极大丰富了中国丝绸博物馆的馆藏数量，填补了西方时装收藏的空白，为时装分馆的建立提供了重要的藏品保证。同时，中国丝绸博物馆通过各种渠道，特别在省台办的大力支持下，先后从香港、台湾等地区征集了一百余件海外华人旗袍，填补了馆内台湾旗袍收藏的空白。在国内外设计师、企业、院校、相关协会及产业基地等社会各界的大力支持与帮助下，中国丝绸博物馆征集到500余件服饰及面料，特别是迄今中国服装设计最高奖金顶奖的历界获奖得主设计的服装作品均已被收藏；4件代表当代纺织设计前端艺术的数码提花艺术作品的征集突破了传统思维的束缚，大胆探索了先进电脑技术与传统提花技术的完美融合，拓宽了当代纺织艺术的收藏范围，对提升纺织艺术品的收藏品质具有重要意义。

在藏品管理方面，中国丝绸博物馆完成了以批次为特征的藏品编号系统；继续更新和完善藏品数据库软件，撰写完成了3000余份藏品档案；组织开展了美国丽蒂娅·葛登近现代西方时装藏品的清点整理，成立了专门的工作小组，计划于2014年3月底前全部完成清点报关工作；建设丝绸名人档案库，积极开展丝绸名人的档案资料收集和采访，全年共征集14位丝绸名人的293件个人档案，采访纺织名人24位，同时征集了一批他们收藏的资料。

二、陈列展览

2013年，中国丝绸博物馆共举办临时展览20个，其中馆内临时展览有"旗袍角度"展等12个，馆外临时展览"华装风姿——中国百年旗袍展"等3个，筹备对外展览2个，还在美国、德国、俄罗斯等地举办了5个丝绸文化展览。

纺织品文物保护国家文物局重点科研基地（中国丝绸博物馆）不断完善大型科研设备，提升科研硬件配置，完成了激光共聚焦显微镜、三维视频显微镜、便携式荧光光谱仪的安装、调试并已全面投入使用，还制定了专人管理制度。纺织品标本库进一步建设中，开展了纺织品文物标本、现代茧丝标本、现代皮毛标本和现代染料标本的收集，完成了文物标本编号整理，开展典型标本的科学测试，建立健全了科学测试数据库，全年新增文物样品420件（套）。纺织品文物保护科技文献资料库进一步完善，全年新增文献500余篇；科研管理得到加强，建立了课题档案管理制度，不定期举办31次小型研讨会，提高了科研人员的综合素质。配合国家文化遗产保护科技区域创新联盟（浙江省）加强联盟单位之间的合作，加强人才培养和课题研究，促进中国丝绸博物馆科研工作更快更好地发展。

三、科研合作

2013年，中国丝绸博物馆继续深化国内合作，依托国家文化遗产保护科技区域创新联盟（浙江省）加强与浙江大学、浙江省博物馆、浙江省文物考古研究所、浙江理工大学的合作；与故宫博物院开展倦勤斋内檐装修丝织品的丝蛋白加固保护合作；与中国美术学院开展传统动物染料及染色工艺的保护与利用合作。同时，国际科研合作也取得新突破：2013年与韩国等4个国家的5所大学和研究机构开展科研合作活动；全年完成课题7项，在研课题7项，新立项课题4项。

四、文物修复

中国丝绸博物馆全年完成文物修复74件、消毒399件、清洗平整106件，还组织开展了余姚史嵩之墓出土丝绸的揭展工作，完成了《上海市历史博物馆馆藏纺织品保护修复方案》《河北遵化清东陵纺织品保护修复方案》《河北沽源梳妆楼墓地出土元代纺织品保护修复方案》等6个修复保护方案以及《中国丝绸博物馆馆藏珍贵文物无损健康评测》《上海市历史博物馆馆藏纺织品健康评测报告》等2个评测报告；完成杭州市工艺美术馆委托的绫绢机、绢织机、竹笼机等织机复制，代培了2名织机操作人员；完成了2台操作教学织机的制作和新昌文管会2幅明代圣旨的复制。

五、工作站建设

2013年，中国丝绸博物馆继续推进新疆工作站建设，检查、指导新疆工作站的工作，召开工作协调会，探讨修复人员的培训方式，指导申报新的修复方案，帮助各单位规划修复保护场地和添置保护设备。8月在新疆召开的纺织品文物保护国家文物局重点科研基地新疆工作站学术委员会年会总结了一年的工作情况，明确了下一年度的工作计划。工作站全年重点完成山普拉、营盘、阿斯塔那出土纺织品文物的修复保护和和田等地出土纺织品文物5个方案的编写，派专业技术人员赴新疆和田等5单位，进行方案编制所需的文物拍照、取样、测色等信息提取。中国丝绸博物馆参与国家文物局西藏综合工作站建设，随国家文物局考察团赴西藏进行前期调研、考察，根据考察情况准备开展纺织品文物保护工作。

在"非遗"保护方面，中国丝绸博物馆继续推进中国蚕桑丝织文化遗产生态园规划项目建设，会同海宁市政府进行了核心区规划设计的公开招标；开展了中国丝绸博物馆非遗馆陈列展览筹备。省重点创新团队——丝绸文化遗产保护与传承创新团队全面开展研究，已开展《云龙蚕桑志》的编写、《九里桑园陈列大纲》的编制以及杭州、嘉兴地区近现代丝绸工业遗产的调查研究，完成了中国蚕桑丝织博物馆展览内容策划文本初稿。

六、学术交流

2013年，中国丝绸博物馆举办、协办了"丝路之毛：欧亚青铜至铁器早期毛织物保护与研究"学术研讨会、"海上丝绸之路——亚洲的跨文化交流和文化遗产"研讨会、"敦煌与丝绸之路"学术研讨会暨学术讲座等3个大型学术研讨会；先后有7批专业技术人员赴美国、俄罗斯、韩国、英国、丹麦、瑞典和泰国等国家开展学术交流活动；在各类专业杂志和报刊上发表研究、调研论文43篇，完成2013年度纤维测试报告、染料测试报告、修复报告等技术报告的编印。

七、社会教育

2013年，中国丝绸博物馆不断创新发展社会教育工作，全年接待观众64万人次，其中外宾近45000人次，讲解950次，接待110余所大中小学的学生，接待境内外重要来宾20多批。

为加强对讲解员的业务培训，中国丝绸博物馆针对基本陈列的局部改造撰写了新的讲解词，并对每一个展厅内容进行讲解考核；完成了语音导览器内容撰写；选派专职讲解员参加全国讲解员培训班。结合一级博物馆运行评审，中国丝绸博物馆制定并贯彻落实了《中国丝绸博物馆藏品咨询服务制度》等服务制度，开展了丰富多彩的社教活动，继续举办科普养蚕和手工制作活动；继续开展各类主题讲座和巡回展览，全年在馆内外举办讲座56个；持续推进大、中学生社会实践活动，志愿者服务再上新台阶，先后培训新招募志愿者120人，共有160人次志愿者在中国丝绸博物馆提供服务，为观众讲解450次。

中国丝绸博物馆继续加强网络宣传，扩大社会影响，整体完善了中国丝绸博物馆官网，全年增加展览版面9个，展览预告8个，发布新闻消息42条；并继续发挥微博的宣传作用，利用众多专题微博及时发布活动信息，更新相关丝绸文化专业知识；全年编印了《中国丝绸博物馆2012年报》《中国丝绸博物馆2013年活动预告》等宣传资料，分发到省文化厅、省文物局等地。

中国丝绸博物馆全年通过报刊、杂志、广播、电视、网站和政务信息等宣传媒体全方位报道展览、科研、学术交流、科普活动111次，通过与媒体的积极合作提高了在国内外的知名度。

八、综合管理

2013年，土地入股浙江中国丝绸文化中心股份有限公司问题取得突破性进展，入股土地已收归国有，将通过新建项目重新划拨中国丝绸博物馆。中国丝绸博物馆改扩建项目全面启动，通过省发改委立项审批，取得《项目受理通知书》，同意按程序办理相关前置审批手续。

在安全消防方面，中国丝绸博物馆加强保安队伍建设，完善技防、消防硬件设施，严格技防、消防日常管理。做好文物（藏品）的看管等安全保卫工作。

在财务管理方面，中国丝绸博物馆严格遵守和执行国家财经法规、财务制度、政府采购制度及省文化厅颁发的各项财务规定，加强国有资产管理，确保国有资产安全；严格项目经费使用管理，制订全年项目经费使用计划，全年财政经费预算执行率达87.5%。

在人事工资管理方面，中国丝绸博物馆组织、实施新进人员的公开招聘，全年完成西方服装研究和展览策划与对外宣传两个专业技术岗位的公开招聘；组织开展专业技术人员职称申报，申报人员全部取得申报资格。

在外事、档案管理方面，中国丝绸博物馆对外交流项目又创历史之最，全年完成7个对外展览、交流项目和22批次人员的出国报批，全年完成2012年及之前文书档案收集和整理，更新升级了档案管理硬件和软件系统，提高了档案查询效率；加强政务信息的编报，美国藏品征集信息还被省政府办公厅编录省领导快报，政务信息录用总分名列全省文化系统第二名。

一年来，中国丝绸博物馆继续在政治上、生活上关心老同志、老干部，不断提高退休职工生活水平，丰富业余文化生活。

“丝路之毛：欧亚青铜至铁器早期毛织物保护与研究”学术研讨会举行

4月9日到11日，“丝路之毛：欧亚青铜至铁器早期毛织物保护与研究”学术研讨会在杭召开。来自中国、丹麦、日本、德国、香港等地的专家学者和爱好者参加了本次学术研讨会。会议分为纺织品和服饰研究、纺织品科学研究、新疆地区的考古发掘等三个部分，探讨和比较了欧亚不同地区毛织物的来源、加工、纺织品工艺、染料等内容。为配合本次学术研讨会，中国丝绸博物馆还举办了“瀚海沉舟——新疆小河墓地出土毛织物的整理与研究”展览。本次会议也是中国丝绸博物馆与丹麦纺织品研究中心的初步合作。

中国丝绸博物馆开展特色社教活动

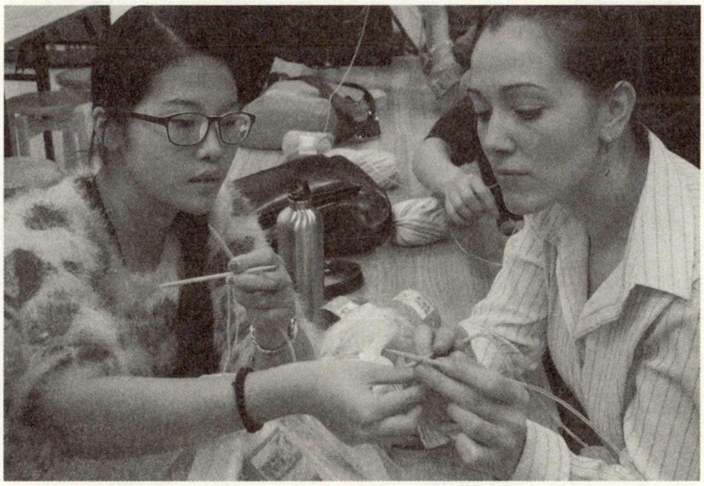

2013年，中国丝绸博物馆面向社会开展各类社教活动。5月11日，中国丝绸博物馆与杭州少儿书画院儿画社联合举办“五彩画笔绘丝路”写生交流活动。80位申请加入儿画社的儿童用画笔描绘了心中的丝绸等内容。10月13日，中国丝绸博物馆联合举办“童绘美丽家园”少儿书画大赛总决赛。活动以“孩子眼中的西湖”为主题，书法与绘画为艺术表达形式。决赛现场还邀请老人代表表演才艺，民间工艺师创作泥人。10月20日，15户家庭参与中国丝绸博物馆组织的“体验蚕乡风情，见证非遗传承”采风活动，走进浙江海宁云龙村，体验传统手工丝织技艺。为配合杭州纤维艺术三年展，中国丝绸博物馆分别于9月22日和10月12日举办了“世界名画织到家——2013杭州纤维艺术三年展缂织艺术工作坊”两次教学活动，专门邀请中国美术学院雕塑系纤维与空间艺术工作室的老师传授缂织技艺。为配合时尚回顾展，中国丝绸博物馆开办手工编织教学活动，并在往年基础上丰富了课程内容，增加了课时，还向社会编织高手发出征集令，征集有创意的精美编织作品，收到近百件编织作品。其中最优秀的作品在时尚回顾展中展示。

中国丝绸博物馆开展快乐手工坊

2013年，中国丝绸博物馆利用自身资源推出了丝绸扎染、丝绸手绘、织机操作等手工项目，全年接待了数十所中小学校的学生。

5月13日，中国丝绸博物馆社教部工作人员走进浙江省女子监狱，现场讲解了丝绸的历史、丝绸服饰、丝绸文化等知识，让50多位服役人员现场体验丝绸手绘和丝绸扎染活动。

6月27日，手工坊接待上城区健康学校的20多位特殊儿童，让他们一次性学习了扎染和填色手绘两个项目。

暑假期间，中国丝绸博物馆手工坊还加入“阳光少年、圆梦计划”六艺训练营公益活动，给西湖区留下小学、浙江工业大学玉屏校区、良渚玉文化园以及民工子弟学校的留守儿童上了古代丝绸传统文化课。

除接待国内的观众，手工坊全年还接待了来自美国、法国、德国、澳大利亚、印度尼西亚等地的团队和散客。

美国西方时装征集工作

2013年，中国丝绸博物馆重点开展了征集美国丽蒂娅·葛登近现代西方时装的工作，5月派人赴美进行接收征集藏品，历时一个半月进行了清点装箱，共计39105件、1200余箱，并于9月抵杭。中国丝绸博物馆成立了专门工作小组，进行清点、编号、拍照、登录和海关申报，截至12月已整理服装13600件（套），杂项3000件（套），完成入关免税表4500份。

“时代映像——中国时装艺术1993—2012”大展举行

9 月 5 日至 25 日，中国丝绸博物馆联合时尚传媒、中国服装设计师协会在京举办了“时代映像——中国时装艺术 1993—2012”大展。展览按时间线索和风格倾向分为“源起：文化觉醒”“融合：文化碰撞”和“构筑：文化多元”三大主题板块，以 20 年来中国经济腾飞、服装产业高速增长、国民衣着水平和服饰文化的巨大进步为背景，梳理了 20 年来近 70 位优秀设计师的百余件作品，回顾、总结了中国时装艺术的变迁，展示了中国服装设计师的创新和艺术才华，讲述了中国服装设计师群体的成长历程。为配合展览，9 月 18 日还举办了“时代映像——中国时装艺术展沙龙”专题座谈会。

2013 杭州纤维艺术三年展展出

“2013 杭州首届国际纤维艺术三年展”由“经纬四方——数码提花艺术展”、“经纬四方—中国缂丝艺术展”组成。其中 9 月 21 日至 11 月 8 日的“经纬四方——数码提花艺术展”由中国丝绸博物馆和香港理工大学共同主办，展出了 6 位国际纤维艺术家的 58 件作品。9 月 21 日至 12 月 15 日的“经纬四方—中国缂丝艺术展”由中国丝绸博物馆主办，分为“毛缂盛装”和“雕镂之象”两部分，展示了 30 余件作品，包括了 2000 多年前的缂毛织物，唐代至元代的精美缂丝作品以及明清时期的缂丝服饰及缂丝书画等。

纺织品文物保护国家文物局重点科研基地建设

2013年，纺织品文物保护科技资源平台继续完善，纺织品文物标本库新增纺织品文物标本420套（主要为新疆、河北、陕西、俄罗斯等地的样品），现代纺织品标本47套。同时，纺织品文物保护国家文物局重点科研基地（中国丝绸博物馆）新增便携式X射线荧光光谱分析仪、基恩士超景深三维显微系统和激光共聚焦显微镜等三项科研设备，增强了纺织品文物保护的科技支撑力量。

浙江省文物考古研究所

2013年，浙江省文物考古研究所按照年初与省文化厅签订的年度目标管理责任书要求，结合战略发展目标，扎实做好各项工作，顺利完成目标任务，取得可喜成绩。

一、大运河申遗

浙江省文物考古研究所落实省文物局大运河浙江段保护与申遗工作相关要求，参与指导并协助完成杭州、宁波、嘉兴、湖州、绍兴等地18处运河申遗点段的“四有”档案工作；并参加大运河迎检工作，承担了浙江段的主讲任务。

浙江省文物考古研究所参与省文物局、运河沿线市县组织的大运河保护整治与申遗，配合省文物局、运河沿线各市相关部门考察运河保护整治，参加整治方案论证、整治工程验收并提供技术指导；对海宁长安闸、西兴过塘行码头、嘉兴长虹桥等重点难点项目实施跟踪服务；指导各地运河申遗点展示陈列馆的建设布展及界桩、保护标志的设置等。

二、良渚大遗址考古

2013年，浙江省文物考古研究所全面完成2009年以来对良渚古城外圈约8公里范围及城内的勘探，获得良渚古城城内的道路水网体系、遗址分布及功能、城墙内轮廓线情况。对良渚莫角山的勘探在大莫角山南、北界均发现了沟与石头墙等迹象。对莫角山西坡的新发掘在莫角山西南部良渚文化晚期地层下发现大片草裹泥垒筑的河岸，揭示了莫角山向西扩建并对河道重新规划的过程。在草裹泥之下发现木构及竹编遗迹一处，推测该遗迹是当时从莫角山通往西南侧河边的栈桥码头。姜家山遗址和扁担山遗址的发掘对古城内台地功能、形状及古城外郭做了探索；对古城西北部水坝系统的钻探调查新确认了一段人工堆筑的土坝。一系列考古勘探与发掘对良渚古城的遗存内涵有了更深入的了解。《良渚古城综合研究报告》初稿撰写完成，为良渚大遗址保护及申遗提供了重要的科学依据。

三、《浙江通志》编撰工作

《浙江通志？文物卷》篇目大纲的编订与修改完善已完成。有关人员根据篇目大纲分解落实编纂任务，开展相关资料收集，完成篇目细化并初选文物考古条目1590余条；完成部分条目资料收集与资料长编范例。所内安排专业人员配合水利厅参与编纂《浙江通志？运河卷》，收集相关资料，完成资料收编1万余字；配合省建设厅参与《名城名镇名村》、《风景名胜》等卷的相关工作；参加了省通志办举办的多次业务培训与工作会议，编印了培训材料，承办了《浙江通志？文物卷》编纂业务培训班。

四、考古工作

2013年，浙江省文物考古研究所对安吉11省道、绍兴滨海新城江滨区天然气综合利用工程、杭州金泽房产等30个建设项目进行了考古调查、勘探，合计调查里程282公里，勘探面积233万平方米；对杭长高速公路延伸段紫金山遗址、余杭玉架山、官井头、海宁皇坟头、酒地上遗址和安吉上马山、温州瓯海区古墓葬等20个遗址（墓地）进行了抢救性发掘，总计发掘面积4万平方米，清理各阶段墓葬、窑址、房址、灰坑等469座（个），出土各类文物3220件（组）。海宁皇坟头遗址对"叠石圈"遗迹进行深入发掘，对遗迹的层位关系、遗迹结构、营建过程等有了进一步认识，获取了一系列有利于判断遗迹性质的田野资料。官井头遗址发掘对良渚文化起源及葬制、葬俗的研究具有重要价值，并与近年发现的张家墩等多个遗址构成了大雄山丘陵向阳山麓地带的连片文化遗存，显示了"马家浜－崧泽－良渚"的连续文化传承。上马山墓群清理出保存较为完好的楚式竖穴土坑木椁墓，对研究该地区战国晚期至西汉时期的墓葬制度和社会文化变迁具有重要的参考价值。田螺山遗址的发掘面积约300平方米，主要在保护棚发掘区中部早期堆积较厚的几个探方内进行，共出土各类遗物400多件；清挖出多处河姆渡文化早期干栏式木构建筑的排桩遗迹，在建筑遗迹附近出土了较多反映采集、渔猎经济的动植物遗存。

五、文物保护工作

2013年，浙江省文物考古研究所配合省文物局参与文保单位管理工作，对设计、规划、施工技术方案进行审查论证，全年审查方案76处，项目40余处，出具施工意见函或勘察报告十余处，现场考察指导或评审80余次；完成国保保护方案审查30份，施工图审查10份；结合方案审查或项目实施，赴实地检查50余人次，工程竣工验收45次；完成文保档案归档与管理；配合省文物局开展2013年度文物保护工程资质单位的年检、年审工作。

同时，浙江省文物考古研究所参与由省住建厅、省文物局联合组织的名城名村保护工作检查指导，涉及温州、台州、金华、宁波、丽水、绍兴等地区的20多个县市；参加龙泉大窑，松阳靖居、永康芝英、湖州荻港等40多个名镇名村的保护规划和整治方案评审，对保护与整治措施提出意见与建议。此外，浙江省文物考古研究所参与或承办文物保护单位"四有"建档、文保业务管理和文物保护工程从业资格三期培训班，培训文保业务及工程从业人员379人次。

六、科研学术工作

2013年，浙江省文物考古研究所开展国家级课题研究"指南针"项目"应用现代科学技术开展原始瓷起源及先秦原始瓷制作技术发展综合研究"课题，协调各合作单位的相关工作，承担考古材料的整理与报告的编写；与德清"瓷之源"旅游商品开发有限公司签订合作协议，就项目中原始瓷复制与复烧科研开展合作。同时，浙江省文物考古研究所对龙泉大窑龙泉窑遗址展开调查，记录窑址近200处，采集标本50多麻袋。安吉古城项目组织钻探队对遗址进行普探，获取护城河位置、宽度、深度等数据，对安吉大庄遗址实施主动性发掘，发掘面积324平方米，清理墓葬5座。越国贵族墓课题对印山越国王陵周边进行考古勘探，发现汉六朝墓葬50余座。"秦汉时期江东地区的文化变迁"课题对安吉上马山出土文物进行整理，修复器物400件，绘图1200件，编写器物卡片450张，发表课题论文3篇，整理《浙江汉墓》报告并已交付出版。"浙江中部新石器时代早期遗址出土的稻谷遗存及其环境背景研究"课题完成了湖西、山下周遗址、义乌桥头村等新石器时代早期遗址的植物硅酸体、植物遗存调查，获得湖西、小黄山、荷花山等遗址十余个年代数据；通过对古稻遗存的小穗轴、硅酸体等形态特征的分析，从生物学性状找到了人类对稻生长干预的证据，从稻谷遗存形态角度获得稻在人工栽培环境中演化的新认识，与浙江大学合作研究“古稻DNA分析和研究”，发表课题论文2篇。文明探源子课题“良渚文化的社会经济与环境”结合莫角山遗址解剖进行了大植物遗存调查，获得了良渚文化先民经济活动和生存环境的考古学证据；对遗址堆筑过程中使用的木桩材质和草包泥外层包裹植物种类进行鉴定，对莫角山遗址周围山地森林植被、用材季节性等问题进行了研究，提供了理解遗址堆筑工艺和实施工程时间等方面信息。在良渚遗址群区域内进行的稻作耕作遗址调查，在荀山、后杨村等遗址周围发现了良渚文化时期水田埋藏区域。对茅山遗址农耕遗迹广富林、良渚文化农耕层进行的植物种子遗存调查获得了新石器时代晚期稻田生态的植物群落特征。根据实验数据估算，良渚文化晚期和广富林文化时期稻田平均出稻谷亩产量140公斤，表明新石器时代晚期稻田生产力水平有了明显提高，并撰写课题相关论文2篇。协作项目国家文物保护指南针课题《丽水通济堰价值挖掘与展示利用研究》实施中，完成了课题中期报告；省文保科技专项“泽雅纸山造纸遗存与遗产环境保护”课题完成，提交报告并发表论文1篇。木拱廊桥结构传力机理研究课题研究开展中，完成木构件力学性能试验；完成两个桥模型试验及试验报告的编写和景宁东坑下桥实桥荷载试验，撰写论文2篇。浙江地区古代城墙保存现状与工艺技术研究课题完成了孝丰城墙、安城城墙等9处城墙遗产的现场调查和采样，室内分析测试同步进行中，完成论文2篇。所级课题研究“宋六陵大遗址保护”实施考古调查2000平方米，发现皇陵石藏遗迹及上宫石构围墙基址。对衢州地区的龙游、开化、衢江、柯城等区县进行的旧石器调查共调查38个洞穴和27处各类工程剖面、11个砖瓦厂、3个开发区，共计面积30平方公里，发现13处旧石器旷野地点。浙中金衢地区衢江、灵山江流域进行的新石器时代早期遗存调查发现了上山、后良渚时期等文化遗存。

2013年浙江省文物考古研究所出版《神人兽面的真相》论著一部，论文集、发掘与调查报告《浙江汉墓》、《浙南商周石棚墓》、《台州宋元墓志集录》、《东苕溪流域夏商窑址调查发掘报告》、《武义陈大塘坑婺州窑址发掘》、《跨湖桥文化研究》、《从村居到王城——良渚文化的聚落》、《庄桥坟遗址出土原始符号图录》、《秦汉土墩墓会议论文集》、《钱山漾——第三、四次发掘报告》完成编撰并交付出版；在国内外学术刊物发表学术论文33篇。《合溪洞》、《上山遗址》报告完成承担部分的撰写任务。《田螺山遗址石质遗存》完成绘图和分类分型的报告编写基础工作及部分章节初稿。《大园坪和尼姑婆山》、《长兴合溪土墩墓发掘报告》报告初稿完成。

平湖庄桥坟遗址发掘资料已完成3500件器物的绘图描述、器物图照片核对，271个墓葬图的清绘、描述和灰坑、祭祀坑等43个遗迹的描述清绘等基础资料整理工作，完成报告中墓葬、灰坑、祭祀坑等遗迹遗物描述的内容。在发掘整理中发现的良渚文化原始文字将极大丰富国人对于良渚文化、中国远古文化及汉字文化的认识，再次实证中华文明起源的多元性。

海宁小兜里遗址西区整理已完成墓葬随葬品300件器物的绘图、上墨，完成地层、灰坑单元的绘图、器物描述，器物标本拍摄及玉石器的无损检测，撰写报告初稿14万字。遗址东区完成150幅器物及遗迹图的绘制与上墨，撰写初稿2.5万字。

钱山漾第三、四次发掘和桐庐小青龙遗址考古资料整理已完成，发表小青龙发掘简报。

2013年，浙江省文物考古研究所积极开展学术交流与科研项目合作，召开龙游荷花山遗址暨钱塘江早期新石器时代文化学术研讨会、“指南针计划”瓷器起源项目第二次会议、平湖庄桥坟遗址原始文字学术研讨会；合作承办了中国古陶瓷学会年会、宁波保国寺大殿建成1000周年学术研讨会暨中国建筑史学分会2013年会、“海上丝绸之路——亚洲的跨文化交流和文化遗产”国际学术研讨会，合作开展了河姆渡文化发现四十周年纪念活动，配合萧山跨湖桥博物馆举办了中国漆艺术论坛学术研讨会。钱塘江早期新石器研讨会公布了近年荷花山遗址及金衢盆地遗址群的调查和发掘成果。河姆渡文化发现四十周年纪念活动通报发布，并展示了河姆渡遗址发现40年来取得的相关成果。海上丝绸之路研究会以跨文化交流的视角，从古代丝绸、陶瓷、茶叶的外销与文化传播的角度广泛探讨了亚洲区域间的商品流通与观念互动。

为加强科技联盟成员单位间合作，浙江省文物考古研究所与浙江大学合作开展良渚古城城墙铺地石研究、合作建立遗址群考古数据库后端集成系统及基于多影像的遗迹遗物三维数字模型。为加强横向科研合作，推动科技考古合作项目深入开展，浙江省文物考古研究所与美国布莱恩特大学、日本奈良文化财研究所、韩国东亚西亚文化财研究院、故宫博物院、上海文化遗产保护中心、浙江大学、南京大学、浙江华东测绘有限公司等科研部门就新石器时代稻作文明、家畜禽的起源、土墩墓、龙泉青瓷等诸多项目开展合作研究。

2013年浙江省文物考古研究所参加各类学术会议34个56人次，发表学术报告30篇；全年接待日本、美国、瑞士等国外专家学者5批约30人次，应邀派出8批11人次出访法国、韩国、越南及台湾、香港、澳门地区。在“世界考古·上海论坛”上，良渚古城入选“2011年至2012年世界年度十大田野考古发现”。

此外，浙江省文物考古研究所完成了余杭后头山遗址295件（组）、德清亭子桥窑址800件文物标本及80筐瓷片、海宁达泽庙遗址126件（组）出土文物和标本的移交。

七、可移动文物普查工作

2013年，浙江省文物考古研究所开展可移动文物普查，抽调考古高级专业技术人员作为基本普查力量，对原有已建档的文物进行核对，对专业人员进行可移动文物普查培训；还派遣人员赴陕西等地调研，以确定藏品登录的范围和标准；为普查工作专门添置的照相器材与电脑等设备保证了工作的顺利开展。

八、宣传工作

2013年初，浙江文物考古研究所与《浙江日报》、省科协、果壳网在浙江省科技馆举办冬季人文专场“2012浙江考古新发现——历史在说话”，三位考古专家与现场观众分享了2012年田野考古新收获，果壳网进行了实时直播。在文化遗产日前夕，浙江文物考古研究所召开河姆渡遗址发现四十周年考古新成果媒体通报会，对河姆渡遗址发现以来的历程作了回顾，发行了河姆渡遗址发掘四十周年纪念画册，介绍了河姆渡文化新成果并开放田螺山遗址现场展示。与《浙江日报》报业集团合作开展的“浙江大发现——田野文化考”系列报道活动全年在《浙江日报》刊登考古相关报道31篇，介绍了考古工作者和考古事宜。暑期与北京大学合作开展的北京大学第六届全国中学生考古夏令营活动有180余位同学对良渚、安吉、绍兴等考古遗址点做了调查实践。

5月13日，《浙江日报》头版头条以“潜心踏古，寻觅最美记忆”为题介绍了浙江省文物考古研究所的先进事迹。7月，中共浙江省委宣传部部长葛慧君调研群众路线教育实践活动，对省文物考古研究所的工作给予高度评价。浙江省文物考古研究所作为“最美浙江人”的先进集体代表，在省委宣传部举办的“最美浙江人”报告会上做了先进事迹报告，此后又相继受邀在文化系统多家单位做了事迹报告。

九、行政管理工作

2013年，浙江省文物考古研究所进一步健全、完善内部管理和运行机制，提高科学化管理水平，加强了内部管理制度的执行力度，使管理规范化、标准化。遵照政府采购相关制度与规章，浙江省文物考古研究所开展政府采购工作，完成了笔记本电脑、数码相机等设备的政府采购任务；并对全所的台机、笔记本、数码相机等固定资产进行了详细清理，完善了领用手续，严格管理；及时完成了固定资产报废；合理调度车辆出行，加强车辆修护管理，确保行车安全；认真做好会务接待、办公用品、公费医疗、子女统筹、住房公积金等各项事务，保证业务工作正常有序运转。

浙江省文物考古研究所严格遵循事业单位人员聘用制度、岗位管理制度和绩效工资制度，深化人事管理和收入分配制度，完成全所人员薪级工资的正常晋升、岗位变更及增资，根据年度考核结果发放年度绩效考核奖。

浙江省文物考古研究所引进财务岗位急需人才1名；按照《浙江省事业单位公开招聘人员暂行办法》规范招聘流程，做好招聘人员资格的审查、笔试、面试工作；安排专业人员出卷阅卷，在厅人事处监督下进行考生面试，按照公开招聘方案招聘录用考古专业人员3名。

为认真落实社会综合治理目标管理责任制，浙江省文物考古研究所与各科室、考古领队层层签订安全责任书，按照“谁主管、谁负责”原则，预防为主，突出重点，落实责任，确保安全措施到位；加强了标本库房文物与人员出入库的管理及对考古工地的安全检查，深入湖州、绍兴、衢州等考古工地检查各类安全隐患，做好防火防盗安全防范；加强文物移交、文物展览的文物出借与借调点交管理，完成926件文物、80筐未编号瓷片标本的移交点交和429件出借借调文物的点交。全年综合治理平安无事故，年度综合治理工作达标。

浙江省文物考古研究所认真执行文化厅预算管理规定，单位上下高度重视预算管理和编制。为确保项目按预算执行，财务部门和业务部门建立了良好的沟通制度，尤其是项目中期，凡经了解预算执行缓慢的项目由所领导、财务和业务部门共同查找原因，提出解决问题的办法，使单位预算执行的时效性和均衡性均达到上级管理部门的要求，预算执行按财政统计口径完成进度率96.7%，确保了预算支出的严肃性、规范性和真实性，获2012年度省级文化系统部门决算先进单位，并在省文化厅的经济责任审计通报会中进行了财务管理工作经验介绍。

浙江省文物考古研究所不断强化预算绩效管理，合理设置项目绩效目标，积极实施项目绩效评价，进一步提高了预算资金的使用绩效；委托浙江之江会计师事务所对单位本年度的580

万元全省抢救性考古发掘经费项目资金进行了绩效评价，获得优秀。

浙江省文物考古研究所加强国有资产管理，规范国有资产管理制度，确保国有资产安全；对国家规定的采购目录和限额以上项目按规定实行了政府采购，全年申报采购预算执行确认书68项，金额883万元，新购置固定资产222万元，清理报废固定资产86件，金额82万元，全年无国有资产遗失、损坏情况。同时，浙江省文物考古研究所加强对所属经营企业浙江省古建筑设计研究院的监督管理，2013年对外投资收益60万元。

2013年，浙江省文物考古研究所及时、主动上报重要考古发掘、文物保护信息，累计向厅局网站报送各类信息24条，还积极提供领导调研、走访、慰问等政务信息；及时办理外事出访手续，全年完成出访手续8批11人次；走访离退休人员，了解生活情况，主动与有关部门协调为老同志排忧解难；重视保密工作，特别是网络环境下的电子文件安全保密，全年没有发生重大泄密事件。保密普查工作已完成，做好了档案数据库建设，开展档案数字化；完成文书档案、业务档案（除照片底片外）及基建档案的数据化扫描，共计1810G。同时，浙江省文物考古研究所做好日常档案整理和干部人事档案整理，对干部人事档案分类整理、查漏补缺、完善资料，使干部人事档案材料的完整性和真实性得到显著加强。图书管理、摄影摄像、计算机网络维护等工作顺利完成。

"历史在说话"人文专场举行

1月20日,浙江省文物考古研究所与《浙江日报》、省科协、果壳网共同在浙江省科技馆举办冬季人文专场"2012浙江考古新发现——历史在说话"。沈岳明、郑嘉励与蒋乐平研究员分别介绍了2001年浦江上山遗址发现以来钱塘江早期新石器时代考古的进展情况,武义南宋徐谓礼墓被盗、文书流出、追回及墓葬发掘的始末和哥窑的新发现等内容,并与观众进行了现场互动,回答了问题。

湖州杨家埠官庄古墓葬发掘

官庄位于杨家埠镇南侧原湖州六中内,2007年曾在此发掘古墓葬4座,2012年11月至12月和2013年1月至6月对该地进行了第二次发掘。

本次共发掘古墓葬19座,其中西汉土坑木椁墓3座,出土随葬品25件,器物以高温釉陶瓿、壶、罐、罍为基本组合;东汉至六朝砖室墓15座,墓葬结构以券顶单室为主,另有前堂后室的多室墓和窄小的叠涩顶墓各1座,墓葬普遍被盗,残存器物仅8件;明代双室墓1座,有青花碗3件。发掘表明官庄是一处汉六朝时期墓地,推测存在一个地位较高的家族墓地。

皇坟头遗址发掘

皇坟头遗址位于海宁市海昌经济开发区张家堰村，2011 年 3 月开始进行抢救性发掘，已连续发掘了三年。本年度发掘自 2013 年 3 月 1 日开始，至 2014 年 1 月结束，除在原发掘区内深入工作外，主要在遗址北部和南部扩大发掘，新增发掘面积 1100 平方米，共清理崧泽文化墓葬 4 座，良渚文化墓葬 56 座，叠石圈 1 个，主要确认了土台Ⅲ和土台Ⅳ的分布范围，对Ⅲ号土台自崧泽时期到良渚时期的堆积过程有了比较明确的认识，初步了解了几个土台相互之间的关系；通过钻探及探沟剖面确认了皇坟头遗址新石器时代文化堆积的分布范围；对“叠石圈”遗迹做了深入发掘，进一步完善了对这一重要遗迹的层位关系、遗迹结构、营建过程等方面认识，获取了一系列这类遗迹性质方面判断的田野资料；在良渚文化墓葬结构、随葬器物组合等方面获取了丰富资料。出土器物 728 件，包括石器、玉器、陶器和象牙器等。

官井头遗址发掘

2013年3月至7月，官井头遗址进行发掘，揭露面积2880平方米，主要揭露了发掘区东南部的崧泽-良渚文化墓地，清理崧泽-良渚文化墓葬38座，同时揭露墓区内建筑遗迹3处。墓葬年代以崧泽文化晚期至良渚文化早期为主，另有少量良渚晚期墓葬。墓坑较大的墓葬或能辨别葬具痕迹，随葬品数量较多，玉器种类较齐全，可见璜、玦、圆牌饰、镯、锥形饰等成组玉器，规格明显高于窄小的墓葬，表明氏族墓地内存在着较严重的贫富分化和尊卑差异。

本期发掘出土随葬品330多件，玉器器形有璜、玦、圆牌饰、梳背、镯、锥形饰、龙首饰、纺轮、坠、管、珠、隧孔珠等；陶器以鼎、豆、罐为基本组合，偶见盆、纺轮、缸、甑、澄滤器、杯等；石器有钺、纺轮、锛、耘田器四种器类。

官井头遗址的发掘对良渚文化起源及葬制、葬俗的研究具有重要价值。同时，遗址与近年发现的石马兜、张家墩等多个遗址构成了大雄山丘陵向阳山麓地带的连片文化遗存，显示了马家浜-崧泽-良渚的连续文化传承，表明大雄山丘陵文化带是良渚遗址群形成和壮大的重要发祥地，随后又成为良渚遗址群的一部分。

玉架山遗址发掘

2013年3月至12月余杭玉架山遗址实施发掘，揭露面积950平方米。3月至5月的遗址环壕Ⅳ东南角发掘约450平方米，出土了少量良渚文化陶片，其中有夹砂红陶鱼鳍形鼎足、T字形鼎足、泥质红陶口沿片和泥质黑皮陶豆把等。该段环壕略呈东南-西北向，壕沟宽6至11米、深0.4至0.6米，为长方形，长约90米、宽约80米。环壕内岸为良渚文化堆筑土台。发掘显示了该段环壕的形成、底部的坑洼不平和边岸的不整齐是为了取土堆筑土台。2013年11月开始的环壕Ⅵ西北仅剩未发掘部分面积约400平方米，清理良渚文化墓葬3座、灰坑1座，出土随葬品34件。

绍兴印山越王陵周边考古勘探与试掘

印山越国王陵位于绍兴市西南约13公里，1996年9月至1998年4月由浙江省文物考古研究所和绍兴县文物保护管理所合作进行了发掘，被评为1998年度全国十大考古新发现之一。为搞清印山越国王陵是否有陪葬坑、建筑基址等遗迹，2013年4月至8月，浙江省文物考古研究所对印山周边地区进行了普探和重点勘探，勘探面积13万平方米，获取了沟状遗迹、坑状遗迹、石构遗迹等，另有大量晚期墓葬。为搞清遗迹的性质和年代，2013年10月至12月，浙江省文物考古研究所在印山北侧平台上布设4条探沟，并对部分沟状遗迹、坑状遗迹和石构遗迹进行了试掘，获得了重要收获：勘探发现了两处沟状遗迹，是否与修建印山王陵有关，是否为修建印山王陵的水运系统还需进一步的考古试掘来确认。印山北侧平台的边缘及西北转角处经人工修整。此平台可能是人为有意修建，平台上表土层下即为岩石层，没有发现陪葬坑及陪葬墓。位于印山东侧山脚与东边通道之间的沟状遗迹是本次试掘的重要收获，可能与修建印山王陵有关。

平湖庄桥坟遗址原始文字学术研讨会

7月6日，浙江省文物考古研究所等共同主办的平湖庄桥坟遗址原始文字学术研讨会在平湖举行。来自国内各研究机构、高校的十多名古文字专家经过现场观察与研究一致认为，平湖庄桥坟遗址首次在石器上发现的符号为良渚原始文字，是中国目前发现的最古老文字，与甲骨文是否一脉相承还有待进一步考证。但目前来看，庄桥坟良渚原始文字或许是一种地域、部族文字，两者可能不是一个系统的文字。

张家墩遗址发掘

2013年8月至11月，张家墩遗址进行发掘，揭露面积1900平方米，主要为马家浜文化时期的生活堆积，以灰黑土为主，局部陶片很多，器形以双目圆锥鼎足、外红里黑的豆把、陶罐的牛鼻耳居多。清理马家浜文化灰坑11个，以圆形和扁圆形较多见。马家浜文化之上有良渚文化堆积，清理灰沟一条。陶片中有T形鼎足。良渚文化层之上有战国扰乱层及唐宋时期扰乱层，并清理汉代时期保存较完整、专门烧制砖块的窑址1处，唐宋时期水井1口。

试掘时曾发现马家浜文化玉玦，也有良渚文化玉锥形饰和玉管发现。2007年发掘时曾清理了几座良渚文化墓葬，有线索表明局部地段仍有良渚文化墓葬埋藏于地下。这部分墓葬有待日后发掘区域的波及。

良渚文化中心区有马家浜和良渚文化叠压关系的遗址并不多，而该遗址可能还有崧泽文化遗存，会出现马家浜-崧泽-良渚三叠层，这是良渚遗址群不曾有的，对研究良渚遗址群的发展轨迹具有重要价值。

龙游荷花山遗址暨钱塘江早期新石器时代文化学术研讨会

9月14日至15日，荷花山遗址暨钱塘江早期新石器时代文化学术研讨会在龙游召开。浙江省文物考古研究所在会上公布了近年来荷花山遗址及金衢盆地遗址群的调查和发掘成果。

与会专家学者在实地考察荷花山遗址考古现场，观摩遗址出土的文物后普遍认为，荷花山遗址是目前浙江省内保存最完整、时间最早的新石器时代遗址，也是上山文化的典型遗址，内涵丰富，器物组合多样，为研究浙江和长江下游早期新石器时代文化的区域分布、源流关系，特别是上山文化与跨湖桥文化的发展演变以及与周边考古学文化的关系提供了珍贵资料；还证明了钱塘江上游地区是世界稻作农业文化的发祥地之一，为稻作农业起源这一世界性课题的研究提供了重要素材和条件。专家建议继续做好考古和研究，扩大调查范围，建立钱塘江流域新石器时代文化遗址保护研究中心，将文化分期和谱系研究、人类生存环境与农业文明发生机制的关系、环境与人类生活形态的研究作为下一步工作的核心内容。龙游县政府表示将对遗址核心区进行征地保护，划出保护范围，抓紧编制规划，启动遗址省级文物保护单位的申报，争取建设考古遗址公园。

旧石器考古调查

10月9日至11月11日，浙江省文物考古研究所与当地文物部门联合在衢州市龙游、开化、衢江区、柯城区等县区开展旧石器考古调查，先后发现了13个旧石器旷野地点，获得100余件石制品。石制品以石英砂岩、砂岩、石英岩等为主，器体较小，有石核、石片、刮削器、砍砸器等四种，其中石核可分单台面、双台面、多台面石核三种，刮削器可分直刃、凹刃、凸刃三种，砍砸器可分直刃和凸刃两种；以锤击法剥片石片和修理工具，采用交互、复向、单向方式修理工具。本次调查所获石制品可归为南方砾石工业，但大多数石制品器体较小，大型工具发现不多，这与我省苕溪流域发现的石制品存在差异。大多数石制品年代应属于旧石器时代早期。

安吉安乐遗址第三次发掘

安乐遗址位于安吉县县城递铺镇镇北安乐村，1987年被发现，1998年公布为浙江省第四批省级重点文物保护单位，1996年、2001年先后进行了两次发掘，是浙江境内出土锯齿玉璜的重要地点。2013年11月，浙江省文物考古研究所会同安吉县博物馆对遗址进行第三次抢救性考古发掘。

本次发掘揭露面积1700平方米，实际发掘700平方米，文化层堆积由新石器时代和商周硬纹陶时期组成，清理新石器时代墓葬九座及灰坑、红烧土堆积等其他遗迹。墓葬分布零散，形制小，随葬品1到5件不等，陶器有釜、鼎、豆、罐、杯、盉、盆等，其中釜为夹砂侈口、圜底，安贴有鸡冠状小鋬；鼎有夹砂鱼鳍形足、夹砂柱形足等；石器仅锛一种，均为常型锛。墓葬相对年代约相当于马家浜文化晚期至崧泽文化时期，具有浙北湖州地区这一时段独特的文化面貌。红烧土遗迹以密集分布的红烧土堆积为特征，有一定分布范围，一些堆积中红烧土块碎小，一些则个体相对较大，并夹杂未烧透的烧土块，红烧土遗迹周边虽未发现柱洞等建筑迹象，但应该与房子有关。遗址表土层中还清理出土了崧泽文化文化时期的石钺、玉璜等遗物。

本次发掘初步证明安乐遗址所在的山岗东部为一山前坡地遗址，新石器时代先民依山坡居住生活，埋设墓葬，其后商周时期的印纹陶堆积直接叠压在新石器时代堆积上。

嵊州上高村古墓群二次发掘

甘霖镇上高村古墓群（即东风茶场古墓群）位于南部祠堂山西麓缓坡带，2009年3月至4月进行过一次发掘，发掘墓葬7座，出土文物40余件。2013年11月至2014年1月，省文物考古研究所、嵊州市文物管理处联合进行了第二次发掘。发掘墓葬40座，其中东汉晚期到三国墓葬4座，两晋南朝墓葬8座，隋唐墓4座，宋墓5座，清代中晚期墓葬19座，共出土文物70件，其中东汉晚期到宋出土青瓷器33件，主要器形有碗、盏、钵、鸡首壶、盘口壶、四系罐等。出土铁剑2件，铜镜2枚，南宋崇宁重宝铜钱2枚。清代晚期墓葬出土夹砂陶器20件，主要器形为罐和壶；银器8件，主要器形有钗、簪和发夹；另外还出土铜烟嘴和饰件4件，乾隆通宝铜钱1枚。东汉晚期至唐宋墓葬多数曾被盗掘过，出土器物也有较多残破。

良渚古城遗址勘探、发掘

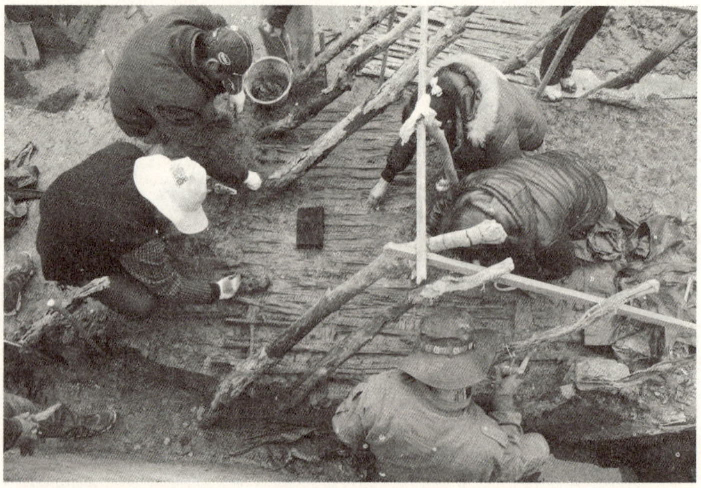

良渚古城位于杭州余杭区瓶窑镇，2007 年发现以来经过了连续不断的考古勘探和发掘，对城墙遗迹城内外遗址情况有了较为全面的了解，目前已勘探发现 8 个水城门以及城内的水路体系，2013 年着重对莫角山遗址进行了解剖发掘，在莫角山西南部发现了与内城河相连的河湾遗迹，在该河湾东岸揭露了一段通往莫角山遗址的栈桥码头遗迹。栈桥码头废弃之后，其上的横木板被撤掉，并以草包泥填埋加高。经过勘探，莫角山遗址的基础部分用青灰土堆筑，上部则以纯净的黄土包裹，良渚古城西北部的彭公水坝基础部分也是用草包泥堆筑，上部则以黄色粘土包裹，草包泥的发现对于理解良渚古城大型工程的营建方式和营建效率找到了直接证据。

田螺山遗址发掘

2013 年田螺山遗址发掘属于第 5 次发掘后半阶段的补充性清理，主要在保护棚发掘区中部早期堆积较厚的几个探方内进行，涉及面积约 300 平方米，共出土各类遗物 400 多件。

中部探方距遗址地表 2 米多深且富含有机质遗存的早期堆积中，发掘出土了较多处排桩遗迹，应属于早期建筑遗迹，但大量木构件中很少见到榫卯构件，也很难看清楚布局和单元情况。发掘发现了一些遗物组合现象，特别是木蝶形器和木筒形器部分共出，木筒更有集中出土的现象，还出土了非常丰富与村落建筑布局相关的各类生活遗迹、遗物。

温州瓯海区丽塘村古墓葬发掘

墓葬位于温州市瓯海区丽岙街道丽塘村北约200米的小山南麓缓坡带，计有汉六朝砖室墓、唐代土坑墓、清代砖室墓共13座。绝大多数墓葬早年遭到盗扰破坏，共出土各类文物60多件，器形有陶瓷盘口壶、簋、罐、灶、耳杯、碗、盏、盂、甑，铜钱、铁鐎斗、铁刀等。13座墓葬时代涵盖了东汉、六朝、唐、清，时代跨度和信息量较大，因盗扰较严重未见特别重要的墓葬材料。一座东汉墓在所发掘的墓葬中纪年明确、墓形典型、葬品丰富，对汉代墓葬研究具有重要价值。唐墓在浙江发现较少，此次清理的唐代土坑墓规模虽较小，但出土瓷器精美，部分日用瓷器为当地瓯窑产品，故为研究浙江唐墓和瓯窑产品提供了宝贵材料。清墓所出青花瓷樽式炉在浙江已发现的清墓中亦属罕见器形。

温州瓯海区焦下村明清墓葬发掘

焦下明清墓地位于温州市瓯海区潘桥街道焦下村南约200米小山上，清理的27座明清砖室墓葬排列有序，墓葬形制结构一致，时代特征显著，绝大多数保存较好。据出土的十余块圹志可知，该墓地主要为明清时期温州本地王氏、陈氏、高氏、曾氏等家族的公共墓地，各家族墓葬自有区划，这些现象为研究明清时期墓地制度提供了新材料。墓主头骨下设置瓦枕、墓室下方设置器物坑、墓顶覆盖石灰层，都是浙江明清墓葬的重要丧葬习俗，具有一定研究价值。出土各类文物35件，器形有瓷碗、罐、盘，铜钱，砖、石圹志，镇墓砖等。此外，朱书圹志、镇墓砖的发现反映出道教、风水学说在明清时期流行本地的事实。

安吉马鞍山土墩墓发掘

2013年，安吉马鞍山土墩墓进行了抢救性发掘。墓群位于安吉县城递铺北，保存有大量秦汉时期的土墩墓。本次发掘主要是道路沿线的土墩遗存，共发掘土墩14座，清理墓葬64座，出土随葬器物600余件。

土墩都是一墩多墓，少的两座，多的二十多座，以东汉时期居多，少量战国、西汉及六朝时期。战国时期形制主要是土坑墓，西汉时期主要是土坑或土坑木椁墓，东汉时期主要是土坑、土坑木椁墓和砖室墓。六朝时期数量不多，只两座，都是砖室墓。砖室墓因盗掘严重，残留的随葬品极少。土坑或土坑木椁墓大多保存较好，只少量有盗掘现象。本次发掘出土的随葬器物大多在该类墓葬中发现。出土的遗物有陶器、青瓷器、铁器、铜器、石器等，其中以陶器占大多数，陶器中又以泥质陶罐、釉陶壶为多。其余种类的数量不多，整体质量偏低。从墓葬形制、规模，出土随葬品的质量可以推断该墓群主人多为中下阶层的，与安吉古城周围一带的同时代墓葬相比有明显的等级差距。这次发掘对于本地区战国汉六朝时期的墓葬形制及其演变研究和安吉古城综合研究都具有十分重要的资料价值。

安吉上马山古墓葬发掘

上马山墓群位于浙江省安吉县天子湖镇良朋村，2007年起多次进行抢救性考古发掘，2013年度共发掘土墩5座，清理西周－西汉墓葬10座，其中先秦土墩墓1座，战国－西汉初楚式竖穴土坑墓1座，西汉土坑墓出土8座，出土陶瓷器、铜、铁器、玉器等各类随葬器物130件。其中西汉墓可能是小型家族墓。

永康高塔山窑址发掘

2013年，浙江省文物考古研究所对永康市石柱镇厚莘村高塔山窑址进行了抢救性发掘，发掘面积56平方米，出土了大量南宋时期婺州窑青瓷产品及少量酱釉瓷、黑釉瓷、青酱釉组合瓷、素烧瓷、粗砂陶器等。青瓷器型有敞口碗、唇口碗、盘、盏、执壶、盘口壶、韩瓶、双系罐、盘口

罐、钵、研钵等，酱黑釉瓷器型有碗、盏、盘口壶、罐等，青黑釉组合瓷器型有执壶、盘口壶等，素烧瓷器有扑满、器盖、韩瓶等，粗砂陶器有排水管、筒瓦等。出土瓷器多为灰胎，胎质较疏松粗糙，施釉浅薄，釉色晦暗不清；器胎较厚，器身多见轮旋痕，圈足足壁厚薄不一，挖足较随意，制作粗糙不精细。出土窑具仅见喇叭形支柱。器物装烧方式为明火叠烧。从发掘出土遗物看，高塔山窑址为南宋时期民用窑业遗存。

浙江省古建筑设计研究院

2013年，浙江省古建筑设计研究院坚持把社会效益放在首位，立足科研，开拓创新，以保护历史、传承文明为己任，使文化遗产保护融入社会经济文化发展大潮中，做出了应有的贡献。

一、世界文化遗产

浙江省古建筑设计研究院主要承担西湖遗产监测、大运河申遗整治和良渚遗产申报工作。其中西湖世界文化遗产监测项目进入操作阶段，完成了西湖世界文化遗产监测平台的建设，建立了监测框架体系、监测指标体系、监测技术体系，编纂了监测指导书。“两堤三岛”、“西湖十景”、“14处文化史迹”三项遗产要素中最重要的遗产本体监测设计和现场实验性监测通过项目验收。同时，浙江省古建筑设计研究院把遗产监测对象延伸到文物保护单位，包括文物建筑勘查、测绘、检测、监测、评估和加固等结构安全领域的各个环节，初步形成了系统、完整的监测评估技术链，全年完成了六和塔、黄甲山塔、泰顺廊桥、梵天寺经幢等项目实践，为下一步继续开展世界遗产监测、文物监测工作打下了基础。

2013年是大运河申遗决定性之年。在对大运河遗产价值进一步研究解读的基础上，浙江省古建筑设计研究院全力投入大运河申遗工作，为我省大运河申遗工作关键性阶段的稳步推进提供了技术支撑。根据大运河申遗整治进程，浙江省古建筑设计研究院继续完成大运河杭州、嘉兴、湖州、宁波等段的申遗整治设计工作，在《大运河展示与标识系统全国指导意见》基础上，结合大运河杭州段、宁波段、嘉兴段的特点和实际情况，完成了以上遗产区大运河标识系统的设计，着重凝炼了最能反映大运河遗产价值和特色的标识展示系统，突显了浙江段在大运河遗产的作用和地位，诠释了大运河浙江段的历史和价值。

浙江省古建筑设计研究院正式启动了良渚遗址申报世界遗产的规划展示和整治设计，在深入领会世界遗产标准和良渚古城核心价值的前提下，根据遗址的特点多视角进行研究，并结合考古遗址公园的运营需求，提出以保护遗产真实性和完整性、展示遗产价值、协调遗产环境和申报区内原住民生活为原则，对遗址保护和展示的手段做了基本探讨。规划设计方案得到世界遗产专家、规划专家的认可。

二、文物保护单位

浙江省古建筑设计研究院坚持和发扬在文物保护工程设计领域的技术优势，在相关法律法规的指导下，切实做好文物保护单位保护规划编制和修缮工程设计工作；积极探索文物保护规划的编制理论，力求规划在文物保护的基础上与地方社会经济发展相适应，使之能在地方文化事业和社会发展、经济增长中发挥应有作用。

2013年编制的文物保护规划有安吉古城遗址文物保护规划、安吉安城城墙文物保护规划、大窑龙泉窑国家遗址公园规划概念方案、湖州毗山遗址保护规划、丽水通济堰文物保护规划、云和梅源梯田文物保护总体规划、绍兴古迁道保护规划、杭州岳王庙保护规划、绍兴舜王庙保护规划、云阳张飞庙保护规划、宁海古戏台保护规划、绍兴王阳明故居保护规划、湖州陈英士墓保护规划等十余项，涉及遗址、堰坝、梯田、庙宇、民居、墓葬等多种类别。

在文物保护工程设计中，浙江省古建筑设计研究院重视地方传统技艺的传承，关注文物的保护性利用，积极采用有效的技术措施，先后完成了宁波保国寺大殿修缮工程、承德避暑山庄与外八庙的假山维修工程、山东曲阜孔庙东路建筑群维修工程、曲阜周公庙建筑群维修工程、曲阜孔府报本堂、慕恩堂维修工程、山东潍坊德日建筑群维修方案、苏州云岩寺塔保养工程、杭州老虎洞窑址保护展示工程、长兴盛家桥迁建方案、湖州永安桥维修方案、平阳顺溪古建筑群部分建筑维修工程等方案设计；以及景宁时思寺维修工程、湖州铁佛寺修缮工程、丽水处州府城行春门城墙修缮工程、长兴新四军苏浙军区旧址修缮工程、浦江御史第修缮工程、永康厚吴村部分省保建筑、永康古山村胡氏旧宅、遂昌北界苏村苏氏大屋修缮工程、金华石楠塘徐氏宗祠修缮工程、泗洲造纸作坊遗址保护工程等施工图设计。浙江省古建筑设计研究院在文物维修设计中引进了木材阻抗仪和木材应力波断层成像仪等无损或微损探伤检测设备，用于探测木材内部结构、腐朽空洞、残损虫蛀、判断结构安全等；对文物构件残损的检查手段实现了从经验判断向科学仪器量化分析的根本转变，大大增强了文物保护工程方案的科学性，维修措施也更具针对性。

三、名城名镇名村

浙江省古建筑设计研究院关注当前历史城市、村镇保护的热点、焦点、难点问题，注重科学评价城市、村镇的历史文化价值，抓住“文化价值是城市、村镇得以持续发展”的核心因素，强调在建设发展过程中保护历史文化，注重保护的整体性，分析发展的可行性，根据每个城市、村镇的不同定位制定设计思路和手段。

2013年，浙江省古建筑设计研究院完成了松阳县西屏镇申报国家级历史文化名镇文本、浦江县嵩溪村申报国家级历史文化名村文本编制，丽水刘祠堂背申报省级历史文化街区文本、丽水高井弄申报省级历史文化街区文本、丽水酱园弄申报省级历史文化街区文本编制。丽水省级历史文化名城申报文本立足于丽水现有城墙、历史街区、历史建筑的保护，从城市选址、古道水系、农耕文化、文脉传承、城防特征等不同角度阐述了丽水的城市积淀，对丽水的历史文化做了系统梳理。

在历史文化名城、村镇、街区规划及整治设计工作中，浙江省古建筑设计研究院除了关注风貌完整性、历史真实性、功能延续性，还重点控制村镇街区统一和谐、丰富多样的空间界面，体现了历史特色和氛围；完成了遂昌王村口、浦江嵩溪、浦江新光、磐安横路、磐安管头、磐安双峰、松阳靖居、松阳横樟、松阳山下阳、松阳吴弄、莲都曳岭脚、淳安芹川、遂昌长濂、松阳杨家堂村、福建诏安古城等历史文化村镇保护、利用规划编制。规划强调一个完整的历史村镇不仅是其中的传统建筑，还应包括人们生产劳动的场所、村镇赖以生存的自然环境和历史形成的文化脉络，体现其在长期历史发展过程中形成并具有持续发展和不断变化的特点。

在历史街区、村镇保护整治工程设计中，浙江省古建筑设计研究院探索保护与发展的关系，坚持以人为本、重视历史文化的延续、关注现代使用功能、注重街区可持续发展的动力，完成了湖州勤劳街历史街区修复工程、海宁南关厢三期工程、盐官衙前书香区南山营整治工程、杭州桥西历史街区敌胜里整治提升工程、东阳卢宅建控地带整治二期工程、松阳明清街整治工程一期、宁波韩岭古村保护整治工程、宁波鄞江镇传统街区立面整治工程、慈溪鸣鹤古镇修建工程等保护整治设计。

四、传统建筑景观

在努力做好遗产保护工作的同时，浙江省古建筑设计研究院利用自身技术优势，致力传统建筑、景观文化的弘扬，2013年先后承担了丽水民间博物馆建设江滨区块、盐官风情街延伸工程、兰亭景区天章寺重建工程、海宁盐官学宫孔庙重建工程、东阳天宫寺重建工程、径山寺重建工程、浦江月泉书院遗址公园建设工程、鄞江廊桥复建附属工程、杭州半山龙居阁建设工程、磐安大皿历史文化名村景观工程、浦江嵩溪历史文化名村景观工程设计任务。

丽水民间博物馆建设项目规划在市区范围内兴建民间博物馆群，作为塑造城市特色、提升城市品位的重要举措，同时希望民办博物馆的建设带动地方文化产业的发展。设计定位于营造具有历史文化、地域精神、山水景观特征的空间形态，满足文化传承、现代旅游、休闲展示的功能需求。杭州工艺美术博物馆工程是在保护原红雷丝织厂老厂房的基础上对刀剪、伞、扇三大国家级博物馆的扩容和升级，属于工业遗产的保护和再利用项目，在单体建造逻辑的梳理和城市空间的整合上有所创新。该项目获得了2013年度浙江省建设工程钱江杯（优秀勘察设计）一等奖。

五、科研课题研究

作为专业从事遗产保护的科研机构，浙江省古建筑设计研究院把保持业内学术水平的领先地位，积极服务于文化遗产保护事业作为中心工作，注重通过加强科研来提高保护工作的科学性，增加文物保护行业的科技含量。

2013年是科技部“十二五”国家科技支撑计划《古代建筑营造传统工艺科学化研究》课题进展的第二年，也是课题研究工作取得重大进展的一年。浙江省古建筑设计研究院编写、完成了江浙地区古代建筑木构营造操作规程草案初稿；完成了20座江浙地区典型古代木构建筑数据库的数据采集整理和江浙地区古代建筑建造工序影像数据库架构体系；建立了江浙地区古代建筑木构架施工传统工具资料库。

浙江省古建筑设计研究院继续推进国家文物局委托的《文物建筑保护工程定额》（南方地区）编制工作，针对南方文物建筑类型众多，各地文物建筑形制工艺差别明显等特点，通过梳理南方各省市的现行的房屋修缮、仿古定额，采集、验证施工现场的数据，征询工程专家、技术人员意见，测算实际工程项目，完成了《文物建筑保护工程定额》（南方地区）征求意见稿。

浙江省古建筑设计研究院积极推进浙江省文物局委托的研究课题，完成并提交了《浙江省传统建筑木作工艺传承科学化研究》结题报告。课题主要对浙江省文物建筑进行了深入研究，根据建筑的形制、材料、匠帮、工具等特点，结合地理、文化、区划演变等综合因素，提出区域划分和分区建筑特征，进而完成传统建筑木作营造技艺的科学化传承研究。《浙江省涉台文物保护调查与研究报告》、《浙江省古塔监测技术应用及结构安全评估体系研究》、《浙江省传统民居类文物建筑再利用研究》等课题正在进行中。

浙江省古建筑设计研究院完成杭州市建委委托的《杭州城市特色风貌营造建筑设计导则研究》、《杭州市农村特色建筑》等课题。《杭州市农村特色建筑》通过对杭州市农村地区传统特色建筑全面、细致的调查与研究，形成了《杭州市农村传统特色建筑调研报告》；总结出各类传统特色建筑对现代农村建设中建筑特征风貌的控制要求，为下一步杭州市村庄建设规划编制、传统建筑保护、农村住房改造建设等新农村建设提供了基础性、引导性的技术依据。

技术人员结合工作实践开展学术研究，积极撰写学术论文，总结设计经验，提高学术素养，先后发表了《杭州西湖文化景观遗产监测探析》、《传统民居类文物建筑保护利用的思考》、《历史资源的整合与利用实践》、《近现代文物保护单位的保护与利用探索》等多篇有关文化景观、文物保护、资源整合等研究领域的学术论文。《元代木构——延福寺》正式定稿，即将出版。该书主要介绍了延福寺的历史、格局、建筑特征和价值，全面记录了延福寺大殿修缮工程的勘察、设计和施工始末，整理了与延福寺相关的历史资料、前人研究成果、修缮工程竣工报告和大事记等。

六、科技学术交流

2013年，浙江省考古学会成立了文物建筑保护专业委员会，浙江省古建筑设计研究院作为牵头筹办单位，完成了专业委员会组织架构建立、具体职能和任务拟定等工作，在响应中央强调“政府简政放权、充分发挥社会中介效应”政策的同时，凝聚和发挥了省内技术研究人员作用，提高了全省文物保护的水平和质量，实现了文物保护的全面社会化和公众参与。

浙江省古建筑设计研究院积极派遣技术人员开展学术活动，参加各种学术会议，承办了住建部“中日建筑抗震技术人员培训项目”历史建筑保护培训班，与国内外同行进行了广泛的学术交流；与意大利建筑师协会、澳大利亚悉尼科技大学、东南大学、浙江大学、中国美术学院、浙江科技学院等学术机构进行了广泛的学术合作。

浙江省古建筑设计研究院积极承担全国及省内的公益性文保工作，为文物保护事业出谋献策，先后多次参与国家文物局行业标准制定评审、保护规划评审、维修方案评审及各种国家级重点项目的验收、论证工作，完成了中国古迹遗址保护协会标志logo的设计；协助省文物局、省文物考古研究所做好省内的文物保护工作；积极为各地市政府职能部门当好参谋，为各地文物管理兄弟单位提供文物保护技术咨询；并派人参与各级文物保护单位保护规划方案、维修方案、历史文化名城、村镇保护规划方案及相关设计项目论证会，参加省文物局及省建设厅各类调研、评估咨询、培训授课等工作。

诏安古城保护与有机更新规划

2012年6月至2013年1月，浙江省古建筑设计研究院完成了《诏安古城保护与有机更新规划》的编制。诏安古城位于福建省南端与广东省交界处，形成于明代，基本保持了原有的城市格局。城内建筑年久失修且改建搭建现象严重，破坏了原有历史风貌，基础设施落后。2012年6月，浙江省古建筑设计研究院对古城范围进行研究，编制保护与有机更新规划，开始着手对古城进行整治更新，于2013年1月初完成了《诏安古城保护与有机更新规划》、《分地块图则》和《概念性方案》。该规划也是浙江省古建筑设计研究院在闽南地区完成的第二处古城保护与有机更新规划。

海宁盐官古城衙前书香区学宫孔庙设计工程

2012年5月，浙江省古建筑设计研究院承接了海宁盐官古城衙前书香区学宫孔庙建筑方案的设计任务。设计方案根据清《海宁州志》、民国《海宁州志稿》的历代学宫孔庙维修记载，结合现场考古清理发掘痕迹，明确了整体以学宫轴线居中，孔庙轴线居西，乡贤名宦祠轴线居东，三条轴线并置的格局设计，过程中通过对学宫孔庙的历史位置、规模、格局、建筑物样式进行了研究，努力营造学宫孔庙庄重的氛围。截至2013年3月，盐官古城衙前书香区学宫孔庙已完成设计。

中国大运河宁波段标识系统设计方案

4月，浙江省古建筑设计研究院承接了大运河宁波段标识系统的设计任务。浙江省古建筑设计研究院根据国家文物局发布的《大运河遗产展示与标识系统设计指导意见》要求，对宁波段大运河标识系统做了专项设计。设计内容包括标识系统的选点，造型的设计及数量的确定，对标识系统设置场地及周边环境提出整治要求。整个标识系统框架由引导标志系统、解说系统、安全警示系统三大子系统组成，选取了马渚横河水利航运设施、丈亭古渡、慈江大闸、维拉小镇、小西坝、宁波三江口等重要节点。截至12月，中国大运河宁波段标识系统的标志碑、解说系统都已施工到位。

庆元县如龙桥保护修缮工程

4月，浙江省古建筑设研究院承接如龙桥修缮设计任务。如龙桥位于庆元县举水乡月山村南侧水口处，横跨举溪，是现存历史最为悠久的木拱廊桥之一，2001年6月被公布为第五批全国重点文物保护单位。由于年代久远，如龙桥虽有修缮，但受各方面因素限制，未能有效解决基础不均匀沉降、木拱架整体变形及廊屋梁架倾斜歪闪，且有继续发展的迹象。此次维修重点在于基础加固，木拱架落架修缮，上部廊屋局部落架修缮，恢复其正常受力体系，各朽烂构件根据其残损程度进行必要的修补、加固。至12月如龙桥维修方案已编制完成，上报有关部门审批。

湖州钮氏状元厅维修方案设计

5月，浙江省古建筑设计研究院承接了湖州钮氏状元厅维修方案设计任务。湖州钮氏状元厅由状元厅、本仁堂及永安桥共同构成，维修工程设计为状元厅部分，进行防水防潮处理、木构架整修，缺失构件按留存样式及同地域同时期的构件样式恢复，拆毁建筑实施遗址保留。截至

2014 年 3 月，湖州钮氏状元厅维修方案设计已完成施工图设计工作。

湖州昆山遗址保护规划

5 月，浙江省古建筑设计研究院承担了《昆山遗址保护规划》的编制工作。昆山遗址位于湖州市吴兴区，2013 年公布为全国重点文物保护单位，同年 6 月被评为浙江省第一批省级考古遗址公园，是一处从崧泽延续至马桥时期（相当于中原商周时期）的大型聚落遗址，具有重要的文物价值。

浙江省古建筑设计研究院以全面、系统保护昆山遗址，建成国家考古遗址公园为目标，通过现场调查、历史研究、价值评估和规划对接，划定昆山遗址保护区划，制定相应的保护管理要求与利用措施，对昆山遗址所处环境提出了主要整治措施与要求。

大窑龙泉窑考古遗址公园规划概念方案

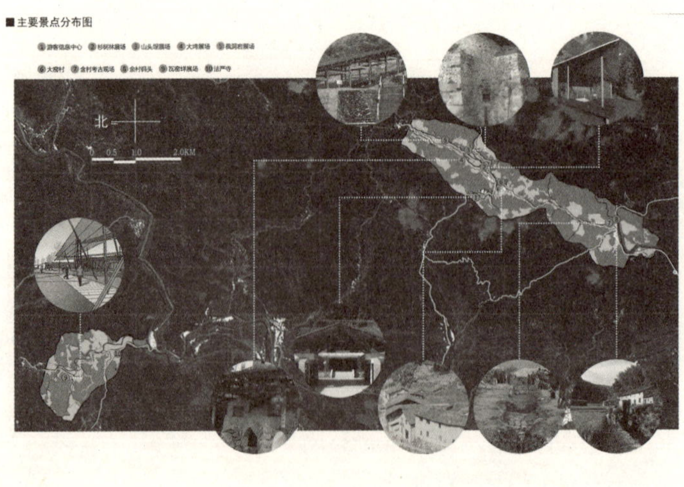

6 月，浙江省古建筑设计研究院承接了大窑龙泉窑考古遗址公园的规划设计任务。

龙泉窑是中国古代南方著名的青瓷窑系，创烧于晚唐，盛极于南宋晚期，至元代开始较多烧制大件品物，取得制瓷技术上的重大突破，明代早期龙泉窑仍向宫廷供瓷，至清末、民国时期逐渐式微。龙泉窑窑址分布广泛，以龙泉市境内的窑址最为密集。大窑龙泉窑遗址位于龙泉市南40公里处的琉华山下，是龙泉窑的起源地和中心产区，1988年公布为全国重点文物保护单位，2013年公布实施《大窑龙泉窑遗址保护总体规划》。大窑龙泉窑考古遗址公园规划是在《大窑龙泉窑遗址保护总体规划》框架下结合前期考古勘探成果分析、开发强度控制、历史文化发掘、生态景观改良利用及质量提升基础上的综合保护、展示利用专项规划，重点包括全面系统地揭示大窑龙泉窑遗址的核心价值内容，系统分析已探明及发掘窑址的内容及历史坐标，建立大窑龙泉窑遗址阐释系统，通过划片、分组、设置具体展点等方式，系统展示大窑龙泉窑遗址的文物本体及遗产环境及整体统筹配套设施规划。截至12月，《大窑龙泉窑考古遗址公园规划概念方案》初稿已完成文本编制。

良渚遗址遗产展示与整治规划

9月到12月，浙江省古建筑设计研究院完成了《良渚遗址遗产展示与整治规划（良渚国家考古遗址公园建设规划）》的编制。规划是在《良渚遗址保护总体规划》和申遗文本初稿的基础上对良渚遗址遗产申报区所做的整治规划，也是为良渚国家考古遗址公园建设所做的实施规划。浙江省古建筑设计研究院从良渚遗址遗产价值的认识入手，对规划区外围情况等现状进行了调研和评估，总结规划的重点和难点，提出了保护遗产真实性完整性等原则，提出了分级、分区整治、保护展示等模式，分别从考古、遗址保护与展示等方面进行专项规划，基本明确了规划框架、需要实施的各类保护、整治、建设工程和工程概算，还对遗址保护和展示手段做了基本探讨，提出了若干种可能性。截至12月，规划经过若干轮讨论和修改，与申遗文本编制单位、遗址所在地管理方、遗址公园经营方等基本达成共识。

绍兴县舜王庙保护规划

2011 年，浙江省古建筑设计研究院承接了舜王庙保护规划编制任务。舜王庙坐落于绍兴县东南43 公里处的王坛镇乌龟山山顶，地处会稽山中段，是为纪念我国远古时代部落联盟领袖舜而建。现存建筑为清咸丰年间重建，清同治元年（1862）重修。规划在对文物进行专项评估的基础上，对文物保护单位的保护区划、保护措施、历史环境、文化展示、管理及基础设施提出了控制及发展要求。2013 年10 月保护规划完成编制。

浙江省涉台文物保护调查与研究报告

2013 年，浙江省古建筑设计研究院承担了《浙江省涉台文物保护调查与研究报告》的编写任务。浙江省古建筑设计研究院在对浙台两地历史渊源、浙江涉台文物资源及保护利用情况进行系统研究的基础上，总结、提炼了浙江省涉台文物的特点和价值意义，并根据我国的涉台文物保护政策，吸取福建、广东等省涉台文物保护经验，确定了浙江省涉台文物保护利用的策略和实施计划，提出了加强两蒋类涉台文物和一江山岛战役遗址等遗产的保护利用工作。截至11 月，《浙江省涉台文物保护调查与研究报告》已编制完成。

云和梅源梯田文物保护总体规划工程

2013年12月，浙江省古建筑设计研究院承接了云和梅源梯田文物保护总体规划设计任务。

云和梅源梯田始于宋代，位于云和县崇头镇，是以世代生产稻米为主的农业文化景观。其主体由水稻田、乡土建筑及山地森林、山谷水系构成，形成森林、村落、梯田、溪流贯穿其中的垂直景观格局，是江南山地梯田的典型实例，2011年公布为第六批省级文物保护单位。

《云和梅源梯田文物保护总体规划》是省内第一次编制此类特殊文物的保护规划。规划以梯田作为农民正在使用的生产资源为第一属性，严格遵循梯田的演进规律，通过有效管理、公共政策引导、传统农业经济提升和综合管理资源的模式，实现其遗产价值的动态延续与遗产地社会经济发展的统一，保障梯田保护内容元素的完整性和传统农业文化的安全性，提高对传统价值观的认识，实现梅源梯田构成元素的真实性和延续性；以产业化经营模式提升梯田传统农产品的经济价值，维护传统农业文化持续发展的源动力；以现代管理与传统保护相结合的机制保护梅源梯田持续演进的延续性和科学性。规划已通过省文物局组织的专家评审。

海宁盐官古城风情街延伸工程完成施工图设计

2011年，浙江省古建筑设计研究院承接了海宁盐官古城风情街延伸工程建筑方案设计任务。

宰相府邸风情街（古邑路）是以省级文物保护单位陈阁老宅为核心的传统历史街区，位于盐官古镇东北。项目位于风情街南侧，共分为三期，现已开展的为一期和二期。一期自陈阁老宅围墙以西至人民路，南至宣德路。设计以留存的传统民居街巷肌理为参考，陈阁老宅周边民国时期的地界图为依据，提取盐官古城传统风貌、街巷肌理、空间尺度等要素，道路注重形成自然曲折，并通过不同尺度的巷道穿插交汇，结合建筑的局部开放，形成道路-建筑-院落-小巷等过渡，使空间富有变化。二期自陈阁老宅以东至建宁路，南至宣德路。设计受传统民居院落肌理启发，以院落为单元设计合院式空间组团，借鉴古典园林营造思想和方法，将中心庭院作为空间序列的核心，营造传统文化意境。截止2013年12月，一、二期工程都已完成施工图设计。

富阳泗洲造纸遗址保护建筑施工图设计

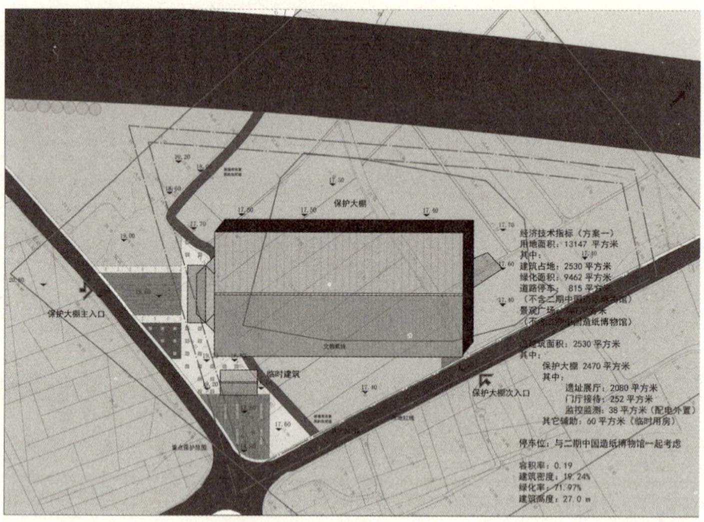

2011年3月，浙江省古建筑设计研究院承接了富阳泗洲造纸遗址保护建筑的设计任务。

富阳泗洲造纸作坊遗址位于富阳市高桥镇泗洲村凤凰山北麓，是目前我国发现的两个造纸遗址之一，也是目前我国发现时代最早的造纸遗址，具有重大历史意义和学术价值，2013年公布为第七批全国重点文物保护单位。工程系为保护文物而附加安全防护设施的工程，分遗址的保护大棚及必要的辅助设施两部分。其中，遗址的保护大棚位于重点保护范围以内，直接覆盖在泗洲造纸作坊遗址的主要发掘区之上，并与各类遗迹拉开适当距离以避免对遗址的干扰；必要的辅助设施位于一般保护范围以内，距离文物紫线及遗址本体27米以上，在满足各类设计规范的同时将对遗址本体的扰动降至最低。同时，保护大棚将作为二期中国造纸博物馆的主题展厅，串接在整个博物馆的展陈流线上，强调了遗址本体对于整体展陈的重要性。截至2013年12月，富阳泗洲造纸遗址保护建筑的方案设计已通过浙江省文物局的专家评审，施工图业已完成绘制。

《文物建筑保护工程预算定额(南方地区)》初步完成

2012年1月,受国家文物局委托,浙江省古建筑设计研究院启动《文物建筑保护工程预算定额(南方地区)》编制工作,至2013年12月完成《文物建筑保护工程预算定额(南方地区)》征求意见稿,并向国家文物局及相关专家汇报了编制情况。

古代建筑营造传统工艺科学化研究

2012年起,浙江省古建筑设计研究院联合东南大学、中国美术学院、浙江大学三所高校承担国家文化遗产保护科技"十二五"项目——古代建筑营造传统工艺科学化研究课题的研究。该课题属"遗址博物馆预防性保护关键技术与古代建筑传统工艺科学化研究"项目的子课题,限时三年,主要是对古代建筑营造传统工艺的木构营造技术、木构榫卯节点和青砖灰瓦营造工艺三个专题展开科学化研究。浙江省古建筑设计研究院主要负责古代建筑木构营造技术科学化研究专题研究。

2013年度,浙江省古建筑设计研究院严格按照申报书要求进度,基本完成了江浙地区古代建筑木构体系和木构营造技术的基础调研,以及对无锡、苏州、常熟、嘉兴、杭州、东阳、金华、龙游等地二十余营造现场的走访和大木匠师访谈,并对其营造过程进行详细记录、测量、拍照、录像,在此基础上一方面整理调研成果,一方面结合现今木构施工中的实际情况和问题编写完成江浙地区古代建筑木构营造操作规程草案初稿等工作,至2013年12月30日召开了课题第三方评估会议,着手制定第三年度的工作计划,开展相关研究工作。

老虎洞窑址整修工程设计

2012年7月，浙江省古建筑设计研究院承接了全国重点文物保护单位老虎洞窑址整修工程设计任务。项目包括方案设计、扩大初步设计和施工图设计三个阶段。在方案设计阶段，浙江省古建筑设计研究院主要通过现场勘查、调研和资料搜集，对窑址现状存在的原有地形改变、保护设施不足、水对遗址破坏严重、遗址边界不清、本体不明、展示解读不足和管理服务不便等六大主要问题进行梳理分析，确定整修目标与原则，制定整修措施，进行整修方案设计，主要通过恢复大平台和窑址中部原有地形地貌，修缮、调整和增加遗址保护棚、设置环形排水系统、合理分区、重组游线、更新展示说明系统和后勤服务基础设施等措施，构建有效保护、便于管理、充分展示的遗址保护展示区域。截至2013年12月31日，老虎洞窑址整修工程方案已通过浙江省文物局专家评审会。

杭州市农村特色建筑研究课题

2012年，浙江省古建筑设计研究院承接了杭州农村特色建筑研究课题。杭州是历史文化名城，村落传统民居是杭州历史文化价值的重要组成部分，却没有做过系统研究。同时，在现代农村新民居建设中出现了千村一面、城乡趋同、地域文化消逝等现象。针对这些问题，浙江省古建筑设计研究院希望通过调查研究总结出杭州村落民居的区域类型和基本特征，对村落新民居的建设形成指导性意见。

课题研究范围包括杭州两区五县（市）的传统村落民居，对杭州市农村传统民居从整体风貌到具体单体建筑进行了分析，对各个区域的特征进行了提炼，形成了《杭州农村传统特色建筑调研报告》和《杭州市农村特色建筑指导意见》。截至2013年12月，杭州农村特色建筑研究课题结题。

平阳顺溪古建筑群部分建筑维修设计工程

2012年，浙江省古建筑设研究院承接了平阳顺溪古建筑群部分建筑维修设计任务。顺溪陈氏老四份大屋位于平阳县顺溪镇顺溪村，始建于清代中期（1752—1818），主体系二进十一间三院式木构建筑，为顺溪古建筑群重要组成部分，2001年成为第五批全国重点文物保护单位。由于部分建筑年久失修，屋面瓦件残破导致屋面渗漏，木椽、檩条、梁架受风雨侵袭霉烂、开裂；同时因居民自行修补缺乏文物保护意识和整体意识，部分建筑构件、门窗被拆改，严重影响了文物的历史价值与传统风貌。维修工程包括对文物建筑单体修缮及环境整治，重点在于对严重渗漏的屋面进行翻修，对披檐屋面进行翻修并重砌窗台；根据残损情况对木构架进行必要的修补、加固，对严重与传统风貌不符的立面门窗等按留存的传统样式进行复制更换。环境整治包括拆除违章建筑并恢复相应庭院绿化。2012年8月浙江省古建筑设研究院制定完成维修方案并做出相应调整和完善，经有关单位审批后于2014年2月完成施工图设计

重庆云阳张桓侯庙保护规划

2012 年 11 月，浙江省古建筑设计研究院承担了《云阳张桓侯庙保护规划》的编制。张桓侯庙位于重庆市云阳县城长江南岸，俗称张飞庙，是为纪念三国时期蜀汉名将张飞而修建的祠宇，始建于蜀汉末年，距今已有一千七百多年历史，后经历代修葺扩建，2001 年公布为第五批全国重点文物保护单位。张桓侯庙原位于云阳老县城对岸飞凤山，后因三峡工程建设，2003 年 7 月搬迁到云阳新县城对岸盘龙街道龙安社区张桓侯庙风景区内。

浙江省古建筑设计研究院通过现场调查、历史研究、价值评估和规划对接，提出了从保护对象、保护区划、保护措施、整治成效到组织实施的一系列规划要求，正确处理文物保护与发展延续、文物保护与风景区发展的关系，全面系统揭示了张桓侯庙的历史文化价值，提升了张桓侯庙的文化品位和社会效益。截至 2014 年 3 月底，《云阳张桓侯庙保护规划》通过了重庆市的相关评审。

浙江省文物鉴定审核办公室（国家文物进出境审核浙江管理处）

2013年，在省文化厅、省文物局直接领导和国家文物局业务指导下，省文物鉴定审核办公室（国家文物进出境审核浙江管理处）根据统一部署和要求深入开展党的群众路线教育实践活动，按照年初制定的目标完成了全年的主要工作。

一、扎实推进各项业务工作

2013年，省文物鉴定审核办公室共办理文物临时进境登记21起，251件（套）；文物出境（复出境）许可证核发11起，74件（套）；旧家具（新仿制品）出境审核76起，28288件；根据国家文物局批准文件审核国有博物馆文物出境展览3起，查验文物212件（组）。

国家文物局开发、完成国家文物进出境审核信息管理系统，并选择浙江等三地开展系统试点运行。3月20日至21日，省文物鉴定审核办公室全体业务人员就信息管理系统的使用和操作方法开展培训，业务人员基本熟悉了文物进出境申报、审核等管理系统的整体流程，掌握了业务受理、分办、登记、鉴定、查验、审批等各个具体环节的操作，以及用户、流程配置等系统的管理和维护。根据国家文物局的部署，从7月开始，省文物鉴定审核办公室对单位和个人携运文物进出境，包括国有博物馆出境文物展品的审核正式试行网上电子申报，经过半年运行逐步积累了经验，对实践中发现的一些技术性细节问题及时进行了反馈。

5月26日至6月1日，省文物鉴定审核办公室承办了国家文物局良渚文化玉器鉴定高级研修班。来自全国15个省、市文物进出境审核机构的30余名专业人员参加了学习。培训班专门聘请国家级、省级文博专家授课，同时经省文物局批复同意，由省文物考古研究所、良渚博物院、余杭博物馆提供了百余件良渚文化玉器和制玉工具等实物供学员近距离观摩；还组织参观了浙江省博物馆、良渚博物院、余杭博物馆的良渚文化玉器专题陈列，赴反山遗址、良渚古城遗址开展实地考察；赴仿古玉雕厂参观，了解了仿古玉的制作过程和特点，进一步提高了感性认识，加深了学员对良渚文化玉器鉴定研究及复仿制品的识别。

2013年，省文物鉴定审核办公室积极配合公安、海关和文化文物行政执法部门打击盗窃、盗掘和走私文物的犯罪活动，及时做好涉案文物的鉴定，共办理各类涉案文物鉴定70起，鉴定各类器物1658件，认定三级珍贵文物17件，一般文物1354件，非文物287件；并实地勘验鉴定被盗掘和破坏的古墓葬、古文化遗址、古建筑等不可移动文物30处（座），确认其中29处（座），另有1处因现场灭失无法认定。

此外，省文物鉴定审核办公室多次对杭州萧山国际机场海关旅检科、快件科宁波北仑海关等暂扣的疑似文物及时进行鉴定，与海关等部门共同防止文物的非法流失。

在文物拍卖标的审核方面，省文物鉴定审核办公室严格按照法律法规要求，全年受理文物拍卖申请54场次，审核拍卖标的37490件，其中属于文物拍卖标的18614件，允许拍卖文物标的18560件，包括书画14237件、陶瓷器343件和玉杂器3980件，撤拍国家禁止流通或超资质范围文物54件。

1月29日，省文物鉴定审核办公室完成浙江省博物馆馆藏12258件书画的定级任务，至此全省国有文物系统馆藏书画文物专项定级工作全部完成。浙江省国有文物系统馆藏书画文物鉴定自2004年9月至2013年1月，经过近十年的努力，涉及全省十一个设区市、市县（区）的80余家博物馆、文管会等文博收藏单位，过目鉴定书画藏品60000余件，经过规范化定级确定三级以上珍贵文物24532件，其中一、二级3040件，从而摸清了浙江省馆藏全部书画藏品和珍贵书画的总量、质量、特点以及分布区域、保存现状等基本情况。

同时，省文物鉴定审核办公室继续做好其他馆藏文物的定级鉴定，组织专家分别对湖州博物馆接收赵景心捐赠的明清古典家具及宁波博物馆、慈溪市博物馆、宁波教育博物馆（筹）、苍南县博物馆、富阳市博物馆、嘉兴南湖纪念馆等7家国有博物馆的馆藏未定级、新征集文物进行了定级鉴定，共计3152件（组），确定一级文物8件，二级文物13件，三级文物452件。

2013年，省文物鉴定审核办公室对中国财税博物馆、中国港口博物馆（筹）、中国茶叶博物馆、浙江省博物馆、温州博物馆、杭州刀剪剑博物馆、杭州工艺美术博物馆、东阳博物馆、桐乡钟旭洲钱币艺术馆等十余家国有文物收藏单位的待征集文物组织开展初鉴，共计30批次、4595件（组），充分发挥了专业优势，在各馆自鉴基础上从藏品真实性、价格区间合理性等方面提出审核意见，为国有博物馆藏品征集把好质量关；还先后为浙江省博物馆、温州博物馆举办民间收藏文物展的展品进行甄选；为余杭博物馆“十大镇馆之宝”评选活动提供专业支持；在省文化厅、温州文广新局、乐清县文广新局审核设立民办博物馆时，从藏品数量、质量、真实性、系统性、专题性等方面进行了总体评估，为政府有关部门决策当好参谋。文化遗产日期间，部分省文物鉴定委员会专家前往嘉兴主会场开展大型公益鉴定和讲座。

根据省文物局统一部署，省文物鉴定审核办公室在文件拟定、专家库设立、普查人员培训等方面密切配合做好全国第一次可移动文物普查，在人员培训时除省级层面外，还应邀为嘉兴、温州、桐庐等及县普查队伍进行授课。11月首次开展的省属国有企业收藏文物认定，对浙江省旅游集团所属浙江宾馆、望湖宾馆、杭州饭店收藏书画进行了文物认定，发现不少黄宾虹、徐悲鸿、傅抱石、潘天寿、沙孟海、陆俨少、启功等近现代名家的珍贵书画作品。

三、内部管理有序进行

省文物鉴定审核办公室严格遵守、执行国家财务制度、政府采购制度，按要求统一核算；严格项目经费使用管理，专款专用，确保项目经费使用绩效；做好单位预、决算及日常财务管理，妥善处理资金短缺问题，加强国有资产管理，未设任何形式的“小金库”；积极配合省文化厅的单位法定代表人任期经济责任审计，对财务支出管理和会计核算方面存在的一些问题及时予以纠正。

同时，省文物鉴定审核办公室加强政务管理，保证政令畅通，公文、信息报送规范有序，重视保密工作，没有发生重大泄密事件。根据《浙江省文化厅关于印发浙江省省级文化系统社会治安综合治理工作考核细则的通知》文件精神，省文物鉴定审核办公室全面贯彻落实“预防为主，安全第一”的安全保卫工作方针，全年没有重大责任事故（火灾、盗窃、刑事案件、工伤等）发生，确保职工队伍稳定、单位和谐。

省文物鉴定审核办公室充分发挥职工大会作用，进一步推动单位民主管理和民主监督，在“三公”经费使用、出国人选、规章制度修订等方面都以职工大会形式讨论和公开；并关心职工生活，进一步增强职工间的沟通交流，提高整体凝聚力；加强了职工队伍遵纪守法和职业道德教育，提高了服务水平。

2013年全省文物鉴定审核统计表

一、文物出境许可

次数	总数	瓷器	玉器	书画	金属器	杂项	钱币
11	74	7	22	25	8	12	0

二、文物临时进境审核

次数	总数	瓷器	玉器	书画	金属器	杂项	钱币
21	251	11	57	103	18	62	0

三、旧家具出境许可

次数	总数	上虞市	慈溪市	宁波市	象山县	鄞州区	禁出
76	28288	12196	10396	115	533	5048	0

四、文物出境展览审核

单位	展览时间	展览地	展览名称	文物数量	一级文物数量
中国丝绸博物馆	2013.4.26—9.29	美国	海上魅惑—中国现代女性时装展	17	0
浙江省博物馆	2013.11.12—2014.3.7	台湾	丰子恺《护生画集》真迹展	124	0
中国茶叶博物馆	2013.11.19—2014.7.15	摩洛哥	斗品团香—中摩茶文化交流展	71	0

五、涉案文物鉴定

<table>
<tr><td>次数</td><td rowspan="2">可移动文物</td><td>总数</td><td>一级</td><td>二级</td><td>三级</td><td>一般</td><td>仿品</td><td>待定</td></tr>
<tr><td rowspan="3">70</td><td>1658</td><td>0</td><td>0</td><td>17</td><td>1354</td><td>287</td><td></td></tr>
<tr><td rowspan="2">不可移动文物</td><td>总数</td><td>重要</td><td>较重要</td><td>一般</td><td>不确定</td><td>备注</td><td></td></tr>
<tr><td>30</td><td>1</td><td>2</td><td>26</td><td>1</td><td></td><td></td></tr>
</table>

六、文物拍卖标的审核

场次	拍卖总数	文物标的数	允许拍卖文物标的	书画	陶瓷	玉杂器	撤拍
54	37490	18614	18560	14237	343	3980	54

七、国有博物馆馆藏文物定级鉴定

单位	总数	一级	二级	三级	一般	非文物
湖州市博物馆	17件(套),实际23件	5件(套)	5件(套)	7件(套)		
宁波教育博物馆(筹)	109				103	6
慈溪市博物馆	182			7	175	
苍南县博物馆	48		2	9	38	
南湖纪念馆	42	1	1	19	20	
富阳市博物馆	24			14	10	
宁波博物馆	2693	2	2	396	2245	44

浙江省馆藏书画文物专项定级鉴定告竣

根据省文物局安排，由浙江省鉴核办和浙江省博物馆、浙江省图书馆相关专家组成的鉴定组自2004年9月起，对全省十一个设区市及市、县、区的80余家博物馆、文管会等文博收藏单位所藏书画进行专项鉴定。据统计，此次共过目鉴定书画藏品60000余件，确定三级以上珍贵书画24532件，其中一、二级3040件。至2013年1月，浙江省国有文物系统馆藏书画专项鉴定定级全部完成。

陈梦家夫妇遗藏中国古典家具进行初鉴

1月28日，省文物鉴定审核办公室专家赴湖州博物馆，对赵景心捐赠陈梦家及其夫人赵萝蕤遗藏的17件（套）古代家具进行了鉴定。这批家具制作年代为明清时期，半数以上为明式家具，主要为黄花梨和紫檀木等珍贵木材，初步认定均为三级以上珍贵文物，其中一级文物5件，二级文物5件，三级文物7件。陈梦家是我国现代著名古文字学家、考古学家、诗人，也是我国现代收藏、研究明清家具的先驱。

浙江省文物鉴定委员会专家新春座谈会在杭召开

2月22日，浙江省文物鉴定委员专家新春座谈会在杭召开。会议由副主任委员陈官忠主持，秘书长柴眩华作了2012年度工作总结，并就2013年度工作谈了初步计划。主任委员鲍贤伦作总结发言，副主任委员陈文锦及委员等40余人参加了会议，还就涉及古墓葬盗掘鉴定的善后处理等问题提出意见。

文物进出境审核信息管理系统培训

国家文物局开发完成国家文物进出境审核信息管理系统，并选择天津、广东、浙江三地作为系统试点运行单位。3月20日至21日，项目研发单位工程师专程来杭，就国家文物进出境信息管理系统使用和操作方法，对国家文物进出境审核浙江管理处全体业务人员开展培训。浙江管理处业务人员通过实例操作、面对面演练及问题解答，基本熟悉了文物进出境的申报、审核等管理系统整体流程，掌握了各个环节的具体操作，以及用户、流程配置等系统管理和维护，同时对管理系统的一些子项提出修改意见和建议。

专家参与余杭博物馆“镇馆之宝”文物评选

4月2日，省文物鉴定审核办公室组织专家们赴余杭博物馆，进行“十大镇馆之宝50进30”评选。专家先后赴展厅和库房进行实地察看，进行了详细点评和讨论，最终选定东汉青瓷扁壶、元代铜铳、良渚文化玉琮等30件文物成为“十大镇馆之宝”候选文物，让市民参与评选。

举办国家文物局良渚文化玉器鉴定高级研修班

5月26日至6月1日，由国家文物局主办，国家文物进出境审核浙江管理处承办的良渚文化玉器鉴定高级研修班在杭举行。来自全国15个省、市文物进出境审核机构的30余名专业人员参加了学习。除邀请专家授课外，经浙江省文物局批复同意，承办方还提供了省文物考古研究所、良渚博物院、余杭博物馆的百余件良渚文化玉器、制玉工具等实物供学员们近距离观摩，并组织参观了浙江省博物馆、良渚博物院、余杭博物馆的良渚文化玉器专题陈列，赴反山遗址、良渚古城遗址进行实地考察，安排学员赴仿古玉雕厂参观。本次培训班也是国家文物局继

2011 年红山文化玉器鉴定高级研修班之后又一次举办的专项研修班。

对宁波教育博物馆（筹）馆藏文物进行鉴定

应宁波市教育局邀请，6 月 19 日，省文物鉴定审核办公室组织专家赴甬，对藏家无偿捐献给宁波教育博物馆（筹）的 138 件文物进行鉴定。除极少部分属现代制品外，这批文物包括象牙毛笔、墨、砚台、笔筒、墨盒、镇纸、笔架、印章等文房用品及《康熙字典》、《南雷文约》、民国地图、上世纪 50 年代初中小学教学课本等 104 件/ 套明清至近代关于教育的各类文物。

浙江文物年鉴 2014

市县文博工作

杭州市

2013年,杭州市贯彻落实党的十八大、十八届三中全会和全国、全省文物工作会议精神,按照世界遗产保护和管理的要求创新文化遗产保护传承体系,提升公共文化服务水平,力求文物工作融入经济、社会,取得了一系列成绩。

一、以大项目带动为统领,大遗址保护与申遗工作取得突破性进展。

2013年,《全国重点文物保护单位临安城遗址保护总体规划》经省政府正式批复公布,成为有效保护、利用临安城遗址的重要法律依据,也为实施南宋皇城遗址综保工程奠定了基础。南宋皇城遗址被公布为第一批浙江省省级考古遗址公园,土地置换工作持续推进。

在市委、市政府统一协调领导和上级文物主管部门指导下,杭州市完成了大运河(杭州段)遗产点考古发掘、整治、档案编制、遗产监测、标识牌设立、场馆展示、考察迎检等各项工作。9月底,国际古迹遗址理事会(ICOMOS)专家对大运河(杭州段)进行了现场考察评估。

在首届"世界考古?上海论坛"上,良渚古城遗址高票入选"2011-2012世界10项十大田野考古发现"。省政府提请国家文物局将良渚遗址列为2016年中国申报世界文化遗产正式项目。申遗文本编制及整治、展示、监测、档案等相关前期研究工作取得初步成果。《良渚遗址保护总体规划》经省政府批准公布。《杭州市良渚遗址保护管理条例》完成修订并经省、市人大常委会批准公布。

二、以科技手段为依托,提升西湖世界文化遗产保护管理的信息化、规范化、国际化水平。

西湖文化景观遗产预警监测系统平台是国家文物局确定的示范工程。杭州市以自主开发为原则,加强与相关科研单位的合作,初步完成预警监测系统平台建设,建立遗产保护评估和预警体系,编制完成监测指导书,并在遗产点管理单位投入试运行。

西湖景区全面启动导览标识牌普查勘误,普查、汇总了1万余条词条,并成立中英文勘误专家组进行初校,还邀请国内外专家对西湖景区导览标识牌外文翻译勘误及标准进行会诊,目前完成部分单位的中英文整改工作。

西湖世界遗产与国内外交流日益深化。文物部门参加2012年全国世界文化遗产监测试点工作会议、中国世界遗产地游客承载量研究与游客管理国际研讨会、东亚世界遗产文化景观论坛;参与承办世界文化大会、历史城市景观保护联盟第二次年会,受国家文物局委托承办世界遗产保护管理国际会议,为我国的遗产申报和保护管理助力。

作为"文化遗产数字化公共服务平台及产业化示范应用"课题开发的支撑示范工程,西湖示范工程承担着首度开发应用并向全国推广的任务。杭州市园林文物局与浙江大学签订合作协议,取得阶段性成果。

三、以高标准、严要求为出发点，全国文物普查工作卓有成效。

在上级文物主管部门指导下，杭州市及各县（市、区）先后成立普查领导小组，制订普查实施方案，成立普查机构，组建普查队伍，确定普查单位，开展普查培训，落实普查经费；发放、回收《国有单位文物收藏情况调查登记表》，共核实普查对象8207家，普查覆盖率达100%。

为着力推进第三次全国不可移动文物普查成果的转化，杭州市从“三普”重要登录点中选取81处，推荐公布为第五批市级文物保护单位。国务院公布的第七批全国重点文物保护单位中，杭州市新增15处，以总数39处居全省第一。涉及到杭州工业遗存、教育遗存等8个专题的《杭州第三次全国文物普查不可移动文物成果汇编》正式出版。

四、以规划编制、重点工程为抓手，文物保护的广度和深度进一步拓展。

杭州市启动西湖文化景观遗产本体保护规划编制，第一期《两堤三岛与西湖十景保护管理规划》基本完成。新增市级文保单位用地保护规划编制启动，对已有市保单位用地保护规划进行了调整。

全市扎实做好重点文物保护工程和农村历史建筑修缮，文物经费（含县、市、区）投入总计2.2亿，累计开展20余处重点文物保护工程。澄庐维修、屋子桥修缮、西湖博览会博物馆旧址保养性维护、朱熹昙山题刻和风水洞摩崖题记防风化、岳庙陈设及环境改造等工程已竣工验收；六和塔保养性维护、宝成寺提升改造、西湖南山造像（慈云岭、天龙寺）排水、防渗工程实施；吴山、龚佳育墓、白塔、飞来峰造像三期等石质文物保护工程和江干区九堡明清钱塘江海塘遗址保护展示工程启动。

建德新叶村成为浙江省唯一的全国古村落利用综合试点村。农村历史建筑和古村落保护取得新成果。杭州市结合三江两岸、美丽乡村、风情小镇等建设，进一步加大对农村历史建筑和古村落的保护力度，已累计对2000余处农村历史建筑采取了保护措施。

文物部门创新文物安全管理手段，构筑文物安全“防火墙”，全年共完成11个审批项目，加强了文物行政监管力度，做好高温天气、汛期及节假日期间的文物安全工作，全年共受理举报34次，一般程序立案查处18件，办结案件14件，罚款共计517400元。在第二届江浙沪文物行政处罚案卷评比中，杭州市积极创新文物保护工作理念和思路，利用物联网技术在城区文保单位中试点电气安全远程监控管理系统，改善了文物建筑安全环境。

五、以南宋临安城遗址为重点，大杭州考古工作成果丰硕。

杭州市文物考古研究所获考古团体发掘资质，取得历史性突破，标志杭州市考古部门可独立从事主动性考古发掘与研究。全市全年共完成拱墅区吉如遗址等考古项目46项，处理突发性非正常出土文物应急事件14起，勘探面积983890平方米，发掘总面积8900平方米，出土器物690余件（套），有效保护了杭州地下文物。其中萧山柴岭山土墩墓晋级2012年度全国十大考古新发现25强。

按照国家文物局《大遗址考古工作要求》，杭州市完成临安城及皇城遗址考古工作计划编制，目前完成南宋临安城遗址西南段城墙调查，并利用物探和遥感考古等新技术，对太庙遗址、皇城遗址、嘉会门遗址等区域进行了地球物理探测实验，同步推进了临安城考古地理信息系统建设。

六、以提升公共服务水平为目标,博物馆发展呈现良好态势。

2013年,杭州市完成于谦祠、唐云艺术馆维修工程,中国茶叶博物馆三期(龙井山园)分馆新建建筑及停车场区块正式开工。白塔公园实现有限开园。杭州博物馆二期陈列改造全面实施。章太炎纪念馆扩建二期工程、韩美林艺术馆工作室及第二课堂活动室建设工程、万松书院和西湖博览会博物馆陈设提升完善工程、建德、临安、淳安等县级博物馆的筹建工作有序开展,富阳市博物馆已开工。

全市积极实施国有博物馆对口帮扶民办博物馆试点,7家单位被第四批市文化事业发展项目立项,获130万专项资金补助。为健全、完善博物馆馆际间的交流合作,进一步发挥博物馆的整体效益,杭州市正积极筹建杭州博物馆联盟。

2013年,杭州的博物馆年接待观众量突破1000万人次,博物馆成为展示城市文化和开展社会教育的重要场所和窗口。各博物馆依托自身资源,结合传统节假日开展形式多样的主题活动,第二课堂活动累计开展100余次,满意度达99%以上。杭州市园林文物局与杭州市教育局联合组织了青少年第二课堂示范课,取得良好社会反响;通过举办中小学生陶艺大赛、青少年西湖明信片设计大赛、童画杭州名人大赛、手信文化创意体验周等活动,使第二课堂品牌活动深入人心。名人讲堂、周末茶文化讲堂、西湖艺术史论坛等吸引了众多市民,博物馆宣传教育作用日益提升。全市各博物馆共举办90余场临时展览。“斗品团香——中摩茶文化交流展”在摩洛哥举办,推进了中国援建摩洛哥茶博物馆项目。杭州市博物馆陈列在全国博物馆十大精品陈列展览评选中取得最好成绩。

全市结合“文化遗产与全面小康”主题,开展了第八个文化遗产日及余杭区文化遗产知识宣传普及活动,30余家文博单位推出了数十项内容丰富、形式多样的系列活动和专题展览,与《杭州日报》联合开展了“最佳博物馆游览线路”评选。西湖文化特使学员集训营、北京大学文化遗产培训班、第五届“茶人之家”评选、“相约西湖”、“祭孔大典”、“元宵钱王祭”、纪念岳飞诞辰910周年等一系列文化活动获社会各界高度关注。

杭州文史研究会名人研究委员会成立。第三届杭州历史文化遗产发掘、保护、利用学术研讨会、《台湾通史》研讨会、天目国际学术研讨会、“海上丝绸之路——亚洲的跨文化交流和文化遗产”研讨会、第四届跨湖桥文化国际学术研讨会暨中国漆艺术论坛、“博物馆传承与创新”学术研讨会等举行。

文物部门出版了数十种专业书籍,《凤凰山摩崖石刻》、《飞来峰保护工程报告》、《良渚丛书》正在编撰中。《浙江通志·西湖卷》篇目通过论证,正在收集基础资料。多项国家和省级课题进展顺利。“‘西湖模式’初探——利益相关者参与世界文化遗产保护与管理研究”、“系列遗产监测保护与管理”、“国外西湖文献资料调查”等课题完成,“飞来峰造像的监测和预防性保护措施研究”、“西湖历史文化在线检索系统”、“跨湖桥遗址潮湿环境综合保护技术效果监测”、“杭州萧山西山墓葬群出土青铜文物的科学分析与保护探讨”、“临安城相关文献集成”等课题立项,良渚文化刻画符号研究进展顺利。

良渚博物院举办多场展览

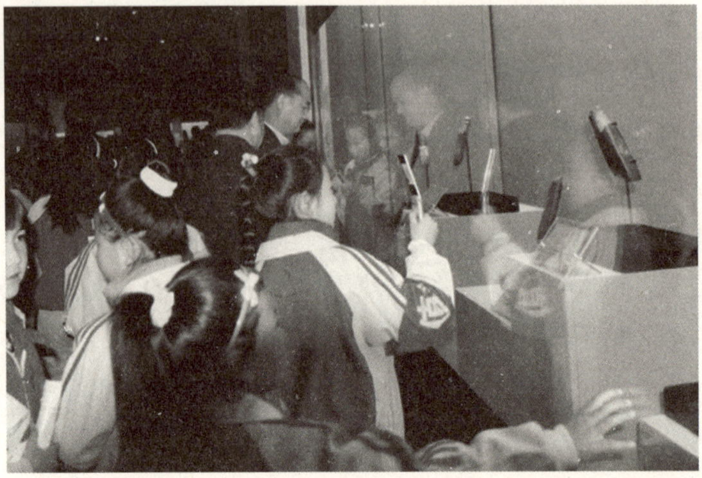

1月至4月，“君住长江尾——良渚文明展”在四川金沙遗址博物馆举办。展览展出良渚文化器物131件（组）。5月至6月，“玉鸟流永康——良渚文明展”在余杭博物馆举办，展出良渚文化器物124件（组）。8月25日至11月25日，由良渚博物院、中国社会科学院考古研究所承办的“天地之灵——中国社会科学院考古研究所发掘出土商周玉器精品展”举办。展览精选中国社会科学院考古研究所珍藏的妇好墓、张家坡墓地、前掌大墓地出土玉器240件（套）。9月29日，“神工问天——良渚文化玉器特展”在河姆渡遗址博物馆举办，共展出良渚文化玉器101件（组）。12月25日，“玉魂国魄——玉器·玉文化·夏代中国文明展”在良渚博物院举办。展览展出河南偃师二里头遗址、郑州花地嘴遗址、山西襄汾陶寺遗址等地历年考古发掘出土及征集的193件（组）玉器精品。

中国印学博物馆举办多种活动

1月25日，中国印学博物馆举办四场篆刻体验活动，现场为台湾大学生讲解篆刻基本知识，指导学生刻印。4月2日，中国印学博物在杭州春芽实验学校举办“送篆刻进校园”活动，并建立第二课堂教学基地。5月21日，中国印学博物馆在杭州聋人学校宣传西泠印社历史，进行了篆刻授课。10月，中国印学博物馆举办“清代金石书画展”，同时出版发行了《清代金石家书画集粹》。11月27日至12月6日，中国印学博物馆在山东财经大学东方学院和泰山学院两所高校举办“走进大学校园——西泠印社社员书画篆刻作品展”。

癸巳元宵钱王祭举行

癸巳元宵钱王祭2月27日（农历正月十八）在钱王祠举办。这是自2008年“元宵杭州钱王祭”活动恢复以来的第六次，祭祀内容包括上礼香、献花篮、诵祭文、齐唱《钱王颂》、恭读《钱氏家训》、敬香等。“元宵钱王祭”是钱氏家族后裔对先祖钱鏐等人的节日祭典，现被列入浙江省级非物质文化遗产，每年正月十八在柳浪闻莺钱王祠举行。

2013长三角地区“茶人之家”评选活动启动

2013长三角地区“茶人之家”评选活动3月9日启动。作为西湖国际茶叶博览会活动内容之一，100多个报名家庭参加了中国茶叶博物馆的专业茶艺、茶席培训。4月14日，来自杭州、南京、宜兴、连云港、上海等长三角地区的30组茶人在中国茶叶博物馆进行总决赛，10户参赛家庭获2013长三角地区“茶人之家”荣誉称号。

建德寿昌江流域地下文物考古专项调查进行

3月25日至5月30日，建德市文物保护管理所与杭州市文物考古研究所联合开展建德寿昌江流域地下文物考古专项调查。调查发现了多处疑似古代砖室墓、洞穴遗址、古聚落址等遗迹。

首届岳飞文化节暨岳飞诞辰910周年纪念活动举行

首届岳飞文化节暨岳飞诞辰910周年纪念活动3月26日在杭州岳庙举行。这也是首次海峡两岸同祭岳飞，还增加了"三献礼"、"武佾舞"表演。

淳安县推进狮城水下古城保护管理

狮城水下古城位于淳安县千岛湖镇西南湖区茅头尖水域，2011年公布为浙江省重点文物保护单位。2013年，淳安县文广新局与淳安县渔政渔港监督管理局签订委托监管协议，委托渔政部门对狮城水下古城水域进行日常巡查监管，3月底至4月初在狮城水下古城水域周边汾口、枫树岭、大墅、安阳、姜家、界首等6个乡镇的重点码头设立警示告示牌12块，向周边乡、镇、村发放、张贴保护宣传单1500余张。

临安天目窑址群阶段性调查

3月，杭州市文物考古研究所、临安市文物馆联合开展临安天目窑址群阶段性调查，取得阶段性收获。调查对以敖干水库为中心的窑址密集区域进行了调查，在外围新发现高园头等数处窑址，进一步明确了各窑址的范围、面积、保存状况、烧制产品类型。

第十六届西湖国际茶会举行

3月至5月，中国茶叶博物馆组织的第十六届西湖国际茶会举行。茶会分4大专题23项活动，包括天猫春茶节、樱花茶语茶会、跟着老茶人学炒龙井茶、晒茶赛水、郭庄花艺茶会等。

杭州举办西湖申遗成功两周年系列活动

3月至6月，杭州市开展西湖申遗成功两周年系列活动，内容包括举办"西湖大讲堂"之世界遗产专题讲座、寻找"西湖达人"、拍摄录制西湖系列专题片、举办"西湖十景"书画名家邀请展、出版《西湖文化读本》、举办"美丽西湖"大型图片征集活动展、开展"最美西湖人"宣讲活动、举办西湖各类花事活动等。

良渚古城遗址申遗区征地拆迁工作启动

4月10日，良渚古城遗址申遗区征地拆迁工作正式启动。申遗区主要范围位于良渚古城遗址核心区块，涉及瓶窑大观山、长命2个行政村的590户农户及46家企业，截止12月底完成农居点征地682.79亩，农户自愿搬迁签约577户，签约率98%。

西泠印社成为第四批全国古籍重点保护单位

4月17日，西泠印社被国务院批准为第四批"全国古籍重点保护单位"，社藏四部古籍入选2014年国家珍贵古籍名录。

杭州工艺美术馆征集到45件扇类藏品

4月，杭州工艺美术馆征集到民国时期文人学者的书画扇、各类扇骨、旧扇面等共计45件。

第四届“童画杭州名人”活动举行

4月到11月，由杭州市园林文物局等单位主办，杭州名人纪念馆等承办的第四届“童画杭州名人”活动举行。全市47所中小学共选送作品1500余幅。活动组委会评选出一等奖十名、二等奖二十名、三等奖六十名及其他优胜奖和入围奖，还举办了前三十位选手参加的选拔赛，最终评出五位选手入选杭州市美术家协会青少年分会。

于谦诞辰615周年纪念活动举行

5月13日，以“弘扬于谦精神，祈愿中国梦想”为主题的于谦诞辰615周年纪念活动在于谦祠举行。新入职公务员和大学生代表一百五十余人参加。“翰墨清风——于谦廉政文化书法展”也同时揭幕。

萧山跨湖桥遗址厅除湿改造工程通过验收

5月14日，跨湖桥遗址保护厅通风除湿工程竣工验收会召开，同意工程通过验收。跨湖桥遗址保护厅除湿项目为2012年萧山区政府投资项目，保护厅占地面积约2000平米，2012年12月25日开始施工，2013年4月10日完成屋面改造和设备安装，4月25日重新开馆运行。

第二届杭州市青少年西湖明信片设计大赛举行

5月29日，第二届杭州市青少年西湖明信片设计大赛正式启动。大赛由杭州市园林文物局等单位联合主办，西湖博物馆承办，共收到163所学校选送的参赛作品5000余件，最终选出121件获奖作品。本次大赛还增加了西湖文化进校园活动，依托西湖博物馆第二课堂开设了大师讲座、“爸爸妈妈，请到我的画里来”夏令营等项目。

“旷世风华——余杭三大文化主题巡展”举行

“旷世风华——余杭三大文化主题巡展”5月30日启动。该展览由余杭博物馆策划举办，内容分为泽国星曜、大地史诗、禅茶渊源三部分，先后走进余杭区多个乡、镇、社区。

《浙江通志·西湖卷》编纂进行

《浙江通志·西湖卷》由西湖博物馆具体负责编写，搜集资料年代从1949年建国至2010年，内容包括历史景点、新建景点、原有现不存的景点、景区内古树名木状况等。5月30日，篇目通过专家论证，6月至9月开展编撰工作动员并举办联络员培训。

第六届杭州市中小学生陶艺大赛举行

5 月，由杭州市园林文物局和杭州市教育局联合主办，杭州南宋官窑博物馆等共同承办的第六届杭州市中小学生陶艺大赛启动。本届大赛以“梦想飞扬”为主题，共收到来自 58 所学校的 525 件参赛作品，最终评选出 95 件（组）获奖作品，还评选出优秀指导老师奖 7 名。15 所学校和 3 家区教育局获优秀组织奖。9 月下旬至 11 月中旬，陶艺大赛优秀作品在南宋官窑博物馆展出。

章太炎纪念馆扩建二期工程竣工

5 月底，章太炎纪念馆改扩建二期工程开工，主要包括办公管理用房、游人服务中心改扩建和环境景观整治工程等，至 12 月底基本完工。

《全国重点文物保护单位——临安城遗址保护总体规划》公布

6月6日，浙江省政府下发《浙江省人民政府关于全国重点文物保护单位临安城遗址保护总体规划的批复》，原则同意保护规划内容，并强调做好与各专项规划的衔接工作，抓好落实。

“探秘彩陶王国——新石器时期马家窑文化珍品展”举行

6月6日至9月5日，跨湖桥遗址博物馆和青海柳湾彩陶博物馆联合举办的“探秘彩陶王国——新石器时期马家窑文化珍品展”举行。展览展出的105件文物是青海省乐都县柳湾遗址出土的近万件彩陶品中的代表性器物，包括马家窑、半山、马厂等类型。青海彩陶博物馆馆长王国林还作了《青海彩陶赏析》讲座。

柴岭山商周土墩墓考古发掘成果展举行

柴岭山商周土墩墓考古发掘成果展6月9日在萧山博物馆举行。展览展出180余件出土文物，包括原始瓷、印纹硬陶、青铜器、玉器、石器等。开幕式上还首发了《萧山柴岭山土墩墓》考古报告。

杭州市文物保护管理经验交流会召开

杭州市文物保护管理经验交流会6月20日在富阳召开。杭州八城区五县、市的分管文物局长、文保办负责人参加，还实地考察了富阳东梓村、上村及桐庐环溪村。

第二届西湖文化特使集训营举行

杭州西湖世界文化遗产监测管理中心组织举办的第二届西湖文化特使集训营7月8日至12日举行。来自海内外十余所高校的45位学员参加。集训营内容包括西湖文化景观遗产专题讲座、参观西湖文化景观遗产点、分组走访调研遗产点等。

北京大学第六届全国中学生考古夏令营浙江线开营

北京大学第六届全国中学生考古夏令营浙江线7月15日在良渚博物院开营。来自全国23个省、市113所全国学校的180多名师生参加了开营仪式。7月15日至22日期间，夏令营组织参观了浙江省博物馆、南宋官窑博物馆、良渚博物院以及良渚古城、余杭临平玉架山遗址等考古现场。

杭州市文物考古研究所举行公众考古活动

作为杭州市文物考古研究所的2013年中学生暑期社会实践活动，“走进考古现场，触摸历史文化”公众考古活动于7月18日举办，主要内容包括考古现场观摩以及刮地层、绘图、清洗陶片等。这也是杭州市文物考古研究所首次探索公众考古活动。

西湖博物馆征集到明代盛茂烨《吴山耸翠图》

西湖博物馆7月征集到明代盛茂烨《吴山耸翠图》。画高218厘米，宽43.5厘米，设色绢本，尺幅巨大。

杭州市萧山区文物保护管理所正式挂牌

杭州市萧山区文物保护管理所于7月正式挂牌，萧山博物馆馆长施加农兼任所长。

中国茶叶博物馆三期工程开工

中国茶叶博物馆三期工程分为主馆提升改造、分馆建设两大子项目。主馆提升改造室外工程于8月15日开工，完成主馆区建筑修缮、外立面整治、建筑内部结构和功能调整、环境绿

化调整以及内部停车场改造等。室内文化陈设改造工程12月11日开标。分馆建设项目保留区块1月14日进行竣工验收。分馆入口停车场区块和新建建筑区块12月正式开工。分馆文化陈设、水电扩容、通讯、防雷、监控、标识标牌、雕塑、导览、市茶研会办公楼装修等多个专项工程完成方案报审、招投标等工作。

良渚古城遗址入选“世界十大田野考古发现”

8月23日，在“首届世界考古·上海论坛”上，“寻找消失的文明：良渚古城考古新发现”入选“2011—2012世界10项重大田野考古发现”，以良渚遗址为主要研究对象之一的《中华文明探源工程研究》入选“2011-2012年9项世界重大考古研究成果”。

飞来峰三期保护工程启动

灵隐飞来峰石刻造像群是浙江省最大一处摩崖造像群。杭州西湖风景名胜区灵隐管理处通过2005年、2012年的一期、二期保护工程，对35龛造像进行了保护。9月11日，地质专家对剩余造像群进行现场踏勘，对三期保护工程进行分区规划。三期工程保护规划正在编制中。

杭州文史研究会名人研究委员会成立

9月14日，杭州文史研究会名人研究委员会成立仪式在唐云艺术馆举行。杭州文史研究会副会长、浙江大学历史系系主任、博士生导师陈红民教授任委员会主任。

西湖中秋赏月雅集活动举行

9月17日，由杭州名人纪念馆与杭州市非物质文化遗产保护中心、杭州市诗词楹联学会组织的“但愿人长久，千里共婵娟”西湖中秋赏月雅集活动在苏东坡纪念馆举行。活动共分为“听月、咏月、摘月、留月”四大部分。

杭州孔庙举办民间祭孔活动

9月28日，社会学术团体、优秀师生代表及市民在杭州孔庙采用宋代祭祀模式，举行了由诵读论语、敬献花篮、恭读祭文和行礼四部分组成的民间祭孔活动。此前，在中国孔庙保护协会第十六届年会上，杭州孔庙荣获“全国孔庙保护工作先进单位”称号。

西泠印社举办多项展览

9月28日至12月12日，“美德嘉行——社藏文物捐赠回顾特展”在杭州博物馆举行。展览共展出西泠印社所藏书画印章杂家类文物342件（组），以及面向社员征集的104件孤山书法篆刻作品。

10月12日至19日，由中国美术家协会、杭州市政府主办，中共杭州市委宣传部、中国美术学院、西泠印社、杭州市文化创意产业办公室等单位支持，中国美术家协会水彩画艺术委员会、浙江省美术家协会、西泠印社文化艺术发展有限公司承办的“百年华彩乐章——第四届中国（杭州）国际当代优秀水彩画家提名展”系列活动在杭举行。

10月29日至12月28日，由西泠印社、浙江博物馆、苏州博物馆、扬州博物馆、镇江博物馆联合举办的“芳语寄情——扬州八怪四君子”展在浙江省博物馆武林展区展出。展览展出十二位画家的“四君子”作品60件。

11月1日至30日，西泠印社在西溪湿地西泠艺廊举办“西泠印社社藏书画修复成果展”，展出50件抢救性修复后的印社古代书画作品。

11月30日至12月4日，“西泠印社中国书画名家精品展”在滨州举办。展览展出清代、近现代、当代书画名家艺术作品60余件。

建德市新叶村列入全国古村保护试点

9月30日，国家文物局下发通知，在全国范围内选取六个村开展古村落保护利用综合试点工作，建德市新叶村成为浙江省唯一入选。新叶村始建于南宋末年，距今已有800多年的历史，是巨大的宗族村落，发展脉络清晰，格局风貌完整，建筑数量众多类型丰富，至今仍保留明、清建筑200多幢，还有12幢宗祠、塔、阁等特色建筑，被称为“明清建筑露天博物馆”。

吴山文化陈设提升完善一期工程完成

9月至11月，为配合“吴山清风廉政文化教育专线”的开通，杭州西湖风景名胜区吴山景区管理处实施吴山文化陈设提升完善一期工程（周新祠、三茅观、阮公祠），将阮公祠大殿内原有绢质壁画更换为瓷板画，重新制作浮雕木刻彩绘阮元像，增加与阮元相关书法作品展示、更换说明牌等。周新祠在外墙增添六幅线刻的周新故事，将仪门开辟为宣教厅，增设“名人小径”石碑和《五瘴说》刻石，另增设指示说明牌、少年于谦坐像等。

天目国际学术研讨会举行

天目国际学术研讨会10月15日至17日在临安举行。会议由浙江省文物考古研究所、中国茶叶博物馆、浙江农林大学茶文化学院、临安市茶文化研究会联合举办，邀请了与天目文化有关的美术、博物、考古、陶瓷、茶道和高校的国内外专家参加。会议期间进行了主旨发言、分阶段研讨、实地考察了天目窑遗址。

第十二届博物馆数字化推广论坛举行

10月16日至19日，第十二届博物馆数字化推广论坛在杭州工艺美术博物馆举行。活动由中国博物馆协会博物馆数字化专业委员会、中国文物学会文物摄影专业委员会主办，杭州工艺美术博物馆承办，首都博物馆协办，主题为“信息化建设支撑博物馆整体品质提升”。全国近70家博物馆的200多位代表参加。故宫博物院院长单霁翔及上海博物馆、南京博物院等专家做了典型发言，十多家国内企业现场展示了博物馆数字化新技术、新产品。

第十二届“相约西湖”文化活动举行

由杭州市政府主办，杭州西湖风景名胜区承办，杭州名人纪念馆具体策划执行的第十二届“相约西湖”文化活动10月21日开幕。活动包括“珍藏西湖·美丽杭州画展”、中国画名家小瀛洲笔会、西湖创作座谈会、“印庐·品鉴”会雅集等一系列相关项目。

西湖博物馆接受西湖文献资料捐赠

10月，杭州西湖博物馆接受了杭州市园林文物局原办公室主任、外经外事处处长朱仁信捐赠的西湖文献资料，主要包括69张老照片等。

“博物馆传承与创新”学术研讨会召开

11月20日至22日，由浙江省文物局、浙江省博物馆学会主办，余杭博物馆承办的“博物馆传承与创新”学术研讨会在余杭区召开。来自北京大学、中国人民大学、南开大学、浙江大学、华东师范大学、吉林大学等高校及省内外近70家博物馆的专家学者100余人参加。

良渚遗址公布保护规划、条例

11月21日，浙江省政府批准公布《杭州良渚遗址保护总体规划》。同天，杭州市政府批准公布了《良渚国家考古遗址公园控制性详细规划（局部调整）》。11月22日，浙江省第十二届人大常委会第六次会议审议批准《杭州市良渚遗址保护管理条例》。12月9日，杭州市人民代表大会常务委员会公布修订后的《管理条例》。

第三届杭州历史文化遗产发掘、保护、利用学术研讨会举行

11 月 28 日，第三届杭州历史文化遗产发掘、保护、利用学术研讨会召开。会议由杭州市园林文物局和浙江省历史学会、杭州市历史学会共同举办。省市史学界、文博界 80 多位专家学者参加。会上，专家学者代表作了《南宋临安城数字化模型研究》、《“活态遗产”杭州西湖文化景观遗产的保护与利用》、《“西湖情趣图”所绘为宋末之西湖》、《临安城的考古发现》的学术汇报，围绕南宋文化研究、世界文化遗产保护与管理、杭州历史文化遗存发掘、保护、利用等问题展开讨论。

“发现杭州 2013——杭州考古工作年度盘点”新闻见面会举行

12 月 4 日，“发现杭州 2013——杭州考古工作年度盘点”新闻见面会举行。杭州市文物考古研究所向各大主流媒体通报了 2013 年杭州市考古事业考古新发现，并进行了解答。此次新闻见面会是杭州市文物考古研究所首次以公开的形式向社会通报考古成果。

第五批市级文物保护单位公布

12 月 16 日，杭州市政府发布通知，对杭州市六城区及余杭、萧山的 81 处市级文物保护单位予以公布。至此，杭州市、县级文物保护单位数量达到 421 处。

中华玉文化中心第四届年会在良渚召开

12 月 23 日至 24 日，良渚遗址遗产价值对比研究之“玉器·玉文化·夏代中国文明”学术研讨会暨中华玉文化中心第四届年会在良渚召开。来自全国 16 个省、市、自治区及香港、台湾地区的 80 余名知名考古专家、学者出席开幕式。本届年会共收到正式论文和论文提纲 31 篇，26 名专家作了主题报告，开展了“龙山和夏时期玉器综合性认识”、“夏时期牙璋专题”、“良渚遗址最新玉器考古情况”等学术研讨。

石佛院造像实施激光三维测绘

石佛院造像为杭州市级文物保护单位，现存三龛五尊造像，其中居中的阿弥陀佛高6米，为杭州市现存最大的石刻造像。12月，杭州西湖风景名胜区吴山景区管理处委托实施激光三维测绘，为石佛院造像制作符合文物“四有”档案的平、立、剖面图及重点部位大样图，建立三维数据库，制作真彩三维模型。

杭州市实施多项文保工程

2013年，杭州市开展多处文物保护工程。澄庐维修工程、紫薇园坐标原点环境整治工程、龙井和过溪亭防雷工程、首届西湖博览会工业馆旧址保养性维护工程、朱熹县山题刻和风水洞摩崖题记防风化工程、万松书院景区陈设改造工程、岳庙陈设及环境改造工程等竣工通过验收；六和塔保养性维护工程、宝成寺提升改造工程、西湖南山造像（慈云岭、天龙寺、烟霞洞）排水、防渗工程、屋子桥修缮工程实施；吴山石质文物保护工程、龚佳育墓保护工程、白塔防风化保护加固工程、飞来峰造像三期工程、明清钱塘江海塘遗址保护工程等启动。唐云艺术馆、于谦祠维修工程竣工。

文保标志碑安装

2013年，杭州市更换、安装了第七批全国重点文保单位标志碑，临安安装完成35处全国、省、市级文保单位标志碑，淳安县安装完成第六批8处县级文物保护单位标志碑。

杭州市推进农村历史建筑修缮

2013年，杭州市结合“三江两岸”、“美丽乡村”、“风情小镇”等建设，下拨农村历史建筑保护专项补助资金5000万，重点修缮完成了152处农村历史建筑，一般维修完成了306处农村历史建筑。

西湖文化景观预警监测平台投入试运行

2013年，西湖文化景观预警监测系统平台建设项目在完成遗产预警监测框架研究的基础上，初步完成了西湖自然山水、两堤三岛、西湖十景、西湖文化史迹等四大方面遗产要素的内容建设；围绕西湖文化景观遗产价值保护主线，明确了相应的监测内容、指标、方法、周期；建立了全面、系统、多层级的遗产保护评估和预警体系；编制完成了各遗产预警监测对象的监测指导书，全面指导各管理单位开展遗产预警监测管理工作。该平台已在岳庙、花港、灵隐、湖滨和植物园等遗产点相关管理单位投入试运行。

西湖文化景观保护规划第一册初步编制完成

2013年，杭州西湖世界文化遗产监测管理中心启动了西湖文化景观两堤三岛、西湖十景和文化史迹遗产本体保护规划的编制，计划分两期进行。至年底，第一期《两堤三岛与西湖十景保护管理规划》初稿基本完成。

杭州市文物考古研究所整理萧山城南乡80年代发掘资料

2013年，杭州市文物考古所研究所对萧山城南乡溪头黄、黄家河两地的80年代发掘资料进行整理、研究。1984年6月至12月，杭州市园林文物管理局文物办公室对萧山城南乡溪头黄、黄家河地区进行抢救性考古发掘，共清理古墓葬128座（其中黄家河48座，溪头黄80座），包括春秋墓1座，战国墓3座，汉墓102座，两晋南北朝墓10座，宋元墓6座，明墓4座。出土各类文物1261件，包括春秋时期的原始瓷豆、陶纺轮，战国时期的印纹陶罐，汉代的釉陶罍、甑、罐、壶、鼎、盒及铜釜、铁鐎斗、铜镜，两晋南北朝的青瓷鸡首壶、瓷碗、盘口壶，宋元时期的瓷香炉、碗等。杭州市文物考古所研究所已完成器物绘图和墓葬资料的整理。

小青龙遗址出土文物完成修复

2013年，小青龙遗址出土的漆柄玉钺、漆觚等五件文物进行了修复。有关方面对漆木遗迹和土质分不同技术实施保护处理：漆器用脱水处理后加固。土质在不改变颜色质地的情况下进行加固处理，达到不散不裂的效果。至年底，修复工作全部结束。

全市博物馆举办多项临时展览

2013年，杭州博物馆、杭州南宋官窑博物馆、中国茶叶博物馆、西湖博物馆、杭州名人纪念馆、杭州工艺美术馆、湿地博物馆、余杭博物馆、韩美林艺术馆等相继举办多场临时展览，其中“芙蓉出水——清代康雍时期外销青花瓷精品展”等还赴外地展出。此外，名人纪念馆还举办7场西湖名人讲堂，韩美林艺术馆举办了6场西湖艺术史论坛。

杭州博物馆二期提升改造工程

2013年，杭州博物馆完成二期建设可行性研究、申报立项和遗产影响评估，委托对地下防空洞及溶洞进行勘察。建筑方案设计完成招投标。机动展厅提升改造工程已完成竣工验收并于春节开放。

临安城遗址考古发掘报告出新成果

2013年，由杭州市文物考古研究所编著的临安城遗址考古发掘报告系列《南宋御街遗址》（上、下）和《南宋临安府治与府学遗址》出版发行。《南宋御街遗址》收录了1988年至2004年南宋御街考古工作阶段性成果。《南宋临安府治与府学遗址》介绍了南宋临安府治和府学遗址的田野考古发掘资料及有关情况。

杭州文博单位出版多部专著

2013年，杭州市文物考古研究所、余杭博物馆等文博单位相继出版了《杭州蒋村古钱币窖藏》、《余杭小横山东晋南朝墓》（上、下）、《南宋陶瓷史》等专著。其中《南宋陶瓷史》是浙江省哲学社会科学重点研究基地成果，杭州市社科院南宋史研究中心主持的《南宋及南宋都城临安研究系列丛书》的一个子项目。

西泠印社征集文物

2013年，西泠印社接受八人次捐赠文物、作品40件，还邀请57位社员进行创作捐献，征集到印章51方、书法作品53件。

西泠印社举办110年社庆大典

2013年是西泠印社110周年大庆年，印社举办了以“百年西泠·金石华章”为主题的庆典活动，包括西泠印社建社110年庆祝大会、西泠印社第十三次社员大会、市领导会见及颁授荣誉市民证书仪式、“百年西泠·金石华章”西泠印社国际篆刻大型选拔活动、印汇天下——国际印社联展、西泠印社历任社长作品展、古欢无极——西泠印社社员藏珍汇观、西泠印社国际学术研讨会、饶宗颐先生专题学术研讨会、金石家书画铭刻展暨鉴赏会、西泠印社建社110年社员签名墙揭幕仪式等。

宁波市

2013年,宁波市按照既定目标,有序开展、按时完成各项工作,文物事业发展赢得新增长点,创造了有利于事业发展的新外部条件。

一、重点项目与基础工作两手抓,文物保护取得新成效。

2013年,中国大运河申遗项目宁波段遗产保护与整治通过国际专家实地考察评估。《宁波市大运河遗产保护办法》颁布。遗产区和缓冲区规划范围得到调整。

全市新增9处全国重点文物保护单位,4个古村列入第二批中国优秀传统村落。文物资源的价值得到挖掘、提升。

文物部门配合宁波市规划局启动了《宁波城市总体规划》修编,做好名城保护;完成了《秀水街历史街区修建性规划》编制会审,调整公示了《月湖西区历史文化街区保护规划》,研究了历史建筑保护和名录公布工作,启动了第二批宁波市十大历史文化古村评选。

东钱湖、高新区、大榭等开发区公布了一批文物保护点,划定了“两划”范围,填补了开发区文物保护工作的空白。东钱湖管委会组建文保所,以遏制文物被盗、被掘和违法建设等现象。

鄞州区推进城镇化古镇、古村、古街、古宅的“四古”保护工作,实施文物修缮工程10多项。“宁波古建第一移”——市级文物保护点杜宅整体平移科技保护工程取得成功。郡庙、鼓楼沿历史街区等文物建筑的再利用功能开始调整。

台风“菲特”对宁波市的文物建筑造成重创,文物部门积极主动开展文保工程和博物馆的灾后整理重新开放工作。

二、文物普查与功能提升两手抓,博物馆事业有新拓展。

2013年,宁波市完成第一次全国可移动文物普查工作第一阶段工作,全部建立了组织机构和普查队伍,共派出普查人员153人,对全市5937家单位进行调查。据统计,全市查明收藏文物的国有单位114家,需要认定、采集数据、规范登记的文献古籍、历史档案、书画作品、民族民俗文物等可移动文物约33万件。文物认定、登录工作即将启动。

三大市直国办博物馆继续实施功能提升工程。保国寺一期提升工程完成。天一阁东扩工程范围得到确认,西广场设计方案修改后再报审批。天一阁新书库工程得到完善,宁波博物馆二次提升工程完成方案论证、招标。朱贵祠、浙海关、启明女中等基本陈列改造后重新对外开放。

宁波文博系统加强馆际合作,举办临时展览以文化惠民。宁波博物馆与首都博物馆等国内博物大馆先后合作、举办了《和韵天下——中国古代音乐文物展》、《大美汉字展》、《千年重光——山东青州龙兴寺佛教造像展》、《文房雅玩——江南明清文人书房用品展》、《慈悲梵音——中国古代观音菩萨展》等13个展览,观众反响良好。同时,宁波博物馆还参与了“丝路帆远——海上丝绸之路文物精品馆际联展”和“跨越海洋——中国‘海上丝绸之路’九城市文化遗产精品联展”。全市国家二、三级博物馆通过培训，参与全省试点评估工作，溪口博物馆晋升为三级博物馆。

民办博物馆质量和水平有新突破。全市有鄞江它山石雕艺术博物馆、候鸟湿地博物馆、雪菜博物馆等6家新民办馆开馆。国家文物局局长励小捷对宁波的民办馆进行了专题调研。文物部门开展民办博物馆规范化建设评估，评估指标包括注册登记、馆舍、组织机构、藏品管理、陈列展览、开放服务等方面。全市民办博物馆协会正式成立。奉化出台鼓励、促进民办博物馆发展的若干意见，首个村史展览馆在岩头古村成立。弥勒文化博物馆、抗战纪念馆筹建。童衍方艺术馆、李元摄影艺术馆、卡特维拉酒文化体验馆、甬剧微型博物馆等呈现小型、多元化、社区性的博物馆涌现。宁波教育博物馆和宁波城市展览馆筹建进展顺利。

三、水陆考古呈现亮点，考古成果取得新业绩。

2013年，宁波市文物部门配合基本建设开展抢救性调查发掘，有重大发现。宁波市文物考古研究所相继在镇海九龙湖区域发现了鱼山遗址、乌龟山遗址、马家桥遗址等一组三处河姆渡文化遗址。三处遗址相距不远，分布集中，不仅填补了镇海区域史前文化的空白，将镇海区史前历史推到了距今6000年，作为目前已知离海岸线最近的河姆渡文化遗存，也为河姆渡文化的时空分布及古海岸变迁等研究提供了新的实物资料，堪称我省、宁波市史前文化遗址的又一重要发现。

国家文物局两次发文，同意“‘小白礁Ⅰ号’清代沉船现场保护与保护修复（Ⅰ期）”项目和“宁波地区古代城址考古工作计划（2013—2016）”。这是宁波市继“句章故城（港）考古调查与勘探”项目之后又一获国家立项的主动性田野考古项目。

截止11月，宁波市共实施抢救性考古调查、发掘项目36个，调查、勘探、发掘面积约120万平方米，出版重要专题考古报告2部，发表考古报告（简报）4篇。田螺山遗址发掘研究获得年度全国十大考古新发现提名。9至10月，宁波市文物考古研究所与江苏省金陵文物保护研究所合作，对北仑区育王岭隧道发现的一座五代吴越国时期陶窑遗存实施了现场科技保护和整体迁移工作，开创了宁波市对考古遗存进行整体迁移保护的先例。

宁波市文物考古研究所参与上海广福林遗址考古发掘，不仅取得重要成果，还与南京大学、山东大学、复旦大学、中山大学等院校考古系建立了良好的合作关系，扩大了宁波考古工作影响力和人才引进感召力。此外，宁波市文物工作者先后赴省内外、国内外，参与舟山水下考古调查，南海1号、辽宁水下考古调查，湖南水下遗产保护调查及肯尼亚水下考古援助等工作。

国家水下文化遗产保护宁波基地筹建进展顺利。宁波市文物考古研究所负责编制的《水下考古在中国》专题陈列大纲经国家文物局水下文化遗产保护中心、中国国家博物馆及全国各地专家论证通过。陈列展出文物已开始整理、征集、借调。

四、文物宣传、学术研讨和文化活动备受关注，对外文化交流水平取得新进步。

2013年，宁波市举办河姆渡考古发现40周年系列纪念活动，取得丰硕成果。保国寺举办大殿建成1000周年纪念系列活动。文博界、建筑学界以及国内会馆、名楼负责人等150余人参与了多项学术研讨。形成的《宁波建议》为保国寺下一步保护与利用奠定基础。

慈溪市第二届中国越窑青瓷文化艺术节取得成功。来自英国、法国、美国、韩国、新加坡、澳大利亚、日本，中国大陆、台湾、香港等地的160余位专家学者参加了“南青北白——越窑与邢窑学术研讨会”。上林湖大遗址保护和考古遗址公园规划实施开始启动，申遗工作列入慈溪市政府重要议事日程。

2013年国家社会科学基金重大招标项目（第二批）立项结果公布，宁波大学与天一阁博物馆联合申报的“天一阁所藏文献分类整理与研究”入选。该项目拟对天一阁所藏善本书籍、珍本明人文集、清代稿本、家谱资料、海洋文献等五大类文献进行专门整理和研究。由东南大学出版社出版的《宁波保国寺大殿：勘测分析与基础研究》入选国家“三个一百”原创图书出版工程。

甬台两地举行妈祖亲缘会香活动和沈光文文化节。天一阁博物馆文物科技保护博士曹明应邀赴台讲学。天一阁博物馆参与甬港合作论坛系列活动，馆藏精品展赴香港展出，并聘任国学大师饶宗颐担任天一阁名誉馆长。作为全国最年轻的国家一级博物馆，宁波博物馆与美国大都会博物馆建立友好联系，与大英博物馆、法国卢浮宫开展交流合作意向商谈。

国内外更加关注并参与宁波历史文化遗产的保护与利用。“宁波钱庄与近代金融业文化展”在北京中国钱币博物馆开展。《日本德川博物馆藏品录·朱舜水文献释解》首卷由上海古籍出版社出版。鄞州居家博物园作为传统文化的代表，在被称为“世界十字路口”的纽约时报广场亮相，向美国人民展示中国江南传统建筑及居家文化。天一阁书画院设立，潘公凯受聘担任院长。

五、行政监管水平努力加强，许可执法能力进一步提升。

针对行政审批项目许可权下放的趋势，宁波市在2013年着力探索基层文保工作生命线建设，加强了基层文博干部“四有”工作业务培训；加强了基层责任文保员、业余文保员建设；在文物相对集中的村落探索建立文物监察大队（如成立余姚梁弄文物监察中队）；还在文博系统基层开放管理的文保单位（点）建立文保所（站）。鄞州区业余文保员团队荣获第六届“薪火相传——中国文化遗产保护年度杰出团队奖”。象山县管辖海域内文化遗产联合执法工作站的建立，使宁波走在全省常态化开展管辖海域内文化遗产联合执法工作的前列。

甬江女中修缮工程动工

1月16日,海曙区甬江女中旧址教学楼及礼堂修缮工程正式动工。旧址位于海曙区和义路106号,2003年公布为宁波市第三批市级文物保护点。

宁波服装博物馆举办“三江荟萃——历代精品铜器展”

1月17日,宁波服装博物馆举办“三江荟萃——历代精品铜器展”。展览共展出历代铜器140余件,年代自汉至民国(其中汉代3件、唐代1件、明代3件、清代35件,其余为民国时期),种类包括生活器具、生产工具、缝纫器具、钱币、佛教用品、兵器等。

余姚博物馆举办“东土梵珍——古代佛教文物陈列展”

2月9日,余姚博物馆举办“东土梵珍——古代佛教文物陈列展”。展览共展出浙江省博物馆提供的66件展品,涵盖了唐、五代、北宋、清等不同时代的佛像、佛塔及各类供养物。

宁波市新增25处文物保护点

3月12日,宁波市文化广电新闻出版局等单位联合发文公布了25处文物保护点。这些新公布的文物保护点主要位于东钱湖旅游度假区、国家高新技术产业开发区、大榭开发区内,包括古墓葬、古遗址、古建筑、石窟寺及石刻、近现代重要史迹及代表性建筑等类型。

宁波地区古代城址考古(2013—2016)项目获得立项

4月10日,国家文物局下发文件,同意宁波地区古代城址考古(2013—2016)项目立项。根据批复意见,宁波市文物考古研究所将在2013年至2016年继续主持开展鄞江古城、鄞县旧治和鄮县旧治的考古调查、勘探、试掘。这是宁波继句章故城之后又一获得国家批复立项的主动性考古项目。

宁波博物馆举办多项展览

4月10日,由宁波博物馆与青州市博物馆共同策划举办的"千年重光——山东青州龙兴寺佛教造像"展在宁波博物馆开幕。展览共展出文物50件,集中展示了中国北朝佛教艺术的成就。

4月26日,"文房雅玩——江南明清文人书房用品展"在宁波博物馆开幕。展览分为"文房四宝"、"文玩雅事"、"书斋陈设"三部分,共展出苏州博物馆的江南明清时期文房工艺精品85件(套)。

7月26日,宁波博物馆和首都博物馆合作举办的"慈悲梵音——中国古代观音菩萨造像"展在宁波博物馆开展。展览分印度传、汉传、藏传三大部分,展出了来自首都博物馆的133件(套)文物展品,除金、银、铜、陶、木材质造像外,还有绘画和唐卡。展品年代多集中在明清时期,最早为唐朝。

8月20日,"瓶壁生辉——中国历代壁瓶精品展"在宁波博物馆开展。展览展出的壁瓶近半来自宁波博物馆馆藏,其中大部分又是甬籍著名收藏家秦秉年的捐赠。壁瓶又称轿瓶、挂瓶,是瓷器中一个特殊的分类,起源于唐宋,明朝中期成熟,清乾隆年间达到艺术高峰。

宁波钱币博物馆举办"货币历史文化展"

5月22日,由中国人民银行宁波市中心支行、宁波市钱币学会主办的"货币历史文化展"在宁波钱币博物馆(钱业会馆)开展。展览由历代货币、在宁波发现的外国货币和宁波钱庄、"宁波商帮"钱币等部分组成,共展出货币藏品近3000枚(张)。

余姚举办《河姆渡遗址——四十年发现路》巡展

6月28日至9月27日,由浙江省文物考古研究所、余姚市委宣传部、余姚市文化广电新闻出版局联合主办，河姆渡遗址博物馆承办的《河姆渡遗址——四十年发现路》巡展在余姚市21个乡镇、街道巡回展出。展览收录了300多幅图片，分《考古篇》、《保护篇》、《博物馆篇》、《研究交流篇》4个篇章，回顾和展示了河姆渡遗址发现40年来取得的成绩，3万余人参观。

港口博物馆接受宋代罗盘陶俑捐赠

7月6日，江西罗忠华向正在建设中的宁波港口博物馆捐赠了一尊宋代罗盘陶俑。该陶俑高16.6厘米，底径5厘米，立人束发，身穿右衽长衫，四方形底座，怀抱一个带有指针的大罗盘。针中部为棱形，中间有小洞，针两侧呈长条状，作左右指向，右指针针端为矛头状。整个指针位置居于罗盘中央，罗盘为宽平面环状，有明显表示刻度的条纹。

慈溪举行郭永尧文物捐赠仪式

7月17日，郭永尧文物捐赠仪式在慈溪市博物馆举行。郭永尧向慈溪博物馆捐赠了自西晋至民国时时期的文物共计180种252件文物，包括瓷器、金银彩绣、漆器、铜器等种类，10件以上属国家三级文物。这是慈溪博物馆自建馆以来收到的最大一笔个人捐赠。

奉化出台鼓励民办博物馆发展意见

9月25日，奉化市政府印发《关于鼓励和促进民办博物馆发展的若干意见》，要求各地各有关部门将民办博物馆纳入经济社会发展规划，给予资金、用地、政策等支持，强化对民办博物馆的管理，提高准入门槛、严格审批，打造精品民办博物馆，培育知名度和影响力，保证开放时间。

宁波市民办博物馆协会成立

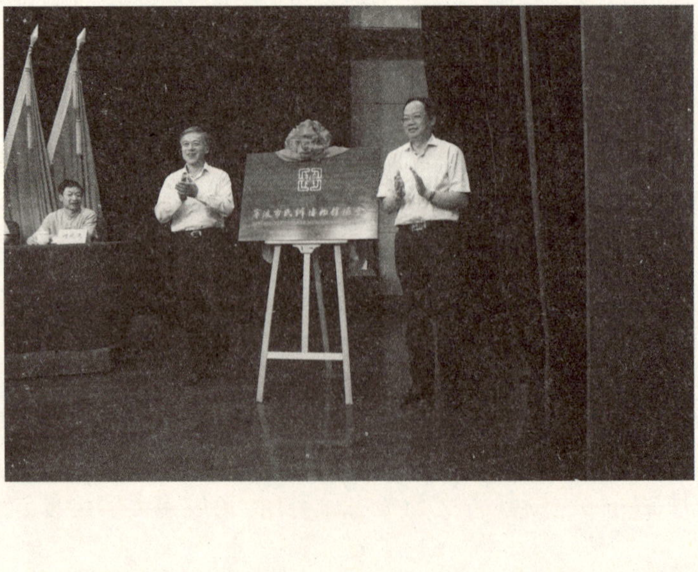

9月28日，宁波市民办博物馆协会成立大会举行。全市48家民办博物馆馆长和12位个人会员作为正式代表参加了会议。民政、文化、财政等相关部门领导及各县（市）区文化部门分管领导、博物馆馆长、文管办主任应邀出席或列席。大会审议通过了协会章程、审议表决协会会费收取办法，选举产生了协会第一届理事，随后召开了一届一次理事会会议，选举产生会长、副会长和秘书长。

五代古窑址整体搬迁

10月13日，宁波市文物考古研究所对新发掘的三座五代吴越国时期陶窑实施整体吊装。这三座陶窑是2013年4月至9月宁波市文物考古研究所在育王岭隧道东麓的璎珞村建设地块发掘的，其中一座保存较为完好。窑炉呈椭圆形，炉内前砌挡火墙，后筑排烟道，窑室中主火道和环形火道相连，是典型的馒头窑结构，为宁波地区迄今发现保存最完整、时代最早且用途明确的砖瓦窑，为当时砖、瓦生产工艺和制作技术研究提供了实物资料。宁波市文物考古研究所与南京博物院、金陵文物保护研究所开展合作，经过近一个月的霉菌清理等科技保护后，将陶窑整体搬迁到国家水下文化遗产保护宁波基地。

镇海发现三处河姆渡文化类遗址

10月至11月，宁波市文物考古研究所相继在镇海九龙湖区域发现了鱼山遗址、乌龟山遗址、马家桥遗址等一组三处河姆渡文化遗址。三处遗址相距不远，分布集中，填补了镇海区域史前文化的空白，也为河姆渡文化的时空分布及古海岸变迁等方面研究提供了新的实物资料。

慈溪市举办第二届越窑青瓷文化节

11月1日，由浙江省文化厅和慈溪市政府主办的第二届中国（慈溪）越窑青瓷文化节在慈溪上林湖荷花芯窑址举行开幕式。本届越窑青瓷文化节以“保护·传承·创新·发展”为主题，举办研讨、演出、展示、体验、交易等5大类十余项活动。其中中国古陶瓷学会2013年年会暨“南青北白”越窑与邢窑学术研讨会是重要活动之一，150位国内外专家学者围绕越窑与邢窑等学术问题展开研讨交流。

天一阁举办“五彩东方、龟兹古韵—龟兹壁画临摹作品展”

11月11日，新疆阿克苏地区库车县委宣传部、宁波市文化广电新闻出版局主办，新疆龟兹研究院、天一阁博物馆承办的“五彩东方、龟兹古韵——龟兹壁画临摹作品展”在天一阁书画馆开展。展览展出39幅作品，反映了龟兹古国的生产生活方式、思想观念、风俗习惯和社会风尚。新疆龟兹研究院专家还在宁波举行了三次龟兹历史文化主题报告。这也是宁波市第二届对口援疆经贸文化交流周的重要活动。

宁波市开展第五个历史文化名城保护日系列活动

12月8日起，宁波市围绕“城市·建筑·文化”主题，陆续展开第五个历史文化名城保护日系列活动，内容包括保国寺大殿揭碑仪式、文化遗产可持续发展研讨会、中国会馆保护与发展研讨会、“意匠华夏——中国古建筑经典模型展”等十余项。2013年恰逢保国寺千年大庆和庆安会馆160周年，保国寺古建筑博物馆举办了《保国寺大殿千年纪念碑》揭幕仪式、文化遗产

可持续发展学术研讨会、《风雨千年——保国寺(书·画·印)》长卷作品展等纪念活动,还与日本元兴寺文化财研究所签约建立友好单位、开展合作。庆安会馆举办了建馆160周年暨2013中国会馆保护与发展(宁波)研讨会等项目。

温州市

2013年，温州市文物工作全面贯彻落实中共十八届三中全会精神，以创建国家历史文化名城为契机，项目建设为载体，进一步加大申报保护力度。各项既定工作圆满完成，取得了成绩。

一、可移动文物普查工作全面铺开。

根据浙江省文物局统一部署，温州全市下发开展普查工作的通知，组建普查领导小组和办公室，抽调业务骨干成立普查队伍，并向财政部门申请专项经费。7月，全市普查人员参加全省普查培训后，转入实质性调查摸底阶段，通过和统计部门的主动对接，完成调查表的发放和回收，共发放调查统计表5112份，回收5112份，回收率达100%。其中反馈有文物藏品的单位113家，占2.21%。

二、名城申报保护工作成效显著。

2013年，温州市对照国家级历史文化名城验收评估标准，开展市本级老城区范围内历史建筑、50米以上历史街巷、街区内历史环境要素的调查登记，为历史建筑公布挂牌做好相关基础工作。根据温州市政府投资计划，市本级共投入名城保护专项资金近亿元，完成了夏承焘旧居等3处文保单位的住户腾空，东瓯王庙等7处文保单位的维修，马孟容马公愚艺术馆等5处专题博物馆的建设及10位温州历史文化名人雕塑的前期工作。文物部门不断加大历史文化名城申报保护宣传力度，邀请专家来温对申报工作进行指导、把脉，增强名城申报工作的针对性和实效性，塑造温州良好的城市文化形象。为加大古城街区整治保护力度，文物部门配合市名城集团提出“三纵四横多点”街区整治方案，做好谯楼子城城墙修建及周边环境整治工程、东瓯王庙修缮及周边环境整治工程建设；配合规划等有关部门完成江心屿历史地段保护整治及文化展示方案、曹湾山遗址保护规划及遗址公园建设规划、温瑞塘河水系沿岸文物古迹保护方案的编制。

三、文物保护基础不断夯实。

2013年，温州市做好文保单位腾空修缮，文物保存完好率不断提升：4月完成东瓯王庙、东瓯王墓修建工程，7月完成让平祖居修缮布展；三垟周氏旧宅、魁星阁、杨宅、温州天主教堂、华盖山城墙等5处文保单位的修缮完成，飞鹏巷陈宅、沧河巷金宅等文保单位的维修进度加快。各县（市、区）做好龙湾永昌堡、瓯海泽雅造纸作坊、乐清南阁牌楼群、瑞安利济医学堂、永嘉宗祠建筑、平阳顺溪古建筑群、苍南蒲壮所城、泰顺上交垟土楼等文保单位的维修。

3月，国务院公布了第七批全国重点文保单位，温州市曹湾山遗址、国安寺塔、楠溪江宗祠建筑群、泰顺土楼等14处名列其中，全市国保数量上升至29处。8月，住建部公布第二批中国传统村落，永嘉县岩头镇苍坡村、苍南县龙港镇鲸头村、泰顺县泗溪镇下桥村等3处古村落入选，全市中国传统村落增加至8处。

3至5月，温州市配合省文物考古研究所对瓯海丽岙基建工地进行抢救性发掘，发掘东汉及六朝砖室墓11座、唐代土坑墓1座、清代砖室墓1座，出土各类文物60多件，其中"兴平四年九月六日立"铭文的东汉古墓出土了双耳锅、盘口壶、五联罐、簋、甑、铜钱、铁刀等一大批器物。3至7月，在省文物考古研究所指导下，温州市文保所对洞头县九亩丘遗址进行发掘，发现南宋时期煮盐遗址，为温州古代民营制盐业及其工艺技术演进研究提供了重要依据。同时，文物部门配合市名城集团做好温州老城区谯楼、府学孔庙和州治府衙等遗址的考古调查勘探。

四、博物馆建设与管理扎实推进。

2013年，温州各县（市、区）加快综合博物馆建设，瑞安博物馆于11月6日正式对外开放。瑞安市文物保护管理所另行设立。瓯海、苍南、乐清、文成、泰顺、洞头博物馆新馆主体工程结顶，着手陈列布展。永嘉、平阳博物馆新馆建设工程有序推进。龙湾博物馆外立面整治工程完工，转入展厅陈列布展更新。瓯海、文成均设立博物馆机构，瓯海增挂文物保护管理所牌子。

温州市本级在完善、提升温州南戏博物馆、谢灵运纪念馆和数学名人馆等陈列展示的基础上，先后建成、开放了东瓯国历史陈列馆、让平祖居陈列馆、马孟容马公愚艺术馆等3座专题馆，同时着手筹建温州金融博物馆和夏承焘纪念馆。9月，温州市政府出台《关于促进民办博物馆发展的实施办法》，加大了对民办博物馆建设扶持力度。为合理利用文保单位，确保财政资金有效投资，创新办馆模式，有关方面利用广化路杨宅向社会公开招租创办民办博物馆，通过对参选单位藏品质量、数量及办馆资金等各项因素的综合评估，经过数轮论证筛选，最终确定开办温州武术史馆。

温州博物馆全年举办"锦绣中华——中国刺绣精品展"、"战争与和平——俄罗斯油画展"、"山哈风韵——畲族文化风情展"、"温州民间藏品展"、"永嘉大师证道歌书画展"等展览21场，开展讲解483场，接待观众近95万人次，并按时完成了国家二、三级博物馆运行评估网上填报。

五、文物安全执法力度不断加大。

根据国家文物局、省文物局《关于开展文物系统安全大检查的通知》、《关于加强汛期文物安全工作的紧急通知》文件精神，温州开展全市文物安全大检查，并在各地自查的基础上，对全市11个县（市、区）省级以上文物保护单位、文物库房进行了重点抽查。针对检查发现的各类问题，温州市文物局于8月9日召开全市文物安全执法大检查情况通报会，对50余处文保单位的巡检情况进行通报并提出整改要求。

六、文物宣传研究工作亮点纷呈。

2013年，温州市全力开展历史文化名城申报宣传，制定了2013年至2015年名城申报宣传总体策划方案，举办了温州建城2205周年、永嘉大师圆寂1300周年、苏步青诞辰110周年、马孟容马公愚诞生120年等系列纪念活动；同时利用国际博物馆日和文化遗产日加大文物宣传工作力度，营造名城申报良好氛围。

文物部门加快了《温州通史》编纂进度，各专题史初现成果。有关专家在温州电视台《百家讲坛》栏目开展宣传。《永嘉大师证道歌》、《苏昧朔画集》、《温州非遗》等书籍，文物普查成果系列丛书之《温州古戏台》、《温州古井》、《温州近现代建筑》、《温州古桥梁》正式出版。停办了十余年的《温州文物》学术刊物正式复刊，收录省内外相关文章30余篇。文物部门还配合温州市名城集团制定了《温州历史建筑认定标准及管理办法》、《历史文化街区保护管理办法》、《文物建筑保护修复技术规范》等规范，修改、完善了《温州城市文化提升工程》。

温州博物馆开展多元信息化服务

1月，温州博物馆开通官方微博，改进了博物馆网页版面，开设了历史馆、自然馆、工艺馆、网上360度展厅等栏目，制作了可供漫游的虚拟“温州古城”信息平台。

洞头九亩丘宋元时期盐业遗址考古

1月至10月，温州市文物保护考古所联合洞头县文物保护所对九亩丘新石器遗址地段进行考古发掘，发现地下煮盐遗迹并进行了抢救性发掘。发掘面积300余平方米，发现盐灶、卤坑、和泥坑、房址和约100平方米的摊场、引、蓄潮水设施等遗迹现象，出土制盐陶用具数百件。九亩丘盐业遗址是我国东南沿海地区发掘的首座盐业遗址。11月6日，浙江省文物局会同有关部门召开会议，对遗址回填保护提出了工作方向与要求。

平阳县博物馆举办专题展览

2013年春节期间，平阳县博物馆举办“吴招廉先生书画藏品展”，展出吴招廉数十年收藏的吴蓬、吴思雷、马公愚、许继善、刘艺、蔡笑秋等近现代书画大家的70多幅作品。7月，平阳县博物馆举办“平阳博物馆馆藏书画精品展”，共展出清代至近现代的馆藏书画作品67件（套）。10月，平阳县博物馆联合平阳县科协引进浙江省自然博物馆的“浙江省未成年人生态教育行动图片展”，在昆阳等镇（乡）的9所院校进行了10场巡回展出，这也是平阳博物馆馆首次引进展览。

专家调研蒲壮所城

3月26日，有关专家一行三人对苍南县全国重点文物保护单位蒲壮所城保护规划所涉及的难点问题进行调研。专家实地踏勘了白湾堡、壮士所城、蒲壮所城，与当地政府及相关职能部门就白湾堡、蒲壮所城的文物保护与利用、群众居住条件改善、保护建控地带划分、古建筑保存现状等问题进行了探讨研究。

文成举办施昌秀戏画作品展

3月30日，文成县举办“戏画联袂、文脉天成——施昌秀戏画艺术精品展”。画展共展出施昌秀以“四大南戏等为主创作的戏画作品104幅。施昌秀，文成县玉壶人，1944年出生，17岁起开始舞台美术设计，50年来致力于绘画创作，并将绘画技艺与舞台经验相结合。

瓯海发掘清理古墓葬

3月至5月，瓯海区文博馆联合浙江省文物考古研究所、温州市文物保护管理所完成了两处工程建设区域的考古发掘清理工作，在温州文化创意园区发掘汉六朝砖室墓、唐代土坑墓、清代砖室墓共13座，出土文物60余件；在高铁公路吹台山隧道口工地基建用地范围内清理了

27座明清砖室墓，出土各类文物35件。

飞鹏巷陈宅维修工程及马孟容马公愚艺术馆陈列布展工程实施

飞鹏巷陈宅维修工程于3月开工，12月竣工，主要对主楼、附属楼屋面及望板、门窗、墙面进行修复，在附属楼北侧复建一栋二层展陈用房。

马公愚马孟容艺术馆陈列布展工程于10月进场。主楼展示了马孟容、马公愚生平，附属楼展示了马香霞、马蔚霞、马兰笙等马氏书香传家的事迹。展馆于12月16日对外开放。

东瓯王墓文化公园开园

4月4日，位于温州市鹿城区双屿街道瓯浦垟村景山北麓的东瓯王墓文化公园开园。该园用地面积约23公顷，是以东瓯王墓为主体的纪念性公园。东瓯王墓是温州市区目前仅存的王墓遗址，其修扩建工程完成了墓区、神道、石像生、牌坊、周边绿化、景观游步道、排水沟等建设，12月竣工并通过验收。

永嘉县首次发现岩画

4 月 16 日，永嘉县在离岩坦镇暨家寨 2.5 公里，与仙居交界的西北面海拔 900 米的山上，发现了面积约 40 平方米的岩画。岩画刻于一块表面平整、约 45 度的巨型岩壁上，有大小不一、形状各异的人物及疑似房屋、兔子、棋子、耙锄、磨盘等图形，初步认定为古越文字。这是永嘉县首次发现岩画。

温州举行建城 2205 年纪念暨东瓯王庙重修竣工仪式

4 月 17 日，纪念温州建城 2205 年暨东瓯王庙重修竣工仪式在温州市举行。《史记·东越列传》记载，公元前 192 年汉惠帝封驺摇为东海王，都东瓯，是为温州建城之始，距今已有 2205 年。活动上举行了东瓯王祭祀仪式。东瓯王庙修建工程是温州市 2013 年重点文化工程，2011 年 8 月启动，2013 年 4 月竣工，费用约 1300 万元。

洞头东沙妈祖宫进行妈祖文化宣传

4 月，洞头县结合第四届妈祖平安文化节和文化遗产日开展文化遗产宣传，启动了东沙妈祖宫景观设计，编制了东沙妈祖宫学术宣传资料《村庙神圣性的时空分层研究》，完成了《第四届妈祖文化概览》录像拍摄。

永嘉参与美丽乡村建设

4 月，永嘉县文物馆联合岩头镇政府启动了岩头镇苍坡村、芙蓉村古建筑群美丽乡村建设，9 月完成林曦明书画馆建设，11 月完成芙蓉村古建筑群 9 处重点文物保护对象的保护利用方案，对芙蓉古村内长寿馆、耕读馆、宗族馆等 22 个展馆整治进行了业务指导和巡查监管，同时落实美丽乡村“百村千处”工程任务。

乐清举办中小学生文化遗产保护知识征文比赛

6月，乐清市博物馆与乐清市青少年宫联合举办中小学生走进文保单位暨文化遗产保护知识征文比赛活动。活动共收到征文76篇，并评出一等奖5篇，二等奖10篇，三等奖20篇，还出版了《乐清市文化遗产保护知识征文比赛获奖作品集》。

泰顺上交垟土楼修缮工程竣工

6月，泰顺上交垟土楼修缮工程竣工。上交垟土楼是浙江省境内唯一一座土楼，建于清代咸丰年间，为二层土木混合结构建筑。因年久失修，土楼墙体开裂，屋面破损，瓦椽霉烂，内部板壁及门窗严重缺失。修缮工程于3月开工，对土楼屋面、木构架、墙体和地面等进行了修缮。

温州谯楼子城城墙遗址实施考古清理

8月至11月，温州市文物保护考古所对谯楼西侧原教育局办公楼旧址地块进行考古勘探。勘探以小探沟的形式揭露了谯楼早期门址及相连的城垣遗迹，并发现一段晚期城垣遗迹和门址，还出土了五代至北宋时期花卉纹瓷枕、花口盘等一批瓷器、瓦当标本。

苍南灵鹫寺单檐塔修缮工程竣工

9月2日，苍南县县保灵鹫寺单檐塔修缮工程竣工。该工程于2011年8月启动，累计投资15万元，对周围环境进行了清理平整，恢复了灵鹫寺单檐塔的宋代风貌。

温州博物馆开展送展、送书下乡宣教活动

9月3日，温州博物馆组织送展下乡至乐清虹桥，12月6日又联合温州医科大学第二临床医学院为瓯海南堡小学建立爱心书库。该活动是温州博物馆"爱心书库计划"项目之一。

净光塔塔砖交接暨拓片捐赠仪式举行

9月25日，温州市举行净光塔塔砖交接暨拓片捐赠仪式。仪式上移交了2002年至2004年间净光塔重建时出土的200多件塔砖、瓦当头等文物及初拓本拓片。净光塔为永嘉大师真身舍利塔。永嘉大师即释玄觉，字明道，唐代高僧，所著《证道歌》、《禅宗悟修圆旨》等闻名海内外。11月，温州市有关部门举行纪念永嘉大师圆寂1300周年活动，将这批文物重新放置到净光塔地宫中供市民参观。

瓯海抢救发掘东晋纪年墓

9月27日，瓯海区文博馆联合温州市文物保护考古所对丽岙街道丽塘村小山东南麓的东晋纪年墓实施清理，共出土各类文物十余件，还发现了有明确纪年的铭文砖。

温州博物馆开展馆际交流合作

9月28日，温州博物馆藏海派名家书画精品展在东莞市可园博物馆开幕。展览共展出温州博物馆馆藏吴昌硕、蒲华、张大千、郑曼青、刘旦宅等海派名家作品51件。另外，温州博物馆还先后送展至中国丝绸博物馆、瑞安市博物馆，与天津李叔同纪念馆联合举办了“李叔同书法、信札展”。

平阳县公布第十一批县保和第六批县文保点

10月22日，平阳县公布14处第十一批县级文物保护单位。25日，平阳县文化广电新闻出版局公布13处第六批县级文物保护点。

温州博物馆举办小小文化讲解员评选

10月27日，温州博物馆第二届小小文化讲解员评选活动正式启动。活动评选出十佳小小文化讲解员和20名优秀小小文化讲解员。30名获奖选手还被聘为温州博物馆"小小志愿讲解员"，接受专业讲解培训。

杨宅创办民办博物馆试点

10月，温州市推出市级文物保护单位杨宅免费租赁，创办具有温州地方文化特色的民办博物馆的试点，共有12家单位及个人入围。12月，专家评审会最终确定温州武术史馆为免费租赁创博物馆的业主。

周昌谷艺术馆举办周沧米书画展系列活动

10月，乐清周昌谷艺术馆完成周沧米书画展示厅布展，举办了周沧米捐赠书画展、周氏兄弟艺术馆揭牌仪式及周沧米书画艺术研讨会等活动。同时，周昌谷艺术馆还开展了一系列书画交流活动：8月组织乐清市油画协会会员30余人赴洞头开展油画写生，创作作品60余幅；12月举办了全国油画名家画雁荡，"瓯山瓯水"走进乐清展览等活动。

蒲壮所城启动涉台文物金东故居维护工程

11月，苍南县蒲壮所城启动涉台文物金东故居维护工程。金东（1836—1894），1869年上书提出全面开发台湾计划。金东故居为两进七开间清代木构建筑，占地面积684平方米。因受超强台风"菲特"和年久失修影响，故居正厅梁架霉烂破损，多数木构件糟腐下垂，西立面结构坍塌。维护工程对故居屋面、瓦椽、木梁架、门窗及地面进行修复，以恢复建筑原有面貌。

蒲壮所城金德宽故居抢修工程竣工

11 月，蒲壮所城金德宽故居抢修工程竣工。金德宽（1808—1863）系苍南籍书画家。故居建于清代，系七开间木构建筑，整体保存完整，建筑面积260 平方米。因受台风和生活改建等因素影响，故居受到一定程度破坏。工程于9 月启动，共投入20 万元。

莒溪刘基文化园“伯温碑林”落成

12 月1 日，苍南县莒溪刘基文化园“伯温碑林”落成揭幕仪式举行。“伯温碑林”位于刘基庙庑廊内，全长258 米，共有碑刻188 方，均嵌于山墙内侧墙体，累计投资580 万，大部分资金由刘氏后裔筹集。

蒲壮所城19 处文保点立碑保护

12 月 12 日，苍南县蒲城文保所对蒲壮所城棕利头营寨、雷奥烽堠、田寮烟墩、打石坑烟墩等 19 处文保点树立文物保护点标志碑。

马孟容马公愚艺术馆举办开馆暨纪念活动

12 月 16 日，马孟容、马公愚诞生 120 年系列纪念活动在温州举行。活动由温州市政府主办，内容包括马孟容马公愚艺术馆开馆、马孟容马公愚作品展、马孟容马公愚书画艺术研讨、马孟容、马公愚家族向温州博物馆捐赠马家历代书画名家作品及收藏品等。马孟容、马公愚是温州海上画派群体的代表。

潘岱砚下孙诒让故居实施维修

12 月，瑞安市潘岱砚下孙诒让故居维修工程竣工通过验收。孙诒让故居建于清同治年间（1862—1874），因年久失修及后期生产生活改建，建筑本体和周边环境受损。2013 年，瑞安市政府先后投入1500多万元，对孙诒让故居住户进行腾空安置，并委托完成了故居维修方案的设计。工程于5月进场施工，共投入362万元。

利济医学堂旧址实施地面抢修

12月，瑞安市利济医学堂旧址地面沉降抢险加固维修工程竣工。因旧址西侧开挖基坑，导致旧址地面不均匀沉降、开裂，出现安全隐患。施工方案于7月设计、编制，8月开始进场施工。

玉海楼、利济医学堂列为宣教阵地

12月，玉海楼被列为温州市干部教育培训现场教学示范基地，利济医学堂被列为温州市爱国主义教育基地。

永昌堡王氏宗祠油饰工程竣工

12月，永昌堡管委会对王氏宗祠实施油饰工程，并通过温州市文物专家组预验收。

温州博物馆举办精品展览

2013年，温州博物馆举办精品展览14项：5月18日，“战争与和平——俄罗斯油画展”开幕，共展出45幅前苏联卫国战争题材油画。7月23日，温州民间藏品展展出温籍藏家的文物400件。10月1日，“瓷海明珠——龙泉窑青瓷精品展”共展出北宋至民国时期的青瓷精品129件，其中国家一级文物12件。11月18日，“永嘉大师证道歌书画展”共展出温籍书画家以永嘉大师和《证道歌》为题材创作的书画作品31幅。这也是温州市纪念永嘉大师圆寂1300年系列活动之一。

乐清市博物馆征集、修复多件文物

2013 年．乐清市博物馆共征集明代赵氏墓志等文物6件，社建文物307件；完成柳市峡门村明代墓群出土泥俑的修复和整理，共计修复文物43件。

《洞头县野外文物古迹规划》完成

2013 年，洞头县文保所对洞头县野外文物古迹进行实地踏勘与资料整理，并提供了1：500、1：5000、1：10000 地形图资料，完成了《洞头县野外文物古迹规划》初稿。

平阳县推进省级历史文化名城申报

2013 年，平阳县推进申报省级历史文化名城工作，平阳县委、县政府与名城申报工作各牵头单位签订工作责任书，编制完成了平阳县、腾蛟镇、顺溪镇、坡南街、东门街等保护规划，启动了47个省级历史文化名城项目，划定了共计21.5公顷，包含95处历史建筑的坡南街、东门街保护核心区，并完成挂牌保护63处，还启动了东门街地下管网工程，推进坡南街强弱电入地工程，完成坡南街排污管网和河道清淤工程，逐步完善全县名城宣传阵地网络。

平阳实施顺溪古建筑群保护修缮工程

2013 年，平阳县组织实施全国重点文物保护单位顺溪古建筑群的保护修缮工程：完成老大份大屋保护修缮工程扫尾工作并通过市级预验收，老七份大屋南侧院保护修缮工程开展，陈有相大屋修缮工程招投标完成，新二份大屋保护修缮工程招投标前期工作启动，新大份大屋、老二份大屋、老四份大屋及陈氏宗祠等保护修缮工程设计方案通过浙江省文物局审核批复。

文成县做好“三普”文物保护后续工作

2013 年，文成县完成“三普”后公布的41 处县保和20 处文保点的标志碑、说明碑树立工作，完成了大会岭、道岭古道保护规划、玉壶中美合作所旧址——上新屋古民居维修方案、坦歧炼铁厂旧址和大会岭古道半岭处的许府庙及几处路亭的修缮设计方案的编制，着手进行维修。

嘉兴市

2013年，嘉兴市文物工作围绕大运河申遗，按照2013年文化工作总体要求，扎实推进，取得了成效。

一、全面启动全国第一次可移动文物普查

按照省文物普查办统一部署及《嘉兴市第一次全国可移动文物普查实施方案》要求，嘉兴市稳步推进第一次全国可移动文物普查。

4月，嘉兴市政府下发《关于在全市开展第一次全国可移动文物普查的通知》，成立普查领导小组及领导小组办公室；5月出台《嘉兴市第一次全国可移动文物普查实施方案》。8月，嘉兴市普查办在对市统计局及市编办提供的名单进行核对后，开始对市本级1000多家国有单位进行文物收藏摸底调查；市政府召开了嘉兴市第一次全国可移动文物普查领导小组会议。嘉兴市普查办也于8月和9月分别组织、召开嘉兴市第一次全国可移动文物普查工作会议及嘉兴市第一次全国可移动文物普查联络员会议，对市本级普查工作进行具体部署。11月26日，嘉兴市邀请专家赴嘉兴博物馆，为100名全市第一次可移动文物普查中反馈有文物收藏的国有单位的相关业务工作人员及各县（市、区）普查办业务人员进行了可移动文物认定培训。截至2013年底，全市“一普”工作顺利完成第一阶段，第二阶段有序展开。全市确定83家单位有文物遗存，共计约38万件（套），其中嘉兴市本级反馈有文物遗存的单位15家，藏品约12万件（套）。

二、全力推进大运河保护与申遗

自2007年以来，嘉兴市的大运河文化遗产保护取得显著成绩，完成了2013年7月的国家预检和9月的国际专家现场考察评估。

根据国家、省文物局专家意见，嘉兴市继续开展大运河申遗点段保护与整治，对长虹桥周边环境整治进行调整、完善，完成了长安镇一坝三闸沿河风貌的整治。长安运河展示馆、虹桥闸改造、长安历史街区整治完工。文生修道院修缮等工程抓紧实施中。

文物部门积极做好大运河遗产展示及相关基础工作。嘉兴运河文化专题展厅完成施工、布展。嘉兴申遗点段“四有”档案根据新格式和要求进行了调整、入档。依照国家文物局统一标准，嘉兴市还实施了大运河遗产界桩、标识系统和遗产监测、档案系统建设等相关工作。

为努力做好运河宣传和迎检，嘉兴市文物部门每月编发一期工作简报，及时向省文物局、市大运河申遗领导小组报告申遗工作进展情况。嘉兴市大运河申遗办完善了大运河（嘉兴段）遗产数据平台和监测平台，下发了《大运河（嘉兴段）保护和申遗迎检工作责任分解表》，承办了2012年度全国大运河保护与申遗宣传工作表彰会暨通讯员培训班，在《中国文物报》

刊出了运河专版一期，编写完成了申遗文本《运河嘉兴》及《大运河嘉兴段保护与申遗知识读本》，出版了《运河风韵》邮册，编制了迎检方案。嘉兴市政府于7月和9月组织、召开大运河（嘉兴段）申遗迎检工作会议。

7月11日，国家大运河申报世界文化遗产项目预演组对大运河嘉兴段进行了预演检查。9月23日至9月24日，国际专家对大运河（嘉兴段）申报世界文化遗产项目进行现场考察评估，嘉兴大运河保护工作得到国际专家的认可。省文物局特地向嘉兴市政府发来感谢信。

三、稳步提升博物馆服务能力

2013年，嘉兴市以深化博物馆免费开放为着力点，打造陈列展览精品项目为抓手，提升馆际合作交流水平，引导博物馆、美术馆推出特色鲜明、富有影响的展览和活动。全市先后举办了“山哈风韵——浙江畲族文物特展”、“冰河时代巨兽——猛犸象披毛犀古动物群展”、“百块糕模展新年——民间糕模（年节做年糕用具）展览”、“函绵尺素——沈曾植友朋往来信札展”、“发展中嘉兴——纪念嘉兴撤地建市三十周年明信片展”、“版墨浙江——国际刻字艺术精品展”、“漫画端午——全国漫画作品展”、“小漫友大师班漫画作品展”等37场展览，观众约36万人次。

5月，南湖革命纪念馆获2011年度全国十大陈列展览精品奖。海宁博物馆被评为国家三级博物馆。国际博物馆日期间，嘉兴博物馆推出多项体验活动，选拔小讲解员为展览作义务讲解，还联合南湖街道组织居民开展“探索冰河世纪”系列体验活动；并继续做好“文化有约”特色活动，举办了十二期零距离赏宝。嘉兴美术馆免费培训辅导学员1870人次，涵盖了周末中国画外籍妇女传习培训、嘉兴姚庄农民画培训、版画辅导、嘉兴新居民美术辅导、漫友大师班等5项内容。

10月16日，由嘉兴市文化局、嘉兴市文物局主办的“吴云心书画作品展暨书画集首发和作品捐赠仪式”在嘉兴博物馆举行。吴云心子女捐赠了32件书画作品，丰富了嘉兴博物馆的展陈内容。

嘉兴市在《嘉兴市促进民办博物馆发展的意见》基础上，拟出台实施细则，继续鼓励、支持民办博物馆的发展。

四、着力推动文物基础工作

2013年，嘉兴市结合城市有机更新，进一步实施文化遗产保护工程，加强对文物古迹及周边环境、历史风貌的保护，进一步彰显城市特色风貌。文物部门结合嘉兴中心城区城市更新，积极参与子城片区、南湖湖滨片区、文生修道院片区、三塔路片区等重点片区的规划论证，加强片区内的文化遗产保护。有关方面重点推进马家浜遗址公园保护工程，5月完成了省级和国家级考古遗址公园申报。7月1日，马家浜遗址通过专家评定，成为首批省级考古遗址公园。

2013年，国务院核定公布1943处第七批全国重点文物保护单位，嘉兴8处榜上有名。截至2013年底，嘉兴共有全国重点文保单位20处，省级文保单位45处，市（县、市）级文保单位333处。尤其是嘉善县吴镇墓的上榜，实现了当地全国重点文物保护单位零的突破。

全市按计划对各级文物进行日常维护及修缮，完成了新塍太平桥、思家桥、多稼桥及凤桥大中桥修缮，以及范蠡湖烟草仓库一期修缮和褚辅成史料陈列室的版面更新。汪胡桢故居建筑环境维修整治方案编制，陈列大纲的编写和展陈设计完成。全市第六批省级文保单位（除京杭大运河河道嘉兴段）保护范围和建控地带进行了调整并树立了标志牌。金明寺建筑和局部外围墙改造完成，秀城桥即将启动修缮。

6月8日，文化遗产日浙江主场城市活动在南湖革命纪念馆举行开幕式，来自全省各地文博系统的近300人出席。活动期间还举行了嘉兴运河文化实物图片展、玉器知识讲座和征文比赛等活动。

“山哈风韵——浙江畲族文物特展”举行

1月28日，“山哈风韵—浙江畲族文物特展”在嘉兴博物馆开幕。展览分为畲族的历史、宗教信仰、生产和生活等四方面，展出文物238件（组），其中浙江省博物馆166件（组），丽水市博物馆和景宁畲族博物馆72件（组）。

吴镇墓环境整治方案论证会召开

3月20日，嘉善县博物馆、吴镇纪念馆组织召开省级文保单位吴镇墓环境整治方案论证会。与会人员实地考察了吴镇墓和周边环境，听取了设计单位对环境整治方案的介绍，进行了评审，提出修改和完善意见。

海宁市申报省历史文化名城完成检查评估

4月9日，浙江省住建厅和浙江省文物局组织专家赴海宁市，就浙江省历史文化名城保护及规划编制工作情况进行检查评估，并对海宁市盐官古城的保护开发和南关厢历史文化街区的建设情况进行了实地踏看，听取了海宁市名城保护工作情况汇报。

“卖花人去路还香——丰子恺书画展”开幕

5月26日，“卖花人去路还香——丰子恺书画展”在桐乡君匋艺术院开幕。书画展由浙江省漫画家协会、桐乡市文化广电新闻出版局、桐乡市文联主办，共展出丰子恺作品37件。

“端午漫画——全国漫画作品展览”举行

6月8日，由中国漫画创作基地办公室、浙江省美术家协会、中共嘉兴市委宣传部、嘉兴市文联、嘉兴市文化局联合主办的“漫画端午”全国漫画作品展在嘉兴美术馆开幕。活动共收到应征作品466件，经评选后展出作品120件，其中特邀作品21件，最佳主题作品和最佳创意作品各15件，入选作品69件。

平湖陆维钊书画院接受文物捐赠

6月8日，陆维钊家属代表向平湖市陆维钊书画院捐赠珍贵文物1222件，其中古籍及图书1129册，名人信札91通，陆维钊书法作品2件。

纪念沈钧儒先生逝世50周年学术研讨会召开

6月11日，纪念沈钧儒逝世50周年活动在嘉兴沈钧儒纪念馆举行。民盟中央副主席徐辉，民盟省委及嘉兴市有关领导、沈钧儒亲属代表、论文作者、嘉兴市沈钧儒研究会会员等100多人参加了开幕式。此次学术研讨会共收到论文、纪念文章43篇，并于11月正式集结出版了《纪念沈钧儒先生逝世50周年学术研讨会论文集》。

“丰子恺艺术进大学”活动走进中央美院

6月22日，由桐乡市文化广电新闻出版局主办，丰子恺纪念馆策划承办的“丰子恺艺术进大学”活动走进中央美院，这是“丰子恺艺术进大学”系列活动的第四站。活动分书画展览、艺术讲座、图书节三个部分，共展出丰子恺彩色漫画、黑白漫画、书法和装帧作品近百幅，举办讲座两场。

南湖革命纪念馆承办“辉煌征程——中国革命精神图片联展”

7月1日，“辉煌征程——中国革命精神图片联展”在南湖革命纪念馆展出。此次联展由嘉兴、井冈山、遵义、延安、石家庄五地举办，是2013年嘉兴红船节的重要活动，共设展板82块。

“复兴之路”刘宇一作品全国巡展（嘉兴站）展出

7月1日，“复兴之路”刘宇一作品全国巡展（嘉兴站）在南湖革命纪念馆开幕。画展由全国政协书画室主办，嘉兴市政协委员会、嘉兴市红船节组委会和“复兴之路”刘宇一作品全国巡展组委会承办，共展出刘宇一作品100多幅。

平湖市公布首批历史建筑

7月30日，平湖市政府发布《关于公布平湖市第一批历史建筑的通知》，将接官亭等29处不可移动文物列为平湖市首批历史建筑并挂牌保护。

《桐乡市历史文化村落保护规划》、《夏家浜“夏氏府第”古民居群保护规划》编制完成

8月，桐乡市博物馆编制完成《桐乡市历史文化村落保护规划》与《夏家浜“夏氏府第”古民居群保护规划》。规划将依法审批后作为桐乡市历史文化村落和古民居群保护的规范性文件。

李叔同信札赴津展出

9月29日至10月31日，平湖李叔同纪念馆与天津李叔同故居纪念馆、天津博物馆、天津美术馆、杭州李叔同弘一法师纪念馆、温州博物馆在天津美术馆联合举办《华枝春满——李叔同书法信札展》。

钟旭洲第二次文物捐赠

9月，钱币收藏家钟旭洲对桐乡市进行了第二次捐赠，捐赠文物包括2500余枚/张钱币（其中有新莽“国宝金匮直万”、南宋金叶子、汉四铢半两精美完整石范、先秦早期无文耸肩尖足空首布等珍贵品种），以及良渚文化器物、纸张字画、青铜器等200余件/套。2009年钟旭洲已向桐乡市捐赠了近3000余枚/张钱币。

平湖天妃宫炮台完成周边环境整治

9月，平湖市文物局与乍浦镇政府多次协商，确定了全国重点文保单位天妃宫炮台周边环境整治方案，至12月底完成炮台保护范围内违章建筑的拆除，在不影响整体风貌前提下修筑了保护围墙，树立了铁丝网护栏。平湖市文物局还委托完成炮台南围墙污损地方的化学处理，恢复了炮台原有风貌。

嘉兴举办吴云心书画作品捐赠仪式

10月16日，吴云心书画作品捐赠仪式在嘉兴博物馆举行。仪式上，嘉兴博物馆和吴云心子女签署捐赠协议，市政府领导颁发了荣誉证书。《吴云心书画集》首发式和吴云心书画展开幕仪式同期举办。书画展共展出吴云心书画作品120多幅。2012年9月至2013年10月，吴云心子女共向嘉兴博物馆捐赠吴云心书画作品35件。

《译界楷模、高山仰止——朱生豪百年诞辰纪念文集》出版

10月，《译界楷模、高山仰止——朱生豪百年诞辰纪念文集》一书正式出版。全书分为任

务缅怀篇、译作研究篇、综合篇三部分，辑录了2012年朱生豪百年诞辰学术研讨会上收集到的纪念文章和学术论文30篇。

中国博协纪念馆专业委员会2013年年会在嘉兴举行

11月14日，中国博物馆协会纪念馆专业委员会2013年年会暨“革命纪念馆在民族复兴中的地位与作用——纪念馆人的实践与思考论坛”在嘉兴举行。本次年会是中国博物馆协会纪念馆专业委员会第七次年会活动，由中国博物馆协会纪念馆专业委员会主办，南湖革命纪念馆承办。来自全国各地纪念馆的130余名代表参加了活动。会议做了中国博物馆协会纪念馆专业委员会2013年工作报告，初步规划了2014年的工作。论坛期间，来自中国人民抗日战争纪念馆、侵华日军南京大屠杀遇难同胞纪念馆、南湖革命纪念馆等纪念馆的10位论文作者代表作了主旨发言。

海宁市召开申报国家历史文化名城工作会议

11月25日，海宁市召开申报国家历史文化名城工作会议，听取了《海宁市历史文化名城

保护规划》编制情况及各部门2013年度申报国家历史文化名城工作汇报。

嘉善县公布县保保护范围和建设控制地带

11月29日，嘉善县下发《关于同意划定炮楼等二十处县级文物保护单位保护范围和建设控制地带的批复》，内容涉及17处第四批县级文保单位及3处第三批县级文保单位。截至11月底，嘉善县42处县级文保单位的保护范围及建设控制地带已全部公布。

丰子恺铜像落成典礼举行

12月4日，“纪念丰子恺诞辰115周年——丰子恺先生铜像落成典礼”在缘缘堂举行。典礼上还举行了吴颐人捐赠石雕《猫》揭幕仪式，《丰子恺纪念馆馆藏漫画精品选》及鲍复兴刻《缘缘堂印谱》首发式。

岳石尘作品陈列室对外开放

12月中旬，嘉兴美术馆内的岳石尘作品陈列室正式对外开放。2000年12月28日，岳石尘

向嘉兴市捐赠其书画作品100幅。嘉兴美术馆特专门开设了岳石尘作品陈列室。此次经过第二次装修后的岳石尘作品陈列室设有岳石尘生平介绍、实物陈列、作品陈列三部分内容。

岳石尘(1902—2003),岳飞28世孙,岳珂之后,生于嘉兴金坨坊,曾任中国美术家协会浙江分会会员、浙江文史馆馆员、嘉兴市文联副主席、桐乡君陶艺术院顾问、嘉兴画院名誉院长等职。

嘉兴博物馆书籍获奖

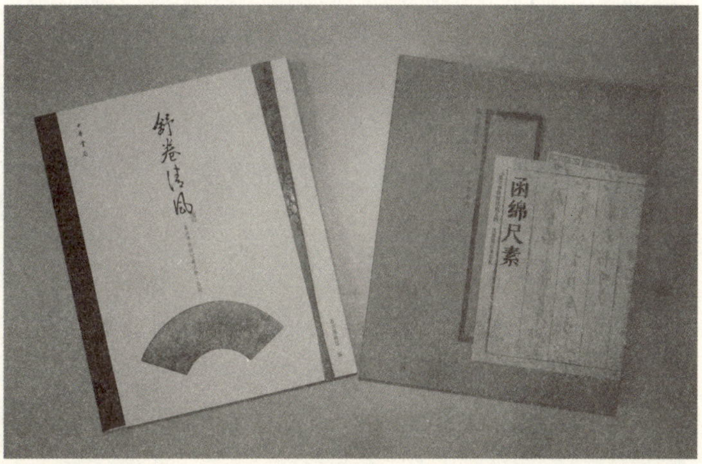

由嘉兴博物馆编辑的馆藏文物丛书《舒卷清风——嘉兴博物馆馆藏文物·扇面》和《函绵尺素——嘉兴博物馆馆藏文物·沈曾植往来信札》在第八届“全国书籍设计艺术展览”评奖中,分获艺术类和社科类优秀作品。12月29日起,入围作品在深圳展出。

全国书籍设计艺术展览诞生于1959年,是中国出版业四年一次的书籍专业大展与学术盛会。

嘉兴市加强大运河保护与申遗

2013年，嘉兴市继续加强大运河（嘉兴段）的保护和申遗，邀请专家进行现场技术指导，对遗产点及河道沿线保护整治情况进行了实地自查，提出具体要求，还召开专题会议进行工作部署，举办了培训班。市相关领导亲自进行督查，保证了大运河（嘉兴段）通过国家和国际专家考察。

嘉兴博物馆“零距离赏宝”获十佳惠民项目

在嘉兴市文化系统2012年度“五项评比”中，嘉兴博物馆“零距离赏宝”活动荣获十佳惠民项目。

零距离赏宝是“文化有约——嘉兴公益性文化场馆免费开放深化工程”启动后嘉兴博物馆推出的一项活动，每月一期，每个月第二个周六下午举办。活动根据赏宝爱好者要求，每期确定一个主题，精选一批馆藏文物精品，在嘉兴博物馆鉴赏室供零距离欣赏和探讨交流，并由博物馆的工作人员做讲解。

海宁市文物建筑维修工程进展顺利

2013年，海宁市根据《海宁市文物事业发展“十二五”规划》安排，分步骤、有重点地完成全市范围内尚未进行过首轮维修的文物建筑的保护和维修。蔡氏民宅、惠力寺等12处维修项目竣工，太平桥、德义桥和圣女小德肋撒天主堂5处维修项目完成保护方案编制和立项上报。

桐乡推进罗家角遗址保护工程

2013年，全国重点文物保护单位罗家角遗址保护工程稳步推进，完成了进村道路基础设施建设，开展了遗址内环境绿化优化工程、防洪圩堤建设、遗址内变压器线杆和村民坟墓搬迁、管理用房修建等工作。

湖州市

2013年,湖州市文物工作坚持"以文化人、以文惠民、以文兴业、以文铸城"的目标导向,重点突出,整体推进,较好完成了各项任务。

一、出色完成大运河(湖州段)保护和申遗工作。

围绕2014年大运河申遗成功的目标,湖州市按照国家及省文物局整体部署,大力推进大运河(湖州段)申遗点段的保护、整治和展示工程,完成了大运河(湖州段)遗产展示馆建设,制作了大运河(湖州段)遗产保护宣传片,完成了大运河(湖州段)标识(界桩)系统、监测系统和档案系统建设,通过了国家文物局专家组预检查和国际专家现场验收。頔塘故道、南浔古镇及京杭大运河(德清段)列入申报大运河世界文化遗产名单。

二、有效推进国家历史文化名城申报。

2013年,湖州市政府出台《湖州历史文化名城保护管理办法》和《湖州市历史建筑保护管理办法》,开展对昆山遗址、下菰城遗址及陈英士墓等国保的保护规划调研,编写了《昆山遗址保护规划》、《下菰城遗址保护规划》和《陈英士墓保护规划》立项报告,并通过国家文物局批准立项,《昆山遗址保护规划》和《陈英士墓保护规划》编制工作已启动。湖州市博物馆、湖州市文保所分设工作顺利完成。11月,国家名城考核评估组来湖实地考察,一致认为湖州市符合国家历史文化名城的基本条件。

三、圆满完成赵景心家具捐赠系列工作。

2013年,湖州市文物部门顺利受赠赵景心明清古典家具17套23件,经浙江省文物鉴定审核办公室鉴定,确认这17套23件明清家具多以黄花梨木为主,其中一级文物4套5件,二级文物7套10件,三级文物6套8件。"纪念湖州先贤赵紫宸、赵萝蕤、赵景德——紫宸园"落成典礼和"赵紫宸、赵萝蕤、赵景德家族纪念馆——明清古典家具陈列"开展仪式举行。赵景心携夫人和亲友专程参加了活动。

四、积极实施"湖州·博物馆在行动"计划。

为进一步推进国有博物馆建设,提升免费开放水平,扶持民办博物馆发展,湖州市文物局制定、实施了"湖州? 博物馆在行动计划",走访了一批行业、民办博物馆,鼓励、推动其登记注册。"5? 18国际博物馆日"期间,文物部门举行了"湖州? 博物馆在行动"启动仪式,评选、表彰了全市十佳地域文化展示示范馆,开展了"湖州博物馆群精品旅游路线首场发布体验活动暨媒体公众走进湖州博物馆群活动"授旗仪式。安吉县吴昌硕纪念馆新馆建设及陈列方案基本完成。浙江省自然博物馆迁建安吉的核心区拆迁工作基本完成。文物部门实施帮扶试点工作,加强对德清陆有仁中草药博物馆的品质提升。湖州市博物馆和德清县博物馆委派技术力量，协助陆有仁博物馆拍摄陶瓷器、字画、古籍、铜器、杂件等文物图片800余张，做好文本制作等工作，完成基本陈列“杏林之光：中医药文化陈列”的改造提升，共投入帮扶经费60万元，使民办博物馆得到健康可持续发展。为深化博物馆免费开放，湖州市博物馆继续推进“一核双翼”临展品牌建设，全年举办“疑古玄同：北京鲁迅博物馆藏钱玄同文物展”等临时展览6个。长兴县整合苏浙皖三省兄弟馆资源，推出“镌石印痕：环太湖历史碑刻拓片精萃”展。《湖州市民办博物馆建设工作调研报告》完成。湖州市及德清县分别出台了民办博物馆扶持政策，德清还实施了《德清县民办博物馆管理办法》、《德清县民办博物馆工作考核办法》。

五、精心组织、开展湖州市第一次全国可移动文物普查。

根据国家及省普查办统一部署，湖州市于2月正式启动第一次全国可移动文物普查，取得阶段性成果：全市共普查国有单位2820家（机关单位483家、事业单位1761家、国有企业和国有控股企业474家、其他单位102家，有收藏文物的单位83家），实现了国有单位类型全覆盖。其中反馈有（疑似）文物的单位84家，占全部调查单位的2.96％，居全省之首，初步统计（疑似）文物总量126985件（套）。湖州市在第一阶段成立了以分管副市长为组长，市政府副秘书长、市文物局局长为副组长，宣传部、民宗局、发改委、财政局、统计局、档案局等市各有关部门为成员的湖州市第一次全国可移动文物普查领导小组，并在湖州市文物局下设办公室，负责全市普查的日常工作；还结合当地实际制定普查实施方案；召开动员大会，组建各级普查队伍；开展了国有单位收藏、保管文物情况摸底排查。11月起，湖州市第一次全国可移动文物普查进入第二阶段，开展文物认定和信息数据登录。

六、积极推进一批重点项目。

为加强文物保护力度，湖州市在2013年完成了白莲桥、安乐桥、白龙塘桥、圣驾桥、寿安桥等第三批五座古桥的维修，编制了第四批古桥维修名单和方案；对铁佛寺实施维修，完成了府庙和頔塘碑亭维修方案。德清县编写了《德清原始瓷窑址保护规划》立项报告。长兴县出台了《古建筑保护管理办法》，每年新增文物维修经费100万元，完成了大界口吴宅等7处第一批古建筑的维修，国保新四军苏浙军区旧址群——一纵队司令部旧址维修方案通过国家文物局的立项批复。安吉县编写了《安城城墙保护规划》、《古城遗址保护规划》、《龙山？笔架山墓群保护规划》的立项报告。2013年3月，国务院公布第七批全国重点文物保护单位，湖州市新增昆山遗址、双林三桥等10处（国保达24处），及时完成了第七批国保的标志碑安装。

为配合水利部门做好国家重点水利工程，湖州市文物局联合市水利局对太嘉河工程、环湖清水入湖工程工程沿线进行了实地调查和勘察，做好向省文物局的报批。根据文物保护不同要求，文物部门将采取避让、迁移、考古发掘等保护措施，完成了沿线元通塘桥迁建及永成桥拆除工程。

为加强古村落保护，湖州市承办中国文物学会古村镇专业委员会成立大会，通过了《中国古村镇保护与发展荻港宣言》。南浔荻港村和安吉鄣吴村被列为第六批国家历史文化名村。《荻港历史文化名村保护规划》和《鄣吴历史文化名村保护规划》进行编制。文物部门开展对吴兴区义皋古村的保护调研，编写了义皋古村生态保护利用建议案。

文物部门围绕中心工作，配合湖州市委、市政府重大决策，发挥应有作用，参与生态示范区文本编写，主动争取，得到文化部大力支持。文物部门配合做好湖州南郊风景区建设，撰写了《湖州市南郊风景区保护与利用方案》和《南郊风景区之民国文化园区构想》，启动了《陈英士墓保护规划》编制，推进南郊风景区建设，参与、配合南郊风景区的招商。

七、加强文物安全防范。

2013年，湖州市文物安全工作更加注重日常防范，重视馆藏文物的规范管理和制度到位，做到责任到人；并狠抓不可移动文物保护的日常巡查，充分发挥乡镇文化干部和文物保护志愿者的作用；联合公安部门定期开展全市文物安全抽查，做到文物安全常抓不懈、警钟长鸣；配合公安部门侦破了长超山古墓被盗案件，对破坏文物现象进行了有力打击。

德清民办博物馆发展

1月1日起，德清县实施《德清县扶持民办博物馆专项资金管理办法》，规定自2013年起每年安排300万元专项资金，补助民办博物馆基础设施建设、举办展览和日常开放。同时，德清县制定了《德清县民办博物馆免费开放工作考核办法》，对各民办博物馆免费开放工作进行年度考核，考核结果作为免费开放经费补助的重要依据。全年德清县共补助11家民办博物馆基础设施建设、改扩建、举办临时展览及免费开放经费共计155万元。

作为全省八个国有博物馆对口帮扶民办博物馆活动试点对象之一，德清县陆有仁中草药博物馆得到湖州市博物馆的“一对一”帮扶，6月正式启动了展陈提升工程，10月完成展厅改造和布展提升，11月6日完成了提升工程评估验收。

湖州市文物保护管理所独立设置

1月17日，湖州市文物保护管理所由原来的与湖州市博物馆合署办公调整为独立设置。6月20日，湖州市文物保护管理所举行分设揭牌仪式。

长兴县新四军江南银行陈列室通过验收

1月17日，长兴县新四军江南银行陈列布展工程进行验收。验收组讨论后一致同意项目验收合格。

荻港村入选第一批列入中国传统村落名录的村落名单

1月，湖州市南浔区和孚镇荻港村入选住建部、文化部、财政部第一批列入中国传统村落名录的村落名单。此次全国共有646个村落入选，荻港村是湖州市唯一一处。

新编《中国陶瓷史》编委会议在德清召开

3月21日至24日，中国古陶瓷学会在德清县召开新编《中国陶瓷史》编委会议。与会专家再次对新编《中国陶瓷史》进行统一审稿。

长兴加强古建筑保护管理

3月，长兴县出台《长兴县古建筑保护管理办法》，加强对县域内434处古建筑的保护和管理。依据《办法》，长兴县设立每年100万元的古建筑保护专项经费，并随财政收入增长逐步增加。

粟戎生、粟寒生等赴长兴县新四军苏浙军区纪念馆祭扫

4月13日，原苏浙军区司令员粟裕大将长子粟戎生与原苏浙军区政治部副主任钟期光上将之子钟德苏等赴长兴县槐坎乡温塘村新四军苏浙军区纪念馆祭扫参观。4月22日，粟裕次子粟寒生一行赴新四军苏浙军区纪念馆祭扫。

“楼其梁民俗用品收藏暨德清纪实摄影图片展”开展

6月6日至9月6日，“楼其梁民俗用品收藏暨德清纪实摄影图片展”在德清县博物馆展出。展览精选德清本地收藏爱好者楼其梁二十多年来收藏的400余件生产工具和日常生活用品，另有100多幅上世纪八十年代至今的德清老照片。

“镌石印痕——环太湖历史碑刻拓片精萃”联展在长兴举行

6月18日，长兴、德清、余杭、湖州、南浔、苏州、吴江、广德等市、县、区文博单位联办的“镌石印痕——环太湖历史碑刻拓片精萃”展在长兴县博物馆举行首展仪式。“镌石印痕——环太湖历史碑刻拓片精萃”联展是跨省、市文博单位联办的历史文化遗产宣传展览项目，共展出汉代至民国时期各类历史碑刻81通、97幅，内容涉及古代太湖流域的政治、军事、社会、经济、文化、科技、民族、艺术等方面，并配套推出了中国古代碑刻历史、拓片制作知识和现场参与拓片制作等辅助宣教项目。

湖州市博物馆举办“小旅鸟夏令营”活动

7月8日至11日，湖州市博物馆传统公益服务活动“小旅鸟夏令营”举行。250多名民工子女参与了人文参观、绘画制作、休闲观影、自护教育等课程。作为湖州市博物馆“美的故事？博物馆教室”服务项目系列中的一大特色，“小旅鸟夏令营”迄今已举办了3年。

湖州验收2012年度古桥维修项目

7月，湖州市文物局会同市财政局对2012年度古桥维修工程进行验收。2012年度维修的古桥共五座，分别为白莲桥、安乐桥、普安桥、白龙塘桥、圣驾桥。维修工程于2012年11月动工，维修经费100万元，2013年6月竣工。

安吉县举办首届小小讲解员培训班

7月，安吉生态博物馆与安吉县递铺第二小学合作，举办了2013年首届暑期小小讲解员培训班，共有26名小小讲解员接收了培训。

德清成年坞宋代窑址发掘

7月至9月，为配合德清县阜溪河道治理工程，浙江省文物考古研究所会同德清县博物馆对工程沿线开发区郭肇村的成年坞窑址进行抢救性发掘。发掘面积500平方米，清理窑炉2座，其中完整揭露1座，发现储泥池遗迹1处及许多黑釉、青釉碗、碟、瓶、烛台标本。

安吉诸乐三艺术馆进行书法交流

8月15日，安吉诸乐三艺术馆与上海浦东文化馆书法班举办联谊活动。两地小朋友进行了现场创作并接受了讲评。

湖州市加强义皋古村落保护

8月22日，湖州市委书记马以率领文物、规划、水利等部门调研湖州溇港文化，强调加强义皋古村落保护，并提出要求。8月23日，湖州市文广新局召开会议，具体落实义皋古村落保护利用建议案起草任务。8月26日，湖州市文物保护管理所派人前往义皋古村开展调查。

德清县完成两处县保维修

圣济桥位于德清县新市镇韶村，系清代单孔石拱桥，也是江南运河德清段上唯一一座古桥梁。淡坞戏台位于武康镇山民村，清代建筑，占地面积100平方米，结构规整，造型华丽，是德清县为数不多的戏台建筑。维修工程于8月动工，投入资金近30万，12月正式完工，解决了圣济桥金刚墙外鼓严重、石构件断裂等问题和淡坞戏台的屋顶漏雨问题。

“疑古玄同——北京鲁迅博物馆藏钱玄同文物展”举行

9月16日至10月20日，汇集钱玄同部分日记、书信、藏书、书法等115件珍贵文物的“疑古玄同——北京鲁迅博物馆藏钱玄同文物展”在湖州市博物馆举行。展览分为“革命的复古主义者”、“激进的新文化运动斗士”、“国语运动的功臣”和“个性、风采、交游”四个单元，还在开幕活动现场举行了“那人那时代——2013重读钱玄同”微论坛，进行了互动。

安吉举办王玮百幅弥勒造像回乡展

10月27日，“安吉籍女画家王玮‘圆融和谐·安吉行美丽乡村·中国梦’——中国当代女画家王玮百幅弥勒造像回乡展”开幕式在安吉生态博物馆举行。展览共展出安吉籍女画家王玮的百余幅弥勒佛画像。

长兴县200名幼儿参观博物馆

11月1日，长兴县机关幼儿园的近200名幼儿在老师带领下，到长兴县博物馆展厅参观。

“粟裕大将浙江军事斗争暨纪念新四军挺进浙西70周年座谈会”在长兴举行

11月6日,湖州市委、浙江省委党史研究室主办,长兴县委、湖州市委党史研究室、湖州市新四军研究会承办的“粟裕大将浙江军事斗争暨纪念新四军挺进浙西70周年座谈会”在长兴县槐坎乡新四军苏浙军区纪念馆举行。30多名代表参加了会议。

“丹青之华——近现代十二家绘画展”在湖州展出

11月11日至12月20日,由辽宁博物馆、旅顺博物馆、沈阳故宫博物院和湖州市文广新局联合主办的湖州市博物馆“晋韵流衍”展览系列之十二“丹青之华——近现代十二家绘画展”在湖州开幕。该展是继《赵孟頫书画精品回家展》、《齐白石书画展》、《沈尹默书法展》之后,辽宁博物馆与湖州文博界的第四次合作交流,展出的100件(套)画作均来自辽宁地区三个博物

馆近现代书画藏品中的精品，其中张大千、于非闇、陆俨少、谢稚柳、石鲁、黄胄等人的作品极少公开展出。

“道昇德清——纪念管道昇·首届海内外女画家邀请展”在德清举行

11月23日，“道昇德清——纪念管道昇·首届海内外女画家邀请展”在德清县博物馆开展。展览展示了管道昇的书画艺术，还汇聚了两岸四地知名女艺术家的50余件书画精品。

“扇舞清风——湖州市博物馆馆藏扇面精品展”在深圳开展

11月，“扇舞清风——湖州市博物馆馆藏扇面精品展”在深圳博物馆历史民俗馆开展。展览展出湖州博物馆馆藏扇面书画精品118幅，涵盖了明清至近代书画名家的经典代表作。

“兰亭的故事”在安吉生态博物馆开展

12月12日，安吉生态博物馆推出从绍兴博物馆引进的“兰亭的故事”展览。展览分为兰亭修禊、兰亭传奇、唐代摹本、宋代传本、名家临本、绍兴兰亭等六个部分，以历代《兰亭序》著名摹本、临本为核心，系统展示了兰亭书法和兰亭文化。

长兴参加“悼念侵华日军南京大屠杀30万同胞遇难76周年仪式暨南京国际和平日集会”系列活动

12月13日，新四军苏浙军区纪念馆受邀参加了南京悼念侵华日军南京大屠杀30万同胞遇难76周年仪式暨南京国际和平日集会及系列活动。新四军苏浙军区是抗战时期全国19个抗日根据地之一。

湖州市召开“湖州·博物馆在行动”总结推进会

12月25日，湖州市召开“湖州·博物馆在行动”总结推进会。各县相关分管领导，国有、民办博物馆馆长等40余人参加会议。各国有、民办博物馆就博物馆建设、管理、运作等方面进行了交流，对推进“湖州？博物馆在行动”计划做了探讨。

湖州市文博学会2013年年会暨学术研讨会在德清召开

12月26日至27日，“湖州市文博学会2013年年会暨学术研讨会”在德清召开。全市各县、区国有博物馆、纪念馆、文保所和行业、民办博物馆的近60人参加。9名代表进行了专业论文交流发言，内容涉及博物馆、藏品、考古和文保各方面。湖州市文博学会论文集《苕霅博苑》也在会上分发。

湖州市博物馆开办“美育大使”的第一课

12月，湖州市博物馆开办“美育大使”的第一课。本土书画家钟文刚给数十位爱好国画的湖州爱山小学学生讲解了正在博物馆展出的12位大家画作的特点，并现场指导临摹。

庞莱臣、庞青城故居修缮工程竣工

12月，湖州南浔庞莱臣、庞青城故居——庞氏承朴堂修缮工程竣工。工程于2012年9月正式动工，2013年12月全面竣工并通过验收。

长兴县首批7处古建筑维修工程通过验收

12月，长兴县首批七处清代古建筑维修工程竣工并通过验收。专家组对此次维修的三桥（兴隆桥、包福桥、亩犬桥）、两亭（毛场里贞节凉亭、周家凉亭）、两宅（吴宅、王思高宅）等七处县级文保单位进行了验收。

湖州市加强大运河（湖州段）保护和申遗

2013年，湖州市完成大运河（湖州段）遗产展示馆建设，制作了大运河（湖州段）遗产保护宣传片，完成大运河（湖州段）标识（界桩）系统、监测系统和档案系统建设。9月24日，大运河（湖州段）保护和申遗通过国际专家验收。頔塘故道、南浔古镇及德清一段河道被列入申报大运河世界文化遗产名单。

绍兴市

2013年,绍兴市贯彻、落实“加强文物保护事业、服务社会经济发展”指示精神,围绕年度工作目标任务,积极申遗,加强保护。大运河(绍兴段)申遗评估通过。全市新增全国重点文保单位15处。

一、大运河(绍兴段)合力申遗,

2013年是大运河(绍兴段)申遗工作收关之年,也是迎接专家全面评估之年。绍兴市委、市政府予以高度重视,市主要领导和分管领导先后对大运河沿线实地调研,指导、部署申遗各项工作。9月下旬,专家现场评估了绍兴市各项申遗工作。

经进一步梳理、补充与整合,八字桥历史街区、大运河(绍兴段)2处遗产点的“四有”档案通过省运河申遗办专家验收。八字桥历史街区成为大运河申遗遗产点之一。这意味着在运河本体成为遗产点的同时,位于老城中心的八字桥历史街区也将随同成为遗产点,从而为绍兴市申遗工作增加了载体与内涵。

大运河皋埠段古纤道一期2.6公里维修工程如期完工,通过省级验收。柯桥区、上虞区整修了辖区内运河段。大运河绍兴全段的标识标牌及界桩定位等建设工程评估前基本完成。

在市民积极支持、密切配合下,文物部门主动拆除了与环境不协调的雨棚和遮阳篷,基本实现了街区有序、整齐、清洁、美观的整治效果,特别是八字桥历史街区的环境大为改善。柯桥区古纤道沿线环境经过治理,也达到了水质清洁、空气清新的效果。

根据省运河申遗办要求,2013年2月下旬以来,绍兴市实施运河遗产展示馆建设,在八字桥直街开辟了绍兴运河文化馆。馆内展示内容以小见大,突显了大运河(绍兴段)深厚的历史文化内涵。柯桥区也在古纤道旁建立了柯桥运河古纤道专题馆。

二、文保工作加强保护

继2012年绍兴会稽山香榧种植园被绍兴县、诸暨市、嵊州市相继公布为县(市)文物保护单位后,2013年4月,省政府批准其为省级文物保护单位。5月,国务院印发了《关于核定并公布第七批全国重点文物保护单位的通知》,绍兴市共有15处文保单位升格为全国重点文物保护单位,数量是前六批的总和,省内文物大市的地位再次得到巩固。

绍兴市政府在国务院召开“开展全国第一次可移动文物普查电视电话会议”后,颁布了《关于绍兴市开展全国第一次可移动文物普查的通知》。绍兴市文物局迅速拟定、下发了《绍兴市全国第一次可移动文物普查实施方案》,组织培训、开展宣传、进行普查,至10月完成了市区800多家国有单位的可移动文物登记,登记167000多件。文物认定工作已全面展开。

绍兴市本级按计划投入300万元,启动了省保陈建功故居、三江所城、市保花浦桥、跨龙桥等文物建筑的维修。国保秋瑾纪念碑外围金属护栏得到加固,并增设了醒目警示灯。

三、博物馆加强联动

2013年，绍兴市博物馆、柯桥区博物馆、上虞区博物馆、诸暨市博物馆、嵊州越剧博物馆5家国有博物馆加强联动，展览推陈出新。其中绍兴博物馆相继推出了《铜镜的故事》、《兰亭将书法精品展》、《范金琢玉——耀州窑陶瓷精品展》等专题展览，受到市民喜爱，在丰富精神文化生活的同时大幅提升了品位与影响力。新昌博物馆即将进行陈列布置，计划2014年开馆。届时绍兴将形成全市一地一馆的格局。

2013年，绍兴市本级受理了国稀美术馆和荷湖乡土文化博物馆2家民办博物馆的设立申请，完成了相关审批程序并同意筹建。诸暨、嵊州市的民办博物馆设立也取得进展。省内率先出台的《绍兴市扶持民办博物馆办法》（试行）促进了绍兴市特别是市本级民办博物馆事业发展。

四、文物考古工作注重管理

根据《浙江省文物保护管理条例》精神，绍兴市加强对3万及以上平方米建设工程的地下文物管理力度，主动与城建、规划等部门联系，提前介入，先后与十多家工程建设单位签订了《地下文物保护合同》，并在工地开工前完成考古勘探。皋埠镇五个村进行了考古勘探调查，设立了五处地下文物埋葬区，落实了保护措施。

2013年以来，绍兴市配合农村建设先后清理多座古墓。其中皋埠镇西堡村古墓取得了古墓葬结构资料，斗门镇荷湖村古墓出土了青瓷鸡首壶、盘口壶、罐、碗、盘、多格盘、水盂等17件随葬文物。

五、文物生态环境稳步改善

为加强文物安全，绍兴市不断巩固由绍兴市越城公安分局治安大队、各街道（镇）派出所、水上派出所、车站派出所及市文物监察支队组成的绍兴市区文物执法队伍网络，增加了巡查次数，提高了执法实效。全年全市共检查市区各级文保单位161处/次，落实了相关整改措施。根据省文物局、省公安厅部署和要求，绍兴市成立了市公安局、市文物局消防安全检查小组，开展了文物单位消防安全联合检查，并推行文物单位消防安全工作责任制，强调提高文物安全管理水平和防控火灾的消防能力。经过专题调研，绍兴市以属地管理为原则，明确了业余文物保护员的权益与义务，签订了责任书，加强了一线管理力量。有关方面定期组织义务消防队演练，更换、添置灭火器50只。

文物部门与公安、工商部门建立联合执法平台，定期开展市区、上虞、嵊州古玩收藏品市场执法检查，对三地多家古玩经营户的违法经营行为进行整改、纠正，规范了古玩市场经营秩序。省保沈园和市保孙清简祠保护范围内的违章建筑得到整治，取得实效。根据市长热线电话、群众来信来访等反映，文物部门会同城管等部门处理了国保吕府内7起违章搭建事件。

六、宣传工作注重实效

绍兴市重视文物宣传，利用各种媒体营造有利于文物工作开展的良好氛围。其中绍兴市本级的中国兰亭书法节、祭奠大禹和黄酒文化节已呈常态化。5·18国际博物馆日期间举办的"绍兴文物、博物馆知识竞赛"吸引了近万名文物爱好者的参与，其中30多名参与者获奖。为配合文化遗产日活动，绍兴市自6月初联合开办了《绍兴日报·新周刊》"绍兴国保"专栏，每月3期，对全市15处新公布国保进行了系列报道，宣传了绍兴市的文物及保护成就。

“梦底家山——徐佩瑾中国画展”举行

1 月 19 日，“梦底家山——徐佩瑾中国画展”开幕式在绍兴鲁迅纪念馆举行。

平水镇四丰村考古清理取得成果

1 月，绍兴县文物部门获悉，平水镇四丰村唐家岙机耕路拓宽时发现零星古墓葬，随即派人进行考古清理。此次共清理墓葬 7 座，分土坑墓和砖室墓，时代从汉至唐宋，出土了铜镜、铁剑、黛板、青瓷罍、青瓷四系壶、青瓷碗等随葬品。

中国兰亭书法节暨中国书法兰亭奖举行

4 月 11 日，第四届中国书法兰亭奖在绍兴博物馆开幕。中国书法兰亭奖是当代中国书法艺术最高综合性奖项，每三年举办一届。第四届中国书法兰亭奖是奖项设立以来首次落户绍兴。绍兴博物馆展开评审，评出终身成就奖、艺术奖、佳作奖与理论奖四个奖项。第四届中国书法兰亭奖作品展也于当天起在绍兴博物馆展出。展览为期三个月，共展出作品350余件，不仅包含终身成就奖、艺术奖、佳作奖与理论奖获奖作品，也包括评委作品。4月12日，第二十九届中国兰亭书法节在兰亭开幕。

大运河（绍兴段）遗产展示馆陈列方案评审会召开

4月19日，大运河（绍兴段）遗产展示馆陈列方案评审会在绍兴召开。文博专家及绍兴市、县、上虞市文物部门有关人员参加。

《绍兴县文化遗产保护工作的实施意见》出台

4月27日，绍兴县出台《关于进一步加强绍兴县文化遗产保护工作的实施意见》。《意见》在2006年公布的《关于加强文物古迹保护管理的若干意见》基础上做了较大修改，明确了绍兴县文化遗产保护的总体目标，就加强和改善文物保护管理工作、深入推进非物质文化遗产保护工作、完善文化遗产保护的保障措施等方面做出规定。

萧曹运河上虞段修缮工程竣工

萧曹运河上虞段文物修缮工程是上虞区清水工程子项目，总投资约1000万元，工程主要包括修复两岸12公里长河坎和沿线7座纤道桥，对沿线4公里长古纤道按实际保存情况进行维修。工程于2012年12月10日实施，2013年5月10日竣工。

《绍兴博物馆展古越文化遗珍》在《人民日报》海外版刊载

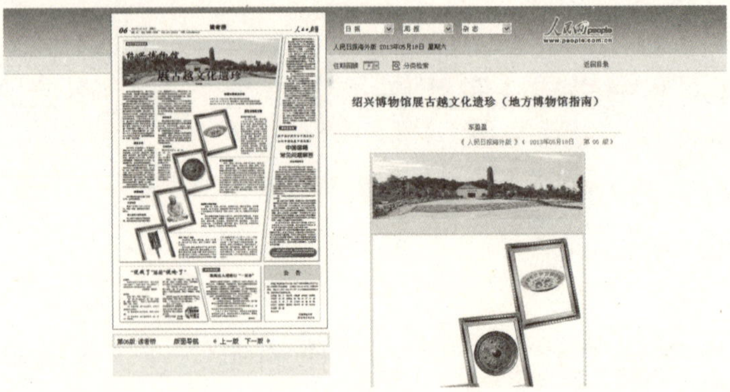

5月18日国际博物馆日，《人民日报》海外版刊发了《绍兴博物馆展古越文化遗珍》。文章共2300多字，配发了绍兴越王城、博物馆外景以及馆藏文物等照片，介绍了古越文化及绍兴博物馆概况。

鲁迅文化基金会绍兴分会成立暨“鲁迅与越文化”论坛举行

5月28日，鲁迅文化基金会绍兴分会成立暨“鲁迅与越文化”论坛在绍兴市举行。鲁迅文化基金会代表机构绍兴分会第一届全体理事，专家、学者及相关部门、学校有关负责人，学生代表参加。

共建校外德育教育基地签约暨授牌仪式

5月30日，浙江农业商贸职业学院与绍兴市旅游集团共建校外德育教育基地签约暨授牌仪式在绍兴博物馆举行。100余名代表参加了仪式。

绍兴博物馆启用微信导览

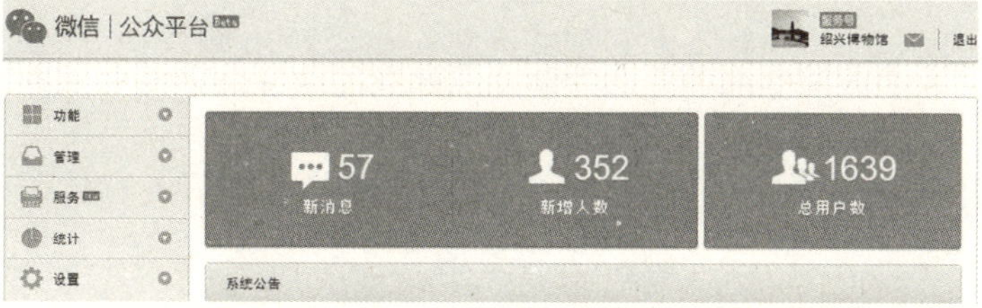

6月10日，绍兴博物馆启用了新的讲解服务方式——微信导览，成为省内率先启用微信导览服务的博物馆。

纪念周恩来诞辰115周年暨周恩来与文化建设学术座谈会召开

6月20日，纪念周恩来诞辰115周年暨周恩来与文化建设学术座谈会在绍兴召开。此次活动由周恩来思想生平研究会、中共浙江省委宣传部主办，中共浙江省委宣传部副部长黄明辉等领导及周恩来亲属、身边工作人员、老艺术家等代表等出席。

嵊州市深化文物保护属地管理

6月21日，嵊州市市政府与各乡镇、街道分别签订了《嵊州市2013年文化市场及文物安全目标管理责任书》。责任书明确了各乡（镇）政府（街道办事处、经济开发区管委会、温泉旅游度假区管委会）主要负责人为文物安全第一责任人，要求各乡（镇）政府负责做好辖区内各级文物保护单位、市级文保点的防火、防盗、防拆等日常保护和管理；负责实施辖区内各级文物保护单位、文物保护点的修缮项目，有计划、有重点地做好抢救维修；同时加强对“三普”新发现和经认定具有一定价值的文化遗产点的保护与管理。

“一任天然——余任天书画精品展”开幕

9 月 19 日，“一任天然——余任天书画精品展”在诸暨市博物馆开幕。展览展出余任天书画精品 20 余件。

余任天（1908—1984），诸暨湼浦人，新浙派绘画的重要奠基者和代表人物之一，浙江现代美术史上诗书画印兼擅的艺术大家，被沙孟海誉为“艺术全才”。

绍兴鲁迅纪念馆举办建馆六十周年馆藏文物精品展

9 月 25 日，为庆祝建馆六十周年和鲁迅诞辰 132 周年，绍兴鲁迅纪念馆举办馆藏文物精品展，共展出文物、文献资料 55 件，包括鲁迅、周作人、蔡元培、郭沫若、许寿裳等文化名人的手稿、书信、抄本，和于右任、徐生翁、沙孟海、吴冠中、何绍基等书画名家的捐赠作品。绍兴鲁迅纪念馆编辑的《一木一石——绍兴鲁迅纪念馆建馆六十周年纪念集》、《鲁迅与国学》、《绍兴鲁迅研究》（2013 年）也同时出版。

东晋砖室墓发掘

9 月 26 日，斗门镇荷湖村发现一座古墓，绍兴市文物考古研究所随即进行抢救性考古发掘。

该墓为凸字形砖室墓，由甬道和墓室构成，长 6.6 米，宽 1.2 至 2.8 米，高 1.7 至 2.6 米。墓室左、右、后三壁均采用三横一竖或四横一竖方式砌筑。墓室顶部采用楔形砖或刀形砖券筑而成。墓室底部铺平砖一层。墓砖形制有长方形、楔形和刀形，长方形砖的一侧有网纹或钱纹。

墓内发现随葬品 17 件，其中青瓷器 16 件，釉色以青翠为主，器形有鸡首壶、盘口壶、罐、碗、盘、多格盘、水盂等，制作规整、造型精美，鸡首壶颇具代表性。铜镜 1 件，体小质薄。据考证，此墓年代为东晋晚期。

“范金琢玉——耀州窑陶瓷精品展”举行

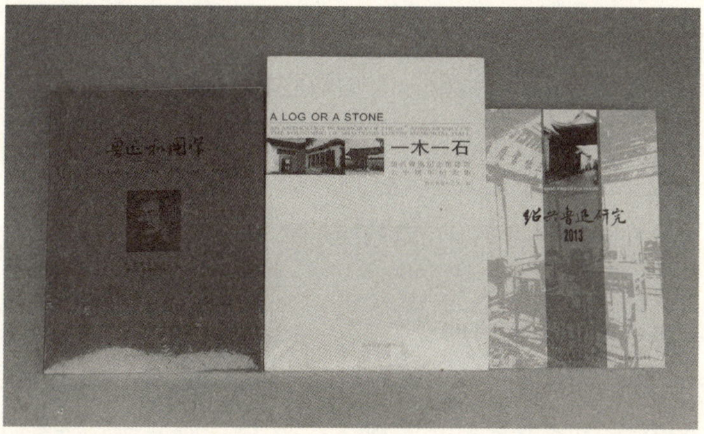

10月1日至12月30日，“范金琢玉——耀州窑陶瓷精品展”在绍兴博物馆举行。展览共分为唐代“红映黄堡”、五代“云破天青”、北宋“范金琢玉”、金代“月白神韵”、元代“敦厚质朴”、明代“瓷艺传承”、清代民国“民风永淳”等七部分，展出119件（套）耀州窑陶瓷精品，集中反映了耀州窑博物馆近年来在考古发掘、科学研究、文物保护、文物征集、陈列展览等方面的新发现、新成果。

新昌县博物馆布展深化设计方案通过省级评审

10月24日，《新昌县博物馆布展历史文化陈列深化设计方案》专家评审会举行。会上，专家审阅了《深化设计方案》，听取了新昌博物馆相关负责人对新馆筹建、现状基本情况的介绍，以及深化设计方案思路解说，对方案予以肯定，并提出具体的修改意见和建议。

柯桥区公布6处文物保护点

10月，柯桥区公布旗杆台门等6处历史文化遗产为文物保护点，其中宗祠1处、台门1处、古桥1处、名人墓1处、学堂旧址1处、庙宇1处。

《新时期博物馆展陈与教育学术论坛文集》出版

10月，由浙江省博物馆学会、绍兴县文化发展中心、越国文化博物馆编纂的《新时期博物馆展陈与教育学术论坛文集》出版。文集分为"展陈探讨"、"教育创新"和"多元理念"三部分，共收录论文33篇，介绍了新时期博物馆展陈与教育的理论及实践现状。

张一青国画展举行

11月1日，张一青国画展在诸暨博物馆举行。展览展出了张一青各个时期代表作共120幅，期间还举办了张一青作品研讨会。诸暨博物馆接收了张一青画作捐赠。

张一青（1935—2012）系诸暨市著名人物画家，中国国画家协会会员，国家级工艺美术师。著有《国画家张一青》、《诸暨历代书画家选绘》、《云石人生》等多种著作。

范文澜诞辰120周年纪念座谈会举行

11月15日，范文澜诞辰120周年纪念座谈会在绍兴召开。绍兴市相关领导和专家出席。

诸暨斯盛居西侧厢维修工程实施

斯盛居俗称"千柱屋"，位于诸暨市东白湖镇斯宅村，建于清嘉庆戊午年（1798），占地6850平方米。2013年，诸暨市对其西侧厢维修，12月开工，投资200多万元，计划于2014年10月竣工。

新昌县推进文保单位、文保点修缮

2013年，在全面调查基础上，新昌县通过多种方式投入资金379.8万元，重点维修了章家畈真君殿等19处古建筑，维修面积5178平方米，还对上三坑风雨桥等文保单位周边环境进行整治。

金华市

2013年，金华市围绕名城及文物保护利用的总任务，开拓进取，攻坚克难，圆满完成各项工作。

一、理清工作思路，破解发展难题，全面推进古子城文化旅游区建设

古子城文化旅游区建设得到上级领导的关心重视与大力支持，副省长郑继伟、梁黎明等先后前往考察指导，金华市委、市政府主要领导也对古子城的保护利用提出明确要求。根据上级部署，结合《文物保护法》、《金华历史文化名城保护规划》，金华市委、市政府明确了将婺州古城打造成为集文化展示、文化创意、休闲旅游服务于一体，充分展现金华历史文化底蕴，充满生机活力的都市文化休闲旅游区的发展目标。

2013年，根据市政府第46次常务会议精神，金华市文物局着手委托《金华市古子城历史街区保护规划》和《金华市古子城历史街区修建性详规》的编制，目前已形成规划评审稿。为充分整合、利用古子城及历史城区文化旅游特色资源，彰显金华历史文化底蕴，打造市区旅游休闲品牌，推动市区赶超发展三年行动计划的进一步实施，金华市文物局于2013年下半年开始着手编制《婺州古城文化旅游区旅游总体规划》，初步将婺州古城定位为"文化名邦、军事重镇、商贸江城、风物古城"，目前已完成规划大纲的初步论证。

有关方面全面完成了公有房产确权办证工作，共确权房产73宗、12725平方米，其中公有店面房和历史建筑面积6288平方米，酒坊巷廉租房面积4686平方米，迁建房产面积1751平方米；还完成了金华六中老校园资产划转移交与启明学校搬迁协议签订，办理六中房产过户面积13353平方米，土地43925平方米。8月起，金华市文物局经过前期两个多月的调研，召集市交警、建设、行政执法、市政管理等部门的相关负责人员，决定取消飘萍路路面停车泊位，同时对该路段采取机非隔离措施，改变了飘萍路交通的无序与杂乱状况，走上规范化轨道。

根据《名城保护规划》要求，金华市积极推进古子城历史街区风貌保护和环境整治，实施了八咏路、飘萍路灯光夜景，仿古建筑立面整治和八咏路步行街环境提档三大重点项目，目前均已进入施工图纸审查阶段；成立古子城综合执法大队，拆除违法广告160幅、400多平方米；加强古玩市场整顿，规范了摊位秩序和物业管理。

根据市政府会议精神，2月9日，金华市文物局配合市场服务中心对古子城农贸市场进行功能转换。针对原农贸市场关闭后部分经营户聚集古子城八咏路占道经营的情况，由婺城区政府牵头，在行政执法、公安、工商、城东街道、市场服务中心等部门单位的大力配合下，金华市文物局对八咏路占道经营问题进行了集中整治，目前已完成所有经营户的分流安置和大部分商铺的收购，为优化古子城环境、推进业态调整创造了条件。

针对古子城历史街区内历史建筑产权复杂的情况，文物部门创新机制，灵活多样地开展保

护及利用，采取军地合作、共同保护的方式，通过向部队租赁将将军楼维修布置成为金华革命武装斗争史展示基地；并完善了熙春巷等认养迁建历史建筑群的配套设施与旅游标识。满堂书苑书画博物馆、陈新华婺州窑陈列馆、严军书画艺术馆、三言香堂等一批特色展馆已发挥积极的社会效益。

2013年以来，古子城历史街区由原先较为单一的古玩市场逐步发展成为集合了以侍王府纪念馆、八咏楼为代表的文化展示，以八咏街书画古玩和黄蜡石市场为代表的文化休闲，以将军路188创意园和老新华印刷厂为代表的文化创意，和以金华府酒酒庄、HOHO餐厅为代表的旅游服务等多种业态相互促进的发展模式，业态结构日趋丰富。

二、明确工作目标，加强沟通协调，努力做好市博物馆建设工作

2013年，为推进建设，确保基本陈列目标顺利实现，金华市博物馆建设指挥部成立了博物馆基本陈列工作领导小组，下设策展配合组、前期工程组、库房整理组及日常工作组等四个工作小组。各小组有序开展并完成了许多基础性工作，为实施展陈工程做好了较为充分的准备。

经过多次专家意见征集会，博物馆展陈策划与设计方案文本已形成，内容包括历史文化基本陈列与反映金华自然资源、风土人情等地方特色的三个专题陈列。

由于现有建筑结构与现代博物馆功能和展陈要求有较大差距，观众通道与楼梯设计存在安全隐患，3月，经市政府同意，文物部门决定对市博物馆原公共空间实施改造。目前改造工程已开工建设，后续装修工程预计在2014年6月底完工。

2013年，金华市博物馆临时展厅共举办浙江省第三次全国文物普查成果巡回展等九次临时展览，吸引9.2万余名观众，为广大群众提供了优质平台。

三、抓好文保工作，加强社会宣传，全面提升文化遗产保护水平

4月8日，金华市召开由市委宣传部、市发改委、市文物局等16个部门参加的全市第一次全国可移动文物普查工作电视电话会议，贯彻、落实国家和省级电视电话会议精神，对金华市的普查工作进行了动员部署；成立了由分管副市长担任组长的金华市第一次全国可移动文物普查工作领导小组，全面领导协调普查工作。目前，普查第一阶段工作已圆满完成，对市本级1054家机关事业单位、国有企业进行了文物收藏情况调查。

2013年，金华市继续全力推进文保单位的修缮保护和利用，完成国保侍王府维修工程，进入室内布展与环境优化工程阶段；完成了省保滕氏宗祠、李友邦将军办公处旧址、邵飘萍故居维修工程；完成省保鹿田书院的屋面翻漏，并移交双龙风景区管委会管理；完成市保将军楼的维修与陈列设计，进入布展阶段。

在国务院公布的第七批全国重点文物保护单位名单中，金华市共有1处古墓葬、9处古建筑等10处不可移动文物列入名单，全市的全国重点文物保护单位增至26处。为更好地开展宣传，金华市文物局精选22处全国重点文物保护单位，进行了图文宣传介绍，起到了较好的宣传效果。

四、加强文物监管，消除安全隐患，着力抓好文物安全工作

2013年，金华市文物局与辖区派出所、社区、历史建筑管理使用者、业余文保员相继签订了

《文保单位安全巡逻协议书》、《文保单位委托管理协议书》、《文物古建筑使用安全责任书》及《业余文保员保护管理责任书》，严格执行文物安全责任制度，层层落实文物安全责任，全年共开展文物安全大检查5次，总体情况良好。

同时，金华市及时、有效地抓好文物安全突发事件的处理：调查、处理了国保雅畈七家厅建设控制地带村民擅自加砌屋顶违法事件，对省保省立实验农校旧址酒厂区块被拍卖一事进行调查取证，对国保法隆寺经幢进行为期半个月的绿化卫生环境整治，彻底改变了过去脏、乱、差的局面；还积极配合公安机关侦破了金东区曹宅镇等地古墓被盗挖案件。

五、健全工作制度，强化队伍建设，认真开展“正风提效促赶超”活动。

2013年，金华市文物局对24项工作制度进行了梳理完善，同时根据需要制定出台了《金华市文物局关于加强政务督查工作的意见》，成立了由分管纪检工作的副局长与办公室有关人员组成的督查组，具体负责包括金华市委、市政府部署的各项重点工作任务的完成情况、局党组重大决策执行情况、局长办公会议交办工作落实情况等12项内容在内的督查工作，实现“一周一督查，一月一通报”。《意见》出台以来，工作任务得到有效落实，机关工作效能得到增强。

针对金华市本级文保工作面宽量大点多、社会关注度高、保护管理压力剧增的实际，在市委、市政府大力支持下，金华市文物保护管理所成立，具体负责市本级各级文物保护单位及文物保护点的保护、监管、修缮及市本级直管不可移动文物的保护管理、“四有”档案编制、考古调查与发掘等工作，使金华市的文物工作机构建设得到了进一步加强。

浙江省全国第三次文物普查成果巡回展在金华举行

1月18日，浙江省全国第三次文物普查成果巡回展在金华市博物馆举行。自2007年4月国务院部署开展第三次全国文物普查，我省组织、实施了为期五年的文物普查，在2011年底完成任务。其中金华市普查登录各类不可移动文物12663处，占全省总数的17.1%，新发现10428处，占全省总数的16.9%，各项数据均居全省前列。

金东区发现大型石椁墓

1月21日，多湖街道黄泥山村西南侧山坡清理平整土地时发现一座古墓，经省文物考古研究所与金华市文物局、金东区文物部门抢救性清理，初步判断墓主人为当地明代嘉靖万历年间的旺族。用整块青石雕凿的石椁比较罕见。该墓的发现为研究明代金华的丧葬习俗提供了重要的实物资料。

金华市加强历史文化村落保护利用

1月22日，金华市委、市政府联合下发《关于加强历史文化村落保护利用的若干意见》，明确了金华市历史文化村落保护利用工作的总体目标、基本原则、主要任务与保障措施。

义乌发现近九千年前上山文化遗址

1月31日，浙江省文物考古研究所和义乌博物馆组成的考古调查队，完成了对义乌城西街道桥头村的史前遗址考古调查。该遗址距今约9000年，与浦江上山文化属于同一文化类型，也是迄今义乌市发现最早的新石器时代遗址，证明了至少在9000年前已有人类在义乌定居，为研究该地区早期人类活动提供了实证。

黄绍竑别墅维修工程竣工

5月9日，黄绍竑别墅维修工程竣工。别墅位于金华市婺城区罗店镇罗店村，始建于1937年，建筑面积234平方米，1995年公布为金华市级文物保护单位。

中华明招文化园规划项目终稿论证完成

5月17日，中华明招文化园规划论证会在武义县召开。5月3日，吕祖谦及家族墓被国务院核定、公布为第七批全国重点文物保护单位，列为浙江省首批考古遗址公园。明招寺概念性设计方案也已编制完成并上报。

省名城督查组检查金华市名城保护工作

5月21日，由省住建厅原副厅长胡理琛带队，省住建厅、省文物局领导、专家组成的名城督查组赴金华市检查、指导名城保护工作。检查组一行先后实地检查了雅畈历史街区与古子城历史街区，召开了座谈会。

婺城区发现明代古墓群

5月23日，婺城区文物办获悉，仓里村茶亭山农田改造现场发现十八穴的古墓群，随即派人赶赴现场。经现场勘察后初步判断，该古墓群为明代墓葬，保存较完整，形制普通。5月24日，金华市文保所实施抢救性发掘，经逐穴清理，除了二十多枚古钱币外没有发现任何随葬品和有价值的文物，但如此规模的墓葬群在当地实属罕见，对研究古代丧葬制度、墓葬形制及当地人文历史提供了实物资料。

武义县开展“流动博物馆进校园”活动

6月6日起，由武义县文化广电新闻出版局、教育局、林业局主办，武义县博物馆承办的“流动博物馆进校园”活动举行。活动先后走进东干小学、武川小学等学校，开展了“明招人文讲坛”讲座和“龙行浙江”、“浙江鸟类图片”等展览，巡展学校17家，收回学生调查问卷2415张，还举办小讲解员培训15期，参观人数达17498人次。

永康市成立“红领巾讲解员”培训基地

6月8日，“永康市红领巾讲解员培训基地”在永康市博物馆正式挂牌。永康市文化广电新闻出版局同时向大司巷小学授予“馆校合作示范基地”牌。永康市博物馆与永康市中小学的合作机制正式形成。2013年，永康市博物馆共培训36名少先队员作为新一批“红领巾讲解员”并顺利通过考核。

“万佛塔出土文物纪念邮册”发行

6月16日，金华市文物局配合浙江省邮票公司推出《金华万佛塔出土文物五代·铜鎏金观音菩萨像纪念邮册》。邮册主要收录了国家邮政局发行的《金铜佛造像》邮票一套，其中《五代·铜鎏金观音菩萨像》是1957年在金华塔下寺万佛塔地宫出土的国家一级文物。邮册同时精选了金华市22处全国重点文物保护单位进行图文宣传介绍。这是金华市继1996年《黄宾虹作品选》特种邮票、2006年《中国现代科学家（四）》纪念邮票之严济慈（其中一枚）后，第三次在邮票上进行宣传。

艾青故居举办诗歌会

8月26日，首届艾青诗歌奖全国中小学诗歌大赛组委会、金华市艾青研究会、婺城区作家协会及畈田蒋村委会联合举办的诗歌盛会在畈田蒋村艾青故居举行，40多位全国知名诗人、诗歌评论家和金华当地诗人参加。

东阳博物馆评为国土资源科普教育基地

8月27日，东阳博物馆被评为国土资源科普基地，成为2009年第一批国土资源科普基地名单公布以来我省第四处入选基地。东阳市博物馆是科技场馆类国土资源科普基地，收藏了大批古生物化石，尤其是恐龙蛋化石、恐龙骨骼化石及恐龙足迹化石等藏品。

《稻之道》摄制组到上山遗址拍摄

11月7日，中央电视台大型纪录片《稻之道》摄制组一行赴浦江，进行稻作文化内容的拍摄，采访了相关考古人员。

“版墨浙江——国际刻字艺术精品省内巡回展”举办

11月15日，由浙江省文物局主办，永康市博物馆承办的“版墨浙江——国际刻字艺术精品省内巡回展”结束。展览从来自全国及韩国、新加坡、马来西亚等地的800多件作品中精选了200到400件，自6月起在杭州、浦江、缙云、嘉兴等地巡展。五个月的展出期间，观众人数达60000多人次。

磐安梓誉下厅民居整体修缮竣工

11月17日，磐安梓誉下厅民居整体修缮工作竣工。下厅民居2011年公布为省级文物保护单位，2012年修缮工程方案通过省文物局批准，2013年7月开工，总投资约160万元。

榉溪孔氏家庙实施布展提升

12月25日，榉溪孔氏家庙布展提升工程完工。榉溪孔氏家庙为第六批全国重点文物保护单位，磐安县文管办对榉溪孔氏家庙实施了内容布置，工程总投资150万元。

衢州市

2013 年，衢州市文物工作根据浙江省文物局和衢州市委、市政府总体工作部署，围绕中心、服务大局，各项工作取得良好成效。

一、领导重视，第一次全国可移动文物普查全面开展

根据国务院、省政府相关会议精神和文件要求，8 月 30 日，衢州市政府召开全市第一次全国可移动文物普查领导小组扩大会议，成立衢州市第一次全国可移动文物普查领导小组，讨论普查实施方案，明确了近期工作任务。各县（市、区）也设立了第一次全国可移动文物普查工作领导小组及办公室。健全的组织领导机构为可移动文物普查工作的开展提供了保障。

为壮大可移动文物普查力量，保障普查工作顺利开展，衢州下属各县（市、区）通过招聘专职编外人员组建起普查队伍。在参加省普查办组织的培训后，衢州市积极开展当地普查培训，市、县（市、区）两级共计培训77 人次。此外，衢州市落实可移动文物普查经费86 万元，用于普查组织宣传、单位调查、文物认定、人员培训、质量检查控制、信息采集、数据管理好普查机构运行等项目。

在普查宣传发动阶段，衢州市采取包括报刊、电视、网络、电台、海报、折页、公文交换系统等在内的多种宣传方式。进入正式启动阶段后，衢州市普查办致函市域内各级国家机关、事业单位、国有企业和国有控股企业等国有单位，要求配合做好可移动文物的普查认定。经过各县（市、区）普查办工作人员的共同努力，国有单位的文物收藏情况调查表全部回收，普查完成率达100%。

二、创新思路，积极探索文物保护新途径

近年来，市民的文物保护意识不断增强，民间修缮热情很高，各部门对历史文化街区、村落的保护利用也越来越重视。文物部门因势利导，积极探索文物保护新途径。江山和龙游先后出台了古建筑修缮奖励和补助办法，实施分级负责、分类管理原则。龙游按照古民居10% 到30%，宗祠30% 到50% 的标准进行补助，江山则采取“以奖代补”的办法，根据修缮的具体情况给予一定补助，起到了引导、激励的效果，把奖励补助落到实处。

2009 年，龙游县在全省率先出台古建筑保护的产权置换变更保护机制，取得了较好成效。2013 年12 月，衢州市就文物保护工作召开专题研讨会，在全市范围推广龙游的保护经验，衢江区借鉴该办法，异地保护了因高速公路拆迁的两座古民居。

2013 年初，衢州市启动实施城市建设十大专项工作，与文物相关的有六项。文物部门以此为契机，积极介入特别是两个历史文化街区保护利用项目中的文物保护，借机对历史文化街区内的不可移动文物实施进一步调查，并征购私人产权的文保单位2 处，修缮文保单位和历史

建筑20余处。在农办牵头组织实施的历史文化村落保护工作过程中，衢州市文物部门大力支持、主动参与，巧借历史文化村落保护之力实施了文物保护与修缮，实现了合作共赢。

三、整合资源，不断提升惠民服务水平

2013年，衢州市、县两级博物馆不断创新陈列展览内容、手段和形式，加强博物馆文化传播能力，较好地实现了专业性、知识性、趣味性、观赏性的有机统一，不断提高博物馆的文化服务能力。衢州市博物馆除基本陈列外，共推出18个临时展览。江山市博物馆拓宽思路，积极举办、引进各类临时展览8项。自2012年起，衢州市博物馆探索流动博物馆建设，通过展板、多媒体等形式，把展览送进校园、监狱、社区，充分发挥了博物馆的社会教育功能，得到了国务院副总理刘延东的肯定。有关领导、专家和中央八大媒体先后来衢调研。

长期以来，衢州市非常重视文保单位的合理利用，充分发挥其在文化建设中的作用。市本级的衢州城墙水亭门城楼、周宣灵王庙、赵抃祠、天后宫、侵华日军细菌弹投放点旧址、神农殿等6处文保单位内部进行了陈列布展，实行免费对外开放，全年接待观众202104人次，团队158批次。文物部门将文保单位的保护、利用与省委宣传部的文化礼堂建设和文化厅的农家书屋建设相结合，使文物资源与文化资源得到有机整合。

为进一步扩大服务群体，让更多群众共享文物资源，衢州市尝试启动文物资源数字化服务平台建设：一方面利用数字博物馆建设，将衢州市博物馆的概况、陈列展览、馆藏精品等文物信息发布到网络上共享，既扩大了宣传又方便了观众；另一方面与规划部门合作，将文物分布地图纳入城市规划总图，将全市各级文保单位的信息公布到网上，群众只要在网上点击就可以查阅到相关信息（为安全起见，古墓葬和古遗址类文保单位信息未公开）。

四、加强调研，大力加快推出研究成果。

衢州市对当地的历史文化进行深入研究，决定编辑《衢州文库》，2013年启动了丛书编撰，并确定了第一批16册书目，举行了首批书目的签约仪式，部分书目完成初稿。

3月，国务院核定公布第七批全国重点文物保护单位，衢州市有10处列入，位列全省第四。至此，衢州市共有各级文物保护单位516处，其中全国重点文物保护单位14处，省级文物保护单位64处，市县级文物保护单位438处。为进一步加强对全国重点文物保护单位的保护和管理，文物部门对全市14处全国重点文物保护单位进行了全面走访查看，还编制了全市文保单位名册，以方便文物部门、业余文保员及群众了解文物保护单位情况。

6月下旬，衢州市赴湖州、绍兴、宁波三地，实地考察了湖州古木博物馆、安吉生态博物馆、绍兴越国文化博物馆、宁波紫林坊艺术馆、华茂堂美术馆等处，了解了各地博物馆设立的条件、具体的扶持政策及博物馆的运营等情况，并根据各地经验，结合衢州市实际情况，起草了《衢州市民办博物馆扶持办法》提交市政府，等待公布实施。

大南门城墙遗址移交管理

衢州城墙大南门段位于旧城南城墙西段，是全国重点文物保护单位衢州城墙的重要组成部分，原由衢州市住房和城乡建设局进行日常使用和管理。1月23日，衢州市文物保护管理所与衢州市园林管理处完成管理权移交。衢州市文物保护管理所随即安排专项资金，招聘专职卫生、安全管理员负责遗址的安全、卫生工作。

江山市对文保单位修缮工程进行竣工验收

4月12日，江山市文物部门对省级文保单位清溪锁钥、清湖盐仓、染坊及市级文保单位大陈西岭古道路亭等修缮工程进行竣工验收，5月24日又对市级文保单位西山梅泉和接云洞保护标志碑立碑工程进行竣工验收。

楼山后骏惠堂修缮工程完工

楼山后骏惠堂位于衢州市衢江区全旺镇楼山后村中，又名“娘娘厅”、“楼峰娘娘厅”，建于明成化年间，系孝贞皇后家族建造。建筑坐北朝南，分布面积872平方米，占地面积412米。4月，有关方面投资130多万元进行修缮，工程于12月完工。

江山市博物馆完成临时展厅改造

8月，江山市博物馆筹划将一楼部分区域改造为临时展厅，经过2个多月完成施工。改造后的临时展厅面积约300平方米，设有11个橱窗展柜，10月投入使用，改造资金共计80万元。江山市博物馆临时展厅也增加至2个。

江山市博物馆举办多起临时展览

8月15日，“江山市民间工艺作品展”在江山市博物馆举办。展览展出了江山市部分民间工艺家的手工作品和传统工艺产品。

11月12日，“江山？莲都老干部书画展”在江山市博物馆举办。展览展出的140幅书画作品出自江山、莲都两地老干部之手。

12月27日“二十世纪七十年代江山老照片展”在江山市博物馆举办。展出照片系从蔡怡上世纪七十年代所拍摄的数百张珍贵老照片中遴选的代表作。

江山市公布第六批文物保护单位

8月19日，江山市政府将达坞毛氏大厅等十处公布为江山市第六批文物保护单位。

江山市开展“流动博物馆”进乡镇活动

9月，江山市博物馆启动“流动博物馆”进乡镇活动，深入贺村、峡口、大陈、石门、新塘边、廿八都等乡镇行政村、学校、社区开展文化宣传，至11月底共出展21次，先后举办了“矿产资源图片展”、“动植物标本图片展”、“国防教育图片展”、“浙江革命事迹展”、“江山精品文物图片展”等流动展览，受益观众23000余人次。此次活动是江山市“流动文化加油站”之“文化赶集”活动子项目之一。

龙游荷花山遗址暨钱塘江早期新石器时代文化学术研讨会召开

9月13至15日，“龙游荷花山遗址暨钱塘江早期新石器时代文化学术研讨会”在龙游县召开。三十余名专家学者在实地考察荷花山遗址考古现场后认为，龙游荷花山遗址的新发现是长江下游早期新石器时代考古学文化重要突破，是目前上山文化保存完好、内涵丰富的重要遗址，距今9000年至10000年左右，为解决上山文化和跨湖桥文化及与周边考古学文化的关

系提供了全新资料。据碳十四年代检测，遗址群还发现了稻作遗存，证明了龙游所在的钱塘江上游地区是世界稻作农业文明的重要发祥地。

天王塔遗址地面整治清理发掘

10月12日，衢州市博物馆、衢州市文物保护管理所联合成立天王塔遗址地面环境整治考古发掘队，进入清理区域，共开挖探沟十四条，清理面积近千平方米，并于11月10日发现塔基，对塔基实施了地面清理、测绘、拍摄、录像和图纸绘制，划定了保护范围，进行了保护性沙粒覆盖回填。至12月10日，清理工作结束。

天后宫展陈整改工程

10月12日，衢州市文物保护管理所开始对天后宫展陈进行整改，新增妈祖、侍女和左右护法塑像六尊及四座须弥座；增设佛龛和供桌，并对原妈祖像及台前供桌、佛龛等进行修补贴金。整体布展工作于2014年1月12日完成。

巽峰塔修复工程通过验收

巽峰塔位于衢州市衢江区杜泽镇杜五村塔山顶，建于清康熙三十二年（1693），六面七层楼阁式空心砖塔，高36.6米。2010年5月18日，巽峰塔遭雷击，一层以上塔体坍塌。2012年7月，有关方面投资120多万元进行修复。2013年12月，衢州市文物专家组通过了对巽峰塔修复工程的验收。

《常山宗祠》出版

12月，展示“三普”工作成果的《常山宗祠》一书出版。

衢州市博物馆举办展览

2013年，衢州市博物馆举办了多项展览。1月25日至3月25日，由浙江省文化厅、浙江省文物局、衢州市政府联合主办，衢州市文化广电新闻出版局、浙江自然博物馆、衢州市博物馆承办的“衢州黄蜡石精品展”在浙江自然博物馆展出。为举办展览，衢州市博物馆特向市民征集了近400件展品，包括观赏石、料石和雕件三部分。

由西泠印社、浙江省书法家协会、浙江省博物馆联合主办，衢州市博物馆承办的“紫玉锦言—鲍复兴紫砂陶印展”于3月28日起在衢州市博物馆展出。

由浙江自然博物馆、衢州市文化广电新闻出版局联合主办，衢州市博物馆承办的“金蛇狂舞——蛇年特展”于6月25日起在衢州市博物馆展出。展览展出了包埋标本、剥制标本、骨骼标本等80余件，从“蛇类世界”、“大自然中的蛇”、“蛇的身体结构”、“蛇文化”及“活蛇展示”五个方面讲述了蛇类的故事。

由浙江省博物馆主办，衢州市博物馆承办的“山哈风韵——浙江畲族文物特展”于11月7日起在衢州市博物馆展出。展览围绕畲族的历史、宗教信仰、生产和生活等四个方面展开，其中生活习俗又包含婚俗、彩带、服饰、首饰、日常生活用品等五方面内容，反映了我省畲族的基本情况。展品主要来自1959年浙江省文物管理委员会、浙江省民族事务处、杭州大学历史系等单位联合进行的全省少数民族调查所征集并入藏浙江省博物馆的畲族文物。

衢州市开展国保调研

2013 年，衢州市对全市 14 处全国重点文物保护单位进行了全面走访查看，并编制了《衢州市文保单位名册》，以方便文保单位情况的了解。

衢州市开展流动博物馆宣传

2013 年，衢州市博物馆继续开展作为衢州市公共文化服务工作内容之一的流动博物馆宣传，先后走进 7 家企事业单位和 9 家留守儿童相对聚集的学校，参观人数达 93000 余人。

衢州市组织编辑《衢州文库》丛书

2013 年，衢州市组织、启动《衢州文库》丛书编撰并确定了第一批 16 册书目，举行了首批书目签约仪式。

常山县做好不可移动文物维修

2013年，常山县完成了省保徐氏旧宅、尚书坊周边环境整治和省保底角王氏宗祠维修规划方案的编制。

《开化文化地图》完成

2013年，开化县历时两年时间编制的《开化文化地图》完成。地图在开化县文化资源普查和汇编的基础上，集中梳理了开化县文化资源概况，内容涉及文保单位（省级文保单位）、非遗保护项目（省级及其以上非遗保护项目）、历史文化村落（包括古建筑、民俗风情、自然生态三大类）、历史名人（开化县建县以来记载的开化籍名人）四大板块。

开化县开展“一祠一品”建设

2013年，开化县继续把各具特色、主题的品牌祠堂建设成专题性小型博物馆，相继完成了村头镇小溪边村（敦怡堂）“一代名将余玠史迹陈列展览”，村头镇前村头村（长者祠）“赵抃勤政廉风陈列展览”，马金镇姚家源村（敦本堂）省级非遗姚家扛灯陈列，大溪边村（大宗伯第）村史展览，苏庄镇唐头村（方永同公祠）孝文化陈列和长虹乡桃源村（范氏宗祠）范氏文化陈列等6个祠堂的“一祠一品”建设。

龙游县实施宗祠保护工程

2013年，龙游县完成了塔石镇里王村石硿自然村余氏小厅、姚村村姚氏宗祠、西何村小溪自然村胡氏宗祠、水阁钱村水阁钱大厅，豆腐王村西圯自然村余氏大厅、庙下乡庙下村汪氏民居（汪樟南）、沐尘乡沐尘村凝和阁、溪口镇长田畈村塘头后、溪口镇石角村徐氏宗祠、社阳乡大公村大公朱家厅、模环乡上向塘村余王合宗祠、五都桥村西坂自然村胡氏宗祠等12幢宗祠的维修和48处文物古建筑的保养。

舟山市

2013年，舟山市根据全市文博工作会议精神，强化责任落实，注重规范管理，践行公共服务，突出重点，巩固基础，较好完成了各项工作目标。

一、重点工作狠抓落实，成效显著

2013年，舟山市文物部门加大了对各级不可移动文物和各类文博场所的监管力度，全力确保安全。

舟山市文物办陆续在全市范围内进行了大规模的文物安全巡查，在上半年全面摸底排查的基础上，又于下半年对定海城区和普陀山等重点区域主动开展整改情况回头看活动，着重对以往发现问题较为突出的文物展开再次巡查，并将巡查结果和工作建议以书面文件形式反馈给相关责任部门，通过协调努力，妥善解决存在问题，切实保障了文物安全。文物部门还主动开展文物保护，为配合浙江大学舟山校区建设，就相关文物搬迁事宜与省文物局做好沟通，指导、帮助建设方完成了区级文保单位中共定海工委旧址的迁移保护。经过反复研究论证和方案制定，长期遭风雨剥蚀而受损的市级文保单位“平倭碑”加装了钢化玻璃防护罩，以减缓风化速度。各博物馆利用网络沟通渠道，定期发布安全预警和安全检查信息，开展常态化安全教育活动；组织人员开展日常巡查、节假日大检查；及时纠正不规范行为，处理安全隐患。

2013年，舟山市再次集中购置并为隐患较明显的文物更新了一批消防、灭火器材。博物馆组织、开展了火灾应急预案演练、安全生产月、“打非治违”和隐患排查治理等专项活动，有力保障了文博事业的安全健康发展。

4月，国务院组织、召开第一次全国可移动文物普查电视电话会议，标志着又一项重大国家工程的正式启动。舟山市结合本地实际，制定了《普查实施方案》及相应宣传方案，配合市政府做好成立普查领导机构的前期准备；科学制定了预算，本着节约、高效原则采购了普查所需的设备。市文物办和博物馆密切配合，根据普查实施方案认真核实、整理各类国有单位名单，发放了《国有单位文物收藏情况调查登记表》等相关材料，在调查过程中积极回应、耐心解释，以服务行业的工作态度和业务部门的专业精神开展普查。

为响应中央关于改进工作作风、密切联系群众的号召，舟山市各级普查办灵活主动开展工作，力争做到不召开大型会议，不搞声势浩大的宣传动员，精简文件简报，切实改进文风，节约了公共资源，扎实、有效地做好普查工作。

2013年，舟山博物馆新馆展陈布置被列为新城建设六大重点项目之一，工程总投资额达到7218余万元。全馆上下认真围绕“展示舟山历史文化，精心打造精品工程”的总目标，扎实推进新馆建设。经评标委员会专家组审议，该项目完成设计施工一体化招标，并获市发改委批复立项。根据市委、市政府主要领导指示，博物馆不断细化策展方案及施工图纸，结合省、市各级公安、消防、建设及文物专家论证意见，与设计单位经过十余次对接，多次修改展陈文本，最终确定了展陈和室内项目具体实施方案，取得了施工图设计文件审查合格书。在新馆建设领导小组的协调和发改、城建、审图中心等多部门支持下，监理工程招标和施工许可手续顺利完成。目前，工程项目组已正式进入现场开始施工，安保、消防等配套设施也已落实到位。

由国家文物局和浙江省文物局组织，舟山市文广新局筹备实施的白节山海域水下文物重点调查项目得到国家水下文化遗产保护中心、浙江省文物考古研究所等单位的大力支持。舟山市文物办反复修改完善《舟山白节山海域水下文物调查方案》，和国家、省有关主管部门及津、沪、甬等地兄弟单位、业务合作单位就水下调查工作沟通联系，邀请人员、采购设备、收集信息，为实施开展水下文物调查打下基础、做好了筹备。正式调查过程中，调查人员使用多波束声纳、地层剖面仪、磁力仪、流速剖面仪和水下机器人等先进设备，经过近20天科学探测，对白节山附近海域约18平方公里范围内的水下文物分布情况有了较为准确、全面的掌握，基本证实了白节山海域至少存在一处规模相当的沉船遗迹。此外，文物部门还完成舟山管辖海域内水下文物及无居民岛上文化遗产分布情况的调查统计，汇总上报至省文物局。

二、常规工作稳步推进，有条不紊

2013年，舟山市文物保护体系建设更趋完善。经过不断升级调整，舟山市文物保护的广度和深度大幅拓展，保护级别得到提高，保护格局进一步优化，体系建设取得长足进展。通过与舟山市政府及法制办等相关单位的多次协调，舟山市文物部门对前期草拟的《舟山市不可移动文物保护管理办法》和《舟山市水下文物保护管理办法》征求意见稿进行了修改和完善，经审定进入正式发文程序。

随着文物保护体系的不断完善，划定保护范围、编制相关档案的工作提上日程。2013年，全市文物保护领域的业务人员集中赴杭州，参加省文物局举办的文物四有档案编制工作培训班，主动开展省级文物保护单位海山许氏民居的“四有”建档，在前期申报材料的基础上进一步搜集材料，整理图纸，细化文字描述，编制档案。舟山市文物办作为职能部门，研究、起草了《关于做好舟山市新增全国重点文物保护单位相关保护工作的通知》，多方协调，对新增的第七批全国重点文物保护单位全部制作、树立了保护标志碑；还与规划部门沟通，做好第四批省级历史文化名村的调查摸底工作，制定有关规划，督促定海区开展了里钓山、大鹏岛的保护规划编制。

藏品数量不足、整体层次不高是制约全市各博物馆发展的一大瓶颈。为切实改善馆内藏品的结构，提升数量，保证质量，全市各级各类博物馆纷纷加大对文物等各类藏品的征集力度。国有博物馆通过发动政府部门、社会力量的参与，尽最大努力争取全社会的支持，积极拓宽藏品信息来源和征集渠道；还提请市府办代发协助征集展陈资料的文件，借助平面媒体、网络论坛发布征集公告，取得良好效果。民办博物馆也通过多方筹措资金、合理营销置换等手段，在提升硬件、丰富藏品、精心布展方面有所突破。据统计，舟山博物馆全年新增藏品24件，其中书画5件，瓷器2件，家具木器10件，金属类文物4件；新增展品248件，以新馆展陈所需的船用仪器和农业渔业生产工具等为主；同时征集到反映舟山历史、社会、人文等方面的图文资料两千余份；与韩国江华郡博物馆交流合作，获赠高丽大藏经等珍贵藏品多件；还赴温州等地搜集、修复各类动植物标本150余件。

为切实履行公共服务职能，营造有利于事业发展的社会氛围，全市文博战线以国际博物馆日、文化遗产日为契机，紧扣时代主题，通过专业鉴赏、科普展览、有奖问答等活动形式，积极践行文化惠民政策，大力开展文物保护宣传。舟山市文物办在分发资料、悬挂横幅、展出图版等常规宣传手段的基础上，进一步创新工作思路，扩大宣传范围，连续五年开展"走读昌国"活动，以市民近距离体验海岛自然、人文遗产为鲜明特色，受到社会各界的广泛好评。舟山市博物馆以舟博志愿社、《舟山文博》杂志为平台，在公众参与的广度和学术研究的深度方面双管齐下，在固定陈列展览的基础上，围绕海洋渔业、古代钱币、国际船王及景宁畲乡民俗等特色鲜明的主题，自办、引进了多场临时展览，接待国内外观众近4.5万人次，全力满足新区群众对公共文化的新期待和新需求。

2013年，各级"两会"中涉及文化遗产保护的议题议案呈现出明显增多的趋势。为切实履行部门职能，文物部门积极组织工作人员，与共同答复的相关单位、基层部门进行衔接，开展实地走访、调研，结合本部门工作内容及新区建设大局，认真撰写相关答复文件。主办提案均与相关政协委员进行了面商，及时、圆满地完成了主管部门交办的全部提案答复工作。在做好"两会"议提案答复工作的同时，文物部门还起草了针对市政协关于文化建设相关报告的落实意见，对政协委员在"我为新区建言献策"活动中提出的相关建议做了认真调研和意见反馈。

文物部门根据上级部门和领导的工作安排，传达上级政策，落实部门任务，报送本级材料，在完成相应任务的基础上报送《旅游开发建设中文物保护情况报告》、《文保单位的游客承载量工作落实情况和工作计划》、《可移动文物普查自查报告》等多份公文；完成多城连创中有关文物保护、利用等方面的台账制作；配合行政审批处对相关文物的维修施工方案进行审批；配合市文广局做好国家文物局、市政府领导调研所需汇报材料的准备；完成了文博统计分析报告、民办博物馆管理运行情况调查表及文博十二五规划中期评估表等多份材料。

2013年，全市文博系统通过引进高层次专业人才、招募社会志愿者、邀请省级专家开展业务培训、同甬、嘉等地兄弟单位交流学习、选派人员在职进修等手段，加强了队伍建设。相关业务人员先后参加了文物普查、四有档案、文物保护、馆藏数据库、安防系统操作、博物馆馆长培训、博物馆陈列展览、文物鉴定等十余期省级专业培训。舟山市本级也面向基层工作人员积极组织各类培训，传授知识、交流经验、全面提升、共同进步。舟山市文物办在岱山县举办全市博物馆业务知识暨第一次可移动文物普查培训班，面向全市文化、园林、宗教等系统的各类文博单位业务人员，邀请省文博系统资深专家开展现场授课。舟山市博物馆结合自身工作实际，围绕博物馆中心工作、岗位要求和工作特点制定培训计划，不断开展各类业务提升、交流学习、志愿者培训等活动。全市文物、博物馆系统从业人员的综合能力和专业素质藉此得到明显提高，队伍的组织、建设取得长足进展，进一步巩固了文博事业科学发展的人才基础。

舟山博物馆推出“东海渔歌——舟山海洋渔都渔俗展”

2月10日至4月10日，舟山博物馆推出“东海渔歌——舟山海洋渔都渔俗展”。展览涵盖各类海洋渔业捕捞方式、渔港繁荣景象、海洋民间艺术文化等内容，还结合渔乡实际，创设了“源森行”渔行场景，观众可以参与互动，亲身体验。

舟山博物馆举办“浩云沧海——国际船王董浩云（1912—1982）”专题巡回展

2月14日至5月底，舟山博物馆联合宁波帮博物馆、舟山市博物馆协会共同举办了“浩云沧海——国际船王董浩云（1912—1982）”专题展，以流动博物馆的形式带展览进社区、进学校、进单位，先后到社区、街道、学校等地巡回展出。

普陀区发现古荷花缸

3月20日，普陀区博物馆在六横镇发现一明末清初古荷花缸（略有破损）。该缸口内径86厘米，外径115厘米，高82厘米。缸身有图案纹饰，6个锣鼓形线框中嵌有荷花、牡丹、梅花、菊花4幅图案，夹框间名有号角、葫芦、笙笏、双金钱4幅如意图，匀布“桂、月、子、落”4字，为寺院养鱼、种花所用，有一定的历史研究和保护价值。该缸现收藏于台门社区广福寺内。

岱山县举办舟山书画院写生作品展

3月29日至4月30日，由舟山市政协书画院主办、岱山县海洋文化博物馆协办的“舟山书画院写生作品展”举行。展览共展出作品60件，其中国画作品30幅，油画作品23幅，速写作品7幅。

舟山市重树“姚公殉难处碑”保护标志碑

4月1日，舟山市文物办为市级文物保护单位姚公殉难处碑重新树立了保护标志碑。姚公殉难处碑位于定海区龙峰山腰东南部，现舟山革命烈士陵园内，是为纪念1840年第一次鸦片战争中因县城失陷而投池自尽的定海知县姚怀祥所立。原保护标志碑立于2007年，2012年末不慎断裂破碎，无法复原。舟山市文物部门核实情况进行了重新制作，重树立于原址，同时会同园林部门加强了安全管理。

普陀区举办全区海洋系列（民间）博物馆业务培训班

4月17日至19日，普陀区文化广电新闻出版局举办全区海洋系列（民间）博物馆业务培训班。这是普陀区海洋系列（民间）博物馆建立以来的首次系统化培训。来自全区海洋系列博物馆及其他民间博物馆的28人参加了培训。培训内容包括海洋文化博物馆杂谈、博物馆讲解员讲解技巧和博物馆礼仪接待等。参训人员还就普陀区海洋系列（民间）博物馆规章（草案)进行了专题讨论,开展了实地见习和观摩。

普陀区博物馆举行“心中的普陀区博物馆(沈院)”原创微文征集活动

4月18日至5月18日,普陀区博物馆在全市范围内开展“心中的普陀区博物馆(沈院)”原创微文征集活动,共收到征文百余条。

舟山市开展“促进民间博物馆发展”专题调研

4月下旬至5月上旬,舟山市开展了促进民办博物馆发展专题调研。调研以贯彻国家相关部门指导意见为抓手,将实地调研与书面汇总相结合,重点对制约民办博物馆发展的瓶颈问题和深层次障碍,提升民办博物馆发展水平等问题进行了研究,了解了民办博物馆运行现状和发展难题。

普陀区举办“武义婺州窑精品展”

4月28日至5月30日,武义婺州窑精品展在普陀区举办。展览共展出83件手工作品,其中5件为婺州窑真品,另配有28幅介绍东汉、三国两晋至宋元时期的婺窑发展史展板。当地同时配套举办了手工互动、丹青描绘、沙龙角等互动环节。

舟山博物馆推出徐正国个人钱币收藏展

5月1日至5月20日，舟山博物馆推出“古钱雅韵—徐正国个人钱币收藏展”。展览共展出金饼、金铤、金叶子、金条、金币、银元宝和银币等各类钱币200余件，时代从西汉至民国，均为徐正国多年收藏的珍品。

岱山海域发现清代铁炮

5月9日，定海区岑港边防派出所接举报，某工程打捞公司负责人处私藏一尊古炮。经调查，此炮为该公司2011年6月在岱山县某海域工程作业时打捞出水，为一尊铁质前膛炮，长约185厘米，最宽约45厘米，整体圆柱形，敞口，束颈，炮身肥厚，从尾部向炮口收分，在炮身中部重心位置按一对圆柱形炮耳，炮膛后部凸出带引信孔，钮形炮尾带一焊接的螺帽，通体有锈迹，整体保存尚好。

初步分析，此炮为清道光二十年（1840）铸造或使用。该炮的发现对进一步研究舟山抗英历史与丰富海域内水下文物资源提供了重要实证。

普陀区博物馆发现民国时期渔行保险箱

5月14日，普陀区博物馆在展茅街道横街社区发现一只民国时期渔行保险箱，这是继2005年沈家门的王万泰渔行保险箱后，所发现的又一只民国时期英国产渔行保险箱。据介绍，这只保险箱是本地乡绅、教授翁斯鉴的父亲翁世香于民国初年在螺门开设渔业商行时用过的，距今已有百余年历史。

普陀区博物馆举办“聆听藏品背后的故事”主题活动

5 月 22 日至 12 月 10 日，普陀区博物馆举办了四季“聆听藏品背后的故事”主题活动，内容包括参观普陀区博物馆、沈院及现场讲述普陀区内文物史迹及渔文化发展现状等。

普陀区博物馆打造惠民服务链

6 月 26 日至 11 月 4 日，普陀区博物馆积极开展移动博物馆“三进”活动，打造惠民服务链，首次举办移动博物馆进企业。据统计，全年移动博物馆“三进”活动共举办 4 场，受益群众约 2000 人次。

岱山县举办“十里红妆”婚俗文化展

7 月 10 日至 8 月 30 日，从浙江省博物馆引进的“十里红妆”婚俗文化展在岱山县举行。展览用 40 多块展板再现了旧时女子出嫁的全过程，展示了宁绍一带独特的婚嫁文化和婚俗风情。

舟山举行浙东沿海灯塔揭牌仪式

7月11日“中国航海日”期间,第七批全国重点文物保护单位浙东沿海灯塔揭牌仪式在普陀洛迦山举行。宁波市也同步举行了相关活动。

普陀文博志愿者座谈会召开

7月30日,2013年度普陀文博志愿者座谈会召开。会议回顾上半年文博宣传工作重点,研讨了《普陀文博》第六期出刊相关内容,对普陀文博事业发展意向进行了探讨。

舟山市完成“平倭碑”的修缮保护

8月至12月，舟山市经过论证，完成了市级文物保护单位“平倭碑”的修缮保护。“平倭碑”位于舟山市定海区金塘镇，立于明代嘉靖年间，简述了明朝兵部侍郎胡宗宪、副总兵卢镗及子卢相等率部在金塘岛沥港诱擒辛五郎、俘斩大量倭寇的史实。经前期勘查，碑身出现风化开裂、石片脱落、文字模糊等问题。舟山市文物部门在协商后确立了将平倭碑原址保护，对周边环境、道路进行统一规划、调整，建成以平倭碑为核心的环形广场作为当地文化活动区域的保护思路，同时开展具体工作。12月，舟山市文物部门会同金塘镇政府、管委会及当地社区对碑身正面加罩钢化玻璃，对基座进行硬化加固，清理了周边环境。

岱山县举办“水浒108将——谢才华剪纸作品展”

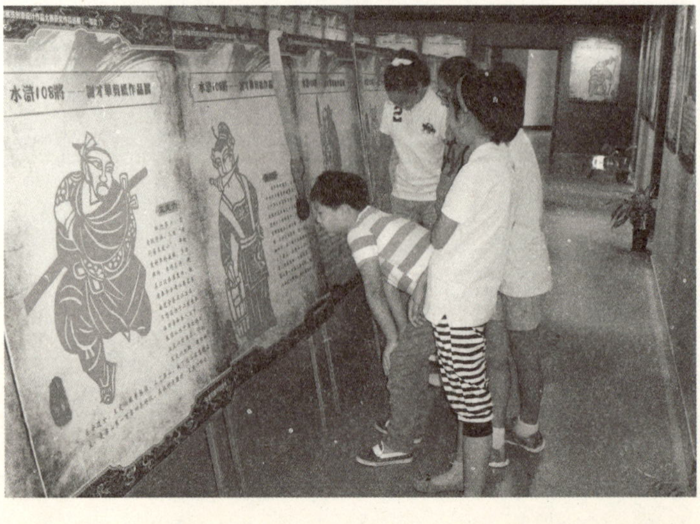

9月7日至10月7日，由浙江省图书馆、宁波市图书馆、岱山县文广局联合主办，岱山县海洋文化博物馆承办的“水浒108将——谢才华剪纸作品展”开展。展览共展出“中国杰出人民艺术家”谢才华的水浒作品108幅。

舟山博物馆举办“山哈风韵——浙江畲族文物展”

9月24日至10月24日，舟山博物馆引进了由省文物局主办、省博物馆和舟山博物馆承办的“山哈风韵——浙江畲族文物展”，展示了畲族的民俗风情和民族精神。

普陀博物馆举办迎国庆“普陀海洋系列博物馆图片展”

10月，普陀博物馆举办了以挖掘、拯救、弘扬海洋历史文化为目的的迎国庆“普陀海洋系列博物馆图片展”。

舟山市举办2013年全市博物馆业务知识暨第一次可移动文物普查培训班

11月27日至29日，舟山市博物馆业务知识暨第一次可移动文物普查培训班在岱山县举行。全市各县、区业务管理部门，博物馆、行业收藏单位、普陀山佛教博物馆及参与可移动文物普查相关人员共50余人参加了培训。培训涵盖了博物馆讲解员、业务知识培训和可移动文物普查培训等方面，包括讲解员仪态与周到服务、博物馆藏品管理与命名规范、可移动文物普查任务分解等内容，特邀请有关专家进行授课。

舟山举办“毛泽东在浙江——纪念毛泽东同志诞辰120周年”图片巡回展

12月17日至2014年2月10日，由舟山市档案局、舟山市史志办公室、舟山博物馆承办的

"毛泽东在浙江——纪念毛泽东同志诞辰120周年"图片展在舟山市行政中心、县(区)政府内、公园广场及舟山博物馆等地举行。展览展出了96幅毛泽东在浙江期间的图片，通过图片和文字介绍了毛泽东与浙江的渊源。

舟山市继续"走读昌国"文化遗产零距离体验活动

2013年，舟山市连续第五年开展"走读昌国"活动。来自社会各界的市民及相关人士应邀参观了桃花岛、金塘镇沥港、大鹏岛等处，近距离体验了海岛的自然、人文遗产，接触了人文遗迹和传统文化。

台州市

2013年，台州市以第一次全国可移动文物普查第一阶段工作为主线，积极开展文物保护，按照省级、市级总体部署完成了各项任务。

一、第一次全国可移动文物普查第一阶段工作

2013年，台州市结合实际，安排部署全市第一次全国可移动文物普查，完成了普查机构和普查队伍组建；编制了普查工作方案，组织普查培训，全面启动了第一次全国可移动文物普查相关任务。至10月底，各县、市、区通过多种形式完成了调查摸底，共调查国有单位4395家，调查表回收率实现100%。其中反馈有文物收藏的国有单位初步统计为94家，需要认定、采集数据、规范登记的文献古籍、历史档案、书画作品、民族民俗文物等可移动文物达13万多件。通过各县、市、区上交的督查表和自查报告，台州市全面了解全市国有可移动文物的基本情况及保存状态，实现了各项普查目标。

二、文物保护宣传工作有效展开

2013年，台州市积极做好全市10家国保、49家省保的"四有"工作，完成了第七批国保申报。在5月新公布的第七批国保中，台州新增6家，使全市全国重点文物保护单位数量增至10家。

5月和6月，台州市分别举办庆祝5·18国际博物馆日、第八届文化遗产日系列活动，6月5日在椒江老街街口举办为民义务鉴宝活动。同时，文物部门继续在台州晚报上开设"探访台州文明史迹"专栏，走访椒江、仙居、黄岩等地，并在台州日报、晚报、商报上发表宣传文物工作的文章共计30篇。11月，台州市邀请有关专家分别做了文物政策法规与宣传工作、文物安全、浙江历史文化与台州等方面业务培训。各县、市、区相关文保单位近50名工作人员参加了为期两天的培训，提升了全市的文博业务水平。椒江牛头颈塔、章安桥、黄岩岱石庙建筑、路桥光明炮台等市级文保单位的维修开展或完成。

三、考古勘探工作有新突破

7月2日至4日，台州市探查了台州湾三岛战地遗址，对一江山岛、上大陈岛、下大陈岛等近100处主要战地遗址进行实地调查，对三岛的战地遗址分布有了大致了解，为今后测绘及建立翔实的资料库做了前期准备。4月、6月、7月和11月，文物部门多次实地走访仙居古越族岩画群，7月8日到11日分别邀请6位专家专程赴仙居，对上张乡、朱溪镇、广度乡等地岩画进行详细考察研究。8月，文物部门再次对满山岛石棚墓进行勘探，并完成台州市旅游开发、甬台温天然气和成品油管道工程等建设项目中文物保护工作的调研，上交了自查报告。

四、文物安全工作进一步夯实

8月，台州市文物部门联合市文物监察支队开展全市文物系统安全大检查，发现问题及时督促整改。9月，台州市文物部门联合消防部门对全市博物馆进行安全检查，主要对文物库房和展厅等重要位置的防盗防火实施检查。

五、推进国有博物馆及民办博物馆建设

2013年，台州市完成国家文物局开展的促进民办博物馆发展专题调研报告，对全市民办博物馆现状、存在困难及趋势与对策进行了深入分析；同时推进国有博物馆建设，继续征集台州籍书画家作品，进一步丰富馆藏。5月17至5月25日，台州文化馆举办“翰墨为寄——台州籍书画名家捐赠作品展”。全市21家博物馆年检工作的材料收集整理和初审完成。古玩旧货市场文物经营管理调研开展。

“盛世收藏、文化台州”迎春艺术品鉴赏活动举行

1月8日至12日，“盛世收藏、文化台州”迎春艺术品鉴赏活动在台州举行。活动主要分两个方面，一方面是商业性拍卖，一方面是由台州市政府和中国收藏协会专家咨询鉴定委员会、中国文物学会鉴定委员会主办的公益性文化活动，包括多场艺术鉴赏系列讲座、明清家具展等精品展及免费鉴宝活动。

温岭月洞桥重新修建完成

月洞桥原坐落于温岭市横湖桥村月河上，长17米，宽3.4米，建于清嘉庆年间，有近200年历史。由于桥洞狭小，严重影响泄洪，2011年2月，浙江省政府同意对月洞桥实施异地迁移保护。经过两年建设，工程于2013年1月竣工。

黄岩区新增35处区（县）级文保单位

2月6日，黄岩区政府公布了第三批35处区（县）级文物保护单位。至此，黄岩共有县级文保单位50处、省级文保单位6处。

三门发现神秘掌印古砖

2月，三门海游镇一处古民居断壁中发现了四、五块带有掌印的古砖。4月，横渡镇一堵3米高的墙上又发现十几块掌印古砖。这些古砖长约29厘米，宽12厘米，厚6厘米，呈土灰色。

台州雷锋主题收藏展免费开放

3月4日至7日,“永远的雷锋”专题收藏展在椒江举行。展览涉及有关雷锋题材的邮品、纪念奖章、纪念测试钞、连环画、海报、宣传画及书籍、报纸、杂志等共计10大类200多件。藏品均来自台州著名红色收藏爱好者的个人提供。

温岭市博物馆工程正式开工

3月8日,温岭市博物馆工程举行奠基启动仪式。温岭市博物馆位于温岭市新区,建筑面积9500平方米,项目总投资8500万元,是温岭市重大公共文化设施建设项目。

戴氏宗祠修缮工程启动

3月19日,温岭戴氏宗祠维修图纸交底会举行,温岭市文化遗产保护中心对维修要求及安全等事项提出具体要求,全面启动了整个维修工程。戴氏宗祠位于温岭市温峤镇,始建于明成化年间,清乾隆年间重建,现存建筑为一小四合院,包括照壁、进门、东西厢房、正厅及天井,是温岭保存较好的宗祠之一,2012年编制了维修方案。

《山水有清音——王伯敏书画展》举办

3月27日,温岭王伯敏艺术史学馆举办《山水有清音——王伯敏书画展》。此次展出作品贯穿王伯敏早、中、晚各个时期创作,特别是创作于四十年代的山水立轴、梅兰竹菊四屏条等早期作品尤为难得。

黄岩区首个文物建筑易地复建工程启动

6月18日，黄岩中共台属特委机关旧址（原淑德小学）复建工程动工。淑德小学为清代古建筑，2000年实施迁移保护。此次复建工程总用地3364平方米，总建筑面积1280平方米，房屋33间，为五凤楼形制两进两院落建筑。

椒江台州湾三岛战地遗址探查

7月2日至4日，台州市文物处组织台州市博物馆及椒江博物馆有关人员，探查了椒江台州湾三岛战地遗址，对一江山岛、上大陈岛、下大陈岛近100处主要战地遗址进行了实地调查。

台州市博物馆收藏贺鸣声8件版画作品

7月4日，台州学院离休教师蒋文韵将好友贺鸣声的版画作品捐赠给台州市博物馆。此次捐赠的贺鸣声版画作品共8件，其中木刻作品《鲁迅先生像》于1958年参加全国第三届版画展。

临海评为“2012年度中国文化遗产保护典范县”

8月13日，中国文物保护基金会授予临海市“2012年度中国文化遗产保护典范县”称号。此次全国共有21个县（市）申报参评，6个县（市）入围初审，临海市一家通过终审。

“中国古钱币发展史”讲座举行

8月25日，王伯敏艺术史学馆举行岑钟书“中国古钱币发展史”讲座，介绍了古钱币的发展史及收藏钱币的经历，还带领市民参观了先秦钱币收藏展。

坎门验潮所举行立碑揭碑仪式

9月23日，坎门验潮所立碑揭碑仪式在玉环坎门举行。坎门验潮所位始建于1929年，是中国第一座验潮所，设有自行确定的测量基准点——坎门零点；也是首批浙江省海洋科普教育基地，还是直接承担国家海平面变化观测的主要监测站之一。

台州市博物馆送图片展进校园

9月24日，台州市博物馆将浙江自然博物馆策划的“未成年人生态教育”图片展——《会飞的花——中国蝴蝶》、《人类的亲缘——灵长类的多样性与人类起源》送进校园。展览为期2个月，在台州市十多所中小学校举行。

温岭挖出文物

10月2日，温岭泽国甘蔗地里发现一坛13斤古钱币，上面刻有“开元通宝”字样。经初步鉴定，这批铜钱应是唐代古币。

10月4日和10日，温岭横湖小学在改建施工时分别挖出一个巨型“石龟”。经初步鉴定，“石龟”可能是明代的驮碑赑屃，距今有4、500年历史。“石龟”和钱币现已送至温岭文物保护中心保管研究。

温岭金氏族人捐赠文物

10月，温岭太平街道山下金村金氏族人将收藏的四方明代墓志捐赠给温岭市遗产保护中心。

温岭举办文化遗产保护业务培训班

11月19日，温岭市举办文化遗产保护培训班，各镇（街道）文化站长、全市业余文保员、“非遗”传承人共100多人参加培训，听取了《浙江省文化遗产保护实践》与《非物质文化遗产保护与传承》专题讲座。

台州市文物博物业务培训班举行

11月28、29日，台州市文物博物业务培训班在台州市举办。全市各县、市、区文物保护相关单位的近50名工作人员参加了文物政策法规与宣传工作、文物安全等方面培训。

临海发现古龙窑遗址

11月，临海市文保部门接到相关消息，现场察看、发现了一处清乾隆年间的古龙窑遗址。遗址以烧酒坛为主，兼烧缸、甑、甏、盅等陶器，成品从永安溪入船运销四方，窑口、窑洞都保存较为完好。这也是台州唯一保留下来的龙窑。

温岭市召开石塘石屋保护利用座谈会

12月12日，温岭市专题召开石塘石屋保护利用座谈会，听取石塘镇有关石屋现状、存在问题及保护措施等情况汇报，结合存在的难点与重点，从居民安置用地、石屋保护维修、资金投入及旅游开发等方面进行了讨论。

国内专家考察仙居古越族岩画群

2013年，台州市与仙居县文物部门两次组织国内岩画专家对仙居古越族岩画群开展考察。7月8日至11日，6位专家对仙居县上张乡、朱溪镇、广度乡等地岩画进行考察。11月23日至24日，7名专家考察了仙居朱溪小方岩、上张西塘、福应送龙山、广度中央坑等地岩画。自2002年12月仙居县朱溪镇小方岩发现两处总面积70平方米的岩画后，近十年来仙居各地又陆续发现了多处岩画，总面积达1311.65平方米。

丽水市

2013年，丽水市树立“大项目、大文博、大氛围”创新理念，以申报省级历史文化名城为载体，积极探索文物惠民方法，努力营造“人人参与保护文物，文保成果人人共享”的氛围，全面推进文物工作再上新台阶。

一、省级历史文化名城申报工作实现新突破。

申报省级历史文化名城是丽水市委、市政府在2013年市党代会、市人代会工作报告中明确的工作目标。在省住建厅、省文物局的支持、指导和全市的共同努力下，申报工作有序推进：制定了《丽水申报省级历史文化名城实施方案》，明确了六大系统工程工作计划和相关部门职责任务；召开了丽水申报省级历史文化名城动员大会，要求统一思想、明确目标、落实责任，全力开展申报工作；举办了“申名”宣传月活动，提高了市民的文物保护意识，掀起全民积极参与名城申报活动的热潮，形成了良好氛围；组织了历史文化街区申报。根据新申报规则，丽水市政府公布了历史建筑名单，科学编制区内文保单位的保护修缮方案，依法划定街区范围、核心区块面积和建设控制地带，按照“立足历史事实、突出文化底蕴、彰显街区特色”的思路，加强历史文化街区的保护。7月，刘祠堂背、酱园弄、高井弄等3个街区通过省名城委考核，成为省级历史文化街区。根据省里要求，碧湖镇与丽水市区一起申报省级历史文化名镇、名城，以进一步推动文化遗产保护。丽水市政府及时部署任务，分管市长赴碧湖镇调研，市申名办积极联系沟通，推进了申报工作。12月25至26日，丽水和碧湖镇通过了省名城委的评估考核。

二、第一次全国可移动文物普查取得新进展。

2013年初，丽水市文物部门将可移动文物普查工作列入重要工作内容。按照省政府、省文物局统一部署，丽水市政府印发了《关于成立丽水市第一次全国可移动文物普查领导小组的通知》，由市政府分管市长担任组长，市委宣传部等14个部门的负责人担任成员。全市各地成立了普查机构，组建了普查队伍，落实了普查经费，召开了全市第一次全国可移动文物普查电视电话会议，制定下发了《丽水市第一次全国可移动文物普查实施方案》、《丽水市第一次全国可移动文物普查宣传方案》。8月23日，丽水市第一次全国可移动文物普查动员暨培训会召开。市、县两级文物部门在抓进度、抓质量、抓协调、抓落实上狠下工夫，克服了普查工作范围广、周期长、关系复杂、经验缺乏等困难，通过召开会议和上门调查，完成了第一阶段调查任务，至11月摸清了全市3194 家国有单位的文物收藏情况，发放、回收调查登记表3194份，实现了覆盖率、回收率的100%。其中反馈有（疑似）文物的单位71家，初步统计（疑似）文物总量101731件（套），取得重要阶段性成果，为“一普”工作打下坚实基础。

三、不可移动文物保护管理创造新成效。

国务院核定公布第七批全国重点文物保护单位名单，其中丽水市新增7处，使全市的国保总数达13处。5月29日，丽水市政府公布了6处第五批市级文物保护单位，使不可移动文物保护体系趋于完善。同时，全市不可移动文物修缮深入推进。黄景之律师事务所旧址维修工程5月31日通过竣工验收，基本清除了文物本体安全隐患，确保了文物安全。处州府城墙行春门段修复工程项目的建议书编制及审批等前期工作展开，谭宅修缮工程前期相关行政审批事项和工程招投标完成。4月和6月，文物部门组织力量对水阁余村柴塘山两处宋墓、碧湖堰头村南宋古墓进行抢救性清理，发掘白瓷印花梅瓶、墓志铭、银杯、玉扣、铜钱等文物；并积极配合完成省级建设项目之江监狱建设工程前期文物勘探程序报批及考古。根据市委领导批示，文物部门重点调研了丽水绿谷产业园区关于明代刑部尚书薛希琏墓区实施保护的议题，提出了建议。

四、博物馆体系建设迈上新台阶。

近年来，丽水市通过完善博物馆免费开放机制，进一步提升公共服务均等化水平，使文物保护工作成果惠及平民百姓，形成了以市博物馆为龙头、县（市、区）博物馆为骨干、民办博物馆为辅助、展示为基础的博物馆体系。

丽水市博物馆积极开展“我为新馆作贡献”文物捐献活动，5月收到市本级收藏界捐献的60多件文物；11月3日发动龙泉市捐献了近百件青瓷宝剑作品；还召开华侨文物征集座谈会，发放征集倡议书，启动华侨文物征集，为新馆陈列展览工程建设做好准备。

为推进硬件建设，打造精品展览，丽水市推进南城博物馆、通济堰博物馆建设工程，开展全市文博单位工作交流和专题工作研讨，有序推进馆际陈列展览的协作交流和藏品资源的整合共享，促进文物藏品资源共享机制的形成；进一步加强了博物馆展示服务的核心能力建设，持续抓好陈列展览精品项目的深入实施，确保博物馆陈列展览和社会服务整体水平不断提升。缙云博物馆在杭举办我省首次发现恐龙头骨和甲龙锤化石的新闻发布会，庆元香菇博物馆举办的“美味诱惑——毒菇科普特展”获2013年度浙江省陈列展览精品奖评选最佳社会教育奖。

根据国家文物局开展博物馆定级评估工作要求，丽水市适时启动了博物馆等级达标评比活动，并以此为载体，促进博物馆之间的合作与竞争，充分发挥博物馆的社会服务功能，大力提高博物馆整体水平。龙泉青瓷博物馆、缙云博物馆、庆元香菇博物馆被评为三级馆。

丽水市、县（市、区）国有博物馆积极支持景宁晓琴民间陈列馆建设，完成帮扶任务，积累了国有博物馆对口帮扶民办博物馆的经验，探索了支持民办博物馆发展的长效措施，提高了民办博物馆水平，受到省文物局表扬。

丽水市委、市政府重视民办博物馆建设，出台了《丽水市区民办博物馆管理办法》，起草了《关于促进市区民办博物馆发展的实施意见》等政策文件，明确了“五区五主题”的市区民办博物馆布局规划，在江滨区块实行一品一馆，以体现丽水的文化特色和藏品差异性，还出台五项财政扶持补助政策，鼓励有特色的高端精品入馆。目前，报名要求创办民间博物馆的已达30多家。

五、文物安全管理工作迈出新步伐。

2014年，丽水市进一步健全县（市、区）级文博保护机构，推进县级文保所机构设置，加强文保员队伍建设，努力解决人员编制问题；并继续完善业余文保员队伍，积极争取落实业余文保员的基本报酬，充分发挥业余文保员在文物保护方面的作用，形成以文物行政主管部门为主导，各有关部门职责明确，社会力量参与齐抓共管的文物保护格局，确保文保单位安全。文物主管部门以目标责任制和岗位责任制为核心，落实各级文物行政部门监管责任为重点，保持全市文物安全形势整体稳定为目标，集中组织了两次文物安全督察。

文物部门对城关丽阳学校旧址等部分文保单位进行联合检查，对一些没有办理报批手续的单位责令补办，并就做好江滨区块文物古迹保护提出建设性建议。同时，文物管理部门做好对地下文物的保护，工程开工前发函给施工业主，要求注意地下文物保护，发现情况及时报告，派业余文保员不定期巡查。

2013年以来，丽水市本级、龙泉市、松阳县、庆元县等地相继发生古墓葬被盗案件。应公安部门要求，丽水市受省文物鉴定中心委托，积极组织市文物鉴定组成员配合现场勘察与鉴定，提供文物资料，协助公安部门收集犯罪证据材料。目前相关案件已进入司法程序。

丽水推进民办博物馆建设

2月1日，《丽水市民办博物馆管理办法》正式实施。由丽水市文化广电新闻出版局牵头会同市发改委等部门研究制定的《关于促进市区民办博物馆发展的实施意见》进入政府发文程序。《丽水市区民办博物馆布局规划》编制工作全面启动。《丽水市区关于民办博物馆补助经费专项资金管理办法》、《丽水市区民办博物馆创立和终止实施细则》等规范性文件正在起草制定中。同时，丽水市博物馆、景宁畲族自治县畲族博物馆与景宁晓琴畲族民间陈列馆结成帮扶对子，通过组织帮扶调研、成立领导小组、制订《对口帮扶工作方案》、签订帮扶协议、组织业务培训等形式，开展了“五个一”帮扶工作。丽水市文化广电新闻出版局还召开丽水市民办博物馆帮扶培训会，起草完成了《关于促进市区民办博物馆发展的实施意见》。

松阳县博物馆举办“岁月留痕——松阳老照片展”

2月10日，松阳县博物馆举办“岁月留痕——松阳老照片展”，展出各类老照片和各个时期的老摄影器材。

时思寺整体维修(一期工程)施工交底会完成

3月28日,时思寺整体维修(一期工程)施工交底会在景宁县完成。时思寺保护规划方案于2013年1月完成公开招投标。

丽水发现南宋墓葬

3月30日,丽水市开发区水阁街道柴塘山果苗基地发现两处宋代古墓葬,丽水市文物保护管理所组织力量进行了为期18天的抢救性清理发掘,出土唐代钱币一枚、北宋钱币一枚、韩瓶碎片若干(墓室已被扰乱)。

丽水市公布第五批市级文物保护单位

5月29日，丽水市政府公布高井、平政桥遗址、大梁山石刻、处州中学三好楼、佛头岩“礼义廉耻”石刻、南明渡等6处不可移动文物为第五批市级文物保护单位，所涉及类别涵盖古遗址、古建筑、石刻、近现代重要史迹及代表性建筑和其他类文物。

庆元县召开月山历史文化村落重点村规划评审会

5月，庆元县月山历史文化村落重点村规划评审会召开。会议对《月山村历史文化村落保护与利用规划》进行评审并原则通过。

景宁县孔庙文化陈展工程启动

6月8日，景宁县孔庙文化陈展工程正式启动。景宁孔庙现址位于鹤溪镇人民南路72号，始建于明景泰三年（1452），原址位于城西，因历史上多次毁坏，几经择址重建，清道光二十七年（1847）重建于今址，是丽水市目前保存较为完整的孔庙，1987年公布为县级文物保护单位。

寻梦廊桥实践队开展制作桥模活动

7月1日至8月15日，寻梦廊桥实践队在庆元县廊桥博物馆开展制作桥模活动。实践队利用暑假课余实践深入庆元县举水乡、大济村等地，了解廊桥文化和古桥结构，并设计、制作了桥模。

《遂昌·中国书画名家作品集》出版

7月，汤显祖纪念馆出版《遂昌·中国书画名家作品集》，书中收录了94幅名家书画作品。

庆元县推动历史文化村落保护

7月，庆元县出台《庆元县历史文化村落保护利用实施方案》，计划投资5000万元，到2015年打造3至5个历史文化保护利用重点村，培育10个古建筑相对集中、自然生态环境优美、民俗风情独特的历史文化村落一般村。

8月，历史文化村落保护总规划评审会召开。会议听取了设计单位《庆元县历史文化村落保护规划》文本介绍，提出了意见和建议，原则同意规划设计文本通过评审。

丽水推进各级新公布文保单位标志碑设置

7月4日，丽水市在南明山举行第七批全国重点文物保护单位南明山摩崖题刻标志碑揭碑仪式。此外，青田县于9月完成36处文物保护单位标志碑的制作和安装。云和县完成了2011年公布的省级文物保护单位、县级文物保护单位，2013年公布的国家级重点文物保护单位的标志碑制作与安装。庆元县于11月制作、安装了第七批全国重点文物保护单位的保护标志碑。

缙云县博物馆举办“版墨浙江——国际刻字艺术精品展”

8月13日，由浙江省文物局主办，缙云县博物馆、永康博物馆承办的“版墨浙江——国际刻字艺术精品展”在缙云县博物馆举行，共展出了来自韩国、新加坡、马来西亚和国内的213幅作品。

“神奇的蘑菇”科普展进杭城

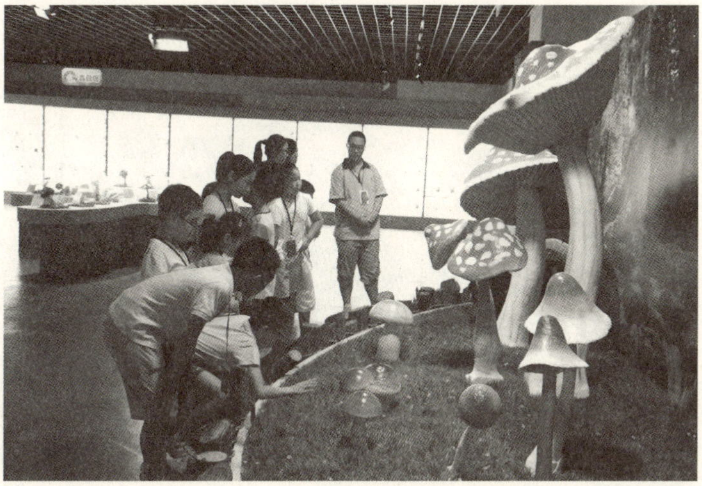

8月18日，浙江自然博物馆与庆元香菇博物馆联合举办的“神奇的蘑菇——科普展览”在浙江自然博物馆开展。展览分为蕈菌的形态和生活史、食药用菌分类、蕈菌食疗养生、食用菌产业等部分，展出各种食、药用菌类液浸标本、仿真标本260余件。这也是庆元县博物馆与省级馆首次合作办展。

浙江大学龙泉分校旧址入选丽水市级廉政文化教育基地

9月，全国重点文物保护单位浙江大学龙泉分校旧址被评为丽水市级廉政文化教育基地。基地以浙大龙泉分校旧址为依托，设立基地概览、廉政学堂、清风庭院、反腐倡廉研讨室、廉政宣誓角、廉政书屋等教育区块。

民间法治文化作品松阳展在松阳举行

10月28日至31日，“民艺苒馨——‘法治国家·和谐社会’民间法治文化优秀作品松阳展”在松阳县博物馆举行。展览由浙江省司法厅、浙江省普法教育领导小组、浙江省文联、浙江省民间美术家协会、中共松阳县委宣传部、松阳县普法教育领导小组办公室主办，松阳县民间美术家书画院（筹）承办。

松阳县推进历史文化建筑挂牌保护

11月12日，松阳县召开历史文化建筑挂牌保护工作推进会。会议要求各与会人员在松阳县博物馆提供的第三次全国文物普查资料基础上，对所辖区域的文物进行核查。

龙泉举办“吴山明、高晔、吴扬青瓷绘画作品邀请展”

11月18日，“墨彩瓷青·吴山明、高晔、吴扬青瓷绘画作品邀请展”在龙泉青瓷博物馆开展。为期一周的展览共展出吴山明等创作的青瓷绘画作品近60件。这也是第八届龙泉青瓷宝剑文化旅游节的重头戏之一。

缙云县博物馆与丽水市摄影博物馆举办馆际合作展览

11月18日，缙云县博物馆与丽水市摄影博物馆进行的馆际合作展览开幕，展览共展出浙江摄影师郑川、范顺赞、欧阳世忠、黄东黎、贾锦新、苗华龙六人联展的49幅作品。

丽水市博物馆举行“龙泉青瓷龙泉宝剑展品捐赠仪式”

12月2日，丽水市博物馆举行“龙泉青瓷龙泉宝剑展品捐赠仪式”，龙泉市青瓷宝剑行业的中国工艺美术大师、中国陶瓷艺术大师、浙江省工艺美术大师及国家级、省级“非遗”传承人的53件代表作品被无偿捐赠给丽水市博物馆收藏。

龙泉市开展文物保护专项宣传

12月5日，龙泉市在小梅镇大梅口村、大梅村、高际头村、大窑村、垟岙头村、金村等地进行文保专项宣传，将文物保护法律法规、政策文件、典型案例向村民进行了普及。

丽水市博物馆陈列展览概念性设计方案省级专家论证会召开

12月17日，丽水市博物馆陈列展览概念性设计方案省级专家论证会召开，来自浙江省文物局、浙江省博物馆、浙江自然博物馆、中国丝绸博物馆、中国茶叶博物馆、省文物考古研究所及丽水市本级的专家对“生态丽水”展区和“千秋处州”展区陈展概念性设计方案进行了论证，提出了修改完善意见。

丽水市博物馆签订合作协议

12月24日，丽水市博物馆与丽水学院生态学院签订动植物标本委托采集制作合作协议，并接收了200件植物标本的捐赠。

丽水申报省历史文化名城工作通过省级考核评估

2013年，丽水市继续推进省历史文化名城申报工作。市政府专门成立了申报省级历史文化名城工作领导小组，由市长担任组长，分管城建、文化工作的副市长担任副组长，25个相关部门的一把手为成员。领导小组定期召开办公会议，及时研究、解决遇到的重大问题。丽水市政府先后制定、下发《丽水市城市紫线管理办法》、《丽水市民办博物馆管理办法》、《丽水市非物质文化遗产项目管理办法》、《丽水市非物质文化遗产传承基地管理办法》等一系列规范性文件，组织实施文化品牌提升、博物馆体系建设、历史文化街区保护、文物古迹保护利用、非物质文化遗产保护传承、历史文化挖掘研究等六大系统工程。丽水市委办、市府办联合印发的《丽水申报省级历史文化名城实施方案》，进一步明确了申报时间安排和工作目标；加强了申报宣传，形成社会共识，使丽水申报省历史文化名城工作通过省专家组考核评估。

丽水市开展文物保护单位维修工程

2013年，丽水市制定整修方案，对省级文物保护单位丽水厦河塔、巾山塔进行全面整修。6月12日，整修工程通过验收。丽水市区内现存面积最大的古建筑，省级文物保护单位谭宅及小谭宅维修工程于12月9日开标。黄景之律师事务所旧址维修工程于3月25日全面竣工。缙云县旸村尚书房、尚书坊维修工程于6月21日施工，年底竣工并通过初步验收。6月6日，青田县方山乡龙现村吴氏旧宅（含家庙、宗祠）修缮及纠偏加固工程方案通过浙江省文物局专家评审。工程于12月19日正式开工。庆元县投资15万元，历时7个月，实施、完成了坑井吴氏宗祠修缮工程。遂昌县新路湾大侯周周氏宗祠修缮工程、长濂古建筑群之郑氏宗祠维修工程及赤山古塔维修工程通过竣工验收。朱氏宗祠修缮工程预算造价核算于11月21日编制完成。景宁畲族自治县雷潘两姓宗祠维修工程于12月结束。此外，缙云县对民间宗祠修缮开展常态化业务指导，制定了工作规定，2013年指导完成33座宗祠的修缮。

丽水市博物馆整合资源联合办展

2013年，丽水市博物馆整合馆藏特色文物资源，联合办展，10月起与温州博物馆联合举办了历时2个半月的《瓷海明珠——龙泉青瓷精品展》；与浙江省博物馆、浙江自然博物馆共同举办了《山哈风韵——浙江畲族文物特展》、《龙行浙江——浙江恐龙特展》。11月"2013中国·丽水国际摄影文化节"期间，丽水市博物馆利用新馆馆舍作为摄影节四个展区之一，联合承办了中国第十五届国际摄影艺术展览。

丽水市博物馆举办"我为新馆添风采"展品捐赠活动

2013年，丽水市博物馆通过"我为新馆添风采"展品捐赠活动，征集、接收市民捐赠的各种文物、资料、照片等136批次、266件。

景宁畲族博物馆举办展览

1月25日，景宁畲族博物馆和景宁畲族自治县奇石协会联合举办的“千姿百韵——畲乡奇石特展”开幕。4月12日，“山哈风韵——浙江畲族文物特展”在景宁畲族博物馆展出。10月19日，金丽衢三市油画家走进畲乡油画作品展和畲乡情陈江洪、蓝良明油画写生作品展系列活动启动仪式在景宁畲族博物馆举行，共有28位画家的90余幅画作展出。10月29日，景宁畲族博物馆将“会飞的花——中国蝴蝶特展”和“人类的亲缘——灵长类多样性与人类起源”图片展送到蓝天幼儿园展出。10月30日，浙江省民族工作成就展和民族风情摄影展在景宁畲族博物馆展出。这也是2013年浙江省民族团结进步宣传月活动的子项目。11月23日，顾玉如太极书法作品展在景宁畲族博物馆展出。

龙泉市博物馆举办展览

1月30日至11月15日，龙泉市博物馆举办“陶瓷与生活？龙泉当代日用瓷精品展”，展出龙泉各青瓷厂家提供的日用瓷精品76件/套。温州博物馆在9月28日至12月15日举办《瓷海明珠·龙泉窑青瓷精品展》，龙泉市博物馆将7件馆藏珍贵文物出借给温州博物馆。12月2日至8日，龙泉市博物馆展出了龙泉青瓷、宝剑大师向丽水市博物馆捐赠的54件/套精品。

庆元举办多项展览

2月6日，庆元廊桥博物馆举办《游美丽乡村、赏风情廊桥》摄影展，展出庆元县摄影协会的400余幅作品。4月2日，“为了中华民族崛起——中国共产党光辉历程”革命历史图片展在庆元县香菇博物馆开幕。5月16日，庆元县香菇博物馆赴庆元三中开展“科普展览进校园”活动，将毒蕈科普展览送进学校。5月18日，庆元县廊桥博物馆举办“廊桥在我心”创意T恤设计大赛作品展。10月18日，庆元县香菇博物馆举办“邮票上的蘑菇世界——专题邮票展”，展示了市民多年收藏的世界各地发行的蘑菇邮票。

丽水摄影博物馆举办多项展览活动

4月7日至5月13日，丽水摄影博物馆举办第三届中国国际数码艺术展览。该展览是丽水摄影博物馆面向全世界沙龙摄影师和摄影组织所发起、主办的国际赛事，自2012年来已举办三届。

5月15日至6月23日，丽水摄影博物馆举办“亲历龙国——外国传教士眼中的丽水”老照片展览。展览展出的照片为上世纪三十年代加拿大传教士麦格拉思神父在丽水期间所拍摄的,内容涉及丽水的交通航运、瓯江风光、民俗风情等。

8月22日至9月25日,丽水摄影博物馆举办"浙江摄影师新锐七人联展"。联展展出郑川、范顺赞、欧阳世忠、黄东黎、贾锦新、苗华龙、魏昌富七位浙江年轻摄影师的作品。

8月26日至30日,中国第十五届国际影展在丽水摄影博物馆完成全部评选。来自国内外的18位评委、5位观察员及中摄协工作人员参加评选。

11月6日至10日,2013中国丽水国际摄影文化节举办。丽水摄影博物馆作为摄影节实施单位和重要举办场地,全程参与了摄影节各项活动,并推出《第二届国际摄影展廊联盟作品展》、《肖恩威尔金森作品展》、《不只是观看——另一种讲述方式》三项展览。

松阳抓好历史建筑改造

2013年,松阳通过前期调查摸底,选取了9个乡镇(街道)11幢古民居作为第一批历史建筑改造试点,截止12月已完成7幢历史建筑的修缮改造,同时将资金补助到位。

松阳县做好古村落保护

2013年，松阳县成立古村落文化研究会，负责古村落文化研究、挖掘和整理，出版了古村落资料书籍《松古村语》一本，《中国传统村落之松阳》一套八本。

松阳县博物馆开展宣教工作

2013年，松阳博物馆面向社会招募第二批小小讲解员，筹建老年志愿者队伍，组织召开松阳博物馆志愿者、小小讲解员年终座谈会，正式挂牌“松阳少先队雏鹰争章基地”。松阳博物馆被命名为松阳县首批社会科学普及基地。松阳县博物馆志愿服务队伍获“丽水市优秀志愿服务站”荣誉称号。

浙江文物年鉴

2013

各地内设机构一览表

浙江省文物监察总队内设机构一览表

部　门	姓　名	职　务	联系电话（0571）
队领导	吕可平	队　长	87083088
	谭进良	副队长	87038118

地址：杭州教场路26号
传真：0571-87080193
邮编：310006

浙江省文物鉴定审核办公室内设机构一览表

部　门	姓　名	职　务	联系电话（0571）
主任室	柴眩华	主　任	87916116
	周　刃	副主任	87080937
综合科	邓琪瑛	科　长	87083310
业务科	周永良	科　长	87080173

地址：杭州教场路26号
传真：0571-87080725
邮编：310006

浙江省博物馆内设机构一览表

部 门	姓 名	职 务	联系电话（0571）
馆 部	陈 浩	馆 长 党委书记	87970836
	李 刚	副馆长	87988993
	沈军甫	副馆长	87986719
	许洪流	副馆长	87989680
	雍泰岳	副馆长	87978183
	杨 铿	党委副书记	87999773
保管部	蔡小辉	主 任	87964397
技术保护部	郑幼明	主 任	85120267
历史文物部	黎毓馨	主 任	87979615
党史部	梅丛笑	主 任	88211785
书画部	赵幼强	主 任	87971501
陶瓷部	沈琼华	主 任	87964133
工艺部	范珮玲	主 任	87964157
陈列部	王 炬	主 任	87982190
宣教部	陈 平	主 任	87970017
信息资料中心	王屹峰	主 任	87979331
办公室	徐永盛	主 任	87971177
武林馆区综合管理部	何宏斌	主 任	88211786
财务科	何素敏	主 任	87969326
保卫科	冻军勇	主 任	87986742
经营管理部	吴越宇	主 任	87970991
后勤保障部	卓春新	主 任	87996669

地址：杭州市孤山路25号
总机：87980281
传真：87989650
邮编：310007

浙江自然博物馆内设机构一览表

部　门	姓　名	职　务	联系电话（0571）
馆长室	严洪明	馆　长	89939890
	冯　飞	书　记	85395136
	陈水华	副馆长	88212787
	金幸生	副馆长	88219136
办公室	陈苍松	主　任	88840700
安全保障部	张国俊	主　任	88050631
经营管理部	李怡红	主　任	88212005
财务部	何纯清	主　任	88212901
生命科学部	范忠勇	主　任	85395172
地球科学部	杜天明	主　任	85395165
科普服务部	兰国英	主　任	85395170
陈列技术部	杨　岭	主　任	85395167
书刊编辑中心（筹）	吴晓明	主　任	88840708

地址：杭州西湖文化广场6号
传真：0571-85395152
邮编：310014

中国丝绸博物馆内设机构一览表

部　门	姓　名	职　务	联系电话（0571）
馆长室	赵　丰	馆　长	87036127
	蔡　琴	馆长助理 党支部副书记	87037023
	张　毅	馆长助理	87036120

续表

部　门	姓　名	职　务	联系电话（0571）
办公室	张　毅	主任（兼）	87036120
	叶水芬	副主任	87032060
	沈国庆	副主任	87036679
社会教育部	俞敏敏	主　任	87035150
	楼航燕	副主任	87035150
陈列保管部	金　琳	主　任	87032259
	徐　铮	副主任	87032259
技术部	汪自强	主　任	87035579
	周　旸	副主任	87035579

地址：杭州玉皇山路73-1号
传真：0571-87068136
邮编：310002

浙江省文物考古研究所内设机构一览表

部　门	姓　名	职　务	联系电话（0571）
所　部	李小宁	所　长	88315836
	沈岳明	党总支书记	88310686
	王海明	副所长	88313362
	刘　斌	副所长	88034931
	黄　斌	副所长	88038571
办公室	吕苗英	主　任	88315833
	张建华	副主任	88353212
考古一室	孙国平	主　任	88353174
考古二室	郑嘉利	主　任	88034622
文保室	邵浦建	副主任	88106350
科技考古室	郑云飞	主　任	88315839
资料信息中心	张　苹	主　任	88353212

续表

部　门	姓　名	职　务	联系电话（0571）
财务科	何茵茵	科　长	88315835
保卫科	徐洪谦	科　长	88311361

地址：杭州市假山路假山新村26号
传真：0571-88315837
邮编：310014

浙江省古建筑设计研究院内设机构一览表

部　门	姓　名	职　务	联系电话（0571）
院长室	黄　滋	院　长	88322007-810
	陈　易	副院长	88322007-816
	卢远征	院长助理	88322007-807
总工室	黄　滋	总工程师	88322007-810
办公室	杨彩琴	主　任	88322007-825
建筑与文化设计研究室	陈　易	主　任	88322007-816
建筑与传统设计研究室	卢远征	主　任	88322007-807
建筑与历史设计研究室	郑殷芳	主　任	88322007-815
规划设计研究室	梁　伟	主　任	88322007-803
技术设计研究室	蒋双议	副主任	88322007-832
遗产监测部	蒋双议	副主任	88322007-832

地址：杭州市假山路假山新村26号
传真：0571-88322007-819
邮编：310014

杭州市直属文博单位一览表

单位名称	地　址	邮　编	姓　名	职　务	联系电话（0571）
杭州市园文局	杭州市龙井路1号	310007	刘　颖	局　长	87179596
			张鸿斌	副局长	87179133
杭州市园文局文物处	杭州市龙井路3-1号	310007	卓　军	处　长	87179543
			潘沧桑	副处长	87179584
杭州市文物保护管理所	杭州市劳动路65号	310002	杜正贤	书　记 所　长	87015900
			傅宏明	副所长	87017822
			沈　坚	副所长	87919759
杭州园林文物监察支队	杭州市莲花峰35号	310002	王忠敏	书　记 支队长	87961487
			胡利红	副支队长	87983506
中国茶叶博物馆	杭州市双峰龙井路88号	310013	王建荣	书　记 馆　长	87964778
			罗晓莹	副馆长	87964522
			朱珠珍	副馆长	87979507
			应玉萍	副馆长	87964117
杭州博物馆	杭州市上城区粮道山18号	310002	吴晓力	馆　长	87831134
			房友强	书　记 副馆长	87815243
			张惠琴	副馆长	87555617
杭州文物考古研究所	杭州市上城区凤凰山脚路164-1号	310008	唐俊杰	所　长	87061309
			郎旭峰	副所长	87068503
杭州名人纪念馆（唐云艺术馆）	杭州市南山路苏堤口（唐云艺术馆　杭州市南山路45号）	310007（310002）	吴　晨	书　记 馆　长	87979245
			许　俭	副书记	87969019
			张　帆	副馆长	87969387
			余洪峰	副馆长	87969387

续表

单位名称	地址	邮编	姓名	职务	联系电话（0571）
杭州南宋官窑博物馆	杭州市南复路60号	310008	韩建明	书记	86082594
			邓禾颖	馆长	86087108
			朱敏华	副书记 副馆长	86086819
杭州西湖博物馆	杭州市南山路89号	310002	郑利群	书记 馆长	87882298
			刘春蕙	副馆长	87882266
			杨鸣	副馆长	87882299
韩美林艺术馆	杭州市西湖区玉泉桃源岭3号（杭州植物园内）	310013	朱学斌	馆长	87975567
			陈云飞	副馆长	87978556
灵隐管理处	杭州市灵溪南路8号	310013	唐宇力	主任	87996656
岳庙管理处	杭州市孤山后山路1号	310007	丁虹	主任	87979870
湖滨管理处	杭州市清波桥河下4号	310002	钱小平	主任	87060450
吴山景区管理处	杭州市吴山3号	310002	包静	主任	87015318
凤凰山管理处	杭州市玉皇山路1号	310002	金志敏	主任	87039426
花港管理处	杭州市三台山路161号	310007	胡卫军	主任	87967416
钱江管理处	杭州市九溪路24号	310008	任晓红	主任	86086853
杭州西湖世界文化遗产监测管理中心	杭州市南山路89-91号	310002	杨小茹	主任	87882336
			阮少茜	副主任	87882258
良渚遗址管委会	杭州市莫干山路勾庄	311112	吴立炜	副主任	88781098
良渚遗址管委会文物管理局	杭州市莫干山路勾庄	311112	严国琪	局长	88754968
良渚博物院	杭州市余杭区良渚镇美丽洲路1号	311113	蒋卫东	院长	88770700
西泠印社社务委员会	西湖文化广场E区32号5楼	310014	赵一文	副主任	85812990

宁波市直属文博单位一览表

<table>
<tr><th>单位名称</th><th>地 址</th><th>邮 编</th><th>姓 名</th><th>职 务</th><th>联系电话
（0574）</th></tr>
<tr><td rowspan="2">宁波市文化广电
新闻出版局</td><td rowspan="2">宁波市解放北路148号</td><td rowspan="2">315010</td><td>陈佳强</td><td>局 长</td><td>87189101</td></tr>
<tr><td>舒月明</td><td>副局长</td><td>87189107</td></tr>
<tr><td>宁波市文化广电新闻
出版局文物与博物馆处</td><td>宁波市解放北路148号</td><td>315010</td><td>徐建成</td><td>处 长</td><td>87189143</td></tr>
<tr><td>天一阁博物馆</td><td>宁波市天一街10号</td><td>315010</td><td>庄立臻</td><td>馆 长</td><td>87329638</td></tr>
<tr><td>保国寺古建筑博物馆</td><td>宁波市江北洪塘</td><td>315033</td><td>徐学敏</td><td>书 记
副馆长</td><td>87587971</td></tr>
<tr><td>宁波市文物保护管理所</td><td>宁波市月湖景区
大方岳第</td><td>315010</td><td>徐炯明</td><td>所 长</td><td>87305663</td></tr>
<tr><td>宁波市文物考古研究所</td><td>宁波市海曙区蓝天路203
号丽园尚都A1-601室</td><td>315012</td><td>王结华</td><td>所 长</td><td>27657836</td></tr>
<tr><td>宁波博物馆</td><td>宁波市鄞州区
首南中路1000号</td><td>315040</td><td>纪云飞</td><td>馆 长</td><td>82815501</td></tr>
</table>

温州市直属文博单位一览表

<table>
<tr><th>单位名称</th><th>地 址</th><th>邮 编</th><th>姓 名</th><th>职 务</th><th>联系电话
（0577）</th></tr>
<tr><td rowspan="5">温州市文化广电
新闻出版局</td><td rowspan="5">温州市行政管理中心</td><td rowspan="5">325009</td><td>吴 东</td><td>局 长</td><td>88962828</td></tr>
<tr><td>李 震</td><td>副局长
（文物局局长）</td><td>88960533</td></tr>
<tr><td>王 榕</td><td>文化遗产管理处
处长</td><td>88967193</td></tr>
<tr><td>都清璞</td><td>副处长</td><td>88960281</td></tr>
<tr><td>余求红</td><td>副处长</td><td>88967192</td></tr>
</table>

续表

单位名称	地　址	邮编	姓　名	职　务	联系电话（0577）
温州博物馆	市府路世纪广场	325009	王新宇	馆　长 书　记	88939987
			杨思好	副馆长	56988686
			高启新	副馆长	56988677
			伍显军	副馆长	56988696
温州市文物保护考古所	黎明西路257弄7号	325000	董　姝	所　长 书　记	88893329
			梁岩华	副所长	88893228
			黄培量	副所长	88893298
温州文物商店	沧河巷26号	325000	徐　青	经　理	88222032

湖州市直属文博单位一览表

单位名称	地　址	邮　编	负责人	职　务	联系电话（0572）
湖州市文物局	湖州市行政中心4号楼	313000	宋　捷	局　长	2399221
	湖州市仁皇山新区吴兴路1号	313000	张国强	副局长	2398008
湖州市文物局文物处	湖州市仁皇山新区吴兴路1号	313000	沈忠伟	处　长	2398098
湖州市博物馆	湖州市仁皇山新区吴兴路1号	313000	潘林荣	馆　长	2399518
湖州市文保所	公园路80号（钱业会馆内）	313000	王洪波	副所长	2089818
南浔区文保所	湖州市南浔区小莲庄内	313011	李　彦	所　长	3011516

嘉兴市直属文博单位一览表

单位名称	地　址	邮政编码	负责人姓名	职务	联系电话（0573）
嘉兴市文化广电新闻出版局（文物局）	嘉兴市中山东路922号	314001	金琴龙	局　长	82159751
			陈建江	副局长	82159756
嘉兴市文化广电新闻出版局（文物局）文物处	嘉兴市中山东路922号	314001	汪红星	处　长	82159775
嘉兴博物馆	嘉兴市南湖区海盐塘路485号	314000	葛金根	馆　长	83677070
嘉兴市文物保护所	嘉兴市环城西路703号	314000	徐　信	所　长	82068321
嘉兴市蒲华美术馆	嘉兴市中和街25号	314000	张觉民	馆　长	82071602

绍兴市直属文博单位一览表

单位名称	地　址	邮政编码	姓　名	职　务	联系电话（0575）
绍兴市文物管理局	绍兴市中兴南路112号	312000	郭浩良	局　长	85132088
绍兴市文物考古研究所	绍兴市中兴南路112号	312000	董忠耿	所　长	85081180
绍兴博物馆	绍兴市偏门直街75号	312000	金　燕	馆　长	85096356
绍兴鲁迅纪念馆	绍兴市鲁迅中路235号	312000	陈　斌	馆　长	85123607
绍兴市兰亭管理处	绍兴市兰亭景区内	312045	汤晓蕾	主　任	84600895
绍兴市东湖管理处	绍兴市东湖景区内	312000	陈亚娟	书　记	88650600
绍兴市名人故居文物保护所	绍兴市劳动路277号	312000	曾绍晖	主　任	85111664

续表

单位名称	地　址	邮政编码	姓　名	职　务	联系电话（0575）
绍兴市沈园管理处	绍兴市鲁迅中路318号	312000	陈　斌	主　任	85123607
会稽山景区管理处	绍兴市大禹陵景区内	312000	张　军	主任	88364166

金华市直属文博单位一览表

单位名称	地　址	邮政编码	负责人姓名	职　务	联系电话（0579）
金华市文物局（金华市国家历史文化名城工作委员会办公室）	将军路51号	321000	施苹雄	局长、党组书记（名城办主任）	82317990
古子城历史文化区管委会办公室	飘萍路138号	321000	施苹雄	主　任	82317990
太平天国侍王府纪念馆	将军路鼓楼里	321000	李　倩	馆　长	82310581
金华市博物馆	东市街128号	321000	宗月江	负责人	82318269
金华府城隍庙民俗馆	马路里116号	321000	卢　萍	馆　长	82310622
金华汤溪城隍庙	汤溪镇中山路60号	321075	谢光浚	主　任	82667256
金华市文物保护管理所	将军路81号	321000	徐　卫	副所长	82193082

衢州市直属文博单位一览表

单位名称	地　址	邮　编	负责人姓名	职　务	联系电话（0570）
衢州市文化广电新闻出版局	新桥街开明坊9号	324000	王建华	局　长	8758501
衢州市文物局	新桥街开明坊9号	324000	黄　韬	局　长	8758507
衢州市文物局文物处	新桥街开明坊9号	324000	赵世飞	处　长	8758516
衢州市博物馆	新桥街开明坊9号	324000	柴福有	馆　长	8551808
衢州市文物保护管理所	新桥街开明坊9号	324000	柴福有	所　长	8551808
			叶四虎	副所长	8267280

舟山市直属文博单位一览表

单位名称	地　址	邮　编	姓　名	职　务	联系电话（0580）
舟山市文化广电新闻出版局	定海海天大道681号市行政中心东二楼	316021	王国文	副县处长级干部	2285507
舟山市文物管理办公室（国家博物馆水下考古舟山工作站）	定海海天大道681号市行政中心东二楼	316021	邓进平	主　任	2285550
			郑学军	副主任	2285551
			杜美燕	副主任	2285551
舟山博物馆	定海环城南路453号	316000	吴承华	馆　长	2820993
			高培国	书　记	2823741
			金伟平	副书记 副馆长	2823220
			周若溪	副馆长	2820218
普陀山文物保护管理所	普陀山悦岭庵	316107	陈舟跃	所　长	6091159

台州市直属文博单位一览表

单位名称	地　址	邮政编码	负责人姓名	职　务	联系电话（0576）
台州市文化广电新闻出版局	台州市行政中心2号楼6楼	318000	郑楚森	局　长	88698258
台州市文管办	台州市政府第二办公区7楼	318000	任志强	处　长	88227561
台州市博物馆	台州市文化馆2楼	318000	劳宇红	副馆长	88869152

丽水市直属文博单位一览表

单位名称	地　址	邮　编	负责人姓名	职　务	联系电话（0578）
丽水市文化广电新闻出版局	市行政中心19楼	323000	周一红	局　长	2091369
丽水市文物管理委员会办公室	市行政中心19楼	323000	周　杰	主　任	2091366
			林　巍	副主任 文物处处长	2091365
丽水市博物馆	栝苍路701号	323000	梁晓华	馆　长	2271630
丽水市文物保护管理所	中山街646号	323000	吴志标	所　长	2075596
丽水市摄影博物馆	栝苍路583号	323000	傅为新	副馆长	2113393

文献辑存

住房城乡建设部　国家文物局
关于印发《历史文化名城名镇名村保护规划编制要求》（试行）的通知

建规〔2012〕195号

各省、自治区住房城乡建设厅、文物局，直辖市建委（规划局、规划委）、文物局：

为贯彻落实《历史文化名城名镇名村保护条例》的有关要求，加强历史文化名城名镇名村保护规划编制工作，提高规划编制的科学性、规范性和可操作性，更好的指导保护工作开展，我们组织编制了《历史文化名城名镇名村保护规划编制要求》（试行），现印发给你们，请认真贯彻执行。

执行过程中有何意见建议，请及时反馈给我们。

国家文物局

2012年11月16日

历史文化名城名镇名村保护规划编制要求
（试行）

第一章　总　则

第一条　为规范历史文化名城、名镇、名村保护规划的编制工作，提高规划的科学性，根据《中华人民共和国城乡规划法》、《中华人民共和国文物保护法》、《历史文化名城名镇名村保护条例》和《中华人民共和国文物保护法实施条例》的有关规定，制定本要求。

第二条　历史文化名城、历史文化街区、历史文化名镇、名村保护规划的编制工作，适用本要求。

第三条 历史文化名城、名镇保护规划的规划范围与城市、镇总体规划的范围一致，历史文化名村保护规划与村庄规划的范围一致。

历史文化名城、名镇保护规划应单独编制。历史文化名村的保护规划与村庄规划同时编制。

凡涉及文物保护单位的，应考虑与文物保护单位保护规划相衔接。

第四条 编制历史文化名城保护规划应同时包括历史文化街区保护规划。

第五条 编制保护规划，应当保护历史文化遗产及其历史环境，保护和延续传统格局和风貌，继承和弘扬民族与地方优秀传统文化。

第六条 编制保护规划，应当以科学发展观为指导，遵循保护遗产本体及环境的真实性、完整性和保护利用的可持续性的原则，保护历史文化遗产，改善人居环境，促进经济社会协调发展。

第七条 编制保护规划，应当坚持保护为主、合理利用、改善环境、有效管理的指导思想。

第八条 历史文化名城、历史文化街区、名镇、名村保护规划的编制应遵守本要求规定，符合国家有关法律法规、标准规范的规定，采用符合国家有关规定的基础资料。

第九条 编制保护规划，应当进行科学论证，并广泛征求有关部门、专家和公众的意见。

第二章 编制基本要求

第十条 保护规划的主要任务是：提出保护目标，明确保护内容，确定保护重点，划定保护和控制范围，制定保护与利用的规划措施。

第十一条 历史文化名城、名镇、名村的保护内容，一般包括：

（一）保护和延续古城、镇、村的传统格局、历史风貌及与其相互依存的自然景观和环境；

（二）历史文化街区和其他有传统风貌的历史街巷；

（三）文物保护单位、已登记尚未核定公布为文物保护单位的不可移动文物；

（四）历史建筑，包括优秀近现代建筑；

（五）传统风貌建筑；

（六）历史环境要素，包括反映历史风貌的古井、围墙、石阶、铺地、驳岸、古树名木等；

（七）保护特色鲜明与空间相互依存的非物质文化遗产以及优秀传统文化，继承和弘扬中华民族优秀传统文化。

第十二条 编制保护规划，应当对自然与人文资源的价值、特色、现状、保护情况等进行调研与评估，一般主要包括以下内容。

（一）历史沿革：建制沿革、聚落变迁、重大历史事件等。

（二）文物保护单位、历史建筑、其他文物古迹和传统风貌建筑等的详细信息。

（三）传统格局和历史风貌：与历史形态紧密关联的地形地貌和河湖水系、传统轴线、街巷、重要公共建筑及公共空间的布局等情况。

（四）具有传统风貌的街区、镇、村：人口、用地性质，建筑物和构筑物的年代、质量、风貌、高度、材料等信息。

（五）历史环境要素：反映历史风貌的古塔、古井、牌坊、戏台、围墙、石阶、铺地、驳岸、古树名木等。

（六）传统文化及非物质文化遗产：包括方言、民间文学、传统表演艺术、传统技艺、礼仪节庆等民俗、传统体育和游艺等。

（七）基础设施、公共安全设施和公共服务设施现状。

（八）保护工作现状：保护管理机构、规章制度建设、保护规划与实施、保护资金等情况。

第十三条 编制保护规划，应对历史文化名城、历史文化街区、名镇、名村的传统格局、历史风貌、空间尺度、与其相互依存的自然景观和环境提出保护要求。

第十四条 编制保护规划，应当确定历史文化街区的保护范围和保护要求，提出保护范围内建筑物、构筑物、环境要素的分类保护整治要求和基础设施改善方案。

第十五条 编制保护规划，应当依据文物保护规划，对文物保护单位、尚未核定公布为文物保护单位的登记不可移动文物提出必要的保护措施建议。

第十六条 编制保护规划，应当对历史建筑，以及符合历史建筑认定标准、尚未被列为历史建筑的建筑物、构筑物提出总体保护要求和保护整治措施。

第十七条 编制保护规划，应当发掘传统文化内涵，对非物质文化遗产的保护和传承提出规划要求。

第十八条 在综合评价历史文化遗产价值、特色的基础上，结合现状，划定历史文化名城、历史文化街区、名镇、名村的保护范围。历史文化街区、名镇、名村保护范围包括核心保护范围和建设控制地带。

第十九条 历史文化名城、历史文化街区、名镇、名村的保护范围按照如下方法划定。

（一）各级文物保护单位的保护范围和建设控制地带以及地下文物埋藏区的界线，以各级人民政府公布的保护范围、建设控制地带为准。

（二）历史建筑的保护范围包括历史建筑本身和必要的建设控制区。

（三）历史文化街区、名镇、名村内传统格局和历史风貌较为完整、历史建筑和传统风貌建筑集中成片的地区划为核心保护范围。在核心保护范围之外划定建设控制地带。

核心保护范围和建设控制地带的确定应边界清楚，便于管理。

（四）历史文化名城的保护范围，应包括历史城区和其他需要保护、控制的地区。

第二十条 编制保护规划，应当在保护的前提下，明确历史文化遗产展示与利用的目标和内容，核定展示利用的环境容量，提出展示与合理利用的措施与建议。

第二十一条 保护规划应提出实施管理措施，包括法规、政策和资金的保障、人才的培养、宣传教育工作等。

第二十二条 在具有传统风貌的街区、镇村，对文物保护单位、尚未核定公布为文物保护单位的登记不可移动文物、历史建筑之外的建筑物、构筑物，划分为传统风貌建筑、其他建筑。

第二十三条 传统风貌建筑，指具有一定建成历史，能够反映历史风貌和地方特色的建筑物。

第二十四条 修编保护规划时，应对原保护规划实施情况进行分析总结。

第三章 历史文化名城保护规划编制

第二十五条 历史文化名城保护规划与城市总体规划的深度相一致，重点保护的地区应当进行深化。

第二十六条 历史文化名城保护规划应当包括下列内容：

（一）评估历史文化价值、特色和现状存在问题；

（二）确定总体目标和保护原则、内容和重点；

（三）提出市（县）域需要保护的内容和要求；

（四）提出城市总体层面上有利于遗产保护的规划要求；

（五）确定保护范围，包括文物保护单位、地下文物埋藏区、历史建筑、历史文化街区的保护范围，提出保护控制措施；

（六）划定历史城区的界限，提出保护名城传统格局、历史风貌、空间尺度及其相互依存的地形地貌、河湖水系等自然景观和环境的保护措施；

（七）提出继承和弘扬传统文化、保护非物质文化遗产的内容和措施；

（八）提出在保护历史文化遗产的同时完善城市功能、改善基础设施、提高环境质量的规划要求和措施；

（九）提出展示和利用的要求与措施；

（十）提出近期实施保护内容；

（十一）提出规划实施保障措施。

第二十七条 编制历史文化名城保护规划应根据历史文化名城、历史文化街区、文物保护单位和历史建筑的三个保护层次确定保护方法框架。

第二十八条 编制历史文化名城保护规划，应当对所在行政区范围内具有历史文化价值的村镇、文物保护单位、已登记尚未核定公布为文物保护单位的不可移动文物、历史建筑、古城的山川形胜及其他需要保护的内容提出保护要求。其中对文物保护单位提出的保护要求应符合文物保护规划的规定。

第二十九条 编制历史文化名城保护规划，应从总体层面上提出保护规划要求，包括城市发展方向、山川形胜、布局结构、城市风貌、道路交通、基础设施等方面，协调新区与历史城区的关系。

第三十条 编制历史文化名城保护规划，应当提出历史城区的传统格局和历史风貌的保护延续，历史街巷和视线通廊的保护控制，建筑高度和开发强度的控制等规划要求。

第四章 历史文化街区保护规划编制

第三十一条 历史文化街区保护规划，规划深度应达到详细规划的深度。

第三十二条 历史文化街区保护应当遵循下列原则：保护历史遗存的真实性，保护历史信息的真实载体;保护历史风貌的完整性,保护街区的空间环境;维持社会生活的延续性,继承文化传统,改善基础设施和居住环境,保持街区活力。

第三十三条 历史文化街区保护规划应当包括以下内容:

(一)评估历史文化价值、特点和现状存在问题;

(二)确定保护原则和保护内容;

(三)确定保护范围,包括核心保护范围和建设控制地带界线,制定相应的保护控制措施;

(四)提出保护范围内建筑物、构筑物和环境要素的分类保护整治要求;

(五)提出保持地区活力、延续传统文化的规划措施;

(六)提出改善交通和基础设施、公共服务设施、居住环境的规划方案;

(七)提出规划实施保障措施。

第三十四条 对历史文化街区保护范围内的建筑物、构筑物进行分类保护,分别采取修缮、改善、整治和更新等措施。

(一)文物保护单位:按照批准的文物保护规划的要求落实保护措施。

(二)历史建筑:按照《历史文化名城名镇名村保护条例》要求保护,改善设施。

(三)传统风貌建筑:不改变外观风貌的前提下,维护、修缮、整治,改善内部设施。

(四)其他建筑:根据对历史风貌的影响程度,分别提出保留、整治、改造要求。

第三十五条 历史文化街区核心保护范围内,按照建筑物保护分类提出建筑高度、体量、外观形象及色彩、材料等控制要求。建设控制地带应当按照与历史风貌相协调的要求控制建筑高度、体量、色彩等。

第三十六条 在不改变街道空间尺度和风貌的情况下,优化历史文化街区内的交通环境。

第三十七条 在不改变街道空间尺度和风貌的情况下,提出历史文化街区内基础设施改善和消防等防灾规划措施。

第三十八条 对户外广告、招牌、空调室外机、太阳能热水器等建筑外部设施以及垃圾箱、电话亭、铺地、检查井盖等街道公共设施的尺寸、形式、材料和位置等提出规划控制要求。

第五章 历史文化名镇名村保护规划编制

第三十九条 历史文化名镇保护规划与镇总体规划的深度要求相一致,重点保护的地区应当进行深化。历史文化名村保护规划的深度要求与村庄规划相一致,其保护要求和控制范围的规划深度应能够指导保护与建设。

第四十条 历史文化名镇名村保护规划应当包括以下内容:

(一)评估历史文化价值、特色和现状存在问题;

(二)确定保护原则、保护内容与保护重点;

(三)提出总体保护策略和镇域保护要求;

(四)提出与名镇名村密切相关的地形地貌、河湖水系、农田、乡土景观、自然生态等景观环境的保护措施;

（五）确定保护范围，包括核心保护范围和建设控制地带界线，制定相应的保护控制措施；

（六）提出保护范围内建筑物、构筑物和历史环境要素的分类保护整治要求；

（七）提出延续传统文化、保护非物质文化遗产的规划措施；

（八）提出改善基础设施、公共服务设施、生产生活环境的规划方案；

（九）保护规划分期实施方案；

（十）提出规划实施保障措施。

第四十一条 编制历史文化名镇保护规划，应当对所在行政区范围内的有历史文化价值的村、文物古迹和风景名胜等提出保护要求。

第四十二条 编制历史文化名镇、名村保护规划应提出总体保护策略和规划措施，包括：

（一）协调新镇区与老镇区、新村与老村的发展关系。

（二）保护范围内要控制机动车交通，交通性干道不应穿越保护范围，交通环境的改善不宜改变原有街巷的宽度和尺度。

（三）保护范围内市政设施，应考虑街巷的传统风貌，要采用新技术、新方法，保障安全和基本使用功能。

（四）对常规消防车辆无法通行的街巷提出特殊消防措施，对以木质材料为主的建筑应制定合理的防火安全措施。

（五）保护规划应当合理提高历史文化名镇名村的防洪能力，采取工程措施和非工程措施相结合的防洪工程改善措施。

（六）保护规划应对布置在保护范围内的生产、储存爆炸性、易燃性、放射性、毒害性、腐蚀性物品的工厂、仓库等，提出迁移方案。

（七）保护规划应对保护范围内污水、废气、噪声、固体废弃物等环境污染提出具体治理措施。

第四十三条 编制历史文化名镇名村保护规划，应当对核心保护范围提出保护要求与控制措施。包括：

（一）提出街巷保护要求与控制措施；

（二）对保护范围内的建筑物、构筑物进行分类保护，分别采取以下措施：

（1）文物保护单位：按照批准的文物保护规划的要求落实保护措施。

（2）历史建筑：按照《历史文化名城名镇名村保护条例》要求保护，改善设施。

（3）传统风貌建筑：不改变外观风貌的前提下，维护、修缮、整治，改善设施。

（4）其他建筑：根据对历史风貌的影响程度，分别提出保留、整治、改造要求。

（三）对基础设施和公共服务设施的新建、扩建活动，提出规划控制措施。

第四十四条 编制历史文化名镇名村保护规划，应当对建设控制地带内的新建、扩建、改建和加建等活动，在建筑高度、体量、色彩等方面提出规划控制措施。

第四十五条 历史文化名镇名村保护规划的近期规划措施，应当包括以下内容：

（一）抢救已处于濒危状态的文物保护单位、历史建筑、重要历史环境要素；

（二）对已经或可能对历史文化名镇名村保护造成威胁的各种自然、人为因素提出规划治理措施；

（三）提出改善基础设施和生产、生活环境的近期建设项目；

（四）提出近期投资估算。

第六章　成果要求

第四十六条　保护规划的成果应当包括规划文本、规划图纸和附件，规划说明书、基础资料汇编收入附件。规划成果应当包括纸质和电子两种文件。

保护规划文本应当完整、准确地表述保护规划的各项内容。语言简洁、规范。规划说明书包括历史文化价值和特色评估、历版保护规划评估、现状问题分析、规划意图阐释等内容。调查研究和分析的资料归入基础资料汇编。

第四十七条　历史文化名城保护规划图纸要求清晰准确，图例统一，图纸表达内容应与规划文本一致。图纸应以近期测绘的现状地形图为底图进行绘制，规划图上应显示出现状和地形。图纸上应标注图名、比例尺、图例、绘制时间、规划设计单位名称。

历史文化名城保护规划的图纸要求如下：

（一）历史资料图，包括历史地图、照片和图片。

（二）现状分析图，包括现状照片和图片。

1、区位图。

2、市域文化遗产分布图：图中标注各类文物古迹、名镇、名村、风景名胜的名称、位置、等级。

3、文物古迹分布图：图中标注各类文物古迹、历史文化街区、风景名胜的名称、位置、等级和已公布的保护范围。

4、格局风貌及历史街巷现状图。

5、用地现状图。

6、建筑高度现状图。

（三）保护规划图。

1、市域文化遗产保护规划图。

2、保护区划总图。图中标绘名城保护范围，及各类保护区和控制界线，包括文物保护单位、历史文化街区、地下文物埋藏区、风景名胜的界线和保护范围。

3、视廊和高度控制规划图。

4、历史文化街区规划图。图中标绘历史文化街区的核心保护范围和建设控制地带，文物保护单位和历史建筑、传统风貌建筑和其他建筑。

5、用地规划图。

6、表达总体层次规划要求的规划图纸。

7、近期保护规划图。

历史文化名城保护规划各项图纸比例一般用1/5000或1/10000。市域文化遗产分布图和保护规划图的比例尺可适当缩小。

根据历史文化名城的不同规模和特点，规划图纸可以适当合并或增减，其比例尺、范围宜与现状分析图一致。

第四十八条 历史文化街区保护规划图纸要求清晰准确，图例统一，图纸表达内容应与规划文本一致。图纸应以近期测绘的现状地形图为底图进行绘制，规划图上应显示出现状和地形。图纸上应标注图名、比例尺、图例、绘制时间、规划设计单位名称。

历史文化街区保护规划的图纸要求如下：

（一）历史资料图。

（二）现状分析图。

1、区位图。

2、文物古迹分布图。

3、用地现状图。

4、反映建筑年代、质量、风貌、高度等的现状图。

5、历史环境要素现状图。

6、基础设施、公共安全设施与公共服务设施等现状图。

（三）保护规划图。

1、保护区划图。

2、建筑分类保护规划图。标绘文物保护单位、历史建筑、其他建筑的分类保护措施，其中其他建筑要根据对历史风貌的影响程度再行细分。

3、高度控制规划图。

4、用地规划图。

5、道路交通规划图。

6、基础设施、公共安全设施和公共服务设施规划图。

7、主要街道立面保护整治图。

8、规划分期实施图。

历史文化街区保护规划各项图纸比例一般用1/2000，也可用1/500或1/1000。保护规划图比例尺、范围宜与现状分析图一致。

第四十九条 历史文化镇村保护规划图纸要求清晰准确，图例统一，图纸表达内容应与规划文本一致。图纸应以近期测绘的现状地形图为底图进行绘制，规划图上应显示出现状和地形。图纸上应标注图名、比例尺、图例、绘制时间、规划设计单位名称。

历史文化名镇名村保护规划的图纸要求如下：

（一）历史资料图。

（二）现状分析图。

1、区位图。

2、镇域文化遗产分布图：比例尺为1/5000—1/25000。图中标注各类文物古迹、名村、风景名胜的名称、位置、等级。

3、文物古迹分布图:图中标注各类文物古迹、风景名胜的名称、位置、等级和已公布的保护范围。

4、格局风貌及历史街巷现状图。

5、用地现状图。

6、反映建筑年代、质量、风貌、高度等的现状图。

7、历史环境要素现状图。

8、基础设施、公共安全设施与公共服务设施等现状图。

(三)保护规划图。

1、保护区划总图。图中标绘名镇名村保护范围,及各类保护区和控制界线,包括文物保护单位、地下文物埋藏区的界线和保护范围。

2、建筑分类保护规划图。标绘核心保护范围内文物保护单位、历史建筑、传统风貌建筑、其他建筑的分类保护措施,其中其他建筑要根据对历史风貌的影响程度再行细分。

3、高度控制规划图。

4、用地规划图。

5、道路交通规划图。

6、基础设施和公共服务设施规划图。

7、近期保护规划图。

历史文化名镇、名村保护规划各项图纸比例一般用1/2000,也可用1/500或1/5000。保护规划图比例尺、范围宜与现状分析图一致。

第七章 附 则

第五十条 保护规划制图标准详见附件。

第五十一条 本办法自发布之日起施行。1994年9月5日原建设部和国家文物局颁布的《历史文化名城保护规划编制要求》同时废止。

关于进一步规范考古遗址公园建设暨启动第二批国家考古遗址公园评定工作的通知

文物保函〔2012〕2285号

各省、自治区、直辖市文物局（文化厅）：

为进一步推动大遗址保护工作，国家文物局于2009年提出“建设国家考古遗址公园”的大遗址保护理念，并印发《国家考古遗址公园管理办法（试行）》，旨在通过国家考古遗址公园建设与管理，使大遗址保护更好地融入地方区域经济社会发展。此后，各级地方政府积极响应，纷纷启动相关工作，取得了一定的成绩，初步建成了一批具有全国性示范意义的国家考古遗址公园，发挥了大遗址保护的社会效益，有力地推动了区域经济社会的协调发展。2010年，国家文物局评定第一批12处国家考古遗址公园，并同意23处遗址立项建设国家考古遗址公园。

与此同时，各地在考古遗址公园建设的过程中，也存在考古与研究不足、定位不清、急于求成、重建设轻保护、重建设轻运营等问题。新时期新形势下，为进一步规范考古遗址公园建设，推进大遗址保护工作健康发展，特将有关事宜通知如下：

一、进一步加强考古遗址公园建设可行性研究。

考古遗址公园是考古遗址保护展示的有效方式之一，但并非适用于所有的考古遗址。考古遗址公园建设启动之前，应充分评估考古遗址的区位条件、资源条件等，进行必要性与可行性论证。地方政府作为考古遗址公园的建设与运营的责任主体，应从实际出发，实事求是，牢固树立保护意识，充分考虑自身财力状况、遗址所具备条件等因素，审慎开展考古遗址公园建设。

二、进一步强化考古遗址公园建设科学性。

考古遗址公园依托于考古遗址，其建设应基于考古遗址的发现、保存和保护情况。应进一步明确考古工作是考古遗址公园建设的重要组成部分，充分认识考古工作的基础性作用，全面贯彻保护为主、考古先行的工作思路，并坚持将考古和保护工作贯穿于考古遗址公园建设的始终。应进一步加强考古研究工作，为保护展示提供依据，并用以推动展示体系的改善和展示水平的提升。

三、进一步明确考古遗址公园建设内容。

考古遗址公园不同于与考古遗址相关的主题公园，其核心内容应是考古遗址的保护展示及其价值的阐释。考古遗址公园建设不宜偏重各类建设项目，应根据遗址保护展示的需求，通过编制考古遗址公园规划等手段，合理布设相关设施，多在遗址价值阐释上下功夫，注重通过合理的功能布局和恰当的景观设计，营造既符合遗址保护又充分阐释遗址价值的公园场景。各类设施应尽量弱化建筑设计，以满足最低功能需求为限，不宜过于铺张、豪华。

四、进一步规范考古遗址公园建设过程。

考古遗址公园建设是一个长期、动态的过程，涉及到文物保护和经济社会生活的方方面面。考古遗址公园建设应严格执行文物保护相关法律法规的有关规定，符合遗址保护规划的相关要求，依据经核准的考古遗址公园规划；涉及用地性质调整、基础设施建设、居民搬迁的，还应符合相关法律法规的规定，并按程序报有关部门批准。考古遗址公园建设还应为今后长期、持续的考古工作预留空间。

五、进一步探索考古遗址公园运营模式。

运营是关系到考古遗址公园成败的关键性因素。地方政府作为考古遗址公园运营的责任主体，应坚持考古遗址公园的公益性，将其作为公共文化服务体系的重要组成部分，以社会效益为主，不以营利为目的，必要时通过财政平衡等手段维持其运营。同时，考古遗址公园运营应注重文化产品的开发，延长文化产业链，扩大文化消费总量，增强自身造血功能，进而反哺遗址保护。

六、启动第二批国家考古遗址公园评定工作。

经研究，国家文物局决定启动第二批国家考古遗址公园评定工作。请有关单位根据《国家考古遗址公园管理办法（试行）》的有关要求，提交相关申报材料。申报国家考古遗址公园立项的，须同时提交考古遗址公园建设可行性研究报告。申请国家考古遗址公园评定的，须提交经国家文物局核准的考古遗址公园规划。

国家考古遗址公园规划编制要求（试行）

第一章　总则

第一条　为规范国家考古遗址公园规划（以下简称规划）的内容和深度，制定本要求。

第二条　规划适用于确需建设国家考古遗址公园（以下简称遗址公园）的大遗址。规划必须以文物保护规划为依据，符合文物保护规划中展示规划的原则和要求，是遗址公园建设与管理的技术性文件。

第三条　规划应在科学保护遗址的基础上，充分、准确阐释遗址的价值，评估相关社会、经济和环境条件，确定遗址公园的定位、建设目标、内容等。

第四条　规划须遵守文物保护的法律法规和相关行业技术规范，并与地方国民经济与社会发展规划、土地利用总体规划等相关规划相协调。

第五条 规划编制工作需由具有文物保护工程勘察设计（规划类）甲级资质单位，或城乡规划、建筑工程设计、风景园林工程设计等相关甲级资质单位，与在该遗址从事过考古工作的考古发掘资质单位共同完成。

第六条 规划成果主要包括规划说明、规划图纸及附件。

第二章 规划说明

第七条 规划说明应在科学评估的基础上说明规划的原则、目标和思路，对各项规划内容进行阐述，文字表达应准确、清晰、科学、规范，并与规划图纸保持一致。一般应包括如下内容：

（一）概述；

（二）资源条件与现状分析；

（三）总体设计；

（四）专项规划；

（五）节点设计；

（六）投资估算。

第八条 概述内容包括：

（一）遗址概况：应包括遗址名称、位置、时代、性质、范围、遗存构成和历史沿革等；

（二）编制依据：应包括有关法律与行政法规、部门规章与规范性文件、技术标准和规范、考古与科研成果以及相关规划等；

（三）规划范围：应说明规划范围和．面积、遗址公园范围和面积；

（四）规划目标：应明确遗址公园定位及建设目标；

（五）规划原则：应围绕规划目标，从考古、保护、研究、利用、管理等不同层面提出具有针对性的原则。

第九条 资源条件与现状分析内容包括：

（一）文物资源：明确遗址的价值与价值载体，评估价值载体的保存、保护状况及利用条件，以及遗址公园范围内其他文物资源条件。

（二）区位条件：评估遗址公园与所在区域的城乡区位关系、外部交通条件等情况。

（三）社会条件：评估遗址公园所在区域的社会经济条件、人文资源条件、地方政府政策与资金支持、土地利用现状、土地权属管理等情况。

（四）环境条件：评估遗址公园所处区域的自然资源、生态环境、景观风貌、场地内建设现状、基础设施条件与公共卫生条件等。

（五）考古和科研条件：评估考古工作历史、现状、研究成果，以及现有考古工作计划和遗址公园建设之间的关系。

（六）管理条件：评估遗址保护规划实施、管理运营体制机制、相关保护与管理设施建设、开放展示与游客服务等情况。

（七）相关规划分析：分析遗址公园规划与文物保护规划的关系，分析遗址公园所在区域的国民经济与社会发展规划、土地利用总体规划、城市总体规划等涉及遗址公园规划范围的建设、管理要求和规定。

第十条 总体设计内容包括：

（一）阐释与展示体系规划

包括阐释与展示策划、阐释与展示结构等内容。

1. 阐释与展示策划：应在文物保护规划中已有展示原则和内容的基础上，根据资源条件与现状分析构建价值阐释框架，确定阐释与展示的对象、定位、主题、内容、方法等。

2. 阐释与展示结构：应根据阐释与展示策划，构建展示空间关系，包括展示分区、展示流线、重要节点等。

（二）遗址公园总体布局

包括功能分区、交通组织、设施分布等内容。

1. 功能分区：一般应包括遗址展示区、管理服务区、预留区等，并可酌情细化。规划区域内具有重要自然、人文社会资源的，可划定专门的相关资源展示区。相关资源展示区应符合相关行业规划保护要求，并与遗址展示区相协调。

其中：

（1）遗址展示区：是以遗址展示为主要功能的区域，仅限于空间位置、形制和内涵基本明确的遗迹分布区域。

（2）管理服务区：是集中建设管理运营、公共服务等设施为主的区域，一般应置于遗址保护范围之外。

（3）预留区：是考古工作不充分或暂不具备展示条件的区域。预留区内以原状保护为主，不得开展干扰遗址本体及景观环境的建设项目。

2. 交通组织：应坚持最小干预原则，根据阐释与展示结构，合理体现遗址整体布局并组织交通系统，保证遗址展示区的可达性和遗址公园服务质量。应严格控制遗址公园内入口、集散广场与停车场的规模，妥善处理新建路网与遗址的关系。遗址公园内道路不宜过宽，铺装材质应慎用柏油等现代材料，避免过于现代化和人工化。

（1）应进行出入口设计，确定游人主、次和专用出入口，及出入口内外集散广场与停车场的位置、布局与规模要求。

（2）路网设计应优先考虑遗址布局和道路体系，并根据各分区的活动内容、游人容量和管理需要确定具体路线、分类分级、交通设施配备，明确道路形制与铺装特色等。

（3）主要道路应具有引导游览的作用，易于识别方向。游人大量集中地区的园路要做到明显、通畅、便于集散。

3. 设施分布：应以满足最低功能需求为原则，严格控制设施数量和规模，淡化设计，确保遗址本体和周边环境的真实性和完整性。应落实策划阶段所需展陈、标识、管理设施，并结合游客需求合理配置公共服务设施，合理确定各类设施的数量、规模与位置。

（1）展陈设施：可包括现场保护展示设施、遗址博物馆或陈列馆、考古工作站等。应根据实际保护展示需求及文物保护规划要求，合理选择展示方式并设置展示建构筑物等展示设施；设施建筑风格应简洁，与遗址本体和周边环境相协调；重要节点的展示方式应因地制宜；遗址博物馆或陈列馆、考古工作站、遗迹现场展示等建构筑物应严格控制体量，根据功能需求科学测算具体的建筑技术经济指标。

（2）标识设施：包括标识牌、解说牌等。应根据相关规划中的阐释与展示体系要求，配合展示方式组织与展陈设施设置，明确标识系统的阐释内容、标识位置、方式与样式等。标识样式应具有可辨识性，并与环境相协调。

（3）管理设施：可包括遗址公园管理中心、管理用房、安全防护设施等。管理设施应结合遗址博物馆或陈列馆等展陈设施、公共服务设施统筹考虑，严格控制设施数量和规模。应根据遗址公园管理需要，合理确定管理设施的功能、位置、体量、建筑风格等。

（4）公共服务设施：可包括游客服务中心、商亭、厕所、观景亭、停车场、换乘点、垃圾桶、座椅等。应根据游客容量、遗址公园建设规模和服务需求，以满足最低功能需求为原则，确定公共服务设施的种类、数量、位置与规模等。

（三）总体景观控制

包括景观空间布局、建构筑物风貌控制、公共环境塑造等。

1. 景观空间布局：应从总体上把握、提炼符合遗址演变规律的景观特征，以及遗址周边自然资源特色，防止过度人工化，并区别于一般城市公园。应按照遗迹的分布特征规划遗址公园整体空间架构。

2. 建构筑物风貌控制：应提出建构筑物的风格、体量、规模、立面及建筑语汇等控制要求。

3. 公共环境塑造：应提出必要的环境设施的控制要求和设计原则，以及遗址公园整体氛围、游客秩序、园内各类经营行为的控制要求。

第十一条 专项规划内容包括：

根据公园具体情况，制定必要的专项规划内容，可包括考古与研究实施方案、管理运营规划、基础设施规划、竖向规划、综合防灾规划等，专项规划内容应遵循文物保护规划的原则和要求，尽量减少对遗址本体和周边环境的影响，并符合相关专业法规、标准及规范。

（一）考古与研究实施方案

考古与研究实施方案，应以遗址公园为主要工作区域，明确遗址公园规划范围内的考古工作目标、任务、研究课题等。

（二）管理运营规划

包括遗址公园管理架构、遗址公园运营模式、宣传教育计划。

1. 遗址公园管理架构：应在与遗址公园所在地相关行政管理部门充分沟通的基础上，制定遗址公园运营管理的目标、战略和架构，明确遗址公园管理机构的设置、人员、制度等构想。

2. 遗址公园运营模式：应明确运营主体和运营机制，进行游客与市场分析，对遗址公园建设、运营维护资金来源与回报（社会、经济综合效益）提出保障建议。

3. 宣传培训计划：应明确宣传教育的目标、资源、主题等；制定工作人员的专业培训方案，明确培训方式和团队建设目标等。

（三）基础设施规划

如遗址公园范围较大、建设情况复杂并对原有基础设施管网改造较多，应根据实际情况补充道路建设、电力电讯、给排水等基础设施专项规划。各专项规划应符合相应技术标准和规范，以满足最低功能需求为原则，尽量减少基础设施改造对遗址本体和周边环境的影响。基础设施管线应避开考古遗迹，主要设施应避免影响景观。

（四）竖向规划

应根据遗址埋藏深度、遗址保护要求、遗址公园场地自然状况、建设特点和使用需求等，在尽量保持原有地形地貌的情况下，标明场地控制点标高、排水坡度、坡向等，测算土方平衡等。

（五）综合防灾规划

遗址安全防范情况复杂的，应根据实际灾害因素制定综合防灾规划，包括防洪、防震、防火、防盗、防雷规划等。并根据主要灾害因素，按照相关标准合理确定灾害防治和避险的标准，提出防治措施及应急预案。

第十二条 节点设计内容：

（一）应在总体设计的指导下，科学选择遗址公园重要节点进行概念性方案设计。节点选择应包括遗址公园主要遗址展示节点、景观节点、主要出入口、重要交通节点、重要设施等。

（二）节点概念性设计应包括节点总平面设计、三维形象示意、建设控制要求等。

第十三条 投资估算内容：

根据规划内容，提出遗址公园相关项目实施的投资估算。

第三章 规划图纸

第十四条 规划图纸与内容：

（一）区位图：标明遗址公园所在地在国家、省、市等不同行政辖区的位置、所涉及的行政区划关系。

（二）遗址公园范围图：在标准地形地图上划定遗址公园范围及规划范围，明确边界和坐标点。

（三）遗存分布图：根据最新考古工作成果标明遗址的各类遗存分布情况，及其与遗址公园规划范围的关系。

（四）文物资源分析图：分类或分级表达文物资源保存、保护和利用现状，可通过系列图纸表达。遗址公园范围内如有其他文物资源的，可绘制相关文物资源分析图。

（五）区位条件分析图：标明遗址公园的外部交通条件、周边环境情况、周边基础设施分布等，可通过系列图纸表达。

（六）社会条件分析图：标明遗址公园所处区域周边相关社会资源分布、现状及与遗址间的空间关系。

（七）环境条件分析图：标明遗址公园所处区域周边自然资源分布，地貌特征，以及建筑、道路、植被等环境要素。

（八）土地利用现状图：标明规划范围内的土地利用现状，提供现状用地平衡表。

（九）考古和科研条件分析图：标明已开展考古工作的区域、历次考古工作成果、待开展考古工作的区域和实施计划。

（十）管理条件分析图：标明遗址现行保护区划范围、已实施的各类规划措施、现有管理和展示设施分布与规模、开放展示区域与游客服务设施等，可通过系列图纸表达。

（十一）相关规划分析图：标明本区域涉及的其他相关规划以及涉及遗址公园的相关要求、计划实施的建设项目情况等。

（十二）阐释与展示规划图：根据展示与阐释体系规划，表达阐释与展示结构，标明展示分区、展示流线及重要节点分布。

（十三）总平面图：在准确标识考古遗址现状的基础上清晰表达遗址公园规划范围内的主要规划内容，如主要展示对象、道路交通、设施分布等。

（十四）功能分区图：标明遗址公园的遗址展示区、管理服务区、预留区等功能分区的位置、范围、面积。

（十五）展示与标识系统设计图：标明遗址公园展示流线、各类展示方式组织与分布、博物馆等展示设施分布、各类标识分布与样式，可通过系列图纸表达。

（十六）交通组织规划图：在准确表达各类遗迹的基础上，标明遗址公园的主、次及专用出入口位置，停车场、出入口内外集散广场范围及规模，各级道路分布及交通设施配备。

（十七）设施分布图：标明各类设施的位置与规模。

（十八）景观空间布局图：表达景观文化特征及自然资源特色分析过程，标明遗址公园整体空间架构。

（十九）建构筑物风貌控制图：从风格、体量、规模、立面及建筑语汇等方面表达建构筑物景观风貌控制，可以图片示意。

（二十）公共环境景观示意图：通过景观示意图表达对重要环境设施（标识设施、雕塑小品、环卫设施、广告等）、夜景照明、绿化景观的控制要求和设计原则。

（二十一）专项规划图：根据遗址公园规划具体情况，可单独绘制考古与研究实施方案图、管理运营规划图、基础设施规划图、竖向规划图、综合防灾规划图等专项规划图纸，图纸要求应符合相关专业标准及规范。

（二十二）节点设计图：绘制节点总平面图、三维形象示意总图，图纸应清晰表达节点设计的全部内容，遗址展示节点应注明遗址本体保护与展示措施及建设控制要求。

（二十三）鸟瞰图及表达设计意向的三维示意图：遗址公园全景鸟瞰图；重要节点鸟瞰或人视效果图；展示设施、配套设施等建筑的形象示意图；雕塑小品、环卫设施等的形象示意图。

第十五条 规划图纸绘制要求：

（一）规划总平面图应根据实际面积决定可操作的比例尺度，原则上应在不小于1：1000

精度地形图基础上绘制，总平面图比例尺为1 ∶ 500—1 ∶ 2000。

（二）节点设计平面图比例尺为1 ∶ 100—1 ∶ 500。

（三）规划图纸中需标注图名、比例尺、指北针、图例、规划单位名称、绘制时间。

第四章　附件

第十六条　规划附件一般包括：

（一）以往考古与研究成果。

（二）地方政府关于遗址公园立项、建设与管理的相关文件或要求。

（三）保护规划摘要内容，已实施的保护工程及竣工报告，所在地土地利用、城乡建设、重大基础设施建设等相关规划的有关要求和规定等内容；已批复公布的遗址文物保护规划总图，并标注遗址公园规划范围、分区与文物保护区划的关系，文物保护措施图、展示规划图。

蔡武同志、励小捷同志、董保华同志在2012年全国文物局长会议上的讲话

（2012年12月25日）

立足新起点　开创新局面
——在2012年全国文物局长会议上的讲话

文化部部长　蔡武

在全党全国深入学习贯彻党的十八大精神的热潮中，我们在这里召开全国文物局长会议。我代表文化部党组，对会议的召开表示热烈的祝贺！向长期以来关心支持文物事业发展的国家各有关部委和社会各界表示衷心的感谢旦向辛勤工作在文物战线上的广大文物工作者致以崇高的敬意和诚挚的问候！

2012年对文物工作来说，是不平凡的一年。党的十八大胜利召开，提出了建设中华优秀传统文化传承体系的战略任务；“十二五”规划正式实施；《中华人民共和国文物保护法》颁布30周年暨修订10周年二党的十八大，提出了一系列新观点、新论断、新要求、新任务，描绘了在新的历史条件下全面建成小康社会、加快推进社会主义现代化、夺取中国特色社会主义新胜利的宏伟蓝图，作出了经济、政治、文化、社会、生态文明；建二设“五位一体”的战略布局，强调要坚持中国特色社会主义发生展：道路、建设社会主义文化强国。十一月二十九日，习近平总书记率新一届政治局常委和中央书记处同志参观《复兴之路》基本陈列十习总书记发表了语重心长的重要讲话，系统回顾了近代以一来十中国人民为实现民族复兴走过的历史进程，坚定宣示了实现中华民族伟大复兴“百年梦想”的决心信心，在全党全国产生了强烈反响。对我们文化战线来讲，意义尤为特殊。新一届党中央领导集体第一次公开集体活动选择在国家博物馆参观《复兴之路趴这既是对文化战线的高度重视和巨大支持，更深刻体现了我们党高度的文化自觉、文化自信，更彰显了文化建设在中华民族实现伟大复兴：中的重要地位和作用。学习贯彻党的十八大精神，是当前和今后户个时期全党全国的首要政治任务。文物部门要认真学习、深刻领会党的十八大精神，充分认识文物工作在全面建成小康社会、实现中华民族伟大复兴中的重要地位和作用，切实把思想和行动统一到十八大精神上来，把智慧和力量凝聚到十八人，

提出的宏伟目标和各项任务上来，更加自觉地担负起保护传承文化遗产、建设社会主义文化强国的历史责任。

国家文物局和各地文物部门学习贯彻十八大精神，谋划新时期文物工作目标任务，工作抓得很紧，很扎实。小捷同志的报告我完全赞同。这里，我就如何以十八大精神为指导，推进文物事业科学发展讲几点意见。

一、充分认识文化建设和文物事业在五位尸体总布局中的重要地位和作用。

十八大报告指出一，在坚持以经济建设为中心的同时，必须始终把文化建设放在党和国家全局工作重要战略地位，坚持物质文明和精神文明两手抓，实行依法治国和以德治国相结合，促进文化事业和文化产业同发展，推动社会主义文化大发展大繁荣。深化文化体制改革，努力推进文化建设与经济建设二政治建设、社会建设、生态文明建设协调发展，以建设社会主义核心价值体系为根本任务，以满足人们精神文化需求为出发点和落脚点，大力弘扬民族精神和时代精神，全面提高公民道德素质，丰富人民精神文化生活，建设优秀传统文化传承体系，弘扬中华优秀传统文化，增强文化整体实力. 和竞争力，发展现代化、面向世界、面向未来的, 民族的科学的大众的社会主义文化，努力建设社会主义文化强国。这一段话，文字不长，但内涵极其丰富，是我们推进全面建成小康社会进程的文化纲领。

文物工作是社会主义文化事业的重要组成部分，是社会主义文化强国建设的重要支撑。加强文物保护、利用和管理，对于传承优秀传统文化，发展当代中国的先进文化，对于满足人民群众曰益增长的精神文化需求，增强民族自尊心和自豪感，对于巩固民族团结，维护祖国统一，捍卫国家主权和领土完整，都具有十分重要的不可替代的意义。文物工作不仅直接贡献于文化建设，而且贡献于经济建设、政治建设、社会建设和生态文明建设。随着世界多极化、经济全球化的深入发展和科学技术的日新月异，文物作为国家和民族弥足珍贵的文化资源，日益成为经济社会发展钓基础资源、战略资源，渗透到经济社会发展的方方面面。以文物为主要内涵的旅游产业、文化产业规模迅速扩大、产值快速增长。以北京故宫为例2011 年刁巴京故宫接待观众1400 比2002 年的700 好翻了一番，今年“十一”黄金周期间，故宫博物院单日接待人数最多时达到18.2 万人次，创历史新高。文物对旅游产业的促进作用由此可见丫斑。同时，文物作为人类社会进步的文明成果，在政治建设、社会建设进程中，无论是在政治体制改革、制度设计、廉政教育方面，还是在建立社会规范、推进道德建设、促进社会和谐等方面，都日益成为重要的镜鉴。绝大多数博物馆、纪念馆都可以成为爱国主义教育示范基地。文物作为国家历史文化的见证和民族精神的纽带，在维护国家安全.、祖国统一，促进民族团结、社会稳定，弘扬先进文化、提升国民道德素养、激发国民爱国主义情怀，建设社会主义和谐社会等方面，日益成为中华民族伟大复兴的巨大精神动力。文物作为一种文化生态，在提升城市品位、改善城乡环境、推动生态文明建设方面，日益成为社会关注的新热点、新亮点。

从远古到现代，从蛮荒到文明，中华民族史上千千万万的文物，元不浸透着人民的创造与智慧，无不与人民的生产生活息息相关、血脉相连。我们只有满怀敬畏之心、感恩之情、自豪之意、奋进之志，全面审视和深刻认识文物的价值作用，准确把握我国经济社会发展的新要求，准确把握当今时代文化发展的新趋势，准确把握人．民群众对。文物工作的新期待，始终把文物工作放在全面建成小康社会，实现社会主义现代化和中华民族伟大复兴的伟大进程中来谋划、来推动，把文物工作融人中国特色社会主义事业五位一体总布局、总部署中，实现好、维护好二发展好最广大人民的根本利益，让更多的人民群众更充分地享受文化遗产保护成果、更广泛地参与文化遗产的保护利用和传承，才能真正实现文物的有效保护、合理利用、传承发展。

二、准确把握文物工作面临的新形势

当今世界正处在大发展大变革大调整时期，各种思想、文化交流交锋更加频繁，文化在综合国力竞争中的地位和作用更加凸显，维护国家文．化安全任务更加艰巨，增强国家文化软实力、提高中华文化国际影响力更加紧迫。

党伪十六人以来，我们高举中国特色社会主义伟大旗帜，全面贯彻落实科学发展观，推动文化建设、文物事业不断取得新成就，走出了一条中国特色社会主义文化发展道路，文物事业获得前所未有的蓬勃发展，有许多开拓创新，积累了丰富的新鲜经验。

特别是2012年，在党中央国务院的高度重视和亲切关怀下，文物界有“两件人事。两个文件”都是历史性的。一是全国文物工作会议时隔十年后再次召开。李长春同志亲切接见与会代表并发表重要讲话，刘延东同志出席会议并讲话。会议全面总结了党的十六大以来文物工‘作的创新实践和成功经验，深刻分析了当前文物工作面临的新形势新任务，鲜明提出全面推进文物保护利用和传承发展，建设与我国丰厚文化遗产资源相匹配、与社会主义文化大发展大繁荣相适应、与建设社会主义现代化国家目标相承接的文化遗产强国目标。对新时期文物工作作出了全面部署。二是全国人大常委会组成执法检查组深入北京、河北、浙江、江西、山东、河南、湖北、四川、甘肃、新疆等10个省市自治区，并委托21个省市自治区人大常委会开展了《文物保护法》颁布实施，30年来第一次全国性执法检查。吴邦国委员长作出重要批示，明确要求督促、支持各级政府和有关国家机关依法履行职责，改进工作，加强管理，推动文物事业全面发展。两个文件是，国务院印发《关于开展第一次全国可移动文物普查的通知》和即将印发《关于进一步做好旅游等开发建设活动中文物保护工作的意见》，对加强文物资源调查和文物保护利用工作提出明确要求。

“两件大事、两个文件三’。充分体现了党和国家对文物工作的高度重视，充分体现了文物工作在经济建设、政治，建设、文化建设、社会建设和生态文明建设中的重要地位和重要作用，也反映出我们文物工作者主动进取、主动担当，发展文物事业？服务经济社会的文化自觉和文化自信。这两件大事、两个文件极大地推动了文物保护利用各项工作，进．一步增强了各级政府依法履职，保护好、利用好、管理好文物的主动性、自觉性。总的来看，2012年，文物系统广大干部职工开拓创新，求真务实，文物法制建设，文物保护重点工程、水下文化遗产保护、大遗址保护和国家考古遗址公园建设、世界遗产申报，以及博物馆公共文化服务、文物科技、人才培训、文物对外交流与合作等各项工作扎实推进、富有成效。

当然，我们也要看到，我国还处在社会主义初级阶段，新时期文物工作是在我国加速工业化、信息化、城镇化和农业现代化的进程中进行的，是在历史欠账较多、基础工作依然薄弱的情况下进行的，是在我们各方面体制机制还在改革之中真有待完善的环境中开展的。我国文物事业发展与经济社会发展水平相比、与世界文明古国应有地位相比、与党和人民对文物工作的新期待相比，还不完全适应。文物事业自身也需要不断适应新形势，继续解放思想；转变观念，深化改革，创新机制，激发活力和内在动力；需要加大投入，加强法制，壮大科技，提升能力。我们必须深刻警醒，牢固树立忧患意识、危机意识，以科学发展观为指导，以改革创新为动力，破解发展难题，努力开创文物事业新局面。

三、全面贯彻落实十八大精神，努力开创文物工作新局面

全面贯彻落实十八大精神，对我们文物战线来讲，最根本的是要始终高举中国特色社会主义伟大旗帜，坚持中国特色社会主义道路自信、理论自信、制度自信，准确把握全面建成小康社会的战略部署，加快建设与我国深厚文化底蕴和丰富文物资源相匹配、与中国特色社会主义事业总体布局相适应、与建设社会主义文化强国目标相衔接的文化遗产强国，全面推进文物保护利用和传承发展。最关键的是要坚持以科学发展观为指导，以改革创新为动力，深入贯彻“保护为主、抢救第一、合理利用、加强管理”的文物工作方针，着眼于服务社会、月良务民生，把文物保护与社会主义核心价值体系建设结合起来，与社会主义精神文明建设结合起来，与全面建成小康社会结合起来，与提高个华文化的国际影响力结合起来，深入挖掘、展示、宣传蕴含在文物之中的宝贵精神财富。把重大文物保护工程与工业化、、城镇化、信息化、农业现代化同步推进的“四化”进程结合起来，与改善城乡人民生活、提高生活质量和幸福指数结合起来，努力使文物保护工程成为民生工程、惠胃工程。积极鼓励和支持各地依托文物资源发展文物旅游及相关产业，提供特色服务，使文物保护和利用成为促进区域经济发展的新亮点。

2013年，是贯彻落实党的十八大精神和全国文物工作会议部署的开局之年，也是全面实施“十二五”规划承前启后的关键之年。我们一定要按照中央的决策部署，紧紧抓住十八大精神和全国文物工作会议精神的贯彻落实，以提高文物工作质量和服务能力为中心，稳中求进，开拓创新，扎实开局，推动. 文物工作持续健康发展。所谓“下稳”，就是要保持政策连续性，不改频道，不换节目，不折腾；所谓“进”，就是要改革创新，不断发展，在已有工作基础上取得新进展，新成绩。

一是要切实改进工作作风，加强领导班子建设。最近，中央政治局作出了关于改进工作作风、密切联系群众的八项规定，提出了广系列非常有针对性、可操作性的具体举措，重点是改进文风、会风、话风，规范调研、出访、参加活动等行为。这些都是人民群众所热切关注、期盼改进的问题，是影响我们推进科学发展的重要问题，是密切联系群众、克服官僚主义和形式主义要解决的迫切问题，是树立党和政府良好形象、提高公信力妁重要方面，关系党和人民事业成败。各级文物部门特别是领导干部要深刻领会新一届中央领导集体的深谋远虑，学习中央领导同志率先垂范的榜样，紧密结合我们自己的工作实际，提出切实可行、有针对性，又实事求是的具体举措，加以落实。从领导班子成员做起，从党员干部做起，坚持以人为本、执政为民，带头改进工作作风，带头深入基层调查研究，带头密切联系群众，带头解决实际问题。牢记习近平总书记“空谈误国、实干兴邦十的谆谆告诫，求真务实、真抓实干，队良好的党风政风凝聚和带领干部群众，奋力开创文物事业科学发展新局面。

二是要研究确立到2020年文物事业发展的总体目标。党的十八大报告提出到2020年实现全面建成小康社会目标，五位一体布局中对文化建设的要求是：文化软实力显著增强。社会主义核心价值体系深入人心，公民文明素质和社会文明程度明显提高。文化产品更加丰富，公共文化服务体系基本建成，文化产业成为国民经济支柱性产业，中华文化走出去迈出更大步伐，社会主义文化强国建设基础更加坚实。文物事业作为文化强国建设的重要组成部分，我们的目标是什么，我们的文物保护、利用、管理应该达到一个什么样的水平，实现哪些具体目标，我们必须深入研究，进一步量化细化。

三是要围绕社会主义核心价值体系、优秀传统文化传承体系和公共文化服务体系建设，进一步加强文物保护利用，不断提升文物事业对经济社会发展的贡献。社会主义核心价值体系、优秀传统文化传承体系和公共文化服务体系建设是党的十八大报告扎实推进文化强国建设中的重要内容，也是文物工作必须肩负的历史责任。

要进一步加强文物保护，认真落实《文物保护法》，始终把文物安全放在文物工作的首位，认真履行政府保护文物的法定职责，建立健全文物安全责任制度和部门协作机制，加强督促检查，深入开展文物安全整治专项行动，确保文物安全。要巩固和转化第三次全国文物普查成果，精心组织开展好第一次全国可移动文物普查，切实摸清全国可移动文物资源家底。要继续实施重大文物保护维修工程，加强世界文化遗产、水下文化遗产和各级文物保护单位的保护管理，积极推进大遗址保护和国家考古遗址公园建设，进一步改善文物保护状况。

要进一步拓展文物利用途径，充分发挥文物资源服务社会、教育人民、促进发展的积极作用。继续深化博物馆免费开放，充分发挥文物的宣传教育功能，不断提升博物馆的展陈水平和公共服务水平；把文物保护利用与提升城市文化品位和城市形象相结合，与推动结构调整和转型升级相结合，积极推动文物资源在与产业和市场的结合中实现传承发展；不断创新工作理念、工作方式和体制机制，积极研究制定鼓励社会力量和社会资金参与文物保护利用的政策措施，大力发展文物旅游和特色文化产业，努力把文物资源优势转化为经济社会发展优势，让人民共享文物保护新成果。

四是要围绕改革创新，完善制度建设，不断优化文物保护管理的体制机制。要深化改革，在坚持文物博物馆事业公益性的前提下，积极推进建立博物馆理事会制度，吸纳社会公众参与博物馆事业；要按照中央事业单位分类改革的要求，积极推进以经营为主的事业单位转变体制机制；要以《文物保护法》为依据，结合社会需求，积极推进社会文物流通市场管理制度改革；要以转变职能、简政放权、提高效率为重点，积极推进文物行政管理部门的改革，由文物部门办文物事业向管文物事业转变，由只管直属文博单位向管理全社会转变，由微观管理向宏观管理、行业管理转变，综合运用法律、行政，经济、科技等手段提高文物管理效能。在总体把握上更加注重转变观念，更加注重制度设计，更加注重职能转变，更加注重加强管理。

要完善制度建设，抓紧研究制订与《文物保护法》配套的制度和标准，着力推进文物保护依法行政。要完善日常管理、巡护、监测和保养制度，落实文物、博物馆单位的主体责任；要完善监督检查和评估机制，重点督察文物事业发展举措是否落实到位、重大项目是否科学合理、资金使用是否规范有效、工程质量是否安全合格；要进一步完善博物馆免费开放绩效评估制度，健全博物馆馆际交流、陈列展览项目交流合作、藏品开放工作制度；要切实加强对文物市场的科学规范和有效管理，加大对文物领域违法犯罪行为的打击和惩治；要全面落实行政执法责任，完善程序，规范执法行为，进千步提升文物行政执法能力。

五是要加强人才队伍建设，为文物工作提供有力保障。人才是事业发展的根基，是全面推进文物保护利用传承发展的保障。从全国的情况看，我国文物数量、博物馆数量快速增长，世界文化遗产、文物保护单位、历史文化名城名镇名村大幅增加，文物抢救保护任务曰益繁重，人民群众对文化产品质量和服务的要求更加迫切，而各级文物部门管理队伍和专业队伍却没有随之相应发生变化。文物行政机构不健全，人才总量不足，素质偏低，文博队伍结构不尽合理，文博专业教育与实际需求不相适应等问题，已经成为制约文物事业发展的严重瓶颈。对此，国家文物局高度重视，组织开展了专题调研，提出了一系列切实可行的对策建议。小捷同志、保华同志专门向部里进行了汇报，我们将与中央编办等有关方面进一步协调，争取有所突破。各级文物部门必须牢固树立人才资源是第一资源的观念，加快推进文博系统现有人才队伍结构优化和能力建设，加快研究制定有利于文物博物馆单位领军人才、专业技术人才、复合型管理人才健康成长和脱颖而出的体制机制，加大人才培训力度，为文物事业可持续发展集聚人才、培养人才、储备人才，切实提高推进文物事业科学发展的能力和服务社会的水平。

同志们，中国特色社会主义文化道路前途广阔、催人奋进，社会主义文化强国建设使命光荣、大有作为。让我们紧密团结在以习近平同志为总书记的党中．央周围，以邓小平理论、“三个代表”重要思想和科学发展观为指导，求真务实，开拓创新，攻坚克难，努力做好2013年的各项工作，为推动社会主义文化大发展大繁荣、建设社会主义文化强国做出新的更大贡献!

学习贯彻十八大精神扎实推进文物事业科学发展

——2012年全国文物局长会议工作报告

文化部副部长、国家文物局局长　励小捷

2012年全国文物局长会议是在全党全国贯彻落实党的十八大精神，开启全面建成小康社会伟大进程的新形势下召开的一次重要会议。会议的主要任务是：学习贯彻党的十八大精神，以邓小平理论、“三个代表”重要思想、科学发展观为指导，总结工作，谋划未来，在新的历史起点上扎实推进文物事业科学发展。

现在,我代表国家文物局讲几点意见。

一、抓主抓重,稳健务实,全面完成2012年工作任务

2012年,极不平凡,令人振奋。党的十八大,为党和国家各项事业发展绘制了宏伟蓝图,指明了前进方向。党和国家对文物工作更加重视和支持,胡锦涛主席视察援柬吴哥古迹茶胶寺保护修复工程,致信祝贺中国国家博物馆建馆100周年。十八大刚刚胜利闭幕,以习近平同志为总书记钓新一届中央领导集体,就前往中国国家博物馆参观《复兴之路》展览,宣示了实现中华民族伟大复兴"百年梦想"的决心和信心,这是对广大文博工作者最大的鼓励和鞭策。

这一年,全国文物系统认真贯彻党的十七届六中全会精神,紧紧把握稳中求进的工作总基调,按照文物事业"十二五"发展规划的部署,不铺新摊子,保持连续性,抓主抓重,稳健务实,改革创新,狠抓落实,着力提高工作质量和效益,全面完成各项工作任务,推进了文物事业加快发展的良好态势。

(一)进一步做好事关全局的重点工作

我们筹备召开了时隔十年再次召开的全国文物工作会议,李长春、刘延东等中央领导同志接见会议代表并发表重要讲话,会议提出了全面加强文物保护利用和传承发展、加快推进文化遗产强国建设的历史任务。各地。各部门贯彻落实全国文物工作会议精神,对文物工作更加重视,加大政策支持。北京、甘肃、重庆、四川、山东、广东等省(市)人民政府召开文物工作会议,乙政府主要领导同志讲话,从全局高度对文物工作提出新的要求,帮助解决经费和编制上的实际问题。

2012年上半年,我们配合全国人大常委会开展了《文物保护法》执法检查。吴邦国委员长作出批示:要求督促支持各级政府和有关国家机关依法履行职责,改进工作,加强管理,推动我国文物事业全面发展。执法检查组重点对10个省(区、市)开展了实地检查,委托21个省(区、市)人大常委会对本行政区域《文物保护法》的实施情况进行了执法检查。对检查中发现的问题,国家文物局和各有关部门进行认真整改,并将初步成果向人大常委会作了报告。

全国人大常委会组织的执法检查和国务院召。开的全国文物工作会议这两件大事,乘贯彻六中全会精神、建设文化强国的东风,促进各地、各部门进一步形成了重视文物工作、加强文物工作的喜人形势,给全国文物系统以极大的鼓舞,成为2012年全国文物工作的一个鲜明亮点。

在文物部门特别是老专家的积极呼吁下,旅游开发中文物保护问题得到温家宝总理的重视一总理三次批示,要求文物、旅游等部门提出改进意见。目前文件已完成起草并征求了部门意见,国务院即将印发。这个文件就文物保护单位的管理体制、旅游收入部分用于文物保护、文物保护单位用于力長游开发的审批和文物景点的游客承载量等问题,提出了明确的意见,是一个很有针对性的、管用的文件。这。充分体现了国务院对文物工作的高度重视和大力支持。

在紧紧抓住基础性、全局性大事的同时,我们努力适应形势的发展变化,积极破解文物事业发展中的体制机制障碍和不平衡、不协调、不可持续的问题。国家文物局在调查研究的基础上,本着转变职能。加强管理的思路,从2012年下半年开始,组织开展了文博人才队伍建设、文物保护工程审批制度改革、绩效考评、文物行业标准体系建设等四项课题研究,取得了阶段性成果。急需人才培养伪工作方案已经形成；项目审批有关文件在第五次文物保护工程会上讨论通过；绩效考核和标准体系建设的研究成果2013年3月可以完成。

针对社会关注的文物市场“乱象”，我们积极会同有关部门，制定了关于加强文物拍卖标的审核、文物鉴定类广播电视节目、古玩旧货市场文物经营活动管理等文件。及时叫停“十大名楼”联合申遗，妥善应对“遇真宫”抬升等网上舆论事件，履行社会管理职能得到明显加强。

（二）进一步改善不可移动文物保护状况

第三次全国文物普查成果转化取得重要进展，21个省（区、市）公布了90%、3个省公布了90%的不可移动文物名录。部分省（区、市。）公布了一批省、市、县级文物保护单位。希望没有完成任务的省份进一步加大工作进度，确保完成。第七批全国重点文物保护单位推荐名单上报国务院审核。。会伺住房和城乡建设部开展历史文化名城名. 镇名村保护检查工作，提出城镇化进程中加强文物保护的措施。

——文物保护重点工程进展顺利。玉树灾后文物抢救保护工程基本完成；承德避暑山庄及周围寺庙、嘉峪关长城、山西南部早期建筑、应县木塔、涉台文物、西藏、新疆等重点文物工程继续推进；山西彩塑壁画和中央苏区革命旧址保护工程启动实施。

——世界文化遗产工作再获佺绩。元上都遗址成功列入《世界遗产各录》。更新《中国世界文化遗产预备名单》28个省（区、市）和香港特别行政区的45项遗产入选。确定大运河和丝绸之路首批申遗名单。成立中国、哈萨克斯坦、吉尔吉斯斯坦丝绸之路协调委员会，签署三国联合申遗及协调保护管理协议。完成红河哈尼梯田的环境整治和国际专家的现场评估。完成长城资源调查并公布结果。

——考古及大遗址保护积极推进。配合南水北调、西气东输等重大基本建设中的考古发掘和文物保护成效显著，三峡工程消落区抢救性考古发掘项目陆续实施。 中华文明探源、早期秦文化研究等重点课题相关考古工作不断深入，考古学术水平不断提高。 实施4O余项大遗址考古项目。以“六片、四线、一圈”为重点、150处大遗址为支撑的大遗址保护格局初步形成并展开。西安成立汉长安城国家大遗址保护特区领导小组和管委会，湖南里耶古城、铜官窑国家考古遗址公园建成开放，大遗址保护综合效益逐步显现。

——水下文物保护取得新成效。组建国家文物局水下文化遗产保护中心。南海基地建设完成可研报告编制，选址已纳入海南先行先试区总体规划。我国第一艘水下考古工作船开工建造。完成“南海工号”考古发掘和文物保护方案制定。

（三）进一步提升博物馆建设和社会服务水平

——博物馆建设势头良好。全国博物馆总数达到3589个；其中，国有博物馆3054个，民办博物馆535个。天津、河北、湖南、湖北等省市博物馆新馆及改扩建工程进展顺利。122个地市级博物馆纳入《全国地市级，公共文化设施建设规划》，项目建设有序推进。

——博物馆行业管理更趋规范。17家博物馆入选国家一级博物馆，全国一级博物馆总数达到100家。制订博物馆管理制度，完成国家一级博物馆运行评估。印发《民办博物馆章程示范文本》，总结推广国有博物馆对口帮扶民办博物馆试点经验。文物进出境管理、珍贵文物征集工作不断规范。

——可移动文物普查工作准备就绪。国务院印发《关于开展第一次全国可移动文物普查的通知》，制定了普查工作的实施方案，成立了领导小组和工作机构。陕西省、北京朝阳区、山东青岛市、中国人民解放军和武警部队等可移动文物普查试点取得积极成效。

——免费开放不断深化，社会服务不断拓宽。博物馆展陈数量显著增加，展陈水平明显提高，《元代青花瓷器特展》、《佛光里的神秘西藏》等一批优秀展览受到社会好评。推广博物馆免费开放十项最佳实践和全国最具创新力博物馆的做法，带动了博物馆展陈和管理水平提升。举办博物馆及相关产品与技术博览会、博物馆文化。产品创意设计推介活动，在加快文化产业发展、满足多层次文化需求方面进行了积极尝试。

（四）进一步增强文物安全防范能力

——构建文物安全长效机制。强化部际协作，联合印发《关于加强和. 改进文物安全工作的指导意见》。深入推行文物安全公示公告制度，对重大文物案件和安全事故进行通报，对文物行政执法和安全监管情况进行公示。与公安部共同建立打击和防范文物犯罪联合长效工作机制。

——加强安全监管和设施建设。开展文物安全隐患排查整治专项行动，检查不可移动文物18.3万处、博物馆232.9个，整改安全隐患2万余处。推进文物平安工程，启动255项文物安全设施建设工程，开展文物安全执法动态监管试点，全面部署田野文物安全防范工作。

——加强联合执法。与海关总署在13个省份开展打击文物走私专项行动；与国家海洋局在11个省份开展文化遗产联合执法巡航专项行动。推动全国文物犯罪信息中心与公安部DNA数据库进行对接，为防范打击文物犯罪提供技术支持。不断完善督察机制，制定《文物行政执法巡查档案范本》。国家文物局全年直接督办文物行政违法案件78起。

（五）进一步推进人才、科技和对外交流工作

——开展各类人才培训，理清队伍建设的总体思路。开展全国范围的文博人才队伍建设调研，研究《文物事业中长期人才需求规划》和《文博人才培养教育教学体系》。加强文博管理人才培训，完成6期654名县级文物行政部门负责人和5期基层文物安全管理干部、文物行政执法人员的培训班。加强专业技术人才培训，举办新任考古领队、考古发掘项目电子审批系统、文物进出境责任鉴定员、可移动文物普查等培训班；加强技能人才培养，举办泥塑彩绘保护、近现代文物保护修复、出水文物保护、西藏壁画修复等培训班。

——促进文物保护与科技应用的融合。完成5项国家科技计划项目立项、2项国家科技计划项目验收，启动文物保护科技领域技术路线图预研究。推进与中科院的科技战略合作，组建文物保护领域物联网建设技术创新联盟。考古发掘现场移动实验室荣获国家科技进步二等奖。推进“指南针计划”专项实施，与上海市政府共建国家“指南针计划”专项青少年基地，与中国科协开展中国古代发明创造国家名录认定工作，举办《惠世天工》展览。

——外交流合作持续拓展。政府间交流与合作更加深化，与墨西哥、哥伦比亚两国政府签署关于防止盗窃、盗掘和非法进出境文化财产的双边协定，签定双边协定的国家已达15个；与

苏格兰文物局实施清东陵数字保存项目，与丹麦、摩洛哥、阿富汗文化部门签署合作协议；继续推进柬埔寨茶胶寺保护修复工程、肯尼亚考古项目等援外工程。与国际组织的合作更加密切，成功举办国际古迹遗址理事会顾问委员会和执行委员会会议。共享国际社会文化遗产保护经验，我国在国际文化遗产领域的话语权进一步增强；积极参与关于打击文化财产非法贩运的国际会议。文物出入境展览更加丰富，全年举办进出境展览76个，《华夏瑰宝展》成为中土文化年的一大亮点。与台港澳的交流与合作更加活跃，开展海峡两岸文物

交流20年纪念活动，举办两岸文博专业人员交流研习活动，在台湾高雄市举办的《青州佛教造像展》观众突破70万人次，有力促进了两岸四地的文化认同。

（六）进一步夯实文物工作保障条件

——转变职能的改革深入推进。采取有力措施，优化文物保护工程审批程序，压缩审批时限，提高办事效率；扩大省级审批方案试点。地方文物部门积极跟进，山西省文物局将涉及文物工作的行政审批由18项调减为9项。引入第三方机构，参与中央财政文物保护专项资金预算控制额度核审和重大项目绩效考评。中国文化遗产研究院组建北京国文琰文物保护发展有限公司。推进政务信息化建设。向海南省博物馆调拨1000余件文物。完成国家文物局直属事业单位的清理规范工作。

——文物法制和标准体系建设不断加强。公布施行《大运河遗产保护管理办法》，印发《大运河遗产展示与标识系统设计指导意见》。推进《博物馆条例》立法进程和《水下文物保护管理条例》修订。开展文物保护标准体系和文物安消防标准体系研究。修订《博物馆和文物保护单位安全防范系统技术要求》、《全国博物馆评估办法》和《博物馆评估标准》。国家标准由6项增至12项，行业标准由33项增至47项。项国家标准和40项行业标准正在编制之中。

——文物保护经费实现较大幅度递增。在国家发改委、财政部等部门的大力支持下，中央财政文物保护专项资金达到128亿元，比2011年增长30%；其中，全国重点文物保护单位维修保护41亿元，博物馆免费开放30亿元，抢救性保护性设施建设10亿元。专项经费加大了对大遗址、申遗等项目的支持力度，对西藏、新疆等边疆、少数民族及贫困地区给予了更有力支持。地方文物保护经费投入也继续大幅增加，北京市由1.5亿元跃升至10亿元。湖南省投入各项文物保护资金6亿元，启动省级以上重点文物保护项目42个。陕西省全年安排文物安全经费6700万元。

——宣传工作主动性明显提高。文化遗产日郑州主场城市活动、博物馆日南宁主场城市活动、文化遗产保护无锡论坛影响广泛，以文博宣传活动为主轴的4月至6月全国性“文化遗产宣传季”品牌效应初步显现。文物知识宣传普及工程试点工作取得实效。围绕主题主线，开展“保护发展·成就辉煌”、文物系统先进典型等正面宣传收到良好的社会效果。

一年来，我们与有关部委的协作更加紧密，连续出台一系列加强文物保护的措施规定，进一步形成齐抓共管的工作格局。国家文物局的工作得到各地的全力支持，与海南、广西、江苏、福建、吉林等省（区）签署文物博物馆工作合作协议，推进了局省合作深度。文博系统的各行业协会和社会组织发挥了桥梁纽带作用，中央有关文博单位起到了骨干引领作用，国家文物局

各直属单位坚持围绕中心、服务大局，在重点工作落实中发挥了不可替代的重要作用。

回顾2012年的工作成绩，令人鼓舞。这些成绩是在多年来奠定的良好基础上取得的，是各级文物部门开拓创新、真抓实干的结果，靠的是党中央、国务院的坚强领导，靠的是社会各界的通力支持，靠的是广大文物工作者的担当奉献，靠的是老领导老专家的真诚关心。在此，我谨代表国家文物局一并致以诚挚的感谢和崇高的敬意！

我们必须清醒看到，文物事业的发展既面临着难得的机遇，又面临着严峻的挑战。在文物家底基本廓清、文物总量大幅度增长的新格局下，我们担负的文物保护任务十分之繁重；在加快推进工业化、城镇化的新形势下，我们承受的文物保护压力十分之巨大；在人民群众要求共享文物保护利用成果的新期待下，我们肩负的文物利用与传承的责任十分之重大。在工作中仍然存在着制度体系还不完善，宏观管理还不到位，服务意识不够强，工作效率比较低等问题。对这些新情况、新问题、新矛盾，我们要深入研究，长期关注，积极探索，努力把握在改革开放时代文物工作的规律。对于工作中存在的问题，我们要高度重视、认真解决。

二、稳中求进，开拓创新，扎实做好2013年的重点工作

2013年，是全面贯彻落实十八大精神的开局之年，是实施“十二五”规划承前启后的关键一年，是为全面建成小康社会奠定坚实基础的重要一年。中央经济工作会议，深刻分析了国际国内形势，提出了2013年经济工作的总体要求和主要任务，我们要结合文物工作实际认真落实。文物工作的基本思路是：以推动科学发展为主题，以转变管理方式、提升工作质量为主线，稳中求进，开拓创新，突出重点，扎实开局，为推动文化强国建设、实现经济社会发展目标作出新的贡献。

（一）抓实抓好重大项目，提升文物保护能力

文物保护重大项目是文物事业的重要支撑。重大项目花了我们大量精力，体现了我们工作的重要成果。要加强重大项目的管理，抓好页目储备、项目构成、项目审批、项目实施、项目检查和绩效评估等几个方面。第五次文物保护工程会刚刚开过，其他几个方面已作布置，我重点强调一下项目构成和项目检查评估问题。项目构成属于宏观管理范畴，是结构调整问题。具有整体性、稳定性、导向性。在项目构成的安排上，要考虑项目自身价值、濒危程度、利用空间等因素，还要考虑项目单位的执行能力，不同地区、不同类型项目之间的兼顾平衡等问题。目前，财政部与我局在文物保护专项使用上有一个大的切块。要在此基础上结合多年的经验，发现和把握规律，形成一个规范，有一个相对稳定的结构比例，每年根据情况变化作些调整。这样就能够增强项目工作的整体性和主动性，更好地发挥重大项目的导向作用和社会效益，也能够使国家局和地方局的工作进一步协调，提高地方项目前期准备的实效性，减少“跑部进京”现象。苶仅文物保护项目，包括博物馆项目、安全项目等大宗投入都有一个构成问题，要进一步研究规范。项目检查和绩效评估，是目前项目管理的一个薄弱环节，主要是因为有些文物保护项目周期较长而主管部门人手偏少。但无论如何，有布置没检查、有立项无结项都是不允许的。要制定一个多层次多形式、公平公正、简便易行的项目检查评估办法，评估结果要与项目资金安排挂钩。

要在文物维修保护、安消防设施达标、科技创新等领域实施一批关系全局、带动性强的重大项目。开展古村落、官式建筑样板工程和文物安全防护典范工程试点。开展山西南部早期建筑及彩塑壁画、涉台文物、重要石窟寺、重要革命旧址等文物保护工程和西藏、新疆重点文物保护工程。完成南水北调工程田野文物考古与保护工作,公布第二批国家考古遗址公园名单。水下考古工作船建造、国家水下文化遗产保护南海基地及西沙工作站建设取得实质性进展。力争红河哈尼梯田文化景观申遗成功,开展大运河和丝绸之路申遗项目的保护和环境整治工作,发布《中国世界文化遗产监测预警体系建设规划》。继续推进文博风险单位安防设施达标建设,建成一批古遗址、古墓葬、石窟寺防盗报警设施和古建筑防火、防雷设施。

(二)提高文物利用水平,丰富人民精神文化生活

我们要高度重视并认真做好文物资源合理利用、传承弘扬这篇大文章。与文物资源的数量质量相比,与各级政府财政的投入相比,我们这篇文章才刚刚破题,还有大量工作要做。推动文物保护利用与经济社会协调发展、互利共赢。规范引导依托文物资源发展旅游产业,提供公共服务,丰富博物馆文化产品。推进文物保护工程与工业化、信息化、城镇化、农业现代化进程有机结合,积极探索工业遗产、乡土建筑的保护利用方式。以大遗址保护和国家考古遗址公园建设为引领,通过政府主导、部门协作、社会参与、市场运作的方式,积极探索提升地域文化和民族文化层次、提高公民素质、优化城乡环境、改善人民生活的新模式。

继续深化博物馆免费开放,积极制定实施博物馆改革规划,创新管理体制和运行机制;改进服务方式,增强内生活力,提高运营效率,实现发展模式由封闭型向开放型转变。发挥中央地方共建国家级博物馆和国家一级博物馆的示范和帮扶作用,提高展陈质量和管理水平;公布第二批国家二级、三级博物馆名单;开展促进民办博物馆发展专题调研。推进博物馆文化与学校教育、国民教育的有机结合。

构建全面多元的对外文物交流合作机制。继续做好援助柬埔寨、肯尼亚、缅甸、摩洛哥等文物保护项目;争取与欧盟有关国家签署防止盗窃、盗掘和非法进出境文化财产的双边协定;推出一批具有中国内涵、国际表达的对外文物展览。深化与台港澳地区的文物交流与合作,积极推动海峡两岸商签文物交流协议,举办两岸四地古迹活化再利用研讨会。

(三)全面开展第一次全国可移动文物普查,廓清文物家底和保存状况

文物工作属于资源依托型的工作,资源数量、保存状况是决定文物工作需求和发展方向的刚性依据。

全面开展第一次全国可移动文物普查,是2013年工作的重中之重。这次普查,就是要全面掌握各类国有单位收藏保管可移动文物的总体情况,建立国有可移动文物登录机制,建立国有可移动文物管理服务信息平台,为科学管理、服务社会奠定基础。我们将报请国务院召开全国可移动文物普查领导小组第一次会议和全国电视电话会议。积极会同有关部门建立普查经费保障机制,建立运行普查信息登录和数据管理平台,摸清收藏保管有可移动文物的国有单位的分布状况。要充分利用馆藏文物已有数据,下功夫摸清文物系统外国有可移动文物的情况。对这项工作,各地务必高度重视,精心组织实施,在人财物上予以优先保障,为我国首次国有可

移动文物普查开好头、起好步。同时，继续做好不可移动文物“三普”成果转化利用工作，结合国务院核定公布第七批全国重点文物保护单位名单，推动各地核定公布相应级别的文物保护单位。

（四）加强人才培养、科技创新，筑牢文物事业发展根基

人才和科技，是文物事业发展的两大基石，是能力建设的核心，其基础性、战略性和决定性作用十分突出。

要制定《文博人才工作中长期规划纲要》，初步形成文博人才培养的教育体系、教学框架。搭建技能型人才培养平台，与相关高等院校、高职院校、科研基地联合培养文物修复、规划编制等急需人才。研究建立科学合理的文博职业制度，搭建人才成长通道。配合人力资源和社会保障部修订《中华人民共和国职业分类大典》中与文物行业相关的内容，研究建立文物修复师职业资格制度。紧紧围绕需求，继续办好文物管理和业务培训班。

深化文物保护科技领域技术路线图研究；继续推进中华文明探源工程、指南针计划等国家级重大科技项目；实施文物保护关键技术提升计划、基础研究推进计划、科技成果推广计划；重点支持文物风险预控、传统工艺科学化、保护修复专有装备和保护材料效果评价研究；着力开展先进适用技术成果的规模化应用；以973、科技支撑、文化科技创新工程等国家科技计划为载体，促进区域创新联盟、技术创新联盟和科研基地建设；深化文博单位与中国科学院系统、高等院校的协同创新，构建以需求为导向的创新研发链条，提升科技创新效率。

（五）推进改革创新，构建科学发展的体制机制

要以解决问题、推动发展为重点，逐步形成系统完备、科学规范、运行有效的制度体系。落实全国人大常委会建议，开展文物保护法修订前期研究。贯彻落实《国务院关于进一步做好旅游等开发建设活动中文物保护工作的意见》，明确责任，分解任务，制定措施，会同有关部门开展检查督导。按照中央部署，稳步推进文物系统事业单位分类改革。以文物宣传主题策划和品牌建设为载体，开展内容丰富、形式多样的文物法制和文博知识宣传普及活动。与主流媒体结合，重点搞一两个有影。响力的文物宣传项目。

扎实推进标准制修订工作。启动编制《文物保护工程设计方案编写规范》、《博物馆陈列工程施工规范》、《博物馆突发事件应急预案编制规范》、《文物保护项目预算编制与控制数审核标准》等13个行业标准；修订文物保护工程北方定额标准。标准制定体系庞大，任务繁重，一定要以工作急需为重，要严格程序、反复论证，但不能没有时限、久拖不果。地方和有关单位要重视这项工作，结合实践多制定些地方标准或技术规范。

深化行政管理体制改革。着力推进转变职能、简政放权。按照责权相统一的原则，建立文物保护工程行政审批与技术核审相分离、分层次的审核制度，形成第三方机构独立承担技术核审工作机制。开展全覆盖的工作绩效考评，建立经费使用绩效考评制度、项目绩效考评制度，推动将重点工程质量和专项资金使用绩效纳入文物保护责任目标，把各项重点工作的落实纳入干部考核体系。绩效考评是对各项工作的一致要求，必须做到统一效能，防止重复交叉、标准不一。

切实履行社会文物管理职能。加强文物流通领域管理，配合有关部门开展文物拍卖市场治理。密切关注文物复仿制生产领域中的问题，配合有关部门加强监管，形成行业自律。研究制定社会力量和社会资本参与文物保护利用的优惠政策和具体措施，研究对非公有制文博单位人员评定职称、申报项目的政策。研究系统外文物保护单位和个人产权文物保护单位的保护、维修与管理使用政策。对于社会广泛关注的重大项目规划和法规规章，要依法进行公示，接受人民群众监督。

（六）改进工作作风，推动工作落实

新一届中央政治局强调责任担当，强调不辱使命，强调实干兴邦，提出改进工作作风、密切联系群众的八项规定，在党内外、国内外引起强烈反响和普遍好评。国家文物局召开党组中心组扩大会议，专题学习中央八项规定，在综合各司室意见的基础上，形成了《中共国家文物局党．组关于落实〈十八届中央政治局关于改进工作作风、密切联系群众的八项规定〉的实施意见》。这个文件印发了会议，希望同志们提出意见并监督执行。

贯彻落实中央规定，领导机关和领导干部要率先垂范，要以作风建设为抓手，着力加强局司两级领导班子建设；要从文物工作的实际出发，把改进作风与转变职能、改善服务结合起来，扎扎实实解决一些地方和基层反映强烈、迫切需要解决的问题。比如，会议多是各地反映较大的一个问题。这次规定，全年请地方局主要领导参加的会议就两次，一次年末的局长会议，一次年中的局长座谈会。此外的会议再请局长参加必须经我批准，请副局长参加须经分管副局长批准；还决定尽快开通视频会议系统。各地文物部门、文博单位也要制定具体办法，认真贯彻落实中央规定精神；以好的作风保证繁重任务的完成，以好的作风促进领导班子和干部队伍建设。

三、全面落实科学发展观，整体谋划2020年文物事业发展的目标

布置了新一年的工作，再放开视野，讲一讲文物工作中长期的事情。

党的十八大，明确把科学发展观确立为全党必须长期坚持的指导思想。我们学习贯彻十八大精神，就是要以科学发展观为指导，努力实现在我国进入全面建成小康社会决定性阶段文物事业的科学发展，研究探索中国特色文物事业发展道路、理论和制度，全面开创文物工作新局面。

——更加自觉地坚持以发展为第一要义。改革开放三十多年来，从以经济建设为中心到更加注重发展的质量与效益，一脉相承。在中国特色社会主义伟大事业的实践中，发展的内涵不断丰富，发展的领域不断拓宽，发展的目标不断完善，但始终都没有离开发展这条主线。文物是不可再生的资源，我们不能生产文物；但以文物保护、利用和传承为己任的文物工作，同样要以发展为第一要义。这是因为，文物资源的规模在扩大，文物保护的标准在提高，人民群众的需求在增长。形势的发展，事业的开拓，人民的期待，都要求我们以发展为主题。对于文物工作来说，保护是发展的前提，利用是发展的动力，管理是发展的保障，传承是发展的目的，都是发展的有机组成部分，都是文物事业发展的主体。当然，讲发展也包括利用文物资源发展旅游和相关产业产品，但要以文物保护为前提，不能搞产业化和市场化。

——更加自觉地坚持以人为本的核心立场。文物工作要以服务人民为根本宗旨，实现文物保护利用成果由人民共享，保障人民文化权益，促进人的全面发展。要坚持文物事业的公益属性，尽可能地为人民群众提供均等、便利、全覆盖的文物博物馆公共服务。要维护文物资源共享的代际公平，关注当代人的民生需求，保护后代人的利用权利，在文物保护利用中传承文明，建设中华民族共有精神家园。

——更加自觉地坚持全面协调可持续发展的基本要求。科学发展观的全面、协调、可持续发展的基本要求，对于文物工作具有重要的指导性和突出的针对性。所谓“全面”，就是要全面贯彻和有效执行《文物保护法》，有法可依，有法必依，执法必严，违法必究；就是要全面理解和执行“保护为主、抢救第一、合理利用、加强管理”的文物工作方针，处理好保护与利用的关系。所谓“协调”，就是要努力做到体制机制与履行职责相协调、机构队伍与事业发展相协调、经费保障与文物保护需求相协调，着力解决文物事业发展中不平衡、不协调、不可持续的问题。所谓“可持续”，就是要实现好文物的可持续保护、文物的可持续利用和文物工作保障条件的可持续发展。

——更加自觉地坚持统筹兼顾的根本方法。正确认识和妥善处理文物事业和文物工作中的各种关系，包括协调好文物工作与经济社会发展的关系，文物系统与全社会的关系，国家局与地方局、国家文物局与中央其他部门的关系，宏观管理与微观管理、加强管理与改进服务的关系等。善于统筹使用紧缺资源，适度整合分散资源，兼顾各方面的利益诉求，兼顾各领域的发展需要，充分调动各方面积极性，增强工作的系统性、整体性和协同性。

党的十八大，提出了全面建成小康社会的奋斗目标，并就此作出了战略部署。我们学习贯彻十八大精神，就是要围绕2020年这个时间节点，按照建设社会主义文化强国战略任务的要求，深刻分析文物事业发展面临的新形势，整体谋划2020年文物事业发展的目标任务。

在全国文物工作会议上，刘延东同志提出：要加快建设与我国深厚文化底蕴和丰富文物资源相匹配、与中国特色社会主义事业总布局相适应、与建设文化强国目标相衔接的文化遗产强国。这一目标与党的十七届六中全会提出的建设文化强国目标的时间节点，都是到本世纪中叶，到2020年要为实现这一目标打下更加坚实的基础。那么这个更加坚实的基础应该是什么样的？我们应该分几个方面进行描述？这里，我们对2020年文物事业的发展目标作出一个初步概述，希望同志们充分讨论、深入研究。到2020年的目标是：文物资源状况全面廓清，文物安全防护设施基本达标，各级文物保护单位，馆藏文物得到科学管理和有效保护；法律制度和标准规范更加健全，人才队伍建设全面提升，科技支撑作用显著增强，经费投入增长机制不断完善；国有、民办有机结合，综合、专题门类优化，面向城乡、服务国民教育的博物馆体系基本完备；文物工作服务社会、惠及民生的作用充分发挥，为提高国家文化软实力、建设文化强国作出更大贡献。

实现2020年文物事业发展目标，要做哪些事情？我们可以就着力构建以下几个体系进行深入研究。

——文物保护与安全体系。坚持依法保护和科学保护，遵循文物保护规律，保护文物的真实性和完整性,保护文物的自然环境和人文环境。建立文物保护的长效机制,推进抢救性保护与预防性保护、文物保护规划与经济社会发展规划和城乡建设规划的有机结合。建成科学规范的文物保护项目管理制度,形成多类型、多渠道的文物展示利用制度,提高文物保护项目的质量和水平。应用高新技术,推广共性技术和关键技术,挖掘、改良和传承文物保护的传统工艺技术,突破文物保护的重大技术瓶颈。

文物督察制度基本建立,文物安全工作格局趋于完善,文物执法能力全面加强,文物违法犯罪案件和安全事故高发势头得到有效遏制。健全文物安全责任与防控机制,实行责任追究;建立文物防灾减灾机制,文物博物馆单位安全设施基本达标;建成文物安全与违法预警监管平台,加强日常执法巡查,提升监管效能;发挥全国文物安全工作部际联席会议制度作用,加强联合执法。

——社会服务体系。拓展文物利用传承途径,发挥文物资源的多重价值。挖掘、阐发和展示文物资源的丰富内涵,使之成为鼓舞人民前进的精神力量,为建设社会主义核心价值体系、全面提高公民思想道德素质作贡献。以保障和改善民生为重点,发展文物旅游及相关文化产业,提高人民生活质量,为推动经济社会发展作贡献。共建共享文物保护利用成果,深化博物馆免费开放,规范提升文物保护单位开放服务王作,丰富人民精神文化生活,为完善公共文化服务体系、构建优秀文化传承体系作贡献。积极配合国家外交大局,实施中华文明展示工程,推动中华文化走出去,为增强文化整体实力和竞争力作贡献。加强水下文化遗产考古和保护,维护国家海洋权益,助力海洋强国建设。

——法制、人才和经费保障体系。坚持用制度管权管事管人,基本实现文物保护利用的有法可依,实现制度构建与法律实施的协调发展。适应文物资源分布和类型特点,加强重点领域立法。提高文物部门依法行政能力,强化文物法律实施力度。推进行政管理体制改革,完善项目管理、资金管理、行业管理、社会文物管理制度,扩大政务公开,接受社会监督。健全文物保护技术标准、工作标准和基础标准,有效发挥标准在基础管理、工程实施和科技应用中的规范引领作用。

加快建设结构优化、素质过硬的文博人才队伍,做到人才多层次、培养有平台、使用有政策、成长有渠道。造就一批熟悉文物工作、懂经营善管理的复合型人才,一批善于运用现代科技手段保护利用文物的科技型人才,一批掌握传统工艺技术、具有操作经验的技能型人才,一批文博知识扎实、综合素质高、创新能力强的研究型人才。实施紧缺人才培养计划,扶持资助优秀中青年人才主持重大课题、领衔重点项目、实施重点工程,注重培养领军人才、修复人才、公共服务人才。健全文博机构资质准入制度、文博从业人员资格评价制度。推进文博专业培训在内容和方式上与重大项目、重点工程相衔接,促进文博高等教育和职业教育在学科建设、专业设置、课程设计上与文物事业需求相结合。

完善财政保障机制,将文物保护经费. 纳入公共财政预算项目,保证公共财政对文物保护投入的增长幅度高于财政经常性收入增长幅度,提高文物保护支出占公共财政支出的比重。完善投入方式,提高资金使用效益。研究支持非国有文物维修保护和民办博物馆发展的政策,鼓励各类文博机构提供公共文化服务。拓宽文物事业资金投入渠道，支持社会组织、机构、个人捐赠和参与兴办公益性文物事业；引入市场机制多渠道开发文博行业的文化创意产品和服务。

构建以上体系，既要借鉴国际先进经验，也要总结地方成功做法，同时又是开放的、与时俱进的。这既是任重道远的目标，也是现在需要着手开展的工作。我们一准备从2013年初开始，把有关课题任务下达国家文物局各司室进行研究论证，再综合优化，上半年要完成2020年文物事业发展目标构建的任务。各地要支持这项工作，同时安排好本地区的目标研究工作。

同志们，在全面建成小康社会的新征程上，我们的责任更大、担子更重。我们必须进一步增强忧患意识、创新意识、宗旨意识和使命意识，以开拓进取的精神、昂扬向上的干劲和稳健务实的作风，以倍加坚定的自信、倍加深刻的警醒、倍加顽强的努力，讲实话、干实事，敢作为、勇担当，全面落实2013年各项工作任务，奋力谱写文物工作的新篇章。

在2012年全国文物局长会议上的总结讲话

国家文物局副局长　董保华

在与会同志的共同努力下，2012年全国文物局长会议圆满完成了各项议程，即将落下帷幕。蔡武部长亲临会议并发表重要讲话，对全国文物系统贯彻落实党的十八大精神、努力开创文物工作新局面提出了明确要求。励小捷局长作了工作报告，总结2012年工作，部署2013年工作，初步提出了到2020年文物事业的发展目标和需要着力构建的三个体系。

刚才，各小组召集人分别向大会汇报了分组讨论情况。从讨论情况来看，大家集思广益，畅所欲言。大家一致认为，报告对2012年的工作总结客观全面，感受深刻；对2013年的工作部署，有主有重，鼓舞人心。这次会议安排紧凑、会风务实，内容丰富、成效显著。

下面，我对会议作一小结。

大家在讨论中普遍认为，2012年对于我国文物事业发展具有里程碑意义。党的十八大全面部署文化强国建设，全国文物工作会议时隔十年再次召开，全国人大常委会首次开展文物保护法执法检查，国务院出台两个涉及文物工作的政策性文件。“两件大事、两个文件”充分体现了党和国家对文物工作的高度重视。

蔡武部长在讲话中高度评价了2012年文物工作取得的成绩，文物系统着力围绕“两件大事、两个文件”，开拓创新，求真务实，各项工作扎实推进、富有成效。强调要准确把握文物工作面临的新形势，以改革创新为动力，以科学发展观为指导，不断开创文物事业新局面，从确立事业发展目标、服务经济社会发展、优化体制机制、强化人才保障、改进工作作风等五个方面提出了总体要求。

励小捷局长在报告中系统总结了2012年文物工作，主要表现在：进一步做好事关全局的重点工作，进一步改善不可移动文物保护状况，进一步提升博物馆建设和社会服务水平，进一步增强文物安全防范能力，进一步推进人才、科技和对外交流工作，进一步夯实文物工作保障条件。大家一致认为，励小捷局长对2012年工作的总结，全面、准确、生动地反映了广大文物工作者辛勤工作、甘于奉献的精神风貌和取得的显著成绩，对于全国文物系统振奋精神、凝聚人心、增强自信心具有重要意义。总结下来，2012年工作有几个特点：一是任务饱满，亮点突出；二是组织有力，责任明确；三是落实到位，效果明显。各项工作如期完成，为做好2013年工作奠定了很好的基础。我们要按照励小捷局长提出的要求，在抓住机遇的同时，认清面临的形势，对突出矛盾要深入研究，对工作规律要努力把握，对存在的问题要高度重视，认真解决。

大家认为，2013年是全面贯彻落实十八大精神的开局之年，也是谋划2020年文物事业发展目标的起步之年。励小捷局长提出了2013年文物工作的基本思路，即以推动科学发展为主题，以转变管理方式、提升工作质量为主线，稳中求进，开拓创新，突出重点，扎实推进，全面完成文物工作各项任务，为推进文化强国建设、实现经济社会发展目标作出新的贡献。对2013年工作作出六项具体部署：一是抓实抓好重大项目，提升文物保护能力；二是提高文物利用水平，丰富人民精神文化生活；三是全面开展第一次全国可移动文物普查，廓清文物家底和保存状况；四是加强人才培养、科技创新，筑牢文物事业发展根基；五是推进改革创新，构建科学发展的体制机制；六是改进工作作风，推动工作落实。大家一致认为，六项工作部署是在系统总结2012年工作的基础上提炼出来的，既有连续性，又有针对性。我们一定要按照这次会议的精神，切实抓好落实。

根据党的十八大确定的2020年全面建成小康社会的宏伟目标，励小捷局长在工作报中用简练的语言勾画出了到2020年文物事业的发展目标，体现了一立足当前、谋划长远，将对谋划文物事业发展蓝图具有很强的指导意义。这是全国文物系统贯彻落实党的十八大精神取得的初步理论成果，还需要进一步集中大家的智慧，认真思考，专门研究，谋划好包括各地区各部门2020年的发展目标。在今天上午讨论过程中，与会同志提出了很多很好的意见，我们将在文件修改中加以吸收，在今后的工作中认真落实。

同志们，2013年工作千头万绪，任务十分繁重，按照抓主抓重的工作思路，要突出抓好以下重中之重的工作。

一是认真谋划好文物事业2020年发展目标。2013年是谋划各项事业长远发展目标的年度，是贯彻落实党的十八大精神的头等大事。谋划发展目标，既要改革创新，又要稳健求实；既要立足当前，又要放眼长远；既要尽力而为，又要量力而行。发展目标既要与国家战略目标相吻合，又要与文物事业发展相衔接，还要和工作实际相符合，确保目标任务能够如期完成。对于发展目标的内容和实现目标的支撑体系，需要深入研究，不断丰富完善。

二是切实落实好中央改进工作作风八条规定。国家文物局党组研究制定了落实中央八条规定的建议稿，拿到会上征求大家意见，希望它能成为国家文物局机关全体同志特别是局党组成员的行为．规范、行动指南、自觉行动，成为我们不断开创文物工作新局面的重要保障。在这里，我代表局党组和局机关全体同志，真诚地希望各级文物部门配合、支持、监督我们抓好落实。以好的作风保证任务的完成，以好的作风促进领导班子建设和队伍建设，进而谋划好、实现好文物事业2020年发展目标。

三是下力气实施好第一次全国可移动文物普查。这次普查是在国务院领导下，开展的又一次国情国力调查。各级文物部门要按照国务院通知的精神和励小捷局长的要求，下大力气做好普查的部署安排和组织实施。制定具体实施方案时要未雨绸缪，尽可能周全严密。在普查过程中，要做好已有资源的利用，充分利用文物调查及数据库管理系统建设项目取得的成果，充分挖掘现有的人力资源和技术标准，充分借鉴“三普”和其他行业调查普查的有效做法和有益经验。刚才，顾玉才同志就做好2013年文物保护经费重点支持方向和项目提出了建议和要求，这是一项事关全局的重要工作，希望大家高度重视、认真研究、做好对接。

同志们，2013年的任务已经明确，关键是聚精会神抓好落实。一方面要做好传达贯彻宣传。大家回去以后，要及时汇报蔡武部长的重要讲话和励小捷局长的工作报告精神，使当地党政领导同志了解文物工作的总体形势和目标任务，积极争取各级党委、政府对文物工作的重视和支持。同时，要将会议精神尽快传达到基层文物部门和文博单位，认真组织学习贯彻，结合实际提出落实措施。

另一方面要狠抓责任落实。各级文物部门要更加注重改进工作方式，简化办事程序，提高办事效率；更加注重改进工作作风，按照中央八项规定，规范言行，领导同志要带头扑下身子，深入基层，开展调研，力求实效。

同志们，让我们再接再厉，锐意创新，以昂扬的精神风貌、扎实的工作作风，不断创造文物工作新业绩，为建设社会主义文化强国贡献智慧和力量！

财政部国家文物局关于印发《文物事业单位财务制度》的通知

财教〔2012〕506号

党中央有关部门，国务院有关部委、有关直属机构，有关人民团体，各省、自治区、直辖市、计划单列市财政厅（局）、文化（文物）厅（局）、文物管理委员会，新疆生产建设兵团财务局、文物局：

为进一步规范文物事业单位财务行为，加强财务管理和监督，促进文物事业的健康发展，根据《事业单位财务规则》（财政部令第68号）和国家有关法律制度，结合文物事业单位特点，我们对《文物事业单位财务制度》（财文字〔1997〕272号）进行了修订。

现将修订后的《文物事业单位财务制度》印发你们，请遵照执行。

执行中有何问题，请及时反馈我部。

国家文物局

2012年12月31日

文物事业单位财务制度

第一章 总则

第一条 为了进一步规范文物事业单位的财务行为，加强文物事业单位财务管理和监督，提高资金使用效益。保障文物事业单位健康发展，根据《事业单位财务规则》和国家有关法律制度，结合文物事业单位特点，制定本制度。

第二条 本制度适用于各级各类文物事业单位（以下简称文物事业单位）的财务活动。

第三条 文物事业单位财务管理的基本原则是：执行国家有关法律、法规和财务规章制度；坚持勤俭办事业的方针正确处理事业发展需要和资金供给的关系，社会效益和经济效益的关系，国家、单位和个人三、者利益的关系飞。

第四条 文物事业单位财务管理的主要任务是：合理编制单位预算，严格预算执行，完整、准确；编制单位决算，真实反映单位财务状况；依法组织收入，努力节约支出十建立健全财务制度，加强经济核三算，实施绩效评价，提高资金使用效益；加强资产管理，合理配置和有效利用资产，険止资产流失；加强对单位经济活动的财务控制和监督，防范财务风险。

第五条 文物事业单位应当按照国家有关规定设置财务会计机构，配备具备从业资格的财务会计人员。

第六条 文物事业单位的财务活动在单位负责人的领导下，由单位财务部门统一管理。

第二章 单位预算管理

第七条 文物事业单位预算是指文物事业单位根据事业发展目标和计划编制的年度财务收支计划。

文物事业单位预算由收入预算和支出预算组成。

第八条 国家对文物事业单位实行核定收支、定额或者定项补助、超支不补、结转和结余按规定使用的预算管理办法。

定额或者定项补助根据国家有关政策和财力可能，结合文物事业特点、事业发展目标和计划、事业单位收支及资产状况等确定。定额或者定项补．助可以为零。

非财政补助收入大于支出较多的文物事业单位，可以实行收入上缴办法。具体办法由财政部门会同主管部门制定。

第九条 预算编制原则：

（一）坚持合法合规的原则。根据国家有关方针政策、法律法规以及文物事业发展目标和计划编制单位预算。

（二）坚持完整性和统一性原则。预算编制要体现综合预算的原则。文物事业单位应当将所有收入和支出全部纳入部门预算。

（三）坚持以收定支、收支平衡的原则。预算编制应当自求收支平衡，不得编制赤字预算。

（四）坚持统筹兼顾、保证重点的原则。预算编制既要考 虑文物事业发展的需要，又要考虑国家财力的可能和单位的收入状况、资产状况，保证重点，兼顾一般。

（五）坚持厉行节约、注重绩效的原则。文物事业单位应当建立绩效评价制度，对预算的执行过程和完成结果实行全面的追踪问效。

第十条 文物事业单位参考以前年度预算执行情况，根据预算年度的收入增减因素和措施，以及以前年度结转和结余情况，测算编制收入预算；根据文物事业发展需要与财力可能，测算编制支出预算。

第十一条 文物事业单位根据年度事业发展目标和计划以及预算编制的规定，提出预算建议数，经主管部门审核汇总报 财政部门（一级预算单位直接报财政部门，下同）。文物事业单位根据财政部门下达的预算控制数编制预算，由主管部门审核汇总报财政部门，经法定程序审核批复后执行。

第十二条 文物事业单位应当严格执行批准的预算。预算执行中，国家对财政补助收入和财政专户管理资金的预算一般不予调整。

上级下达的事业计划有较大调整，或者根据国家有关政策增加或者减少支出，对预算执行影响较大时，文物事业单位应当报主管部门审核后报财政部门调整预算。

财政补助收入和财政专户管理资金以外部分的预算需要调增或者调减的，由单位自行调整并报主管部门和财政部门备案。

收入预算调整后，相应调增或者调减支出预算。

第十三条 文物事业单位决算是指文物事业单位根据预算执行结果编制的年度报告。

第十四条 文物事业单位应当按照规定编制年度决算，由主管部门审核汇总后报财政部门审批。

第十五条 文物事业单位应当加强决算审核和分析，保证决算数据的真实、准确，规范决算管理工作。

第三章 收入管理

第十六条 收入是指文物事业单位为开展业务及其他活动依法取得的非偿还性资金。

第十七条 文物事业单位收入包括：

（一）财政补助收入，即文物事业单位从同级财政部门取得的各类财政拨款。

（二）事业收入，即文物事业单位开展专业业务活动及其辅助活动取得的收入。其中：按照国家有关规定应当上缴国库或者财政专户的资金，不计入事业收入；从财政专户核拨给事业单位的资金和经核准不上缴国库或者财政专户的资金，计入事业收入。

（三）上级补助收入，即文物事业单位从主管部门和上级单位取得的非财政补助收入。

（四）附属单位上缴收入，即文物事业单位附属独立核算单位按照有关规定上缴的收入。

（五）经营收入，即文物事业单位在专业业务活动及辅助活动之外开展非独立核算的经营活动取得的收入。

（六）其他收入，即本条上述规定范围以外的各项收入，包括投资收益、利息收入、捐赠收入等。

第十八条 事业收入包括：

（一）门票收入，即文物事业单位开展业务活动出售门票取得的收入。

（二）展览收入，即文物事业单位自行举办或与外单位合办、协办展览而取得的收入。

（三）讲解导览收入，即文物事业单位为观众提供讲解、语音导览服务取得的收入。

（四）考古调查、勘探、发掘收入，即文物事业单位进行考古调查、勘探和依法考古发掘取得的收入。

（五）文物保护工程收入，即文物事业单位对外提供文物保护工程勘察设计、施工、监理等取得的收入。

（六）文物修复设计、施工收入，即文物事业单位对外提供文物修复等服务取得的收入。

（七）文物鉴定、审核收入，即文物事业单位对外提供文物拍卖标底审核、文物进出境审核等取得的收入。

（八）文物调拨、交换、出借补偿收入，即文物事业单位因文物调拨、交换、出借取得的补偿收入。

（九）其他事业收入，即文物事业单位开展专业业务活动及其辅助活动取得的除上述各项收入以外的收入。

第十九条 经营收入包括：

（一）文化产品销售收入，即文物事业单位非独立核算部门销售文化产品等商品取得的收入。

（二）经营服务收入，即文物事业单位非独立核算部门对外提供影视拍摄等经营服务取得的收入。

（三）租赁收入，即文物事业单位对外出租房屋、场地和设备等取得的收入。

（四）其他经营收入，即文物事业单位在专业业务活动及其辅助活动之外取得的除上述各项收入以外的收入。

第二十条 文物事业单位应当将各项收入全部纳入单位预算，统一核算，统一管理。

第二十一条 文物事业单位应当在国家政策允许的范围内，依法组织收入，坚持把社会效益放在首位，坚持社会效益和经济效益的有机统一。

第二十二条 文物事业单位应当严格执行国家批准的收费项目和收费标准。

文物事业单位应当使用财政部门或税务部门统一印制的票据，并建立健全票据的管理制度。

第二十三条 文物事业单位事业收入应当用于文物保护事业发展需要，任何单位和个人不得侵占、挪用。

配合建设工程进行考古调查、勘探、发掘取得的收入应当专门用于承担相关工作，任何单位不得统筹、挪用。

第二十四条 文物事业单位对按照规定上缴国库或者财政专户的资金，应当按照国库集中收缴的有关规定及时足额上缴，不得隐瞒、滞留、截留、挪用和坐支。

第四章 支出管理

第二十五条 支出是指文物事业单位开展业务及其他活动发生的资金耗费和损失。

第二十六条 文物事业单位支出包括：

（一）事业支出，即文物事业单位开展专业业务活动及其辅助活动发生的基本支出和项目支出。基本支出是文物事业单位为了保障其正常运转、完成日常工作任务而发生的人员支出和公用支出。项目支出是事业单位为了完成特定工作任务和事业发展目标，在基本支出之外所发生的支出。

（二）经营支出，即文物事业单位在专业业务活动及其辅助活动之外开展非独立核算经营活动发生的支出。

（三）对附属单位补助支出，即文物事业单位用财政补助收入之外的收入对附属单位补助发生的支出。

（四）上缴上级支出，即文物事业单位按照财政部门和主管部门的规定上缴上级单位的支出。

（五）其他支出，即上述规定范围以外的支出，包括利息支出、捐赠支出等。

第二十七条 文物事业单位应当将各项支出全部纳入单位预算，建立健全支出管理制度。

第二十八条 文物事业单位的支出应当严格执行国家有关财务规章制度规定的开支范围及开支标准；国家有关财务规章制度没有统一规定的，由文物事业单位规定，报主管部门备案。

文物事业单位的规定违反法律制度和国家政策的，主管部门和财政部门应当责令改正。

第二十九条 文物事业单位在开展非独立核算经营活动中，应当正确归集实际发生的各项费用数；不能归集的，应当按照规定的比例合理分摊。

经营支出应当与经营收入配比。

第三十条 文物事业单位从财政部门和主管部门取得的有指定项目和用途的专项资金，应当专款专用，单独核算，并按照规定向财政部门或者主管部门报送专项资金使用情况；项目完成后，应当报送专项资金支出决算和使用效果的书面报告，接受财政部门或者主管部门的检查、验收。

第三十一条 文物事业单位应当加强经济核算，可以根据开展业务活动及其他活动的实际需要，实行内部成本核算方法。

第三十二条 文物事业单位应当严格执行国库集中支付制度和政府采购制度等有关规定。

第三十三条 文物事业单位应当加强支出的绩效管理，提高资金使用的有效性。

第三十四条 文物事业单位应当依法加强票据管理，确保票据来源合法，内容真实，使用正确，严禁使用虚假票据。

第五章 结转和结余管理

第三十五条 结转和结余是指文物事业单位年度收入与支出相抵后的余额。

结转资金是指当年预算已执行但未完成，或者因故未执行，下一年度需要按照原用途继续使用的资金。结余资金是指当年预算工作目标已完成，或者因故终止，当年剩余的资金。

经营收支结转和结余应当单独反映。

第三十六条 财政拨款结转和结余的管理，应当按照同级财政部门的规定执行。

第三十七条 非财政拨款结转按照规定结转下一年度继续使用。非财政拨款结余可以按照国家有关规定提取职工福利基金，剩余部分作为事业基金用于弥补以后年度单位收支差额；

国家另有规定的，从其规定。

第三十八条 文物事业单位应当加强事业基金的管理，遵循收支平衡的原则，统筹安排，合理使用，支出不得超出基金规模。

第六章 专用基金管理

第三十九条 专用基金是指文物事业单位按照规定提取或者设置的有专门用途的资金。

专用基金管理应当遵循先提后用、收支平衡、专款专用的原则，支出不得超出基金规模。

第四十条 专用基金包括：

（一）修购基金。即按照事业收入和经营收入的一定比例提取，并按照规定在相应的购置和修缮中列支（各列50％），以及按照其他规定转入，用于事业单位固定资产维修和购置的资金。事业收入和经营收入较少的事业单位可以不提取修购基金。

（二）职工福利基金，即按照非财政拨款结余的一定比例提取以及按照其他规定提取转入，用于单位职工的集体福利设施、集体福利待遇等的资金。

（三）其他基金，即按照其他有关规定提取或者设置的专用资金。

第四十一条 各项基金的提取比例和管理办法，国家有统一规定的，按照统一规定执行；没有统一规定的，由主管部门会同同级财政部门确定。

第七章 资产管理

第四十二条 资产是指文物事业单位占有或者使用的能以货币计量的经济资源，包括各种财产、债权和其他权利。

第四十三条 文物事业单位的资产包括流动资产、固定资产、在建工程、无形资产和对外投资等。

第四十四条 文物事业单位应当建立健全单位资产管理制度，加强和规范资产配置、使用和处置管理，维护资产安全完整，保障事业健康发展。

第四十五条 文物事业单位应当按照科学规范、从严控制、保障事业发展需要的原则合理配置资产。根据单位资产存量状况、人员编制和有关资产配置标准，编制资产购置计划，按照部门预算管理的有关要求列入年度部门预算，并履行相关政府采购规定。

第四十六条 流动资产是指可以在一年以内变现或者耗用的资产，包括现金、各种存款、零余额账户用款额度、应收及预付款项、存货等。

第四十七条 文物事业单位应当建立健全现金及各种存款的内部管理制度，由财务机构按照国家有关规定开立、使用和管理银行账户。

第四十八条 文物事业单位应当按时清理结算应收款项和预付款项，加强管理。

第四十九条 存货是指文物事业单位在开展业务活动及其他活动中为耗用而储存的资产二包括材料、燃料、包装物和低值易耗品等。

文物事业单位应当对存货进行定期或者不定期的清查盘点，保证账实相符。对存货盘盈、盘亏应当及时处理。

第五十条 固定资产是指使用期限超过一年，单位价值在1000元及以上（其中：专用设备单位价值在1500元及以上），

并在使用过程中基本保持原有物质形态的资产。单位价值虽未达到规定标准，但是耐用时间在一年以上的大批同类物资，作为固定资产管理。

固定资产一般分为六类：房屋及构筑物；专用设备；通用设备；文物和陈列品；图书、档案；家具、用具、装具及动植物。

文物事业单位的固定资产明细目录由国务院文物主管部门制定，报国务院财政部门备案。

第五十一条 文物事业单位应当对固定资产进行定期或者不定期的清查盘点。年度终了前应当进行一次全面清查盘点，保证账实相符。

第五十二条 在建工程是指已经发生必要支出，但尚未达到交付使用状态的建设工程。

在建工程达到预定使用状态时，应当按照规定办理工程竣工财务决算和资产交付使用。

第五十三条 文物藏品的管理

（一）文物事业单位应当按照有关行业规定建立健全文物藏品的监督管理制度，文物藏品要登记文物藏品总登记账。

（二）文物事业单位通过购买、接受捐赠、依法调拨、交换、移交、拣选等方式取得文物藏品，财务部门应当及时登记入账。

（三）财务部门应当定期与保管部门进行文物资产清查盘点，重点要核对文物藏品资产账面数、文物藏品登记账数和实物，确保文物藏品的数量、名称和实物一一对应。

第五十四条 无形资产是指不具有实物形态而能为使用者提供某种权利的资产，包括专利权、商标权、著作权、土地使用权、非专利技术以及其他财产权利。

文物事业单位应当加强对本单位无形资产的管理。转让无形资产应当按照有关规定进行资产评估，取得的收入按照国家有关规定处理。

文物事业单位取得无形资产发生的支出，应当计入事业支出。

第五十五条 对外投资是指文物事业单位依法利用货币资金、实物、无形资产等方式向其他单位的投资。

文物事业单位应当严格控制对外投资。在保证单位正常运转和事业发展的前提下，按照国家有关规定可以对外投资的，应当履行相关审批程序。

文物事业单位不得使用财政拨款及其结余进行对外投资，不得从事股票、期货、基金、企业债券等投资，国家另有规定的除外。

文物事业单位以非货币性资产对外投资的，应当按照有关规定进行资产评估，合理确定资产价值。

第五十六条 文物事业单位资产处置应当遵循公开、公平、公正和竞争、择优的原则，严格履行相关审批程序。

文物事业单位出租、出借资产，应当按照国家有关规定报主管部门审核同意后报财政部门

审批。

第五十七条 文物事业单位应当提高资产使用效率，按照国家有关规定实行资产共享、共用。

第八章 负债管理

第五十八条 负债是指文物事业单位所承担的能以货币计量，需要以资产或者劳务偿还的债务。

第五十九条 文物事业单位的负债包括借入款项、应付款项、暂存款项、应缴款项等。

应缴款项包括文物事业单位收取的应当上缴国库或者财政专户的资金、应缴税费，以及其他按照国家有关规定应当上缴的款项。

第六十条 文物事业单位应当对不同性质的负债分类管理，及时清理并按照规定办理结算，保证各项负债在规定期限内归还。

第六十一条 文物事业单位应当建立财务风险控制机制，规范和加强借入款项管理，严格执行审批程序，不得违反规定举借债务和提供担保。

第九章 事业单位清算

第六十二条 文物事业单位发生划转、撤销、合并、分立时，应当进行清算。

第六十三条 文物事业单位清算，应当在主管部门和财政部门的监督指导下，对单位的财产、债权、债务等进行全面清理，编制财产目录和债权、债务清单，提出财产作价依据和债权、债务处理办法，做好资产的移交、接受、划转和管理工作，并妥善处理各项遗留问题。

涉及的文物资产应当单独报文物主管部门核准后处理。

第六十四条 文物事业单位清算结束后，经主管部门审核并报财政部门批准，其资产分别按照下列办法处理：

（一）因隶属关系改变，成建制划转的文物事业单位，全部资产无偿移交，并相应划转经费指标。

（二）转为企业管理的文物事业单位，全部资产扣除负债后，转作国家资本金。需要进行资产评估的，按照国家有关规定执行。

（三）撤销的文物事业单位，全部资产由主管部门和财政部门核准处理。

（四）合并的文物事业单位，全部资产移交接收单位或者新组建单位，合并后多余的国有资产由主管部门和财政部门核准处理。

（五）分立的文物事业单位，资产按照有关规定移交分立后的文物事业单位，并相应划转经费指标。

第十章 财务报告和财务分析

第六十五条 财务报告是反映事业单位一定时期财务状况和事业成果的总结性书面文

件。

文物事业单位应当定期向主管部门和财政部门以及其他有关的报表使用者提供财务报告。

第六十六条 文物事业单位报送的年度财务报告包括资产负债表、收入支出表、财政拨款收入支出表、固定资产投资决算报表等主表,有关附表以及财务情况说明书等。

第六十七条 财务情况说明书,主要说明文物事业单位收入及其支出、结转、结余及其分配、资产负债变动、文物藏品及其变动情况、对外投资、资产出租出借、资产处置、固定资产投资、绩效考评的情况,对本期或者下期财务状况发生重大影响的事项,以及需要说明的其他事项。

第六十八条 文物藏品及其变动情况应当包括文物藏品的总量及其等级分布、文物藏品的变动情况及其原因、文物藏品的金额、数量及其变动情况等。

第六十九条 财务分析指标分为财务指标和业务指标两类。

(一)财务指标包括:预算收入和支出完成率、人员支出与公用支出分别占事业支出的比率、人均基本支出、资产负债率等。

(二)业务指标包括:文物藏品数、文物藏品展出率、文物藏品完好率、基本陈列数、举办展览数、参观人次等。

除上述指标外,文物单位可以根据本单位的业务特点增加财务分析指标。

第十一章 财务监督

第七十条 文物事业单位财务监督主要包括对预算管理、收入管理、支出管理、结转和结余管理、专业基金管理、资产管理、负债管理等的监督。

第七十一条 文物事业单位财务监督应当实行事前监督、事中监督、事后监督相结合,日常监督与专项监督相结合。

第七十二条 文物事业单位应当建立健全内部控制制度、经济责任制度、财务信息披露制度等监督制度,按照规定公开财务信息。

第七十三条 文物事业单位应当依法接受主管部门和财政、审计部门的监督。

第十二章 附则

第七十四条 文物事业单位基本建设投资财务管理,应当执行本制度二但国家基本建设投资财务管理制度另有规定的,从其规定。

第七十五条 参照公务员法管理的文物事业单位财务制度的适用,按照国务院财政部门有关规定执行。

第七十六条 接受国家经常性资助的社会力量举办的文物公益服务性组织和社会团体,依照本制度执行。其他社会力量举办的文物公益服务性组织和社会团体,可以参照本制度执行。

第七十七条 下列文物事业单位或者事业单位特定项目，执行企业财务制度，不执行本制度。

（一）纳入企业财务管理体系的文物事业单位和文物事业单位附属独立核算的生产经营单位；

（二）文物事业单位经营的接受外单位要求投资回报的项目；

（三）经主管部门和财政部门批准的具备条件的其他文物事业单位。

第七十八条 省、自治区、直辖市财政部门和文物主管部门，可以根据本制度，结合本地区实际情况，制定补充规定，报财政部、国家文物局备案。

文物事业单位应当按照本制度，根据单位实际情况，制定单位内部财务管理办法，并报主管部门备案。

第七十九条 本制度自2013年1月1日起施行。

附：文物事业单位财务分析指标

文物事业单位财务分析指标

一、财务指标

1. 预算收入和支出完成率，衡量文物事业单位收入和支出总预算及分项预算完成的程度。计算公式为：

预算收入完成率：年终执行数÷（年初预算数±年中预算调整数）×100%

年终执行数不含上年结转和结余收入数

预算支出完成率=年终执行数÷（年初预算数±年中预算调整数）×100%

年终执行数不含上年结转和结余支出数

2. 人员支出、公用支出占事业支出的比率，衡量文物事业单位事业支出结构。计算公式为：

人员支出比率=人员支出÷事业支出×100%

公用支出比率=公用支出÷事业支出×100%

3. 人均基本支出，衡量文物事业单位按照实际在编人数平均的基本支出水平。计算公式为：

人均基本支出=（基本支出+离退休人员支出）÷实际在编人数

4. 资产负债率，衡量文物事业单位利用债权人提供资金开展业务活动的能力，以及反映债权人提供资金的安全保障程度。计算公式为：

资产负债率：负债总额÷资产总额×100%

二、业务指标

1．文物藏品数：文物事业单位收藏的以件、套为计量单位整理并登记入账的文物藏品数量。

2．文物藏品展出率= 文物藏品展出数 ÷ 文物藏品总数 × 100%

3．文物藏品完好率= 文物藏品完好数 ÷ 文物藏品总数 × 100%

4．基本陈列数：文物事业单位设计布陈、地点固定、时间较长的展出数量。

5．举办展览数：文物事业单位主办或与外单位合办除基本陈列外的展览数量。

6．参观人次：向社会开放的文物事业单位当期接待的所有参观人次的累计数。

励小捷同志、童明康同志在第五次全国文物保护工程会上的讲话

（2012 年 12 月 19 日）

在第五次全国文物保护工程会上的讲话

文化部副部长、国家文物局局长　励小捷

今天，我们相聚古城太原，召开两年一次的全国文物保护工程会，系统总结“十二五”开局两年来我国文物保护工程的经验成就，全面谋划未来一段时期我国文物保护工程的发展蓝图。

2012 年是我国文化遗产事业发展进程中具有里程碑意义的一年。这一年不仅是《保护世界文化和自然遗产公约》颁布 40 周年、《文物保护法》颁布 30 周年，而且召开了对我们事业产生重大影响的全国文物工作会议这次工程会的召开，又恰逢党的十八大胜利闭幕、全党全国掀起学习贯彻党的十八大精神高潮之际，必将对推动我国文化遗产事业的科学发展产生重要影响。下面，我就贯彻十八大精神，全面提升文物保护工程管理水平，谈几点意见：

一、认清形势发展，注重更新管理观念。

当前，我国文化遗产事业进入一个全新的发展时期。文化遗产事业的保护对象不断增加，保护范围不断扩大，保护任务日益加重，国家对文物保护经费的投入也在连年大幅度增长，文化遗产事业迎来了历史性的发展机遇。同时，随着我国工业化、信息化、城镇化、国际化进程不断推进，文化遗产保护也面临着前所未有的挑战和压力。文物保护工程的价值作用、外围环境、自身发展也相应发生了很大变化。这些都对新时期文物保护工程管理提出了新的更高要求。对此，我们应有清醒认识，自觉更新管理观念，及时调整保护思路。

（一）进一步认识文物保护工程的价值作用。

如何认识文物保护工程的定位、价值和作用，直接影响着我们文物保护工作的决策思路和管理水平文物保护工程是保护我国优秀文化遗产和悠久灿烂文明的主要手段，对于促进优秀传统文化传承体系和社会主义文化强国建设，对于展示我国文化遗产保护实力和文化影响力，具有极为重要的意义和不可替代的作用。近年来，我们实施的一批重点文物保护工程，如：以

西藏“十一五”、“十二五”重点文物保护工程为代表的援藏文物保护工程,以延安革命旧址、井冈山革命旧址等为代表的革命文物保护工程,以西安片区、洛阳片区和丝绸之路新疆段等为代表的大遗址保护工程,涉台文物保护工程,四川震后文物抢救保护工程,. 元以前早期建筑保护工程,援柬涉外文物保护工程等,深受广大群众和各族人民的拥护,得到国内外专家学者的肯定。各级文物行政管理部门要结合十八大精神的学习,站在历史和民族的高度,进一步提高对文物保护工程重要性的认识和思考,自觉地将文物保护工程的实施与促进优秀传统文化传承体系建设联系起来,与服务文化大发展大繁荣大局联系起来,进一步增强围绕大局、服务大局的自觉性,增强推动文物保护工程改革发展的紧迫性,努力实现文物保护工程与时代齐发展、和社会共进步。

(二)进一步认识与文物保护工程密切相关的各种重要关系。

当前,中央对文物保护利用、传承发展提出了一系列新的要求,我们要深刻学习、认真领会。文物保护工程已不仅仅限于文物部门和工程项目,而是涉及到方方面面。要全面认识并处理好抢救保护与合理利用、保护利用与传承发展、依法保护与科学保护、政府主导与社会参与、文物系统与其它部门及地方之间的重要关系。这些关系直接影响和制约文物保护工程的实施。必须统筹协调,做到各种关系相互结合,逐步建立遵守文物保护政策法规、遵循文物工作自身规律,保护利用统筹兼顾、并重共赢,政府为主、社会参与、部门指导、各方配合,融入经济社会、促进自身发展的文物保护机制,有效推动文物保护工程顺利开展。

(三)进一步认识文物保护工程自身的变化。

近年来,随着文化遗产保护事业的不断发展,文物保护工程也发生着多方面的变化二工程规模不断扩大,复杂程度不断加深,质量技术标准不断提高,保护内容不断丰富,保护方法不断改进,保护要求日益严格, 广大人民群众对文物保护工程的关注程度和社会参与程度也越来越高。这些都对工程管理提出了新的更高要求,成为各级文物行政管理部门必须面对的现实任务。需要对我们的保护思路、管理理念及时调整,对我们的管理方法、监督措施及时改革,才能跟上文物保护工程事业自身的发展需要,才能使我们的保护工作实现较为彻底的改观。

二、加强宏观管理,注重职能转变。

十八大报告明确提出,要“推动政府职能向创造良好发展环境、提供优质公共服务、维护社会公平正义转变”,要“深化审批. 制度改革,继续简政放权”。推动职能转变,加强宏观管理,不仅是十八大对我们提出的要求,也是我们当前自身工作发展的内在要求。随着改革开放的不断推进,随着社会环境的不断变化,加快政府职能转变,推动文物行政管理部门由“办文物事业”向“管文物事业”、由微观管理向宏观管理、由部门管理向行业管理、由偏重管理向管理服务并重转变,强化政策调节、社会管理、公共服务的功能,已经成为必然选择。

随着文化遗产事业的不断发展,不可移动文物和文物保护单位的数量急剧增加,我们现行的文物保护工程管理模式存在的问题日益凸现,审批程序繁琐、周期过长、效率不高等现象十分明显。各级文物管理部门日以继夜,不堪重负,许多该做的事情却没有精力去做。作为政府管理部门,我们需要加强宏观指导、政策引导、法规规范、执法督察和搭建平台。要简化工程方案审批程序，提高审批效率；要综合运用法律、行政、经济、科技等手段提高工程管理效能，大力提升工程管理水平；要完善工程检查、评估和监管机制，重点检查重大工程项目是否科学合理、保护资金使用是否规范有效、工程质量是否安全合格、工程管理举措是否落实到位；要转变保护管理思路，加强预防性保护，落实文物保护管理单位的主体责任，加强日常管理、巡护、监测和保养，由被动维修转为主动保护，由事后抢险转为提前预防。

为此，今年我局文物保护与考古司启动了文物保护工程方案审批方式改革的研究工作。改革的主要思路，是坚持“责权统一”的原则，探索将文物保护工程方案审批分为行政审批与技术审批两个层次，引进第三方独立审核机制，进一步明确中央与地方各自的事权关系，行政审批与技术审批的权责关系。相关成果和初步思路将在这次工程会上提出来，供大家讨论、提出意见。这次审批方式的改革，是从微观管理到宏观管理的转变，是从政事不分到责权明确的转变，是从关注个案的审批到重视全局布设的转变。我们的最终目的，不仅要实现文物保护工程管理模式的改革，而且要把这项改革的成果扩大到文物工作的其它方面，按照十八大的有关要求，坚持改革创新，不断提高文物管理工作的整体水平。各地也要逐步转变观念，提高工程管理中的服务意识，创新管理方式，提高管理效能，努力为行业发展创造良好环境。

三、完善体制机制，注重制度标准建设。

十八大报告提出，要“构建系统完备、科学规范、运行有效的制度体系，使各方面制度更加成熟更加定型。”文物保护工程是一项科学保护工作，需要遵从科学规律。同时也是一项管理工作，必须坚持依法保护。目前，我国文物保护工程的保护管理法律法规体系虽已初步建立，但还不够完善。要实现真正的职能转变，完善体制机制，必须进一步加强与文物保护工程有关的各项制度标准建设，规范管理程序，落实管理责任。

（一）及时完善现有法律规章，出台配套管理制度。

《文物保护法》、《文物保护工程管理办法》等法律法规，与文物保护工程管理模式、审批方式改革关系密切。由于制定时间较长，一些法规内容、管理程序已经滞后于快速发展的文物保护工程实践，需尽快启动相关法规制度的修订工作，对其不够科学完善的地方、不适应保护工程实践的内容，进行必要的修改、调整，将改革思路体现出来，以促进审批改革工作开展，实现管理方式的转变。

审批改革工作的开展，需要研究、制定多方面的配套管理制度。在工程管理方面，对目前相对薄弱的立项、检查、验收这三个重要环节，需要进一步明确相关管理程序和办法. 在资金投入方面，要进一步完善保护经费保障体系建设，在坚持中央政府投入为主的同时，地方也要切实履行责任，加大对文物保护经费的投入。在社会参与方面，针对保护资金投入渠道不断丰富等新情况，研究落实社会力量、普通民众参与文物保护工程的政策措施，研究制定鼓励社会力量进入文物保护工程领域的相关规定，鼓励引导更多社会资金投入保护工作。

（二）尽快制定保护工程相关技术标准规范。

文物保护工程的改革、发展，离不开相关技术标准规范的制定。特别是引入第三方独立审核机制后，更加需要制定完善的技术标准加以规范和制约标准规范的制定，离不开对工程实践经验的总结，离不开文物保护理论的发展，离不开专业人才的培养。这些工作不是短时间内就能完成的，但我们已经有了一定的基础，必须下决心做下去。要结合文物保护工程的实施，从已经具有一定工作基础的工程定额、工程资料搜集整理、竣工报告编辑出版等着手，逐步积累经验，总结提炼，形成相应规范，并将规范范围逐步推广到工程各个主要环节。在这里要特别提出的是，各地也要结合地方工程实际情况，探索具有区域特色、符合地方实际、科学合理的地方工程标准、规范，为制定区域性、全国性的标准规范摸索经验、奠定基础。

四、着眼工程质量，注重加强工程管理。

文物保护工程肩负的任务十分特殊，所保护的不是普通的房屋建筑，而是全民族历史悠久、传承有序的珍贵文化遗产，责任重大。如果不抓好工程质量这个前提，就上马大量的保护工程项目，将会导致保护性破坏，产生灾难性后果。如果片面追求经济效益，忽视文物保护工程的社会效益、公益属性，将会产生恶劣影响. 有的涉藏、少数民族、民居村落等文物保护工程，稍有不慎，处理不当，工程质量问题就可能会演变成政治问题、民族问题、宗教问题。因此，我们必须真正以对国家、对历史、对人民高度负责的精神，切实抓好工程管理，切实重视工程质量，严守文物维修质量第一的宗旨，精心施工，妥善保护，使文化遗产得到永续传承。

要进一步加大工程检查、监管力度，加强工程组织管理，强化质量意识、安全意识，大力提升工程管理的水平和效率，确保工程质量和文物安全；要进一步规范工程资质、资格管理，强化对资质单位的工程质量管理要求，提高全行业的质量意识和整体水平，营造公平、有序、规范的文物保护工程市场环境；要进一步重视工程实施中的人才培养和标准规范制定工作，在提高工程水平和质量的同时，将人才培养和标准规范制定工作与工程实践有机结合起来；要进一步加强工程经费监督管理，让每一个文物保护工程项目在成为精品工程的同时，也成为健康工程、阳光工程最后，要进一步抓好重大文物保护工程的实施，大力提升工程管理综合能力。重大文物保护工程是保护文物、成果惠民、传承文化的重要载体，是带动文物事业发展、发挥文物价值作用的重要举措，是提升工程管理水平、带动整个文物保护工程行业发展的重要途径。要紧紧围绕“十二五”时期确立的任务和目标，继续启动和实施一批关系全局、意义深远、具有示范效应和引领作用的重大文物保护工程、样板工程，为传承文明、服务社会、促进发展做出重要贡献！

同志们，回顾过去，我们的文物保护工程工作走过了一段辉煌历程，取得了令人瞩目的成就；展望未来，在全面建设社会主义文化强国的新征程中，将继续肩负着光荣而艰巨的历史使命。让我们全面贯彻落实十八大精神，紧紧抓住事业发展的重要战略机遇期，深入贯彻落实科学发展观，始终坚持文物工作方针，继往开来，改革创新，为我国文化遗产事业再上新台阶、为社会主义文化大发展大繁荣、为建设社会主义文化强国做出更大贡献！

锐意进取开拓创新在新形势下全面推进文物保护工程事业发展

——在第五次全国文物工程会上的讲话

国家文物局副局长　童明康

在全国上下掀起学习十八大精神高潮之际，我们在山西太原召开第五次全国文物保护工程会。这是我国文物保护工程领域学习贯彻十八大精神的一次盛会。与会的各省文物管理部门、业务单位、特邀专家，就如何在文物保护工程中贯彻落实十八大精神共聚一堂，共商大计，这对于推动我国文物保护工程的全面进步，促进我国文化遗产事业的跨越发展，具有重要意义。下面，我将结合过去两年来的工作，针对文物保护工程管理工作的现状和问题，就新形势下如何贯彻落实十八大精神，加强文物保护工程管理工作谈几点意见。

一、两年来已开展的工作

2011 年、2012 年是我国文物保护工程取得重要进展的两年，也是全面实施“十二五”规划各项重点工作的关键的两年。各级文物部门和广大文物保护工程从业人员认真执行《文物保护法》及其《实施条例》、《文物保护工程管理办法》等相关规定，严格贯彻文物保护原则，以高度的责任感和使命感，全力投入文物保护工作中，各项工作成绩斐然，主要表现在以下几方面：

（一）稳步推进文物保护工程制度建设

建立健全具有中国特色的文物保护工程制度体系，是实现我国文物保护工程事业健康有序发展的重要保障。两年来，我们从法规建设、标准制订、资质评选等多个方面加强了文物保护工程制度建设。

在法规、标准建设方面，积极推动《文物保护工程竣工验收管理办法》、《文物保护工程勘察设计方案编制深度要求》、文物建筑修缮工程南北方定额等规章、标准的编制工作，其中北方定额已经基本编制完成，正在委托山西省对其进行试用。

在资质建设方面，2011 年国家文物局开展了第五批文物保护工程资质单位评审工作，共有 11 家单位获得文物保护工程勘察设计甲级资质、24 家单位获得施工一级资质、4 家单位获得监理甲级资质。截至目前，共有 245 家单位获得甲、一级文物保护工程资质，文物保护工程行业队伍进一步壮大。

各地也根据本地区文物保护维修工作的实际情况，结合重大文物保护工程的实施，制定了相关的实施办法和具体规定。如《辽宁省文物保护工程管理办法暂行规定》、《河北省文物保护工程设计概预算审核暂行规定》等，对规范本地区文物保护维修工作发挥了重要作用，并为全国性文件的出台积累了宝贵的经验。

（二）继续深化工程项目审批制度改革

近年来，我国文物保护工程数量不断增长，工程经费投入不断加大，保护要求愈加严格，管理任务日益复杂、繁重。针对文物保护工程发展的新形势，两年来，我们在工程项目审批制度改革上主 要做了以下两方面的探索：

一是继续完善文物保护工程方案审批下放试点工作。先后在浙 江和云南召开了试点省市的方案审批下放试点工作座谈会，探讨了 方案审核公示备案管理工作的经验做法；加强方案审批下放试点省市的管理工作，编制了文物保护工程的立项报告规范格式，进一步完善了试点省市审批方案的备案公示制度，强化了对试点省市文物保护工程方案的网上公示、监管工作。

二是加强对工程项目审批制度改革的研究。开展了文物保护项目审批机制课题研究，针对文物保护工程项目审批工作面临的问题，在工程项目审批二评估. 机制上进行积极探索和研究，初步形成了文物保护项目评审机制改革的总体思路和实施方案，为下一阶段审批制度改革奠定了基础。

（三）积极探索新型文化遗产的保护理论与实践

为适应新时期文化遗产内涵和外延的深化与扩展，国家文物局于2010年启动了《中国文物古迹保护准则》修订工作。准则修订的中方专家组与美方专家就《准则》如何适应当今文化遗产保护的新发展进行了多次深入的讨论，在新型文化遗产保护理论与实践方面进行了有益的探索。目前《准则》修订工作基本完成，已形成了《准则》修订稿。

同时，国家文物局加强了工业遗产、文化线路等新型文化遗产的保护、调研工作。茶马古道、芒康盐井等一批新型文化遗产列入了第七批全国重点文物保护单位推荐名单，将依法纳入保护范畴。大运河、丝绸之路等文化线路保护与申遗工作也在有序开展。

（四）文物保护工程资金投入力度不断加大

在各级人民政府的重视和支持下，文物保护经费有较大增长，为文物保护工程的顺利开展提供了重要的物质基础。国家财政2011年安排文物专项补助经费98.9亿元，2012年安排1275亿元，较2011年增长了29%。国家文物专项补助经费逐年大幅增长。

地方财政安排的文物保护工程资金也有明显增长。北京文物保护修缮与历史文化保护区专项资金由2011年的1.5亿元增加到了2012年的10亿元；福建省各地投入文物保护经费约4.5亿元，其中民间捐资约1.5亿元；云南省文物保护专项经费从2010的280万元增加到今年的2000万元。

（五）重大文物保护工程进展顺利

两年来，在各级文物部门、管理机构和各工程单位的共同努力下，涉台文物、山西南部早期建筑、长城、承德避暑山庄、应县木塔、援柬二期茶胶寺以及西藏“十二五”文物保护工程、青海玉树震后文物保护工程等重大文物保护工程项目进展顺利。今年还陆续启动了山西彩塑壁画、原中央苏区革命旧址等保护工程项目。

通过重大工程项目的实施，抢救和保护了一大批重要文物，密切了文化遗产与民众的关系，加强了民族团结，有力促进了当地经济社会文化的全面发展。今年4月，国家主席胡锦涛视察了茶胶寺保护修复工程，亲切看望了我援柬工作人员，对文物保护工程所取得的成绩给予了充分肯定和高度评价。

（六）各地文物保护工程成果促进经济社会发展

各地文物保护工程实施过程中越来越注重与社会经济发展相结合，与改善民生相结合，文物保护工程已成为促进经济社会发展的重要力量。

1. 文物保护工程促进文化交流。涉台文物三坊七巷建筑群修复工程完工后，作为福建省乃至全国重要的两岸文化交流阵地，吸引了大量台湾同胞前来寻根问祖。台湾知名人士、严复的孙女严倬云参观严复故居时，对修缮后的故居及严复生平展给予高度评价。据统计，2010年共接待游客809万人次，其中境外游客70万人次；2011年共接待游客813万人次，其中境外游客77万人次。

2. 文物保护工程推动经济发展。平遥古城通过实施文物保护工程，使文物本体及其周边环境得到了有效保护。古城中具有浓郁地方特色的晋中建筑和文化风俗，吸引了来自五湖四海的游客，带动了旅游业、服务业等相关产业的发展。据统计，平遥县旅游业对于平遥古城的依赖度高达93.67%。乎遥古城旅游收入已成为平遥县重要的财政收入，真正实现了文物保护工程带动城市经济发展的目的。

3. 文物保护工程惠及民生发展。2010年开始实施的新疆坎儿井保护工程，是由国家出资、文物和水利部门提供技术指导与支持，吐鲁番当地农民直接参与施工的一项重要文物保护工程。以2010年为例，31条坎儿井淘捞加固后出水量提高了69%，灌溉面积提高了82.6%，共计有403名当地村民参与了坎儿井维修施工，实现惠民增收280余万元，人均增收近7000元。

二、面临的新形势和存在的问题

党中央、国务院对文化建设和文化遗产保护工作一直给予高度重视。2011年，党的十七届六中全会对深化文化体制改革、推动社会主义文化大发展大繁荣作出了全面部署。今年，党的十八大报告中提出了扎实推进社会主义文化强国建设的宏伟目标，强调要建设优秀传统文化传承体系，弘扬中华优秀传统文化。

现在，我国的文物保护事业正处于蓬勃发展的关键时期。随着第三次全国文物普查结束后全国各地不可移动文物名录的陆续公布，我国不可移动文物和各级文物保护单位的数量有了较大幅度增加，文物的类型和种类也更加丰富多样；随着文物保护工程在经济社会发展中的作用日益彰显，文物保护意识和理念越来越深入人心，文化遗产保护的社会基础更加坚实深厚。这些变化为文物保护工作提供了良好的社会环境和宝贵的发展机遇，也对文物保护理念和实践提出了更高的要求。

同时，我们必须清醒认识到，在城市化进程不断加快和大规模城乡建设的背景下，文物保护的形势依然严峻，状况不容乐观。我国文物保护工程的发展与党和人民对文物保护工作的期待相比、与经济社会发展水平相比、与世界文明古国应有的地位相比，还不完全适应，具体表现为：

（一）文物保护工程法规制度仍不完善。

目前我国文物保护工程管理的法律制度体系仅仅是初具框架，缺环较多。与体制完善、制度完备的建筑工程管理体系相比，还存在较大差距，建章立制的任务仍然艰巨。到目前为止，虽然已出台了《文物保护工程管理办法》等一系列部门规章办法，但在文物保护工程的相关标准规范的制订方面还比较滞后，文物保护工程实施过程中还存在一定的随意性，在一定程度上制约了文物保护工程行业的健康发展。

（二）文物维修保护理论未能得到全面深入的贯彻落实。

文物保护工程的开展离不开文物维修保护理论的指导。建国以来，广大专家学者和从业人员在大量工程实践的基础上，对文物保护的很多重大理论问题进行了深入的研究和探讨，形成了“真实性”、“完整性”、“不改变文物原状”、“最小’干预”等重要原则，建立了一套有中国特色的文物维修保护理论体系。但通过这些年的工程检查发现，部分文物保护工程未能坚持以正确的文物保护维修理论为指导，不是坚持“最小干预”而是“最大干预”，不是坚持“不改变文物原状”而是“修旧见新”、“拆旧建新”，不是坚持“真实性”、“完整性”原则而是热衷于政绩工程、热衷于造假古董。我们部分设计人员、施工队伍也未能坚持原则、坚守职业道德，盲目追求经济效益，在很大程度上助长了这股拆旧造假之风. 对此，要严格问责制度，加大问责力度，尤其是要追究设计单位、施王队伍的责任。

（三）重方案审批，轻工程管理的倾向较为突出。

随着文物保护单位数量不断增加，各地上报保护规划和维修方案数量也呈现几何倍增长，各级文物部门往往在方案的技术审核审批方面耗费了太多的时间和精力，而在其他环节的管理则较为粗放。对文物保护维　　修方案审批之后与实际工程的衔接、工程实施情况、变更情况、工程进度、工程质量以及工程预算等众多方面，缺乏全面了解和有效监管，工地检查、指导以及验收不能及时跟进，不能及时发现并解决存在问题，工程质量也无法得到保证。

（四）缺乏对重大工程项目的统筹安排和主动引导。

各级文物　管理部门每年组织开展的大部分工程项目往往都具有被动性和临时性的特点。各级文物部门未能真正发挥对重大工程项目的引导作用，缺乏对重大工程项目的统筹安排，缺乏通过文物保护工程促进文物保护事业全面发展的长远眼光，缺乏通过文物保护工程促进经济社会发展的前瞻思考，因而也形成了文物保护工程项目亮点不多、社会影响不大的局面。

（五）展示利用与文物保护工程相脱节。

各级文物部门大多只专注于通过保护工程和技术手段遏制文化遗产本体以及周边环境的恶化，却未能将文物保护与其日后展示利用问题统筹考虑。工程的实施往往满足于文物保护行业内部的自我宣传、自我交流和自我肯定，未能重视民众知情权和参与权，未能实现与城乡建设、与改善人民生活的充分结合，工程实施远离社会，脱离民众的问题还比较突出。这样的文物保护工程往往也得不到社会民众的理解和支持。

（六）专业人才数量和素质无法满足文物保护工程的发展需求。

长期以来，文物保护工程领域的从业人员数量和整体水平滞后于事业发展的需要，制约了文物保护工程的健康发展。这其中主要有三方面原因，一是文物保护工程学科体系建设不健全，古建筑保　护及相关专业未能像考古学、历史学一样成为一门社会公认的学科；二是由于专业设置上的缺陷，高等院校未能给我们大量培养、输送高素质的专业技术人才；三是各地不注重在工作实践中锻炼培养人才，忽视对掌握传统维修工艺技能的技术工人的培训工作。

（七）文物保护工程资质队伍总量偏少，影响力不强。

自从实施文物保护工程资质制度以来，国家文物局已陆续公布了五批共245家甲、一级勘察设计、施工和监理资质单位，但相对于大量亟需进行维修保护的文物保护单位来说，资质单位仍然存在数量偏少，结构不合理的问题，在一定程度上造成了现在方案编制周期长，工程进度慢的局面。此外，从全国范围来看，我们文物保护工程资质单位还缺少在社会上具有广泛影响力和较高知名度的"国家队"、"王牌军"，无法形成强大的技术和人才优势，难以集中组织实施重大文物保护工程项目。

（八）工程研究深度不够，科研水平有待进一步提升。

我们大部分文物保护工程的研究水平还停留在一个较低的水平上，工程前期勘测、考古、研究深度不够，工程实施过程中相关工程资料的收集整理工作不到位，文物保护工程的科研意识不强，科研创新与文物保护工程结合不够紧密，科研成果不多，已有的成熟技术和科研成果也未能很好地在文物保护工程中推广应用，造成了文物保护维修工作的科技含量不高。

三、在新形势下全面推进文物保护工程事业发展

党的十八大报告指出，"全面建成小康社会，必须以更大的政治勇气和智慧，不失时机深化重要领域改革，坚决破除一切妨碍科学发展的思想观念和体制机制弊端，构建系统完备、科学规范、运行有效的制度体系，使各方面制度更加成熟更加定型。"思想观念的变革，制度体系的改革创新，将成为文物保护事业持续发展的重要推动力。

我国文物保护工程事业改革发展的总体思路可以归纳为"一个目标，两个转变，六个创新"。"一个目标"是指以全面提升文物保护工程质量为目标；"两个转变"是指从"办文物事业"向"管文物事业"转变，从"事务性管理模式"向"宏观管理模式"转变；"六个创新"主要包括"法规体系建设的创新、管理制度建设的创新、重大工程项目管理的创新、人才队伍培养的创新、经费保障管理的创新、研究应用的创新"。"一个目标"是改革方向，"两个转变"是行动指南，"六个创新"是具体措施. 这将是我们文物保护工程领域今后的发展方向，也是我们下一阶段的工作重点。

（一）法规标准体系建设的创新

完整的法规标准体系是实现文物保护工程科学管理、确保工程质量的前提。要不断完善健全相关法规体系，为保护工程管理体系的改革创新提供法律保障，为文物保护工程的规范化、制度化管理提供标准依据。

一是法律法规的修改制订。在即将开展的《文物保护法》修订工作中，应体现出我国文物保护的新趋势、新特点，解决文物保护工程领域的难点、热点问题，力争能在法律政策方面实现突破，为今后文物保护工程事业的发展指明方向。同时，也要开展《文物保护工程报告编写出版管理办法及要求》、《文物保护工程检查验收管理办法》等部门规章的制订工作，并结合文物保护工程实际需要适时开展《文物保护工程管理办法》修订工作，不断完善文物保护工程法规体系建设。

二是标准规范的研究制定。已形成初稿的《文物建筑修缮工程北方地区定额》要在试行的基础上，修改完善后尽快颁布执行。《文物建筑修缮工程南方地区定额》要抓紧制订，力争在两年内出台。要抓紧制定《文物保护工程维修方案编制要求》，积极探索工业遗产、乡土建筑等新型文化遗产相关保护利用标准的制定。

（二）管理制度建设的创新

管理制度建设创新的核心是行政审批制度改革. 对方案审批制度进行改革，实现工程项目的宏观管理，将是管理制度建设创新的重要内容。

要坚持“责权统一”的原则，探索开展文物保护工程审批机制改革，尝试将文物保护工程方案审批分为行政审批与技术审批两个层次。文物行政管理部门要主要抓行政审批和监督管理环节，重点抓好前期的方案立项、以及工程检查、验收等工作；对于方案的技术内容，将委托第三方机构独立承担审核任务，对工程方案的技术环节进行业务把关，并承担相应的责任。通过改革，进一步加强和规范工程管理，提高审批效率。

在文物保护工程审批制度改革尚未全面实施之前，要继续规范方案审批下放省市的管理。进一步规范方案审批下放省市方案公示备案的工作程序和相关标准要求，强化相应的监管机制，将方案公示备案情况与每年项目经费安排相挂钩，形成动态化、规范化、制度化的管理模式，对审批权下放省市的文物保护工程进行有效监管。

（三）重大工程项目管理的创新

我们在对工程项目实行宏观管理的同时，也要强调对重大工程项目的主动性、引导性和规范性管理. 重大工程项目管理应突出政府引导、行业监管、技术指导等环节。要充分发挥重大工程项目的示范带动作用，推动文物保护事业发展，促进当地经济社会发展。

一是突出重大工程项目的引导性和计划性。各级文物部门要树立文物保护工作的宏观管理和大局意识，从维护国家安全利益、促进经济社会和谐发展、发挥爱国主义教育作用等方面，主动安排和推动重大工程项目。今后几年，国家文物局将重点支持引导开展山西南部早期建筑及壁画彩塑、涉台文物、革命文物等重大工程项目，同时选择不同的文物类型，力推一批样板工程。结合样板工程的开展，完善工程管理模式，加强工程标准规范的制订，加强技术人员的培养，探索文物展示利用的途径。各地也要增加工作主动性，克服“等靠要”的思想，主动与国家文物局对接，提前做好项目储备，有计划地推动本地区的重点工程。

二是加强对重大工程项目的监管和指导。加强对项目的监管和指导是确保文物保护工程质量的重要手段。各级文物部门对重大工程项目要从“粗放式”管理向“规范化”管理转变。在工程的实施过程中，要实现“三个贯穿”，即设计力量的深度参与贯穿施工全过程，专家的监督指导贯穿施工全过程，工程技术研究和工程资料收集贯穿施工全过程。要建立重大工程项目进度的年报制度，及时了解和追踪各地工程进度情况。对于工程管理规范、工程质量优秀的项目，要通过举办优秀工程评选等形式加以推广；对于工程质量存在问题的项目，要及时检查整改。对于发生工程安全事故的，必须按程序及时上报，依法处理。对于隐瞒不报的要一查到底,加大处罚力度,追究相关人员责任,直到吊销相关工程资质。

三是推动文物保护工程融入经济社会发展。要把重大文物保护工程与城乡建设、与改善人民生活结合起来,展示独特的历史文化、地域文化、民族文化,努力使文物保护工程成为民生工程和惠民工程,为人民群众创造良好的文化条件和生活环境。要更加重视文物维修后的展示利用工作。借鉴国内外文物展示利用的丰富经验,探索不同类型文物的展示利用模式,探索一条文物保护与利用并重共赢的发展之路,更好地适应文物保护与经济社会发展的需要。

(四)人才队伍培养的创新

人才队伍是文物保护工程事业发展的根本,是文物保护工程顺利实施的关键和基础. 没有好的人才队伍,就拿不出好的项目;即使有了好项目,也无法真正落实。因此,要重视人才队伍培养的创新,重点做好专业技术人才的培养和专业队伍的建设。

对于专业技术人才的培养,要坚持学校培养和工作实践培养相结合的人才培养思路。一方面要建立健全文物保护工程的教学、研究和工程实践的学科体系。要依托高等院校、科研院所等单位,培养高素质的文物保护专业技术人才,形成较强的学科和专业优势。

重点推动设立古建筑保护学科及相关专业,解决古建筑保护人才的专业化培养问题. 另一方面,要注重在实践中锻炼培养人才。专业人才的培训要与文物事业的中心工作、重点工作相衔接,增强培训的针对性、实用性和有效性。此外,各级文物部门也应重视对掌握传统维修工艺技能的技术工人的培养工作,在保护好文物的同时实现传统修缮工艺技能的传承和发展。

对于专业队伍的建设,各资质单位要抓住当前文物保护事业大发展的有利时机,通过重大文物保护工程的实施,通过传帮带、干中学等方式,造就一支敢打硬仗、能打硬仗的专业技术队伍,为事业的可持续发展积蓄力量。各资质单位要具有长远发展眼光,树立品牌意识,在工程实践中将不断做强、做大,争取成为在社会上具有广泛影响力和较高知名度的知名企业。国家文物局将于明年适时开展第六批文物保护工程资质的评选工作,给更多具备技术实力、符合条件、愿意从事文物保护工程的单位授予相应资质,不断壮大文物保护工程队伍.

(五)经费保障管理的创新

经费支持是开展文物保护工程的重要保障。经费保障管理的创新要做到经费来源的多元化、经费编制的科学化和经费管理的规范化,将经费管理与文物保护大局更加紧密结合,通过经费管理体现文物事业的发展方向,促进工程质量的提升和社会效益的发挥。

一是保护经费的来源应多元化。要积极争取各级财政部门的支持,提高文物经费支出中财政经费投入的比例,让更多的财政经费投入到文物保护之中。要通过个人捐赠、企业捐助等不同方式,拓宽文物保护经费渠道,吸引更多的社会资金投入到文物保护事业中。

二是保护经费的编制应科学化。在工程预算的编制和申报过程中,应坚持实事求是、科学编制、合理申报的原则,根据文物保护工程量科学编制工程预算,切忌不切实际地、盲目地做高、做多工程预算。对于工程预算明显恶意超高编制、缺乏科学性的项目,我们在经费安排时将不予以考虑。

三是保护经费的管理应规范化。保护经费的安排要契合一个时期文物保护的重点工作、中心工作，要符合文物保护事业发展的大局。对于重大工程项目和亟需抢救性的项目应优先安排。在工程经费的使用过程中，要严格管理项目资金，做到经费的专款专用，不得挤占和挪用。要建立健全文物保护经费的绩效评估制度，让每一个重大项目都成为优质工程、阳光工程。

（六）研究应用的创新

在文物保护维修工作中要强化科研意识、课题意识，将科学研究和工程实践紧密结合起来，把文物保护工程作为一个科学研究过程加以实施开展。

一是重视工程项目研究的基础性工作。要重视文物保护工程的前期勘测、考古和研究工作，将前期的研究成果用于指导工程的实施。要重视文物保护维修过程中信息资料的记录、保存和整理工作，获取第一手的历史和技术信息，建立完备的工程档案，及时编写出版工程报告。重大工程应当按照《文物保护工程管理办法》的要求，在工程验收后三年内发表技术报告。国家文物局将加快制定文物保护工程报告编写出版的管理办法和要求，加大王程项目前期研究和工程报告编写出版的经费支持力度。

二是重视科技成果在保护工程中的推广应用。在严格遵循文物保护的基本原则和科学规律的前提下，合理使用已有的成熟技术和材料，加快科研成果的推广应用，提高文物保护维修工作的科技含量。要积极探索建立科技成果推广与示范的新机制，依托科研院所、高等院校等文物保护科研骨干单位，加强相关技术标准和操作规程的编制，做好科技成果与工程项目的衔接，不断提升文物保护工程的科技含量。

以上所说的"六个创新"，是针对当前文物保护工程领域存在的问题，围绕全面提升文物保护工程质量这个目标所提出的具体措施，也是下一阶段我们工作的重点。在这方面我们一定要解放思想。凡是有利于全面提升文物保护工程管理水平和工程质量的，有利于促进文物事业的发展，有利于中华优秀传统文化弘扬与传承的，都应该鼓励、提倡；而凡是不利于的，都应该冲破。在这一点上，一定要深入贯彻十八大的精神，尊重群众的首创精神。在下午的讨论、中，也希望大家畅所欲言，多提建设性意见，我们将认真研究，对于其中合理的建议和意见，我们将积极采纳并在全国推广。

同志们，党的十八大提出了建设优秀传统文化传承体系，弘扬中华优秀传统文化的重大任务，做出了扎实推进社会主义文化强国建设的战略决策，树立了全面建成小康社会的宏伟目标。这是我们文物保护工作新的发展机遇，也是时代赋予我们的历史责任。希望大家以此为契机，锐意进取，开拓创新，共同为推进我国文物保护工程事业的全面发展做出不懈努力！

关于加强大遗址考古工作的指导意见

文物保函〔2013〕39号

各省、自治区、直辖市文物局（文化厅）：

为进一步加强考古工作在大遗址保护中的基础地位和引领作用，推动文物事业与考古学科建设协调发展，现就大遗址考古工作提出如下意见：

一、正确认识考古工作在大遗址保护中的作用和地位大遗址考古是大遗址保护工作的重要内容，是开展大遗址保护、展示、利用的科学依据和基础。应通过审慎的、持续的考古工作，不断发掘、研究、阐释大遗址的重要内涵和价值，指导大遗址保护和国家考古遗址公园建设，传承弘扬中华民族优秀传统文化。同时，大遗址考古也是考古学研究体系的核心和重点。深入开展大遗址考古工作，必将有力推动考古学及相关学科的发展，促进我国考古学整体水平不断提高。

各级文物行政部门、大遗址管理机构和考古单位，应进一步统一思想、提高认识，明确考古工作在大遗址保护中的重要地位和作用，把加强大遗址考古工作作为当前和今后一个时期的重要任务，通过开展系统、科学、规范的考古工作，确保我国大遗址保护工作和文化遗产保护事业的健康、可持续发展。

二、明确大遗址考古工作的任务和要求大遗址考古工作应坚持以下工作思路和原则：

（一）坚持考古先行原则。根据大遗址保护展示和学科发展的需要，科学编制、实施考古工作计划。通过长期、主动、专门的考古和研究工作，确定遗址概况，评估保存现状，认定遗址价值，为划定保护区划、编制保护规划、实施保护展示工

程和建设考古遗址公园提供科学依据。

（二）考古工作必须贯穿于大遗址保护与考古遗址公园建设始终。在大遗址保护规划、方案中应包括考古工作思路和相应保障措施；在大遗址保护展示工程施工和监理中应将考古与文物保护作为重要工作内容；在考古遗址公园建设可行性研究

中应充分体现考古工作的深度和广度；在大遗址保护规划编制和保护展示工程文物影响评估中应将确保考古工作的持续开展作为重要内容。

（三）牢固树立课题意识和科技意识。尊重考古学科自身规律，根据城址、墓群、聚落、窑址等不同类型的遗址特点，确定有针对性的技术路线，制订各阶段课题目标。将大遗址考古工作与推动学科进步相结合，开展多学科综合研究，积极推

动现代科学技术的运用和科技成果的应用，以技术创新和科技进步提升大遗址考古工作

水平和质量。

（四）切实提高保护意识。大遗址考古的核心是保护，应尽可能不发掘或仅进行小面积发掘来解决学术问题。应将文物保护作为考古工作计划和工作方案的必要内容，确保重要遗迹和出土文物在第一时间获得妥善保护。应充分考虑大遗址整体保护和科学展示的需要，按照最小干预和永续保护原则开展考古工作。应根据考古工作进展情况，及时提出遗址保护、展示的意见和建议。

（五）高度重视考古研究和成果转化。加强考古资料整理和报告出版，推进大遗址内涵研究和价值阐释。加强公众考古，推动大遗址考古成果惠及民众。有条件的地方可以适当开放考古工地，通过向公众展示大遗址考古工作的过程和成果，积极普及文化遗产保护知识，充分发挥考古工作的教育与社会服务功能，不断增强大遗址考古工作的社会影响力，促进当地文化发展。

三、建立健全大遗址考古工作机制

（一）大遗址考古实施项目管理，严格执行资质管理和领

队管理制度，严格履行立项、审批、检查、验收等相关程序，实现大遗址考古项目管理的科学化。

大遗址考古项目应该由具有考古发掘资质、科研力量雄厚、文物保护设施完备的单位负责实施。承担大遗址考古项目的领队应具有高级职称，主持过主动性考古发掘项目，具备丰富的大遗址考古经验，并主持编写过考古发掘报告。

申请大遗址考古项目，应提交大遗址考古工作计划和省级文物行政部门的立项申请，并按年度上报考古工作方案，涉及考古发掘的应同时填报考古发掘申请书。

（二）国家文物局负责大遗址考古项目的审批，省级文物行政部门负责本辖区内大遗址考古项目的组织、管理。跨省域的大遗址考古项目，由项目所在地的省级文物行政部门联合组织实施。大遗址考古项目，应由省级文物行政部门委托具有考古发掘资质的单位负责监理。

（三）完善合作机制，鼓励不同部门、不同单位开展跨地区、跨行业、跨领域合作。合作部门或单位应签订具体协议或项目合同，明确责权利。大遗址管理机构应加强与考古单位的合作，统筹考虑遗址博物馆、考古工作站、文物标本库的建设。

（四）考古单位应加强内部管理，建立健全工作程序和管理制度，规范考古调查、勘探和发掘行为。遇有重大考古发现，应按规定及时上报。加强考古发掘经费的使用管理，严格财务审计制度，提高资金使用效率和使用效益。

四、创新举措，完善大遗址考古工作保障体系

（一）省级文物行政部门应积极协调相关部门和地方人民政府为大遗址考古顺利开展创造条件，在政策、经费、人员方面给予重点支持。规划和设计单位应联合考古单位共同编制大遗址保护规划和保护展示方案，考古单位应积极参与遗址保护

规划编制、保护方案制订、保护和展示工程实施、考古遗址公园建设和管理的全过程，在诠释遗址内涵、认定遗址价值、评估遗址保存和保护现状、划定遗址保护区划、选择遗址保护和展

示方式、确定遗址展示对象和展示方法等方面提供专业意见。

（二）大遗址所在地文物部门及大遗址管理机构应主动加强与考古单位的合作，在大遗址保护和考古遗址公园日常管理中，支持考古单位严格执行大遗址考古工作计划。大遗址管理机构应委托考古单位在有关工程施工现场进行考古监理，确保文物安全。施工单位应配合做好工程前期考古和工程施工过程中的考古监理和文物保护工作。施工结束后，考古单位应向大遗址管理机构和省级文物行政部门提交考古监理报告，内容包括施工时间、施工区域、文物保护措施执行情况、现场新发现文物情况和处理措施等。考古监理报告应作为工程监理报告的一部分，并作为工程验收的重要依据。

（三）加强科技和设施保障。推进大遗址考古的数字化和标准化建设，建立大遗址考古数据库和科研平台；不断改善大遗址考古工作条件，逐步建设完善文物标本库、考古工作站等基础设施。

（四）加大投入力度。在充分保障连续性大遗址考古工作经费的同时，大遗址管理机构还应将结合遗址本体保护和环境整治工程开展的考古、调查、发掘和出土文物保护，以及工程文物影响评估和工程施工考古监理等工作所需费用列入工程预算。

（五）加强大遗址考古专业人才的培养、培训和引进，提升从业人员的整体素质和专业水平。努力创造条件，保持专业队伍的相对稳定。积极吸纳文物保护、科技等方面的人才参与大遗址考古工作，提高工作的科学性。

（六）国家文物局和省级文物行政部门加强大遗址考古工作的指导、监督、检查与验收，检查、验收结果作为项目考核的重要指标。对拒不执行有关规定的相关单位和个人，国家文物局将视情节，给予通报批评、暂停或终止大遗址保护项目的立项和审批，或取消相关资质。

结合本指导意见精神，为进一步规范大遗址考古工作程序，提高考古工作水平，我局还组织制定了《大遗址考古工作要求》。现一并印发，请你局（厅）组织、指导考古单位和大遗址管理机构认真学习、贯彻执行。

国家文物局

2013年1月8日

国家文物局国家旅游局关于贯彻落实《国务院关于进一步做好旅游一建设活动中文物保护工作的意见》的通知

文物政发〔2013〕1号

各省、自治区、直辖市文物局（文化厅）、旅游局（委）：

为切实加强旅游等开发建设活动中的文物保护工作，国务院近日印发了《关于进一步做好旅游等开发建设活动中文物保护工作的意见》（国发〔2012〕63号）（以下简称《意见》。现就贯彻落实《意见》通知如下：

一、认真学习贯彻《意见》精神。各地文物、旅游部门要认真学习、深刻领会《意见》的重大意义，切实把思想和行动统一到《意见》的部署和要求上来，正确处理旅游等开发建设活动与文物保护的关系，紧紧依靠当地党委政府，充分发挥有关部门作用，努力破解文物保护、利用面临的新问题，推动文物保护与旅游业全面协调可持续发展。

二、摸清情况，自查自纠。各地文物、旅游部门要督促各文物旅游景区按照《意见》要求，制定具体工作方案，对照《意见》指出的五种违法违规行为，逐项进行自查。对于自查中发现的问题，要提出明确的处理意见和整改措施。能够立即纠正的问题，应当立即依法纠正。需要其它部门协调处理的问题，要在当地人民政府的统一领导和组织协调下限期纠正。

三、开展《意见》落实情况的检查和督察。2013年4月底前，省级文物、旅游部门要对照《意见》各项具体要求，联合检查各地旅游等开发建设活动中相关法律和规定的落实情况，并将检查结果汇总报送国家文物局和国家旅游局。国家文物局、国家旅游局等部门将适时组织联合检查组，赴重点省份开展实地检查，对重点案件进行督察（检查工作的具体方案另行通知）。

四、抓紧研究制定文物旅游景区游客承载标准。以古遗址、古建筑、石窟寺等易损文物为核心的景区，要根据文物保存状况及文物保护要求、游客安全需要、游客停留时间和人均开放空间面积等，科学测算游客最大承载量，通过听证、公示等方式，认真听取、吸纳公众意见，研究提出游客承载标准，报请当地人民政府核定公布。省级文物、旅游部门要对文物旅游景区游客承载标准的研究制订工作给予协调和指导。

五、着力做好文物保护规划与旅游发展规划的编制、衔接和落实工作。要把文物和游客的安全放在首位，确保文物保护规划和旅游发展规划的科学性、权威性。对于已开放为旅游景区的文物保护单位，各地文物、旅游部门要对文物保护规划和旅游发展规划的编制、衔接和执行情况进行监督检查；编制涉及文物的旅游规划，要与文物保护规划相衔接，要有文物保护章节或相关内容。

六、切实加强对文物旅游的监督管理。各级文物部门要加强对文物旅游活动的指导和监督，对不落实文物保护与安全管理规定，造成文物破坏、损毁的，要依法追究相关单位和人员的责任。各级旅游部门要把依法保护文物、确保文物安全作为文物旅游景区评级、达标和监管的刚性要求，对达不到文物保护要求的旅游景区要通报批评，并降低或取消旅游景区质量等级。各地文物、旅游部门要按照《意见》要求，研究提出文物旅游景区经营性收入用于文物保护的具体比例，报请同级人民政府确定。同时，各地文物、旅游部门要建立和完善文物旅游突发事件应急预警机制、巡视检查制度、专家咨询制度等管理规范，切实提高景区的文物保护和旅游发展水平。

国家文物局
国家旅游局
2013 年 1 月 23 日

励小捷同志在国家文物局2013年局务扩大会议上的讲话

文化部副部长、国家文物局局长　励小捷

（2013 年 1 月 17 日）

新年伊始，按照惯例，我们召开2013 年局务扩大会议。今年的局务扩大会议时间有所提前，有所缩短，主要任务是总结工作，交流经验，进一步谋划部署新一年工作。

局机关各司室、各直属单位的负责同志作了简要汇报，内容丰富，工作扎实。保华、明康、玉才、新潮同志分别点评了分管部门和联系单位的年度工作，对2013 年的工作提出了要求，很有针对性、很有指导性，我都赞同。我在全国文物局长会议上对2012 年工作作了总结，对2013 年工作进行了部署，不再重复。在此，再强调三点意见。

一、盘点

盘点什么？主要盘点2012 年的工作亮点。2012 年，各项工作有序推进，总体态势良好，既有出彩出新的地方，也有进步提高的地方。全年工作可用三句话概括总结。

第一句话：稳中求进、抓主抓重、做好事关全局的大事。2012 年的“二件大事”都是历史性的，“二个重要文件”都是管用的国字头文件。“二件大事”，一是时隔十年再次召开的全国文物工作会议，二是配合全国人大常委会开展《文物保护法》颁布以来的第一次执法检查。“二个文件”，一是《国务院关于开展第一次全国可移动文物普查的通知》，二是《国务院关于进一步做好旅游等开发建设活动中文物保护工作的意见》。

第二句话：与时俱进，改革创新，积极应对面临的新事。针对社会关注、领导重视的文物市场“乱象”，研究制定了关于加强文物拍卖标的审核、文物鉴定类广播电视节目、古玩旧货市场文物经营活动管理等系列文件。本着转变职能、加强管理的出发点，开展了文博人才队伍建设、重点工作和重大项目绩效考评、文物保护工程审批机制改革、文物行业标准体系建设等四项课题研究。特别是在行政审批机制改革上，已经形成了一套思路和一个试行办法。

第三句话：保持连续性，不提新口号，继续夯实基础工作。文物保护项目有序开展，文物安全常抓不懈，不显山不露水的“四有”工作按部就班、继续推进，等等。

上述成绩的取得，应该说是全局上下包括各司室、各直属单位共同努力的结果。各司室、各直属单位的工作也呈现出新的态势和新的气象，具有四个特点：一是工作劲头更足、精神更振作，当然也就更辛苦；二是工作更主动积极，形成一种不满足现状、提高水平的普遍愿望；三是步调一致，顾全大局，工作协同性显著增强，一些划地为牢、利益固化的现象开始松动；四是重视制度建设，通过抓制度抓规范，不断提高工作的科学化水平。这些都是我们做好2012年工作的原因，也是在实践中形成的工作成果，为我们完成2013年的工作任务做好了思想观念、精神状态、工作作风上的准备。

二、研判

所谓研判，就是要研究、判断'、分析文物事业的发展形势。

2013年，是全面贯彻落实十八大精神的开局之年，是实施“十二五”规划的关键一年，也是困难很多、挑战很大的一年。国际经济形势依然错综复杂、充满变数，世界经济低速增长态势仍将延续。国内经济增长下行压力有所增加，经济发展中不平衡、不协调、不可持续的问题依然突出，有的还相当尖锐。

我们要辩证研判形势，既要看到国际国内形势好的一面，也要看到复杂严峻的一面，增强信心，应对挑战。在文物家底基本廓清、文物总量大幅度增长的新格局下，我们担负的文物保护任务十分之繁重；在加快推进工业化、城镇化的新形势下，我们承受的文物保护压力十分之巨大；在人民群众要求共享文物保护利用成果的新期待下，我们肩负的文物资源利用与传承的责任十分之重大。我们工作中还存在体制机制不顺，服务意识不强，工作效率不高等问题。这些客观上存在的矛盾和主观上产生的问题，需要我们认真思考，深入研究，积极应对。要立足当前，着力解决眼下急需解决、能够解决的突出问题。

三、要求

2013年的工作任务可以概括为“6＋1”：在全国文物局长会议上布置的6项重点任务，再加上整体谋划2020年文物事业的发展目标，即抓实抓好重大项目，提升文物保护能力；提高文物利用水平，丰富人民精神文化生活；全面开展第一次全国可移动文物普查，廓清文物家底和保存状况；加强人才培养、科技创新，筑牢文物事业发展根基；推进改革创新，构建科学发展的体制机制；改进工作作风，推动工作落实；整体谋划2020年文物事业发展的总体目标。

为做好2013年的工作，结合深入学习贯彻十八大精神，在指导思想和工作基调的总体把握上，我再提三点要求：

一是自觉把握稳中求进的总基调。中央经济工作会议明确要求：继续把握好稳中求进的工作总基调，立足全局，突出重点，扎扎实实开好局。对于文物工作而言，所谓“稳”，就是工作目标要积极可行，宏观政策要稳定连续，保障措施要稳健扎实；不改频道，不换节目，不铺新摊子，一张蓝图绘到底。所谓“进”，就是要继续抓住和用好“黄金机遇期”，在文物保护、博物馆建设、文物安全防范上取得新成绩，在行政管理体制机制改革、行业标准体系建设上迈出新步伐，在推进社会参与、加强社会文物管理、文物利用、惠及民生上要有新探索。

二是自觉坚持改革创新的活力之源。习近平总书记在广东视察时，强调我国改革已经进入攻坚期和深水区，更加注重改革的系统性整体性协同性，更加注重坚定信心、凝聚共识、统筹谋划、协同推进。形势的发展，事业的开拓，人民的期待，都要求我们以发展为主题，扎实推进文物事业的改革创新。改革创新这篇大文章我们才刚刚破题，还有大量工作要做。

要把坚定信心、凝聚共识放在首位。改革开放是决定当代中国命运的关键一招，也是推动文物事业发展的关键一招。文物领域在改革问题上不是例外。我们要坚定这样的信念；同时求同存异，凝聚起文物系统内上上下下对这个问题的共识，找到最大公约数。没有多数人的共识，改革也难以推进。当然，文物工作也有改什么不改什么的问题。有些是不能改的，“保护为主、抢救第一、合理利用、加强管理”的方针不能改，依法保护、依法行政的原则不能改，政府主导、社会参与的体制不能改，该坚守的必须坚守；改的主要是体制机制障碍，改的主要是发展中的不平衡、不协调、不可持续的问题。推进改革要遵循文物工作规律，科学论证，反复比较，特别要重视文物的不可再生性，对重大的全国重点文物保护单位项目尤其要慎之又慎。改革，说到底是对利益格局的调整，是对用权行为的制约，因此不可能没有阻力。改革的决心必须坚定，改革的步伐要稳妥，脚踏实地、循序渐进，不刮台风、不下暴雨，但二三级风天天刮、毛毛细雨经常下。

其次，要解决统筹谋划和协同推进问题。统筹谋划，就是要加强改革的顶层设计，要在整体上谋划文物事业和文物系统的改革问题，鼓励探索，勇于开拓。我们2012年搞的几项改革，可以说是顺势而为，问题摆在那里，不改不行了，并不超前，也没有刻意。通过顶层设计，逐步解决体制机制与履行职责相协调、机构队伍与事业发展相协调、经费保障与文物保护需求相协调的问题。通过顶层设计，研究出台社会力量和社会资本参与文物保护利用的优惠政策和具体措施，研究非公有制文博单位职称评定、资格准入、人员培训、项目申报、表彰奖励的同等对待政策，研究文物系统外文物保护单位和个人产权文物保护单位的保护、维修、管理与使用政策，要从根本上解决管脚下和管天下的问题。协同推进，就是改革要分轻重缓急、有先有后，但在总体上应该改的都要改，不能在同一个改革项目上有的动有的不动，聚合各项相关改革协调推进的正能量。

局直属单位的改革，要按照中央部署，以深化体制机制改革为核心，分类指导，稳步推进。事业单位改革目的，不是要把局直属单位搞小、搞弱、搞消失；而是要增强发展的内生活力和整体实力。文物事业的发展，需要定位准确、人才密集、实力强大的直属事业单位和直属企业。事业发展这么快，我们那么多事情，怎么办？很多是需要直属单位帮我们做支撑，帮我们搞配套，帮我们搞服务，大体路数我觉得就是这么个路数。但是目前距离改革目标的要求，我们还有差距，有的还是很大差距。我曾讲过“花钱养事不养人”的理念。因为通过养事来养人，你才能做实做大，你才能实现可持续发展；单纯养人，为养人才找事做，都不能说明你存在的价值，因此也是不可持续的，对此，要有清醒认识。

三是自觉加强作风建设。要切实贯彻中央政治局关于改进工作作风、密切联系群众的八项规定和我局制定的实施意见。改进作风，要与实际工作相结合，要通过工作的成效检验转变作风的成果。始终坚持面向基层、重心下移、求真务实，搞好服务。求真务实、真抓实干是加强和改进工作作风的关键。干事业、抓工作最重要的是付诸实践、见诸行动、取得实效。要切实抓好调研工作，始终围绕事关文物事业改革发展的重大问题和难点热点，拿出足够的时间深入文博基层单位和文物工作一线，特别是到文物工作中困难较多、情况复杂的地方去调研，真正做到解决问题、推动发展。要提高服务意识、问题意识、效率意识和责任意识，健全狠抓落实的工作机制，落实责任，加强监督，确保2013年各项重点工作任务的顺利完成。

关于发布《1949年后已故著名书画家作品限制出境鉴定标准（第二批）》的通知

文物博发〔2013〕3号

各省、自治区、直辖市文物局（文化厅），各国家文物进出境审核管理处：

为加强我国近现代著名书画家作品保护，我局曾于2001年颁发《一九四九年后已故著名书画家作品限制出境的鉴定标准》，各地文物进出境审核管理机构严格执行标准，规范作品审核和出境限制，阻止了珍贵近现代书画作品流失。

2001年以后，一些著名书画家先后逝世。为加强对这些书画家作品的保护，我局在征求文物、文化、美术界专家意见的基础上，拟定增补了相关出境鉴定标准。

现将《1949年后已故著名书画家作品限制出境鉴定标准（第二批）》印发给你们，请遵照执行。

国家文物局

2013年2月4日

1949年后已故著名书画家作品限制出境鉴定标准（第二批）

为了保护国家文化遗产，加强管理，下列已故著名书画家相关作品列入文物出境限制范围，作为对2001年颁发的《一九四九年后已故著名书画家作品限制出境的鉴定标准》的补充：

一、作品一律不准出境者（1人）

吴冠中

二、作品原则上不准出境者（2人）

关山月　陈逸飞

三、代表作不准出境者（21人）

于希宁　王朝闻　白雪石　亚　明　刘旦宅　刘炳森　许麟庐　启　功　张　仃
宗其香　郑乃光　彦　涵　娄师白　黄苗子　萧淑芳　崔子范　程十发　蔡若虹
黎雄才　潘絜兹　魏紫熙

住房城乡建设部、国家文物局关于印发《历史文化名城名镇名村保护规划编制要求》（试行）的通知

建规〔2012〕195 号

各省、自治区住房城乡建设厅、文物局，直辖市建委（规划局、规划委）、文物局：

为贯彻落实《历史文化名城名镇名村保护条例》的有关要求，加强历史文化名城名镇名村保护规划编制工作，提高规划编制的科学性、规范性和可操作性，更好的指导保护工作开展，我们组织编制了《历史文化名城名镇名村保护规划编制要求》（试行），现印发给你们，请认真贯彻执行。

执行过程中有何意见建议，请及时反馈给我们。

国家文物局

2012 年 11 月 16 日

历史文化名城名镇名村保护规划编制要求（试行）

第一章　总则

第一条　为规范历史文化名城、名镇、名村保护规划的编制工作，提高规划的科学性，根据《中华人民共和国城乡规划法》、《中华人民共和国文物保护法》、《历史文化名城名镇名村保护条例》和《中华人民共和国文物保护法实施条例》的有关规定，制定本要求。

第二条　历史文化名城、历史文化街区、历史文化名镇、名村保护规划的编制工作，适用本

要求。

第三条 历史文化名城、名镇保护规划的规划范围与城市、镇总体规划的范围一致，历史文化名村保护规划与村庄规划的范围一致。

历史文化名城、名镇保护规划应单独编制。历史文化名村的保护规划与村庄规划同时编制。

凡涉及文物保护单位的，应考虑与文物保护单位保护规划相衔接。

第四条 编制历史文化名城保护规划应同时包括历史文化街区保护规划。

第五条 编制保护规划，应当保护历史文化遗产及其历史环境，保护和延续传统格局和风貌，继承和弘扬民族与地方优秀传统文化。

第六条 编制保护规划，应当以科学发展观为指导，遵循保护遗产本体及环境的真实性、完整性和保护利用的可持续性的原则，保护历史文化遗产，改善人居环境，促进经济社会协调发展。

第七条 编制保护规划，应当坚持保护为主、合理利用、改善环境、有效管理的指导思想。

第八条 历史文化名城、历史文化街区、名镇、名村保护规划的编制应遵守本要求规定，符合国家有关法律法规、标准规范的规定，采用符合国家有关规定的基础资料。

第九条 编制保护规划，应当进行科学论证，并广泛征求有关部门、专家和公众的意见。

第二章 编制基本要求

第十条 保护规划的主要任务是：提出保护目标，明确保护内容，确定保护重点，划定保护和控制范围，制定保护与利用的规划措施。

第十一条 历史文化名城、名镇、名村的保护内容，一般包括：

（一）保护和延续古城、镇、村的传统格局、历史风貌及与其相互依存的自然景观和环境；

（二）历史文化街区和其他有传统风貌的历史街巷；

（三）文物保护单位、已登记尚未核定公布为文物保护单位的不可移动文物；

（四）历史建筑，包括优秀近现代建筑；

（五）传统风貌建筑；

（六）历史环境要素，包括反映历史风貌的古井、围墙、石阶、铺地、驳岸、古树名木等；

（七）保护特色鲜明与空间相互依存的非物质文化遗产以及优秀传统文化，继承和弘扬中华民族优秀传统文化。

第十二条 编制保护规划，应当对自然与人文资源的价值、特色、现状、保护情况等进行调研与评估，一般主要包括以下内容。

（一）历史沿革：建制沿革、聚落变迁、重大历史事件等。

（二）文物保护单位、历史建筑、其他文物古迹和传统风貌建筑等的详细信息。

（三）传统格局和历史风貌：与历史形态紧密关联的地形地貌和河湖水系、传统轴线、街巷、重要公共建筑及公共空间的布局等情况。

（四）具有传统风貌的街区、镇、村：人口、用地性质，建筑物和构筑物的年代、质量、风貌、高度、材料等信息。

（五）历史环境要素：反映历史风貌的古塔、古井、牌坊、戏台、围墙、石阶、铺地、驳岸、古树名木等。

（六）传统文化及非物质文化遗产：包括方言、民间文学、传统表演艺术、传统技艺、礼仪节庆等民俗、传统体育和游艺等。

（七）基础设施、公共安全设施和公共服务设施现状。

（八）保护工作现状：保护管理机构、规章制度建设、保护规划与实施、保护资金等情况。

第十三条 编制保护规划，应对历史文化名城、历史文化街区、名镇、名村的传统格局、历史风貌、空间尺度、与其相互依存的自然景观和环境提出保护要求。

第十四条 编制保护规划，应当确定历史文化街区的保护范围和保护要求，提出保护范围内建筑物、构筑物、环境要素的分类保护整治要求和基础设施改善方案。

第十五条 编制保护规划，应当依据文物保护规划，对文物保护单位、尚未核定公布为文物保护单位的登记不可移动文物提出必要的保护措施建议。

第十六条 编制保护规划，应当对历史建筑，以及符合历史建筑认定标准、尚未被列为历史建筑的建筑物、构筑物提出总体保护要求和保护整治措施。

第十七条 编制保护规划，应当发掘传统文化内涵，对非物质文化遗产的保护和传承提出规划要求。

第十八条 在综合评价历史文化遗产价值、特色的基础上，结合现状，划定历史文化名城、历史文化街区、名镇、名村的保护范围。历史文化街区、名镇、名村保护范围包括核心保护范围和建设控制地带。

第十九条 历史文化名城、历史文化街区、名镇、名村的保护范围按照如下方法划定。

（一）各级文物保护单位的保护范围和建设控制地带以及地下文物埋藏区的界线，以各级人民政府公布的保护范围、建设控制地带为准。

（二）历史建筑的保护范围包括历史建筑本身和必要的建设控制区。

（三）历史文化街区、名镇、名村内传统格局和历史风貌较为完整、历史建筑和传统风貌建筑集中成片的地区划为核心保护范围。在核心保护范围之外划定建设控制地带。

核心保护范围和建设控制地带的确定应边界清楚，便于管理。

（四）历史文化名城的保护范围，应包括历史城区和其他需要保护、控制的地区。

第二十条 编制保护规划，应当在保护的前提下，明确历史文化遗产展示与利用的目标和内容，核定展示利用的环境容量，提出展示与合理利用的措施与建议。

第二十一条 保护规划应提出实施管理措施，包括法规、政策和资金的保障、人才的培养、宣传教育工作等。

第二十二条 在具有传统风貌的街区、镇村，对文物保护单位、尚未核定公布为文物保护单位的登记不可移动文物、历史建筑之外的建筑物、构筑物，划分为传统风貌建筑、其他建筑。

第二十三条 传统风貌建筑，指具有一定建成历史，能够反映历史风貌和地方特色的建筑物。

第二十四条 修编保护规划时，应对原保护规划实施情况进行分析总结。

第三章 历史文化名城保护规划编制

第二十五条 历史文化名城保护规划与城市总体规划的深度相一致，重点保护的地区应当进行深化。

第二十六条 历史文化名城保护规划应当包括下列内容：

（一）评估历史文化价值、特色和现状存在问题；

（二）确定总体目标和保护原则、内容和重点；

（三）提出市（县）域需要保护的内容和要求；

（四）提出城市总体层面上有利于遗产保护的规划要求；

（五）确定保护范围，包括文物保护单位、地下文物埋藏区、历史建筑、历史文化街区的保护范围，提出保护控制措施；

（六）划定历史城区的界限，提出保护名城传统格局、历史风貌、空间尺度及其相互依存的地形地貌、河湖水系等自然景观和环境的保护措施；

（七）提出继承和弘扬传统文化、保护非物质文化遗产的内容和措施；

（八）提出在保护历史文化遗产的同时完善城市功能、改善基础设施、提高环境质量的规划要求和措施；

（九）提出展示和利用的要求与措施；

（十）提出近期实施保护内容；

（十一）提出规划实施保障措施。

第二十七条 编制历史文化名城保护规划应根据历史文化名城、历史文化街区、文物保护单位和历史建筑的三个保护层次确定保护方法框架。

第二十八条 编制历史文化名城保护规划，应当对所在行政区范围内具有历史文化价值的村镇、文物保护单位、已登记尚未核定公布为文物保护单位的不可移动文物、历史建筑、古城的山川形胜及其他需要保护的内容提出保护要求。其中对文物保护单位提出的保护要求应符合文物保护规划的规定。

第二十九条 编制历史文化名城保护规划，应从总体层面上提出保扩规划要求，包括城市发展方向、山川形胜、布局结构、城市风貌、道路交通、基础设施等方面，协调新区与历史城区的关系。

第三十条 编制历史文化名城保护规划，应当提出历史城区的传统格局和历史风貌的保护延续，历史街巷和视线通廊的保护控制，建筑高度和开发强度的控制等规划要求。

第四章　历史文化街区保护规划编制

第三十一条　历史文化街区保护规划，规划深度应达到详细规划的深度。

第三十二条　历史文化街区保护应当遵循下列原则：保护历史遗存的真实性，保护历史信息的真实载体；保护历史风貌的完整性，保护街区的空间环境；维持社会生活的延续性，继承文化传统，改善基础设施和居住环境，保持街区活力。

第三十三条　历史文化街区保护规划应当包括以下内容：

（一）评估历史文化价值、特点和现状存在问题；

（二）确定保护原则和保护内容；

（三）确定保护范围，包括核心保护范围和建设控制地带界线，制定相应的保护控制措施；

（四）提出保护范围内建筑物、构筑物和环境要素的分类保护整治要求；

（五）提出保持地区活力、延续传统文化的规划措施；

（六）提出改善交通和基础设施、公共服务设施、居住环境的规划方案；

（七）提出规划实施保障措施。

第三十四条　对历史文化街区保护范围内的建筑物、构筑物进行分类保护，分别采取修缮、改善、整治和更新等措施。

（一）文物保护单位：按照批准的文物保护规划的要求落实保护措施。

（二）历史建筑：按照《历史文化名城名镇名村保护条例》要求保护，改善设施。

（三）传统风貌建筑：不改变外观风貌的前提下，维护、修缮、整治，改善内部设施。

（四）其他建筑：根据对历史风貌的影响程度，分别提出保留、整治、改造要求。

第三十五条　历史文化街区核心保护范围内，按照建筑物保护分类提出建筑高度、体量、外观形象及色彩、材料等控制要求。建设控制地带应当按照与历史风貌相协调的要求控制建筑高度、体量、色彩等。

第三十六条　在不改变街道空间尺度和风貌的情况下，优化历史文化街区内的交通环境。

第三十七条　在不改变街道空间尺度和风貌的情况下，提出历史文化街区内基础设施改善和消防等防灾规划措施。

第三十八条　对户外广告、招牌、空调室外机、太阳能热水器等建筑外部设施以及垃圾箱、电话亭、铺地、检查井盖等街道公共设施的尺寸、形式、材料和位置等提出规划控制要求。

第五章　历史文化名镇名村保护规划编制

第三十九条　历史文化名镇保护规划与镇总体规划的深度要求相一致，重点保护的地区应当进行深化。历史文化名村保护规划的深度要求与村庄规划相一致，其保护要求和控制范围的规划深度应能够指导保护与建设。

第四十条　历史文化名镇名村保护规划应当包括以下内容：

（一）评估历史文化价值、特色和现状存在问题；

（二）确定保护原则、保护内容与保护重点；

（三）提出总体保护策略和镇域保护要求；

（四）提出与名镇名村密切相关的地形地貌、河湖水系、农田、乡土景观、自然生态等景观环境的保护措施；

（五）确定保护范围，包括核心保护范围和建设控制地带界线，制定相应的保护控制措施；

（六）提出保护范围内建筑物、构筑物和历史环境要素的分类保护整治要求；

（七）提出延续传统文化、保护非物质文化遗产的规划措施；

（八）提出改善基础设施、公共服务设施、生产生活环境的规划方案；

（九）保护规划分期实施方案；

（十）提出规划实施保障措施。

第四十一条 编制历史文化名镇保护规划，应当对所在行政区范围内的有历史文化价值的村、文物古迹和风景名胜等提出保护要求。

第四十二条 编制历史文化名镇、名村保护规划应提出总体保护策略和规划措施，包括：

（一）协调新镇区与老镇区、新村与老村的发展关系。

（二）保护范围内要控制机动车交通，交通性干道不应穿越保护范围，交通环境的改善不宜改变原有街巷的宽度和尺度。

（三）保护范围内市政设施，应考虑街巷的传统风貌，要采用新技术、新方法，保障安全和基本使用功能。

（四）对常规消防车辆无法通行的街巷提出特殊消防措施，对以木质材料为主的建筑应制定合理的防火安全措施。

（五）保护规划应当合理提高历史文化名镇名村的防洪能力，采取工程措施和非工程措施相结合的防洪工程改善措施。

（六）保护规划应对布置在保护范围内的生产、储存爆炸性、易燃性、放射性、毒害性、腐蚀性物品的工厂、仓库等，提出迁移方案。

（七）保护规划应对保护范围内污水、废气、噪声、固体废弃物等环境污染提出具体治理措施。

第四十三条 编制历史文化名镇名村保护规划，应当对核心保护范围提出保护要求与控制措施。包括：

（一）提出街巷保护要求与控制措施；

（二）对保护范围内的建筑物、构筑物进行分类保护，分别采取以下措施：

（1）文物保护单位：按照批准的文物保护规划的要求落实保护措施。

（2）历史建筑：按照《历史文化名城名镇名村保护条例》要求保护，改善设施。

（3）传统风貌建筑：不改变外观风貌的前提下，维护、修缮、整治，改善设施。

（4）其他建筑：根据对历史风貌的影响程度，分别提出保留、整治、改造要求。

（三）对基础设施和公共服务设施的新建、扩建活动，提出规划控制措施。

第四十四条 编制历史文化名镇名村保护规划，应当对建设控制地带内的新建、扩建、改建和加建等活动，在建筑高度、体量、色彩等方面提出规划控制措施。

第四十五条 历史文化名镇名村保护规划的近期规划措施，应当包括以下内容：

（一）抢救已处于濒危状态的文物保护单位、历史建筑、重要历史环境要素；

（二）对已经或可能对历史文化名镇名村保护造成威胁的各种自然、人为因素提出规划治理措施；

（三）提出改善基础设施和生产、生活环境的近期建设项目；

（四）提出近期投资估算。

第六章 成果要求

第四十六条 保护规划的成果应当包括规划文本、规划图纸和附件，规划说明书、基础资料汇编收入附件。规划成果应当包括纸质和电子两种文件。

保护规划文本应当完整、准确地表述保护规划的各项内容。语言简洁、规范。规划说明书包括历史文化价值和特色评估、历版保护规划评估、现状问题分析、规划意图阐释等内容。调查研究和分析的资料归入基础资料汇编。

第四十七条 历史文化名城保护规划图纸要求清晰准确，图例统一，图纸表达内容应与规划文本一致。图纸应以近期测绘的现状地形图为底图进行绘制，规划图上应显示出现状和地形。图纸上应标注图名、比例尺、图例、绘制时间、规划设计单位名称。

历史文化名城保护规划的图纸要求如下：

（一）历史资料图，包括历史地图、照片和图片。

（二）现状分析图，包括现状照片和图片。

1、区位图。

2、市域文化遗产分布图：图中标注各类文物古迹、名镇、名村、风景名胜的名称、位置、等级。

3、文物古迹分布图：图中标注各类文物古迹、历史文化街区、风景名胜的名称、位置、等级和已公布的保护范围。

4、格局风貌及历史街巷现状图。

5、用地现状图。

6、建筑高度现状图。

（三）保护规划图。

1、市域文化遗产保护规划图。

2、保护区划总图。图中标绘名城保护范围，及各类保护区和控制界线，包括文物保护单位、历史文化街区、地下文物埋藏区、风景名胜的界线和保护范围。

3、视廊和高度控制规划图。

4、历史文化街区规划图。图中标绘历史文化街区的核心保护范围和建设控制地带，文物保护单位和历史建筑、传统风貌建筑和其他建筑。

5、用地规划图。

6、表达总体层次规划要求的规划图纸。

7、近期保护规划图。

历史文化名城保护规划各项图纸比例一般用1/5000或1/10000。市域文化遗产分布图和保护规划图的比例尺可适当缩小。

根据历史文化名城的不同规模和特点，规划图纸可以适当合并或增减，其比例尺、范围宜与现状分析图一致。

第四十八条 历史文化街区保护规划图纸要求清晰准确，图例统一，图纸表达内容应与规划文本一致。图纸应以近期测绘的现状地形图为底图进行绘制，规划图上应显示出现状和地形。图纸上应标注图名、比例尺、图例、绘制时间、规划设计单位名称。

历史文化街区保护规划的图纸要求如下：

（一）历史资料图。

（二）现状分析图。

1、区位图。

2、文物古迹分布图。

3、用地现状图。

4、反映建筑年代、质量、风貌、高度等的现状图。

5、历史环境要素现状图。

6、基础设施、公共安全设施与公共服务设施等现状图。

（三）保护规划图。

1、保护区划图。

2、建筑分类保护规划图。标绘文物保护单位、历史建筑、其他建筑的分类保护措施，其中其他建筑要根据对历史风貌的影响程度再行细分。

3、高度控制规划图。

4、用地规划图。

5、道路交通规划图。

6、基础设施、公共安全设施和公共服务设施规划图。

7、主要街道立面保护整治图。

8、规划分期实施图。

历史文化街区保护规划各项图纸比例一般用1/2000，也可用1/500或1/1000。保护规划图比例尺、范围宜与现状分析图一致。

第四十九条 历史文化镇村保护规划图纸要求清晰准确，图例统一，图纸表达内容应与规划文本一致。图纸应以近期测绘的现状地形图为底图进行绘制，规划图上应显示出现状和地形。图纸上应标注图名、比例尺、图例、绘制时间、规划设计单位名称。

历史文化名镇名村保护规划的图纸要求如下：

（一）历史资料图。

（二）现状分析图。

1、区位图。

2、镇域文化遗产分布图：比例尺为1/5000 ～ 1/25000。图中标注各类文物古迹、名村、风景名胜的名称、位置、等级。

3、文物古迹分布图：图中标注各类文物古迹、风景名胜的名称、位置、等级和已公布的保护范围。

4、格局风貌及历史街巷现状图。

5、用地现状图。

6、反映建筑年代、质量、风貌、高度等的现状图。

7、历史环境要素现状图。

8、基础设施、公共安全设施与公共服务设施等现状图。

（三）保护规划图。

1、保护区划总图。图中标绘名镇名村保护范围，及各类保护区和控制界线，包括文物保护单位、地下文物埋藏区的界线和保护范围。

2、建筑分类保护规划图。标绘核心保护范围内文物保护单位、历史建筑、传统风貌建筑、其他建筑的分类保护措施，其中其他建筑要根据对历史风貌的影响程度再行细分。

3、高度控制规划图。

4、用地规划图。

5、道路交通规划图。

6、基础设施和公共服务设施规划图。

7、近期保护规划图。

历史文化名镇、名村保护规划各项图纸比例一般用1/2000，也可用1/500或1/5000。保护规划图比例尺、范围宜与现状分析图一致。

第七章　附则

第五十条　保护规划制图标准详见附件。

第五十一条　本办法自发布之日起施行。1994年9月5日原建设部和国家文物局颁布的《历史文化名城保护规划编制要求》同时废止。

附件一　保护规划制图统一标准和要求

一、现状评估主要图纸（用Auto—CAD 绘图）

1. 文物古迹及历史环境要素分布图

	分层	线框层			填充层（solid）	
1	全国重点文物保护单位	层名	线形	颜色	层名	颜色
2	省（自治区、直辖市）级文物保护单位	EL-W1	PL/contin	White	EH-W1	244
3	市县（区）级文物保护单位	EL-W2	PL/contin	White	EH-2	10
4	尚未核定公布为文物保护单位的登记不可移动文物	EL-W3	PL/contin	White	EH-W3	30
5	历史建筑	EL-W4	PL/contin	White	EH-W4	50
6	传统风貌建筑	EL-W5	PL/contin	White	EH-W5	210
7	历史环境要素	EL-W6	PL/contin	Red	BH-W6	194
8	传统街巷	EL-T	Cil"Cle（图形）（Radius=2.5）	White	EII-T	96
9	重要山体景观和环境	EL-L	PL/contin	White	EH-H1	46
10	重要河湖水系	EL-G	PL-contin	White	EH-G	103
	其它文字	EL-E	PL-contin	White	EH-E	131
		Text				

2. 现状建筑年代分类图

	分层	线框层			填充层（solid）	
1	明代及明代以前建筑（1644之前）	层名	线形	颜色	层名	颜色
2	清代建筑（1644—1911）	EL-N1	PL/contin	White	EH-N1	26
3	民国建筑（1911—1949）	EL-N2	PL/contin	White	EH-N2	10
4	50年代—70年代建筑（1950—1979）	EL-N3	PL/contin	White	EH-N3	30
5	80年代之后的建筑（1980至今）	EL-N4	PL/contin	White	EH-N4	61
	其它文字	EL-N5	PL/contin	White	EH-N5	120
		Text				

说明：

（1）文物保护单位及尚未核定公布为文物保护单位的登记不可移动文物的年代以公布文件为准。

（2）其他建筑的年代评定以其结构框架主体的始建年代为准。

（3）可根据具体情况增删或细分个别年代类型。

3. 现状建筑质量分类图

分类	评估标准	线框层			填充层（solid）	
好	建筑主体结构完好	层名	线形	颜色	层名	颜色
一般	建筑主体结构一般	EL-Q1	PL/contin	White	EH-Q1	11
差	建筑主体结构很差	BL-Q2	PL/contin	White	EH-Q2	40
	其它文字	BL-Q3	PL/contin	White	BH-Q3	203
		Text				

4. 现状建筑高度分类图

	分层	线框层			填充层（solid）	
1	一层建筑（含局部二层或带阁楼）	层名	线形	颜色	层名	颜色
2	二层建筑	EL-Hl	PL/contin	White	EH-Hl	51
3	三一四层建筑	EL-H2	PL/contin	White	EH-H2	71
4	五一六层建筑	EL-H3	PL/contin	White	EH-H3	81
5	七层以上建筑	EL-H4	PL/contin	White	EH-H4	103
	其它文字	EL-H5	PL/contin	White	EH-H5	135
		Text				

5. 建筑风貌和历史文化价值评估分类图

分类	评估标准	线框层			填充层（solid）	
I	各级文物保护单位、尚未核	层名	线形	颜色	层名	颜色
II	定公布为文物保护单位的	EL-V1	PL/contin	White	EH-V1	10
III	登记不可移动文物	EL-V2	PL/contin	White	EH-V2	30
IV	历史建筑	EL-V3	PL/contin	White	EH-V3	51
	传统风貌建筑	EL-V5	PL/contin	White	EH-V5	160
	其他建筑	Text				

二、规划主要图纸（用Auto—CAD 绘图）

6. 保护范围规划图

	分层	线框层			填充层（solid）	
		层名	线形	颜色	层名	颜色
1	历史文化街区、名镇、名村核心保护范围	PL-B1	PL/dashdot	24		
2	历史文化街区、名镇、名村建设控制地带	PL-B2	PL/center2	202		
3	历史城区范围（名镇、名村环境协调区）	PL-B3	PL/center2	16		
4	文物保护单位保护范围	PL-A1	PL/dashdot	10	PH-Al	41（ANSl31）
5	文物保护单位建设控制地带	PL-A2	PL/dashdot	96	PH-A2	91（ANSl31）
6	尚未核定公布为文物保护单位的登记不可移动文物保护范围	PL-A3	PL/dashdot	30	PH-A3	16（ANSI 31）
7	历史建筑保护范围	PL-A4	PL/dashdot	190	PH-A4	30（ANSI 31）
8	文物保护单位的本体	PL-J1	PL/contin	White	PH-J1	10
9	尚未核定公布为文物保护单位的登记不可移动文物的本体	PL-J2	PL/contin	White	PH-J2	11
10	历史建筑的本体	PL-J3	PL/contin	White	PH-J3	30
	其它文字	Text				

7. 建筑分类保护和整治方式规划图

分类	建筑保护与更新方式分类	线框层			填充层（solid）	
		层名	线形	颜色	层名	颜色
I	保护	PL-VI	PL/contin	White	PH-V1	10
II	修缮	PL-V2	PL/contin	White	PH-V2	30
III	改善	PL-V4	PL/contin	White	PH-V4	51
IV	保留	PL-V3	PL/contin	White	PH-V3	11
V	整治改造	PL-V5	PL/contin	White	PH—V5	160
	公共绿地	PL-G	PL/contin	White	PH-G	94
	水域	PL-E	PL/contin	White	PH-E	131
	其它文字	Text				

说明：

（1）综合考虑现状建筑风貌和建筑质量的评价，把建筑分类保护和整治方式相应地分为五类：

保护：对已公布为文物保护单位的建筑和已登记尚未核定公布为文物保护单位的不可移动文物的建筑，要依据文物保护法进行严格保护。

修缮：对历史建筑和建议历史建筑，应按照《历史文化名城名镇名村保护条例》关于历史建筑的保护要求进行修缮。

改善：对于传统风貌建筑，应保持和修缮外观风貌特征，特别是保护具有历史文化价值的细部构件或装饰物，其内部允许进行改善和更新，以改善居住、使用条件，适应现代的生活方式。

保留：对于与保护区传统风貌协调的其他建筑，其建筑质量评定为“好”的，可以作为保留类建筑。

整治改造：对那些与传统风貌不协调或质量很差的其他建筑，可以采取整治、改造等措施，使其符合历史风貌要求。

（2）“线框层”是指不同的保护与更新方式评价分类的建筑外框线，“填充层”是指对这些建筑物的填充色。

国务院关于进一步做好旅游等开发建设活动中文物保护工作的意见

国发〔2012〕63号

各省、自治区、直辖市人民政府，国务院各部委、各直属机构：

我国是历史悠久的文明古国，拥有极其丰富的文物资源。各类文物既是中华民族优秀传统文化的重要载体，也是旅游业可持续发展的重要基础。国家高度重视在旅游等开发建设活动中的文物保护工作，采取了一系列措施，既确保了文物安全，又有效利用了文物资源。但是也存在有的地方违法转让、抵押国有不可移动文物，将国有不可移动文物作为企业资产经营，过度开发利用文物资源、导致文物破坏或损毁，甚至擅自拆除文物古迹和历史文化街区、村镇以及历史建筑等问题。为进一步做好旅游等开发建设活动中的文物保护工作，现提出以下意见：

一、严格执行文物保护法律法规。国有不可移动文物不得转让、抵押，不得作为企业资产经营。文物古迹和历史建筑应当尽可能实施原址保护，不得擅自拆除、迁移。对于历史文化街区、村镇，要逐步改善基础设施、公共服务设施和居住环境，不得擅自拆除。国有不可移动文物已经全部毁坏的，不得擅自在原址重建、复建。辟为参观游览场所的国有文物保护单位，所在地人民政府应当依法设立专门机构负责管理，不得将文物保护单位管理机构作为企业的下属机构或交由企业管理。国有其他文物也要按照文物保护法律法规严格管理，不得赠与、出租或者出售给其他单位、个人，也不得抵押或作为企业资产经营。

二、严格履行涉及文物的旅游等开发建设活动审批。要加强各级文物保护单位的规划编制工作，提高规划的科学性。各地编制旅游等开发建设规划要符合城乡规划，并与文物保护单位的规划相衔接，坚持文物保护优先，把文物安全放在首位。旅游等开发建设项目要严格履行基本建设审批程序。在文物保护单位和历史文化街区、村镇以及历史建筑的保护范围和建设控制地带内实施建设工程的，要事先依法征得文物行政部门同意，报城乡规划部门批准；未经文物行政部门同意的，不得立项，更不得开工建设。

三、合理确定文物景区游客承载标准。文物、旅游等部门要立足文物安全，科学评估文物资源状况和游客流量，合理确定文物旅游景区的游客承载标准，并向社会公布。对于古遗址、古建筑、石窟寺等易受损害的文物资源，要通过预约参观、错峰参观等方式调节旅游旺季的游客人数，防止背离文物旅游景区实际、片面追求游客规模。要定期对利用古遗址、古建筑、石窟

寺等易 受损害的文物资源开展旅游等开发情况进行安全评估，对可能造成文物资源破坏的要及时采取保护措施，确保文物安全。

四、加大对文物保护的投入。各级人民政府要将文物保护经费列入本级财政预算，保证财政拨款随着财政收入增长而增加。要切实保障文物保护单位的日常维护经费和文物保护的抢救性投入。要加大基础建设投入，改善文物本体及其环境状况，加强文物保护基础设施和安全设施建设。国有文物保护单位的事业性收入应当专门用于文物保护。鼓励社会力量采取捐赠、设立文物保护社会基金等方式参与文物保护。文物旅游景区经营性收入要优先用于文物保护，具体比例由地方人民政府确定。文物保护单位 管理机构要加强资金管理，严格遵守财务制度，提高资金使用效益。

五、加强文物旅游的指导和监管。旅游、文物等部门要把依法保护文物、确保文物安全列入旅游景区质量标准管理体系。对文物保护与安全管理规定不落实，造成文物破坏、损毁的，要依照相关规定处理并通报批评，涉嫌违法的要依法追究相关单位和人员责任。要建立文物旅游突发事件应急预警机制、巡视检查制度、专家咨询制度，定期组织评估文物保护与旅游发展状况并向社会公布，促进文物保护和文物资源的合理利用。

六、切实落实文物保护责任。县级以上地方人民政府及其文物行政部门是文物保护的第一责任人。地方各级人民政府要切实加强对文物保护工作的领导，把文物保护事业纳入本级国民经济和社会发展规划，加强文物保护机构队伍建设，定期解决文物保护面临的问题。国务院每两年组织开展一次文物保护法律法规落实情况检查，对领导不力、玩忽职守、决策失误，造成文物破坏损毁的，要严肃追究责任。

七、认真履行文物保护职责。进一步发挥全国文物安全工作部际联席会议制度的作用，对各地在旅游等开发建设活动中文物保护情况进行督导。文物行政部门要加强对文物保护的监督管理，统筹协调和指导文物保护工作，履行文物行政执法督察职责；旅游部门要在发展旅游中切实落实文物保护的相关规定；发展改革部门要加大对文物保护设施的投入，把好文物旅游基本建设项目立项审批关；财政部门要加大文物保护经费的投入，加强经费使用的监督管理；国土资源部门要加强对国有不可移动文物、考古遗址等重点文物保护用地及规划的监管；城乡规划、文物部门要加强对历史文化名城和历史文化街区、村镇以及历史建筑的保护；公安部门要加强对损毁文物特别是国家保护的珍贵文物或损毁全国重点文物保护单位、省级文物保护单位的违法犯罪活动的查处力度。

八、依法纠正违法违规行为。各地要对本行政区域内旅游等开发建设活动中涉及文物古迹和历史文化街区、村镇以及历史建筑等的保护情况进行一次检查，全面摸清有关情况，依法纠正违法违规行为。

（一）对于将国有不可移动文物转让、抵押的，要限期改正，予以回购、终止抵押。对于将国有不可移动文物作为企业资产经营的，要限期将其从企业资产中剥离；暂不具备剥离条件的，可以设定过渡期，并由省级人民政府向国务院报告。

（二）对于游客接待量超过承载量，造成文物破坏或可能造成文物安全隐患的，要限期改正。

（三）对于擅自拆除文物古迹和历史文化街区、村镇以及历史建筑的，由县级以上地方人民政府或其城乡规划、文物等部门依法定职权责令停止违法行为、限期恢复原状或者采取其他补救措施。历史文化街区、村镇遭到严重破坏的，由批准机关撤销历史文化街区、村镇称号。

（四）对于将文物保护单位管理机构作为企业的下属机构或交由企业管理的，要从企业中分离，恢复文物保护单位管理机构的事业单位性质，交由文物行政部门管理。

（五）对于把历史文化街区、村镇整体出让给企业管理经营的，要予以纠正。暂不具备条件的，应当由省级人民政府向国务院说明情况。

在检查工作中，对涉嫌违法的行为，要依法追究相关单位和人员的法律责任。检查结束后，各省、自治区、直辖市人民政府要在2013年5月底前将检查情况上报国务院。国务院将组织督查组对各地检查情况进行督导。

2012年12月19日

关于进一步加强烈士纪念工作的意见

中共中央办公厅〔2013〕8号文件

在中国革命、建设、改革各个历史时期，涌现出无数为民族独立、人民解放和国家富强、人民幸福矢志奋斗、无私奉献、英勇牺牲的烈士，他们的功勋彪炳史册，他们的精神成为激励全国各族人民为实现中华民族伟大复兴而不懈奋斗的力量源泉。中央历来高度重视烈士纪念工作，出台了一系列政策措施，推动烈士纪念工作取得明显成效。随着形势任务的发展变化，烈士纪念工作还存在一些不足，特别是有的地方和部门对这项工作重视不够，公众参与度不高，相关制度机制不完善。为深入贯彻落实党的十八大精神，着力推进社会主义核心价值体系建设，经中央同意，现就进一步加强烈士纪念工作提出如下意见。

一、大力弘扬烈士精神

各地区各部门各单位要充分利用报刊、广播、影视、网络等媒体，广泛宣传烈士精神。积极开展主题教育活动，运用专题展览、报告会、阅读活动等多种形式，将弘扬烈士精神融入群众性文化活动之中。鼓励创作出版以烈士英雄事迹为题材、群众喜闻乐见的文艺作品和通俗读物，积极开展烈士史料编纂工作，制作展播反映烈士纪念设施建设保护管理的专题片，创办开通中华英烈网。整合军地资源，拓展研究领域，深入挖掘和大力弘扬在不同历史时期形成的烈士精神，在全社会营造缅怀烈士、崇尚烈士、学习烈士的浓厚氛围。

二、广泛开展纪念烈士活动

每年清明节、国庆节等节日和重要纪念日期间，各级党委、政府和驻军部队以及企事业单位、社会组织要充分利用烈士纪念设施、爱国主义教育基地、国防教育基地等红色资源，组织开展祭奠烈士、缅怀英烈活动。采取有力措施，引导广大干部群众积极参与瞻仰烈士纪念设施、献花植树等经常性纪念活动，将烈士纪念活动融入日常生活、学校教育和红色旅游。充分运用现代信息技术手段，开展网上祭奠活动。研究设立烈士纪念日，建立健全烈士祭扫制度和礼仪规范等相关规章制度，让人民群众充分参与，确保烈士纪念活动深入持久、庄严有序开展。

三、坚持用烈士英雄事迹教育青少年

要在中小学充实关于著名烈士英雄事迹教育的内容，利用课堂教学、主题教育等对学生进行形式多样的思想道德教育。积极组织老红军、老八路、老战士、老党员和烈士后人，为青少年讲授烈士生平和英雄事迹，增强宣传教育活动的吸引力和感染力。坚持在入队、入团、入党、入伍等人生成长的重要时机，倡导在18岁成人、学生毕业时，组织开展烈士英雄事迹教育活动，通过参观瞻仰烈士纪念设施、集体宣誓仪式、网上祭奠英烈等形式，引导广大青少年铭记烈士的英名和壮举，进一步树立正确的世界观、人生观、价值观，增强历史责任感和使命感。

四、加强烈士纪念设施保护管理

各级党委、政府和有关部门要整合各地区各部门烈士纪念设施资源，理顺隶属关系，明确保护管理责任，统一归口民政部门实施保护管理，充分发挥烈士纪念设施的整体效能。认真落实烈士纪念设施保护管理相关法规，研究制定烈士纪念设施建设规范和标准，完善烈士纪念设施保护管理办法，明确分级保护管理责任，加大经费投入和保护管理力度。高质量高标准完成零散烈士纪念设施抢救保护工程，积极稳妥推进境外烈士纪念设施保护管理工作，建立健全保护管理长效机制。加强烈士史料和遗物的收集、抢救、挖掘、保护和陈列展示工作。对已公布为文物的烈士纪念设施，要按照文物保护法有关规定加强保护、管理与利用。动员社会力量支持烈士纪念设施建设保护管理，研究制定社会捐赠、志愿服务、义务劳动等方面的政策规定。建立检查监督机制，严肃查处人为破坏和污损烈士纪念设施的行为。

五、完善烈属抚恤优待政策

各级党委和政府要不断完善烈属优待帮扶政策，进一步强化政府主体责任，逐步提高烈属抚恤金标准，妥善解决烈属生活、医疗、住房和子女教育、就业等方面存在的实际困难。对符合条件的烈属家庭，优先配租配售保障性住房或发放廉租住房租赁补贴；对住房困难的农村烈属家庭，当地政府要积极帮助解决困难。切实加强优抚医院、光荣院建设，最大限度地满足烈属医疗、供养服务需求。定期走访慰问烈属，精心组织烈属祭扫活动，认真落实为烈属挂光荣牌工作，积极动员社会力量为烈属送温暖献爱心，让广大烈属切实感受到党和政府的关心关爱，感受到全社会的尊重。

六、认真履行部门职责

民政部门要统筹协调规划烈士纪念工作，研究制定烈士褒扬政策规定，做好烈士评定备案、烈属抚恤优待、纪念设施保护管理和组织指导祭扫活动等工作。宣传部门要加强对烈士纪念工作宣传报道的指导协调，逐步将符合条件的烈士纪念设施命名为爱国主义教育基地，并落实相关政策。党史、军史研究部门要加强对烈士精神的理论研究。组织、机构编制和人力资源社会保障部门要在队伍建设、人才培养等方面，加大对烈士纪念工作的支持力度。发展改革部门要将烈士纪念设施建设和保护纳入国民经济和社会发展规划，将重要烈士纪念设施纳入红色旅游发展规划。教育部门要以青少年学生为重点，把烈士英雄事迹宣传教育贯穿到国民教育体系。财政部门要加大经费保障力度，健全经费保障使用管理办法。文化、新闻出版广电等部门要鼓励和支持弘扬烈士精神的文学艺术、影视作品，以及报刊、图书、数字、音像电子等出版物的创作生产和宣传推广。文物部门要做好涉及烈士的文物鉴定和普查工作，加强对革命文物保护管理的指导。旅游部门要积极引导广大群众参观瞻仰烈士纪念设施，接受英雄事迹教育。工会、共青团、妇联等人民团体要组织企业职工、青少年、妇女开展纪念烈士活动。军队和武警部队要支持和配合地方政府做好烈士纪念工作，努力形成齐抓共管、共同推进的良好局面。

七、强化组织领导

各级党委和政府要加强对烈士纪念工作的组织领导和统筹协调，坚持继承与发展并举、建设与保护并重，努力推动烈士纪念工作深入持久开展。建立党委统一领导、政府行政主导、部门主动配合、社会广泛参与的工作机制，定期研究解决烈士纪念工作中存在的困难和问题。将烈士纪念工作落实情况纳入文明城市、双拥模范城（县）创建活动考评内容，同步考评、同步推进。把烈士纪念设施日常保护管理和维修改造经费纳入同级财政预算，民政部门会同财政部门安排中央财政性资金对国家级和零散烈士纪念设施维修改造给予补助，并对中西部地区予以倾斜。强化烈士纪念设施保护单位的公益属性，根据烈士纪念设施分级保护管理标准和工作需要，调整优化机构设置，充实人员力量。按照稳定队伍、充实力量、提高素质的要求，加强教育培训，健全激励机制，注重选拔使用，努力建设一支政治坚定、业务精湛、结构合理、甘于奉献的工作人员队伍，为烈士纪念工作提供人才保障。

中共中央办公厅 国务院办公厅 中央军委办公厅

2013 年 4 月 4 日中共中央办公厅下发 2013 第 3 号文件，4 月 8 日总政治部翻印此件。

关于印发《国家文物局2013年工作要点》的通知

文物政发〔2013〕4号

机关各部门：

《国家文物局2013年工作要点》已经第2次局务会议审议通过，现印发给你们，请结合实际，抓好落实，确保各项任务全面完成。

特此通知。

国家文物局

2013年2月28日

国家文物局2013年工作要点

一、抓实抓好重大项目，提升文物保护能力

1．报请国务院核定公布第七批全国重点文物保护单位名单，督促完善“四有”工作，及时划定保护范围和建设控制地带，落实保护维修经费和相关保障措施，适时开展检查；完善全国重点文物保护单位管理办法，继续督促公布第三次全国文物普查不可移动文物名录，核定公布相应级别文物保护单位。（文物保护与考古司办公室）

2．实施山西南部早期建筑、山西彩塑壁画、承德避暑山庄及周围寺庙、嘉峪关、涉台文物、重要石窟寺、重要革命旧址等文物保护工程和西藏、新疆重点文物保护工程，启动应县木塔加固维修、平安故宫工程，做好文物保护项目储备工作。（文物保护与考古司督察司博物馆与社会文物司）

3．指导做好西气东输三线、中南成品油管道一期等大型基本建设工程考古和文物保护工作，完成南水北调工程文物保护项目田野工作。（文物保护与考古司）

4．引导和规范大遗址保护、考古遗址公园建设，评定公布第二批国家考古遗址公园名单。

（文物保护与考古司）

5. 推进国家文物局水下文化遗产保护中心组建完善工作，加快南海水下文化遗产保护基地及西沙考古工作站建设、水下考古工作船建造；组织开展重点海域调查、巡查和重大水下文化遗产保护项目。（办公室文物保护与考古司督察司人事司）

6. 做好红河哈尼梯田文化景观申遗工作；开展大运河、丝绸之路申遗项目的文物保护和环境整治工作。推进2015年申遗项目申报准备工作。（文物保护与考古司）

7. 印发《中国世界文化遗产监测预警体系建设规划》，开展10处世界文化遗产地监测试点；指导各地做好长城保护维修和"四有"基础工作。（文物保护与考古司）

8. 加强历史文化名城名镇名村保护管理工作，会同住房和城乡建设部开展第六批中国历史文化名镇名村评选。（文物保护与考古司）

9. 做好《国务院关于进一步做好旅游等开发建设活动中文物保护工作的意见》落实情况的检查和督察，督促制定文物旅游景区游客承载标准，加强对文物旅游活动的指导和监督。（督察司文物保护与考古司博物馆与社会文物司政策法规司）

10. 召开全国文物安全部际联席会议第三次全体会议，开展涉及佛教寺庙、道教官观的全国重点文物保护单位的联合执法检查。（督察司）

11. 推进文物博物馆风险单位安防设施达标建设，开展文物安全防护典范工程试点，建成一批古遗址、古墓葬、石窟寺防盗报警设施和古建筑防火、防雷设施。（督察司）

12. 实施一批可移动文物保存环境监测与控制等预防性保护项目，完成一批濒危文物修复，支持示范性文物修复报告的编撰出版。（博物馆与社会文物司）

二、提高文物利用水平，丰富人民精神文化生活

13. 启动古村落保护与利用综合试点，推进宫式建筑等样板工程，拓宽文物保护单位服务社会、惠及民生的途径。（文物保护与考古司办公室）

14. 开展博物馆免费开放绩效考评试点，完善博物馆免费开放管理办法；公布第二批国家二、三级博物馆名单，开展国家二、三级博物馆运行评估试点。（博物馆与社会文物司）

15. 加强分类指导，发挥中央地方共建国家级博物馆和国家一级博物馆的示范引领作用；印发《国有博物馆对口支援民办博物馆管理办法》。（博物馆与社会文物司）

16. 开展生态（社区）博物馆示范点建设评估和经验推广，推动博物馆与遗产及其环境整体保护有机结合；开展全国博物馆陈列展览精品推介，推进博物馆文化创意产品开发，拓展博物馆教育传播职能。（博物馆与社会文物司）

17. 加强文物市场监管制度建设，推进文物流通领域管理，开展文物拍卖市场治理，健全国家文物鉴定委员会机制，试点运行文物进出境审核信息系统。（博物馆与社会文物司）

18. 构建全面多元的对外文物交流合作机制，做好柬埔寨、肯尼亚、摩洛哥、缅甸等文物援助项目；争取与欧盟有关国家签署防止盗窃、盗掘和非法进出境文化财产的双边协定；推出一批具有中国内涵、国际表达的对外文物展览。（办公室文物保护与考古司博物馆与社会文物司）

19. 深化与台港澳地区的文物交流与合作，积极推动海峡两岸商签文物交流协议，举办两岸及港澳地区建筑遗产再利用研讨会，实施中小型文物展览入岛项目，举办台湾青少年和中学教师中华历史文化研习营活动。（办公室）

三、全面开展第一次全国可移动文物普查，廓清文物家底和保存状况

20. 落实全国可移动文物普查领导小组第一次会议精神，召开全国电视电话会议，公布第一次全国可移动文物普查实施方案。（普查办博物馆与社会文物司）

21. 联系教育、财政、国土、国资委、宗教、档案等有关部门，建立普查协调机制和经费保障机制；建设普查信息登录平台，健全普查标准规范，组建普查机构和普查队伍，出版普查工作手册，开展普查人员培训，启动普查宣传。（普查办博物馆与社会文物司办公室人事司政策法规司）

22. 指导督察全国普查工作的组织实施，完成收藏保管有移动文物的国有单位调查。（普查办博物馆与社会文物司）

四、加强人才培养、科技创新，筑牢文物事业发展根基

23. 制定《文博人才工作中长期规划纲要》，搭建技能型人才培养平台，与相关高等院校、高职院校、科研基地联合，举办规划编制、工程方案编制、壁画彩绘、考古技工等急需人才专业培训；委托开展文博人才培养教育教学体系研究。（人事司）

24. 配合有关部门修订《中华人民共和国职业分类大典》中的文物职业篇，推动建立文物修复师职业资格制度；继续做好全国县级文物行政部门负责人培训工作。（人事司）

25. 根据中组部、国务院扶贫办部署，完成援藏、扶贫干部选派工作。（人事司）

26. 深化文物保护科技领域技术路线图研究，继续推进中华文明探源工程、指南针计划等国家级重大科技项目。实施文物保护关键技术提升计划、基础研究推进计划、科技成果推广计划，争取国家相关科技计划项目的支持，促进区域创新联盟、技术创新联盟和科研基地建设，组织第五批行业重点科研基地的遴选。（博物馆与社会文物司）

27. 深化文博单位与中国科学院、高等院校的协同创新，组织开展微生物技术、空间信息技术及博物馆陈列展示适宜技术的需求调研与种子项目凝练。（博物馆与社会文物司）

28. 推进遗产地、大遗址和重点文物保护单位卫星遥感技术监测管理项目。（办公室督察司文物保护与考古司博物馆与社会文物司）

五、推进改革创新，构建科学发展的体制机制

29. 开展《文物保护法》修订前期调研，完成修订草案大纲；推动出台《博物馆条例》；启动欧美国家有关文物法律制度研究；完成《国家文物博物馆事业发展"十二五"规划》中期评估。（政策法规司 办公室）

30. 完成文博行业标准体系框架课题研究，制定文物保护标准制修订中长期工作计划；启动《文物保护工程设计方案编写规范》、《博物馆陈列工程施工规范》、《博物馆突发事件应急预案编制规范》等工3个行业标准的编制工作；做好文物保护工程北方定额标准试点工作。（博物馆与社会文物司文物保护与考古司）

31．推进文物保护工程审批机制改革，印发《文物保护工程立项报告》（范本）、《文物保护工程方案编制深度要求》、《文物保护工程项目申报审批管理暂行办法》、《文物保护工程咨询评估机构管理办法》、《文物建筑防雷技术规范》、《文物建筑消防工程技术要求》，探索建立文物保护工程行政审批与技术审核相分离、分层次的审核制度，初步形成第三方机构独立承担技术审核工作机制。开展可移动文物保护修复方案审批办法改革。（文物保护与考古司督察司博物馆与社会文物司）

32．执行《国家重点文物保护专项补助资金管理办法》，细化项目结构，制定《国家重点文物保护专项补助经费预算绩效管理办法》、《文物保护项目预算编制工作规范与预算控制数审核要求》，做好专项补助资金绩效管理；加强部门预算编制、管理和绩效考评，确保预算执行进度；完善文物工作统计指标体系设计并组织实施。（办公室）

33．与媒体合作，策划推出文物宣传和知识普及精品栏目；办好文化遗产日、国际博物馆日、国际古迹遗址日等活动。（政策法规司博物馆与社会文物司文物保护与考古司）

34．按照中央关于分类推进事业单位改革工作的部署，适时组织开展直属单位分类工作。（人事司）

六、加强调查研究，推进科学决策

35．开展文物管理体制、促进文物利用的政策措施调研，确立到2020年文物事业发展总体目标，争取出台关于加强新时期文物工作的政策性文件。（政策法规司）

36．开展促进民办博物馆发展专题调研；开展水下文化遗产保护管理工作调研。（博物馆与社会文物司文物保护与考古司）

七、改进工作作风，推动工作落实

37．出台《国家文物局机关督促检查工作暂行规定》；建成运行视频会议系统，提高工作效率；做好政务公开、信息公开工作。（办公室）

38．深入学习贯彻十八大精神；开展以“为民、务实、清廉”为主题的群众路线实践教育活动；落实《中共国家文物局党组关于落实〈十八届中央政治局关于改进工作作风、密切联系群众的八项规定〉的实施意见》；加强党风廉政建设，倡导厉行节约，扎实推进反腐倡廉工作。（机关党委）

关于发布《第一次全国可移动文物普查实施方案》的通知

文物普查发〔2013〕6号

各省、自治区、直辖市文物局(文化厅):

为贯彻落实《国务院关于开展第一次全国可移动文物普查的通知》(国发正〔2012〕54号),科学、规范、有序、高质量地完成普查工作,国务院第一次全国可移动文物普查领导小组办公室制定了《第一次全国可移动文物普查实施方案》,经普查领导小组第一次会议审议通过,现予发布,请参照执行。

第一次全国可移动文物普查领导小组办公室

(国家文物局代章)

2013年3月12日

第一次全国可移动文物普查实施方案

第一次全国可移动文物普查是继第三次全国文物普查(不可移动文物部分)之后在文化遗产领域开展的又一重大国情国力调查,是一项旨在全面掌握我国文物资源、加强文物保护、建设文化遗产强国的国家工程。根据《文物保护法》、《物权法》、《国家"十二五"时期文化改革发展规划纲要》、《国务院关于开展第一次全国可移动文物普查的通知》(国发〔2012〕54号),为科学、规范、有序、高质量地完成. 普查工作,制定本实施方案。

一、普查的意义

我国可移动文物种类丰富、数量庞大、价值突出,是中华民族历史文化和民族精神的实物见证。开展全国可移动文物普查,有利于准确掌握和科学评价我国文物资源情况和价值,建立文物登录备案机制,健全文物保护体系,加大保护力度,扩大保护范围,保障文物安全。有利于进一步促进文物资源整合利用,丰富公共文化服务内容,有效发挥文物在国民经济和社会发展总体布局中的积极作用。

二、普查的目标

通过普查，全面掌握我国现存国有可移动文物的数量分布、保存状况、保管权属和使用管理等情况；总体评价可移动文物保护现状，为科学制定保护政策和规划提供依据；建立、完善可移动文物认定体系；建立、完善可移动文物档案和可移动文物名录；建立、完善基于现代信息技术的可移动文物信息管理平台，为标准化、动态化管理创造基础条件；建立可移动文物信息的知识产权保护制度，实现文物信息资源的整合与合理利用。普查不改变文物权属现状。

三、普查的范围和内容

本次普查的范围是我国境内（不包括港澳台地区，下同）各级国家机关、事业单位、国有企业和国有控股企业、中国人民解放军和武警部队等各类国有单位法人所收藏保管的可移动文物，包括普查前已经认定和在普查中新认定的国有可移动文物。

普查的文物包括：1949年（含）以前，历史上各时代珍贵的艺术品、工艺美术品；历史上各时代重要文献资料以及具有历史、艺术、科学价值的手稿和图书资料等；反映历史上各时代、各民族社会制度、社会生产、社会生活的代表性实物。由博物馆、纪念馆收藏登记的1949年后的藏品。列入国家文物局公布的1949年后已故著名书画家作品限制出境鉴定标准范围的作品。具有科学价值的古脊椎动物化石和古人类化石。

普查登录的主要内容是：文物名称、类别、级别、年代、质地、外形尺寸、质量、完残程度、保存状态、包含数量、来源方式、入藏时间、藏品编号、收藏单位名称等14项基本指标项，11类附录信息、照片影像资料以及收藏单位主要情况。

四、普查的技术路线

按照属地调查与行业调查相结合、单位自查申报与集中调查相结合、传统调查方法和新技术应用相结合的原则，确定可移动文物普查技术路线。

（一）统一规划、分级负责

普查按照全国统一规划、统一部署、各相关部门共同参与、县级以上地方各级人民政府分级负责、国有单位全面参加的方式实施。由国务院第一次全国可移动文物普查领导小组（以下简称国务院普查领导小组）发布《第一次全国可移动文物普查工作实施方案》；县级以上各级人民政府按照普查方案的要求，制定本行政区域的普查方案和工作计划，按全国统一的标准和规范组织实施。

（二）统一标准、规范登记

普查工作规范和技术标准统一制定，实行标准化管理。国务院普查领导小组办公室统一制定普查工作规范和技术标准，开发普查数据处理软件。主要包括以下五个方面：

1.《第一次全国可移动文物普查单位登记表》和《第一次全国可移动文物普查文物登记表》及其著录说明。

2. 第一次全国可移动文物普查文物登录标准。根据《馆藏文物登录规范》制定文物认定、分类、定名、年代、计量等普查标准及程序。

3．第一次全国可移动文物普查文物名录编制规范、文物收藏单位名录编制规范、工作报告编制规范、建档备案工作规汜。

4．第一次全国可移动文物普查文物和文物收藏单位编码规范、信息采集技术要求和规范、文物数据汇总规范、电子数据处理工作规范、数据移植规范等。

5．第一次全国可移动文物普查信息采集软件、信息登录系统、单位信息管理系统、数据管理系统、数据应用服务系统。

（三）统一平台、联网直报

普查实施统一平台、联网直报、一次入库、分级审核、动态管理。充分利用现代信息技术，信息上报和管理在国家统一平台上集中进行。国务院普查领导小组办公室建立全国可移动文物信息登录平台，统一管理平台上的信息，建立动态运行的数据库系统。各国有单位在统一平台上注册本单位专有账号，按照统一规范进行文物信息登录。各级普查机构分配专门审核账号，依照权限在乎台上对登录信息逐级审核。

（四）属地管理、县为基础

普查以县域为基本单元。普查工作的组织实施，包括国有单位普查登记，文物信息采集、登录和文物认定，普查档案建立、可移动文物名录编制等，均以县域为基础。县级普查机构负责建立本行政区域纳入各级普查范围的全部国有单位清单。中国人民解放军及武警部队可移动文物普查由解放军总政治部组织开展，普查结果统一汇总至国务院普查领导小组办公室。

（五）信息整合、资源统筹

普查信息数据库建设以现有条件为基础，充分利用现有成果，科学整合现有资源。本次普查前已经建档且已经完成信息化的文物数据，可根据统一技术标准，批量导入可移动文物普查数据库，以提高工作效率，保证普查质量。

五、普查的组织

根据全国统一领导、部门分工协作、地方分级负责、各方共同参与的原则确定普查的组织方式。

（一）中央普查组织机构

国务院成立第一次全国可移动文物普查领导小组，负责普查工作的组织和领导，协调解决重大问题。普查领导小组组长由国务院领导同志担任。普查领导小组成员单位包括：中央党史研究室、发展改革委、教育部、民政部、财政部、国土资源部、文化部、人民银行、国资委、统计局、宗教局、档案局、文物局、总政治部宣传部、中国科协。

国务院普查领导小组办公室设在国家文物局，负责普查工作的日常组织和具体协调。根据需要设立普查组织宣传、文物认定、信息登录和数据管理等工作组。主要职责是：

1．组织制定《第一次全国可移动文物普查实施方案》并组织实施。

2．组织制定普查的各项规范和技术标准。

3．制定和执行普查各阶段工作计划。

4．组织举办全国普查业务骨干和师资培训班，指导各省普查培训。

5. 对各省普查工作进行指导、督促、检查和质量控制；协调相关部门做好普查工作。

6. 开展普查档案的建档备案工作，建立普查数据库，建立全国可移动文物信息登录平台。

7. 汇总、审核、验收各省普查数据，核定各省普查信息发布。

8. 编制并向国务院普查领导小组提交《第一次全国可移动文物普查工作报告》，编制《第一次全国可移动文物普查文物名录》，公布普查成果。

9. 编制普查经费预算，管理并执行中央财政预算，督促落实地方财政预算。

10. 组织开展普查宣传工作

（二）地方普查组织机构

县级以上各级地方人民政府按照《 国务院关于开展第一次全国可移动文物普查的通知 》要求，分级组织实施本行政区域的可移动文物普查。

1. 设立本级文物普查领导小组，成立普查机构，组建普查队伍，指导检查本行政区域各级普查机构的普查工作。

2. 根据国务院普查领导小组发布的实施方案、标准规范及有关规定，制定本行政区域的普查工作方案和相关制度。

3. 负责组织实施本行政区域的可移动文物普查认定、登录，完成普查数据的汇总、审核、上报和成果发布。

4. 二落实普查经费，分别列入地方相应年度的财政预算。

5. 各国有单位按照统一要求和本级普查机构的部署，建立专门的普查工作队伍，按照普查工作规范和技术标准，做好文物普查认定、信息采集登录及其他相关工作。其中，个央及省属国有单位文物普查工作在省级普查机构完成，地市属国有

单位文物普查工作在地市级普查机构完成，其他国有单位文物普查工作在所在地县级普查机构完成。

（三）部门职责

在国务院普查领导小组的领导下，各成员单位、各有关部门各司其职，通力协作，共同做好普查工作。

1. 根据国务院通知精神，积极动员、组织本部门本系统各有关单位，做好普查工作。

2. 提出本部门本系统参加文物普查的工作方案和具体措施。

3. 落实本部门本系统普查工作经费。

4. 协助文物行政部门研究解决普查中涉及本部门本系统的重要问题。

5. 积极提供本部门本系统管辖范围内的文物线索，配合普查机构进行普查登记和登录工作。文物数量较大的行业系统，应建立普查机制。

6. 财政部门负责普查预算审核、安排，及时拨付使用；制定普查经费管理办法，做好监督、审计工作。

7. 解放军总政治部按照国务院普查领导小组的统一部署，负责解放军和武警部队的可移动文物普查。普查结果统一汇总至国务院普查领导小组办公室，以保证全国普查数据的完

整性。

六、普查的时间与实施步骤

（一）普查的时间和标准时点

第一次全国可移动文物普查从2012年10月开始，2016年12月结束。

普查的标准时点是2013年12月31日。

（二）普查的实施步骤

普查分为工作准备、普查实施和验收汇总三个阶段。

第一阶段：2012年10月至2012年12月。主要任务是制定普查实施方案，发布规范和标准，组织培训。

1. 成立普查机构。县级以上地方各级人民政府成立本行政区域的普查领导机构，并设立普查组织、文物认定、信息登录等专门职能机构和相应专家库。重点的文物收藏单位、收藏文物相对集中的行业和国有单位应成立专门工作机构。

2. 编制普查实施方案。各省根据国务院普查领导小组统一要求，制定本省普查实施方案，并报国务院普查领导小组办公室备案。

3. 编制并落实经费预算。各级普查机构、国有单位编制本地区、本单位普查经费预算。

4. 制定颁布可移动文物工作规范与技术标准，制定普查文物认定程序，编印普查工作手册。

5. 组建各级普查队伍，编印普查教材，开展各级普查培训。

6. 制定普查宣传方案，开展普查宣传。

第二阶段：2013年1月至2015年12月。主要任务是以县域为基础，开展文物普查认定和信息数据登录。普查数据资料采取采集、建档、报送、审核、登录同步开展的方式。

1. 各级普查机构制定本行政区域文物认定程序，开展国有单位收藏保管文物情况摸底排查。有关单位开展文物清库，完善相关档案记录，按要求登记申报。

2. 各级普查机构对各单位文物申报信息进行核查认定，经认定收藏有文物的单位列入登记范围。

3. 建设运行全国可移动文物信息登录平台。

4. 收藏有文物的单位根据国家统一规范和技术标准，开展文物测量、拍摄、信息数据资料采集和登记，将文物信息通过全国可移动文物信息登录平台联网上报。也可用纸质或者离线电子数据方式将文物信息报送各地普查机构，由普查机构统一汇总上报。

5. 各级普查机构依权限组织专家对上报的文物信息进行网上审核和现场复核。

6. 各级普查机构向上级普查机构按季度报送普查进展情况报告。

第三阶段：2016年1月至12月。主要任务是进行普查资料的整理、汇总和发布普查成果。

1. 公布可移动文物名录和可移动文物收藏单位名录。

2. 建立可移动文物编码系统及可移动文物收藏单位编码系统。

3. 建立可移动文物信息管理系统和社会服务系统。

4. 编制可移动文物普查档案。

5. 编制普查工作报告。

6. 完成项目的结项评估和审计工作。

七、普查数据管理和成果应用

普查数据和资料，由各国有单位调查、采集，在全国可移动文物信息登录平台上登录；各级普查管理机构按照权限对已登录信息数据逐级进行审核；国务院普查领导小组办公室负责普查数据库建设和管理。

凡在我国境内收藏保管有可移动文物的国有单位，都必须按照有关规范和标准，如实、准确地填报普查信息，确保基础数据的完整性、真实性和准确性。参与普查的地方、部门、单位和个人有虚报、瞒报、拒报、迟报等行为的，或伪造、篡改普查资料和数据的，由县级以上人民政府普查机构责令改正，予以通报批评；情节较重的，县级以上人民政府可以对负有直接责任的主管人员和其他直接责任人员依法给予行政处分。

普查中登记的可移动文物受《文物保护法》的保护，任何部门、单位和个人不得做出有损文物安全的行为。各单位要严格按照相关操作规程进行文物信息的提取，并做好各项安全预防措施，防止在普查登记中造成文物损坏。普查中涉及的国家秘密，必须履行保密义务。

各级普查机构对第一次全国可移动文物普查数据、资料、电子档案实行备份管理，确保安全。各省公布普查数据，需报经国务院普查领导小组办公室同意；全国文物普查数据，由国务院普查领导小组办公室审核，报经国务院普查领导小组同意后正式发布。

国家建立数据维护专门机制，制定制度，对各单位报送的文物数据严格管理，确保收藏单位的合法权益。符合法律规定的文物可依法流通；对文物收藏相对集中的国有单位，可在文物保护修复、文物安全保障等方面给予技术和政策支持。

八、普查的经费

第一次全国可移动文物普查所需经费由中央和县级以上地方各级人民政府分别负担，并分别列入中央和地方相应年度的财政预算。

根据《文物保护法》第八条“地方各级人民政府负责本行政区域内的文物保护工作”和第十条“县级以上人民政府应当将文物保护事业纳入本级国民经济和社会发展规划，所需经费列入本级财政预算”的规定，各地文物普查所需经费应主要由文物所在地政府解决，列入相应年度的财政预算，按时拨付使用。中央财政经费主要用于全国性普查组织宣传、文物认定、人员培训、质量检查控制、信息登录平台开发建设和数据管理等项目。地方经费主要用于区域性普查组织宣传、单位调查、文物认定、人员培训、质量检查控制、信息采集和数据管理以及普查机构运行等项目。各级普查领导小组及其办公室要按照国家财政制度规定，加强经费管理，专款专用，厉行节约，反对浪费，确保资金使用的规范、安全、有效。同时，加强普查设备的登记、使用与管理，防止国有资产流失。

九、普查的宣传

国务院普查领导小组办公室制定全国普查的宣传方案，并组织实施。各省级普查领导小组办公室制定本省的宣传方案并组织实施。

各级普查机构要把普查作为本行政区域内重点文化建设工作进行宣传，根据普查的不同阶段分别确定相应的重点内容。第一阶段，重点宣传开展普查的目的意义、对象范围、内容方法、程序步骤等。第二阶段，集中宣传与普查有关的法律法规、普查标准规范、普查工作进展、普查先进事迹等。第三阶段，追踪宣传普查数据处理进展情况，发布普查成果，报道文物事业在增强文化软实力、构建和谐社会、推动社会经济发展方面的积极作用。

普查宣传建立国家和省级新闻发布制度。普查宣传覆盖报纸、杂志、广播、电视、网络、移动传媒等各类媒体。

十、普查的总结

县级以上地方各级人民政府应对普查组织、前期调研、业务培训、单位排查、文物调查与认定、数据登录、成果整合等工作进行全面总结，并根据规范要求，编写本行政区域的《普查工作报告》。国务院普查领导小组办公室编制《第一次全国可移动文物普查工作报告》。

为发扬成绩、鼓励先进、总结经验，国务院普查领导小组办公室汇总各省情况，召开第一次全国可移动文物普查工作总结大会。县级以上地方各级人民政府适时召开本行政区域总结会。

浙江省人民政府关于在全省开展第一次全国可移动文物普查的通知

浙政发〔2013〕14号

各市、县(市、区)人民政府，省政府直属各单位：

为认真贯彻《国务院关于开展第一次全国可移动文物普查的通知》(国发〔2012〕54号)精神，切实做好我省第一次全国可移动文物普查各项工作，现将有关事项通知如下：

一、充分认识开展可移动文物普查的重要意义

可移动文物普查是继第三次全国文物普查(不可移动文物部分)之后在文化遗产领域开展的国情国力调查，是确保国家文化安全、保障人民群众基本文化权益的重要措施，是健全国家文物保护体系的重要基础工作，是一项旨在全面掌握我国文物资源、加强文物保护、建设文化遗产强国的国家工程。做好可移动文物普查，有利于准确掌握和科学评价我省可移动文物资源情况和价值，建立可移动文物登录备案机制，健全保护体系，加大保护力度，扩大保护范围，保障文物安全；有利于进一步促进我省文物资源整合利月，丰富公共文化服务内容，有效发挥文物在国民经济和社会发展总体布局中的积极作用。

二、明确可移动文物普查的各项要求

各市、县(市、区)人民政府抓紧成立普查领导小组及其办公室，落实普查经费，制订本行政区域可移动文物普查实施方案和工作计划，认真组织实施。

(一)普查的范围和内容，此次文物普查的范围是我省行政区域内各级国家机关、事业单位、国有企业和国有控股企业等各类国有单位所收藏保管的国有可移动文物。包括普查前已经认定和在普查中新认定的国有可移动文物。普查统计国有可移动文物数量、类型、分布和收藏保管等基本信息。县级以上地方各级人民政府要根据普查结果，编制普查报告，建立普查档案和本行政区域内的国有可移动文物名录，并进一步加大保护管理力度。

(二)时间安排。根据国务院的统一部署，结合实际，确定我省第一次全国可移动文物普查的时间从2013年2月开始，到2016年12月结束。普查标准时点为2013年12月31曰。普查分为工作准备、普查实施和汇总验收三个阶段。第一阶段：2013年2月2013年8月，主要任务是制订普查实施方案，成立普查机构，组建、培训普查从伍，调查确定普查单位。第二阶段：2013年9月至20１5年工2月，有序开展文物普查认定和信息数据采集、登录、报送、审核。第三阶段：2016年1月至2016年l2月，主要任务是普查资料的整理、汇总、数据库建设、验收和公

布普查成果。

（三）普查资料填报和管理。在我省行政区域内收藏保管有可移动文物的国有单位，都必须按照有关规定和此次普查的具体要求，按时、如实、完整地填报普查信息，配合普查机构开展普查工作。任何地方、部门、单位和个人都不得虚报、瞒报、拒报、迟报，不得伪造、篡改普查资料。各级普查机构要通过实物调查认真核查普查信息，确保普查质量。普查机构及其工作人员要妥善保存普查数据和资料，防止在普查登记中造成文物损坏。对普查中涉及的国家秘密，必须履行保密义务。

三、加强对普查工作的组织领导

此次普查涉及面广、时间长、任务重，各级政府、各有关部门要切实加强对可移动文物普查工作的组织领导，统筹兼顾，合理布局，确保普查各项任务的顺利完成。

（一）建立机构。成立省第一次全国可移动文物普查领导小组，负责普查工作的组织和领导，协调解决重大问题。领导小组办公室设在省文物局，具体负责普查的日常工作。各市、县（市、区）人民政府要设立相应的普查领导小组及其办公室，认真做好本行政区域文物普查的组织实施工作，及时解决普查过程中遇到的各类困难和问题。各级、各有关部门要各司其职，各负其责，主动协调和落实职责范围内的普查工作。

（二）落实经费。各级人民政府应将可移动文物普查所需经费列入相应年度的财政预算，确保本辖区普查工作的顺利开展。

（三）加强宣传。各地、各部门要将宣传动员作为普查的一项重要工作贯穿始终，切实把握普查各阶段的宣传重点，充分运用电视、广播、报刊和互联网等多种形式，广泛深入宣传可移动文物普查的重大意义、有关要求及文物事业在经济社会发展中的重要作用，普及推广文物知识，不断增强公众的文物保护意识，为本次文物普查工作的顺利推进营造良好的社会环境。

全省第一次全国可移动文物普查实施方案，由省第一次全国可移动文物普查领导小组办公室另行制订下发。

附件：浙江省第一次全国可移动文物普查领导小组人员名单

浙江省人民政府

2013 年 2 月 28 日

浙江省第一次全国可移动文物普查领导小组人员名单

组　长：郑继伟　副省长

副组长：马林云　省政府副秘书长

金兴盛　省文化厅厅长

鲍贤伦　省文化厅巡视员

成　员：何启明　省委宣传部副巡视员

王祖强　省委党史研究室副主任

焦旭祥　省发改委副主任

褚子育　省教育厅副厅长

倪忠扬　省民宗委副主任

李立定　省民政厅副厅长

金慧群　省财政厅副厅长

王功逸　省国土资源厅副巡视员

陈　瑶　省文化厅副厅长

何平平　省国资委副巡视员

黄建生　省统计局副局长

丁越飞　省档案局副局长

章　丰　省科协副主席

郑南源　人行杭州中心支行副行长

陈官忠　省文物局副局长

领导小组办公室主任由省文化厅巡视员鲍贤伦兼任。

童明康同志在2013年大运河保护和申遗工作会议上的讲话

国家文物局副局长　童明康

（2013年3月26日）

今天，在美丽的运河城市扬州，我们再次召开大运河保护和申遗工作会议，通报情况，交流经验，研究推进今年的工作。在此，我代表国家文物局，向积极支持、参与大运河保护和申遗工作的各有关部门、省级文物行政部门和各沿线城市的领导和代表，表示热烈的欢迎；向承办会议的扬州市政府和大运河联合申遗办公室的同志们，致以衷心的感谢。

首先，我简要介绍2012年大运河保护和申遗工作的总体进展。

一是加强遗产法律保障。隋唐运河、浙东运河与第六批全国重点文物保护单位京杭大运河合并为大运河项目列入国务院即将公布的第七批全国重点文物保护单位中。至此，大运河整体列入全国重点文物保护单位，极大地提升了大运河遗产的法律地位。文化部颁布实施了《大运河遗产保护管理办法》，明确了大运河遗产保护实行统一规划、分级负责、分段管理，并对大运河遗产的调查、认定、规划、保护、监测等工作做出了详细规定。安徽、河南等省颁布实施了大运河遗产保护的地方性规章和规范性文件。在扬州市的倡议下，大运河保护与申遗城市联盟的35个城市共同签署了《关于保护大运河遗产的联合协定》，进一步强化了大运河遗产保护的跨区域合作机制。由国家文物局牵头编制的《大运河遗产保护与管理总体规划》，经过多次协商、修改，得到了各省市和相关部门的一致支持。总体规划报经国务院领导同志同意后，已由大运河保护和申遗省部际会商小组公布实施。大运河省级、地市级保护规划也相继公布实施，明确划定了大运河遗产的保护范围和建设控制地带，与总体规划共同构成了层次分明、结构完整的大运河保护规划体系。保护法规和规划的颁布实施，为依法保护大运河遗产提供了重要的法律依据和保障。

二是编制和提交申遗文本。经大运河保护和申遗专家委员会评审推荐和相关部门协调，国家文物局确定了大运河首批申遗点段，包括分布在8个省、直辖市的31个遗产区的27段河道和58处遗产点，河道总长度1011公里，并组织、指导有关专业机构编制完成了大运河申遗文本以及相应的遗产管理规划、申遗宣传片。在申遗文本编制过程中，大运河沿线各级地方政府和有关部门组织开展了大范围的调查、测绘等工作，提供了大量的基础资料和图纸，发挥了重要作用。国家测绘地理信息局为相关地图的绘制、处理和审核给予了，大力支持。今年1月，经国务院批准，大运河申遗文本已由中国教科文全委会报送联合国教科文组织世界遗产中心，并经世界遗产中心审核合格予以受理。

三是完善协调管理机制。国家文物局与交通运输部、水利部的主要负责同志会谈，就大运河申遗文本、总体规划和双方合作事宜达成了重要共识，并印发了会议纪要，进一步强化了部门间协商机制。各地由政府主导，部门参与的大运河申遗工作协调机制逐步完善。天津市、江苏省、安徽省、河南省召开了省级主管领导参加的工作推进会，山东省政府与各市政府签订了《大运河（山东段）保护和申遗工作政府责任书》。山东临清、河南滑县等地成立了由党委、政府主要领导挂帅的指挥部，将工作任务和进度要求落实到各部门、各乡镇，有力地推动了大运河保护和申遗工作。

四是改善遗产保护状况。各地按照保护规划和国家文物局印发的《大运河遗产展示与标识系统指导意见》等技术规范，积极推进大运河遗产的研究、保护和展示项目。如河南浚县的黎阳仓遗址考古发掘取得重要成果，为隋唐时期漕运和国家粮食贮存、转运提供了重要实证。浙江杭州西兴过塘行、海宁长安闸开展了重点遗迹考古和全面的保护整治工程，使大运河遗产本体保护状况和环境风貌得到明显改善。天津市武清区开展了。北运河八孔闸至碱东路桥10.8公里的综合治理工程，滨水绿化面积253万平方米，初步形成了一条以运河为轴的经济、文化和景观带。中央财政对大运河保护和申遗工作给予重点支持，2012年安排中央专项。资金31510万元，用于大运河遗产保护、展示、考古和规划编制工作。各地也加大了相关经费投入，山东省为大运河保护和申遗配套地方经费5000万元，保障了申遗工作的顺利开展。

五是动员社会各界参与。全国政协开展了两次大运河保护与申遗跟踪调研，并积极提出建议，持续推动此项工作。中国进出口银行与国家文物局签署合作协议，为大运河保护和申遗工作提供金融支持。江苏省开展了主题为“活态运河，志愿有我”的历史文化保护志愿服务大行动。河北省组织开展了大运河专题新闻报道，并开辟了网站专栏。大运河保护与申遗的社会影响力和支持度与日俱增。

总的来说，2012年大运河保护和申遗工作成果显著。各项重点工作按照国际组织的要求顺利推进，大运河遗产保护管理体制日臻完善，保护、展示水平逐步提升，在推动地方经济社会发展、改善生态环境和民生方面的作用日益显现。

同时，我们也必须看到，大运河保护和申遗工作仍然存在着一些较为突出的问题：一是重视程度不够。个别地方政府对大运河保护和申遗积极性不高，缺乏有效的组织领导，机构、人员、经费不到位，工作推进迟缓。二是管理要求不严。对于大运河遗产的监督管理和对违法建设活动的执法力度都比较弱。在大运河遗产范围内私搭乱建、占压河道、随意排污和倾倒垃圾的情况还相当严重，对运河的生态环境和景观风貌造成了不利影响。三是保护方式不当。一些地方出现了不恰当干预的问题。如在考古遗址上兴建体量庞大的保护棚，在河道整治中采用现代园林化设计，铺设大规模硬质道路、兴建不符合规划要求的旅游服务设施、种植不适宜当地环境的景观植被等，以至于喧宾夺主，造成适得其反的效果。如期实现申遗目标，必须下力气解决好这些问题，这将是我们近期工作的重点。

同志们，当前，大运河保护和申遗工作已经进入了最关键和最艰苦的阶段。按照世界遗产申报规程，今年7、8月间，国际组织将委派专家对大运河申遗点段的保护管理状况进行现场考察评估。考察专家形成的评估报告对于大运河申遗项目具有极为关键的作用。我们必须在国际专家考察前，完成全部准备工作，使大运河申遗点段在各方面都符合世界遗产的要求，充分展现大运河的遗产价值和良好的保护管理状况。为了迎接国际专家考察这场大考，提升大运河遗产保护的整体水平，要着重做好六方面工作：

一、坚持政府主导，深化部门协作

各级地方政府要充分认识大运河保护和申遗的重要性和紧迫性，将其作为今年的一项重点工作，特别是从现在起到国际组织考察这几个月最为关键，要将我们的工作调整到决战状态。根据完成任务的需要，加强综合协调和资源调配，在机构、人员和经费等各方面予以切实保证。各地的申遗领导小组、会商小组要建立常态化工作机制，根据工作需要，及时召开会议，研究重大事项，明确工作任务和进度要求，及时解决重点和难点问题。遗产区跨行政区域的，相关地方政府要建立跨区域协调工作机制，并以文件形式予以明确。

地方各级环保、住建、交通、水利和文物等有关部门都要在当地政府的统一领导下，既各司其职，各负其责，又密切配合，协调一致。作为大运河遗产重要的利益相关者，各有关部门都将承担国际专家现场考察评估的接待任务。昨天下午，小捷同志在大运河保护和申遗省部际会商小组办公室会议上已经就部门协调的有关工作谈了具体意见，也得到了各部委代表的积极支持，会后我们还将会同有关部委联合发文，进一步明确工作要求，加强部门间的协调配合。

需要强调的是，申遗只是过程和手段，保护才是我们的长远目标。考虑到大运河遗产的复杂性和特殊性，我们在坚持整体保护的同时，采取了分阶段申遗的方式，此次首批申遗的27段河道和58处遗产点只是大运河遗产中的一小部分。不申遗绝不意味着可以不保护。大运河的其他河道和遗产点仍然是大运河遗产的重要组成部分，仍然是全国重点文物保护单位，仍然应当依法受到妥善保护。有关地方政府要继续推动这些大运河遗产的保护、展示和研究等工作，为今后列入扩展申报项目打好基础。

二、夯实基础工作，完善监测档案

立法、规划和“四有”等基础工作对于文化遗产保护意义重大，也是国际专家现场考察的重要内容。各地要结合当地实际情况，抓紧完成大运河遗产保护的地方性立法工作，并与文化部《大运河遗产保护管理办法》和大运河保护与申遗城市联盟《关于保护大运河遗产的联合协定》的内容相衔接。

要按照保护规划、管理规划，落实大运河遗产保护区划的保护管理要求，设置界桩和保护标志，准确标示保护区划范围，并将其纳入当地城乡规划建设管理体系。相关地方政府要协调各主管部门，全面收集、整理与大运河遗产相关的档案文献、图纸、影像资料和保护管理工作记录，并进行数字化处理，设立专门的档案室进行统一存储和保管，建立完备的大运河遗产档案和信息数据库。在此基础上，进一步建立大运河遗产监测信息系统，及时发现威胁遗产价值的自然和人为因素变化，并采取相应的处置措施，实现遗产风险的有效管控。原则上，每个遗产区都必须建立大运河遗产监测信息系统，并设立监测中心等工作机构，由专人负责监测管理工作。这些工作都是必须做到的刚性要求。

为了帮助指导各地的监测工作，国家文物局已组织编制了大运河遗产监测的指标体系，着手建设国家监测总平台，并支持扬州市在前期试点的基础上，开发了相对简化、可适用于各遗产区的大运河遗产监测通用性平台。我们鼓励各省、直辖市和有条件的市县政府根据辖区内大运河申遗点段的特点和保护管理的实际需要，自行开发功能完善的监测系统，也可以在专业机构的指导下，直接使用大运河遗产监测通用性平台。这样可以大大节省地方的时间和经费成本，也有利于统一管理。

三、改善保护状况，加强专业指导

各地要区分轻重缓急，把握重点，在专家和专业机构的指导下，集中力量解决当前大运河遗产保护最突出的问题。在文物保护工程中，坚持“最小干预”原则，重点消除威胁遗产本体安全和稳定性的各类隐患。遗址保护工程要以考古工作为基础，严格遵守国家文物局批准的发掘范围，并通盘考虑后期的保护、展示问题。揭露展示的遗址必须得到妥善保护；暂时不具备展示条件的，进行回填保护。考古研究成果要及时发表，复杂的问题不要急于下定论。严格控制保护棚等保护设施的范围、材质和体量，一般不使用化学试剂等不可逆的技术手段，以防止产生新的安全隐患或对遗产景观造成负面影响。

古建筑修缮工程要尽量保留各时期的历史信息；而有实用功能的桥、闸、坝等水工设施的修缮则要更多地兼顾遗产保护和现实功能的需要。比如修缮仍在使用的堤坝，在材质、工艺方面就必须考虑防洪的需求。一些清代以后就改为桥梁使用的船闸已是当地的重要通道，在修缮时就不一定要全部恢复为船闸，保留一些桥面并合理控制交通强度，既满足民众的出行需要，也是大运河遗产不同时期变迁的历史见证。

在环境整治工程中，重点是河道清淤、跨河与沿河构筑物的整治、清运垃圾和污水处理。环境整治不能满足于一时的突击式的治理方式。要通过加大宣传和巡查力度，杜绝工农业污染，坚决查处违法排污行为；在沿运河的村庄、社区改善垃圾处理条件，改造排污管网，从根本上解决垃圾污水的处理问题，同时引导居民形成良好的卫生习惯，形成运河环境风貌保护的长效机制。部分河道沿线违章设置的采砂点、堆货场、修船厂等设施和严重破坏遗产整体环境的跨河构筑物要限期整治，确有必要的，下决心进行拆迁安置。要特别注意避免过度景观化、园林化的问题，尤其是农村和郊野地区的运河段落，要尽量保持自然、亲切、浑然天成的环境风貌，不能追求整齐划一的设计效果。已在《世界遗产名录》上的项目，如加拿大等地的运河遗产都保存有大段的近乎天然的河道。

在遗产展示方面，展示内容都要与大运河申遗文本和保护规划、管理规划的表述相一致；展示标识具体的形式设计可以参照国家文物局的指导意见，也允许进行适当的调整和发挥，但在总体风格上应当是统一的，以体现大运河遗产的整体性。北京、济宁、淮安、扬州、苏州、杭州、洛阳等大运河节点城市和有条件的市县，要举办大运河遗产的专题展览，通过文物藏品、历史文献等实物和3D动画等数字展示方法，清晰、直观地阐释、说明大运河遗产的价值。

为了加强对各地的专业指导，国家文物局将充分发挥大运河保护和申遗专家委员会和中国文化遗产研究院等专家和专业机构的作用，组织编制迎接国际专家考察的指导手册，尽量涵盖各项申遗准备工作要求和答问口径，并组织专门培训，以便于大家能够充分理解和熟练掌握。中国文化遗产研究院对各地在大运河申遗工作中提出的专业问题，要做好相应的技术指导和咨询工作。七月份，我们将组织专家进行模拟考察，指导各地工作。

同时，各相关省级文物局也要积极主动地督促指导市县政府做好大运河保护和申遗工作，组织协调省内有关专家和古建、考古、博物馆的专业力量，为申遗工作提供强有力的技术支持。对于一些关键节点的重大工程和进度滞后的工程项目，要指定专人负责督查推进。工程进度严重滞后的，要由省文物局挂牌督办，并组织现场巡查督导。

四、加大执法力度，确保文物安全

地方各级政府、主管部门和遗产保护管理机构要加强大运河遗产的现场巡查，及时发现和制止私搭乱建等违法建设活动，严格控制商业开发项目，依法拆除直接占压河道遗址和文物本体的违法建筑物、构筑物。如有必要，几个相关部门可以组织联合执法，把大运河遗产范围内违法建设的势头坚决打下去。要发现一起，查处一起，绝不容许出现一边申遗一边破坏的情况。同时，对于已经审批同意正在实施的建设项目，也要提出明确要求，采取有效措施，尽量减少施工产生的烟尘、噪声和景观方面的负面影响，尤其是要做好国际专家考察期间的安排，避免因工程建设而影响到申遗工作。一千多公里长的大运河整体保护和申遗，无疑为沿线的旅游开发带来新的契机。但必须明确，当前第一位的任务是保护和申遗。凡影响保护和申遗的开放、开发项目一个也不能搞；已经开放的景点在经营管理上要认真落实国务院〔2012〕63号文件的各项要求；申遗成功后进行旅游开发也要依法有序进行。

近期，我国文物保护单位和世界文化遗产地发生多起火灾，造成了严重损失。虽然大运河遗产的河道和考古遗址的消防压力较小，但扬州、苏州、杭州、绍兴等地的历史街区和古建筑群人员密集，火灾隐患不容忽视。相关地方政府和主管部门要开展全面的消防安全检查，逐一梳理、解决存在的隐患，落实消防工作责任，配置必要的消防设备设施和监控系统，有效防控火灾风险。

五、加大经费投入，提高使用效益

世界遗产申报主要是地方政府的职责，相关经费一般由地方财政承担。近年来，各地对大运河保护和申遗的经费投入明显增长。今年是大运河申遗工作任务最重的一年，相关地方政府要将大运河保护作为重点支持项目，从财政预算中安排专项经费，并多渠道筹集资金，保障经费及时到位。

国家文物局将商财政部，将大运河保护作为今年中央补助经费的重点支持方向，进一步加大支持力度。各省、直辖市文物局要指导相关市县，按照文物保护专项补助经费申请和使用的规定，及时做好中央补助经费申报工作，并督请相关地方政府落实地方配套资金。同时，各地要切实加强经费管理，坚持厉行节约的原则，充分发挥资金效能，尽量做到花较少的钱办较大的事。

六、重视宣传教育，鼓励公众参与

当地民众等利益相关者对世界遗产申报的了解和态度，对于申遗项目评估也具有重要影响，国际专家在现场考察过程中将专门对此进行调查访问。如果受访民众对大运河的保护和申遗工作都不关注、不了解、不支持，甚至持反对态度，大运河申遗项目就不可能得到国际社会的认同和支持。

各地要组织新闻单位和网络传媒，广泛宣传大运河的遗产价值、保护意义和世界遗产知识，大力推动大运河申遗进校园、进社区活动，将宣传大运河申遗作为中小学校爱国主义教育和社会实践活动的重要内容，让运河沿岸的人民以运河为荣，以同为运河人骄傲，增强当地群众的自信心和荣誉感。落实《关于开展大运河保护志愿活动的倡议书》，支持大运河志愿者和各类群众性文物保护组织，组织开展大运河保护和申遗的义务宣讲活动，使大运河保护和申遗的理念、知识在运河两岸家喻户晓、深入人心。

在这方面，扬州做了很好的工作。《大运河扬州段保护与申遗知识读本》简明扼要，深入浅出，全面介绍了运河保护和申遗工作，各地应当学习和推广这种做法。

同时，在大运河保护和申遗工作中，要虚心听取民众意见，了解民众需求，将遗产保护与改善民生两大诉求有机结合起来。通过大运河遗产保护和环境整治工程，改善运河周边民众的居住环境和生活质量，使广大民众切实受益，成为自觉拥护和支持大运河遗产保护的重要力量。

千年运河源远流长，千里运河文脉永昌。同志们，千年运河是中华民族最具代表性的文化象征之一。运河兴则国运兴。大运河保护和申遗，寄托着运河两岸千万民众的热切期盼，凝聚着各部委、各省市、专家和社会各界的无数心力，是我们共同拥有并为之不懈奋斗的梦想和目标！今天，大运河保护和申遗工作已经进入了最关键的时刻。我们相信，在我们共同努力下，中国终将圆梦，古老的大运河将再次成为全人类为之惊叹的文化骄傲！

关于发布第二批国家二级、三级博物馆名单的通知

文物博函〔2013〕558号

各省、自治区、直辖市文物局，(文化厅)：

为全面、充分反映近年来博物馆事业进步成果，健全博物馆质量评价体系，根据《全国博物馆评估办法》，国家文物局于2012年12月至2013年4月组织开展了第二批国家二级、三级博物馆评估工作。经过博物馆自评申报，省级博物馆评估委员会提出评定意见，全国博物馆评估委员会组织专家备案复核，国家文物局同意恭王府博物馆等52家博物馆为国家二级博物馆，廊坊博物馆等144家博物馆为国家三级博物馆。

附件：第二批国家二级、三级博物馆名单

国家文物局

2013年5月2日

第二批国家二级博物馆名单（52家）

北京市

恭王府博物馆

河北省

石家庄市博物馆

内蒙古自治区

阿拉善博物馆、鄂尔多斯博物馆、呼伦贝尔民族博物院

辽宁省

锦州市博物馆、沈阳新乐遗址博物馆

吉林省

白城市博物馆、四平战役纪念馆、伪满皇宫博物院

黑龙江省

伊春市博物馆、侵华日军虎头要塞博物馆

江苏省

无锡博物院

安徽省

淮北市博物馆、淮南市博物馆、皖西博物馆

福建省

长乐市博物馆、上杭县博物馆

江西省

江西客家博物院

山东省

淄博市博物馆、东营市历史博物馆、泰安市博物馆、临沂市博物馆、诸城市博物馆、莒县博物馆

河南省

南阳市博物馆、许昌市博物馆

湖北省

恩施土家族苗族自治州博物馆、十堰市博物馆、武当山旅游经济特区博物馆、武汉市中山舰博物馆、襄阳市博物馆

湖南省

岳阳博物馆

广东省

潮州市博物馆、东莞展览馆、广东海上丝绸之路博物馆、广东中医药博物馆、惠州市博物馆、江门市博物馆、韶关市博物馆、云浮市博物馆、中山大学生物博物馆

广西壮族自治区

广西民族博物馆、广西壮族自治区自然博物馆

贵州省

贵州省博物馆、贵州省民族博物馆、黔东南州民族博物馆

陕西省

西安大唐西市博物馆

甘肃省

敦煌研究院、和政古动物化石博物馆、临夏回族自治州博物馆

青海省

青海省博物馆

第二批国家三级博物馆名单（144家）

河北省

廊坊博物馆、承德县博物馆、峰峰磁州窑历史博物馆、河北海盐博物馆、平泉县博物馆

山西省

侯马晋国古都博物馆、马邑博物馆、运城市盐湖区博物馆

内蒙古自治区

科尔沁右翼前旗博物馆、科尔沁右翼中旗博物馆、满洲里市扎赉诺尔区博物馆、乌兰察布市博物馆、兴安盟博物馆

辽宁省

本溪市博物馆、辽阳博物馆、凌海市萧军纪念馆

吉林省

白山市长白山满族文化博物馆、抚松人参博物馆、靖宇火山矿泉群地质博物馆、镇赉县博物馆

黑龙江省

鹤岗市博物馆、黑河博物馆、北大荒博物馆、大庆油田历史陈列馆、哈尔滨市钱币博物馆、黑河知青博物馆、黑龙江流域博物馆、哈尔滨市阿城区金上京历史博物馆、侵华日军第七三一部队罪证陈列馆、绥化市博物馆、孙吴日本侵华罪证陈列馆、伊春森林博物馆、远东林木博物馆

江苏省

南京市江宁区博物馆、苏州碑刻博物馆、镇江博物馆、镇江焦山碑刻博物馆

浙江省

奉化市溪口博物馆、海宁市博物馆、杭州市萧山区博物馆、江山市博物馆、龙泉市博物馆、杭州市西溪湿地博物馆

安徽省

马鞍山市博物馆、宿州市博物馆、铜陵市博物馆、池州市秀山门博物馆、广德县博物馆、萧县博物馆、黄山区博物馆、淮北市刘开渠纪念馆

福建省

福建闽越王城博物馆、莆田市博物馆、福建省昙石山遗址博物馆、邵武市博物馆、武平县博物馆、安溪县博物馆

江西省

九江市博物馆、抚州市博物馆、南昌县博物馆、萍乡博物馆、秋收起义铜鼓纪念馆、湘鄂赣

革命纪念馆

山东省

菏泽市博物馆、章丘市博物馆、胶州市博物馆、曲阜市孔子博物院、文登市博物馆

河南省

新乡市博物馆、安阳博物馆、偃师商城博物馆、汝州市汝瓷博物馆、 固始县博物馆、光山茶具博物馆、光山县佛教艺术博物馆

湖北省

赤壁市博物馆、丹江口市博物馆、湖北明代藩王博物馆、黄冈市博物馆、潜江市博物馆、咸宁市博物馆、孝感市博物馆、宜城市博物馆、郧阳博物馆、枝江市博物馆、中南民族大学民族学博物馆、秭归县屈原纪念馆

湖南省

郴州市博物馆、益阳市博物馆、临澧县博物馆、攸县博物馆

广东省

雷州市博物馆、深圳古生物博物馆、深圳（宝安）劳务王博物馆、博罗县博物馆、大埔县博物馆、丁日昌纪念馆、台山市博物馆、广州市花都区洪秀全纪念馆、海丰县博物馆、惠东县博物馆、江门市新会区博物馆、南雄市博物馆、新兴县博物馆

广西壮族自治区

贺州市博物馆、梧州市博物馆、容县博物馆、田东县博物馆、合浦县博物馆

重庆市

重庆市北碚区博物馆、聂荣臻元帅陈列馆

四川省

内江市张大千纪念馆、射洪书画博物馆、渠县历史博物馆、四川省建川博物馆、成都川菜博物馆、成都华通博物馆、成都华希昆虫博物馆、四川易园园林艺术博物馆、荥经县博物馆

贵州省

遵义市博物馆

云南省

保山市博物馆、丽江市博物院、广南县民族博物馆

陕西省

凤翔县博物馆、蒲城县博物馆、绥德县博物馆、铜川市玉华博物馆、西安唐皇城墙含光门遗址博物馆

甘肃省

敦煌市博物馆、庆阳市博物馆、高台县博物馆、会宁县博物馆、靖远县博物馆、静宁县博物馆、庆城县博物馆、镇原县博物馆、庄浪县博物馆

青海省

海南藏族自治州民族博物馆、黄南藏族自治州民族博物馆、互助土族自治县博物馆

宁夏回族自治区

西北农耕博物馆、回族博物馆

新疆维吾尔自治区

巴音郭楞蒙古自治州博物馆

关于印发《大遗址保护“十二五”专项规划》的通知

文物保发〔2013〕11号

各省、自治区、直辖市文物局（文化厅）、财政厅（局）：

为妥善处理大遗址保护与国家经济社会发展之间的关系问题，进一步加大投入、加强引导，全面推进大遗址保护工作，国家文物局和财政部共同研究编制了《大遗址保护“十二五”专项规划》，经财政部、国家文物局领导批准，现印发给你们，请认真贯彻执行。

国家文物局

2013年5月27日

大遗址保护“十二五”专项规划

大遗址是中华民族文明发展史最具代表性的综合物证和弥足珍贵的文化遗产。大遗址保护既是一项文化工程，也是一项惠民工程，有利于促进优秀传统文化传承体系建设、美化城乡环境、推动经济社会协调可持续发展。“十一五”时期，在党中央、国务院的高度重视和国家有关部门的大力支持下，大遗址保护工作取得了令人瞩目的历史性成就：启动100处大遗址保护工程，殷墟遗址、元上都遗址成功列入《世界遗产名录》；建成一批大遗址保护展示示范区，有效保护遗址本体及其环境风貌；国家设立大遗址保护专项资金，出台一系列专门性法规，初步建立大遗址保护管理体系；全面完成《“十一五”期间大遗址保护总体规划》的目标任务，基本构建以“三线两片”为核心、100处大遗址力支撑的大遗址保护格局。

“十二五”时期，是全面建成小康社会的关键时期。在推进经济建设、政治建设、文化建设、社会建设、生态文明建设五位一体总体布局的进程中，大遗址保护既具备加快发展的良好机遇，也面临一些新情况新问题。大遗址保护投入持续稳定增长，各级党委、政府大力支持，社会参与大遗址保护的热情日益高涨，将为大遗址保护提供更加坚实的物质保障和广阔的发展空间。同时，我们还必须看到，大规模城镇化建设和新农村建设、频发的自然灾害和自然腐蚀等对大遗址的破坏威胁依然存在，伤害文物本体、占压大遗址的现象时有发生，经费投入存在不足，文物本体安全形势依然严峻，大遗址保护基础工作依然薄弱等。加强大遗址保护刻不容缓。为协调大遗址保护与国家经济社会发展之间的关系，进一步强化责任、加大投入、加强引导，全面推进大遗址保护工作，特制定本规划。

一、规划范围

“十二五”时期大遗址保护项目库的150处重要大遗址（名单附后）。

二、指导思想和原则

（一）指导思想

以邓小平理论、“三个代表”重要思想和科学发展观为指导，深入贯彻《中华人民共和国文物保护法》，坚持“保护为主，抢救第一，合理利用，加强管理”的文物工作方针，推进大遗址的保护利用和传承发展，充分发挥大遗址在弘扬传统文化、传承中华文明、维护中华民族多元一体和国家文化安全等方面独特的、不可替代的重要作用，推动文物事业全面协调可持续发展，为社会主义文化大发展大繁荣、建设社会主义文化强国作出更大贡献。

（二）基本原则

1．坚持中央主导，属地管理，保护为主，惠及民众的原则。

2．坚持着眼宏观，全面布局，规划先行，和谐发展的原则。

3．坚持集中投入，注重实效，突出重点，分步实施的原则。

三、总体目标和主要任务

（一）总体目标

以实施重大保护示范项目、建设大遗址保护示范园区为着力点，构建“六片、四线、一圈”为重点、150处大遗址为支撑的大遗址保护新格局。充分发挥专项资金使用的综合效益，加强大遗址保护管理能力建设，提高大遗址保护展示水平，提升大遗址服务社会的能力，实现大遗址保护与生态文明建设、经济建设紧密结合，社会效益与经济效益协调统一，使大遗址成为推动区域经济社会和谐发展的积极力量，使广大民众充分享受大遗址保护的成果。以大遗址保护为突破口，探索创新符合我国国情的文物事业发展道路，为努力建设文化遗产、强国作出更大贡献。

（二）主要任务

1．加强大遗址考古工作，完成新增50处重要大遗址测绘工作，加强大遗址基础数据信息化工作，初步建立大遗址文物信息平台。

2．编制大遗址保护与发展战略规划和大遗址保护片区规划。150处大遗址保护规划编制完成率达到90%。

3．深化西安片区和洛阳片区的整体保护工作，重点推进荆州片区、曲阜片区、郑州片区和成都片区的遗址保护工作，持续开展长城、大运河和丝绸之路的保护工作，形成规模和联动效应。

4．实施大遗址保护重点工程。开展150处大遗址保护工程，完成牛河梁遗址、良渚遗址、铜官窑遗址、扬州城遗址、御窑厂遗址、秦咸阳城遗址、南宋临安城遗址、老司城遗址、古蜀国遗址、西夏王陵等25项重点保护展示工程。

5．推进大遗址保护展示示范园区和遗址博物馆建设。建成15个具有典型作用和示范意义的大遗址保护展示示范园区，以及一批特色鲜明、具有较高展示水平的遗址博物馆。

6．建设大遗址安防设施。提高大遗址保护展示示范园区和重要田野墓葬群的安防水平。

7．创新管理机制，完善大遗址保护网络。建立健全大遗址保护工作的各项管理制度、技术规范和监测机制．加强大遗址保护的多学科、跨行业协作，提高大遗址保护、展示科技水平。

四、实施步骤和阶段成果

（一）2011年至2013年：

1．基础工作：收集30处大遗址的航片卫片资料；结合大遗址保护开展50个重点考古项目，完成30处重要大遗址测绘；启动大遗址文物信息数据库建设工作；完成扬州城遗址、秦咸阳城遗址、赵邯郸故城等30处重要大遗址保护规划编制；推动长城保护总体规划大纲、大运河各级保护规划编制工作。

2．管理体系：完成《大运河遗产保护管理办法》、《邙山陵墓群保护条例》等5—8处大遗址专项法律法规的制定；规范大遗址保护工程监理二检查、验收等各环节工作；组织有关大遗址保护和管理培训。

3．重点工程：完成大运河、牛河梁遗址、良渚遗址、楚纪南故城、铜官窑遗址、隋唐洛阳城宫城遗址、北庭故城、南越国宫署遗址、御窑厂遗址等遗址核心区保护展示项目；启动荆州、曲阜、成都、郑州片区大遗址保护项目，继续开展西安、洛阳片区、丝绸之路和高句丽、渤海大遗址保护项目．

4．大遗址保护展示示范园区、遗址博物馆建设：完成牛河梁遗址、大地湾遗址、铜官窑遗址、周口店遗址等5—10处高质量的遗址博物馆建设；牛河梁遗址、铜官窑遗址、汉魏洛阳故城、里耶古城遗址、曲阜鲁国故城、楚纪南故城、御窑厂遗址等10处大遗址保护展示示范园区建设项目初具规模。

5．2013年，开展阶段性成果检查和中期评估，形成中期评估报告，并根据评估结果和实际效果对规划项目实施计划和重点进行调整。

（二）2014年至2015年：

1．推动大遗址保护基础工作，收集20处大遗址的航片卫片资料；大遗址保护规划编制完成率达到90%；完成大遗址保护与发展战略规划编制工作；完成5—10处大遗址保护管理办法制定。

2．建成北庭故城、汉魏洛阳故城、钓鱼城遗址、偃师商城遗址、老司城遗址、渤海中京城遗址等10处大遗址保护展示示范园区；完成30个安防技防项目（大遗址保护展示示范园区和重要墓葬群）。

五、项目组织管理和保障措施

为积极推进大遗址保护工作的顺利开展,保证大遗址保护工作质量,确保专项资金使用的规范性、安全性和有效性,根据相关经费管理办法和财务制度,大遗址保护工作在组织上实行国务院文物主管部门和财政主管部门、省级文物主管部门和财政主管部门及项目单位三级管理。大遗址保护实行项目管理制度。逐步完善大遗址保护项目管理体系,建立相关标准规范,明确管理方式,加强项目检查及阶段性评估。

(一)组织保障。国家文物局与大遗址所在地各省级人民政府签订工作协议,强化责任,保障大遗址保护工作顺利推进。

(二)经费保障。财政部、国家文物局将根据事业发展与财力可能,按照中央与地方投入责任、按经费使用范围等确定大遗址的经费投入。加强对重点大遗址的集中投入。加强经费使用情况的监督,建立大遗址保护经费使用绩效评价制度,完善激励、奖励机制。积极引导地方政府增加大遗址保护经费投入,努力拓宽大遗址经费渠道。对进展顺利、成效突出的大遗址保护项目,采取以奖代补的形式加大支持力度。

(三)理论保障。深化大遗址考古、规划、保护、展示、利用、安防、监测、管理等基础研究,完善大遗址保护和遗址博物馆等理论支撑,加强大遗址保护总体规划和顶层设计,指导大遗址保护实践。

(四)人才保障。加强能力建设,健全培训机制,充实培训内容,形成一支组织体系完备、地域分布合理、专业结构齐全的高素质大遗址保护人才队伍。

附件

"十二五"期间重要大遗址(150处)

一、各省、自治区、直辖市

1. 北京:周口店遗址、圆明园遗址、琉璃河遗址

2. 河北:赵邯郸故城、定窑遗址、邺城遗址(含河南安阳高陵)、燕下都遗址、泥河湾遗址群、磁县北朝墓群、元中都遗址、中山古城遗址

3. 山西:陶寺遗址、侯马晋国遗址、曲村—天马遗址、晋阳古城遗址、蒲津渡与蒲州故城遗址

4. 内蒙古:辽上京遗址、元上都遗址、辽陵及奉陵邑、居延遗址(内蒙古、甘肃)、辽中京遗址、和林格尔土城子遗址、二道井子遗址

5. 辽宁:牛河梁遗址、姜女石遗址(含河北北戴河秦行宫遗址)、高句丽遗址(凤凰山山城、五女山山城、燕州城山城、石台子山城)、金牛山遗址

6. 吉林：高句丽遗址（洞沟古墓群、丸都山城与国内城、罗通山城、自安山城）、渤海遗址（西古城遗址、八连城遗址、龙头山古墓群、六顶山古墓群、苏密城）、万发拨子遗址、帽儿山墓地、龙潭山城

7. 黑龙江：渤海国上京龙泉府遗址、金上京会宁府遗址

8. 上海：福泉山遗址

9. 江苏：扬州城遗址、鸿山墓群、徐州汉墓群（含徐州汉代采石场）、淹城遗址、阖闾城遗址、南朝陵墓群

10. 浙江．良渚遗址、上林湖越窑遗址、大窑龙泉窑遗址、临安城遗址、马家浜遗址

11. 安徽：尉迟寺遗址、凌家滩遗址、六安王陵、寿春城遗址、明中都皇故城及皇陵石刻

12. 福建：万寿岩遗址、城村一、昙石山遗址、德化窑遗址

13. 江西：吴城遗址（含筑卫城遗址）、湖田窑遗址、御窑厂遗址（含高岭瓷土矿）、吉州窑遗址、牛头城址、铜岭铜矿遗址

14. 山东：临淄齐国故城、两城镇遗址、城子崖遗址（含东平陵故城）、桐林遗址、曲阜鲁国故城（含郗国故城、汉鲁王墓群、明鲁王墓）、薛城遗址、大汶口遗址

15. 河南：二里头遗址、偃师商城遗址、汉魏洛阳故城、隋：唐洛阳城遗址、殷墟、郑韩故城、古城寨城址、北阳平遗址、郑州商代遗址、宋陵、清凉寺汝官窑遗址、邙山陵墓群、三杨庄遗址、城阳城址、仰韶村遗址、北宋东京城遗址

16. 湖北：石家河遗址、楚纪南故城、盘龙城遗址、龙湾遗址、擂鼓墩古墓群、铜绿山遗址、屈家岭遗址、唐崖土司城址和容美土司遗址

17. 湖南：里耶古城遗址、铜官窑遗址、城头山遗址（含八十档遗址、彭头山遗址）、老司城遗址、炭河里遗址、汉代长沙王陵墓群

18. 广东：南越国宫署遗址、笔架山潮州窑遗址

19. 广西：靖江王府及王陵、合浦汉墓群、甑皮岩遗址

20. 重庆：钓鱼城遗址

21. 四川：三星堆遗址、金沙遗址（含十二桥遗址）、邛窑、成都平原史前城址、明蜀王陵墓群、罗家坝遗址

22. 贵州：可乐遗址、海龙屯

23. 云南：太和城遗址、石寨山古墓群

24. 西藏：古格王国遗址、藏王墓、卡若遗址

25. 陕西：秦咸阳城遗址、周原遗址、阿房宫遗址、汉长安城遗址、大明宫遗址、秦始皇陵、秦雍城遗址、西汉帝陵、唐代帝陵、统万城遗址、黄堡镇耀州窑遗址、丰镐遗址、龙岗寺遗址、石峁遗址

26. 甘肃：大地湾遗址、许三湾城及墓群、锁阳城遗址、骆驼城遗址、大堡子山遗址

27. 青海：喇家遗址、热水墓群

28. 宁夏：西夏陵、水洞沟遗址、开城遗址

29．新疆：北庭故城遗址、坎尔井

二、跨省、自治区、直辖市

长城（北京、天津、河北、山西、内蒙古、辽宁、吉林、山东、陕西、甘肃、宁夏、青海、新疆、河南、黑龙江）

丝绸之路（新疆、甘肃、青海、宁夏、陕西、河南）

大运河（北京、天津、河北、江苏、浙江、安徽、山东、河南）

秦直道（内蒙古、陕西、甘肃）

茶马古道（云南、四川、西藏、贵州、青海、甘肃、陕西）

明清海防（辽宁、河北、天津、山东、江苏、上海、浙江、福建、广东、广西、海南）

蜀道（陕西、四川、重庆）

关于推进国有博物馆对口支援民办博物馆工作的意见

文物博函〔2013〕818号

各省、自治区、直辖市文物局（文化厅）：

为贯彻落实国家文物局、民政部、财政部、国土资源部、住房和城乡建设部、文化部、国家税务总局《关于促进民办博物馆发展的意见》（文物博发〔2010〕11号）精神，帮助民办博物馆提高专业化水平，现就推进国有博物馆对口支援民办博物馆工作提出以下意见：

一、充分认识推进国有博物馆对口支援民办博物馆工作的重要性

推进国有博物馆对口支援民办博物馆工作，提高民办博物馆质量和服务能力，是贯彻落实科学发展观、促进博物馆事业全面协调可持续发展的必然要求，是深化博物馆体制改革的重要内容，是落实《博物馆事业中长期发展规划纲要（2011—2020年）》“民办博物馆帮扶工程”的重要举措。各级文物行政部门、博物馆要全面理解和把握支援民办博物馆王作的现实意义和深远的历史意义，统一认识，高度重视，加强领导，精心组织，积极推进，确保国有博物馆对口支援民办博物馆工作不断取得新的成效。

二、国有博物馆对口支援民办博物馆工作目标

完善国有博物馆对口支援民办博物馆工作制度，践行国有博物馆的社会责任，国有博物馆发挥资源优势，以自愿、无偿的方式，“一对一”的持续（一般不应短于三年）帮扶民办博物馆的藏品保护、陈列展览、科学研究、人才培养等业务活动和规范化管理，争取受援民办博物馆达到或接近国家三级博物馆的水平，培育一批法人治理结构规范、专业水平高、社会影响力大的优质民办博物馆。并积极推动民办博物馆与国有博物馆在合作中相互借鉴，共同进步，在竞争中优势互补，相互促进。

三、国有博物馆对口支援民办博物馆实施范围

凡依照《博物馆管理办法》登记注册，法人治理结构基本规范，藏品体系健全且产权明晰，展示服. 务工作基础较好，在本地区具有一定代表性，正常运行三年以上且年检合格的民办博物馆，可列入国有博物馆对口支援范畴。优先对口支援具有门类特点、行业个性或地域文化、民族（民俗）文化代表性的民办博物馆，以及致力于抢救濒危文化遗产、填补某领域文化空白的民办博物馆。

鼓励国家一级博物馆和省级博物馆等专业力量雄厚的国有博物馆与具备发展潜力的民办博物馆结成长期稳定的对口支援和协作关系，中央地方共建国家级博物馆在完成本省（自治区、直辖市）范围内对口支援任务的同时，承担一定的支援其他地区民办博物馆的任务。

四、国有博物馆对口支援民办博物馆工作内容

国有博物馆针对民办博物馆的实际需求，开展人才支援和技术支援。

以选派中级职称和副高级职称为主的经验丰富的专业人员定期到民办博物馆驻点指导民办博物馆业务和管理工作为主要形式，组织开展藏品清库、鉴定、定级、建账、建档、养护、修复、陈列内容设计和艺术设计、教育项目策划、文化产品开发等业务活动示范、专题讲座、技术培训，帮助民办博物馆提升藏品保护、完善展示服务，健全工作制度和技术操作规程，培养一批业务骨干和学术带头人，提高博物馆运行水平。

国有博物馆可以同时采取免费接收民办博物馆专业人员进修、培训等形式，对民办博物馆进行支援。

鼓励中央地方共建国家级博物馆、省博物馆等实力雄厚的国有博物馆通过托管、连锁合作等形式加强与民办博物馆合作，探索长效机制，推动优质博物馆资源辐射，促进民办博物馆能力建设。

五、国有博物馆对口支援民办博物馆工作要求

加强业务指导。省级文物行政部门要积极协调符合条件的国有博物馆和民办博物馆建立对口支援协作关系，组织双方协商制定切实可行的对口支援实施方案和年度计划，明确支援目标、项目内容、支援方式、工作任务和保障措施；签订协议书，明确双方职责，保证任务落实。国有博物馆对口支援民办博物馆的实施方案和协议草案，应当经主管的文物行政部门初审后，报省级文物行政部门组织评估、核准，并以适当方式向社会公开。

强化责任意识。对口支援双方都应确定负责对口支援工作的馆领导和组织机构，加强沟通协调，做到人员落实、任务落实和经费落实，认真组织实施对口支援的各项具体工作。国有博物馆要建立派驻人员管理制度，加强对派驻人员支援绩效的考核，确保受援单位长期有派驻人员帮助工作并真正发挥作用。民办博物馆应根据工作需要，为对口支援创造必要的支撑条件，确保对口支援工作顺利开展；要以对口支援为契机，更新思想观念，调动员工积极性，全面推动博物馆的各项工作，不断提高办馆实力和办馆效益。

受援民办博物馆要模范遵守博物馆法规和职业道德，不断完善法人治理结构，扩大博物馆理事会成员社会人士代表的比例；制定、公布藏品征集、保护、管理、处置的政策、标准，区分藏品等级，建立规范的藏品总账、分类账和藏品档案，并报主管的文物行政部门备案；无正当理由，全年向公众开放时间不得少于8个月；制定、公布中长期发展规划和年度工作计划；如博物馆终止，藏品优先转让给其他博物馆。

做好督查考核。省级文物行政部门要会同相关部门建立健全国有博物馆对口支援民办博物馆工作协调管理制度，定期对对口支援工作进行督导检查和绩效考核，对工作完成较好的单位，总结推广经验。主管的文物行政部门要将对口支援工作纳入国有博物馆目标责任制，加强对口支援工作的日常监督管理，定期向省级文物行政部门报告工作进展，并开展新闻宣传工作。国家文物局将对口支援纳入博物馆评估定级以及国家一级博物馆、中央与地方共建国家级博物馆的年度运行评估考核指标范畴。

落实保障措施。省级文物行政部门要抓住文化体制改革的机遇,坚持政府支持、统筹规划、提升能力、共同发展的原则,将对口支援纳入博物馆事业发展规划,制定对口支援的具体实施办法和计划。要积极争取各级政府的财政支持,积极争取将对口支援工作列入各级政府的民办博物馆发展专项资金优先支出范畴。鼓励公平竞争,政府委托民办博物馆承担有关遗产保护、研究、展示任务,拨付项目经费。同时积极鼓励社会力量捐助国有博物馆对口支援民办博物馆工作。

国家文物局

2013年6月5日

关于印发《国家重点文物保护专项补助资金管理办法》的通知

财教〔2013〕116号

党中央有关部门，国务院各部委，各直属机构，总后勤部，武警各部队，全国人大常委会办公厅，全国政协办公厅，高法院，高检院，有关人民团体，新疆生产建设兵团，有关中央管理企业，各省、自治区、直辖市、计划单列市财政厅（局）、文物局，新疆生产建设兵团财务局、文化广播电视局：

为规范国家重点文物保护专项补助资金管理，提高资金使用效益，根据《中华人民共和国预算法》、《中华人民共和国文物保护法》等法律法规和财政管理有关规定，结合文物保护工作实际，我们制定了《国家重点文物保护专项补助资金管理办法》。现印发你们，请遵照执行。

附件：国家重点文物保护专项补助资金管理办法

财政部　国家文物局

2013年6月9日

国家重点文物保护专项补助资金管理办法

第一章　总则

第一条　为了规范和加强国家重点文物保护专项补助资金（以下简称“专项资金”）的管理与使用，提高资金使用效益，根据《中华人民共和国预算法》、《中华人民共和国文物保护法》等法律法规和财政管理有关规定，结合文物保护工作的实际，制定本办法。

第二条　专项资金是中央财政为支持全国重点文物保护工作、促进文物事业发展而设立的具有专门用途的补助资金。专项资金的年度预算，根据国家重点文物保护工作总体规划、年度工作计划及中央财政财力情况确定。

第三条 专项资金的管理与使用坚持“规划先行、保障重点、中央补助、分级负责”的原则。专项资金用于补助地方的，适当向民族地区、边远地区、贫困地区倾斜。

第四条 专项资金实行项目管理。财政部和国家文物局共同建立专项资金项目库。

第五条 专项资金的管理和使用应当严格执行国家法律法规和财务规章制度，并接受财政、审计、文物等部门的监督和检查。

第二章 补助范围和支出内容

第六条 专项资金的补助范围主要包括：

（一）全国重点文物保护单位保护。主要用于国务院公布的全国重点文物保护单位的维修、保护与展示，包括：保护规划和方案编制，文物本体维修保护，安防、消防、防雷等保护性设施建设，陈列展示，维修保护资料整理和报告出版等。对非国有的全国重点文物保护单位，可在其项目完成并经过评估验收后，申请专项资金给予适当补助。

（二）大遗址保护。主要用于国家文物局、财政部批准的大遗址保护项目，包括：大遗址保护的前期测绘、考古勘查和规划设计方案编制，本体或载体的维修保护，安防、消防、防雷等保护性设施建设，文物本体保护范围内的保存环境治理，陈列展示，维修保护资料整理和报告出版以及保护管理体系建设等。

（三）世界文化遗产保护。主要用于列入联合国教科文组织世界文化遗产名录项目的保护，包括：世界文化遗产的文物本体维修保护，安防、消防、防雷等保护性设施建设，陈列展示以及世界文化遗产监测管理体系建设等。

（四）考古发掘。主要用于国家文物局批准的考古（含水下考古）发掘项目，包括：考古调查、勘探和发掘，考古资料整理以及报告出版，重要考古遗迹现场保护以及重要出土（出水）文物现场保护与修复等。

（五）可移动文物保护。主要用于国有文物收藏单位馆藏一、二、三级珍贵文物的保护，包括：预防性保护，保护方案设计，文物技术保护（含文物本体修复），数字化保护，资料整理以及报告出版等。

（六）财政部和国家文物局批准的其他项目。

第七条 专项资金支出内容包括：

（一）文物维修保护工程支出，主要包括勘测费、规划及方案设计费、材料费、燃料动力费、设备费、施工费、监理费、劳务费、测试化验加工费、管理费以及资料整理和报告出版费等。

（二）文物考古调查、发掘支出，主要包括调查勘探费、测绘费、发掘费、发掘现场安全保卫费、青苗补偿费、劳务费、考古遗迹现场保护费、出土（出水）文物保护与修复费以及资料整理和报告出版费等。

（三）文物安防、消防及防雷等保护性工程支出，主要包括规划及方案设计费、材料费、设备费、劳务费、施工费、监理费以及资料整理和报告出版费等。

（四）文物技术保护支出，主要包括方案设计费、测试化验加工费、材料费、设备费、劳务费、专家咨询费以及资料整理和报告出版费等。

（五）文物陈列布展支出，主要包括方案设计费、材料费、设备费、劳务费、施工费、监理费、专家咨询费以及资料整理和报告出版费等。

（六）文物保护管理体系建设支出，主要包括规划及方案设计费、专项调研费等。

（七）其他文物保护支出。

第八条 专项资金补助范围不包括：征地拆迁、基本建设、日常养护、应急抢险、超出文物本体保护范围的环境整治支出、文物征集以及中央与地方共建国家级重点博物馆的各项支出。

第九条 专项资金不得用于支付各种罚款、捐款、赞助、投资等支出，不得用于各种工资福利性支出，不得用于偿还债务，不得用于国家规定禁止列入的其他支出。

第三章 申报与审批

第十条 专项资金申报与审批实行项目库管理制度。项目库分为三类，即总项目库、备选项目库和实施项目库。

纳入国家中长期文物保护规划或年度计划，并按照规定由国家文物局同意立项或批复保护方案的项目构成总项目库。

总项目库中已经申报专项资金预算并通过财政部和国家文物局预算控制数评审的项目列入备选项目库。

备选项目库中财政部批复下达专项资金预算并予以实施的

项目列入实施项目库。

第十一条 列入总项目库的项目实施单位应当按照属地管理的原则，根据文物行政部门批复意见制定或者修改完善保护方案并组织开展文物保护工作。资金筹集确有困难的，可以按照本办法规定申报专项资金预算。

第十二条 项目实施单位应当按照要求填报《国家重点文物保护专项补助资金申请书》（见附件一）和文物保护项目预（概）算文本，根据行政隶属关系和规定程序逐级申报。其中：

（一）项目实施单位隶属于中央部门的，应当逐级报送至中央主管部门审核同意后，报财政部和国家文物局。

（二）项目实施单位隶属于地方的，应当逐级报送至省级财政部门和省级文物行政部门共同进行审核汇总后，报财政部和国家文物局。项目实施单位主管部门属于非文物系统的，应当由其主管部门审核同意后报同级财政部门和文物部门，由财政部门和文物部门逐级上报。

（三）项目实施单位为非国有的，应当逐级报送至所在地方省级财政部门和省级文物行政部门，由省级财政部门联合省级文物行政部门对文物保护项目完成情况进行评估验收后，报财政部和国家文物局。

凡越级上报的一律不予受理。

第十三条 中央有关部门、省级财政部门和省级文物行政部门应当认真审核填报《国家重点文物保护专项补助资金申报汇总表》（见附件二），将专项资金预算申请材料报送财政部和国家文物局。

如项目涉及国土资源、城乡规划、环境保护、水利及产业发展规划的，报送前应当获得相关部门批准。

第十四条 财政部和国家文物局负责组织项目资金预算控制数指标评审工作，具体评审工作由双方共同委托第三方中介机构或专家组开展。评审过程中可以根据需要对项目实施单位申报信息进行现场核查。

第十五条 财政部和国家文物局对中介机构或专家组提交的项目资金预算控制数指标评审意见进行审核确认，将审核通过的项目列入备选项目库，并通知中央有关部门、省级财政部门和省级文物行政部门。

第十六条 中央有关部门、省级财政部门和文物行政部门应当对列入备选项目库的项目按照重要性和损毁程度，区分轻重缓急进行排序，根据项目预算控制数指标评审意见，填报《20××年度国家重点文物保护专项补助资金申请表》（见附件三）并提交申请报告，于每年4月30日前报送财政部和国家文物局。

第十七条 国家文物局依据国家有关方针政策和项目的轻重缓急，结合有关部门和地方文物保护工作情况，对申报项目进行合理排序，提出纳入实施项目库的项目建议报财政部。

第十八条 财政部根据国家文物局建议，综合考虑年度专项资金预算情况、项目预算控制数指标评审情况、部门和地方专项资金申请情况及其财力状况，审核确定当年专项资金预算分配方案，按照规定分别下达中央有关部门和省级财政部门并抄送国家文物局，同时会同国家文物局将相关项目列入实施项目库。

第四章 资金管理

第十九条 中央有关部门和省级财政部门收到财政部下达的专项资金预算通知后，应当及时将专项资金预算逐级下达至项目实施单位，地方财政部门应当及时将预算下达情况抄送同级文物行政部门和相关主管部门。

第二十条 专项资金支付应当按照国库集中支付有关规定执行。

第二十一条 项目实施单位应当严格按照批准的专项资金补助范围和支出内容安排使用专项资金。如遇特殊情况，需要调整补助范围和支出内容的，应当逐级报送至中央有关部门、省级财政部门和省级文物行政部门审核同意后，报财政部和国家文物局批准。

第二十二条 专项资金的各项支出应当严格执行国家有关财务规章制度规定的开支范围及开支标准。

第二十三条 专项资金支出过程中按照规定需要实行政府采购的，按照《政府采购法》等有关规定执行。

第二十四条 专项资金的结转和结余管理，按照财政部关于财政拨款结转和结余管理规定执行。已纳入实施项目库的项目，从专项资金下达之日起超过两年仍未实施的，财政部和国家文物局应当对该项目予以注销，收回已拨付资金或者调整用于其他文物保护项目。

第二十五条 国有项目实施单位使用专项资金形成的资产属于国有资产，其管理、使用和处置按照国家国有资产管理的有关规定执行。知识产权、专利等无形资产的管理，应当按照国家相关知识产权和专利法律法规执行。专项研究成果（含专著、论文、研究报告、总结、鉴定证书及成果报道等），均应注明“国家重点文物保护专项补助资金项目”和项目编号。

第二十六条 专项资金实行年度财务报告制度。项目实施单位在项目实施年度终了后，应当按照规定程序向中央有关部门、省级财政部门和文物行政部门报送《20×× 年度国家重点文物保护专项补助资金项目决算表》（见附件四）。中央有关部门、省级财政部门和文物行政部门对专项资金决算进行审核、汇总，于每年3月31日前，将上年度《20×× 年度国家重点文物保护专项补助资金项目决算汇总表》（见附件五）分别报送财政部和国家文物局。

第二十七条 专项资金实行结项财务验收制度。项目实施完毕后，项目实施单位应当按照要求编制《国家重点文物保护专项补助资金结项财务验收表》（见附件六）和项目决算报告，在6个月内向中央有关部门、省级财政部门和文物行政部门提出财务验收申请，经中央有关部门、省级财政部门和文物行政部门审核后，分别报送财政部和国家文物局备案。中央有关部门、省级财政部门和文物行政部门应当组织专家或委托第三方机构对项目进行财务验收。财务验收可以结合工程验收一并进行。

涉及国家文化安全或具有重大社会影响和示范价值的重点项目，财政部和国家文物局可以直接组织专家或委托第三方机构进行财务验收。

第二十八条 对于未通过财务验收的项目，项目实施单位应当根据财务验收意见进行整改，在一个月内重新提出财务验收申请，按规定程序再次报请验收。如再次不能通过，中央有关部门、省级财政部门和文物行政部门应当报告财政部和国家文物局按照有关规定进行处理。

第二十九条 项目通过财务验收后，项目实施单位应当在一个月内及时办理财务结账手续。

第五章 监督检查

第三十条 财政部、国家文物局负责对专项资金管理使用情况进行监督检查和绩效评价，必要时可以委托财政部驻各地财政监察专员办事处或中介机构实施。检查或评价结果作为以后年度专项资金预算安排的重要参考依据。

第三十一条 中央有关部门、地方各级财政部门和文物行政部门应当按照各自职责，建立健全专项资金管理使用的监督检查机制和绩效评价制度。项目实施单位应当建立健全内部监督约束机制，确保专项资金管理和使用安全、规范。

第三十二条 凡有下列行为之一，财政部和国家文物局给予通报批评、停止拨款、暂停核批新项目、收回专项资金等处理，并依照《财政违法行为处罚处分条例》等国家有关规定追究法律责任。涉嫌犯罪的，依法移送司法机关处理。

（一）编报虚假预算，套取国家财政资金；

（二）截留、挤占、挪用专项资金；

（三）违反规定转拨、转移专项资金；

（四）提供虚假财务会计资料；

（五）擅自变更补助范围和支出内容；

（六）未按规定处理专项资金购置的固定资产和成批施工材料；

（七）因管理不善，给国家财产和资金造成损失和浪费；

（八）不按期报送专项资金年度决算、财务验收报告和报表；

（九）其他违反国家财经纪律的行为。

第六章 附 则

第三十三条 本办法自发布之日起实施。财政部和国家文物局制定发布的《国家重点文物保护专项补助经费使用管理办法》（财教〔2001〕351号）和《大遗址保护专项经费管理办法》（财教〔2005〕135号）同时废止。

关于发布《第一次全国可移动文物普查宣传工作计划》及《实施方案》的通知

办普查函〔2013〕596号

各省、自治区、直辖市文物局(文化厅):

为加强宣传动员,贯彻落实好国务院关于第一次全国可移动文物普查的王作部署,国家文物局第一次全国可移动文物普查王作办公室制定了《第一次全国可移动文物普查宣传王作计划》和《第一次全国可移动文物普查宣传王作实施方案》。现予发布,请参照执行。

国家文物局第一次全国可移动文物普查工作办公室

(国家文物局代章)

2013年6月19日

第一次全国可移动文物普查宣传工作计划

第一次全国可移动文物普查,是继第三次全国文物普查之后在文化遗产领域开展的重大国情国力调查,涉及范围广、参与部门多、调查任务重、技术要求高、工作难度大。为使广大人民群众和社会各有关方面充分了解普查的重要意义、主要内容和方法要求等,营造全社会积极支持、主动配合和参与普查的良好舆论氛围,根据《国务院关于开展第一次全国可移动文物普查的通知》精神(国发〔2012〕54号)和《第一次全国可移动文物普查实施方案》(文物普查发〔2013〕6号)有关要求,按照国务院第一次全国可移动文物普查领导小组的部署,特制定本宣传计划。

一、指导思想

全面贯彻落实党的十八大精神,以邓小平理论、"三个代表"重要思想、科学发展观为指导,认真落实《国家"十二五"时期文化改革发展规划纲要》关于"健全文物普查、登记、建档、认定制度,开展可移动文物普查,编制国家珍贵文物名录"的要求,围绕《国务院关于开展第一次全国可移动文物普查的通知》确立的任务，按照“服务普查搞宣传，搞好宣传促普查”的思路，明确宣传对象，突出宣传重点，丰富宣传方式，广泛深入开展普查宣传，积极动员社会力量参与普查，为普查王作创造良好的社会环境。

二、工作目标

通过宣传使社会各界充分认识第一次全国可移动文物普查的重要意义，充分认识可移动文物普查是建设社会主义文化强国、增强国家软实力的战略工程，是加强国有文物监管、切实履行法律责任的基本要求，是提升公共服务能力、保障人民群众基本文化权益的重要举措。

通过普查宣传，使各级党委二政府及相关部门高度重视、积极参与、大力支持普查工作；使各级普查机构、全体普查工作人员依法开展普查工作，全面摸清国有可移动文物的数量和保存状况；使广大国有单位主动配合普查，如实申报普查资料；使社会各界了解普查的意义、内容和成果，推动形成全社会关注、支持和参与普查的工作机制和舆论氛围。

三、总体安排

根据普查实施方案的安排，结合普查工作各环节的内容和要求，普查宣传工作分为四个阶段，每一阶段针对各级政府及普查机构、国有单位、社会公众三个层面采取不同的宣传形式，有针对性地开展宣传动员工作。

（一）启动动员阶段（2012年10月—2013年3月）

以《国务院关于开展第一次全国可移动文物普查的通知》和普查各项标准规范为主要内容，集中宣传普查的意义、目标和任务，普查范围、内容要求和技术路线；重点针对普查机构与普查人员，进行自上至下的普查动员；宣传普查试点经验。

（二）扩大影响阶段（2013年4月—12月）

以宣传国有单位依法履行普查义务、积极参与普查登记为主要内容，重点宣传各级政府强有力的组织领导和积极支持、各有关部门密切协作的合作精神；宣传贯彻国务院普查领导小组会议和全国电视电话会议精神；宣传各地普查实施方案、推进措施、队伍组建、人员培训、国有单位调查等普查实施情况。

（三）全面推进阶段（2014年1月—2015年12月）

以宣传普查进展为主要内容，集中宣传各地普查开展情况；重点宣传普查阶段性成果及重要发现、普查经验和先进典型人物事迹；宣传普查王作人员克服困难、一丝不苟坚持依法普查的工作作风；宣传普查工作的社会参与；对普查存在的情况和问题，按照有关规定和程序，有针对性地做好宣传解释工作。

（四）成果发布阶段（2016年1月—12月）

以宣传普查成果、发布普查数据为主要内容，集中宣传普查成果，重点解读普查数据；宣传普查成果应用；宣传普查数据服务社会；宣传普查先进集体和先进个人。

四、组织领导

第一次全国可移动文物普查领导小组办公室负责组织协调全国普查宣传工作。

各地普查机构根据《第一次全国可移动文物普查宣传工作计划》，因地制宜制定本地区普查宣传方案，培训普查宣传队伍，推动普查宣传动员工作向纵深发展。

各级普查机构要明确宣传定位，理清宣传思路，精炼宣传内容，实施好宣传项目；创新宣传方式，突出宣传的针对性，切实提高宣传实效。

五、工作要求

（一）加强领导，明确责任。各级普查机构要高度重视普查宣传工作，落实普查宣传经费。宣传工作要与普查各阶段重点工作同步部署、同步展开，做到宣传工作贯穿普查全过程，广泛覆盖普查单位和社会公众。各普查机构要专人负责，精心组织，确保普查宣传工作落到实处。

（二）把握导向，认真实施。要统一部署，整体规划，科学组织，有重点、按步骤、分阶段进行宣传动员，切实做到全面动员，贴近实际，形成特色。要牢牢把握正确舆论导向，积极稳妥、有力有序地开展普查宣传活动。要严格执行国家有关法律法规和保密要求，发布重要普查信息、成果和数据要按程序核审，严防失密、泄密事件发生。

（三）注重创新，增强效果。要创新普查宣传的内容、形式和手段，切实把普查宣传工作做活、做深、做透，形成多角度、多层面、全方位的普查宣传格局，有效调动社会各方面关心、关注、参与普查工作的积极性、主动性和创造性，为普查工作创造良好氛围。

第一次全国可移动文物普查宣传工作实施方案

为积极稳妥、有力有序地开展第一次全国可移动文物普查（简称“普查”）宣传活动，扎实推进普查工作，根据《第一次全国可移动文物普查宣传工作计划》，特制定本实施方案。

一、宣传原则

（一）统一组织。普查宣传工作坚持统一领导、分级负责、部门协作、各方参与的实施原则，第一次全国可移动文物普查领导小组办公室（以下简称中央普查机构）统一领导、整体谋划，地方普查机构积极配合，社会各方面共同参与。

（二）突出重点。结合普查工作各个阶段、各个环节的内容和要求，根据普查工作的进展情况，有重点、按步骤、分阶段进行宣传动员，切实做到全面动员，贴近实际，形成特色。普查宣传内容既要全面系统，又要突出重点，要讲清“为什么”、“是什么”、“怎么干”，要以正面宣传为主，以动员国有单位参与普查为主，以动员全社会支持普查为主。

（三）形式多样。要把传统媒体与新媒体结合起来，把面上宣传与点上宣传结合起来，综合运用各种宣传手段，采取喜闻乐见、丰富多彩的宣传形式，多渠道、多形式、全方位地积极开展普查宣传工作，加强资源整合，实现互动互补，提高普查宣传的传播力、公信力和影响力。

（四）注重实效。要坚持集中宣传与基础性宣传相结合、重点宣传与普及宣传相结合的原则，确保宣传动员工作具有持久性和实效性。在不同时间、不同普查阶段，面向不同对象采取不同的宣传方法，安排不同的宣传内容，确保宣传动员工作具有及时性和针对性。

二、宣传分工

中央普查机构负责全国范围的普查宣传指导，制定普查宣传方案及实施方案，统筹征集普查宣传语、设计普查宣传页，组织拍摄普查公益宣传片。

地方普查机构以省为单元，负责本省区普查宣传工作的实施。根据全国普查宣传方案和本省区国有可移动文物的分布特点，制定本省区普查宣传实施方案并组织实施，督促指导普查宣传王作，培训普查宣传队伍，统筹推动媒体宣传。

各普查机构按照中央和省级普查机构的总体安排和具体要求，及时启动宣传项目，精炼宣传内容，主动反馈工作信息和宣传效果，提出需要协调的宣传事项，确保每个阶段的宣传任务落到基层，落到实处。

中央和省级普查机构要建立“普查信息发布员”制度，专门负责普查信息的汇总、报送、整理和再加工，为新闻媒体提供新闻素材。各级普查机构要做好普查信息的核审和发布，积极统筹新闻媒体资源，合理吸纳社会机构参与普查宣传。

三、宣传对象

各级政府及相关部门的宣传，要以普查的重要意义和有关政策为主要内容，推动各级政府及相关部门重视普查王作，切实加强组织领导，保障普查经费，提升各部门、各单位的协作精神和参与意识。

普查机构和普查人员的宣传，要以普查目标任务和标准规范为主要内容，强调依法普查，实事求是，确保普查数据质量。

国有单位的宣传，要以普查的目标、作用、内容和收藏单位的义务及权利为主要内容，促进国有单位主动配合、自觉参与普查，如实申报调查内容和数据。

社会公众的宣传，要以普查意义、成果和先进典型人物事迹为主要内容，赢得社会各界的理解、支持和配合，为普查工作顺利开展奠定坚实基础。

四、宣传内容

（一）《文物保护法》、《统计法》、《档案法》、《物权法》、《国家“十二五”时期文化改革发展规划纲要》、《中共中央关于深化文化体制改革推动社会主义文化大发展大繁荣若干重大问题的决定》、《国务院关于开展第一次全国可移动文物普查的通知》等法律法规及相关文件。

（二）普查实施方案，包括普查的目标任务、范围对象、内容方法、标准规范、技术路线和经费落实等。

（三）国务院普查领导小组第一次会议精神和全国电视电话会议精神。

（四）各级普查机构的工作情况；相关政策、文物认定知识和工作方法。

（五）普查王作进展、阶段性成果和重要发现；普查工作先进典型，包括典型案例和先进人物。

（六）普查作为文化与现代科技融合的重要实践，运用现代信息技术实现数字化管理。发布普查基础成果和统计数据，发布《第一次全国可移动文物普查文物名录》。

（七）普查成果和数据的管理、应用与社会共享，普查工作和普查成果的重要作用。

（八）向公众普及文物知识与普查知识，宣传公众对普查工作的关注和参与。

五、宣传形式

（一）电视媒体宣传：第一次全国可移动文物普查公益宣传片；电视专题节目；纪录片；重要事件和普查成果的新闻、短讯等常态性宣传报道。

（二）平面媒体宣传：日常新闻报道和专题（针对某一地区的普查全面工作）、纵深（针对事件和话题）、专栏（针对普查工作者和学者）、专访（针对领导和专家、普查工作者）结合；专刊专版（普查工作和成果特辑）。

（三）网络媒体宣传：建设并维护第一次全国可移动文物普查官方网站，及时发布普查实施方案、培训工作计划、会议纪要、工作简报、动态报道、成果展示、工作访谈、专家视点、普查平台技术展示等；有效链接国家文物局官方网站、新华网、中国政府网、各省级政府网、各省级文物行政管理部门网站等；地方文物普查机构充分利用各地各级政府网站设立普查专题或栏目。

（四）其他新媒体宣传：积极引入微博、二维码、网络游戏、BBS社区以及微信等手机自媒体形式发布普查信息，宣传普查知识。

（五）重大主题宣传活动：开展国际博物馆日、文化遗产日、国际古迹遗址日、遗产保护论坛相关普查专题或主题宣传活动。

六、宣传活动

——定期召开新闻发布会。

——设立“第一次全国可移动文物普查”网站。

——开设专栏专题。在报刊媒体开设普查专栏，在文物、文化、档案、宗教等部门网站及门户网站设立文物普查专题。

——新媒体互动。开设微博，与各文博机构微博形成联动，组织微访谈。

——通过手机平台在关键节点发布普查公益短信。

——中央普查机构统一设计宣传页、海报和普查公益宣传片。征集发布系列标语口号。

——各级普查机构向普查范围内的国有单位、社区、街道、学校、部队张贴发放宣传页和海报。

——在各类媒介如交通运载工具（机场、地铁、公共汽车）和公共场所（博物馆和城市广场电子显示屏、楼宇电视、户外广告空间）张贴普查海报或播放公益宣传片。

——以国际古迹遗址日、国际博物馆日、文化遗产日为依托，在每年4—6月开展“可移动文物普查宣传季”。

——组织年度“我是国宝——第一次全国可移动文物普查摄影大赛”，征集普查中拍摄的精彩文物照片或工作照。组织“我是普查员”征文，讲述普查故事，在《中国文物报》择优发表，并适时结集出版。

——组织拍摄普查成果记录片，反映普查五年历程，介绍普查工作、重要文物、新发现文物等。各级普查机构组织在电视台、城市广场、博物馆展厅、各种社会媒介、有关网络和手持电子平台播放。

——召开新闻发布会，公布普查成果，发布《第一次全国可移动文物普查文物名录》。

——举办“第一次全国可移动文物普查成果”进社区、进学校等宣传活动。

——组织“文物创意产品大赛”，鼓励公众共享和应用普查成果。

七、总结

普查领导小组办公室及时总结通报普查宣传工作情况，对在普查工作中涌现的先进集体和先进个人予以鼓励。

附：第一次全国可移动文物普查推荐标语口号

1. 文物家底有多少 普查一下就知道
2. 中国文物知多少 不做普查怎知道
3. 文物普查 更好保护 更多共享
4. 普查始于清点 传承始于行动
5. 国宝大调查 只为与你共享
6. 数清国宝公藏 保护中华文物
7. 国宝——就在你身边
8. 清点国宝 你我参与
9. 一次登记 世代受益
10. 文物普查 国家行动
11. 关注文物普查 热爱祖国文化
12. 让每个国民都能方便查阅国宝
13. 文物登记 留住记忆
14. 细数家珍 共享宝藏
15. 普查文物 让历史启示未来
16. 普查文物 你我关注
17. 国宝调查 全民关注
18. 我们的国宝 我们的守护

关于印发《国家重点文物保护专项补助资金绩效管理暂行办法》的通知

文物办函〔2013〕1412 号

各省、自治区、直辖市、计划单列市文物局(文化厅、文化局):

《国家重点文物保护专项补助资金绩效管理暂行办法》已经国家文物局2013年第3次局务会议审议通过。现予印发试行。请你局按照办法要求做好重点文物保护专项补助资金绩效管理工作。执行中如有相关意见和建议,请及时函告我局。

附件:国家重点文物保护专项补助资金绩效管理暂行办法

(国家文物局代章)

2013 年 7 月 26 日

国家重点文物保护专项补助资金绩效管理暂行办法

第一章　总则

第一条　为规范国家重点文物保护专项补助资金(以下简称“专项资金”)的使用与管理,强化支出责任,提高资金使用效益,根据《中华人民共和国预算法》、《中华人民共和国文物保护法》、《国家重点文物保护专项补助资金使用管理办法》、《财政支出绩效评价管理暂行办法》、《关于推进预算绩效管理的指导意见》等法律法规和财政资金管理的有关规定,结合专项资金的实际,制定本办法。

第二条　本办法适用于中央财政资金支持的文物保护专项资金补助项目。主要包括:世界文化遗产保护、大遗址保护、全国重点文物保护单位保护、考古调查、可移动文物保护等。

第三条 专项资金绩效管理应当遵循以下原则：

(一)统一管理，职责明确。国家文物局负责组织、指导地方文物行政部门开展绩效管理工作；省级文物行政部门负责本行政区域专项资金的绩效管理；补助项目具体实施单位(以下简称“资金使用单位”)负责具体落实。

(二)全面管理，规范程序。建立健全绩效管理运行机制和工作流程，强化全过程绩效管理，所有安排专项资金补助的项目，均纳入绩效管理。

(三)及时分析，加强管理。对专项资金绩效管理结果及时做出分析，改进和提高绩效管理水平。专项资金绩效管理分析包括资金到位情况、项目实施情况、资金使用情况、项目实施效益情况等内容。国家文物局负责提出改进措施和办法，省级文物行政部门负责提出改进意见和建议。

第二章 绩效管理职责

第四条 国家文物局绩效管理职责：

(一)制定专项资金绩效管理的制度和规定，指导、监督、考核地方文物行政部门的绩效管理工作；

(二)组织省级文物行政部门开展专项资金绩效管理工作，对补助项目实施过程的绩效信息进行汇总分析；

(三)建立和完善专项资金绩效管理信息系统，对专项资金补助项目的绩效管理情况予以发布。

第五条 省级文物行政部门绩效管理职责：

(一)组织本行政区域内专项资金绩效管理的实施；

(二)指导、审核本行政区域内专项资金补助项目绩效管理工作，按时上报绩效管理信息；

(三)组织、指导资金使用单位开展绩效总结，分析、改进绩效管理工作。

第六条 资金使用单位绩效管理职责三

(一)编制、填报《国家重点文物保护专项补助资金绩效管理情况表》(以下简称《绩效管理情沈表》);

(二)严格按照工程管理办法等相关制度规定和确定的目标，开展专项资金补助项目实施工作；按时提交补助项目实施、资金到位和执行情况等绩效管理相关信息；

(三)严格按照工程管理办法等相关制度规定，开展竣工验收、结算、审计和决算工作；

(四)落实各级文物行政部门对专项资金绩效管理的要求，并根据绩效管理结果及时改进专项资金补助项目实施工作和资金管理工作。

第三章 绩敢管理程序

第七条 专项资金绩效管理程序包括绩效信息上报、汇总分析、重点监督检查等。

第八条 绩效管理信息是绩效管理运行情况的反应，是对绩效目标实现情况的跟踪管理和督促检查的依据，资金使用单位必须定期填报《绩效管理情况表》，具体要求如下：

（一）资金使用单位在预算年度结束后，编报《绩效目标情况表》，于次年1月31日前报省级文物行政部门。

（二）省级文物行政部门对《绩效管理情况表》进行审核，并汇总、分析本省专项资金总体实施绩效管理情况，编制本省《国家重点文物保护专项补助资金项目绩效总结分析报告》（附件二，以下简称《绩效总结分析报告》），于次年2月28日前将资金使用单位编制的《绩效管理情况表》和《绩效总结分析报告》一并报送国家文物局。

（三）国家文物局对全国报送的绩效管理材料进行汇总，分析专项资金年度总体绩效实现情况，并在一定范围内予以发布。

第九条 国家文物局定期抽取部分专项资金补助项目进行重点检查，对绩效信息的真实性进行核实，及时掌握绩效管理实施的实际情况。

第十条 国家文物局按照财政部关于绩效评价的有关要求，对于专项资金中在一定金额以上、具有明显社会影响和经济影响的重点补助项目，组织开展绩效评价工作。纳入绩效评价的补助项目由国家文物局确定。

第十一条 工程验收和财务验收须结合进行，做为绩效管理工作进行总结评估的依据。

第四章 绩效管理应用

第十二条 专项资金绩效管理结果是专项补助资金安排的重要依据。

第十三条 国家文物局不定期对省级文物行政部门绩效管理工作进行抽查、考核，并将考核结果在一定范围内公布。

第十四条 国家文物局要逐步完善专项资金绩效管理体系，建立绩效管理工作考核机制和绩效信息发布机制，探索制定专项资金绩效评价指标和标准。

第十五条 省级文物行政部门与资金使用单位要不断改进内部管理，合理配置资源，加强财务管理，提高资金的使用效率和效益。

第五章 附则

第十六条 省级文物行政部门和资金使用单位可结合实际，制定具体的绩效管理实施细则。

第十七条 本办法自发布之日起施行。

附件：

一、国家重点文物保护专项补助资金绩效管理情况表

二、国家重点文物保护专项补助资金绩效管理总结报告提纲

关于《第三批禁止出境展览文物目录》的通知

文物博函〔2013〕1320号

各省、自治区、直辖市文物局（文化厅）：

为加强文物出境展览的规范管理，切实保证珍贵文物尤其是一级文物中的孤品和易损品安全，2002年、2012年我局先后公布了第一、二批共计101件（组）禁止出境展览的一级文物名单。

为适应出境展览文物安全工作的新形势和新要求，现发布第三批禁止出境展览文物目录（含青铜器、陶瓷、玉器、杂项等四类），列入目录的94件（组）一级文物自即日起禁止出境展出。

附件：第三批禁止出境展览文物目录

国家文物局

2013年7月29日

关于发布《第三批禁止出境展览文物目录》的通知

文物博函〔2013〕1320号

各省、自治区、直辖市文物局（文化厅）：

为加强文物出境展览的规范管理，切实保证珍贵文物尤其是一级文物中的孤品和易损品安全，2002年、2012年我局先后公布了第一、二批共计101件（组）禁止出境展览的一级文物名单。

为适应出境展览文物安全工作的新形势和新要求，现发布第三批禁止出境展览文物目录

（含青铜器、陶瓷、玉器、杂项等四类），列入目录的94件（组）一级文物自即日起禁止出境展出。

附件：第三批禁止出境展览文物目录				
序号	名称	时代	收藏单位	备注
一、青铜器类				
1	商子龙鼎	商	中国国家博物馆	
2	商四羊方尊	商	中国国家博物馆	1938年湖南宁乡月山铺出土
3	商龙纹兕觥	商	山西博物院	1959年山西石楼桃花庄出土
4	商大禾方鼎	商	湖南省博物馆	1959年湖南宁乡出土
5	商铜立人像	商	广汉三星堆博物馆	1986年四川广汉三星堆遗址2号祭祀坑出土
6	西周天亡簋	西周	中国国家博物馆	
7	西周伯矩鬲	西周	首都博物馆	1975年北京房山琉璃河燕国墓地251号墓地出土
8	西周晋侯鸟尊	西周	山西博物院	1992年山西曲沃北赵村晋侯墓地114号墓出土
9	西周害夫（hu）簋	西周	周原博物馆	1978年陕西扶风法门镇齐村出土
10	西周逨盘	西周	宝鸡青铜器博物院	2003年陕西眉县杨家村窖藏出土
11	春秋越王勾践剑	春秋	湖北省博物馆	1965年湖北江陵望山出土
12	战国商鞅方升	战国	上海博物馆	
13	战国错金银镶嵌丝网套铜壶	战国	南京博物院	1982年江苏盱眙南窑庄出土
14	西汉诅盟场面贮贝器	西汉	中国国家博物馆	云南晋宁石寨山出土
15	西汉彩绘人物车马镜	西汉	西安博物院	1963年陕西西安红庙坡出土
16	西汉杀人祭柱场面贮贝器	西汉	云南省博物馆	云南晋宁石寨山出土

续表

二、陶瓷类				
1	新石器时代仰韶文化彩陶人面鱼纹盆	新石器时代	中国国家博物馆	1955年陕西西安半坡遗址出土
2	新石器时代马家窑文化彩陶舞蹈纹盆	新石器时代	中国国家博物馆	1973年青海大通上孙家斋出土
3	新石器时代马家窑文化彩陶贴塑人纹双系壶	新石器时代	中国国家博物馆	1974年青海月都柳湾墓葬出土
4	新石器时代仰韶文化彩陶网纹船形壶	新石器时代	中国国家博物馆	1980年山西襄汾陶寺遗址第3072号墓出土
5	新石器时代龙山文化彩绘蟠龙纹陶盘	新石器时代	中国社会科学院考古研究所	1973年甘肃泰安邵店大地湾出土
6	新石器时代仰韶文化彩陶人形双系壶	新石器时代	甘肃省博物馆	1974年山东泰安大汶口遗址出土
7	新石器时代大汶口文化彩陶八角星纹豆	新石器时代	山东省文物考古研究所	1935年浙江绍兴出土
8	吴“永安三年”款青釉堆塑谷仓罐	三国吴	故宫博物院	1955年江苏省南京赵士岗吴墓出土
9	吴“赤乌十四年”款青釉虎子	三国吴	中国国家博物馆	1983年江苏南京雨花区长岗村出土
10	吴青釉褐彩羽人纹双系壶	三国吴	南京市博物馆	1976年江苏宜兴周处家族墓出土
11	西晋青釉神兽尊	西晋	南京博物院	1948年河北景县封氏墓群出土
12	北齐青釉仰覆莲花尊	北齐	中国国家博物馆	1971年河南安阳范粹墓出土
13	北齐白釉绿彩长颈瓶	北齐	河南博物院	
14	隋白釉龙柄双联传瓶	隋	天津博物馆	
15	唐青釉凤首龙柄壶	唐	故宫博物院	
16	唐鲁山窑黑釉蓝斑腰鼓	唐	故宫博物院	
17	唐代陶骆驼载乐舞三彩俑	唐	中国国家博物馆	1957年西安鲜于庭海墓出土
18	唐长沙窑青釉褐蓝彩双系罐	唐	扬州博物馆	1974年江苏扬州石塔路出土

续表

19	唐越窑青釉褐彩云纹五足炉	唐	临安市文物馆	1980年浙江临安水邱氏墓出土
20	唐长沙窑青釉褐彩贴花人物纹壶	唐	湖南省博物馆	1973年湖南衡阳出土
21	唐三彩骆驼再乐俑	唐	陕西历史博物馆	1959年陕西西安中堡村唐墓出土
22	五代耀州窑摩羯形水盂	五代	辽宁省博物馆	1971年辽宁北票水泉辽墓出土
23	五代越窑莲花式托盏	五代	苏州博物馆	1956年江苏苏州虎丘云岩寺塔出土
24	五代耀州窑青釉刻花提梁倒流壶	五代	陕西历史博物馆	1968年陕西彬县出土
25	北宋汝窑天青釉弦纹樽	北宋	故宫博物院	
26	北宋官窑弦纹瓶	北宋	故宫博物院	
27	北宋钧窑月白釉出戟尊	北宋	故宫博物院	
28	北宋定窑白釉刻莲花瓣纹龙首净瓶	北宋	定州市博物馆	1969年河北定县净众院塔基地宫出土
29	北宋官窑贯耳尊	北宋	吉林省博物院	
30	宋登封窑珍珠地划花虎豹纹瓶	宋	故宫博物院	
31	元青花萧何月下追韩信图梅瓶	元	南京市博物馆	江苏南京印堂村观音山沐英墓出土
32	元蓝釉白龙纹梅瓶	元	扬州博物馆	
三、玉器类				
1	新石器时代红山文化玉龙	新石器时代	中国国家博物馆	1971年内蒙古翁牛特旗赛沁塔拉村出土
2	新石器时代良渚文化神人兽面纹玉钺	新石器时代	浙江省博物馆	1986年浙江余杭反山12号墓出土
3	夏七孔玉刀	夏	洛阳博物馆	1975年河南偃师二里头遗址出土

续表

4	西周晋侯夫人组玉佩	西周	山西博物院	1992年山西曲沃M63墓（晋穆侯次夫人墓）出土
5	战国多节活环套练玉佩	战国	湖北省博物馆	1978年湖北随县曾侯乙墓出土
6	西汉“皇后之玺”玉玺	西汉	陕西历史博物馆	1968年陕西咸阳汉高祖长陵附近发现
7	东汉镂雕东王公西王母纹玉座屏	东汉	定州市博物馆	1969年河北定州中山穆王刘畅墓出土
8	西晋神兽纹玉樽	西晋	湖南省博物馆	1991年湖南安乡西晋刘弘墓出土
9	元“统领释教大元国师之印”龙钮玉印	元	西藏博物馆	
四、杂项类				
1	商太阳神鸟金箔片	商	成都金沙遗址博物馆	2001年四川成都金沙遗址出土
2	商金杖		广汉三星堆博物馆	
3	战国包金镶玉嵌琉璃银带钩	战国	中国国家博物馆	1951年河南辉县固围村5号战国墓出土
4	西汉“滇王之印”金印	西汉	中国国家博物馆	1956年云南晋宁石寨山古墓群出土
5	西汉错金银镶松石狩猎纹铜伞铤	西汉	河北省文物研究所	
6	唐龟负论语玉烛酒筹鎏金银筒	唐	镇江博物馆	1982年江苏丹徒丁卯桥唐代窖藏出土
7	战国彩绘乐舞图鸳鸯形漆盒	战国	湖北省博物馆	1978年湖北随县曾侯乙墓出土
8	西汉识文彩绘盝顶长方形漆奁	西汉	湖北省博物馆	1973年湖南长沙马王堆3号墓出土
9	西汉黑漆朱绘六博具	西汉	湖北省博物馆	1973年湖南长沙马王堆3号墓出土

续表

10	吴彩绘季札挂剑图漆盘	三国吴	安徽省文物考古研究所	1984年安徽马鞍山三国吴朱然墓出土
11	吴皮胎犀皮漆鎏金铜釦耳杯（2件）	三国吴	安徽省文物考古研究所	1984年安徽马鞍山三国吴朱然墓出土
12	北宋木雕真珠舍利宝幢（含木函）	北宋	苏州博物馆	1978年江苏苏州瑞光寺塔出土
13	新石器时代大汶口文化象牙梳	新石器时代	山东省博物馆	1959年山东泰安大汶口遗址出土
14	新石器时代河姆渡文化双鸟朝阳纹像牙雕刻器	新石器时代	浙江省博物馆	1977年浙江余姚河姆渡遗址出土
15	隋绿玻璃盖罐	隋	中国国家博物馆	1957年陕西西安李静训墓出土
16	隋绿玻璃小瓶	隋	中国国家博物馆	1957年陕西西安李静训墓出土
17	汉红地对人兽树纹罽袍	汉	新疆维吾尔自治区文物考古研究所	1995年新疆尉犁营盘遗址墓地出土
18	北魏刺绣佛教供养人	北魏	敦煌研究院	1965年甘肃敦煌莫高窟出土
19	北朝方格兽纹锦	北朝	新疆维吾尔自治区博物馆	1968年新疆吐鲁番阿斯塔那北区99号墓出土
20	北宋灵鹫纹锦袍	北宋	故宫博物院	1953年新疆阿拉尔出土
21	战国石鼓（1组10只）	战国	故宫博物馆	
22	唐昭陵六骏石刻（什伐赤、白蹄乌、特勒骠、青骓4幅）	唐	西安碑林博物馆	1950年原陕西历史博物馆移交
23	宋拓西岳华山庙碑册（华阴本）	宋	故宫博物院	
24	明曹全碑初拓本（“因”字不损本）	明	上海博物院	
25	唐写本王仁昫《刊谬补缺切韵》	唐	故宫博物院	

续表

26	北宋刻开宝藏本《阿惟越致经》（1卷）	北宋	中国国家图书馆	
27	北宋刻本《范仲淹文集》（30卷）	北宋	中国国家图书馆	
28	唐章怀太子墓壁画马球图（1组）	唐	陕西历史博物馆	
29	唐章怀太子墓壁画狩猎出行图（1组）	唐	陕西历史博物馆	
30	唐章怀太子墓壁画阙楼图（1组）	唐	陕西历史博物馆	
31	唐永泰公主墓壁画宫女图	唐	陕西历史博物馆	
32	战国简《金縢》	战国	清华大学	
33	战国郭店楚简《老子》（甲、乙、丙）	战国	荆门市博物馆	
34	战国楚简《孔子诗论》	战国	上海博物馆	
35	秦云梦睡虎地秦简《语书》	秦	湖北省博物馆	
36	秦简《数》	秦	湖南大学	
37	西汉马王堆汉墓帛书《周易》	西汉	湖南省博物馆	

关于印发《世界文化遗产申报工作规程（试行）》的通知

文物博函〔2013〕1595号

各省、自治区、直辖市文物局（文化厅、文管会）：

为加强协调指导，进一步规范世界文化遗产申报工作，我局制订了《世界文化遗产申报工作规程（试行）》，明确了申报相关各方的责任、权利和义务，申报项目应具备的条件和所需开展的工作，以及申报程序等。现予以印发，请遵照执行。

国家文物局

2013年8月26日

世界文化遗产申报工作规程（试行）

第一章　总　则

第一条　为规范世界文化遗产申报工作，促进文化遗产保护管理，依据《中华人民共和国文物保护法》、文化部《世界文化遗产保护管理办法》和国家文物局《世界文化遗产申报审核管理规定》，参照联合国教科文组织《保护世界文化和自然遗产公约》、《实施世界遗产公约操作指南》（以下简称《操作指南》）及世界遗产委员会咨询机构和世界遗产中心《世界遗产资源手册——世界遗产申报准备》等，制订本规程。

第二条　本规程主要适用于已列入《中国世界遗产预备名单》并在联合国教科文组织备案，拟申报列入联合国教科文组织《世界遗产名录》的文化遗产项目，以及文化和自然双重遗产项目中的文化遗产部分。

第三条　开展世界文化遗产申报工作（以下简称“申报工作”），应当遵循加强领导、明确职责、分级负责、各司其职、分阶段推进的原则，各级政府、文物主管部门，有关管理机构，利益相关者，专业单位、专业咨询机构和专家，应当在申报工作中承担相应的责任、权利和义务。世界文化遗产申报项目所在地地方人民政府（以下简称“所在地地方政府”）是申报工作的责任主体。

第四条 申报工作应当树立正确理念，以加强保护为最终目标，以揭示和宣传文化遗产的突出普遍价值为基本要求，不断提高文化遗产保护管理水平，力求发挥文化遗产在提升人与社会综合文明素质中的积极作用。

世界文化遗产申报涉及遗产地环境建设与居民生活。既要以申报工作为契机，善于解决遗产保护与环境协调方面存在的历史遗留问题，使申报同时变为环境和谐、家园美化的过程；又要立足国情，尊重合理的历史沿革，准确解读并把握国际理念、规则和应用尺度，勤俭节约，量力而行，避免奢华之风、过度拆迁和利益相关者纷争。

第五条 围绕申报开展的保护、展示、监测和环境整治等工作，应在深入开展申报项目的突出普遍价值、真实性、完整性研究的基础上，按照“不改变文物原状”原则，最小干预，因地制宜，确保文化遗产的真实性、完整性和展示利用的可持续性。遗址保护与展示，一般不支持、不提倡复建历史上已毁损无存的文物古迹。如确有必要，需经充分论证和依法报批。

第六条 申报工作应当建立有效的宣传、教育和社会沟通渠道，鼓励遗产地开展多种形式的宣传教育活动，确保当地群众特别是利益相关者的知情权、参与权和监督权，使申报王作达成社会共识。宣传教育应注重对文化遗产的认识、保护管理、环境谐调和可持续发展，并遵守相关国际规则。

第二章 相关方的责任和义务

第七条 国家文物局负责全国世界文化遗产申报工作的项目审核、指导监督和宏观管理，并承担相应的涉外沟通工作责任。

第八条 省级人民政府负责本行政区域内申报工作的组织、领导和协调。

省级文物行政部门负责本行政区域内申报王作的项目审核和指导监督，督促所在地地方政府，制定申报工作实施计划和时间表，落实责任人、工作经费，确保各项工作如期完成。

第九条 所在地地方政府是申报工作的责任主体，负责申报工作的具体实施和王作推进，组建申报专门机构，制定相关地方规章，协调利益相关者，保证申报工作有序开展。

申报项目保护管理机构负责依法做好相关遗产的保护、管理、研究工作。

第十条 所在地地方政府应依据相关法律法规的要求，经过履行相关程序，委托具备相关专业资质和世界文化遗产保护领域从业经历的专业单位，承担申报文本和保护管理规划编制、补充和修改等工作。

第十一条 受所在地地方政府委托负责编制申报文本和保护管理规划的专业单位，应根据委托协议（合同），在约定时间内完成编制任务，并根据申报工作的阶段性进展，特别是相关国际组织的反馈要求，完成申报文本、保护管理规划的修改完善工作。

所在地地方政府和受委托的专业单位可在委托协议（合同）中，在满足申报时间和程序要求的前提下，规定双方责任、义务、工作完成时限及费用支付方式。协议（合同）双方可在出现国际咨询机构和世界遗产委员会对申报项目的评估或审议结论为“登录”、“补报”、“重报”和“不予登录”等不同情况时，约定各自相应的职责、义务和费用。

第十二条 受国家文物局委托的专业咨询机构负责按照《保护世界文化和自然遗产公约》及其《操作指南》等国际公约和相关国内法律法规的要求，开展申报项目专业评估工作。

申报项目评估实行专家评审制度。参与项目评审的专家从中国世界文化遗产专家委员会和专家库中随机产生。专家遴选应坚持回避原则。参与每个项目评审的专家人数不得少于5人。

第十三条 受所在地地方政府或各级文物行政部门委托，中国世界文化遗产专家委员会和专家库中的专家依照《中国世 界文化遗产专家咨询管理办法》，开展申报咨询工作，供所在地 地方政府或主管部门行政决策参考。

第三章 申报准备和条件

第十四条 鼓励和提倡有申报潜力和申报意向的所在地地方政府组织开展申报前期准备工作，可以包括国内外咨询、研讨活动；充分的社会动员协调，与相关部门、机构、社团组织和利益相关者达成共识；立法和规划前期工作；经费筹措；人员培训等。

第十五条 具备以下第十六条至第二十七条所列全部条件的，可以向国家文物局提交申报申请文件。如有第二十八条至三十条所列情况，应做好相关工作。

第十六条 文化遗产或其组成要素被公布为省级及以上文物保护单位，依法完成“四有”工作（划定必要的保护范围，作出标志说明，建立记录档案，并区别情况分别设置专门机构或者专人负责），并通过验收。

第十七条 开展文化遗产基础研究、价值研究和比较分析，提炼出具有说服力的突出普遍价值，包括申报列入《世界遗产名录》的适用标准、真实性、完整性及有效的保护管理体系等。

第十八条 划定申报世界遗产所必需的遗产区和缓冲区。遗产区应当包含体现突出普遍价值的所有组成要素，包括历史建筑（群）、遗址、历史街区等人文要素，以及地形、地貌、生态环境等自然要素；缓冲区应当包括与遗产紧密相关的环境，为遗产区保护提供保障，并向非遗产区协调过渡。遗产区和缓冲区的划定应关注到特有的景观特征和传统内涵。

遗产区和缓冲区区划应与文物保护单位保护范围和建设控 制地带区划相衔接；因遗产区和缓冲区保护管理的要求，需要 对文物保护单位保护范围和建设控制地带进行调整的，应依法 履行程序。

第十九条 颁布实施文化遗产保护的地方专项法规和规章。

按照世界文化遗产保护管理要求，编制文化遗产保护管理 规划，明确遗产保护管理、协调机制、阐释展示、旅游开发压 力应对、风险防范、监测预警、利益相关者协调等规划内容，并已经相关地市级以上人民政府颁布实施。

第二十条 设立文化遗产保护管理专门机构，人员、经费、 办公场所配备到位，并且拥有一定数量的文化遗产保护专业人员，能够保持机构良性运转。

第二十一条 文化遗产所在县级以上人民政府建立遗产保护、申遗领导和工作机制，并设立必要的办事机构。

第二十二条 开展必要的文化遗产专题研究、考古调查发 掘、勘察测绘等基础工作，对遗产的发展脉络、价值特征和文化内涵有较全面、系统和清晰的了解；相关研究和考古等成果已经发表或出版。

第二十三条 除有可能同时申报列入《世界遗产名录》和《濒危世界遗产名录》的项目之外，一般申报项目均应已排除文化遗产本体明显的安全隐患，近期无需开展大规模修缮工作。

制定遗产风险防范和灾害防护的有效措施和相关规划，能够有效应对遗产面临的各种威胁。

近三年内，拟申报的遗产区和缓冲区范围内未发生损毁遗产本体、破坏遗产风貌和环境景观的事件。

第二十四条 按照相关要求和标准，设立完备的遗产监测体系、数据库和有效反应机制。

第二十五条 有基本准确、全面、恰当、生动的阐释与展示体系和设施，能够有针对性地阐释遗产特征、价值、保护现状和历史沿革等；合理设定游客承载量，并制订相应的游客管理和服务措施。

第二十六条 近三年内，拟申报的遗产区和缓冲区范围内未新增明显影响遗产真实性、完整性和环境景观的不协调建（构）筑物；原有不协调建（构）筑物已经拆除或得到有效整治；相关规划中无新建不协调建（构）筑物的计划。

第二十七条 在文化遗产的项目申报、规划编制、保护管理、展示服务、环境整治等工作中，进行必要性和可行性论证，全面评估历史发展沿革，充分考虑当地实际情况，周密测算和评判拟采取措施可能对地方政治、经济、社会等产生的影响，以公示、听证等方式征求申报项目所有利益相关者的意见。相关项目实施前应依法履行审批手续。

第二十八条 如果属于活态遗产类型的申报项目，应有确保遗产可持续保护和利用，并能保持其原有主要特征、功能、传统与活力的策略及保障机制。

第二十九条 涉及多个省、自治区、直辖市的申报项目，由相关省级人民政府协商一致后，建立省际联合申报协商工作机制，并确定牵头单位。涉及一个省、自治区、直辖市行政区域内多个市、县的，由省级人民政府建立联合申报工作机制。

第三十条 涉及外交、民族、宗教、历史疆界、国家统一等方面重大问题的申报项目，须由相关省级人民政府会商国家相关部门，并征求相关专业咨询机构意见，必要时可由国家文物局协助与国家相关部门进行会商。

第四章 工作方法和程序

第三十一条 国家文物局每年3月31日前受理省级文物行政部门提交的以下申报材料：

相关省级人民政府对申报项目的支持意见；

按照《操作指南》规范要求编制的申报文本及相关省级文物行政部门初审意见；

文化遗产保护地方专项法规、规章及颁布实施文件；

文化遗产保护管理规划等相关规划及所在地地方政府颁布实施文件；

所在地地方政府关于利益相关者协调情况说明；

涉及外交、民族、宗教、历史疆界、国家统一等方面重大问题的申报项目会商相关部门文件。

上述材料需提交纸质件、电子件各一式三份。

第三十二条 受国家文物局委托开展评估工作的专业咨询机构，在收到国家文物局转来的相关申报材料后10个工作日之内，对申报材料是否完整、是否符合本规程确定的申报条件等提出审核意见，并告国家文物局。

第三十三条 国家文物局根据专业咨询机构的审核意见，确定待考察评估项目，并委托相关专业咨询机构，组织中国世界文化遗产专家委员会和专家库专家，按照《操作指南》及本规程要求，对待考察评估项目进行现场考察和书面评估。现场考察应重点考察申报项目的保护管理情况，书面评估应重点对申报项目是否具备突出普遍价值进行评估。

专业咨询机构根据专家现场考察和书面评估意见，组织中国世界文化遗产专家委员会和专家库专家进行集体评审，形成第三年度申报项目的初审意见，并对申报文本和保护管理规划提出具体修改意见。专业咨询机构于当年5月31日前将申报项目初审意见和相关修改意见以书面文件形式提交国家文物局。

第三十四条 国家文物局于当年6月15日前，对专业咨询机构的初审意见进行研究审议，形成第三年度中国世界文化遗产申报项目的终审意见。并将终审意见及申报工作建议函告相关省级文物行政部门，由其向省级人民政府报告。

第三十五条 申报项目所在地省级人民政府研究接受国家文物局对申报项目的终审意见和工作建议后，应正式提出申报申请，并由国家文物局函商中国联合国教科文组织全国委员会。

第三十六条 所在地地方政府根据国家文物局终审意见和工作建议，组织修改完善申报文本和保护管理规划，经相关省级文物行政部门审核后，于当年8月15日前报国家文物局审核。

第三十七条 国家文物局于当年9月30日前商请中国联合国教科文组织全国委员会将申报文本提交世界遗产中心初审。

第三十八条 国家文物局在收到世界遗产中心对申报文本的初审意见后，立即通知相关省级文物行政部门，请其指导、督促所在地地方政府组织相关专业单位，根据世界遗产中心初审意见对申报文本进行必要的修改完善及英文文本核校工作。

第三十九条 相关省级文物行政部门于次年1月5日前，将修改完善后的中英文申报文本终稿（包括保护管理规划、地图、光盘、幻灯片等资料）报送国家文物局，并须附相关专业咨询机构审核意见和3名以上专家对申报文本英文终稿审校一致的意见。

第四十条 国家文物局于次年1月10日前，将申报文本中、英文终稿送达中国联合国教科文组织全国委员会；经国务院批准后，正式提交联合国教科文组织世界遗产中心。

第四十一条 国家文物局在收到世界遗产中心关于世界文化遗产申报文本终稿格式审核意见后，告知相关省级文物行政部门。

第四十二条 国家文物局指导、督促有关地方各级政府及文物行政部门，以专业准备为主，做好接受世界遗产委员会国际咨询机构对申报项目现场考察评估相关工作。

第四十三条 在世界遗产委员会国际咨询机构集体评估形成初审意见需补充材料的情况下，所在地地方政府应组织相关专业单位，按照国际咨询机构的要求完成补充材料，经相关省级文物行政部门初审后，报请国家文物局提交国际咨询机构。

第四十四条 当世界遗产委员会会议对申报项目审议决议为“补报”时，所在地地方政府应组织相关专业单位，在规定时限内完成补充材料，经相关省级文物行政部门初审后，报请国家文物局提交世界遗产中心；当世界遗产委员会决议为“重报”或“不予登录”时，所在地地方政府应组织相关专业单位，根据决议要求开展后续工作，并明确有关各方责任与义务。

第五章　其他事项

第四十五条 申报材料中涉密数据的申请、解密、公开等事宜，由所在地地方政府依法履行相关审批程序；相关涉密数据的使用、管理，应遵守国家保密法律法规。

第四十六条 申报工作所需经费原则上由所在地地方政府承担。整治、拆迁、考古、测绘、文物保护等工作所需费用可根据现行相关标准掌握；编制申报文本和相关规划等，应既保证相关专业单位获得合理报酬，又避免过高收费。

第四十七条 在申报工作中一旦出现违法行为，或引发利益相关者强烈不满造成重大负面社会影响，或未按照规定时间节点完成申报工作且持续推进不力，国家文物局将商相关省级人民政府同意后，中止或推迟申报。

第四十八条 申报文本、保护管理规划等相关申报资料和成果归委托协议（合同）双方共同所有，并报国家文物局指定的专业咨询机构备份存档；其保存、管理和使用，须遵守相关法律法规。

第四十九条 对于涉及国家领土主权、文化安全以及跨国申报等文化遗产项目，在特定情况下，国家文物局经商相关省级人民政府及国家有关部门同意后，报经国务院批准，可直接指定世界文化遗产申报项目。有关协调工作机制另行确定。

第六章　附则

第五十条 本规程自发布之曰起施行。

关于发布《出境展览文物安全规定（试行）》的通知

文物博函〔2013〕1612号

各省、自治区、直辖市文物局（文化厅）：

为了加强出境展览文物安全管理，确保文物安全，根据《中华人民共和国文物保护法》等法律法规，我局制定了《出境展览文物安全规定（试行）》。现印发给你们，请遵照执行。

特此通知。

附件：《出境展览文物安全规定（试行）》

国家文物局

2013年8月27日

出境展览文物安全规定（试行）

第一条 为了提高文物安全管理水平，有效防范出境展览文物安全事故，根据《中华人民共和国文物保护法》等法律法规，制定本规定。

第二条 本规定适用于博物馆等文物出境展览承办单位举办出境展览的文物安全工作。

文物出境展览承办单位应切实履行职责，积极会同相关文物收藏单位等境内外合作机构落实文物安全责任制，确保文物安全。

第三条 各级文物行政主管部门及有关部门或机构，文物出境展览承办单位、文物收藏单位的负责人和工作人员，对本辖区、本单位出境展览文物安全事故的防范、发生，负有领导责任或者直接责任。

第四条 文物出境展览承办单位应优选具有良好资信的境外博物馆作为合作伙伴，首次举办中国文物展览或距最近一次举办中国文物展览三年以上的境外展场，必须通过现场评估确保展场设施条件符合文物陈列的安全要求。

第五条 出境展览文物遴选，必须严格遵照国家有关法律法规，坚持以我为主，现状不能保证安全的文物一律不得申报出境展览。

第六条 文物收藏单位必须建立健全文物借展制度，对拟出境展览文物组织文物、展览、科技保护等领域专家，结合文物（修复）档案，对文物本体连接的牢固性、腐蚀度、外表装饰脱落程度、脆弱性，以及是否能够经受移动和长途运输等进行严格的安全状况评估，专家署名的书面意见应作为文物出境展览项目申报文本的附件。

文物出展前，文物收藏单位应再次核查参展文物安全状况并进行必要保养加固。

文物收藏单位对文物安全状况评估意见的真实性负全责。

第七条 省级文物行政主管部门应严格履行文物安全监管核报职责，针对本辖区拟出境展览的文物的安全状况组织专家核查论证，专家署名的书面意见应作为出境展览项目初审意见的附件。

第八条 必须为出境展览的文物购买墙对墙保险，险种至少应包括财产一切险和运输一切险。

第九条 出境展览文物的点交必须由文物出境展览承办单位与境外合作方直接进行，并严格执行《馆藏文物展览点交规范（WW/T0019-2008）》点交现场应符合文物安全保管条件并采取有针对性的安全保卫措施。点交记录应详尽准确，至少包括以下内容：（一）文物基本信息；（二）文物修复情况及有伤部位；（三）拿持、包装、运输文物的注意事项；（四）文物陈列要求。

第十条 出境展览文物的包装、运输须遵循《文物运输包装规范（GB/T23862-2009）》。

出境展览文物的包装、运输由第三方提供服务的，文物出境展览承办单位应当或要求境外合作方通过公开招标方式，优选具有良好资信的包装、运输服务商。

包装、运输合同须详尽载明文物包装质量、安全运达要求及违约赔偿责任，违约赔偿责任应包括验收合格方能支付运输合同尾款（不低于总款30%）；如因包装、运输不当造成文物损毁，除按规定扣除合同尾款外，由文物出境展览承办单位联合文物收藏单位和境外合作方与包装、运输服务商共同委托专家对文物价值及损失情况进行评估，提出损失金额，包装、运输服务商应据此在1个月内给予赔偿。

文物出境展览承办单位应监督和指导文物包装、运输服务商制定和落实科学严密的包装、运输（含通关）方案，包装、运输方案应符合文物收藏单位的专业技术要求和标准；对重要和结构复杂的易损文物，还应要求包装、运输服务商采取有针对性的特殊包装、运输措施，最大限度降低风险。

第十一条 文物出境展览承办单位应委派熟悉展览及出展文物的高级专业人员为组长的工作组，全程监督和指导进行文物布撤展，布撤展方案应符合文物收藏单位的专业技术要求和标准；对重要和结构复杂的易损文物布撤展，应安排文物收藏单位的专业人员特别加强操作监管。

第十二条 文物出境展览承办单位与境外合作方签署的展览协议，须详尽载明文物展出及保存的安全要求及违约赔偿责任和金额。文物出展受损，除赔偿修复费用外，须同时赔偿文物的减值损失。

第十三条 出境展览突发文物安全事故，须立即将受损文物从展览撤出并妥善保存，做好详细受损情况记录并由现场第一负责人在第一时间向文物出境展览举办单位汇报并附书面受损报告。

文物出境展览举办单位和文物收藏单位确认文物受损后，按程序上报省级文物行政部门和国家文物局，并按实际情况和文物损坏程度向有关机构索赔。

受损文物的修复，须按国家有关规定执行。

第十四条 违反本规定，有下列情形之一的，分别给予处罚：

（一）文物出境展览承办单位未落实安全管理责任，监管不力造成文物安全事故的，追究单位负责人和直接责任人的责任。

（二）文物收藏单位、省级文物行政部门未按规定对文物安全状况进行评估、核查，造成文物安全事故的，追究单位负责人和直接责任人的责任。

（三）文物收藏单位未按规定对文物包装、运输、布撤展提出专业技术要求和标准并配合抓好落实，造成文物安全事故的，追究单位负责人和直接责任人的责任。

（四）凡对文物安全事故不按规定上报或隐瞒不报、谎报、拖延报告或者阻挠事故查处的，追究单位负责人的责任。

（五）对发生文物安全事故的包装、运输服务商，在其完成彻底整改前不得与其合作，事故记录作为其今后服务申请审查的依据；2 年内发生 2 起以上文物安全事故的，自最近事故之日起三年内不得与其合作。

（六）对发生文物安全事故的文物出境展览承办单位、文物收藏单位、省级文物行政部门，国家文物局视情节轻重给予警告、通报批评、暂停文物出境展览等处罚，暂停文物出境展览最短时间为工年。

第十五条 本规定自发布之日起施行。

关于印发《2020年文物事业发展目标体系》的通知

文物政发〔2013〕17号

各省、自治区、直辖市文物局（文化厅），新疆生产建设兵团文物局，局机关各部门，各直属单位：

为贯彻落实党的十八大提出的到2020年全面建成小康社会目标任务，全面推进文物保护利用和传承发展，国家文物局研究制定了《2020年文物事业发展目标体系》。现予印发，请结合实际，认真贯彻落实。

国家文物局

2013年11月7日

2020年文物事业发展目标体系

一、文物管理体系建立健全

1. 中国特色文物保护利用、传承发展理论体系基本建立

——对文物工作、文物事业基本内涵、基本规律的认识和把握不断深化。

——文物保护利用、传承发展的基本理念、理论体系初步建立。

——形成文物、考古、博物馆等系列科学研究成果。

2. 法律制度全面建立

——形成以新修订的《文物保护法》为核心，行政法规、部门规章和地方性法规相配套，与刑事、民事等法律相衔接的文物、博物馆法律制度体系。

——初步建立国家标准、行业标准、地方标准、企业（单位）标准相互补充、结构合理、满足急需、适应文物资源多样性的文博标准体系。

3. 政府主导、社会参与的体制机制基本确立

——建立权责一致、运转高效的文物行政管理体制。

——建立健全文物、博物馆单位的法人治理结构。

——建立政社分开、权责明确、依法自治的文博行业社会组织。

——建立健全社会力量参与文物保护利用的激励机制，保护文物成为全社会的自觉行动。

二、各类文物得到全面有效保护

1. 文物资源状况全面廓清

——建立文物调查、登录制度，实现文物名录、档案动态更新和规范管理。

——全面掌握文物保护单位、馆藏珍贵文物的保存状况和保护需求。全国重点文物保护单位记录档案完成率达到100%，建立全国重点文物保护单位基本信息管理平台。完成国有博物馆文物藏品和民办博物馆珍贵文物藏品登记、建档，建成全国博物馆藏品和国有单位收藏文物数据库。

——开展水下文物普查，基本掌握我国海域和内水水域水下文物整体分布和保存状况。

——开展民间收藏文物调查、登录试点，为摸清民间珍贵文物收藏保存状况奠定基础。

——开展流失海外文物调查，基本摸清流失海外中国文物总体情况。

2. 文物保护水平显著提升

——文物保护单位保存状况全面改善，保护管理水平显著提升。世界文化遗产、第1至7批全国重点文物保护单位“四有”工作、150处大遗址保护规划编制全面完成，文物保护工程重点项目每年开工达到300个以上。涉及世界文化遗产和全

国重点文物保护单位的重点文物保护工程合格率达到100%，重大险情排除率达到100%。各级文物保护单位抢救性保护、预防性保护实现常态化。

——完成远海考古研究船、水下文物保护基地、水下考古工作站及出水文物库房建设，水下文物保护装备和科技水平达到世界先进水平。

——馆藏文物保存环境全面改善。珍贵文物保护修复重点项目每年实施达到200个以上。涉及一二级文物的修复合格率达到100%。漆木器、丝织品、青铜器、古书画等门类文物和自然标本的腐蚀损失状况基本得到遏制。一二三级博物馆和地市级以上博物馆等重点文物收藏单位藏品保存环境全部达标。

3. 文物安全形势明显好转

——完善全国文物安全工作部际联席会议制度，健全与公安、海关、建设、工商、旅游等部门联动的文物执法与安全保障机制。推动建立国家文物督察制度。

——文物执法效能全面提升。文物保护单位执法巡查实现全覆盖；文物行政违法案件查处率达到100%。盗窃、盗掘和破坏文物的违法犯罪行为得到有效遏制。

——文物安全责任体系基本建立。政府属地管理职责、相关部门法定职责、文物部门监管职责有效落实。文物、博物馆单位（所有人和使用人）主体责任及岗位责任层层落实，严格文物安全责任追究。

——健全文物安全评价与达标机制，文物保护单位、国有博物馆风险等级重新评定工作全面完成。风险突出的文物、博物馆单位安全防范设施基本达标，一级风险单位达标率达到100%。文物安全监管平台初步搭建，文物监测与违法预警系统基本建成。

三、在“五位一体”建设中发挥重要作用

1. 文物的价值得到充分挖掘，成为构建优秀传统文化传承体系的重要内容

——文物的历史、科学、艺术价值和作用充分彰显，将文物开放单位、博物馆建设成为优秀传统文化挖掘整理、宣传展示、普及弘扬、对外传播的中心，为实现中华民族伟大复兴的“中国梦”做出重要贡献。

——形成系列文物知识普及读物、影视动漫作品，建成一批传统技艺传习基地，将文物开放单位、博物馆建设成为爱国主义教育、思想道德培育和科学知识普及的重要阵地。

——形成传承优秀传统文化、弘扬爱国主义和改革创新精神的文物展览精品系列，将文物开放单位、博物馆建设成为国民教育的重要课堂。

——开展文物领域重要文化典籍建设，完成《中国文物志》《新中国文物事业70年》等编纂出版工作，将文物开放单位、博物馆建设成为优秀传统文化荟萃的高地。

2. 文物、博物馆宣传教育功能得到充分发挥，成为公共文化服务体系的重要支撑

——符合条件的公共博物馆全部实行免费开放，国有、民办有机结合，综合、专题门类结构优化，面向城乡、服务公众的博物馆体系基本完备。

——博物馆公共文化服务人群覆盖率从40万人拥有1个博物馆发展到25万人拥有工个博物馆。年举办陈列展览2万个以上，接待观众7亿人次以上。

——文物开放单位、博物馆服务水平显著提升，公共安全制度建立健全，设施设备规范完善，参观文物开放单位、博物馆成为广大公众重要的文化体验。

3. 文物保护与城乡建设有机结合，成为建设美丽中国的积极力量

——建成50个以上生态博物馆和社区博物馆30个考古遗址公园，推出一批古村落保护利用试点项目和文物保护样板工程，优化人居环境，提升城镇品质。

——大遗址、古村落、古民居等保护利用纳入城乡建设和新农村建设总体布局，成为生态文明建设的新亮点。

4. 文物市场有序发展，搭建收藏鉴赏平台，满足公众需求

——建立完善的文物市场监管服务体系和文物经营资质管理制度，形成依法经营、诚信自律的文物市场经营环境。

——建立健全文物鉴定评估管理制度，有效服务文物司法鉴定、博物馆收藏、文物市场监管、公共收藏、文物鉴赏电视节目等公益文化活动。

——文物造假售假行为得到遏制，文物复仿制品生产制作、古玩旧货市场管理进一步规范。

——文物进出境审核管理实现标准化、信息化，文物进出境活动更加规范，非法流失现象明显减少。

5. 文物事业在经济社会发展中彰显突出价值，为全面建成小康社会做出重要贡献

——形成若干世界文化遗产、文化景观、文物片区、文物线路、名城街区、博物馆群和红色旅游、文化旅游示范园区，文物资源成为文化、旅游等相关产业发展的重要支撑，对经济社会发展的促进作用明显提升。

——文物事业服务社会、惠及民生的作用充分发挥，推动发展、彰显国家主权的功能显著增强。

四、在国际文化遗产领域的影响力显著提升

1. 中国特色文物保护理念、制度和技术在国际上得到广泛认同，对推动人类文化遗产保护产生重要影响

——形成系列国际化表达的中国文化遗产保护实践与理论研究成果。

——在世界遗产申报与管理、水下文化遗产保护、打击文化财产非法贩运及促进返还原属国等领域发挥建设性作用。

2. 在国际文化遗产事务中发挥积极作用，参与双边、多边以及区域性交流与合作的能力显著增强

——扩大与文化遗产领域主要国际组织间的项目合作，与更多文物主要流入国（地区）签署防止盗窃、盗掘和非法进出境文化财产双边协定，形成以政府间交流为主、民间交流为辅的双边、多边文化遗产合作机制。

——文物对外交流、援助的国家和地区更加广泛，参与文化遗产国际事务的广度和深度进一步拓展，服务国家外交大局的能力显著提高。

3. 文物对外展示传播渠道更加畅通，为中华文化走向世界做出更大贡献

——建立外交、外宣、文化、文物等多部门联动的对外文物交流机制，文物出展国家、出展地区进一步扩大，渠道和方式更加多元。

——形成中国内涵、国际表达的对外文物展览系列，建立文物出入境展览新格局。

五、政策保障切实有力

1. 制度建设和政策保障基本完善

——建立健全文物保护责任制度和责任追究制度，文物工作纳入各级政府及文物部门领导责任制，纳入科学发展考核评价体系。

——形成完整、配套的文物保护利用财税、金融、土地、知识产权以及鼓励社会资金投入文物事业、鼓励个人收藏文物捐赠给博物馆的有关税收减免政策。

2. 资金保障机制建立健全

——完善中央、地方财政共担经费保障机制，公共财政对文物事业投入的增长幅度高于财政经常性收入增长幅度。

——形成多元化的文物保护利用资金渠道，社会资金投入、社会捐赠大幅增加。

——完善专项资金使用监督检查制度和财政投入绩效评价制度，资金使用效益显著提升。

3. 科技支撑作用显著增强

——科技创新能力不断提升。文物保护科学技术和装备取得重要突破，遥感、物探、卫星影像数据分析等现代科学技术在考古、大遗址保护中广泛应用；文物风险预控和古代壁画、饱水漆木器、古代书画、丝织品等保护技术达到世界先进水平。

——文物数字化保存与利用能力明显加强。基本实现一二三级博物馆和世界文化遗产、全国重点文物保护单位的数字化，推进智慧博物馆建设。

——形成实体研发机构与虚拟研发组织相结合的组织创新体系，组建30个行业重点科研基地、10-15个行业科技协同创新平台。

4. 人才队伍建设全面提升

——文物保护力量得到加强，实现文物保护机构、人员与职责任务相匹配。

——形成规模适度、结构优化、素质优良的人才队伍。文物行业从业人员规模达到13万人，专业技术人员所占比例达到45%以上，高中初级专业技术人才比例达到2 ∶ 3 ∶ 5，科研机构专业技术人员所占比例达到75%以上。

——建立符合事业发展需要，多层次、多方位的文博人才培养体系。高等教育专业设置更加完备，高等职业技术教育形成规模，在职培训人员每年达到1.5万人次，文物保护与修复等技术人才短缺现象明显缓解。

浙江省财政厅浙江省文物局转发《财政部国家文物局关于加强第一次全国可移动文物普查经费保障与管理的通知》

浙财教〔2013〕283号

各市、县(市、区)财政局、文化广电新闻出版局(文物局)(宁波不发),杭州市园林文物局:

为贯彻落实《国务院关于开展第一次全国可移动文物普查的通知》(国发〔2012〕54号)精神,财政部、国家文物局联合下发了《关于加强第一次全国可移动文物普查经费保障与管理的通知》(财教〔2013〕228号)。现将该通知转发给你们,并将有关问题进一步明确如下,请一并贯彻执行。

一、普查经费保障原则

根据国发〔2012〕54号“普查所需经费由中央和地方分别负担”的精神,省级财政负责承担中央在浙单位和省本级的文物普查经费,负责安排组织全省文物普查工作所需的相关经费,包括全省性的文物普查业务培训、文物认定(鉴定)指导、全省普查

数据的审核汇总等;市县财政负责承担本级文物普查以及与文物普查相关的工作经费。各级财政部门要按照上述原则,保障落实各自承担的经费,确保全省可移动文物普查工作顺利完成。

二、普查经费支出范围

1. 培训费:指普查工作专业技术培训的各种费用。

2. 人员费:指普查中长期接触库房文物的普查员的有毒有害工作补助费,文物鉴定、认定、咨询和信息技术等专家劳务费,以及外聘无固定工资收入的普查员、录入员等人员的补助费。

3. 设备购置费:指普查中必需设备的配置费用,如计算机、数码相机、数据存储设备、网络设备、带宽租用及其他普查办公设备,普查设备配置应满足普查工作需求。

4. 出版印刷费:指出版和印刷普查报告、文物名录、普查登记表、工作手册、培训教材、资料汇编、文件等与普查直接有关的费用。

5. 资料档案费:指收集整理普查资料、建立普查档案、编制普查报告以及资料、档案、报告的包装、运输、保管等费用。

6. 办公费:指开展普查业务必需支付的办公材料费、差旅费、会议费、交通费、办公用房租用费等。

7. 其他费用：指普查工作必需的宣传费和上述六项未包括的普查工作必需支出的其他费用。

浙江省财政厅

浙江省文物局

2013 年 11 月 22 日

财政部国家文物局关于加强第一次全国可移动文物普查经费保障与管理的通知

财教〔2013〕228 号

各省、自治区、直辖市、计划单列市财政厅（局）、文物局，新疆生产建设兵团财务局、文化广播电视局：

《国务院关于开展第一次全国可移动文物普查的通知》（国发〔2012〕54 号，以下简称《通知》）印发后，各级文物等相关部门积极行动，各项工作有序开展。2013 年 4 月，国务院召开了第一次全国可移动文物普查电视电话会议，对普查工作进行了全面部署。为贯彻落实《通知》和国务院会议精神，加强经费保障与管理，现通知如下：

一、提高认识，高度重视可移动文物普查工作

第一次全国可移动文物普查（以下简称普查）是建国60 多年来首次针对可移动文物开展的普查，是全面掌握我国文物资源、健全国家文物保护体系的重点基础工作，已列入《国家“十二五”时期文化改革发展规划纲要》。通过普查，可以加强文物系统的国有资产登记监管，建立覆盖全国的文物保护体系。同时，能够全面掌握我国国有可移动文物的保存状况和保护需求，引导文化遗产资源和要素合理流动和优化配置。各级财政、文物部门要统一思想、提高认识，把普查工作作为一项重点工作来抓，以对国家和民族、对历史和未来高度负责的态度，确保普查工作顺利进行。

二、统筹协调，加强可移动文物普查经费保障

各地方财政部门要按照《通知》中“普查所需经费由中央和地方分别负担" 的要求，担负起相应的支出责任，切实保障普查经费，重点支持普查组织动员和人员培训、国有单位文物调查、信息采集和数据审核处理等工作。省级财政部门应当做好统筹协调工作，确保本地普查经费的落实。要将普查经费列入年度财政预算，专项安排，及时、足额拨付到位。尚未安排普查经费的省市要尽快落实经费，并将经费安排情况报送财政部。财政、文物部门将对各地经费保障情况进行督查，对经费保障水平好、安排速度快，普查工作任务完成优质高效的省市，中央财政将在安排文物专项转移支付资金时给予适当倾斜。

三、加强管理，提高资金使用的规范性、安全性和有效性

这次普查涉及范围广、参与单位多、延续时间长，各地财政、文物部门要合理安排预算，建章立制，加强管理，专款专用，规范资金支出渠道和开支范围，把资金管好用好，确保每一分钱都用在刀刃上。在普查工作中，应充分利用现有成果和条件，在已有文物数据中心的统一平台上完成各项技术工作。要按照中央八项规定和厉行节约、反对浪费的要求，在确保普查任务完成的同时，避免重复建设、资源浪费。同时，各地财政部门要切实加强文物普查资金使用情况的监管，加强普查中的国有资产管理，防止国有资产流失，提高资金使用的安全性和有效性。

特此通知。

财政部

国家文物局

2013 年 8 月 8 日

出境展览文物安全规定（试行）

第一条 为了提高文物安全管理水平，有效防范出境展览文物安全事故，根据《中华人民共和国文物保护法》等法律法规，制定本规定。

第二条 本规定适用于博物馆等文物出境展览承办单位举办出境展览的文物安全工作。

文物出境展览承办单位应切实履行职责，积极会同相关文物收藏单位等境内外合作机构落实文物安全责任制，确保文物安全。

第三条 各级文物行政主管部门及有关部门或机构，文物出境展览承办单位、文物收藏单位的负责人和工作人员，对本辖区、本单位出境展览文物安全事故的防范、发生，负有领导责任或者直接责任。

第四条 文物出境展览承办单位应优选具有良好资信的境外博物馆作为合作伙伴，首次举办中国文物展览或距最近一次举办中国文物展览三年以上的境外展场，必须通过现场评估确保展场设施条件符合文物陈列的安全要求。

第五条 出境展览文物遴选，必须严格遵照国家有关法律法规，坚持以我为主，现状不能保证安全的文物一律不得申报出境展览。

第六条 文物收藏单位必须建立健全文物借展制度，对拟出境展览文物组织文物、展览、科技保护等领域专家，结合文物（修复）档案，对文物本体连接的牢固性、腐蚀度、外表装饰脱落程度、脆弱性，以及是否能够经受移动和长途运输等进行严格的安全状况评估，专家署名的书面意见应作为文物出境展览项目申报文本的附件。

文物出展前，文物收藏单位应再次核查参展文物安全状况并进行必要保养加固。

文物收藏单位对文物安全状况评估意见的真实性负全责。

第七条 省级文物行政主管部门应严格履行文物安全监管核报职责，针对本辖区拟出境展览的文物的安全状况组织专家核查论证，专家署名的书面意见应作为出境展览项目初审意见的附件。

第八条 必须为出境展览的文物购买墙对墙保险，险种至少应包括财产一切险和运输一切险。

第九条 出境展览文物的点交必须由文物出境展览承办单位与境外合作方直接进行，并严格执行《馆藏文物展览点交规范（WW/T0019-2008）》。点交现场应符合文物安全保管条件并采取有针对性的安全保卫措施。点交记录应详尽准确，至少包括以下内容：（一）文物基本信息；（二）文物修复情况及有伤部位；（三）拿持、包装、运输文物的注意事项；（四）文物陈列要求。

第十条 出境展览文物的包装、运输须遵循《文物运输包装规范（GB/T23862-2009）》。

出境展览文物的包装、运输由第三方提供服务的，文物出境展览承办单位应当或要求境外合作方通过公开招标方式，优选具有良好资信的包装、运输服务商。

包装、运输合同须详尽载明文物包装质量、安全运达要求及违约赔偿责任，违约赔偿责任应包括验收合格方能支付运输合同尾款（不低于总款30%）；如因包装、运输不当造成文物损毁，除按规定扣除合同尾款外，由文物出境展览承办单位联合文物收藏单位和境外合作方与包装、运输服务商共同委托专家对文物价值及损失情况进行评估，提出损失金额，包装、运输服务商应据此在1个月内给予赔偿。

文物出境展览承办单位应监督和指导文物包装、运输服务商制定和落实科学严密的包装、运输（含通关）方案，包装、运输方案应符合文物收藏单位的专业技术要求和标准；对重要和结构复杂的易损文物，还应要求包装、运输服务商采取有针对性的特殊包装、运输措施，最大限度降低风险。

第十一条 文物出境展览承办单位应委派熟悉展览及出展文物的高级专业人员为组长的工作组，全程监督和指导进行文物布撤展，布撤展方案应符合文物收藏单位的专业技术要求和标准；对重要和结构复杂的易损文物布撤展，应安排文物收藏单位的专业人员特别加强操作监管。

第十二条 文物出境展览承办单位与境外合作方签署的展览协议，须详尽载明文物展出及保存的安全要求及违约赔偿责任和金额。文物出展受损，除赔偿修复费用外，须同时赔偿文物的减值损失。

第十三条 出境展览突发文物安全事故，须立即将受损文物从展览撤出并妥善保存，做好详细受损情况记录并由现场第一负责人在第一时间向文物出境展览举办单位汇报并附书面受损报告。

文物出境展览举办单位和文物收藏单位确认文物受损后，按程序上报省级文物行政部门和国家文物局，并按实际情况和文物损坏程度向有关机构索赔。

受损文物的修复，须按国家有关规定执行。

第十四条 违反本规定，有下列情形之一的，分别给予处罚：

（一）文物出境展览承办单位未落实安全管理责任，监管不力造成文物安全事故的，追究单位负责人和直接责任人的责任。

（二）文物收藏单位、省级文物行政部门未按规定对文物安全状况进行评估、核查，造成文物安全事故的，追究单位负责人和直接责任人的责任。

（三）文物收藏单位未按规定对文物包装、运输、布撤展提出专业技术要求和标准并配合抓好落实，造成文物安全事故的，追究单位负责人和直接责任人的责任。

（四）凡对文物安全事故不按规定上报或隐瞒不报、谎报、拖延报告或者阻挠事故查处的，追究单位负责人的责任。

（五）对发生文物安全事故的包装、运输服务商，在其完成彻底整改前不得与其合作，事故记录作为其今后服务申请审查的依据；2 年内发生 2 起以上文物安全事故的，自最近事故之日起三年内不得与其合作。

（六）对发生文物安全事故的文物出境展览承办单位、文物收藏单位、省级文物行政部门，国家文物局视情节轻重给予警告、通报批评、暂停文物出境展览等处罚，暂停文物出境展览最短时间为 1 年。

第十五条 本规定自发布之日起施行。

国家文物局

二〇一三年八月二十七日

陈瑶同志在全省文物局长座谈会上的讲话

省文化厅副厅长　省文物局局长　陈瑶

这次年中的全省文物局长座谈会主要任务是贯彻落实省委十三届三次全会和全国文物局长座谈会精神，总结上半年主要工作，研究探讨今后五年文物工作的总体思路和目标任务，部署下半年重点工作，不断推动我省文物事业跃上新台阶。

下面，我讲三个问题。

一、回顾总结上半年工作

2013年以来，全省文物系统深入贯彻落实党的十八大和省第十三次党代会精神，以建设文物强省为目标，以改革创新为动力，以夯实各项基础工作为着力点，谋全局、强基础、求突破、促发展、惠民生，各项工作取得了新成绩。

（一）我省第一次全国可移动文物普查扎实开局

在省政府的高度重视下，我省第一次全国可移动文物普查正式启动，各项前期工作进展顺利。根据国务院的部署，省政府印发了《关于在全省开展第一次全国可移动文物普查的通知》，成立了由郑继伟副省长担任组长，省委宣传部等15个部门为成员的浙江省第一次全国可移动文物普查领导小组；制定下发了《浙江省第一次全国可移动文物普查实施方案》，完成了普查专家库的组建。省政府召开了全省第一次全国可移动文物普查电视电话会议，郑继伟副省长在会上对我省开展普查工作进行了动员部署。全省各地相继成立普查工作机构，制订普查实施方案，组建普查工作队伍，落实普查工作经费。积极推进浙江文物网可移动文物普查平台建设，开展普查宣传工作。

（二）大运河（浙江段）等申遗工作成效显著

围绕2014年大运河申遗成功的目标，按照国家的总体部署，我省大力推进大运河（浙江段）申遗点段的保护、整治和展示工程。大运河遗产省级、市级保护规划已分别经省政府和相关设区市政府批准公布。杭州西兴、海宁长安等大运河重要节点考古工作全面完成。目前，大运河（浙江段）申遗河道、遗产点本体保护、环境整治等各项工作基本告竣，申遗工作得到国家文物局预演检查组的充分肯定。良渚遗址申遗的前期工作积极推进，《良渚遗址保护规划》已获国家文物局原则同意，《良渚遗址申报世界文化遗产提名文件》（初稿）、《良渚遗址申报世界文化遗产三年行动计划》等相继编制完成。《杭州市良渚遗址保护管理条例》正式列入杭州市人大常委会2013年的立法计划。省政府已致函国家文物局，提请将良渚遗址列为2016年中国申报世界文化遗产正式项目。良渚申遗工作得到习近平总书记和李强省长的批示。世界遗产杭州西湖文化景观的保护与管理工作继续推进，加强了我省已列入申遗预备名单项目的研究、保护、管理等各项基础工作。

（三）不可移动文物保护基础工作进一步加强

在2013年国务院核定公布的第七批全国重点文物保护单位中，我省新增99处，使全省全国重点文物保护单位总数达231处，名列全国第五，进一步强化了浙江文物资源大省的地位。文保单位“四有”工作继续推进，审核了117处省级以上文保单位保护范围及建设控制地带划定方案，加强了省级以上文保单位记录档案备案工作；依法审核、审批了余姚河姆渡遗址、绍兴兰亭等文保单位保护区划内的建设项目设计方案；加强了文保单位保护规划的编制审批，重点组织论证了兰溪诸葛长乐村民居、兰溪芝堰村建筑群、临海台州府城墙等全国重点文保单位的保护规划。

文物部门加强对全省不可移动文物保护状况的日常监管，积极推进重大和濒危文物抢救性保护工程，审查了嵊州崇仁村建筑群、苍南蒲壮所城等一批全国重点文保单位修缮工程的立项申请，审批了平阳顺溪古建筑群、海盐绮园等8项全国重点文保单位维修方案，集中审查了44项省级以上文保单位保护设计方案；组织宁波慈城古建筑群等一批省级以上文保单位维修工程的竣工验收；做好文物保护工程资质的行业规范化管理，完成2012年度全省文物保护工程资质单位年检；贯彻落实国务院〔2012〕63号文件精神，会同省旅游局在全省范围内组织开展了旅游开发等建设活动中文物保护工作的检查，对重点地区开展联合督查，积极督促有关地方依法纠正违法违规行为。

（四）大遗址保护、考古管理和历史文化名城、街区、村镇保护取得新进展

省文物局组织开展了我省第一批省级考古遗址公园申报评定，下发了《浙江省省级考古遗址公园管理办法（试行）》，公布浦江上山遗址等8处大遗址为我省第一批省级考古遗址公园；开展了大型古文化遗址的考古调查和保护规划的编制，实施了安吉古城、绍兴越国贵族墓等遗址的考古调查；《南宋临安城遗址保护规划》经省政府批准公布；文物部门主动配合基本建设，组织开展了配合杭州地铁等14个工程项目的考古调查勘探，依法实施了安吉上马山土墩墓群、洞头九亩丘煮盐遗址等12项考古发掘项目。余姚田螺山遗址，萧山柴岭山、蜈蚣山土墩墓发掘项目入围“2012年度全国十大考古新发现”。水下考古工作得到加强，象山渔山小白礁清代沉船出水文物科技保护项目获国家文物局批准，舟山白节山海域水下文物重点调查项目方案已编制完成。

各地配合美丽乡村建设，积极参与历史文化村落保护利用工作。省文物局协同省住建厅做好历史文化名城、名镇、名村（街区）的申报和保护；组织开展了第六批中国历史文化名镇名村的申报；协助、指导温州、湖州、龙泉等城市申报国家历史文化名城，平阳、平湖、丽水等城市申报省级历史文化名城；组织对兰溪、海宁、金华等7座历史文化名城保护状况进行检查评估。

（五）博物馆建设与管理持续推进，公共文化服务进一步提升

浙江省博物馆新馆、浙江自然博物院已完成选址和初步建设方案论证。文物部门组织专家对台州市博物馆、舟山市博物馆、苍南县博物馆、金华太平天国侍王府纪念馆等5家单位的展

陈方案进行评审；完成了国家二、三级博物馆申报和评估定级工作。经国家文物局核准确认，我省新增杭州西溪湿地博物馆等6家国家三级博物馆，至此我省国家一、二、三级博物馆总数达49座，并列全国第一。受国家文物局委托，省文物局开展了国家二、三级博物馆的运行评估试点工作；积极组织参加第十届全国博物馆十大陈列展览精品评选，嘉兴南湖革命纪念馆“南湖革命纪念馆新馆基本陈列”和杭州工艺美术馆“钱塘匠心?天工集粹——杭州工艺美术精品陈列”荣获2011年度全国博物馆十大陈列展览精品奖；浙江省博物馆“惠世天工——中国古代发明创造文物展”荣获2012年度全国博物馆十大陈列展览精品奖；杭州博物馆“珍藏杭州——杭州博物馆馆藏文物精品陈列”荣获2012年度全国博物馆陈列展览优秀奖。省文物局深化博物馆免费开放工作，推进博物馆展览交流信息平台开发建设，促进馆际资源整合共享；根据国家文物局部署和要求，组织开展了全省民办博物馆调研工作，协助国家文物局组织召开了我省民办博物馆调研座谈会；指导、推进了全省国有博物馆对口帮扶民办博物馆试点工作。

（六）文物保护科技工作成效明显，社会文物管理进一步规范

文物保护科技区域创新联盟（浙江省）成员进一步扩大，基础平台建设进展顺利，省科技考古与文物保护技术研究试验基地一期已完成实验模型的构建；依托国家文物局创新联盟课题建立了文物材质检测平台；纺织品文物保护国家文物局重点科研基地建设进一步加强；创新联盟（浙江省）成员单位承担的国家“十二五”科技计划项目、“973”项目、国家文物局“指南针计划”专项、中华文明探源工程等重点科研项目及课题研究取得新进展；科技成果应用推广取得新成效，浙江大学、浙江省博物馆、中国丝绸博物馆分别为省内外提供文物保护修复及健康评测等技术服务。浙新两地四方签订了《新疆文化遗产保护与传承发展战略研究合作框架协议》，科技援疆力度加大。

文物部门切实履行社会文物管理职能，完成了《文物拍卖许可证》、《文物拍卖企业专业人员资格证书》的换发工作，加强了文物拍卖企业的资质管理和文物拍卖市场的监管。上半年，全省共审核文物拍卖经营活动21场，审核文物拍卖标的14655件（套）。

（七）文物执法和安全防范工作不断深入，依法行政水平进一步提高

文物部门组织开展文物执法巡查和交叉执法检查，加大了对文物违法案件的督查力度。上半年，全省各级文物执法监察机构共计出动7638人次，检查文博单位4544家（次），发现涉嫌违法行为50起，督察处理圣井山石殿等涉嫌违法案件42起，发现安全隐患166处，整改到位155处，确保了文物安全；继续深化我省海域内文化遗产联合执法，会同海监部门起草了《浙江省管辖海域内文化遗产联合执法工作办法》（草案），召开了我省沿海地区文物、海监联合执法工作座谈会，健全了联合执法工作机制，组织开展了我省管辖海域内首次水下文化遗产联合执法行动，完成了全省管辖海域内水下和无人岛的文化遗产资源调查工作；实施文物平安工程，健全文物安全工作机制，组织召开了全省文物安全工作联席会议，通报文物安全情况，分析文物安全形势，明确下一阶段的目标任务；稳步推进了文物保护单位、文物收藏单位等文物风险单位的安全技术、消防设施建设；继续加强文物安全队伍培训，提升队伍整体水平；会同做好全省各级文物安全防范系统工程设计方案的审批和工程验收。

省文物局配合国家文物局在我省开展《文物保护法》修订调研工作，组织召开《文物保护法》修订调研座谈会；根据法律、法规、规章的“立、改、废”情况和省政府要求，对全省文物行政许可事项进行了梳理和调整，做好取消和下放管理层级行政审批项目的落实和衔接工作；配合省政府“阳光工程”建设项目，完成省文物局行政权力事项的清理工作，促进了行政权力的公开、透明。

（八）宣传工作有效开展，文物工作的社会影响力不断扩大

各地以文化遗产日、5?18国际博物馆日等节日为契机，在全省范围内组织开展了内容丰富、形式多样的系列宣传活动，进一步提升了公众的文物保护意识，激发了广大民众参与文物保护的热情，扩大了文物工作的社会影响力。文物部门积极配合“中国梦”主题宣传教育活动，加强与新华社、浙江日报等中央、省级主流媒体的联系，对我省创先争优的重要典型——浙江省文物考古研究所进行了深度挖掘和宣传报道，弘扬了我省文物考古工作者甘于奉献、探索求真、心怀天下、情系千古的科学精神和人文情怀，产生了较好的社会反响。《浙江通志?文物卷》篇目大纲通过论证，举办了《浙江通志?文物卷》编纂业务培训班。

二、贯彻落实省委十三届三次全会和全国文物局长座谈会精神，以创新精神和务实作风打造浙江文物“升级版”

5月30日至31日，浙江省委召开十三届三次全会，审议通过了《中共浙江省委关于全面实施创新驱动发展战略、加快建设创新型省份的决定》。7月11日，国家文物局召开全国文物局长座谈会，文化部副部长、国家文物局局长励小捷在会上作了重要讲话。全省文物系统要紧密联系实际，认真学习领会、贯彻落实两个会议精神。

省文物局深入分析了新形势下全省文物工作面临的机遇和挑战，围绕文物强省建设目标，研究提出“六强六重”工作理念和“十大项目”提升计划，以打造浙江文物“升级版”。

（一）“六强六重”的工作理念

面对新形势新任务新要求，基于对文物的功能和属性的理解，对文物事业发展规律的认识和把握，省文物局提出“六强六重”的工作理念和工作要求。

1. 强基础重管理

要始终坚持文物基础工作的战略地位不动摇，以“咬定青山不放松”的决心和劲头，抓基础、强基础；要以文物资源调查、法制建设、“四有”工作、经费投入、人才培养等为重点，健全和完善文物基础工作的长效机制，全面提升依法保护文物的能力和水平，不断夯实文物事业发展的基础；要进一步强化博物馆建设与管理，提升博物馆展陈水平和文化惠民能力；要切实扭转文物保护中存在的“重申报、轻保护、重开发、轻保护”等倾向，依法加强文物保护工程项目的审批机制建设，严格文物保护工程项目的管理和督查，切实提升文物保护工程的管理水平和工程质量。

2. 强改革重效率

改革是文物事业发展的强大动力。要准确把握文物事业发展趋势，通过不断深化改革，破除制约发展的思想障碍，在体制机制、文物保护利用、博物馆法人治理结构等方面探索创新，进

一步激发文物事业的发展活力；要按照建立现代服务型政府的要求，以转变职能、简政放权、提高效率为重点，深化文物行政审批制度改革，建立健全文物行政审批长效机制，提高文物行政审批效能；要按照文化体制改革和事业单位分类改革的要求，进一步强化文博单位的公益属性，建立绩效考核制度，最大限度激发文博单位的生机与活力。

3. 强督察重安全

文物安全始终是文物工作的生命线。要进一步强化文物安全防范和执法督察，健全文物安全长效机制，实施文物平安工程；要落实文物安全责任制和责任追究制，完善文物执法巡查制度，加强文物违法案件的查处、督办，加大对法人违法案件的查处；要强化文物流通领域的监管，规范文物市场秩序；要继续加强文物安全基础设施建设和管理，着力推进文物行政执法网络监管、文物安全监测和文物安全技防系统远程监管等平台建设，提高文物安全监管的网络化、自动化、信息化水平。

4. 强科研重创新

省委十三届三次全会提出全面实施创新驱动发展战略，对科技创新、文化创新提出更高要求。要把创新理念贯穿文物工作的全领域全过程，主动以新思路打开新局面，新方法推动新发展，为加快建成创新型省份做出贡献；要积极探索在保护中利用、在利用中传承的新路子，建立文物保护与经济社会协调发展、和谐共融、互利多赢的长效机制；要着力提高文物保护科技创新能力，推进文物保护科技合作方式创新，构建区域性文物保护科技创新平台，强化文物保护科技研究和成果推广应用，不断提升科技对文物保护的支撑作用。

5. 强培训重素质

文物事业的发展关键在于人才。要培养造就一支适应文博事业发展需要的规模适度、结构合理、素质过硬的人才队伍；要创新人才培养的方式，健全人才教育培训的机制，采取与高校联合办学、定向培养、在职进修培训等多种途径和方式培养高素质专业人才；要与省委党校联合，推动文化遗产保护等课程进党校主体班次课堂，加强对各级领导干部文物法律法规的培训，提高领导干部的依法行政水平；要推行文物行政执法监察和文物安保人员的资格准入制度，进一步推动业余文保员和文物保护志愿者队伍建设。

6. 强宣传重环境

文物宣传在扩大文物工作的社会影响力、推动文物保护与利用的健康发展中扮演着不可替代的重要角色。要充分利用文化遗产日、国际博物馆日、国际古迹遗址日等重要宣传平台，运用报刊、电视等传统媒体和网站、博客、微博等新媒体，广泛宣传文物法制和文物保护知识，在全社会形成敬畏、热爱、保护文化遗产的良好氛围；要坚持内宣与外宣并举，改进现有宣传模式，充分发挥文物资源的独特优势和多种价值，传播和弘扬中华传统优秀文化，使文物成为促进国际和地区间文化交流、经贸合作，扩大我省知名度和影响力的重要媒介。

（二）“十大项目”提升计划

在“十二五”规划的基础上，为全力打造浙江文物“升级版”，积极配合创建全国文化遗产保护模范区，省文物局提出“十大项目”提升计划，明确了今后五年我省文物工作的目标任务。

1. 世界文化遗产保护项目。

履行国际遗产公约，根据《世界文化遗产管理办法》，着力做好我省世界文化遗产申报与管理工作，树立我省不可移动文物保护的标杆，引领我省文化遗产保护实践。推进世界文化遗产杭州西湖文化景观及大运河监测管理平台建设，进行科学监测和保护。根据预备名单动态管理的要求，整体而有重点地推进我省世界文化遗产的申报，争取2014年大运河申遗成功，良渚遗址成为我国世界文化遗产申报正式项目，成功列入世界遗产；继续推进我省其他列入世遗预备名单项目的各项基础工作，以储备我省的申遗正选项目，积聚申遗工作后劲。

2. 不可移动文物保护项目

根据我省不可移动文物资源的特点，探索文物保护单位保护与利用互相协调、可持续发展的有效模式和途径。以第三次全国文物普查成果为基础，积极开展文物保护单位的申报和公布，以省级以上文物保护单位为重点，加大我省不可移动文物保护力度，使全国重点文物保护单位总数达330处，新公布一批省级文物保护单位，推动全省加大对市、县级文物保护单位的公布力度，努力改善我省不可移动文物的分级保护体系结构；继续以省级以上文物保护单位为重点，做好不可移动文物的抢救修缮、科学监测和日常维护保养，带动、辐射全省的文物保护利用工作；对宗祠建筑、涉台文物、明清海防遗存等进行专题分类调查，加快保护规划的编制，改善各级文物保护单位的保存环境和条件，实施一批保护修缮重点项目。

3. 考古和大遗址保护项目

围绕国家经济建设全局，重点加强对能源、交通、水利设施建设等国家重点建设项目工程及经济开发区建设项目的考古工作管理；完善考古发掘管理制度，严格考古发掘项目的审核、审批程序，提升考古遗址及出土文物的科技保护水平，努力提高田野考古工作质量和水平；争取一到两项考古发掘项目入选年度全国十大考古发现，一到两项获国家文物局田野考古奖，一到两处大遗址列为国家考古遗址公园立项名单，列入国家大遗址项目库的大遗址保护规划编制完成率达100%；在做好抢救性考古工作的同时，积极开展以课题规划为导向的主动性考古项目，开展专题性地下古文化遗址的前期调查；以史前遗址、越国遗存、瓷窑遗址、城市遗址等为重点，推进大遗址保护规划编制工作，推进考古遗址公园建设，公布一批省级考古遗址公园，建成一批基本具备开放条件的遗址展示区。

4. 水下文化遗产保护项目

按照国家水下文化遗产保护事业的战略布局，以浙江海洋经济发展示范区建设为契机，以我省沿海海域为重点，以夯实基础为着力点，搭建水下文化遗产保护基础平台，构建全省水下文化遗产保护网络，开展水下文化遗产资源调查、保护和考古工作；推进国家水下文化遗产保护宁波基地、国家博物馆水下考古宁波基地建设，发挥宁波地处中国海岸线中段的地理优势，筹建国家水下文化遗产保护东海基地和全国出水文物保护基地；完善国家博物馆舟山水下考古工作站功能；加强温州、台州等沿海区域的水下文化遗产保护力量；重点组织实施东海海域水下文化遗产保护、海上丝绸之路水下调查和研究、象山渔山清代沉船发掘、舟山海域水下遗存调查和探摸、宁波和舟山出水文物标本库房建设等项目。

5. 历史文化名城、名镇、名村保护项目

按照文化遗产保护优先原则，积极会同省住建厅开展历史文化名城、街区、名镇、名村的申报、抢救和保护，协同开展历史文化名城、街区、名镇、名村、街区保护规划的编制，加强对保护规划实施的监督与管理，合理引导历史文化名城、街区、名镇、名村的保护与发展方向，实现保护与利用、保护与发展的有机结合；加强历史风貌的管理和文物本体的维修保护，严格控制历史文化名城、街区、名镇、名村核心保护范围内的建设活动，积极推动建设控制地带的整治。

6. 博物馆体系建设项目。

着力构建以中央、地方共建国家级博物馆为示范，省级博物馆和重点行业博物馆为龙头，设区市综合性博物馆为骨干，县（市）级博物馆为基础，国有博物馆为主体，民办博物馆为补充，专题博物馆为特色的博物馆体系；实现设区市均有功能健全的综合性博物馆、县县有博物馆的目标；全省通过年检的博物馆总数力争超过270座；推进浙江省博物馆新馆和浙江自然博物院建设，建成并改扩建一批体现地方文明形象的公共博物馆；争取我省国家一级博物馆总数达到5家以上，国家二级博物馆总数达到16家以上，国家三级博物馆总数达到33家以上；立足我省行业和地域文化特色，引导和推动生态、社区、遗址、旧址及数字等新型态专题性博物馆建设；积极鼓励、正确引导民办博物馆健康发展，健全民办博物馆管理机制，实施国有博物馆与民办博物馆的对口帮扶，探索建立民办博物馆法人治理结构，促进民办博物馆健康、规范发展。

7. 博物馆公共服务能力提升项目

树立文物保护成果惠及民生的理念，充分发挥博物馆的公共文化服务功能，深入推进博物馆免费开放，全省免费开放博物馆达100座以上，年均观众达到1800万人次；开展博物馆免费开放绩效考评，完善免费开放服务措施，拓展服务渠道和范围，创新博物馆文化传播的内容、形式和手段，引导行业国有博物馆以及符合条件的民办博物馆实行免费开放；强化博物馆陈列展览精品意识，重视原创性、文化性、主题性展览，建立馆际陈列展览资源整合共享、交流合作的机制和平台，推进馆际合作交流展览项目的实施，年均举办陈列展览超过900个；加大博物馆衍生产品和文化产品开发力度，鼓励和支持博物馆在文化、会展、旅游等相关产业中发挥积极作用。

8. 可移动文物保护项目

全面完成我省第一次全国可移动文物普查，摸清国有可移动文物资源家底，逐步建立可移动文物信息登录制度，实现对国有可移动文物的标准化和动态化管理，促进可移动文物资源的整合利用；加强可移动文物的抢救保护，建设文物保护修复实验室，实施文物健康测评、文物本体修复保护和预防性保护；持续开展馆藏文物的定级鉴定、建账建档，全省馆藏一级文物建档率达到100%，馆藏二、三级文物建档率达到80%；实施博物馆标准化文物库房建设，实现全省80%设区市博物馆馆藏文物保存环境的达标，改善国有文物藏品的保存条件；拓展博物馆藏品征集渠道，构建各有侧重、协同发展的全省博物馆藏品体系；创新社会文物管理工作机制，加大文物流通领域行政执法力度，逐步建立起符合我省实际的社会文物监管和服务体系。

9. 文物保护科技支撑项目

继续推进国家文化遗产保护科技区域创新联盟（浙江省）建设，扩大创新联盟成员单位数量，加强创新联盟基础条件平台建设，强化文物保护科学技术研究，加快文物保护科技成果的应用推广，逐步构建集技术研发、装备升级、人才培养、成果转化、新兴产业培育于一体的区域性文化遗产保护创新合作平台；大力培育、提高市、县级文博单位的科技能力，促进文物保护科技与文物保护工程的有机结合；争取文物保护科技成果数量达到10项以上，争取参与3个“中华文明探源工程”、“指南针计划”等国家文物保护科技重大课题；开展文物建筑传统工艺科学化、科技考古、潮湿环境大遗址保护、有机质文物保护、文物监测、文物保护材料及装备、文物公共服务智能化等方面的共性和关键技术研发；实施2项重大科技成果推广示范；建设2个纺织品文物保护国家重点科研基地工作站、推广站。

10. 文物安全保障项目

以创建国家文物安全综合管理实验区为抓手，深入实施文物平安工程，强化文物安全的基础设施建设和管理，全面落实文物安全责任制，加大对文物违法案件的查处力度，健全省级文物安全工作厅局联席会议制度，完善文物安全监管长效机制，提升文物安全监管的科学化、信息化水平；新建、扩建一批文物库房，改造、更新一批安全技防设施，全省一、二级文博风险单位中的国有文物收藏单位安全技术防范设施达标率达到100%，世界文化遗产、重要大遗址和国家一级博物馆的文物安全监测平台建设率达到100%；加强第五至第七批全国重点文物保护单位中大型建筑群、民居、村落的防火设施和文物安全监测。

三、研究部署下半年工作

2013年下半年，各地要紧密结合“十二五”规划的中期评估和年初的工作部署，突出重点、整体推进，确保完成全年各项目标任务。

（一）深入开展党的群众路线教育实践活动

按照中央和省委部署，开展党的群众路线教育实践活动是当前一项重要政治任务，也是下半年省文物局的中心工作。这次教育实践活动的主要任务聚焦在作风建设上，要集中解决形式主义、官僚主义、享乐主义和奢靡之风问题。我省教育实践活动分两批进行，杭州、宁波列入第一批，已经启动，其他9个市2014年1月启动，每批时间为半年。当前，全省文物系统的党员干部在贯彻执行党的群众路线上总体是好的，但同时必须清醒地看到，“四风”问题也不同程度地存在。省文物局将切实抓好学习教育、听取意见，查找问题、开展批评，整改落实、建章立制等三个环节，把教育实践活动推向深入。希望各地以高度的政治自觉投身教育实践活动，对省文物局开展教育实践活动提出意见建议并进行监督，确保我省文物系统教育实践活动取得实效。

（二）扎实推进我省第一次全国可移动文物普查

根据国务院、省政府的部署以及《浙江省第一次全国可移动文物普查实施方案》，继续督促各地组建普查机构和普查队伍，制定普查实施方案，将普查工作经费纳入本级财政预算；组织举办全省普查人员培训班，全面提升普查业务能力；开展国有单位文物收藏调查登记，掌握国有单位分布及国有可移动文物收藏的主要情况；启动实质性的文物信息采集认定；推动、配合相关省级部门开展普查工作；开发建设普查平台，提高普查标准化管理水平；深入开展普查宣传，扩大普查社会影响，形成良好的舆论氛围。

（三）加强世界文化遗产申报和管理工作

按照国家文物局的部署和要求，继续加强对大运河（浙江段）沿线城市申遗工作的指导与督促，加大对湖州南浔、上虞等难点区段的督查力度，全面完成大运河（浙江段）保护、整治、展示等各项工作；做好迎接国际组织现场评估工作的准备，确保顺利通过国际组织的专业评估；继续推进良渚遗址申遗的各项前期工作，深入实施拟申报遗产区范围内的考古研究和环境整治；加强对杭州西湖文化景观的保护管理，建立健全管理制度，提升监测管理水平；以《中国世界文化遗产预备名单》更新为契机，做好全省世界文化遗产预备名单的管理。

（四）加强大遗址保护、考古管理和历史文化名城名镇名村保护工作

争取《良渚遗址保护总体规划》获省政府批准；加强第一批省级考古遗址公园管理，完善省级考古遗址公园建设评分细则；继续加强考古管理工作，重点做好考古发掘项目的检查和验收；实施舟山白节山海域水下考古调查勘探，完成象山渔山小白礁清代沉船水下考古项目。

按照省委省政府的统一部署，积极参与历史文化村落保护利用工作，切实加强历史文化村落内各级文保单位、文保点的保护与监督管理；配合省住建厅加快推进第四批省级历史文化街区、名镇、名村的保护规划编制；做好《浙江省历史文化名城名镇名村保护条例》的宣传、贯彻；支持、指导温州、湖州、平湖等地申报国家或省级历史文化名城。

（五）加大文物保护单位基础工作力度

扎实推进第七批国保单位、第六批省保单位的“四有”工作；争取省政府公布117处省级以上文物保护单位保护区划，完成《省级以上文物保护单位保护保护区划图集（绍兴市）》的编辑；加强文物保护单位特别是新公布省级以上文物保护单位的保护规划编制；加强文物保护工程管理，开展文物保护工程项目检查，提升全省文物保护工程质量；开展文物保护工程资质审查，规范文物保护工程资质单位年检工作；举办第七批全国重点文物保护单位“四有”建档培训班、不可移动文物保护管理培训班和文物保护工程资质单位从业人员培训班。

（六）切实增强博物馆公共文化服务能力

继续推进浙江省博物馆新馆、浙江自然博物院建设；组织开展国家二、三级博物馆的运行评估试点、我省国有博物馆对口帮扶民办博物馆的试点工作，召开试点工作总结推广会；进一步规范博物馆建设项目，提升博物馆管理、展陈、教育、研究和服务水平；组织举办博物馆馆长培训班；加强博物馆免费开放的科学管理，提高全省博物馆免费开放工作水平，完善免费开放博物馆经费补助管理办法；加快全省博物馆展览交流信息平台建设，促进馆藏资源的整合共享，深入实施浙江省陈列展览精品项目评选，推出一批文化性、观赏性、主题性强的精品展览；加大文物藏品征集力度，提高馆藏文物的数量和质量；加强馆藏文物的科学管理，提高馆藏文物保管水平；发挥博物馆的“第二课堂”作用，进一步融入国民教育体系；重视博物馆衍生产品开发。

（七）进一步提升文物保护科技和社会文物管理水平

按照“优化合作、完善机制”的要求，以体制机制创新为先导、以重点项目为载体、以实际

应用为目标，发展区域技术优势，积极对接国家文物保护重大专项，探索“立足基地、依托项目、培养人才”的“三合一”发展模式，大力推动文保科技创新的跨学科、跨领域、跨行业、跨部门战略合作；继续积极争取国家、省科技部门对区域创新联盟重点科技项目的支持，加大国家科技项目申报力度，吸收符合条件的市级文博单位加入区域创新联盟；继续做好文物拍卖企业、文物商店的资质管理和文物拍卖标的审核，进一步规范文物经营行为；根据国家文物局的部署，开展古玩旧货市场文物经营活动的调研。

（八）加强文物安全防范和执法监察工作

按照国家新出台的《博物馆和文物保护单位安全防范系统》要求，稳步推进文物保护单位、文物收藏单位等文物风险单位的安全技术、消防及防雷设施建设；以文物系统博物馆风险单位、文物保护单位消防和田野文物犯罪为重点，加大安全检查和督查力度；开展文物平安工程课题调研；深入开展全省文物执法巡查，扩大巡查内容，丰富巡查形式，提高巡查成效；组织开展全省辖区海域内文化遗产联合执法行动；完善文物行政执法网络监管平台，加强文物执法业务培训和理论研究，做好打造“天地一体”、覆盖全省的文物执法监察监控体系的调研。

（九）进一步扩大文物工作的社会影响力

做好文物保护领域重大事件、重要活动的宣传报道和舆论引导，深入挖掘、大力宣传我省文物资源所蕴含的多重价值，充分发挥文物在社会主义核心价值体系中不可替代的作用；按照省委、省政府的要求，完成《浙江通志·文物卷》的年度编纂目标任务；指导、推动余杭区作为国家文物局文化遗产知识宣传普及工程的试点工作；继续办好《浙江文物》、浙江文物网和《浙江文物年鉴》，提高传播与交流能力；加强文博行业电子政务建设，推动政务信息公开，实现信息资源共享。

当前，文物事业正处于重要发展时期，文物工作任务繁重。全省文物工作者一定要以强烈的使命感、责任感和紧迫感，紧抓机遇、开拓创新、务实进取，奋力谱写我省文物事业科学发展的新篇章，为实现“中国梦”，建设中华民族共有精神家园和“两富”现代化浙江做出积极的贡献。

金兴盛同志在全省文物局长会议上的讲话

省文化厅厅长　金兴盛

在全省上下深入学习贯彻党的十八大精神的热潮中，我们召开全省文物局长会议，总结工作、明确任务，对于准确把握文物工作面临的新形势，推进文物事业的科学发展具有重要意义。在此，我谨代表省文化厅党组对会议的召开表示热烈祝贺，向辛勤工作在全省文物战线上的同志们致以崇高的敬意和衷心的感谢！刚才，会议对全省文物系统先进集体和先进工作者等进行了表彰和授牌。会上，鲍贤伦同志还将对2012年的文物工作进行总结，对2013年的工作进行全面部署。下面，我就文物工作讲三点意见。

一、充分肯定文物工作取得的成绩

我省历史悠久，人文荟萃，素有"文物之邦"的美誉，是中华文明的发源地之一。近几年来，在全省上下大力推进文化强省建设的进程中，文物工作作为文化建设的重要组成部分，坚持以科学发展观为指导，围绕中心，服务大局，各项工作持续深入推进，取得了显著成绩，走在了全国前列，为我省经济社会发展做出了积极贡献，突出体现在以下三个方面：

（一）文物保护工作重基础、求突破，亮点频现。首先是一个以世界文化遗产为标杆，基础厚实、梯度合理、覆盖广泛、类型多样的历史文化遗产保护体系正日趋完善。杭州西湖文化景观被正式列入《世界遗产名录》，实现了我省世界文化遗产零的突破。大运河（浙江段）保护和申遗工作扎实推进，申遗点段的保护、整治工作进展顺利。第三次全国文物普查圆满完成，我省的调查总数、登录总数及新发现总数均居全国首位，摸清了文物资源家底。目前，全省共拥有世界文化遗产1处，中国世界文化遗产预备名单项目7处，全国重点文物保护单位132处（居全国第5位），省级文物保护单位748处，市县级文物保护单位3800余处，文物保护点6100余处；国家历史文化名城7座，省级历史文化名城11座，中国历史文化名镇、名村30处，省级历史文化街区、名镇、名村124处。其次是文物保护工程深入实施，基础工作持续加强，一大批濒临毁坏的不可移动文物得到妥善保护。大遗址保护水平走在全国前列，良渚文化古城遗址被列为全国首批国家考古遗址公园之一，5处大遗址纳入国家重点大遗址保护项目库。水下文化遗产保护基础平台建设和项目实施取得突破性进展。考古工作硕果累累，安吉、长兴等地发现的旧石器时代遗址填补了我省旧石器考古的空白，一举将我省有人类活动的历史上推到了100万年前。

（二）文物利用工作重建设、惠民生，成效显著。首先是博物馆作为公共文化服务主阵地的影响力日渐扩大。全省各地加大兴建、改建博物馆的力度，各类博物馆的质量进一步提高，文物事业服务社会、惠及民生的能力不断增强。全省已经基本构建起类型丰富、格局合理、具有浙江特色的博物馆体系。全省现有通过年检的各级各类博物馆244家，其中文化文物系统博物馆124家，行业性国有博物馆37家，民办博物馆83家；中央地方共建国家级博物馆1家（全国8家），一级博物馆4家，二、三级博物馆分别为15家、24家（位列全国第一）。中国?安吉生态博物馆揭牌成立，成为了全国首批生态（社区）博物馆示范点之一。民办博物馆发展继续保持全国领先。同时，博物馆免费开放工作继续深化。现全省免费开放博物馆总数超过了90个，2011年观众参观量突破了1800万人次，社会效益显著。其次是文物保护利用示范项目深入实施。完成了杭州严官巷南宋御街遗址等一批考古遗址保护展示区，并实行对外免费开放，走出了一条遗址保护展示与环境保护、生态改善相结合，促进地方经济社会发展的新路子，实现了历史文化遗产的有效保护和传承。第三是在文物展示活动中提升全社会的文物保护意识和责任感。以“文化遗产日”等为契机，精心策划举办的“山水合璧——黄公望与《富春山居图》特展”等系列活动，展示了历史文化遗产的丰富内涵和迷人魅力，社会反响强烈，好评如潮。文物保护理念深入人心，全社会参与文物保护的体制机制正在形成，文物工作的宏观环境得到明显改善，社会影响力持续提升。

（三）文物安全、文物科研工作重管理、建机制，成绩斐然。文物安全保障方面，持续推进文物行政执法机构和队伍建设。全省各级执法监察机构相继建立，在全国率先实现了省、市、县三级文物执法监察机构的全覆盖。文物安全工作机制进一步健全，建立了全省文物安全工作联席会议制度，为共同做好文物安全工作奠定了基础。文物平安工程深入实施，执法巡查制度得到完善，文物执法监管水平和安全保障能力进一步提高，有效遏制、消除了文物违法行为和安全隐患。在国家文物局举办的全国文物行政处罚案卷评比活动中，我省获奖率在全国名列前茅，文物执法工作走在全国前列。文物保护科研方面，文化科技体制机制建设取得重要突破，省政府与国家文物局签署了全国首个共建国家文化遗产保护科技区域创新联盟（浙江省）。纺织品文物保护国家文物局重点科研基地落户中国丝绸博物馆。文物保护科技项目深入实施，研究成果显著，科技对文物保护的支撑作用进一步凸显。

在充分肯定以上成绩的同时，我们也要清醒地认识到，文物工作依然面临着诸多的困难和挑战，主要表现在：文物保护与经济建设协调发展、共同推进的问题依然没有完全解决；文物保护投入总量偏少，历史欠债较多；部分地方文物保护机构不够健全，保护力量配备不足，人才结构不尽合理；文物违法行为时有发生，文物安全形势依然严峻；文物事业融入经济社会发展的手段和方法还有待拓展等。对此，我们必须以科学发展观为指导，用改革的思路和办法认真加以解决。

二、进一步明确文物工作的地位、作用及发展方向

党的十八大确立了以科学发展观为指导思想，在“五位一体”的总体布局中对扎实推进社会主义文化强国建设进行了全面部署，明确了实施文化强国战略的基本途径，提出了建设社会主义核心价值体系、公共文化服务体系和优秀传统文化传承体系的重要任务，为新时期文化文物工作指明了方向。文物工作作为社会主义文化事业的重要组成部分，必须把握文物工作面临的新形势、新任务，进一步明确“一个地位、作用”，切实做到“三个积极有为”。

（一）必须明确文物工作的地位、作用，增强使命感。文物工作是文化强省建设的重要组织部分和有力支撑。加强文物保护、利用和管理，对于传承优秀传统文化，发展当代中国的先进文化，对于满足人民群众日益增长的精神文化需求，增强民族自尊心和自豪感，对于巩固民族团结都具有十分重要、不可替代的意义。文物工作不仅直接贡献于文化建设，而且贡献于经济建设、政治建设、社会建设和生态文明建设。文物作为国家和民族弥足珍贵的文化资源，日益成为经济社会发展的基础资源、战略资源，渗透到经济社会发展的方方面面。因此，我们要充分认识文物工作的重要地位和作用，切实增强进一步做好文物工作的使命感和紧迫感，为推动文化强省和“两富”现代化浙江建设作出积极的贡献。

（二）必须明确文物工作的发展方向，增强责任感。

一是要在建设社会主义核心价值体系中积极作为。博大精深的历史文化遗产积淀着中华民族最深层的精神追求，是人民群众伟大创造精神的生动体现，是爱国主义精神、民族精神、时代精神的重要载体，为社会主义核心价值体系建设提供了丰富的物质资源和精神营养。十八大报告指出，要“大力弘扬民族精神和时代精神，深入开展爱国主义、集体主义、社会主义教育，丰富人民精神世界，增强人民精神力量”。这就要求我们充分发挥文物资源的独特优势，切实把文物工作融入社会主义核心价值体系建设，通过组织丰富多彩、特色鲜明的主题教育活动，寓教育于活动之中，形成浓厚的人文氛围，使广大群众受到教育启迪，陶冶思想情操，充实精神世界。要着力深化文博单位的爱国主义教育基地建设，积极拓展教育功能，深入开展红色旅游，发挥“第二课堂”作用，“以物载文，以文化人”，让优秀历史文化遗产成为滋养民族生命力、激发创造力、铸造凝聚力的源泉，成为增进人民群众爱国情怀、培育民族精神的重要场所。

二是要在建设公共文化服务体系中积极作为。十八大报告指出，要坚持面向基层、服务群众，加快推进重点文化惠民工程，继续推动公共文化服务设施向社会免费开放。文博单位是提供公共文化服务的重要阵地，是公共文化服务体系中不可或缺的重要力量，要始终坚持以人为本，把满足广大群众精神文化需求作为工作的出发点和落脚点，让广大群众充分享受文物保护成果，促进人的全面发展。要切实履行博物馆等文博单位的公共文化服务职能，把提供优质公共文化产品和服务作为一项基本任务。要加大博物馆的建设力度，立足我省行业特点和地域文化特色，引导和推动生态、社区、遗址、旧址、数字等新型态的专题性博物馆建设，引导和鼓励社会力量参与民办博物馆建设。着力构建以中央地方共建国家级博物馆为示范，省级博物馆和重点行业博物馆为龙头，设区市综合性博物馆为骨干，县（市）级博物馆为基础的博物馆体系。要继续深化博物馆免费开放工作，创新工作机制，强化服务功能，提高服务水平。要积极推动文物保护融入城乡发展、融入社区生活、融入经济建设，使文物保护事业造福于民。

三是要在建设优秀传统文化传承体系中积极作为。十八大报告指出，要“建设优秀传统文化传承体系，弘扬中华优秀传统文化”。要正确处理文物保护利用和传承发展的关系，积极主动地将文物工作融入经济社会发展全过程，在保护中利用，在利用中传承。要结合我省实际，深入实施文化遗产传承计划，着力推进文物保护的五大体系和十大项目，不断提高文物保护水平，使我省文物保护工作继续走在全国前列。要按照“文物本体保护好、周边环境整治好、经济社会发展好、人民生活改善好”的要求，探索建立文物保护与经济社会协调发展、和谐共融、互利多赢的长效机制，积极协同做好历史文化名城、名镇、名村和街区的保护工作，鼓励对工业遗产、文化景观、大遗址等进行综合开发利用，为满足广大群众日益增长的精神文化需求、增强浙江文化软实力、建设共有精神家园作出应有的贡献。

三、努力开创文物事业科学发展的新局面

当前，我省正处于经济转型升级的关键时期和文化强省建设的重要时期，文物工作面临前所未有的发展机遇。我们要以科学发展观为指导，按照文化部、国家文物局和省委、省政府的部署，围绕我省文物事业“十二五”规划确定的目标和任务，开拓创新，努力工作，狠抓落实。

（一）进一步全面落实文物保护工作。要牢固树立文物安全生命线的地位，认真落实文物安全责任制和部门联席会议制度，深入实施文物平安工程，加大文物行政执法力度，切实提高文物安全防范能力，确保文物安全。要按照国务院和国家文物局的部署，组织实施第一次可移动文物普查工作。各地文物部门要按照省里的要求，抓好机构组建，抓好方案制订，抓好动员部署，抓好任务落实。要按照大运河联合申遗的时间表和任务书，进一步强化责任，确保如期完成我省的各项任务。要进一步夯实文物基础工作，深入实施重大文物保护工程，加大文物保护抢救力度，推进大遗址和水下文化遗产保护工作。要继续巩固和利用“三普”成果，及时公布文物保护单位和文物保护点。要继续加强社会文物管理，规范文物流通秩序。要创新文物保护科技合作方式，提升我省文物保护科技整体水平。

（二）进一步促进文物保护成果惠及民生。要按照“三贴近”的要求，以博物馆为重点，推进公共文化服务向农村和社区延伸，加快建成政府主导、覆盖全省、惠及全民的文物博物馆公共文化服务体系，使博物馆和文物保护单位成为“城乡文化服务圈”的重要组成部分。要加大文博单位设施建设力度，按照《省级文化系统重大文化设施建设“四个一批”规划》的要求，加快建设浙江自然博物馆新馆、浙江省博物馆新馆、省文物考古研究所科研业务大楼；各地也要因地制宜、统筹谋划、推动实施。要深入推进博物馆免费开放工作，扩大免费开放范围，加大博物馆衍生产品和文化产品开发力度，鼓励、支持博物馆和文物保护单位在会展、旅游等相关产业中发挥积极作用，进一步提高服务社会、惠及民生的水平，让广大群众享受到更多更好的文物保护和利用成果。要深入挖掘历史文化遗产的丰富内涵和多重价值，在文物修缮、考古发掘、大遗址保护、历史文化街区、村镇的保护建设中，满足群众精神需求、改善群众生活，努力使文物保护成果成为促进我省经济、社会发展的新动力和新亮点。

（三）进一步完善体制机制和政策法规。要继续健全政府主导、部门协作、社会力量广泛参与的文物保护管理体制和运行机制，切实推动文物工作纳入经济社会发展总体规划，纳入城乡建设和土地利用规划，纳入财政预算，纳入体制改革，纳入各级领导责任制。要按照建立现代服务型政府的要求，以转变职能、简政放权、提高效率为重点，进一步深化文物行政审批制度改革，建立健全文物行政审批长效机制，提高文物行政审批效能。要按照文化体制改革和事业单位分类改革的要求，进一步强化文博单位的公益属性，建立绩效考核制度，推动完善岗位聘任管理、岗位绩效考核和奖励性绩效分配等办法，最大限度激发文博单位的生机与活力。要积极探索博物馆理事会构成与运作模式，完善博物馆法人治理结构，建立政府、行业和社会共同参与的博物馆运行管理机制。要全面贯彻落实文物保护的法律法规，结合我省实际，争取在省级考古遗址公园管理、历史建筑保护、博物馆建设标准、民办博物馆发展、文物行政执法等方面制订、出台相关管理办法和配套政策。

（四）进一步加强机构和队伍建设。要积极争取党委、政府的重视和有关部门的支持，健全、完善省、设区市、县（市、区）和乡镇的文物保护网络，加强基层文物保护机构建设，推动各县（市、区）建立文保所，具备条件的设区市建立考古机构。要制定文博人才培养规划，健全培养机制，创新培养方式，通过与高校联合办学、定向培养、在职进修等多种形式，努力培养和造就一支适应文物事业发展需要的，规模适度、结构合理、素质过硬的人才队伍。要推行文物行政执法监察和文物安保人员的资格准入制度。要积极发挥文物部门的职能优势，抓好业余文保员和文物保护志愿者队伍建设。

（五）进一步形成全社会关心文物、保护文物的良好氛围。要认真组织文化遗产日、国际博物馆日和民族传统节日等重要纪念日的系列宣传活动，运用传统媒体与新兴媒体，广泛开展文物法制和文物知识宣传教育。要将文物法制宣传纳入普法教育范畴，推动文物普法与国民教育相结合。要充分发挥文物资源的独特优势，坚持内宣与外宣并举，改进宣传方式，创新宣传机制，进一步加大文物保护和利用的宣传力度，传播和弘扬中华传统优秀文化，使文物成为促进国际和地区间文化交流、经贸合作，扩大我省知名度与影响力的重要媒介。要不断推出文物保护维修、考古发掘、陈列展览、科学研究、产业开发等方面的新成果，丰富广大群众的精神文化生活，调动广大群众参与文物保护的积极性，努力形成全社会关心文物保护、参与文物保护的良好氛围。

面对新形势、新要求，文物工作任务艰巨、责任重大。让我们在十八大精神的指引下，振奋精神、紧抓机遇、开拓进取、奋发有为，努力开创我省文物事业科学发展新局面，为加快建设文化强省和“两富”现代化浙江作出新的更大的贡献。

求真务实 奋发进取 开创文物事业科学发展新局面

——在全省文物局长会议上的工作报告

省文化厅巡视员 鲍贤伦

新年伊始，我们在这里召开全省文物局长会议，主要任务是学习贯彻党的十八大精神，贯彻落实省第十三次党代会、全国文物工作会议和全国文物局长会议部署，总结2012年工作，明确2013年任务，在新的起点上开创我省文物事业科学发展新局面。

下面，我代表省文物局作工作报告。

一、2012年全省文物工作的总结回顾

2012年，全省文物系统坚持以邓小平理论、"三个代表"重要思想为指导，深入贯彻落实科学发展观，紧扣文物博物馆事业发展"十二五"规划的各项目标任务，以改革创新为动力，以夯实基础为着力点，抓重点、攻难点、出亮点，取得了显著成绩。

（一）贯彻落实全国文物工作会议精神，抓实抓好各项重点工作

全国文物工作会议召开后，国家文物局随即召开了贯彻落实全国文物工作会议精神座谈会，我省作为东部地区代表作了典型发言。年中的全省文物工作座谈会对这两次会议精神分别做了传达贯彻，并就建设文物强省和"两富"现代化浙江如何贯彻落实进行了部署。5月，全国人大文物保护法执法检查组赴杭州、绍兴、宁波、嘉兴等地开展贯彻实施《文物保护法》情况检查，我省向检查组作了关于贯彻实施《文物保护法》总体情况的汇报，全力配合做好各项工作，确保检查组圆满完成了在我省的各项任务。根据《国务院关于开展第一次全国可移动文物普查的通知》的部署和要求，我省着手做好省里的机构组建、方案制订等前期工作，为国有可移动文物普查工作的开展打下了基础。

（二）"三普"成果得到巩固，世界文化遗产申报与管理工作扎实推进

根据国务院的统一部署，在省政府的有力领导下，我省"三普"工作已圆满完成，共调查登录不可移动文物73943处，其中复查12215处，新发现61728处，基本摸清了不可移动文物资源家底，为构建基础厚实、梯度合理、覆盖广泛、类型多样的历史文化遗产保护体系打下了坚实基础。省委、省政府主要领导充分肯定了我省在"三普"工作中取得的成绩。为了进一步巩固和宣传普查成果，省政府召开了"三普"工作总结表彰大会，表彰了3个先进县、30个先进集体和174名先进个人；编辑出版了《浙江省第三次全国文物普查丛书》，举办了"三普"成果巡展，向全社会汇报展示了"三普"的历程和成果；在省政府的统一部署下，及时公布了一批不可移动

文物保护名录，出台了一系列保护办法和措施，普查成果得到及时巩固。

大运河（浙江段）保护和申遗工作进入关键阶段，省级保护规划已经国家文物局原则同意，由省政府批准公布。大运河申遗点段的保护与整治、展示标识系统设计、监测平台需求研究、资源调查成果整理与研究、立即列入点段“四有”档案编制等工作顺利推进。按照国家文物局统一部署，完成了《世界文化遗产预备名单》更新调整工作，我省共有7个项目被列入《中国世界文化遗产预备名单》，其中单独项目2个，跨省联合申报项目5个。

杭州西湖文化景观申遗成功后，着力推进了遗产保护管理体系和遗产监测预警管理体系建设，有效提升了遗产地的保护管理水平。杭州西湖文化遗产预警监测体系建设项目已纳入《中国世界遗产监测预警体系建设规划》，并被国家文物局列为国家世界文化遗产监测工作试点。

（三）文物保护抢救工作顺利开展，考古工作成果丰硕

做好重要濒危文保单位保护工作，提请省政府批准公布了5项国保单位保护规划和27处省级以上文保单位保护范围及建设控制地带，上报了111处省级以上文保单位保护区划划定方案，论证、审查了通济堰、衢州府城墙等国保单位保护规划和一批省级以上文保单位保护范围、建设控制地带内建设项目方案。深入实施文物保护工程，加强文物保护工程的中期管理，上报国保单位保护工程立项9项，审批省级以上文保单位保护工程设计与施工方案99项。开展资质单位年检工作，报请国家文物局批准施工一级资质单位3家，授予文物保护工程资质单位11家。

协同省住建厅做好历史文化名城、名镇、名村（街区）申报和保护工作。召开了2012年度浙江省历史文化名城保护专家委员会全体会议，报请省政府审定公布了第四批省级历史文化街区、名镇、名村45处；配合有关单位做好相关立法调研和历史文化村落普查、保护、利用工作。经省人大常委会审议，通过了《浙江省历史文化名城名镇名村保护条例》，召开了全省历史文化名城名镇名村保护工作暨宣传贯彻《浙江省历史文化名城名镇名村保护条例》会议。举办了全省文物保护培训班和全省历史文化名村保护与发展培训班。

实施了桐庐小青龙遗址等29项考古发掘项目，并取得重要成果：余杭玉架山遗址入选“2011年度全国十大考古新发现”，良渚古城考古项目获得国家文物局田野考古一等奖。上报了《良渚古城遗址》等4项考古工作计划，为考古科研工作明确了思路。组织实施了宁波东钱湖、绍兴宋六陵等大遗址考古调查工作。妥善处理了杭州临安城遗址内御园房产开发项目、乐清雁楠公路设计蔡湖南墓部分迁移等事项。国家水下文化遗产保护宁波基地象山工作站揭牌成立。象山渔山小白礁清代沉船水下考古发掘项目顺利实施并取得重要成果。承办了全国考古工作会议和全国基建考古南方片区协作会。召开了全省考古工作会议，全面总结回顾新世纪以来浙江考古成绩，部署了下一阶段考古工作的目标和任务，起草了《浙江省省级考古遗址公园管理办法》（征求意见稿）。

（四）博物馆建设与管理不断优化，公共文化服务能力显著增强

浙江自然博物馆、中国丝绸博物馆、宁波博物馆被评定为国家一级博物馆，我省国家一级博物馆总数上升为4座。杭州博物馆（二期）、安吉生态博物馆（中心馆）等相继建成开放。审

查、论证了一批博物馆建筑和展陈设计方案。研究制订了《浙江省民办博物馆补助资金管理办法》（草案）和《国有博物馆对口帮扶民办博物馆试点工作的实施意见》，开展了国有博物馆对口帮扶民办博物馆试点工作，已经结成8对帮扶对子，并对45家民办博物馆补助了233万元免费开放经费。根据国家文物局统一部署，开展了2011年度博物馆、纪念馆年检工作，全省通过年检的博物馆总数达244座，其中通过国家文物局年检的博物馆203座，位居全国第一。

在全国博物馆免费开放最佳做法推介评选活动中，浙江省博物馆、浙江自然博物馆分别获得了全国博物馆免费开放"最佳宣传推广奖"和"最佳网站服务奖"。组织开展了全省"博物馆免费开放最佳做法"推荐表彰活动，有24家博物馆获奖，这些博物馆的做法具有积极的示范引领作用。在全国博物馆文化产品创意设计评选活动中，我省选送的"神徽挂饰"等3件作品分别获得了铜奖、提名奖和优秀奖。全省各级各类博物馆全年推出陈列展览800余个，吸引观众超1900万人次。深入实施浙江省陈列展览精品项目，补助了一批优秀陈列展览项目，评选出"吴越胜览——唐宋之间的东南乐国"等10个精品奖项目和"书写天地间——王伯敏的中国书画研究与创作"等14个单项奖项目。积极推进博物馆藏品资源整合共享，召开了全省"加强馆际合作办展促进馆藏资源整合共享"专题工作会议，成功实施了"发现历史——浙江考古工作十年回顾展"、"龙行浙江——浙江出土恐龙化石展"等5个资源整合共享项目，深受基层博物馆和广大观众欢迎，取得了显著的社会效益。

（五）馆藏文物管理趋于规范，社会文物管理继续加强

制定下发了《博物馆藏品保管工作格式文本》，举办了全省博物馆藏品保管培训班，编制了纺织品文物保护修复设备提升计划方案。审核通过了一批馆藏书画修复保护方案，基本完成了全省馆藏书画文物专项定级鉴定工作。认真履行社会文物管理职能，强化文物拍卖市场与进出境文物监管。全年共举办文物艺术品拍卖会56场，审核文物拍卖标的37358件，审核申报文物拍卖经营资质企业3家，新增文物拍卖企业2家。做好《文物拍卖经营许可证》年审、换发和文物进出境管理等工作，全年办理文物临时进境审核26起，文物出境许可证核发9起，旧家具出境许可104起。承办了全国文物进出境管理工作座谈会。配合做好中国丝绸博物馆征集美国丽蒂娅·葛顿收藏的西方近现代时装藏品、浙江省博物馆接收香港曹其镛先生捐赠漆器藏品等工作。

（六）科技区域创新联盟建设富有成效，文物保护科技水平明显提升

在科技部、国家文物局指导下，科技区域创新联盟启动了"文化遗产数字化公共服务平台与产业应用示范"等3项国家科技支撑计划项目及课题；参加了国家创新工程预备项目、"指南针计划"、"中华文明探源工程"、国家文物局重点科研基地课题、国家创新联盟课题的申报，并有多个课题获得立项；联盟基础条件建设初见成效，"浙江省科技考古与文物保护研究试验基地"落成，"纺织品文物保护国家文物局重点科研基地"正式挂牌运行，并在浙江理工大学设立相关实验室，示范应用基地"纺织品文物修复展示馆"建成开放。浙江省博物馆和浙江大学等单位合作申报的"数字博物馆关键技术系统及应用研究"项目被列入省重大科技专项计划重点项目。积极开展全省文物保护科技项目申报，有14个项目获得立项。成功举办了"指南针

计划”专项成果展《惠世天工——中国古代发明创造文物展》。推进科技援疆工作,与新疆维吾尔自治区文物局、浙江大学、塔里木大学共同签订了《新疆文化遗产保护与研究战略合作框架协议》。

(七)文物安全工作机制更加健全,文物执法监管力度持续加大

召开了省文物安全工作联席会议第一次全体会议,为有效发挥联席会议成员的协作配合、联合作业,共同做好文物安全工作奠定了基础。根据国家文物局统一部署,联合省海洋与渔业局在椒江等地开展了辖区海域内文化遗产联合执法行动,并进行了海上联合执法巡查、应急预案演练、执法培训等工作,得到国家文物局的好评。完成了国家文物局委托的《文物执法巡查档案标准研究》课题,正式启用了文物行政执法网络监管平台,提升了我省文物执法监察工作信息化、科学化水平。

积极开展日常文物执法巡查,全年共出动14489人次,检查文博单位8051家次。围绕重要节假日,会同省公安厅开展了以文物消防安全等为重点的安全检查和巡查。进一步加大了文物违法案件查处力度,全年查处、督办文物违法案件59起,罚款69.2万元。办理各类涉案文物鉴定58起,鉴定各类器物2377件,实地勘察鉴定古墓葬、古遗址、古建筑76座。根据国家文物局要求,对宁波市历史文化街区的文物保护工作进行了专题调研。继续做好文博风险单位安全技术设施的新建、改造工作。在国家文物局组织开展的全国文物行政处罚案卷评查中,我省选送的案卷有两个荣获“十佳案卷”,两个荣获“优秀案卷”,获奖率名列全国前茅。组织开展了全省文物行政处罚案卷评比活动,有12个案卷获奖。

(八)宣传工作富有成效,先进典型获得殊荣

在“5.18国际博物馆日”和文化遗产日期间,举办了“浙江省5.18博物馆学术论坛”和以湖州主场城市活动为中心,以省本级活动为主线,以全省各地活动为基础的上下联动、形式多样的宣传活动。启动了《浙江馆藏文物大典》(暂名)、《中国历代绘画大系》、《浙江通志·文化遗产卷·文物分卷》等重要文集的编纂工作,取得了较大进展。继续办好“一网一刊一年鉴”,浙江文物网全年发布信息3万余条,其中原创信息4298条,被新华网转载107篇,在46家省级部门网站测评中,综合得分位列第6。杭州市余杭区被国家文物局列为全国文化遗产知识宣传普及工程试点县之一。举办了“新时期博物馆展陈与教育学术论坛”、“中国生态博物馆建设安吉论坛”等学术会议,进一步提升了学术研讨水平,扩大了我省文博工作的影响力。

在全国文物工作会议上,余姚市河姆渡遗址博物馆和嘉兴市文物局被人力资源与社会保障部、国家文物局授予“全国文物系统先进集体”荣誉称号,省文物考古研究所刘斌被授予“全国文物系统先进工作者”称号。在省政府召开的杭州西湖文化景观申报世界文化遗产工作总结表彰大会上,省文物局等8家单位被授予先进单位荣誉称号,陈易等11位同志荣记一等功,吴志强等26位同志荣记二等功。在省人力社保厅、省文化厅、省文物局组织开展的全省文物系统先进集体和先进工作者评比表彰中,浙江省博物馆等17家单位和陈水华等20名个人获“先进集体”和“先进工作者”称号。

二、学习贯彻十八大精神，落实全国文物局长会议部署，推动文物事业科学发展

党的十八大提出了全面建成小康社会的奋斗目标，做出了“五位一体”的总体部署，强调了文化强国建设的战略部署，提出要“建设优秀传统文化传承体系，弘扬中华优秀传统文化”。蔡武部长在全国文物局长会议上要求“充分认识文化建设和文物事业在‘五位一体’总体布局中的重要地位和作用”，“围绕社会主义核心价值体系、优秀传统文化传承体系和公共文化服务体系建设，进一步加强文物保护利用，不断提升文物事业对经济社会发展的贡献”。励小捷局长重点强调，要“全面贯彻落实科学发展观，整体谋划2020年文物事业发展的目标”，提出“对于文物工作而言，保护是发展的前提，利用是发展的动力，管理是发展的保障，传承是发展的目的，都是发展的重要组成部分，都是文物事业发展的主体。”我们学习、贯彻十八大精神，贯彻、落实全国文物局长会议精神，就是要以科学发展观为指导，不断提高文物保护能力，拓宽文物利用途径，破解事业发展难题，加快文物强省建设步伐，使我省文物工作继续走在全国前列，为建设“两富”现代化浙江做出新的贡献。

（一）着力提高保护能力，取得文物工作新进展

从总体上看，目前我省文物保护能力与建设文物强省的要求还不完全相适应。我们要充分认识做好文物保护工作、提高文物保护能力对于推动文物事业科学发展的重要意义，清醒认识到这项工作的长期性、艰巨性和复杂性，切实把它作为一项重要任务常抓不懈。要按照“十二五”规划要求，着力构建完善的不可移动文物保护体系，加强各级文物保护单位的基础性工作，强化文物保存状况的日常监测，切实提升保护管理水平。要着力实施以推进国家文化遗产科技区域创新联盟建设为重点的文物保护科技提升工程，不断创新文物保护科技合作方式，强化文物保护科学技术研究和成果推广，提升文物保护科技整体水平。要着力实施文物平安工程，健全文物安全监管长效机制，推进文物风险单位的安防设施建设，强化文物安全执法巡查，构筑文物安全屏障。要积极争取各级党委、政府对文物保护工作的重视，建立健全政府主导、部门协作、社会力量广泛参与的文物保护管理体制和运行机制。要加强与有关部门的沟通、协调，争取进一步健全文物保护机构，充实保护力量。

（二）着力拓宽利用途径，迈出文物工作新步伐

目前，我省在文物利用方面的创新能力还不强，文物保护与利用良性互动的机制尚未建立，文物保护利用示范项目的效应还没有充分发挥。这就要求我们高度重视并认真做好文物资源的合理利用工作，努力拓展利用途径，丰富传承方式，让人民群众更充分地享受文物保护成果，更广泛地参与文物的保护、利用和传承活动，为建设覆盖城乡的基本公共文化服务体系做出应有的贡献。要积极鼓励动员社会力量和社会资金参与文物保护利用，发展文物旅游和特色文化产业，推动文物资源在与产业、市场的结合中实现传承发展。要充分利用我省大力推进生态省建设和美丽乡村建设的契机，积极推动乡土文化遗产的科学保护、合理利用和传承发展。要进一步加大博物馆的建设与管理力度，提高藏品资源整合利用效率，打造更多精品展览，提升社会服务与展示教育水平，健全联展、巡展合作机制，吸引更多民众关注博物馆、走进博物馆、受益于博物馆。

（三）着力破解发展难题，创造文物工作新优势

我省由于陆域面积小、文物分布广、遗产密度高，加上城镇化、工业化的快速推进，文物保护与城乡建设之间的矛盾依然突出，存在着一些地方认识不到位、文物保护法规体系不完善、经费投入不足、文物安全形势严峻、文物流通领域管理乏力等制约文物事业科学发展的思想观念误区和体制机制弊端。针对这些问题，我们要不断强化忧患意识、责任意识、发展意识，把握规律、深入研究、积极探索，突破事业发展的瓶颈制约。要按照文物工作方针，根据《国务院关于进一步做好旅游等开发建设活动中文物保护工作的意见》，妥善处理保护与建设的关系，落实文物保护责任，履行文物保护职责，纠正违法违规行为，并积极探索文物保护与城乡建设共赢之路。要加强与有关部门的沟通，不断完善文物保护法规体系，将“三普”登录文物、流散文物市场等纳入依法保护与管理的范畴，加大文物保护法律法规的宣传与普及力度，提高社会各界文物保护法制意识。要优化文物保护专项经费管理，提高经费使用效率，争取有关部门对文物工作的更多支持，落实经费投入政策，加大文物保护投入力度。要从提高文物安全意识、加大监管力度、强化设施建设等方面多管齐下，增强文物安全防范能力，构建文物安全工作的长效机制。

三、2013 年全省文物工作的主要任务

2013 年是全面贯彻落实党的十八大精神的开局之年，也是实施“十二五”规划承上启下的关键之年。全省文物工作的总体要求是以邓小平理论、“三个代表”重要思想、科学发展观为指导，深入学习贯彻党的十八大精神，按照全国文物工作会议和全国文物局长会议的要求，围绕加快建设文物强省这一战略目标，突出重点，整体推进，全面完成各项任务。

（一）全面开展第一次全国可移动文物普查工作

国有可移动文物普查是继“三普”之后又一次重要的国情、国力资源调查。根据国务院《关于开展第一次全国可移动文物普查的通知》和国家文物局《关于落实国务院通知精神认真做好第一次可移动文物普查的通知》，今后四年我省将有计划、有步骤地开展第一次全国可移动文物普查工作。2013 年，各地要成立普查领导小组及其办公室，将普查工作经费纳入本级财政预算，建立普查业务指导机构和普查队伍，确保普查工作的顺利开展；要制定普查方案和实施计划，组织开展专业培训、普查宣传以及普查单位的调查摸底、采集认定等工作。

（二）大力推进大运河浙江段申遗，加强申遗预备项目管理

2013 年是大运河申遗最关键的一年。要围绕 2014 年大运河申遗成功的目标，将认识统一到国务院的决策部署和省委、省政府的工作要求上来。特别是大运河沿线的 14 个市、县要充分认识申遗工作的紧迫性，加快推进申遗点段的保护、整治和展示等工作，确保 2013 年 6 月底前完成各项主要任务，8 月份通过国际组织评估验收。要全面实施《良渚遗址保护规划》，积极争取良渚遗址成为 2016 年我国申遗正式项目，大力推进申遗范围的考古、遗产保护与环境整治工作。列入《世界文化遗产预备名单》项目的各市、县要按照《世界文化遗产保护管理办法》的规定，完善规划、加强监管，开展对相关遗产的研究、保护、管理与展示，维护遗产的真实性和完整性，为申遗工作奠定基础。

（三）强化不可移动文物保护与管理，抓好历史文化名城、街区、村镇保护工作

扎实推进新公布省级以上文保单位的“四有”工作。编辑省级以上文保单位已确定保护区划的保护范围、建设控制地带图集。加强以新公布省级以上文保单位为重点的保护规划编制，为依法、有效管理提供法律依据，杜绝擅自要求迁移不可移动文物等不良行为。加强省级以上文保单位保护修缮工作，使文物资源本体及其周边环境风貌得到全面有效保护。依据国家相关法规，切实加强对文物保护工程的管理，特别是实施过程的中期管理，适时开展文物保护工程项目检查，提高工程质量。加强文物保护工程资质监管，努力提高文物保护行业规范化管理水平。巩固和利用“三普”成果，尽快遴选公布各级文保单位和文保点，有效遏制“三普”文物登录点灭失的不良势头。举办全省不可移动文物保护管理工作培训班，提高市县文保骨干的业务水平。

按照省委、省政府统一部署，发挥好文物部门的职能和专业优势，积极参与历史文化村落保护利用工作，切实加强历史文化村落内文保单位、文保点的保护、监管和相关项目的技术指导。配合省住建厅加快推进名镇、名村，尤其是新公布第四批省级历史文化街区、名镇、名村的保护规划编制工作，加强对保护规划实施情况的监管，合理引导历史文化名城、名镇、名村的保护、利用、发展方向。继续抓好《浙江省历史文化名城名镇名村保护条例》的宣传、贯彻，进一步规范名城名镇名村的保护行为，加大保护力度。积极支持有关市、县申报国家级历史文化名城。

（四）推进大遗址保护展示工程，做好考古工作

实施大遗址保护展示工程，启动省级考古遗址公园评选工作，推进良渚国家考古遗址公园建设，有效保护良渚遗址文化遗存，改善其环境风貌。根据全省考古工作会议精神，继续做好考古管理、考古资料整理出版、出土文物指定收藏等工作，重点做好3万平方米以上建设项目的监管和考古工作。稳步推进水下考古工作，实施好重点水下考古调查勘探项目。积极配合做好省文物考古研究所科研业务大楼的筹建工作。

（五）推动博物馆建设与管理，增强博物馆公共文化服务能力

继续推进全省博物馆基础设施建设，规范博物馆工程项目管理，争取早日启动浙江省博物馆新馆、浙江自然博物馆新馆的筹建工作，支持宁波北仑港口博物馆、义乌商贸博物馆等新馆建设。加强对舟山市博物馆、丽水市博物馆、台州市博物馆、金华市博物馆等馆陈列论证及布展工作的指导。继续支持民办博物馆的发展，鼓励民办博物馆免费开放，推进国有博物馆对口帮扶民办博物馆试点工作。依据《全国博物馆评估办法》、《博物馆评估标准》等博物馆行业标准，引导、促进全省博物馆在展示教育、科学研究、公共服务等方面得到全面提升。根据国家文物局部署，组织开展国家二、三级博物馆的定级评估工作。按照《中央地方共建国家级博物馆管理暂行办法》，指导和监督我省中央地方共建国家级博物馆——浙江省博物馆的管理和运行。举办博物馆馆长培训班。

加强免费开放博物馆的管理、展陈工作，逐步建立、健全免费开放博物馆的绩效评估机制，有效提升全省博物馆的免费开放工作水平。强化博物馆公共文化服务功能，拓展服务领域，丰

富服务项目，更好地满足公众的文化需求。完善免费开放博物馆的经费补助管理办法，加快建立全省博物馆展览交流协作网络，促进馆藏文物资源的整合共享。积极参加第十届全国博物馆十大陈列展览精品的评选申报。深入实施“浙江省陈列展览精品项目”，推出一批原创性、文化性、观赏性、主题性强的精品展览。发挥博物馆的第二课堂作用，进一步融入国民教育体系，鼓励博物馆文化产品开发，创新博物馆衍生品开发模式。

（六）提升馆藏文物保管水平，规范社会文物管理

继续实施馆藏文物的鉴定定级、建档工作，完善珍贵文物藏品档案。加大文物藏品征集力度，提高馆藏文物的数量和质量。依据文物行业标准，规范馆藏文物的保护、修复工作，提高馆藏文物的保管水平。根据国家文物局部署，实施可移动文物的健康评测、预防性保护及能力建设提升达标等相关项目。进一步加强可移动文物修复和设计资质管理工作。履行社会文物管理职能，逐步建立和实施经营活动资质审批制度，联合公安、工商、海关等部门，依法开展社会文物管理工作。切实做好对文物拍卖企业、文物商店等文物经营活动的监管工作。

（七）推进创新联盟建设，提升文物保护科技能力

根据省人民政府与国家文物局签署的国家文化遗产保护科技区域创新联盟（浙江省）共建协议，按照“优化合作、完善机制”的要求，以体制机制创新为先导、以重点项目为载体、以实际应用为目标，发展区域技术优势，积极对接国家文物保护重大专项，探索“立足需求、依托项目、培养人才”的“三合一”发展模式，大力推动文保科技创新的跨学科、跨领域、跨行业、跨部门战略合作。继续积极争取国家、省科技部门对区域创新联盟重点科技项目及国家重点科研基地的支持，加大国家科技项目申报力度，认真做好国家已立项目的联合攻关。依托省文物保护科技项目、区域创新联盟平台，进一步加强对市级文博单位科技人才的培养，吸收符合条件的市级文博单位加入区域创新联盟。积极支持纺织品文物保护国家文物局重点科研基地建设。

（八）实施文物平安工程，强化文物安全防范和执法监管

着力实施文物平安工程，加强文物保护单位的风险管理，重点推进省级以上文保单位和大遗址的安防设施建设，稳步推进文物风险单位的安全技术、消防设施建设。会同有关部门做好各级安全防范系统工程设计方案的审批和工程验收。加强文物安全队伍培训，提升安全工作水平。实现文物抢救性保护与预防性保护的有机结合，提高预警和防范能力，构筑安全屏障。加强田野文物巡查，落实田野文物安全责任制。

以文物系统风险单位为重点，加大安全检查和巡查监管力度。严格执行涉及文物保护事项建设工程的项目审批制度，依法主动介入大型建设项目立项、论证、审批、实施等环节的工作。高质量地开展文物执法巡查，深入开展海域内文化遗产联合执法工作。加大文物违法案件的查处、督办力度。继续完善专家咨询制度，规范行政决策程序。加强与省政府法制办的沟通和联系，做好文物法制建设的综合协调工作。

（九）重视文物宣传工作，扩大文物事业社会影响力

进一步加大宣传工作力度，办好浙江文物网、《浙江文物》双月刊和《浙江文物年鉴》，提高

传播与交流能力。按照中央和省委、省政府的部署，继续做好《浙江馆藏文物大典》（暂名）、《中国历代绘画大系》、《浙江通志·文化遗产卷·文物分卷》的编纂工作。加强文博行业电子政务建设，推动政务信息公开，实现信息资源共享。

健全“文化遗产日”浙江主场城市申办机制，充分利用“文化遗产日”、“5.18 国际博物馆日”等重要节日，发挥各类媒体的资源优势，结合重大考古发现、陈列展览精品等开展专题宣传，提升我省文物工作的知名度。指导、推动余杭区国家文物局文化遗产知识宣传普及工程试点的各项工作。做好文物保护领域重大事件、重要活动的宣传报道和舆论引导，深入挖掘、充分展示、大力宣传我省文物资源所凝聚的深刻内涵，充分发挥文物事业在社会主义核心价值体系建设中的不可替代作用。

（十）加强作风建设，提高工作效能

中央提出了改进工作作风、密切联系群众的“八项规定”，省委提出了关于全省改进工作作风、加强党风廉政建设的“六个严禁”。全省各级文物部门要认真学习领会，全面贯彻落实；要按照全省深化行政审批制度改革电视电话会议要求，进一步减少文物行政审批事项、环节和前置条件，优化审批流程，规范审批行为，提高审批效率；要继续弘扬文物系统的良好工作作风，从改进调研工作、精简会议活动、提高办文质量、厉行勤俭节约等方面入手，进一步改进工作作风，强化服务意识，提高工作效能，优质、高效地完成文物工作的各项任务。

文物事业迎来了新的发展时期。让我们在十八大精神的指引下，抓住机遇、求真务实、开拓创新、乘势而上，奋力推动我省文物事业的科学发展，为我省全面建成小康社会和率先基本实现现代化做出积极贡献！

陈瑶在浙江省第一次全国可移动文物普查培训班上的讲话

省文化厅副厅长省文物局局长　陈瑶

2012年10月，国务院印发了《关于开展第一次全国可移动文物普查的通知》，决定自2012年10月至2016年12月开展第一次全国可移动文物普查，并成立了以刘延东同志为组长的国务院第一次全国可移动文物普查领导小组。今年3月初，省政府印发了《关于在全省开展第一次全国可移动文物普查的通知》，成立了以郑继伟副省长为组长的浙江省第一次全国可移动文物普查领导小组。领导小组成员包括省委宣传部等15个相关单位的负责人，领导小组办公室设在省文物局。4月18日，浙江省第一次全国可移动文物普查电视电话会议召开，对普查工作进行了全面动员和部署。省普查领导小组组长郑继伟副省长就贯彻国务院电视电话会议精神，做好我省第一次全国可移动文物普查工作做了重要讲话。全省各市、县（市、区）政府积极贯彻国务院和省政府的通知精神，相继印发通知，成立了普查组织机构。各地普查办也做了大量工作，落实普查经费，制定普查实施方案，组建普查队伍。今天，浙江省第一次全国可移动文物普查培训班正式开班。由于参加培训的人员较多，培训将分三批进行，这是第一批。下面，我就做好这次普查工作谈三点意见：

一、充分认识开展普查的重要意义，增强工作的责任感

文物包括不可移动文物和可移动文物两大类。开展文物普查，建立文物调查和登录制度，是世界各国为有效保护文物、加强文化遗产管理普遍采用的手段。针对不可移动文物，我国分别于上世纪50年代、80年代和本世纪初（2007 ~ 2011）进行过三次全国性普查，家底比较清

楚。与之相比，可移动文物数量更为巨大，文物类型非常丰富，但基础工作相对薄弱，从未开展过全国性普查，普遍存在资源不清、保管状况不明、管理水平不高、社会服务能力较低等问题。相比意大利、法国等文物保护先进国家已经建立的比较完善的文物登录制度和体系，我国可移动文物统一的管理制度和体系尚未真正建立。

这次普查就是要在全面摸清国有可移动文物家底的基础上，准确掌握、评价国有可移动文物的资源状况及价值；建立起完备的可移动文物登录备案机制，通过现代信息技术，实现文物的标准化、动态化、规范化管理，从而不断提升文物收藏单位的管理能力；通过建立文物信息的知识产权保护制度，搭建起公共服务平台，更好地发挥文物的作用和价值，提升社会服务能力，切实保障人民群众的基本文化权益。

这次普查是继第三次全国文物普查之后在文化遗产领域组织的又一重大国情国力调查，是贯彻落实党的十八大提出的“建设优秀传统文化传承体系，增强文化整体实力和竞争力，努力建设社会主义文化强国”的重要举措。作为一项旨在全面掌握我国文物资源、加强文物保护、建设文化遗产强国、增强国家软实力的国家工程，我们首先要对开展这项工作的意义有充分认识，清楚为什么要做，意义在哪里。这项工作是历史性的，不仅仅涉及文物工作的大局，也关乎整个国家民族的文化利益。所以每个参与这项工作的人员都要切实增强责任心和使命感，努力把普查做好。

二、充分认识开展普查的有利条件，树立工作信心

本次普查是新中国成立六十余年来的首次开展，没有现成的经验可供借鉴；而且工作覆盖面大，涉及全部国有单位，难度可想而知。在工作中难免会遇到不少新问题、新困难，但是我们一定要坚定信心，把干工作和解决问题相结合，不等不靠，在工作中解决具体问题，扎实、有效地推进普查工作。所以，有必要从上到下地强调一下做好这项工作的有利条件，以树立起工作的信心：

首先，我国文物工作整体上正处于一个黄金机遇期，党和政府都越来越重视文物工作。客观地讲，我们也确实会经常遇到一些法人违法、破坏文物，甚至是拆真文物造假古董的事件。但是通过具体事例，我们也能更多地感受到，各级政府和公众的文物保护意识在增强。2012 年 7 月，全国文物工作会议时隔十年后再次召开，时任中央政治局常委的李长春同志会见与会代表并发表重要讲话，时任中央政治局委员、国务委员刘延东同志出席会议并作了重要讲话。全国人大常委会也于同年在全国范围内开展了文物保护法执法检查。国务院在 2012 年出台了两个文件，一个是《关于开展第一次全国可移动文物普查的通知》，另一个是《关于进一步做好旅游等开发建设活动中文物保护工作的意见》。国家在财政上对文物工作的支持更是有目共睹。这些年来，中央财政的投入有大幅度增长。据国家文物局 2012 年统计，中央财政文物保护专项资金达 128 亿元，较前一年增长 30%。因此可以说我国文物工作正处于一个黄金机遇期，我们在这个形势下开展该项工作正当其时。

第二个有利条件就是作为国家工程，本次普查工作是在国家层面上启动的一项由各级政府组织实施的重要工作。这不仅仅是文物部门在做自己的事，而是由国务院印发通知，对各级政府提出了明确的要求。领导小组的组长是国务院领导同志。当然，作为具体牵头单位，文物部门要担负更多的责任，做更多的具体工作，这是毫无疑问的，也是责无旁贷的。在各级政府的组织领导下，在各有关单位的支持配合下，我们有信心把这项开创性工作做好。省文物局作为省普查领导小组办公室，也将认真履行职责，加强同各方面的沟通协调，确保我省第一次全国可移动文物普查的顺利完成。

开展这项工作，社会有需求，相关单位有积极性。相对不可移动文物，可移动文物的大众关注度更高，它和收藏、个人修养、公共文化权益、人民群众文化鉴赏需求等都有着密切联系。随着经济、社会的发展，众多国有单位更加注重对与本行业、本单位相关的实物及资料的保管研究。同时，一些具备条件的国有单位也在主动收集、购买文物藏品，将其作为单位的重要资产和文化财富。但不可否认，有些国有单位缺乏基本的文物认定和保管条件，有的将文物与一般用品混杂在一起，不作任何区分和登记，缺乏良好的保存条件和环境。通过这次普查，我们要给所有的国有单位进行文物认定，辨伪存真，给他们一本清楚的文物账，提高其利用价值。当然，大家也会有疑虑。我们要讲清楚，本次普查重在现状调查和文物基本信息登记——即是不是、是什么、有多少、在哪里——并不改变文物权属现状。可依法流通的文物会保障其合法流通的权利。普查将遵循知识产权保护的法律法规，对文物数据严格管理，确保收藏单位的合法权益。这个过程中，我们的方案要周全，措施要管用，尤其是对系统外要讲究方式方法。对于文物部门来讲，也需以此次普查为契机，建立起《文物保护法》和国务院“三定方案”所赋予的、面向全社会的行业管理职能。

普查的准备工作已经基本就绪。针对这次普查，2011年至2012年，国家文物局在解放军和武警部队、陕西省、北京市朝阳区、山东省青岛市进行了试点，并结合试点，研究编制了普查标准规范，创建了普查工作模型，制定了技术路线，开发了文物信息采集软件，为普查的全面实施做了组织、技术、标准上的准备。同时，近年来开展的文物调查及数据库管理系统建设、第三次全国文物普查、全国古籍普查等基础性文物调查项目，也在不同程度上为本次普查积累了一些必要的经验。譬如在财政部支持下开展的文物调查及数据库管理系统建设项目从2001年开始，2011年结束，前后历时十年，共采集文物数据160余万条，其中一级文物数据约48000条，累计拍摄文物照片380余万张，录入文本信息3.05亿字，接收数据总量15.16TB，基本廓清了全国文物系统馆藏珍贵文物的家底。本次普查启动以来，国家文物局先后与财政部、文化部、国资委、民政部、教育部、档案局、宗教局等多个部门沟通，研究各有关系统的普查工作机制，已经与档案局、教育部、民政部联合发文。省文物局也已经或正在与省国资委、省教育厅、省统计局等部门就普查工作的具体组织安排等进行协商部署。

三、明确工作职责，把握重点难点，加强组织保障

第一次全国可移动文物普查是一项系统工程，范围广、时间长、总量大、类型多、收藏单位多元、保存情况复杂、任务重，必须认真筹划、加强保障、精心组织、周密实施，确保收到预期成效。

1、加强组织领导，明确职责。开展普查是国务院做出的重要决策，是地方各级政府的职责。县级以上地方各级政府都要按照国务院的统一部署，设立相应的普查领导小组及其办公室，认真做好本行政区域的普查组织实施工作。各有关部门要各司其职、通力协作，广泛动员、组织本系统国有单位积极参加，并认真配合地方政府的普查工作。各国有单位要按照有关规定和本次普查的具体要求，坚持谁收藏、谁登记、谁负责的原则，按时、如实、完整地填报普查信息，配合普查机构开展普查工作。各级普查办要在具体工作中及时予以指导协助。

2、统筹协调。文物行政部门作为各级普查领导小组办公室，要发挥主导作用，加强沟通协调。今后一段时期内，可移动文物普查都是各级文物行政部门一项非常重要的工作，大家要有这个认识，要举全局之力全力以赴。系统内将要承担大量具体工作。大家要统一思想步骤、敢于担当、尽心尽责，同时积极与其他部门进行沟通协商，借助各个行业、系统、部门垂直管理的优势。这对于确保普查成功很关键。本次培训有省普查领导小组成员单位的联络员参加，省国资委下属的16家省属企业也将安排人员参加第二批培训。我借此机会对他们的支持配合表示衷心感谢。

3、把握难点重点。这次系统外的普查将是工作难点，也是检验普查工作成效的一个重要标志。因为系统外的隶属关系复杂，行业门类众多，涉及单位总数庞大，其总体收藏情况尚不了解。而且不少行业、系统和部门的藏品管理专业基础工作普遍相对比较薄弱。我们要充分估计文物系统以外普查工作的难度，给予足够的重视，但也不应忽视文物系统内的博物馆、考古所等文物收藏集中单位。它们同样是这次普查的重点。

4、落实保障，确保人、财、物的投入。各级普查办、各有关部门、各国有单位都要确保机构、人员、工作、经费到位，做到有人抓、有人做，并尽量保持人员稳定性。同时，各地应深入宣传动员，为普查营造良好氛围。

第一次全国可移动文物普查是一项重大的国情国力调查。“重”是任务重、责任重，“大”是意义大、难度大，第一次同时意味着开创性。希望大家共同努力，克难攻坚，圆满完成这次普查工作。

最后，预祝本次普查培训班取得圆满成功。

浙江省人民代表大会常务委员会关于批准《杭州市良渚遗址保护管理条例》的决定

浙人大常〔2013〕13号

（2013年11月22日浙江省第十二届人民代表大会常务委员会第六次会议通过）

根据《中华人民共和国立法法》第六十三条第二款规定，浙江省第十二届人民代表大会常务委员会第六次会议对杭州市第十二届人民代表大会常务委员会第十二次会议修订通过的《杭州市良渚遗址保护管理条例》进行了审议，现决定予以批准，由杭州市人民代表大会常务委员会公布施行。

杭州市第十二届人民代表大会常务委员会公告

第14号

2013年8月23日杭州市第十二届人民代表大会常务委员会第十二次会议审议通过的《杭州市良渚遗址保护管理条例》，已经2013年11月22日浙江省第十二届人民代表大会常务委员会第六次会议批准，现予公布，自2014年1月1日起施行。

杭州市人民代表大会常务委员会

2013年12月9日

杭州市良渚遗址保护管理条例

第一条 为了加强良渚遗址的保护和管理，根据《中华人民共和国文物保护法》、《中华人民共和国文物保护法实施条例》、《浙江省文物保护管理条例》等法律、法规的规定，结合良渚遗址实际，制定本条例。

第二条 本条例适用于良渚遗址的保护、管理、研究和利用。

本条例所称良渚遗址，指本市余杭区境内以良渚古城为核心的经国务院公布为全国重点文物保护单位的良渚文化遗址。

第三条 良渚遗址的保护和管理遵循“保护为主，抢救第一，合理利用，加强管理”的方针，确保遗址的真实性和完整性。

第四条 良渚遗址的保护和管理，应当诠释、展示与宣传良渚文化普遍价值，增进公众对良渚遗址突出普遍价值的认识和理解，增强公众对良渚遗址及其历史环境的尊重和保护意识。

鼓励公民、法人和其他组织参与良渚遗址的研究和利用。

良渚遗址的保护和管理应当维护当地居民的合法权益。

第五条 市人民政府负责组织实施本条例。

市人民政府设立杭州良渚遗址管理区管理委员会（以下简称良渚遗址管委会），作为良渚遗址专门保护管理机构，按照本条例的规定实施良渚遗址保护、管理、研究和利用。

余杭区人民政府按照本条例的规定做好良渚遗址保护和管理的相关工作。

文物、建设、城乡规划、国土资源、公安、环保、交通运输、农业、林业、水利、文化等行政管理部门，应当按照各自职责，共同做好良渚遗址保护和管理的相关工作。

第六条 良渚遗址管委会的主要职责是：

（一）组织良渚遗址总体规划的编制和实施；

（二）对涉及良渚遗址的规划建设项目提出意见；

（三）会同有关部门对良渚遗址内的考古工作实施监督；

（四）负责良渚遗址的日常保护和管理；

（五）组织良渚遗址内出土文物的征集、收藏和宣传展示工作，开展有关学术研究和交流工作；

（六）其他与良渚遗址保护管理有关的工作。

第七条 市人民政府、余杭区人民政府应当把良渚遗址的保护管理纳入市、区国民经济和社会发展规划。

第八条 市人民政府、余杭区人民政府应当将良渚遗址保护和管理经费分别纳入本级财政预算。

鼓励通过社会捐赠、国际援助等方式筹集良渚遗址保护和管理资金。

市人民政府、余杭区人民政府应当建立补偿机制，对良渚遗址保护范围内因文物保护造成的居民个人或者单位的权益损失给予补偿。

第九条 良渚遗址的保护和管理，实行规划保护制度。良渚遗址保护总体规划是良渚遗址保护、管理和利用的依据。

良渚遗址保护总体规划由良渚遗址管委会会同余杭区人民政府组织编制，报市人民政府审议，并按照国家有关规定报请批准、公布。

良渚遗址保护总体规划经批准公布后，应当严格执行，不得擅自变更；确需变更的，应当按照原审批程序报批。

良渚遗址保护总体规划应当纳入杭州市城市总体规划，并与杭州市历史文化名城保护规划、杭州市及余杭区土地利用总体规划相衔接。

第十条 良渚遗址的保护范围、建设控制地带和环境控制区根据良渚遗址保护总体规划划定，由市人民政府设立界桩和标志碑予以公示。

禁止任何单位和个人刻划、涂污或者擅自移动、拆除界桩和标志碑。

第十一条 良渚遗址保护范围是指对良渚遗址本体及周围一定范围实施重点保护的区域，分为重点保护区和一般保护区。重点保护区包括良渚古城、瑶山、塘山、汇观山、姚家墩、荀山等价值较高、留存现状较好、分布相对密集、地形地貌相对独立的遗址及其周围区域；保护范围内重点保护区之外的其余区域为一般保护区。

第十二条 良渚遗址保护范围内因展示需要而采取的保护措施，应当严格遵守最小干预原则，避免对遗址本体及其历史环境造成破坏。

在良渚遗址保护范围内，禁止下列行为：

（一）进行采砂、采石、取土、打井、挖建沟渠池塘、平整土丘和深翻土地等改变遗址环境地形地貌现状的活动；

（二）建设危害文物安全或者破坏遗址环境风貌的农业设施；

（三）种植危害地下文物安全的植物。

第十三条 在良渚遗址保护范围的一般保护区内，除良渚遗址保护总体规划确定的农居外，禁止建设与遗址保护、利用无关的项目；已有建筑物、构筑物对良渚遗址造成明显不良影响的，由余杭区人民政府责令限期治理或者依法拆迁。

一般保护区内农居的建筑风格、高度，应当符合良渚遗址保护总体规划的要求。

因特殊需要在一般保护区内进行其他工程建设或者爆破、钻探、挖掘等作业的，应当依法办理许可手续。

第十四条 在良渚遗址保护范围的重点保护区内，除依法许可建设保护与展示的设施外，不得进行其他工程建设或者爆破、钻探、挖掘等危害文物安全的作业。

重点保护区内已有的与文物保护无关的建筑物、构筑物，由余杭区人民政府依法拆迁。

重点保护区内土地性质应当依法逐步调整为文物古迹用地。

第十五条 良渚遗址建设控制地带是指保护范围外，为保护良渚遗址的安全和历史环境，对建设项目加以限制的区域，分为一、二、三、四、五类，其建设控制应当符合下列要求：

（一）一类建设控制地带内，仅可进行绿化或者道路等市政工程建设，不得建设永久性建筑物；

（二）二类、三类、四类建设控制地带内，建筑高度不得超过良渚遗址保护总体规划的相应要求；

（三）五类建设控制地带为山地区域，坡度在二十五度以上的，不得建设建筑物；坡度在二十五度以下的，建筑高度不得超过良渚遗址保护总体规划的要求。

第十六条 良渚遗址环境控制区是指良渚遗址保护范围和建设控制地带范围外，按照遗址保护和环境景观协调的不同要求加以设立的区域。

在环境控制区内进行建设的，应当符合良渚遗址保护总体规划的要求。

第十七条 除良渚遗址保护、管理、研究、利用外，任何单位和个人不得改变良渚遗址保护范围、建设控制地带、环境控制区内的水网、山体、土墩等环境地貌。

第十八条 良渚遗址保护范围、建设控制地带和环境控制区内的建设项目，应当由良渚遗址管委会会同有关部门事先组织考古调查、勘探、发掘。

对良渚遗址建设控制地带和环境控制区内新发现的良渚文化遗址和其他文物古迹，良渚遗址管委会应及时采取保护措施，并上报省、市文物行政主管部门；经评估与良渚遗址直接关联的重要良渚文化遗址，应当列入良渚遗址的保护范围，并对保护规划作相应调整。

第十九条 良渚遗址建设控制地带和环境控制区内的建设项目，城乡规划、国土资源等行政管理部门在作出行政许可前，应当征求良渚遗址管委会的意见。

第二十条 余杭区人民政府应当在良渚遗址建设控制地带外划出一定的区域，进行统一规划和建设，用于缓解良渚遗址内生产、生活压力。

第二十一条 良渚遗址管委会应当加强对良渚遗址的日常监测，形成记录档案，妥善保管，提出日常监测报告，并定期向上级文物行政主管部门报告。

第二十二条 良渚遗址管委会应当会同余杭区人民政府制定应急预案。在发生危及良渚遗址安全的突发事件、自然灾害，或者发现良渚遗址存在安全隐患时，良渚遗址管委会应当启动应急预案，采取相应处置措施，并同时向市人民政府报告。

第二十三条 任何单位或者个人，在良渚遗址内发现文物或者其他遗存，应当保护好现场，并立即报告良渚遗址管委会。良渚遗址管委会应当在接到报告后及时派员赶赴现场处置。

第二十四条 良渚遗址考古发掘应当严格按照文物保护相关法律法规的规定办理审批手续，并由具有发掘资质的考古专业单位按照国家规定的田野考古规程实施。考古专业单位在编制良渚遗址考古工作规划时，应当征求良渚遗址管委会的意见。

良渚遗址管委会应当对考古专业单位的考古调查、勘探、发掘的过程进行监督，并制作相应记录。

未经审批，任何单位和个人不得在良渚遗址内从事遗址调查、勘探、发掘和文物标本采集等活动。

第二十五条 良渚遗址考古工作结束后，考古专业单位应当向良渚遗址管委会提交考古调查、勘探、发掘情况报告和出土文物清单，并提出保护意见。

第二十六条 良渚博物院是良渚遗址出土文物的收藏单位和良渚遗址普遍价值和内涵的展示场所。良渚博物院应当按照国家规定收藏良渚遗址出土文物。

除需特殊保护外，良渚遗址出土文物应当及时向社会公众展示。

第二十七条 良渚遗址管委会应当开展良渚遗址突出普遍价值的诠释、展示与宣传；组织良渚遗址内出土文物的征集、收藏、展示和宣传工作，开展有关学术研究和交流，提高从业人员素质，确保良渚遗址普遍价值和内涵的有效阐释。

第二十八条 违反本条例规定的行为，法律、法规已有法律责任规定的，从其规定。

第二十九条 违反本条例第十二条第二款规定，在良渚遗址保护范围内有下列行为之一的，由文物主管部门责令停止违法行为，恢复原状，并按照下列规定予以处罚：

（一）进行采砂、采石、取土、打井、挖建沟渠池塘、平整土丘和深翻土地等改变遗址环境地形地貌现状的活动，造成严重后果的，处五万元以上二十万元以下罚款；

（二）建设危害文物安全或者破坏遗址环境风貌的农业设施的，处一千元以上一万元以下罚款；

（三）种植危害地下文物安全的植物的，可以处二百元以上一千元以下罚款。

第三十条 良渚遗址管委会、余杭区人民政府或者其他有关行政管理部门及其工作人员，在良渚遗址保护管理工作中玩忽职守、滥用职权、徇私舞弊的，由所在单位、上级机关或者监察机关给予处分。

第三十一条 本条例自2014年1月1日起施行。

关于印发《关于加强历史文化名城名镇名村及文物建筑消防安全工作的指导意见》的通知

公消〔2014〕99号

各省、自治区、直辖市公安厅、局，住房城乡建设厅（建委）、规划局（委），文物局，北京市农委，新疆生产建设兵团公安局、建设局、文物局：

现将《关于加强历史文化名城名镇名村及文物建筑消防安全工作的指导意见》印发给你们，请结合本地实际，认真贯彻落实。

公安部、住房和城乡建设部、国家文物局

2014年4月3日

关于加强历史文化名城名镇名村及文物建筑消防安全工作的指导意见

为深刻吸取云南独克宗古城、贵州报京侗寨火灾事故教训，严防此类事故再次发生，现就加强历史文化名城、名镇、名村及文物建筑消防安全工作提出以下指导意见：

一、健全消防安全责任体系

（一）坚持政府主导。

公安机关、城乡规划、城乡建设和文物部门积极争取当地党委、政府的重视和支持，将名城、名镇、名村及文物建筑消防安全工作纳入国民经济和社会发展规划；推动有立法权的地方人大、政府制定有关地方性消防法规、规章，加强对名城、名镇、名村及文物建筑的消防安全保护；建立消防经费保障机制，推进消防规划编制实施；推动名城、名镇建立消防安全委员会、消防工作联席会议，建立部门消防工作协调机制，定期研究、解决消防安全突出问题，适时开展专项整治。对区域性重大隐患和屡禁不止、屡查不改的消防违法行为，提请政府牵头综合治理。

（二）城乡规划建设部门加强规划建设管理。

城乡规划部门牵头编制消防规划，推动地方政府做好消防站、消防供水、消防车通道等建设工作，不得擅自改变规划确定的消防站、消防通道等用地的使用性质；将消防内容实施情况作为城乡规划检查督查的重要内容，会同公安消防、文物等部门对消防内容实施情况进行检查，确保各项消防设施按规划建设；对名城、名镇、名村内消防审查不符合要求的新建、改建、扩建建设工程，不予核发建设工程规划许可证。对于历史文化街区、名镇、名村核心保护范围内消防设施的设置，按照《历史文化名城名镇名村保护条例》执行。

（三）文物部门加强行业监管。

文物部门落实行业监管责任，将消防安全列入文物保护工作的重要内容；督促指导文物建筑管理、使用单位落实消防安全主体责任；按照文物消防安全检查规程，对文物建筑开展消防安全检查，对文物保护工程施工现场加强消防安全监管；对火灾事故加强执法督察；配合当地公安机关消防机构确定本地区文物消防安全重点单位或者文物、博物馆单位的消防安全重点部位。

（四）公安消防部门加强监督检查。

公安消防部门依法对名城、名镇、名村内的社会单位和文物建筑加强消防监督管理，组织火灾隐患排查治理，开展消防宣传教育培训，指导单位加强消防安全「四个能力」建设，推动重点单位落实「户籍化」管理要求。对保护范围内的消防安全重点单位每年至少检查一次。

（五）严格考核和责任追究。

公安部、住房城乡建设部、国家文物局适时组织开展专项督察，并提请将督察结果纳入国务院对省级政府消防工作考核内容。各地争取2014年底前推动省级政府制定下发指导意见贯彻实施方案，并将名城、名镇、名村和文物建筑消防安全纳入社会管理综合治理、政府目标责任考评，每年组织对有关部门履职情况进行监督检查，对失职渎职或发生重特大火灾事故的，依法依纪追究相关人员的责任。

二、加强消防基础建设

（一）科学编制消防规划。

城乡规划、文物部门将消防规划纳入历史文化名城、名镇、名村和文物保护规划，作为保护规划审批的必要条件。2017年底以前，城乡规划部门根据城市总体规划的消防要求，将消防内容纳入历史文化街区保护性详细规划，细化名镇、名村保护规划中消防内容；文物部门根据现有消防规划，编制完成文物建筑集中分布区的区域性消防专项规划，并报请当地政府颁布实施。历史文化街区保护性详细规划、文物建筑集中分布区的区域性消防专项规划和名镇、名村的保护规划，应包括易燃易爆危险品场所布局、消防供水、消防站（点）、消防装备、消防车通道、防火分隔、火灾危险源控制、用火用电设施改造、违法违章建筑整治等内容。

（二）加强消防设施建设。

推动政府将名城、名镇、名村及文物建筑的消防站、消防供水、消防车通道等消防基础设施建设纳入新型城镇化和新农村建设，并与城乡基础设施建设同步实施。2020年底以前，基本完成消防基础设施建设、改造任务。文物部门组织实施「文物消防安全百项工程」，用3至5年时间，完成100处以全国重点文物保护单位为核心的古城、古村寨和古建筑群的消防安全工程建设。文物和公安消防部门联合开展木结构建筑阻燃防火技术研究和文物建筑专用消防设施设备研发，鼓励应用先进消防技术装备，加快推广电气火灾防控技术。

（三）建立多种形式消防力量。

2015年底以前，推动政府按照名城、名镇保护范围内接到出动指令后5分钟内到达的原则，设立公安消防队、政府专职消防队，小区设消防点。100户以上的村寨建立志愿消防队，100户以下的村寨设消防点。文物建筑管理、使用单位明确专人负责消防安全或建立志愿消防队，有条件的建立专职消防队，同时依托当地乡镇、街道和村、居民委员会消防安全网格化管理组织，提高自防自救能力。各类消防队伍结合保护对象特点，配备相应的消防装备器材。

三、强化火灾防控措施

（一）加强源头管理。

名城、名镇、名村严格把控旅游开发强度与火灾防控能力的匹配程度，对核心保护范围采取更加严格的人防、物防、技防措施，鼓励单位、居（村）民投保房屋财产火灾保险和火灾公众责任保险。严格市场准入，对名城、名镇、名村保护范围内新建、改建、扩建建设工程，不符合消防安全要求的，城乡规划、公安消防部门不得审批同意；涉及文物保护事项的基本建设项目，文物部门在项目批准前要提出消防安全保护性意见；对消防安全保护措施不到位的国有文物建筑，文物部门不得同意对公众开放或开展经营性活动；对达不到消防安全条件的单位、场所，相关部门不得核发许可证照。

（二）强化隐患整治。

由于规划中消防内容不落实，导致消防水源、消防站、消防车通道等公共消防设施欠账的，提请地方政府组织有关部门建设改造。文物建筑消防安全保护措施不到位的，文物部门应督促管理、使用单位落实整改责任、措施、资金，积极实施技术改造，并列支专门经费予以支持。公安机关消防机构对发现的火灾隐患，应严格依法查处，积极指导社会单位整改。公安消防、城乡规划、文物等部门建立工作协作机制，定期组织开展分析评估，对消防安全突出问题进行集中治理；对擅自改变使用性质、非法生产经营的，提请政府组织相关部门依法予以拆除或取缔；对于区域性火灾隐患突出、消防设施严重缺乏的，提请政府挂牌督办。

（三）落实主体责任。

名城、名镇、名村内的社会单位及文物建筑管理、使用单位应明确消防安全管理人，建立健全并落实消防安全管理制度，组织落实防火检查、设施维护、宣传培训、消防演练、隐患整改等工作。名城、名镇、名村及文物建筑出租房屋用于生产经营的，必须明确并落实租赁双方的消防安全责任。名村和列为文物保护单位的村寨应制定村民防火公约，推行「多户联防」制度，由村民家庭组成联防组，配备必要的灭火器材，轮流值班巡查，互相提醒消防安全，协助扑救初起火灾。木结构建筑连片密集区要因地制宜采取设置防火隔离带、开辟防火间距等措施，防止

「火烧连营」。

（四）加强宣传培训。

名城、名镇、名村结合历史和地域文化特点，将消防知识融入当地民俗文化，因地制宜设置消防宣传栏、橱窗，利用各种载体开展提示性消防常识宣传。文物建筑、火灾风险较大的建筑张贴防火警示标识、标牌，旅游景区向游客宣传防火安全须知。火灾多发季节、重大节假日和民俗活动期间，开展有针对性的消防宣传活动。定期对乡镇、街道、小区、村寨和单位的消防安全责任人、管理人、从业人员进行消防安全教育培训。街道、乡镇依托小区服务中心、农村文化室，定期组织居（村）民参加消防教育和灭火逃生体验，普及安全用火、用电、用气和火灾报警、初起火灾扑救、逃生自救常识。

（五）提高火灾扑救能力。

名城、名镇、名村及文物建筑管理、使用单位应结合保护特点，制定火灾事故应急预案，强化单位预案与地方政府有关部门应急预案的有效衔接，并定期组织演练。根据当地气象条件，尤其是大风天气和重要防火季节，加强值班巡逻，强化火灾预警响应。公安消防队、政府专职消防队应定期开展「六熟悉」，掌握建筑结构、火灾特点、道路状况、水源分布等情况，并加强与志愿消防队、单位专职消防队的联勤联训，每年开展不少于2次的联合实战演练，提高协同作战能力。对名城、名镇、名村保护范围内的市政消火栓和文物建筑配置的室外消火栓每季度至少进行一次出水测试，寒冷地区消防给水管网应采取防冻措施。

公安部、住房和城乡建设部、国家文物局

浙江省文物局2013年工作要点

2013年是全面贯彻落实党的十八大精神的开局之年，也是实施“十二五”规划承上启下的关键之年。全省文物工作的总体要求是：以邓小平理论、“三个代表”重要思想、科学发展观为指导，深入学习贯彻党的十八大精神，按照省第十三次党代会、全国文物工作会议和全国文物局长会议的要求，围绕加快建设文物强省这一战略目标，突出重点，整体推进，全面完成各项任务，为建设文化强省和“两富”现代化浙江作出积极贡献。

一、全面开展第一次全国可移动文物普查工作

第一次全国有可移动文物普查是继“三普”之后又一次重要的国情、国力资源调查。根据国务院《关于开展第一次全国可移动文物普查的通知》和国家文物局《关于落实国务院通知精神认真做好第一次可移动文物普查的通知》，今后四年我省将有计划、有步骤地开展第一次全国可移动文物普查工作。今年，各地要成立普查领导小组及其办公室，将普查工作经费纳入本级财政预算，建立普查业务指导机构和普查队伍，确保普查工作顺利开展；要制定普查方案和实施计划，组织开展专业培训、普查宣传、普查单位的调查摸底、采集认定等工作。

二、大力推进大运河浙江段申遗，加强申遗预备项目管理

2013年是大运河申遗最关键的一年。要围绕2014年大运河申遗成功的目标，将认识统一到国务院的决策部署和省委、省政府的工作要求上来，特别是大运河沿线的14个市、县，要充分认识申遗工作的紧迫性，加快推进申遗点段的保护、整治、展示以及监测系统和档案建设等工作，确保2013年6月底前完成各项主要任务，8月份通过国际组织评估验收。全面实施《良渚遗址保护规划》，积极争取良渚遗址成为2016年我国申遗的正式项目，大力推进申遗范围的考古、遗产保护与环境整治工作。列入《世界文化遗产预备名单》项目的各市、县，要按照《世界文化遗产保护管理办法》的规定，完善规划，加强监管，开展对相关遗产的研究、保护、管理与展示，维护遗产的真实性和完整性，为申遗工作奠定基础。

三、强化不可移动文物保护与管理，抓好历史文化名城、街区、村镇保护工作

扎实推进新公布省级以上文保单位的“四有”工作。编辑省级以上文保单位已确定保护区划的保护范围、建设控制地带图集。加强以新公布省级以上文保单位为重点的保护规划编制，为依法有效管理提供法律依据，杜绝擅自要求迁移不可移动文物等不良行为。加强省级以上文保单位保护修缮工作，使文物资源本体及其周边环境风貌得到全面有效保护。依据国家相关法规，切实加强文物保护工程管理，特别是实施过程的中期管理，适时组织专家对重点文物保护工程工地实施检查。加强文物保护工程资质监管，努力提高文物保护行业规范化管理水平。巩固和利用“三普”成果，尽快遴选公布各级文保单位和文保点，有效遏制“三普”文物登录点灭失的不良势头。举办全省不可移动文物保护管理工作培训班，提高市县文保骨干的业务水平。

按照省委、省政府的统一部署，发挥好文物部门的职能和专业优势，积极参与历史文化村落保护利用工作，切实加强历史文化村落内的文保单位、文保点的保护、监管和相关项目的技术指导。配合省住建厅加快推进名镇、名村尤其是新公布第四批省级历史文化街区、名镇、名村的保护规划编制工作，加强保护规划实施情况的监管，合理引导历史文化名城名镇名村的保护、利用与发展方向。继续抓好《浙江省历史文化名城名镇名村保护条例》的宣传、贯彻，进一步规范名城名镇名村的保护行为，加大保护力度。积极支持有关市、县申报国家或省级历史文化名城。

四、推进大遗址保护展示工程，做好考古工作

实施大遗址保护展示工程，启动省级考古遗址公园的评选工作，推荐第二批国家考古遗址公园；推进良渚国家考古遗址公园的建设，有效保护良渚遗址的文化遗存，改善环境风貌。根据全省考古工作会议精神，继续做好考古管理、考古资料整理出版、出土文物指定收藏等工作，重点做好3 万平方米以上建设项目的监管和考古工作。稳步推进水下考古工作，实施好重点水下考古调查勘探项目。积极配合做好省文物考古研究所科研业务大楼的筹建工作。

五、推动博物馆建设与管理，增强博物馆公共文化服务能力

继续推进全省博物馆基础设施建设，规范博物馆工程项目管理，争取早日启动浙江省博物馆新馆、浙江自然博物馆新馆的筹建工作，支持宁波北仑港口博物馆、义乌商贸博物馆、温岭市博物馆、黄岩区博物馆、苍南县博物馆、磐安茶文化博物馆等新馆建设。加强对舟山市博物馆、丽水市博物馆、台州市博物馆、金华市博物馆等陈列论证及布展工作的指导。继续支持民办博物馆的发展，鼓励民办博物馆免费开放，推进国有博物馆对口帮扶民办博物馆试点工作。依据《全国博物馆评估办法》、《博物馆评估标准》等博物馆行业标准，引导、促进全省博物馆在展示教育、科学研究、公共服务等方面得到全面提升。根据国家文物局的部署，组织开展国家二、三级博物馆定级评估工作。按照《中央地方共建国家级博物馆管理暂行办法》，指导和监督我省中央地方共建国家级博物馆——浙江省博物馆的管理和运行。举办博物馆馆长培训班。

加强免费开放博物馆的管理和展陈工作，逐步建立和健全免费开放博物馆的绩效评估机制，有效提升全省博物馆免费开放工作水平。强化博物馆公共文化服务功能，拓展服务领域，丰富服务项目，更好地满足公众的文化需求。完善免费开放博物馆经费补助管理办法，加快建立全省博物馆展览交流协作网络，促进馆藏文物资源的整合共享。积极参加第十届全国博物馆十大陈列展览精品的评选申报。深入实施“浙江省陈列展览精品项目”，推出一批原创性、文化性、观赏性、主题性强的精品展览。发挥博物馆的第二课堂作用，进一步融入国民教育体系，鼓励博物馆文化产品开发，创新博物馆衍生品开发模式。

六、提升馆藏文物保管水平，规范社会文物管理

继续实施馆藏文物的鉴定定级、建档工作，完善珍贵文物藏品档案。加大文物藏品征集力度，提高馆藏文物数量和质量。依据文物行业标准，规范馆藏文物的保护、修复工作，提高馆藏文物的保管水平。根据国家文物局的部署，实施可移动文物的健康评测、预防性保护及能力建设提升达标等相关项目。进一步加强可移动文物修复和设计资质管理工作。履行社会文物管理职能，逐步建立和实施经营活动资质审批制度，联合相关部门，依法开展社会文物管理工作。切实做好文物拍卖企业、文物商店等文物经营活动的监管工作。

七、推进创新联盟建设，提升文物保护科技能力

根据省人民政府与国家文物局签署的国家文化遗产保护科技区域创新联盟（浙江省）共建协议，按照“优化合作、完善机制”的要求，以体制机制创新为先导、以重点项目为载体、以实际应用为目标，发展区域技术优势，积极对接国家文物保护重大专项，探索“立足需求、依托项目、培养人才”的“三合一”发展模式，大力推动文保科技创新跨学科、跨领域、跨行业、跨部门战略合作。继续积极争取国家、省科技部门对区域创新联盟重点科技项目及国家重点科研基地的支持，加大国家科技项目申报力度，认真做好国家已立项目的联合攻关。依托省文物保护科技项目、区域创新联盟平台，进一步加强对市级文博单位科技人才的培养，吸收符合条件的市级文博单位加入区域创新联盟。积极支持纺织品文物保护国家文物局重点科研基地建设。

八、实施文物平安工程，强化文物安全防范和执法监管

着力实施文物平安工程，加强文物保护单位的风险管理，重点推进省级以上文保单位和大遗址的安防设施建设，稳步推进文物风险单位的安全技术、消防设施建设。会同有关部门做好各级安全防范系统工程设计方案的审批和工程验收。加强文物安全队伍培训，提升安全工作水平。实现文物抢救性保护与预防性保护的有机结合，提高预警和防范能力，构筑安全屏障。加强田野文物巡查，落实田野文物安全责任制。

以文物系统风险单位为重点，加大安全检查和巡查监管力度。严格执行涉及文物保护事项建设工程的项目审批制度，依法主动介入大型建设项目立项、论证、审批、实施等环节的工作。高质量地开展文物执法巡查，深入开展海域内文化遗产联合执法工作。加大文物违法案件的查处、督办力度。继续完善专家咨询制度，规范行政决策程序。加强与省政府法制办的沟通和联系，做好文物法制建设的综合协调工作。

九、重视文物宣传工作，扩大文物事业社会影响力

进一步加大宣传工作力度，办好浙江文物网、《浙江文物》双月刊和《浙江文物年鉴》，提高传播与交流能力。按照中央和省委、省政府的部署，继续做好《浙江馆藏文物大典》（暂名）、《中国历代绘画大系》、《浙江通志？文化遗产卷？文物分卷》的编纂工作。加强文博行业电子政务建设，推动政务信息公开，实现信息资源共享。

健全“文化遗产日”浙江主场城市申办机制，充分利用“文化遗产日”、“5.18 国际博物馆日”等重要节日，发挥各类媒体的资源优势，结合重大考古发现、陈列展览精品等开展专题宣传，提升我省文物工作的知名度。指导和推动余杭区作为国家文物局文化遗产知识宣传普及工程试点的各项工作。做好文物保护领域重大事件、重要活动的宣传报道和舆论引导，深入挖掘、充分展示、大力宣传我省文物资源所凝聚的深刻内涵，充分发挥文物事业在社会主义核心价值体系建设中不可替代的作用。

十、加强作风建设，提高工作效能

中央提出了改进工作作风、密切联系群众的“八项规定”，省委提出了关于全省改进工作作风、加强党风廉政建设的“六个严禁”。全省各级文物部门要认真学习领会，全面贯彻落实。要按照全省深化行政审批制度改革电视电话会议要求，进一步减少文物行政审批事项、环节和前置条件，优化审批流程，规范审批行为，提高审批效率。要继续弘扬文物系统的良好工作作风，从改进调研工作、精简会议活动、提高办文质量、厉行勤俭节约等方面入手，进一步改进工作作风，强化服务意识，提高工作效能，优质高效地完成文物工作的各项任务。